新时代中国法学系列教材

总主编　王　轶　黄文艺

中国行政法总论

主　编　王贵松

撰稿人（以撰写章节先后为序）

王贵松　蒋红珍　王世杰　刘　权

俞　祺　赵　宏　喻文光　成协中

凌维慈　陈越峰　胡敏洁　李大勇

熊樟林

中国人民大学出版社

·北京·

作者简介

（以撰写章节先后为序）

王贵松　法学博士，中国人民大学法学院教授。专著有《依法律行政：行政法的基础构造》（2025 年）、《中国行政法学说史》（2023 年）、《行政裁量的构造与审查》（2016 年）、《日本食品安全法研究》（2009 年）、《行政信赖保护论》（2007 年），译著有《行政上的主观法与法关系》（山本隆司著，2025 年）、《行政法总论》（藤田宙靖著，2023 年）、《事实行为与行政诉讼》（高木光著，合译，2023 年）、《制宪权》（芦部信喜著，2012 年）等。近期主要论文有《行政诉讼的诉审判一致性》（《中国法学》2024 年第 2 期）、《行政活动法律保留的结构变迁》（《中国法学》2021 年第 1 期）等。

蒋红珍　法学博士，上海交通大学凯原法学院教授。专著有《论比例原则：政府规制工具选择的司法评价》（2010 年）。近期主要论文有《比例原则适用的范式转型》（《中国社会科学》2021 年第 4 期）、《比例原则位阶秩序的司法适用》（《法学研究》2020 年第 4 期）、《正当程序原则司法适用的正当性：回归规范立场》（《中国法学》2019 年第 3 期）等。

王世杰　法学博士，中国人民大学法学院助理教授。近期主要论文有《请求权在行政法上的功能定位》（《中外法学》2024 年第 2 期）、《国家法人理论的重塑》（《中国人民大学学报》2022 年第 5 期）、《行政法上第三人保护的权利基础》（《法制与社会发展》2022 年第 2 期）、《私人主张超个人利益的公权利及其边界》（《法学家》2021 年第 6 期）、《论行政行为的构成要件效力》（《政治与法律》2019 年第 9 期）等。

刘　权　法学博士，中央财经大学法学院教授。专著有《比例原则》（2022 年），译著有《为权利而斗争》（2019 年）等。近期主要论文有《过罚相当原则的规范构造与适用》（《中国法学》2023 年第 2 期）、《数字经济视域下包容审慎监管的法治逻辑》（《法学研究》2022 年第 4 期）、《论个人信息处理的合法、正当、必要原则》（《法学家》2021 年第 5 期）、《网络平台的公共性及其实现——以电商平台的法律规制为视角》（《法学研究》2020 年第 2 期）、《行政判决中比例原则的适用》（《中国法学》2019 年第 3 期）等。

俞 祺 法学博士，北京大学法学院副教授。专著有《央地关系中的立法》（2023 年）、《行政规则的司法审查强度——基于法律效力的区分》（2018 年）。近期主要论文有《央地关系中的法律保留》（《中国法学》2023 年第 2 期）、《行政处罚设定权的“同位保留”原理》（《中外法学》2022 年第 4 期）、《论与上位法相抵触》（《法学家》2021 年第 5 期）、《论立法中的“地方性事务”》（《法商研究》2021 年第 4 期）、《复议机关作共同被告制度实效考》（《中国法学》2018 年第 6 期）等。

赵 宏 法学博士，北京大学法学院研究员。专著有《权力的边界》（2023 年）、《行政法学的主观法体系》（2021 年）、《法治国下的目的性创设：德国行政行为理论与制度实践研究》（2012 年）、《法治国下的行政行为存续力》（2007 年），译著有《民族主义：历史、形式、后果》（汉斯-乌尔里希·维勒著，2013 年）、《德国国家学》（齐佩利乌斯著，2011 年）等。近期主要论文有《行政第三人的程序权利及其司法保护》（《法学研究》2024 年第 3 期）、《保护规范理论的误解澄清与本土适用》（《中国法学》2020 年第 4 期）等。

喻文光 法学博士，中国人民大学法学院副教授。专著有《关于公私合作伙伴关系的实践经验和法律问题的中德对比研究——以私人投资交通建设为例》（2010 年，德语），译著有《经济公法》（乌茨·施利斯基著，2006 年）等。近期主要论文有《论数字平台的合规监管》（《法学家》2024 年第 1 期）、《行政协议缔约前法律关系》[《德国行政公报》（DVBl）2025 年第 7 期，德语]、《互联网规范制定权的转移——以网络安全标准为重点考察对象》[《公共行政——公法和行政学杂志》（DÖV）2020 年第 5 期，德语]、《PPP 合同争议解决机制：基于司法判决的研究》[《中国法前沿》（Frontiers of Law in China）2019 年第 3 期，英语] 等。

成协中 法学博士，中国政法大学法学院教授。专著有《行政决策、理性与新行政法》（2013 年），译著有《法律、自由与正义：英国宪政的法律基础》（T. R. S. 艾伦著，合译，2006 年）等。近期主要论文有《从相邻权到空间利益公平分配权：规划许可诉讼中“合法权益”的内涵扩张》（《中国法学》2022 年第 4 期）、《保护规范理论适用批判论》（《中外法学》2020 年第 1 期）、《行政行为违法性继承的中国图景》（《中国法学》2016 年第 3 期）等。

凌维慈 法学博士，华东师范大学法学院教授。专著有《行政法视野中的住房政策》（2019 年）、《公法视野下的住房保障——以日本为研究对象》（2015 年），译著有《宪法》（芦部信喜著，合译，2018 年）等。近期主要论文有《城市更新中原住居民的法律地位及权益实现机制》（《浙江学刊》2024 年第 6 期）、《旧城区改建征收中的公共利益判断》（《华东政法大学学报》2022 年第 6 期）、《住房政策的任务分化及法律控制》（《法商研究》2019 年第 2 期）、《保障房租赁与买卖法律关系的性质》(《法学研究》2017 年第 6 期) 等。

陈越峰 法学博士，华东政法大学法律学院教授。专著有《中国城市规划法治构造》(2021 年) 等。近期主要论文有《关键信息基础设施保护的合作治理》(《法学研究》2018 年第 6 期)、《城市空间利益的正当分配——从规划行政许可侵犯相邻权益案切入》(《法学研究》2015 年第 1 期)、《公报案例对下级法院同类案件判决的客观影响——以规划行政许可侵犯相邻权争议案件为考察对象》(《中国法学》2011 年第 5 期) 等。

胡敏洁 法学博士，浙江大学光华法学院教授。专著有《福利行政论》(2023 年)、《福利权研究》(2008 年)，译著有《何谓法律：美国最高法院中的宪法》(查尔斯·弗瑞德著，合译，2008 年) 等。主要论文有《论行政给付基准》(《法学家》2024 年第 5 期)、《我国行政给付义务类型化及其法律拘束》(《中国法学》2023 年第 2 期)、《论政府购买公共服务合同中的公法责任》(《中国法学》2016 年第 4 期) 等。

李大勇 法学博士，西北政法大学行政法学院教授。专著有《行政诉讼司法政策原理论》(2018 年) 等。近期主要论文有《论行政公益诉讼“不依法履职”的评判标准》(《行政法学研究》2023 年第 3 期)、《行政复议与行政诉讼的制度竞争》(《法律科学》2023 年第 2 期)、《我国临时机构的组织法调控及其改革》(《当代法学》2021 年第 6 期)、《“诉访分离”司法政策的表达与实践》(《法律科学》2021 年第 4 期) 等。

熊樟林 法学博士，东南大学法学院教授。专著有《行政裁量基准运作原理重述》(2020 年) 等。近期主要论文有《〈行政处罚法〉主观过错条款适用展开》(《中国法学》2023 年第 2 期)、《权力挂起：行政组织法的新变式?》(《中国法学》2018 年第 1 期)、《土地征收决定不是终裁行为——以行政复议法第 30 条第 2 款为中心》(《法学研究》2017 年第 3 期)、《重大行政决策概念证伪及其补正》(《中国法学》2015 年第 3 期) 等。

内容简介

本书共13章，由行政法基础理论、行政法的主体、行政的行为形式和行政的一般制度四编构成，涵盖相关学说、立法和裁判等内容，着重阐述中国行政法总论的原理和制度，注意培养行政法的法律思维，训练行政法的方法与技术。本书可与《中国行政救济法》配套使用。

总序

王轶

习近平总书记2016年5月17日在哲学社会科学工作座谈会上指出："要抓好教材体系建设，形成适应中国特色社会主义发展要求、立足国际学术前沿、门类齐全的哲学社会科学教材体系。"[①] 法学教材是法学知识体系的载体，是青年学子步入法学殿堂的阶梯，是培育法治共同体的重要素材。撰写承载中国自主法学知识体系的系列教材，是实现新时代中国法学教育使命的必由之路。

中国人民大学法学院的前身中国人民大学法律系成立于1950年，是新中国诞生后创立的第一所新型正规高等法学教育机构，被誉为中国法学教育的"工作母机"和"法学家的摇篮"。自成立伊始，中国人民大学法律系便承担着创建新中国法学学科的重任，并通过设立专门编译组、教材编写委员会，多措并举推进新中国的法学教材建设。到了1960年代初，在前辈法学家的不懈努力下，新中国法学教材从无到有，一个能够基本满足教学需要的法学教材体系初步形成。

在1980年代，中国人民大学法学院全面参与司法部、教育部组织的统编试用教材的编写工作，参编教材21种，主编、参编31人次。这些统编教材受到政法院校/系师生的一致认可，对于提高法学教育质量发挥了重要作用。1998年，中国人民大学法学院依托学科优势启动编写的"21世纪法学系列教材"，是当时全国法学院校编写出版的教材中品种最多、规模最大、影响最广的一套法学教材，以"原理—案例—资料—习题"四位一体为鲜明特色，其中涉法学专业14门核心课程的教材全部获评"教育部全国普通高等学校优秀教材（一等奖）"。

进入新时代，中国人民大学法学院积极参与马克思主义理论研究和建设工程重点教材编写工作，有36位教师入选马克思主义理论研究和建设工程课题组首席专家和主要成员，这在全国法学院校中位居首位。经过人大法律人70余年的接续努力，形成了以马克思主义理论研究和建设工程重点教材为龙头，以"21世纪

---

① 习近平：《在哲学社会科学工作座谈会上的讲话》，人民出版社2016年版，第24页。

法学系列教材”为主干，涵盖“中国法”项目教材、高职高专教材、律师实训教材、中小学普法教材的完整教材体系，建立起了具有中国特色、与时俱进的新型法治人才培养教材体系。中国人民大学法学院的教材建设始终坚持走在时代前列，发挥引领作用。2021年在首届全国教材建设奖评选中，中国人民大学法学院获得“全国教材建设先进集体”荣誉称号。

为贯彻习近平总书记2022年4月25日到中国人民大学考察调研时重要讲话的精神，落实中共中央办公厅、国务院办公厅印发的《关于加强新时代法学教育和法学理论研究的意见》，坚持以习近平法治思想为统领，通过抓好核心教材、编好主干教材、开发新形态教材等，构建中国特色法学教材体系，中国人民大学法学院决定启动“新时代中国法学系列教材”编写工作。这套教材积极应对新一轮科技革命和产业变革对法学教育的挑战，科学应变、主动求变，旨在推进中国法学教育的改革创新，充分反映全面依法治国发展成就。为适应新时代的教学需求，本系列教材采用新技术手段，配以网络教学指导、教学辅助，重点推进课程配套数字资源建设。相信本系列教材的出版，定能为培养造就更多具有坚定理想信念、强烈家国情怀、扎实法学根底的新型法治人才发挥积极作用。

是为序。

2023年11月

编写说明

依法治国是国家的基本方略，法治政府建设是全面依法治国的重点任务和主体工程。进入新时代之后，在法治政府的主要事前法律制度上，2015 年、2022 年两次修改《地方各级人民代表大会和各级人民政府组织法》，2015 年、2023 年两次修改《立法法》，2017 年、2018 年两次修改《公务员法》，2019 年部分修改《行政许可法》，2021 年修订《行政处罚法》，2024 年修订《国务院组织法》。法治政府的相关制度在更新，法治行政的原理也在发展。我们需要体系化地理解法治行政的相关制度和原理，需要在此基础上推动法治政府观念的更新和普及。

《中国行政法总论》与《中国行政救济法》是配套教材，共同构成了中国行政法学科内容。《中国行政法总论》主要由行政法基本原理、行政组织法、行政活动法组成。本书的使用目标是学习行政法的基础知识，理解行政法的基本概念，把握行政法的基本原理，训练行政法思维，锻炼运用行政法知识分析问题的能力。

行政法总论的教材很多，多一种教材也是希望增加一种选择和参考。本书的基本设想是在提供基本知识的同时，引发读者思考探索。故而，在编写时，我们注重原理和制度分析，相比一般的教科书难度稍有加大。本书在体系设计上有一定的新颖性，将十三章内容分为行政法基础理论、行政法的主体、行政的行为形式和行政的一般制度四编，如此，不仅更有体系性，也更有包容性。在现有制度上，侧重于对行政组织三法（国务院组织法、地方组织法、公务员法）和行政行为三法（行政许可法、行政强制法、行政处罚法）的介绍。在具体内容上，诸如在第一章行政法概论中论述行政裁量，第三章对行政主体的界定，以及第六章对行政处理的效力的论述等内容，均与其他教材的通常做法存在一定差异。在比较阅读中，读者们或许能发现更多的差异，并能进一步思考其背后的原因。

本书的编写分工如下（以撰写章节先后为序）：

王贵松（中国人民大学法学院教授）：第一章；

蒋红珍（上海交通大学凯原法学院教授）：第二章；

王世杰（中国人民大学法学院助理教授）：第三章；

刘　权（中央财经大学法学院教授）：第四章；

俞　祺（北京大学法学院副教授）：第五章；

赵　宏（北京大学法学院研究员）：第六章；

喻文光（中国人民大学法学院副教授）：第七章；

成协中（中国政法大学法学院教授）：第八章；

凌维慈（华东师范大学法学院教授）：第九章；

陈越峰（华东政法大学法律学院教授）：第十章；

胡敏洁（浙江大学光华法学院教授）：第十一章；

李大勇（西北政法大学行政法学院教授）：第十二章；

熊樟林（东南大学法学院教授）：第十三章。

本书由主编确定全书体系之后，各位撰稿人分别撰写；再集体逐章讨论，分别修改；最后由主编统稿定稿。这种集体合作编写的方式，在一定程度上可以促进本教材内容的准确性、周全性和统一性。中国人民大学法学院博士研究生王钧民作为教材编写组秘书提供服务。

由于水平有限，本教材难免出现错误或不妥之处。我们欢迎广大读者朋友对本教材的内容和写法提出批评、建议和意见，我们也希望在将来修订时能够呈现更好的版本。

编者

2024 年 12 月

凡　例

为避免冗长，除直接引用外，本书采用缩略语的方式表示所使用的立法文件。具体缩略如下：

法律名称中的“中华人民共和国”一律省略。例如，《中华人民共和国行政处罚法》，简称为《行政处罚法》。在涉及不同版本时，如无特别说明，就是指现行有效的法律，如提及《行政处罚法》就是指2021年修改的《行政处罚法》。只有需要强调其历史时，才会说“1996年《行政处罚法》”。

本书其他常用法律规范文件缩略如下表所示：

法律规范文件名称	缩略语
城市居民委员会组织法（2018年）	居委会组织法
村民委员会组织法（2018年）	村委会组织法
政府信息公开条例（2019年）	公开条例
个人信息保护法（2021年）	个保法
地方各级人民代表大会和各级人民政府组织法（2022年）	地方组织法
最高人民法院关于贯彻执行《中华人民共和国行政诉讼法》若干问题的意见（试行）[法（行）发〔1991〕19号]	1991年行诉法意见
最高人民法院关于执行《中华人民共和国行政诉讼法》若干问题的解释（法释〔2000〕8号）	2000年行诉法解释
最高人民法院关于审理行政许可案件若干问题的规定（法释〔2009〕20号）	行政许可审理规定
最高人民法院关于审理政府信息公开行政案件若干问题的规定（法释〔2011〕17号）	信息公开审理规定
最高人民法院关于适用《中华人民共和国行政诉讼法》若干问题的解释（法释〔2015〕9号）	2015年行诉法解释
最高人民法院关于适用《中华人民共和国行政诉讼法》的解释（法释〔2018〕1号）	2018年行诉法解释
最高人民法院关于审理行政协议案件若干问题的规定（法释〔2019〕17号）	行政协议审理规定
最高人民法院关于行政诉讼证据若干问题的规定（法释〔2002〕21号）	行诉证据规定

目　录

第一编　行政法基础理论

第一章　行政法概述

第二章　行政法基本原则

第三编　行政的行为形式

第五章　行政规范和行政规划

第六章　行政处理

第九章　行政信息

第十章　行政许可

第十一章 行政给付

第十二章 行政强制

第十三章 行政处罚

第一编

行政法基础理论

第一章 行政法概述

重点知识

行政法的产生条件　行政的界定　行政法的界定　行政法的构成　行政法的成文法源　行政法的不成文法源　效力优先原则　下位法优先适用原则　行政法的适用　行政认定　行政裁量　说明理由　行政裁量基准

知识逻辑图

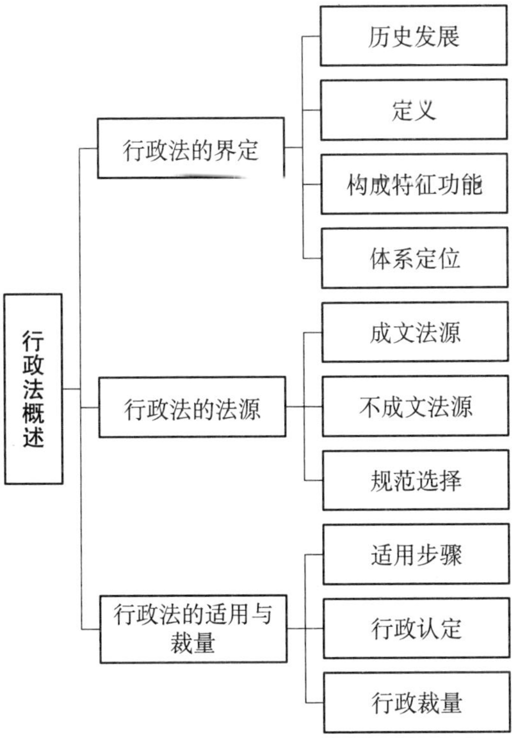

第一节　行政法的界定

与民法相比，多数人对行政是相对陌生的，对行政法更是不甚了解。这不仅是因为行政与日常生活存在一定的距离，还因为行政法自身具有一定的复杂性、技术性。要理解行政法，还是要从理解行政法的价值和功能开始，再去熟悉行政法的实现机制。

一、行政法的产生与发展

行政法是近代法的产物，距今不过两百多年的历史，而中国自身的行政法也不过一百多年的历史。这里先简要地描述其历史，了解行政法的特别之处。

（一）行政法产生的条件

法国被称为行政法的母国。在法国大革命时期，1790 年 8 月 16～24 日制宪会议制定的关于司法组织的法律规定，司法职能和行政职能永远分离，法官不得以任何方式干扰行政机关的活动。因此，在发生行政争议时，行政部门就成为自己的法官。最初行政争议是由行政部门自身进行裁决。1799 年，拿破仑第一执政时期成立了国家参事院（最高行政法院），由此逐渐开始由行政部门中的专门机构负责裁判。1889 年之后，当事人不服行政机关的决定，可以直接向行政法院起诉，独立的行政法院和行政裁判制度已完成创建。行政法院在裁判过程中，采用了某些私法上不存在的规则，这些特殊的规则就成为行政法。①

行政法的产生大致需要具备以下几个条件：第一，独立个人的存在。独立的个人具有自己的人格，能够享有一定的权利。个人没有独立性，就意味着依附于一定主体或团体。第二，权力区分的采用。无论是立法、行政和司法的区分，还是立法和执行的区分，还是我国民国时期立法、行政、司法、监察和考试的区分，不仅意味着行政的存在，还意味着立法与行政的分离，行政需要执行代议制机关的法律。第三，法的双重拘束性。国家的法不仅拘束外部的私人，还能拘束国家自身，这才是真正意义的法，而不是行政活动的工具。

从这个意义上来说，宪法是行政法产生的前提。没有宪法，就没有行政法。

---

① 参见王名扬：《法国行政法》，中国政法大学出版社 1989 年版，第 553－555 页；［法］古斯塔夫·佩泽尔：《法国行政法》，廖坤明、周洁译，国家行政学院出版社 2002 年版，第 5－6 页。

所谓"古代行政法"，那就是伪命题。[①] 因为它虽然可能存在不同权能的分别行使，但不存在民主的立法和权力区分，也不存在独立的个人。如严复所言，"东方之君民，世隆则为父子，世污则为主奴，君有权而民无权者也"[②]。"专制非无法度也，虽有法度，其君超于法外，民由而已不必由也。"[③] 如此，自然不能说中国古代存在行政法。

（二）中国行政法的产生

一般认为，中国近代史肇始于1840年的鸦片战争。此后的清朝大致经历了两个阶段，一是以学习西方器物文明为内容的洋务时期，二是以学习西方制度文明为内容的变法时期。立议院，亦即设立议会，构成近代中国区别于前近代中国的分水岭性主张。以郑观应为代表的前期变法派、以康有为和梁启超为代表的维新派、以梁启超和杨度等为代表的立宪派，无一不在主张设立议会，申达民情，上下一心，君民一体。清政府在制度上真正有所推进的是，1906年颁布上谕，宣布预备立宪，厘定官制。"立宪国通例，俱分立法、行政、司法为三权，各不相侵，互相维持，用意最善。立法者，议院公议全国通行之法律，而奏请君主裁定颁行之事也；行政者，阁部按法律、命令而施行国家之政务也；司法者，裁判官纠判臣民有无违背法律、命令之事也。三权分立，而君主大权统之。现在议院遽难成立，先从行政、司法厘定，当采用君主立宪国制度，以仰合大权统于朝廷之谕旨。"[④] 同年11月6日，由载泽等负责编纂、总核大臣奕劻等核定的《行政裁判院官制草案》上奏清廷。[⑤] 虽然直至清朝结束，该草案也未能成为正式立法，但官民对等，甚至可以对簿公堂的观念已初步形成。

1912年，中华民国成立，按照《临时约法》的规定，建立了议会内阁制政体。同时，根据《临时约法》第10条规定，"人民对于官吏违法损害权利之行为，有陈诉于平政院之权"。1914年，《中华民国约法》虽然将政体改为总统制，但在官民关系上仍然沿用了《临时约法》的规定，于第8条规定，"人民依法律所定，有请愿于行政官署及陈诉于平政院之权"。1914年3月31日，袁世凯公布

---

① 关于"古代行政法"，存在一定争议，不少教材认为，中国古代不仅存在行政法，而且较为发达。从本书的观点来看，中国古代更多的是官僚制度。

② ［法］孟德斯鸠：《法意》，严复译，载《严复全集》（第4卷），郑有国、薛菁点校，福建教育出版社2014年版，第242页。

③ 严复：《宪法大义》，载《严复全集》（第7卷），李帆、李学智编校，福建教育出版社2014年版，第282页。

④ 《编纂官制大臣镇国公载泽等奏厘定官制宗旨大略折》，载迟云飞编：《清廷的预备仿行立宪》（第一卷），山西人民出版社2020年版，第444页。

⑤ 参见上海商务印书馆编译所编纂：《大清新法令（1901－1911）》（点校本第1卷），李秀清、孟祥沛、汪世荣点校，商务印书馆2010年版，第701－704页。

《平政院编制令》，同日任命汪大燮为平政院院长。[①] 平政院直隶于大总统，审理行政官吏的违法不正行为，为行政诉讼制度提供了组织法上的依据。1914 年 7 月 17 日，参政院代行立法院职权，制定了《行政诉讼法》《纠弹法》《诉愿法》，7 月 20 日袁世凯予以公布。[②] 中国历史上第一部行政诉讼法诞生了。这也标志着中国行政法的诞生。《行政诉讼法》舍弃了任何人都接受普通法院依据同一法律作出裁判的戴雪式英国法治观，而采用了特别机构依据特别法就行政争议作出裁判的大陆法系模式。[③] 《行政诉讼法》的制定和实施，可谓最终形成了中国行政法制大陆法系化的重要支点。

1928 年之后的南京国民政府时期，行政法制度的建设和实施也得到了一定的发展，《行政诉讼法》《诉愿法》《行政执行法》等重要法律重新制定，取得了一些实施成效。

（三）新中国行政法的发展

新中国的行政法经过了曲折的发展过程，真正的发展可能需要从改革开放之后谈起。从 1978 年党的十一届三中全会开始，我国吸取“文化大革命”的教训，逐渐摆脱人治，走向法治。行政法治就是其中的关键一环。

按照现行《宪法》的规定，国家行政机关“由人民代表大会产生，对它负责，受它监督”（《宪法》第 3 条第 3 款）。这就决定了行政机关在整个国家权力结构中的基本定位。行政机关应当遵守法治国家原则，遵守宪法和法律，而不得有违反宪法和法律的行为（《宪法》第 5 条）。执行法律，落实法律的要求，并接受法律的监督，成为行政机关行使职权的基本要求。

一方面，迄今，全国人大及其常委会制定了近百部行政法的法律，使行政机关有法可依，有效地规范了行政权的行使。尤其是 1996 年《行政处罚法》、2003 年《行政许可法》、2011 年《行政强制法》等行政行为法通则的制定，明确了行政处罚、行政许可、行政强制执行、行政强制措施等重要行政权限的共通规则，确认了私人相对于行政机关的重要权利。

另一方面，1989 年《行政诉讼法》的制定是行政法治的一大标志，行政机关与私人之间的争议可以制度化地通过行政诉讼来解决，两者之间的关系也由此成为法律关系。此后，1994 年《国家赔偿法》、1999 年《行政复议法》等关于事

---

① 教令第 39 号，《政府公报》第 682 号，参见中国第二历史档案馆整理编辑：《政府公报（影印本）》第 26 册，上海书店 1988 年版，第 2－5 页。

② 法律第 3 号、第 4 号、第 5 号，《政府公报》第 793 号，参见中国第二历史档案馆整理编辑：《政府公报（影印本）》第 35 册，上海书店 1988 年版，第 19－28 页。

③ 对于平政院的基本构成及行政诉讼法的实施状况，可参见黄源盛纂辑：《平政院裁决录存》，五南图书出版公司 2007 年版。

后救济的法律的制定，保障着私人在行政过程中合法权益的真正实现，并监督行政机关依法行使职权，倒逼着中国行政法的发展。自 1990 年 10 月 1 日《行政诉讼法》施行以来，全国法院每年受理的行政案件由最初的 1 万余件已经发展到目前的 30 万件，行政机关对于行政诉讼的态度已经由抵触转变为按照正常工作处理，法院对行政机关的规范和约束已步入正轨。

面对如此环境，政府自身也在努力变革。随着 1999 年“依法治国，建设社会主义法治国家”写入《宪法》，国务院便开始着力推动行政机关的依法行政，先后制定若干文件，对行政权的行使提出全面的要求，努力“全面建设职能科学、权责法定、执法严明、公开公正、智能高效、廉洁诚信、人民满意的法治政府”①。

二、行政法的定义

我国的行政法属于大陆法系行政法的范畴，其特征较为明显。下面将以此为前提，对行政法作出界定。

（一）行政法是关于行政的法

行政法是关于行政的法，这是看似简单但却较为准确的界定。这里首先要解释的是“行政”的概念。当然，“行政”一词使用较广，不仅有公行政，也有私行政，诸如企业、私人组织的内部管理等也被称作“行政”，但它是为企业利益而运作的，而且不能具有强制性。下面仅谈公行政或公共行政的界定问题。

有关行政的概念，存在多种界定方式。第一，形式说，又被称作机关样态说。具有行政机关的样态者所开展的活动，就是行政。这种界定方式存在循环论证的问题。先认定了行政机关才能认定行政，但行政机关又以行政为前提。而且，行政机关的活动方式多种多样，有的与私人民事活动并无差别，这时将其认定为行政活动，并无特别意义。即使不是行政机关，也未必就没有行政的活动，诸如人事管理、财务管理等。从组织形态上，我国《宪法》明确规定为“行政机关”者，包括国务院、地方各级人民政府、民族自治地方的人民政府。这些政府的活动一般属于行政，这些政府所领导的职能部门的活动当然也一般属于行政。由此，可以对“行政”作一个大致的区分和认识。

第二，消极说，又被称作扣除说。除立法、司法之外的国家作用，就是行政。例如，德国行政法学之父奥托·迈耶对行政的界定是“国家在其法律制度范

① 《法治政府建设实施纲要（2021—2025 年）》（中共中央、国务院 2021 年 8 月印发）；《地方组织法》第 62 条。

围内，为实现国家目的而进行的除司法以外的活动”[①]。这种界定是不符合定义要求的，定义不能使用排除法，否则就要以被排除者的界定为前提。从历史角度而言，国家权力原本是一体而不作区分的，但随着裁判事务的增多和专业化，司法权首先由专门的机关行使，在近代国家出现时，立法权又为议会所掌握，由此剩余的君主权力就是行政权。从这一角度对行政所作的界定又被称作蒸馏说。我国《宪法》第 89 条第 18 项规定，国务院行使“全国人民代表大会和全国人民代表大会常务委员会授予的其他职权”。由此，国务院的职权并不能采取消极说来确定，它并不是一个概括性的权限，并非其他机关不行使的职权就归属于国务院。国务院的职权源自宪法和全国人大及其常委会的授予，“行政”只能是集合性概念。

第三，积极说，又被称作实质说、目的实现说。例如，有学者将行政的特征描述为以下几个方面：行政是广泛、多样、复杂且不断形成社会生活的国家作用，具有形成性和整体性；行政是追求利益的国家作用；行政是积极主动的国家作用；行政应受法的支配，兼顾合法性和合目的性；行政的运作应注重配合及沟通；行政是作成具体决定的国家作用。[②] 这种界定试图从积极的角度把握行政概念的特征，试图确定行政的固有领域，应当说符合定义的要求，但其难题在于，行政包罗万象，对于行政特征的把握也只能涵盖其某些方面，每个人对行政特征的认识都可能存在差别。

“行政只能描述，而不能界定。”[③] 从法的阶段角度而言，首先是法的制定，亦即立法，其次是法的适用。行政和司法属于第二层次的法适用问题。对于行政的认识，往往是在与司法相区分的层次上展开的。但在现代国家中，行政并非仅为法的执行，已延至政策形成领域，参与法律和国家规划的制定，乃至制定自己的法律规范。虽然行政日趋复杂，已很难很好地界定行政，但这并不妨碍行政法对行政的规范和控制。另外，即便行政在从事与私人相似的活动，其仍然存在一定的特殊性，仍然无法像私人那样自由开展自身的活动。从这个角度来说，将行政法定义为关于行政的法，较为周全。

（二）行政法是规范行政权的公法

如果说行政法是关于行政的法还难以给人明确的认识，那么，还可以进一步限缩，强调行政法的特性。

1. 行政法主要是国内公法

行政法首先主要是国内法，同时主要是公法。公法与私法的划分由来已久，

---

① ［德］奥托·迈耶：《德国行政法》，刘飞译，商务印书馆 2002 年版，第 14 页。

② 参见翁岳生编：《行政法》（上册），中国法制出版社 2009 年版，第 13 - 23 页（翁岳生执笔）。

③ 福斯特霍夫语。转引自［德］哈特穆特·毛雷尔：《行政法学总论》，高家伟译，法律出版社 2000 年版，第 6 页。

其划分标准也有主体说、权力说、利益说等诸多学说。主体说是从法律关系的主体有无行政主体或者是否存在不对等地位来区分，权力说是从当事人能否行使公权力或者采取权力性手段来区分，利益说是从法所要实现的是公共利益还是私人利益来区分。每一种区分标准都能从某个角度认识公法与私法的特征，但都不能准确而完整地描述出其特征。所以，就出现了综合性区分标准。[①]

在公私交融的当下，公法与私法的区分意义也受到一定质疑。但将行政法归为公法，有助于认识行政法的特性和功能。公私法的划分通常具有两种意义。一是制度性意义，即公法与私法的划分在制度上具有不同，公法与私法成为特定制度的重要标准。例如，德国《行政程序法》将该法律的适用范围确定为“公法上的行政活动”（第1条）；德国《行政法院法》将“公法争议”作为行政诉讼管辖范围的标准（第40条第1款）；日本《行政案件诉讼法》将“公法上法律关系”作为当事人诉讼的内容（第4条）。“公法”在这里都具有制度性意义。不过，在我国法律中，并不存在这样的规定。二是说明性意义。公法与私法客观存在，其秉持的原则和精神、规范的目的和手段、救济的范围和途径等都存在差别。以公法与私法作为这样的法律规范群体特征的描述，可以清晰而简约地表达，节约沟通成本。公法以追求公共利益为目的，要求行使公权力的主体具有一定程度的民主正当性，遵循一定的正当程序，并论证自身行为的正当性。而私法基于私人自治原则，并不会提出这样一些要求。行政法属于公法，负有特殊的使命。

2. 行政法是在行政关系中规范行政权的法

行政法是调整行政关系的法。行政关系是在行政主体与私人之间、行政主体与行政主体之间、行政机关与行政机关之间所形成的关系。行政法调整行政关系的目的在于规范行政关系中的行政权，使行政权在不同部门之间得到合理的分配，使行政权能合法地行使。行政法的主要功能在于，规范和控制行政权，保护私人的合法权益，确保行政的合法性。

行政无论是以何种身份、以公法还是私法方式实施活动，都无法以与私人完全相同的方式开展活动，都会具有一定的特殊性，至少在其资金来源上带有公共性。所以，需要对行政作出不同于私人的调整和规范。

三、行政法的构成、特征与功能

行政法的法律规范繁多，体系庞杂，需要从总体上予以概览，了解行政法的

---

① 对于公私法的关系及区分标准，还可参见姜明安：《宏观公法学导论》，法律出版社2021年版，第68-79页。

构成，把握行政法的特征和功能。

（一）行政法的构成

我们可以从体系构成、规范对象、规范内容等不同角度，观察行政法的构成。将这些综合起来，大致可以看到行政法的大致面貌。

1. 行政组织法、行政活动法和行政救济法

从行政法的体系来看，行政法是由三部分组成的，分别是行政组织法、行政活动法和行政救济法。行政组织法是关于行政权在不同行政组织之间分配的法，这是对行政权源头的规范。按照一定原则，由特定主体根据法律将行政权分配给不同的行政组织，行政组织的组成、任务、权限、相互关系等，是行政组织法的基本内容。《国务院组织法》《地方组织法》中的政府组织法等，都属于行政组织法。行政活动法，又被称为行政作用法、行政行为法，它是行政组织在获得行政权之后行使行政权，实施行政活动所应遵守的法，其中既有行政活动的目的规范，也有行政活动的授权规范或根据规范，还有行政活动所应遵守的行为要件、行政程序等规范。但即便有行政活动法的规范，行政权的行使仍然会发生行政争议，仍然有可能侵犯私人的合法权益，故而，还需要行政救济法提供权利救济。行政救济法就是依法解决行政争议、给私人提供权利保护的法。行政救济法主要由针对行政活动的行政复议法和行政诉讼法、针对私人损害损失的行政赔偿法和行政补偿法以及其他非正式行政救济制度组成。行政救济法是行政法的重要组成部分。

行政组织法、行政活动法和行政救济法通常是分立的。行政组织法属于内部法，规范行政主体内部的关系，通常与外部私人的权益没有直接关系，行政主体内部组织之间并不享有权利、而只有权限。行政活动法属于外部法，规范行政主体与私人之间的关系，关乎私人的权利义务，受法治主义控制。另外，原则上先有组织法才有活动法。这样可以防止未经评估可否由现行机关办理，就依照行政活动法成立新组织，造成组织员额膨胀。当然，在现实中，行政活动法中有时会有行政组织法的规定，也会规定发生行政争议时的行政救济途径。行政组织法和行政活动法都属于事前法，而行政救济法属于事后法，为行政事前法提供监督和保障。

2. 外部行政法与内部行政法

从行政法的规范对象关系角度，可以将行政法分为外部行政法与内部行政法。外部行政法调整开展行政管理活动的国家与私人之间的关系，诸如，行政许可、行政处罚、行政强制执行等行政活动均受外部行政法调整。外部行政法涉及私人合法权益的保障，是行政法的重点所在。内部行政法在国家这一组织内部调

整国家与行政机关之间、不同行政机关之间、行政机关与其内部机构之间、行政机关与公务员之间的关系，诸如，国家设置或撤销行政机关，上级行政机关对下级行政机关的指挥命令，行政机关的预算、审计等，行政机关对公务员的奖惩任免等行政活动均受内部行政法调整。这些过去曾被认为不属于法律事项，不受法律拘束，由国家和行政机关自行处理，但在现代国家，这种关系也被纳入行政法的调整范围，接受法律的民主控制。

内外二元区分是行政法上重要的思考模式。内部行政法的实施可以为外部行政法的实施在组织机构的设置、审议核查、责任追究等方面提供保障，而外部行政法的实施也会反馈并影响到内部行政法的运作，会对内部行政法的制度设计提出新的要求。外部行政法与内部行政法之间存在互动关系。①

3. 行政实体法与行政程序法

按照行政法规范的内容，可以将行政法分为行政实体法和行政程序法。行政实体法是规定行政机关职权职责和私人权利义务的具体内容的法律规范，例如，《治安管理处罚法》关于“违反治安管理的行为和处罚”的规定。而行政程序法是规定行政机关行使职权和履行职责的方式、步骤、期限、顺序等的法律规范，例如，《治安管理处罚法》关于“处罚程序”的规定。

行政实体法和行政程序法可以作出区分，但两者常常被规定在一部法律中。换言之，行政法在内容上常常具有实体性规范与程序性规范的一体性。实体性规范涉及行政权的权限内容，而程序性规范则涉及行政权如何行使。唯有两者的结合才能有效地规范行政权。这与民法是不同的，民法基本上只规定实体内容，不足的部分由私人自治来填充。行政权不仅能调查事实，也可以直接处理案件，甚至可以单方面改变私人的合法权益，需要从实体法和程序法角度共同予以规范。

4. 一般行政法与特别行政法

按照行政法规范调整对象范围的大小标准，可以将行政法区分为一般行政法与特别行政法。一般行政法是指调整所有行政活动领域或者规范行政共通事项的法律，例如，《行政许可法》《行政强制法》《行政处罚法》分别规范行政许可、行政强制、行政处罚等各行政领域共通事项，就属于一般行政法。而特别行政法是指调整特定行政活动领域的法律，例如，警察法、环境法、教育法等仅调整特定行政领域，属于特别行政法范畴。特别行政法在我国也被称作部门行政法。相应的行政法学研究，分别是行政法总论和行政法各论（也被称作行政法分论或部门行政法学）。

---

① 对于内部行政法之于外部行政法的意义，参见章剑生：《作为担保行政行为合法性的内部行政法》，《法学家》2018年第6期，第66页以下。

一般行政法更能反映行政法的精神和功能，它能对特别行政法发挥调控作用，促进特别行政法能按照行政法的一般要求制定和实施；同时，一般行政法也能为特别行政法提供其没有规定的一般规则。特别行政法基于其自身的要求可以作出不同于一般行政法的规定，同时也能为一般行政法的形成积累经验。

（二）行政法的特征

我们既可以从各个角度分解认识行政法，也可以从整体上或主要领域观察到行政法的一些特征。

1. 成文法中心主义

在大陆法系行政法的法源上，在作为行政法母国的法国，其行政法是从判例法发展起来的，至今判例法仍具有重要地位；而在德国、日本等则是以成文法居多，以议会法律为中心的成文法具有中心作用，可谓成文法中心主义。中国的行政法采取了后一种做法。

行政法在形式上具有多样性、数量大的特征。行政法的渊源不仅有宪法、法律，还有行政法规、地方性法规，还有部门规章和地方政府规章等形式，涵盖了国家立法的各个层级。而且，行政法的规范数量庞大。按照全国人大常委会法工委的统计标准，行政法的法律在整个法律体系中约占三分之一。行政法在地方性法规中至少也应占有三分之一。而数量更多的行政法规、部门规章、地方政府规章都属于行政法的立法。

行政法没有统一的法典。统一法典是说在同一部成文法中涵盖了行政法的所有规范。没有哪一部法律叫作“行政法”，行政法是规范行政权的法律规范的总称，世界各国皆为如此。但这不等于说，行政法没有法典。行政法中有很多自成体系的法典。[①] 一方面，没有法典，就难以约束行政权。行政权是强大的，介入社会的方方面面。唯有写成白纸黑字的行政法规则，才能约束执法的行政机关。行政权何时能够行使、如何行使、产生争议如何处理，都可以通过行政法的法典得到有效而系统的规范。行政法的法典具有规范行政、蓄积共识的功能。另一方面，没有法典，人民就难以理解行政法。行政本身领域繁多，相应的规范更是林林总总、变动频繁。要理解复杂的行政过程和行政法，特别是让行政相对人、利害关系人、普通民众都能懂得、利用这些行政法，维护自身的合法权益、监督政府依法行政，法典也是必不可少的，行政法的法典具有简洁化、透明化的功能。行政法的法典是法治国家和民主原则之于行政法的要求。法典不仅是过去经验的总结，更有理性的设计和引领，可以有力地推动行政法治的发展。

---

① 对于行政法法典化必要性、可行性及其限度的分析，可参见杨建顺：《行政法典化的容许性——基于行政法学体系的视角》，《当代法学》2022 年第 3 期，第 52 页以下。

2. 公益导向

行政法具有明确的公益导向，负有确保行政的公共性、维护社会秩序和公共利益的功能。与民法的调整相比，行政法的调整具有如下特征：

第一，公共利益优先性。行政应当以公共利益为目的，在私益与公益相矛盾时，公益优先。当然，这并不意味着私益无保护的必要。在为了公共利益的需要而让渡出部分私益时，私人的损失应当得到合理的填补。

第二，行政主体优越性。为了更好地实现公益效果，行政法通常保障权力性行政活动的有效性，赋予行政主体一定的优越性。例如，在行政行为存在合法性争议时，除重大且明显违法等无效情形外，允许其先行实施，承认其有效性，直至有权机关撤销违法的行政行为为止。

第三，方针政策性。公益可能体现为法律，也可能体现为国家的方针政策。行政法的规范不仅在内容上容纳了方针政策，在解释和适用上也容易受到方针政策的影响，使用方针政策作为裁量的指针（有时称为政策裁量）。

第四，调整的概括性和持续性。民法是一种利害调整法，民法的利害调整更侧重于权利义务关系的调整。而行政法同样也有权利义务关系的调整面向。但行政过程不同于民事活动，行政过程往往还是民主政治过程的一环，其中存在着无法还原为权利义务关系的制度、秩序要素。规范多数当事人间的利害调整过程和政策实施过程是行政法的特质之一。行政主体不仅难以收集、处理私人效用信息，而且必须使自身的行为正当化，所以在灵活行动上也有局限性。行政机关负有实现公共利益的权能和责任，所以，行政法的规范适合于概括性、持续性的控制，很难将交易成本高、各种行为的概括性持续调整交由具有行为自由的私人处理。概括性的持续调整与纤细的状况反应性控制应当可以相互补充。[①]

3. 专业技术性

行政领域繁多，专业性强，行政法的规范也具有较强的专业技术性。行政法在规范行政上存在多层次的规范，法律提供了基础的规范要求，而下位的法律规范在将法律具体化的过程中输入了较多的专业技术规范，这就保障了行政的民主性与专业技术性的结合。越是下位法，技术性越强。举例而言，《食品安全法》第 44 条第 2 款规定，食品生产经营企业的主要负责人对本企业的食品安全工作全面负责；第 3 款规定，食品生产经营企业应当配备食品安全管理人员，加强对其培训和考核。《食品安全法实施条例》第 19 条进一步规定了全面负责的内容；第 20 条进一步规定，食品安全管理人员应当掌握与其岗位相适应的食品安全法律、法规、标准和专业知识，具备食品安全管理能力，考核指南由国务院食品安

① 参见王贵松：《作为利害调整法的行政法》，《中国法学》2019 年第 2 期，第 106－107 页。

全监督管理部门制定、公布。而国家市场监督管理总局则制定了《企业落实食品安全主体责任监督管理规定》，对企业主要负责人、食品安全总监、食品安全员的资格、职责等作出进一步详细规定。

（三）行政法的功能

行政法着重调整行政机关与私人之间的关系，主要具有以下两个方面的功能：

一方面，保护私人的合法权益。行政法的首要目的就是确认并保护私人相对于行政机关的合法权益，维护私人的主体地位。法律首先确认私人的权利、义务和法律地位，并要求行政机关根据法律作出自己的行为，私人在认为自己的合法权益受到行政机关的侵犯时，就可以寻求行政救济，维护自身的合法权益。

另一方面，规范和控制行政权。宪法和法律赋予行政机关一定的职权，目的在于由行政机关贯彻宪法和法律的要求，保护私人合法权益，促进公共利益。为了规范行政权、防止行政机关滥用职权，行政法明确了行政机关的职权范围，规定了行政机关行使职权、履行职责的条件和程序，并设计了一定的法律监督机制，确保行政的合法性。

四、行政法与其他法的关系

在国家的法律体系内，行政法具有重要地位。行政法通常被作为独立的部门法来认识，它与其他部门法之间相互关联，共同发挥着规范、调整的作用。

（一）行政法与宪法

关于宪法与行政法的关系，奥托·迈耶有一句名言被广为传播，即“宪法消逝，行政法长存”。这句话写在其 1923 年第三版《德国行政法》的序言里。该书第一版出版于 1895 年，当时仍为德意志帝国宪法时期，而 1923 年的德国不仅经历了第一次世界大战，而且已于 1919 年制定了《魏玛宪法》（共和政体）。在宪法变化如此之大的情况下，《德国行政法》并没有太大的修改。迈耶的这句话可能是在感叹政治性和理想性的宪法经不起时代的考验，而将治国的希望寄托在指导和拘束行政权力、且较为技术性的行政法之上。[①] 当然，迈耶是有宪法观念的，他也强调“合宪的法律”，只是在他所处的年代里宪法还没有自身的保障机制。

---

① 参见陈新民：《公法学札记》，法律出版社 2010 年增订新版，第 13－15 页。

一般认为，狭义公法由宪法与行政法组成。行政法与宪法关系密切。两者在调整对象上存在包含关系，宪法调整的关系较为广泛，调整整个国家权力与私人之间的关系、国家权力的内部关系等；而行政法仅调整其中的行政机关与私人之间、行政机关与立法机关、司法机关、行政机关之间的关系。宪法的规定较为原则，而行政法的规定则相对具体。宪法规定是行政法的前提，行政法需要在宪法的框架范围内作出具体设计，在这个意义上，可以说“行政法是对宪法原则的具体化”①。龚祥瑞曾指出，“宪法是行政法的基础，而行政法则是宪法的实施。行政法是宪法的一部分，并且是宪法的动态部分。没有行政法，宪法每每是一些空洞、僵死的纲领和一般原则，而至少不能全部地见诸实践。反之，没有宪法作为基础，则行政法无从产生，或至多不过是一大堆零乱的细则，而缺乏指导思想”②。在国家权力中，行政权最经常地与私人打交道，最容易直接侵犯私人的合法权益，所以，规范和控制行政权属于法治国家中的重中之重，而这就是行政法的基本使命。宪法对行政法具有决定性，行政法固然能在一定程度上发挥自身的能动性推动宪法的发展和实现，但必然会碰到自身的天花板，必然受制于宪法所给定的框架秩序。宪法不发展，行政法也是枉然。宪法与行政法之间必须形成良性互动，才能相得益彰。

（二）行政法与其他部门法

所谓部门法是指按照法律调整的社会关系与调整方法不同对法律体系所作的划分。下面简要介绍行政法与民法、刑法、国际法的关系。

1. 行政法与民法

行政法属于公法，而民法属于私法，两者的差别是明显的。按照《民法典》第 2 条规定，“民法调整平等主体的自然人、法人和非法人组织之间的人身关系和财产关系”。民法通常调整水平关系。而行政法主要是调整行政机关和私人之间的关系，这种关系常有不对等性，亦即行政法通常调整垂直关系。而且，行政法所调整的关系不限于人身关系和财产关系，还包括政治权利和自由、社会权等内容。民法以私人自治为原则，而行政法是以依法律行政为基本原理，行政机关不介入民事争议原则也是行政法上的一项要求。

但严格区分的公法私法二元论已是过往，两者的关联日益密切。在行政法关系中，有不少场合可以适用民法。例如，民法上的诚实信用原则可以准用于对行政机关行为的规范；再如，政府采购、行政协议等，均可适用民法上的合同原理，即便有可能因行政的公共性而需要修正适用。但是，“公法遁入私法”的现

---

① 王珉灿主编：《行政法概要》，法律出版社 1983 年版，第 13－14 页。

② 龚祥瑞：《比较宪法与行政法》，法律出版社 1985 年版，第 5 页。

象也值得警惕。行政机关本应采取公法形态的方式，却采用私法形态的方式，逃脱依法律行政原理的束缚，而如私人一般自由选择对象、采取措施。行政机关从事的某些事务具有较强的民事属性，但因其所使用的资金源于公共财政，故而，即使是采购办公用品、建设办公设施等，只要达到一定数额，也要遵守政府采购的程序。

行政法可以成为民法的基础，为其提供基本的社会秩序。行政许可等会成为民事活动的前提，违反效力方面的强制性行政法规范还会导致民事法律行为无效。行政法还可以成为民事行为的要件，遵守行政法规范也会成为民事行为的合法要件之一。

2. 行政法与刑法

刑法是关于犯罪和刑罚的法律，由法院适用，行政机关不可能适用刑法。而行政法则只是关于行政的法，其不限于法律，还有很多其他表现形式，行政机关和法院都能适用。刑法调整的社会关系一般都具有严重的社会危害性，而行政法所调整的事项则没有那般严重。

但是，在很多情形下，行政法与刑法相互交错，行政刑法、行政刑罚都是其典型。对于违反行政管理法规的行为，刑法和行政法可能都会加以制裁，一般只有程度上的差别。作为行政法上义务的保障手段之一，立法者除行政法自身的保障之外，还可能使用刑法上的制裁，行政刑罚在国外的行政法学上是被作为行政罚的一种来认识的。刑法与行政处罚的规定有相近之处，在适用上也可以互相借鉴。例如，《刑法》第 277 条规定了妨害公务罪，其要件是“以暴力、威胁方法阻碍国家机关工作人员依法执行职务”，《治安管理处罚法》第 50 条第 1 款第 2 项规定了妨害公务处罚，其要件是“阻碍国家机关工作人员依法执行职务”，两者之间只有方法上的差别。在妨害公务行为的认定上，刑法学积累了不少经验，而行政法学则相对较少，可以向刑法学学习。

行政法还可能为刑法提供要件。一种情形是，刑法将犯罪的构成要件授权给行政法来补充，它常见于刑法上的空白要件中。例如，《刑法》第 133 条规定的交通肇事罪就要求“违反交通运输管理法规”，是否构成交通肇事罪，取决于交通运输管理法规如何规定。这里的管理法规不仅是国家的法律，还包括国务院制定的行政法规等。另一种情形是，刑法对违反行政法上义务的行为加以制裁。例如，《刑法》第 153 条规定的走私普通货物、物品罪就是对违反海关许可申请义务、纳税义务的制裁。具有行政许可是某些行为不受制裁的要件之一。行政许可等行政行为的合法性也会影响刑法的定罪量刑。

3. 行政法与国际法

行政法主要是国内公法，但并非国际法领域没有行政法。国际法主要是规范和调整国家间关系的法，如果将行政法理解为国家权力与人民之间的法，那国际法当然被排除在行政法之外。但国家与国内的外国人或外国企业之间的行政关系有可能受到条约等国际法的规范。在国际贸易中，身处国外的外国企业也有可能对中国市场产生影响，中国能否依据法律对其实施处罚，国内法的域外效力也时常成为问题。对此，有必要将其纳入行政法的视野。国际行政法大致包括以下几种规范：一是解决国家间适用行政法规范时发生冲突的各种规范，亦即冲突法或冲突规范，这种规范有时表现为国际条约或协定形式，如避免双重课税的国际协定。二是国际组织所制定的行政规章，例如联合国秘书处内部组织及人事规章。三是其他国际法规或国际法一般原则经由判例采用而成为行政法的内容者。①

行政法的国际化也是行政法发展的一个重要表现。行政活动的基准通常是由国家的法律规定的，国际条约课予国家的义务也需要通过国内法的转换来实施。但是，条约对国内的政策基准也有可能产生直接的影响。例如，我国是《国际民用航空公约》的缔约国之一，为了与该公约保持一致，我国制定了《民用航空器事件调查规定》(交通运输部令 2020 年第 2 号)，规定了以防止事故再发为目的的调查制度，它并非旨在追究法律责任的《生产安全事故报告和调查处理条例》的具体化。有时，条约仅规定了框架性义务，将详细的义务内容、确保履行的手段委诸次级法，这时国内法就成为其指引的对象。

在我国，国际标准或外国标准通常只有参考意义，不能成为直接适用的标准。例如，《食品安全法》第 28 条第 1 款规定，“制定食品安全国家标准，应当……参照相关的国际标准……”随着贸易全球化的发展，国家也会积极参与国际标准的制定。

（三）行政法与领域法

传统的部门法以调整对象和调整方法为划分标准，随着社会关系的复杂化和立法技术的发展，某一领域的法律规范群逐渐形成，领域法的专门研究日渐增多。领域法是利用宪法、民法、刑法和行政法的调整方法对某一具体领域社会问题加以调整的综合性法律规范的总称。较为成熟的领域法主要有经济法、环境法等。

经济法是规范国家调整市场经济关系的法，主要包括市场主体法、市场管理法、宏观调整法等内容。国家调整市场经济关系，主要手段就是行使行政权，自然不能不接受行政法的规范。经济行政法作为特别行政法，是行政法的重要分支之一。在日常研究中，经济法学和行政法学研究领域稍有差异，经济法学侧重于

---

① 参见吴庚：《行政法之理论与实用》，中国人民大学出版社 2005 年版，第 20 页。

经济性规制的内容（诸如经济垄断、信息不对称等），而行政法学侧重于社会性规制的内容（诸如私人生命财产安全的保护、环境保护等）。

环境法是保护生态环境和自然资源、防止污染公害的法。环境法不仅涉及民事损害赔偿问题，也涉及行政法律责任、刑事法律责任的追究问题，只是因为均涉及环境保护，而将相关法律规范聚集在一起，以期发挥综合调整的效果，实现保护环境的目标。环境法主要由环境宪法、环境行政法、环境民法、环境刑法组成。在环境保护的方法中，环境行政管理在整体环境规划、制定环境标准、环境管理方式等方面都发挥着重要作用，故而，行政法是环境法中的重要内容。但环境法又有其特殊之处。传统行政法所维护的利益主要是个人的私益，而环境问题往往超出私益的范畴，故而，如何保护超出私益范畴的利益，既会对传统行政法提出挑战，也会对行政法机制的发展作出贡献。

第二节　行政法的法源

所谓行政法的法源，是指关于行政组织和行政活动的法的存在形式。行政法法源的功用在于，认知行政法的来源，并提供裁判的依据。

一、行政法的成文法源

按照是否有统一成文立法的标准，行政法的法源可以分为成文法源与不成文法源。在我国，成文法源主要包括宪法、法律、行政法规、地方性法规以及规章。对于条约能否成为行政法法源，存在一定争议。

表 1－1　行政法的成文法源

法源	效力范围	制定机关			
		人大及其常委会		行政机关	
国内法	中央	宪法	法律	行政法规	部门规章
	地方	地方性法规、自治条例、单行条例		地方政府规章	
国际法	国际公约、国际条约、国际协定				

（一）宪法

宪法作为国家的最高法，对行政组织及其活动具有规范作用。宪法规定了国家行政机关的产生、组织和职权等基本事项，规定了国家行政机关行使职权所要遵循的原则。宪法对于行政机关的约束，主要是通过人民代表大会制度来保障的。

（二）法律与地方性法规

法律与地方性法规都是由人大及其常委会，亦即立法机关所制定的。在行政法上，法律与地方性法规是立法机关对行政机关的规范，属于他律机制。

在行政法的成文法源中，法律是全国人大及其常委会制定的规范性文件，对于规范行政权具有重要意义，依法律行政原理即围绕着法律而展开，行政权不得违反现行的法律，在某些情况下还必须具有法律的根据才能采取行动。

地方性法规是具有立法权的地方人大及其常委会制定的规范性文件，其制定主体包括省级人大及其常委会、设区的市人大及其常委会。地方性法规仅在其管辖地域内有效。

与地方性法规类似，在民族自治地方还有自治条例和单行条例，其仅限于民族自治地方适用。自治条例是综合性法规，通常规定有关本地区实行的区域自治的基本组织原则、机构设置、自治机关的职权、工作制度及其他重大问题；而单行条例是专门性法规，通常规定民族自治地方经济、社会、文化等某一方面事项的问题。《立法法》第85条规定："民族自治地方的人民代表大会有权依照当地民族的政治、经济和文化的特点，制定自治条例和单行条例。自治区的自治条例和单行条例，报全国人民代表大会常务委员会批准后生效。自治州、自治县的自治条例和单行条例，报省、自治区、直辖市的人民代表大会常务委员会批准后生效。""自治条例和单行条例可以依照当地民族的特点，对法律和行政法规的规定作出变通规定，但不得违背法律或者行政法规的基本原则，不得对宪法和民族区域自治法的规定以及其他有关法律、行政法规专门就民族自治地方所作的规定作出变通规定。"

（三）行政法规与规章

行政法规与规章是行政机关制定的具有法属性的两种规范，一般合称为行政立法。在行政法上，行政立法对行政机关具有拘束作用，属于自律机制之一。

行政法规是国务院依法定程序制定的规范性文件。规章包括部门规章和地方政府规章两种，前者是国务院部委等制定的，适用于特定事项领域；后者是省级政府、设区的市政府制定的，适用于特定管辖区域。

（四）条约

这里的条约是指中华人民共和国同外国缔结的双边和多边条约、协定和其他具有条约、协定性质的文件。国家缔结并批准了条约，就应当遵守条约，履行条约所规定的义务。但在国内履行条约上，存在不同的方式。一般来说，公法类条约需要国内法的转化，才能实施；而私法类条约往往可以直接适用。

当然，这并没有完全排除条约的适用。如根据《最高人民法院关于审理国际贸易行政案件若干问题的规定》（法释〔2002〕27号）第9条规定，“人民法院审理国际贸易行政案件所适用的法律、行政法规的具体条文存在两种以上的合理解释，其中有一种解释与中华人民共和国缔结或者参加的国际条约的有关规定相一致的，应当选择与国际条约的有关规定相一致的解释，但中华人民共和国声明保留的条款除外”。这一做法可称为合条约性解释，使条约能借助于国内法发生效力。

二、行政法的不成文法源

行政事项复杂多样，变化迅速，专业技术性强，不可能全部为成文法所规范，需要不成文法源予以补充。行政法的不成文法源大致包括法律解释、判例法、习惯法、法的一般原则等。

（一）个案性法律解释

这里所说的法律解释仅指有权解释，即具有解释法律权限的国家机关对法律的含义所作的具有法律效力的说明。从解释的方式来看，法律解释可以分为一般性法律解释和个案性法律解释两种。

一般性法律解释不以个案适用为前提，而是一般性地就法律的含义作出抽象说明，其形式类似于法律，有立法解释、行政解释和司法解释三种，这属于成文法源。一般所称的“法律解释”，就是在一般性法律解释意义上来使用的。全国人大常委会先后作出《关于解释法律问题的决议》[①]《关于加强法律解释工作的决议》[②]，对法律解释作出授权。《宪法》第67条第4项、《立法法》第48条明确规定，法律解释权属于全国人大常委会。《人民法院组织法》1983年修改时就在第33条明确了最高人民法院的法律解释权，现行《人民法院组织法》（2018年）第18条第1款规定，“最高人民法院可以对属于审判工作中具体应用法律的问题进行解释”。《人民检察院组织法》在2018年修改时也明确了最高人民检察院的法律解释权，于第23条第1款规定，“最高人民检察院可以对属于检察工作中具

① 1955年6月23日全国人民代表大会常务委员会第十七次会议通过，1981年6月10日为新决议所代替，1987年11月24日被明确废止。该决议就全国人大常委会的立法解释、最高人民法院审判委员会的审判解释作出授权。

② 1981年6月10日，第五届全国人民代表大会常务委员会第十九次会议通过。该决议就全国人大常委会的立法解释、最高人民法院和最高人民检察院的司法解释、国务院及主管部门的行政解释、省级人大常委会的立法解释、省级政府主管部门的行政解释作出授权。

体应用法律的问题进行解释”。虽然在正当性上，法律解释，尤其是司法解释尚有争议，但在现实中，司法解释对于补充法律、统一司法发挥着重要作用。

个案性法律解释是国家机关在具体案件的法律适用中对某法条的含义所作的说明，这种法律解释虽然经常发生，但不太引人关注。司法机关等在个案中适用法律时天然地需要对具体法条的含义作出解释，这种解释主要借助于判例法对后续案件发生效力。个案性法律解释属于不成文法源。

(二) 判例法

判例是指可以作为先例提供规则的法院判决。而判例中所包含的规则就是判例法。通常，一个判决会包括案件事实、判决理由和判决主文几个部分，有时还会有附带发表意见的附论或旁论。判决理由是支持判决必不可少的理由，否则就属于附论。

在我国，虽然不存在判例法，但存在类似的制度。《最高人民法院关于案例指导工作的规定》(法发〔2010〕51 号) 第 7 条规定，“最高人民法院发布的指导性案例，各级人民法院审判类似案例时应当参照”。《〈最高人民法院关于案例指导工作的规定〉实施细则》(法〔2015〕130 号) 第 9 条规定，“各级人民法院正在审理的案件，在基本案情和法律适用方面，与最高人民法院发布的指导性案例相类似的，应当参照相关指导性案例的裁判要点作出裁判”。第 10 条规定，“各级人民法院审理类似案件参照指导性案例的，应当将指导性案例作为裁判理由引述，但不作为裁判依据引用”。

即便不是指导案例，也因为审级制度的存在，判决如果违反了上级法院判决或者先前判决所确立的规则，就有可能被推翻，故而存在事实上的判例法。

另外，公布在《最高人民法院公报》上的判决不仅有指导下级法院判案的作用，也有促进法制统一的作用。①

(三) 习惯法

所谓习惯法，是指在国家制定法之外，通过习惯形成的、具有约束力的规则。在民法中，习惯法可以成为法源并无争议，我国《民法典》第 10 条也规定，

① 举例而言，《卫生部政法司关于转发“再胜源公司诉上海市卫生局行政强制决定案”案例的通知》指出：《中华人民共和国最高人民法院公报》2005 年第 1 期（总第 99 期）刊登了一起卫生行政部门对未经许可擅自采集脐带血的公司作出行政强制决定后，该公司提出行政诉讼的案例分析文章——“再胜源公司诉上海市卫生局行政强制决定案”。因该案在卫生行政部门对血站管理，特别是对于脐带血采集单位管理的案件中具有典型性，且《最高人民法院公报》上刊登的案例对全国各级人民法院办理案件具有一定的指导意义，对类似案件的审理将有“判例”性的影响，现将该“再胜源公司诉上海市卫生局行政强制决定案”案例原文转发给你们，供你们在卫生行政执法工作中参考。

“法律没有规定的，可以适用习惯，但是不得违背公序良俗”。在行政法领域，对于习惯法的法源地位存在一定争议。消极说认为，行政应按照依法律行政原则进行，不能通过行政习惯表现，“而且行政关系变更迅速，很少能够形成习惯规则”①。而积极说则认为，需要以行政惯例补充法律，约束行政主体；行政活动要求有一种高度一贯、定式的行为。从现实角度而言，法律对行政的规范程度是有限的，仍有未能规范的领域，需要以某种定型的规则加以补充。行政活动虽然在总体上变动不居，但在具体事项的操作上仍有规律可循。故而，在法律之下，行政惯例是有可能存在的。要成立习惯法，通常需要符合以下要件：(1) 有长期的一般的习惯存在；(2) 当事人确信习惯合法；(3) 该习惯内容充分明确特定。也就是说，不仅要有习惯，还要形成规则，还要具备法的实质正当性和明确性。

在我国的司法实践中，也存在承认习惯法的实例。在吴某琴等诉陕西省吕梁市工伤保险管理服务中心履行法定职责案中，当地大多数企业都是不定期缴纳工伤保险费，这种做法也为主管机关所认可。在该案中，死者所在单位在年底，亦即在死者死亡之后缴纳了工伤保险费，死者家属申请工伤保险待遇，被不予核定。法院认为，这种不定期缴费方式在工伤保险管理实际工作中已形成一种习惯性做法，这种做法需要在以后的工伤保险管理工作中逐步地加以规范，但并不能因此否定用工主体为本单位职工缴纳保险费用的法律事实。法院提炼的裁判要旨是：“行政机关对特定管理事项的习惯做法，不违反法律、法规的强制性规定且长期适用形成行政惯例的，公民、法人或其他组织基于该行政惯例的合理信赖利益应予适当保护。”②

虽然行政机关应当秉持依法律行政原则，但法律中常有裁量空间，在裁量空间内，行政机关有可能形成一定的习惯性做法，在符合上述条件时，可以承认存在习惯法，为私人提供更高的法明确性和可预见性。习惯法在现实中少量存在，但并不是直接产生法的拘束力。其背后是信赖保护原则或平等对待原则，借助于这两个原则，习惯法得以间接地拘束行政机关。

（四）法的一般原则

所谓法的一般原则，是指在国家制定法中普遍存在、在不同领域获得广泛认可的法原则。它彰显着法的精神，是公平正义的体现，即便没有在行政法领域实定化，也可以拘束行政机关。法的一般原则可能源自宪法的具体化，例如平等原则就是源自《宪法》第 33 条第 2 款的“公民在法律面前一律平等”；可能源自现

---

① 王名扬：《法国行政法》，中国政法大学出版社 1989 年版，第 17 页。

② 最高人民法院行政审判庭编：《中国行政审判案例》（第 4 卷），中国法制出版社 2012 年版，第 77－79 页。

行法，例如诚信原则原本是规定在《民法典》第 7 条“遵循诚信原则，秉持诚实，恪守承诺”，比例原则部分体现在《刑法》第 5 条的罪责刑相适应原则；可能源自一般法理，例如法的明确性原则。

法的一般原则对行政具有拘束性，但因为法的一般原则本身有较大的弹性，相应的裁量空间较大，故而，在适用时要遵循补充性原则，即在没有实定法规则时，才可以援用法的一般原则。

三、行政法规范的选择

行政法成文法源的表现形式和效力层级都具有多样性，在规范上容易产生冲突，在适用中也会有如何选择的问题。

（一）效力优先原则

法秩序应当由统一而无矛盾的法律规范构成，但现实的立法难以避免地会出现矛盾或抵触的情形。按照法的位阶理论，如果存在冲突，应当适用效力优先的法规范。对于法的冲突，首先应当确定层级关系，判断有无层级冲突，层级冲突和同级冲突适用不同的解决冲突规则。

1. 层级冲突适用的规则

如果是层级冲突，适用的是上位法优于下位法规则。如此，就需要确定层级关系。

对于法的位阶关系，《宪法》和《立法法》规定了明确的标准。宪法高于法律，法律高于行政法规，行政法规高于地方性法规和规章[①]，地方性法规高于本级和下级地方政府规章，省、自治区的政府规章高于本行政区域内的设区的市、自治州的政府规章。[②] 例如，对于公安部《机动车登记规定》与《道路交通安全法》之间规定的不一致，《最高人民法院关于公安交警部门能否以交通违章行为未处理为由不予核发机动车检验合格标志问题的答复》指出：“《道路交通安全法》第十三条对机动车进行安全技术检验所需提交的单证及机动车安全技术检验合格标志的发放条件作了明确规定：‘对提供机动车行驶证和机动车第三者责任强制保险单的，机动车安全技术检验机构应当予以检验，任何单位不得附加其他条件。对符合机动车国家安全技术标准的，公安机关交通管理部门应当发给检验

---

① 对于行政法规与地方性法规之间的位阶关系，曾有质疑。参见胡玉鸿：《试论法律位阶划分的标准——兼及行政法规与地方性法规之间的位阶问题》，《中国法学》2004 年第 3 期，第 28－32 页。

② 最高人民法院在《关于审理行政案件适用法律规范问题的座谈会纪要》（法〔2004〕96 号）中总结了 11 种“下位法不符合上位法”的情形，但在法律适用中很少说明出来。

合格标志。’法律的规定是清楚的，应当依照法律的规定执行。”[①]

2. 同级冲突适用的规则

对于同级冲突，存在两个基本的冲突规则。一是特别法优于一般法，二是新法优于旧法。例如，《最高人民法院行政审判庭关于对违法收取电费的行为应由物价行政管理部门监督管理的答复》指出：“遵循特别法规定优于普通法规定的原则，对违法收取电费的行为，根据《电力法》第66条的规定，应由物价行政管理部门监督管理。”[②]

对于适用存在地域或事项界限的法，例如部门规章存在事项范围，地方政府规章存在地域范围，按照《立法法》第102条规定，部门规章之间、部门规章与地方政府规章之间具有同等效力，在各自的权限范围内施行。

3. 裁决机制

即便有上述规则，仍有不甚明确之处。在无法确定如何适用时，按照权限分配和公正性要求，《立法法》规定了不同的裁决机制。第一，同一机关制定的新的一般规定与旧的特别规定不一致时，由制定机关裁决。法律之间的不一致，由全国人大常委会裁决（第105条第1款）。行政法规之间的不一致，由国务院裁决（第105条第2款）。根据授权制定的法规与法律规定不一致，不能确定如何适用时，由全国人大常委会裁决（第106条第2款）。第二，地方性法规与部门规章之间对同一事项的规定不一致，不能确定如何适用时，由国务院提出意见，国务院认为应当适用地方性法规的，应当决定在该地方适用地方性法规的规定；认为应当适用部门规章的，应当提请全国人大常委会裁决（第106条第1款第2项）。第三，部门规章之间、部门规章与地方政府规章之间对同一事项的规定不一致时，由国务院裁决（第106条第1款第3项）。

（二）下位法优先适用原则

与上述效力优先原则不同，在具体的法适用中，遵循下位法优先适用原则。其原因在于：第一，下位法一般较上位法更具体明确，更具有针对性，更方便适用。[③] 第二，下位法优先适用，有助于约束行政机关的裁量权。上位法较为原则，其裁量空间大，法适用者直接适用上位法，容易出现裁量不一、甚至裁量滥用的情形，侵犯私人的受平等对待权利。第三，上位法较为原则，其具体化方式多种多样，由立法方式进行具体化，在具体化的主体和程序保障下，更具有正当

① 〔2007〕行他字第20号，2008年11月17日。

② 行他〔1999〕第6号，1999年11月17日。最高人民法院行政审判庭编：《最高人民法院最新行政诉讼司法解释汇编》，人民法院出版社2006年版，第633页。

③ 参见吴庚：《行政法之理论与实用》，中国人民大学出版社2005年版，第48页。

性和妥当性。

下位法优先适用，并不意味着仅适用下位法。行政机关在适用下位法时，如果发现明显不公的情形，应当仔细考量下位法的正当性，向上寻找所适用之法的上位法根据，寻求更为妥当的解决办法。

第三节　行政法的适用与裁量

“法的适用”概念经常在司法层面上来使用。与刑法、民法的适用不同，行政法的适用不仅有司法机关的适用，也有行政机关的适用，而且，因存在行政机关的适用，司法机关如何对待行政机关的适用，也会成为专有的问题。

一、行政法的适用步骤

通常，适用行政法，就是要解决行政争议。与一般的法适用相似，行政法的适用大致包括以下几个步骤。

（1）认定案件事实，把握案件争点。认定案件事实包括对行为主体和事实本身的认定，也就是要确定谁做了什么事，或者存在什么样的情况。行为主体和案件事实本身是客观确定的，但作为定案根据的事实则必须建立在证据的调查和认定的基础上。事实是确定的，不存在选择裁量的余地，不过，在事实认定的方法上存在一定的选择问题。

（2）寻找到完整的法条，并对法条进行解释。所谓完整的法条，又被称作完全的法条，是指具有法律要件和法律效果、能独立作为适用依据的法条。说明性法条、限制性法条、引用性法条和拟制性法条等都属于不完整法条，需要通过引证相关法条等一定的技术，确定其完整的要件和效果。法条中一般都包含着不确定法律概念，需要通过解释等方法，确定其含义，方可作为适用的前提。

（3）涵摄，亦即将案件事实代入法条。案件事实是否为法律要件的规定情形之一，也就是将案件中的生活事实认定为法律事实，这实际上是法的一次适用，这一过程通常被称作涵摄。按照三段论式的演绎推理，将案件事实这一小前提代入法律要件的大前提，进而得出结论。

（4）考察案件事实的其他因素，确定法律效果。前三步主要是解决案件定性问题，最后一步则是处理定量问题，行政机关要作出最终确定的处理决定。在涵摄过程完成之后，就需要确定法律效果。但是，仅仅确认案件事实符合法律要件，通常并不能直接得出结论。立法者通常无法为纷繁复杂的社会事实逐一配置确定的处理方案，故而，在法律规范中，常常有“可以”式规定，常常有一定的选择幅度或多种选择的可能性，为法律规范有效规范现实提供一定的弹性空间。然而，案件的处理决定必然是唯一确定的。行政机关在案件定性事实之外，还需要考察其他因素，诸如案件的影响、危害的样态和程度等，再根据平等对待、比例原则等，确定本案的法律效果，作出最终的处理决定。

二、行政认定

所谓行政认定，是指行政机关在适用法时对事实所作的确认。为了作出行政认定，首要的是开展行政调查。[①] 在调查获取了相关证据之后，就可以进行事实认定，并作出行政判断。

（一）事实认定

碰到一个案件，首先看到的是案件事实，而非案件背后的法条。但案件背后的法条对案件事实的认定具有重要的作用。

案件事实是生活事实的一种，它实质上是在两个层面或先后两个过程上而言的：其一是未经加工的案件事实，即客观真实存在的全景，可称之为全景式案件事实；其二是被描述的案件事实，经过描述的案件事实与全景式案件事实往往是有出入的，它只选取其中的某些点，经过整理分析再进行介绍描述，而不会连无关的背景也杂乱无章地一并描述。被描述的案件事实可被称作特写式案件事实。

简单地说，特写式案件事实是由 7 个 W 构成的，即何时（when）、何地（where）、主体（who）、对象（whom）、何事（what）、如何（how）、为何（why）。描述清楚这 7 个 W，就可以大致说明案情了。但并不是所有案件都需要完整地描述这 7 个 W，而是应根据案件的情况进行取舍。描述案件事实的方法大致有三种：一是历史描述，即按照案件的来龙去脉，逐一描述到案件的最后状态；二是法律关系描述，即按照案件当事人的法律关系，择其相关要点，来描述案件事实；三是请求权基础的描述，即为了行使某种请求权，根据其法律基础的要求，陈述满足其要件的案件事实。第二、三种方法已经涉及法条的应用，换言之，特写式地描述案情与法律事实之间已在逐步靠近。

通常而言，法律适用者会首先确定案件的争议点是什么，要解决这个争议需要证明哪些事实。但争议点如何确定、如何确定有待证明的事项，则要回到法条。在碰到案件之后，法律适用者初步梳理案情，凭借自己的经验，便能迅速地

---

① 有关行政调查的内容，参见本书第九章第二节。

找到可能适用的法条（通常要么按照案件的性质去查找，例如火灾事故、交通事故、食品安全事故等，要么按照案件当事人的身份去查找，例如医师、飞行员、公务员、未成年人等）。为了适用该法条，需要证明哪些事实，才能满足该法律规范的构成要件，进而确定案件的法律效果。这就是要件事实论的主张。所谓要件事实，是指法条构成要件中所记述的事实。在案件事实的认定上，需要通过证据证实，有时还需要运用证明标准、举证责任等技术。

（二）行政判断

在确定案件事实之后，对其作出评判，看其是否具备法律要件的构成要素，该案件事实就被认定为法律事实。从案件事实到法律事实的认定过程，实质上存在着一个解释的循环，但这一循环并非原地打转，而是诠释学上的循环。案件事实是一个能够用证据证明的客观事实，属于实然的存在，而法律事实却是一个价值或规范的判断，属于应然的评价。要跨越从实然到应然的鸿沟，需要说理论证的搭桥，需要判断和解释的沟通。判断特定事实是否为法律构成要件所指称的事实，通常以感知为基础，还需要借助于社会经验。如果欠缺可用的经验法则，则判断者必须比较衡量各种事实，依据法律规定的标准去评断各种事实的重要性，亦即要进行价值判断。

在行政法的适用上，常常需要一定的专业技术知识。这种需要专业技术知识支持的行政判断，有时又被称作专业技术性判断。它有广义和狭义之分。广义的专业技术性判断是指行政机关基于其专业的实务经验、法规的规范内容，在其职掌范围内针对法规的解释或规范对象的认定所作的判断。这是在行政实务上经常出现的现象，是行政机关基于专业分工的结果。不同行政机关的职掌都有各种专业，在个案中代表国家行使行政权，均为专业判断。但这并不妨碍法院对其拥有审查权，法院不受这种专业判断的拘束，否则法院的审查无法开展。狭义的专业技术性判断是指行政机关在执行某些类型案件的裁量权时，拥有排他性效力，法院无法取代行政机关的判断。[①] 在我国，得到法院尊重的行政判断大致有以下几种：第一，不确定法律概念的内容理解取决于预测性决定和具有评估性质的风险，也就是所谓预测余地，其特点在于对不明朗情况的预测和政治性的判断，这时法院会给予较大程度的尊重。例如，行政机关对于企业名称是否有“损害国家尊严或者利益”“损害社会公共利益或者妨碍社会公共秩序”情形的判断（2020年《企业名称登记管理规定》第11条）。第二，如果行政决定的根据是高度人身性的专业判断，法院也会给予较大程度的尊重。其典型者如考试中的评判，法院

---

① 参见陈新民：《论行政惯例的适用问题——评最高人民法院“广州德发房产建设有限公司诉广州市地方税务局第一稽查局税务处理决定案”判决》，《法学评论》2018年第5期，第22页。

会尊重行政部门和评阅人员的判断。第三，各方利益集团或者社会代表组成的独立专家委员会负责对不确定法律概念作出的具有最终约束力的判断，在这当中起作用的是非国家化的观点以及基本权利有效保护方面的多元化意见形成过程。例如，专利复审委员会所作的专利认定。①

三、行政裁量

行政裁量是行政法的基础概念之一，在行政法的适用中具有重要作用。行政法上的裁量大致包括行政立法的裁量、行政规划的裁量、行政处理决定的裁量等典型，三者处于同一层次的不同阶段，其间主要是行政权的裁量大小差别。我们一般是在个案处理的意义上来使用行政裁量概念。

（一）行政裁量的概念与类型

行政裁量是指行政机关在适用法的过程中所享有的判断和选择的自由。因为在行政认定过程中存在判断的空间、在确定法律效果时也存在选择的空间，行政裁量贯穿于法适用的过程。行政裁量与上述行政认定之间存在交叉关系，行政认定如果不存在判断自由，则没有裁量问题，也不涉及效果的选择，因此也就没有裁量问题。

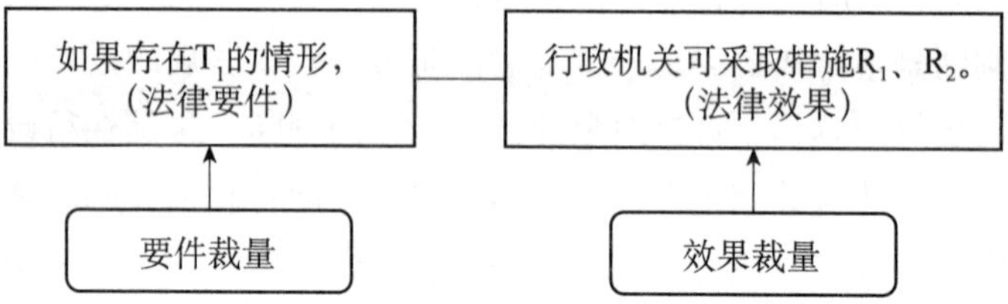

图 1-1　法律要件与效果对应的裁量

从法律规范的逻辑构成来看，行政裁量的法律规范多是这样表述的：如果存在 T_1 的情形，行政机关可采取措施 R_1、R_2。前半句属于法律要件，后半句属于法律效果。简单地说，所谓要件裁量，是指行政机关在认定有待适用的法律要件时享有判断的空间。而所谓效果裁量，是指行政机关认定法律要件之后在选择行为的效果上享有裁量的自由。理论上对于是否承认要件裁量存在争议，否定说认为，无论是确定事实、解释法律还是将事实带入法律的涵摄过程，都只是人的认知，其正确答案只有一个，行政机关的作用就是把这个唯一的正确答案找出来，

① 参见王贵松：《行政法上不确定法律概念的具体化》，《政治与法律》2016 年第 1 期，第 150－152 页。

使自己的主观认识符合客观实际，这里不存在选择的问题。而肯定说则认为，法律要件使用不确定法律概念，存在盖然性的判断空间，难以区分认识作用和意志作用，难以保证唯一正解的出现。应当说，不确定法律概念、判断余地和裁量空间之间在结果上并没有质的差别，都存在一个不确定的空间，都需要通过意志作用加以选择。要件裁量与效果裁量并没有本质的区别，而只有量的区别。①

在效果裁量中，还存在几种裁量。法律一般以“可以”式规定授权行政机关根据具体情形进行决定是否作出处理，这种行政裁量一般称为“决定裁量”。如果法律规范规定，存在某某情形“应当”如何处理，则不存在决定裁量。法律有时授权行政机关根据具体案件选择具体的措施，这种行政裁量一般称为“选择裁量”。对于何时按照何种程序作出决定、采取措施，法律有时也授权给行政机关，这时也分别存在“时期裁量”和“程序裁量”。

（二）行政裁量的规范与控制

行政裁量相对于其他权力的行使而言更为隐蔽，为了防止行政裁量权的滥用和逾越，需要对行政裁量进行规范和控制。相应的方法有很多，行政实体法和行政程序法的诸多制度均可服务于规范和控制裁量权。下面主要介绍两种主要的特色方法。

1. 行政裁量的说明理由

理由有广义和狭义之分。在存在裁量权的案件中，除单纯的事实陈述和法条引用之外，所有指向决定结论的说明，均可称作行政裁量决定的理由。但狭义的裁量理由，则是指除单纯的事实陈述和法条引用、事实的评价认定、法律要件的解释之外的作出裁量选择的理由。在不确定法律概念具体化中的价值判断、对应当考虑因素的考虑、对替代方案的选择、对各种状况和利益等的综合衡量等均为裁量理由的重要内容。狭义的理由区别于事实和法律。

在行使裁量权时，说明理由具有重要意义。早在2004年，国务院《全面推进依法行政实施纲要》第20点就提出要求：“行政机关行使自由裁量权的，应当在行政决定中说明理由。”孤零零地列举事实和法律，常常无法让人知晓为什么能得出某一案件的结论。对于行政机关而言，“无理由，不裁量”。说明理由制度大致具有以下四个方面的功能：（1）抑制恣意的功能。因为要将理由对外说明，就不能恣意妄为。（2）说服相对人的功能。行政机关所说明的理由有助于相对人充分知情，接受行政决定。（3）公开决定过程的功能。说明理由将行政机关的内在考虑公开出来，有利于接受监督。（4）方便救济的功能。行政复议机关、法院

---

① 参见王贵松：《行政裁量的构造与审查》，中国人民大学出版社2016年版，第40-46页。

可以针对行政机关所说明的理由展开审查。①

应有的理由与说明的理由应当是重合的，但现实中由于行政机关的能力、效率以及其他可能的自身利益考虑等而有所分离。理由说明得越详细，越能发挥上述功能，但也越增加行政机关的负担，降低行政活动的效率。故而，存在说明理由的详细程度与效用之间的平衡。裁量理由的说明程度要参酌说明理由义务的功能和目的，综合考虑裁量权法律根据的规定内容、该裁量决定的性质及内容、该裁量决定的原因事实等而定。存在裁量基准时，应考虑其内容及有无公布，说明裁量基准在本案中的适用情况。裁量权所涉权益越重要，越应详细说明裁量理由。裁量权越广泛，越应详细说明裁量理由。要让相对人从理由的记载中就能知晓理由所在。

在理由与裁量决定的形式关系上，一方面应当要求说明理由与裁量决定具有同时性，亦即应在作出行政裁量决定的同时说明理由。不同时作出，则无法发挥说明理由的应有功能。另一方面，还应当要求行政裁量理由与裁量决定具有一体性，亦即行政裁量决定与其理由应当记载在同一文书之上。例如，《行政许可法》第 38 条第 2 款要求，作出不予行政许可的书面决定的，应当说明理由。从理由与决定的应有关系上，这一规定似应解释为两者应当同时作出，而且应当在书面决定中同时记载相应的理由。

2. 行政裁量基准

行政裁量基准有时又被称为一般裁量，与具体案件中的个别裁量相对。行政裁量基准是行政裁量理由的成文化，它是将行政法规范中的裁量予以具体化，以判断选择的标准化为个案中的裁量决定提供更为明确具体的指引。②

制定行政裁量基准，具有以下几个方面的功能：（1）控制行政裁量的运作。裁量基准有助于抑制行政人员的恣意，有助于防止其向政治诱惑或者压力妥协的可能性，有助于防止其考虑不相关的因素而滥用权力。（2）提升行政裁量的品格。行政机关可以将各种需要考虑的因素明确地纳入裁量基准，指导行政人员具体的裁量决定。这样，一方面能提升行政裁量的品格，为裁量明确更多的要求，另一方面也能有助于提高行政的说理性。（3）减少裁量的不确定性。法律由于大

---

① 可参见饭垄堆公司诉国土资源部国土资源行政复议决定案，最高人民法院（2018）最高法行再 6 号行政判决书，2018 年 3 月 7 日。

② 在中央文件层面上，《国务院关于加强市县政府依法行政的决定》（国发〔2008〕17 号）、《国务院关于加强法治政府建设的意见》（国发〔2010〕33 号，现已失效）等先后要求，建立行政裁量权基准制度，严格规范裁量权行使，避免执法的随意性。2022 年，国务院办公厅专门作出《关于进一步规范行政裁量权基准制定和管理工作的意见》（国办发〔2022〕27 号），对行政裁量基准提出要求。在法律层面上，2021 年修改的《行政处罚法》第 34 条规定，“行政机关可以依法制定行政处罚裁量基准，规范行使行政处罚裁量权。行政处罚裁量基准应当向社会公布”。

量使用不确定法律概念，只是在一定程度上实现了私人对行政决定的可预见性。裁量基准的存在则进一步提升了这种可预见性，进一步明确了裁量应遵守的规则，限制了行政裁量的范围，减少了法的不确定性，使行政裁量能够前后一致，保持一种适当的公平。（4）便于司法对裁量决定的审查。裁量基准的设定和运用能展现行政机关在作出裁量决定时的判断过程，裁量基准可为司法审查提供线索，减轻司法审查的论证负担。

裁量基准可能以规章的形式，也可能以规范性文件的形式制定。如果以规章的形式制定裁量基准，自然遵循制定规章的权限和程序，作为规章来处理更为合适，可不作为裁量基准来对待。以规范性文件形式制定裁量基准的情形更多。在制定主体上，因为裁量基准是裁量权的一种行使方式，故而，只要法律赋予了某行政机关以裁量权，该机关便享有制定裁量基准的权限，而且无须法律另行授权。合法的裁量基准只是对法律的具体化，真正规范私人权利义务者是法律自身，而非裁量基准。

在制定程序上，制定裁量基准的活动不是行政立法，故而不必遵循如行政立法那般的程序。但裁量基准的运用也会影响到外部的私人，故而，在制定裁量基准的过程中，应尽可能地听取行政相对人、利害关系人、利益团体、相关领域专家等方面的意见。

裁量基准不具有法的拘束力，但并非对行政机关没有拘束性。它通常是借由平等对待原则、信赖保护原则、行政自我拘束原则等的转换而对行政机关发生拘束力。如果不适用裁量基准，则可能因违反这些原则而构成违法。裁量基准具有事实上的拘束力，在处理具体案件时，在说明理由的部分应当引用裁量基准，增强裁量决定的说理性。在实务中存在一个值得警惕的现象是，在具体的个案中，裁量基准的运用容易导致执法者怠于裁量，不充分考虑个案情形，而径直适用裁量基准了之。但是，法律授予行政机关以裁量权，其目的在于让行政机关根据个案中的具体情况，来实现个案正义，行政机关负有个案考虑义务。所谓个案考虑义务，亦即考虑个别情况的义务，是指行政机关在处理个案时应当斟酌个案中的所有情况，适用法律规范的要求。个案考虑义务要求行政机关在作出裁量决定时要充分考虑，不仅要考虑裁量基准，还要考虑现实案件的方方面面。对于裁量基准适用的典型案件，通常应适用裁量基准。对于非典型案件，基于个案的考虑，行政机关有可能背离裁量基准作出裁量决定。这是合法的行为。但若要背离裁量基准，就必须以书面形式说明不适用裁量基准的理由，以便确保裁量基准应有的拘束力。

（三）行政裁量的界限与瑕疵

从规定行政裁量的法条来看，这种法具有双重功能，一方面授予行政机关以自由，另一方面又要加以法的限制。行政裁量存在内外双重界限，违反两者均属于裁量瑕疵，构成违法。

1. 外部界限：超越裁量权

行政裁量是在法律、法规规定的一定范围内的裁量，法律、法规的形式规定构成了行政裁量的外部界限。违反这一界限要求，就是超越裁量权。

超越裁量权通常有以下几种表现。第一，超越授权规定。授权规定是裁量权的来源，同时也构成裁量权最为明确的外部界限。第二，侵犯基本权利。基本权利对行政机关而言具有直接的拘束力。第三，违反一般法的原则，例如平等对待原则、比例原则等。授权规定、基本权利、一般法的原则都是法的组成部分。

2. 内部界限：滥用裁量权

法律授权给行政机关裁量，目的在于运用行政机关的优势作出符合法的目的、合乎个案正义的决定。行政裁量是一种合义务性裁量，并非无拘无束，更不能恣意妄为。这构成了行政裁量的内部界限。违反这一界限要求，就是滥用裁量权。

滥用裁量权通常有以下几种表现：第一，怠于裁量。授予裁量权的目的在于让行政机关作出合理的裁量决定，但行政机关有时有裁量权却不行使，不论何种情形，均作统一处理。例如，机械适用裁量基准，也可能构成怠于裁量。第二，考虑不周。这主要表现为考虑不应当考虑的因素，不考虑应当考虑的因素。例如，不考虑财产安全，交通管理部门工作人员就扣留正在运输生猪的拖拉机，法院认为这是“不符合合理、适当的要求，是滥用职权”①。第三，权衡失当。这主要表现为违反应有的评价水准，作出过高评价或者过低评价。

在现实中，裁量权的超越与滥用是相对的，有时也难以区分。例如，违反平等原则的事例，既有归入超越裁量权之列的做法，也有归入滥用裁量权之列的做法。它们都是抽象地表达裁量界限的违法基准。裁量界限论和瑕疵类型化是实践、认知深化的一个表征，为规范和控制裁量提供了一个思维框架，但仍不应忽视不同界限或类型的相对性以及它们背后的共通性。

深度阅读

1. 翁岳生．行政法：上册．北京：中国法制出版社，2009：第一章．

2. 王贵松．行政裁量的构造与审查．北京：中国人民大学出版社，2016：第二章．

---

① 王某萍诉中牟县交通局行政赔偿纠纷案，《最高人民法院公报》2003年第3期，第36页。

3. 陈爱娥．行政法学的方法：传统行政法释义学的续造//姜明安．行政法论丛：第17卷．北京：法律出版社，2015.

4. 广州德发房产建设有限公司诉广州市地方税务局第一稽查局税务处理决定案［最高人民法院（2015）行提字第13号行政判决书，最高人民法院行政审判十大典型案例（第一批）之一］.

问题与思考

1. 行政法是什么？有何功能？如何才能产生这样的行政法？
2. 行政法的法源有哪些？怎样才能作为行政法的法源？
3. 行政法如何适用？行政机关所受的拘束与自由何在？

第二章　行政法基本原则

重点知识

法治行政原则　依法行政原则　依法律行政原则　法律优位　法律保留　比例原则　正当程序原则　信赖保护原则　行政效能原则

知识逻辑图

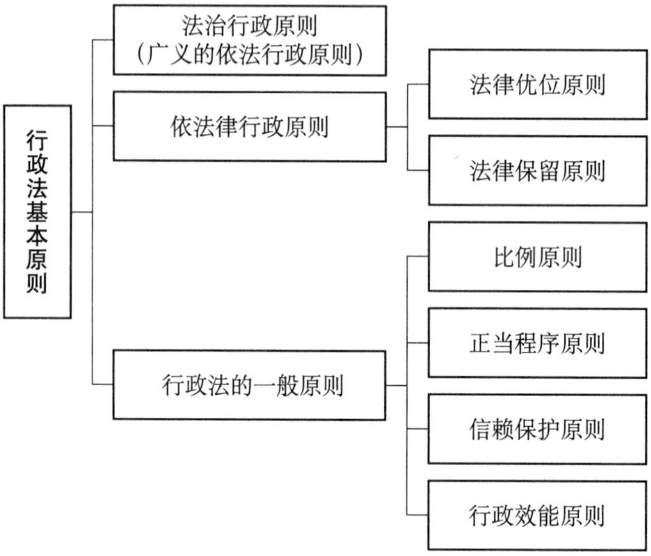

第一节　行政法基本原则概述

在对行政法作了初步了解后，我们来讨论行政法的基本原则。通说认为，法律规范就其构成而言，可以区分为规则和原则。原则又可以区分为基本原则与一般原则。[①] 考虑到学界和实务界经常在广义层面使用"基本原则"的概念，将一般原则也视为基本原则，所以本章也在广义上讨论基本原则。[②] 可以说，行政法基本原则不仅是行政法的规范来源之一，而且代表着整个行政法规范体系中最重要、最具有普遍性的价值目标，是构建整个行政法规范大厦的基础性原则。[③]

一、行政法基本原则的界定

对于行政法基本原则究竟包含哪些，各国认识不尽相同，同一国家的不同学者也往往有不同概括，这就需要对行政法基本原则本身进行界定。

可以从"是否具有规范性"的角度，来区分行政法的基本原则与基础理论。[④] 之所以进行这一界分，是因为自 20 世纪 80 年代起，中国行政法学界曾展开对行政法基础理论的争论，不仅形成了管理论、控权论和平衡论等代表性观点，还产生过行政法究竟采用红灯理论还是绿灯理论、究竟是制动器还是发动机等偏重于学科基本功能、性质等基础理论的讨论。学科基础理论的讨论会对行政法原则的认识产生影响。比如管理论认为行政法是有关管理的法，那么"精简高效"就容易找到其逻辑起点；而控权论认为行政法是控制行政机关权力行使的法，那么"法律至上"就更有说服力。区分原则与原理的意义在于，一方面不能将原则与学理混为一谈，基本原则本身具有规范性面向，具有权利义务的指向性；另一方面则需认识到，行政法基础理论镶嵌于国家理论和政治理论当中，无论从横向的国别维度还是从纵向的历史维度看，行政法基本原则都可能不是唯一和固定不变的[⑤]，因此需要对现代民主法治国家不断发展演进的行政法基础理论进行分析，从而更好地凝练行政法的基本原则并发挥其规范功能。

可以从规范性的具体表征，来区分原则与规则。就规范性而言，原则与规则主要存在形式和构造两个层面的差别。[⑥] 形式上的差别主要指确定性的差别，即

---

① 参见姜明安主编：《行政法与行政诉讼法》，北京大学出版社、高等教育出版社 2024 年第 8 版，第 64－65 页。

② 有关行政法上一般法律原则的讨论，可参见翁岳生编：《行政法》（上册），中国法制出版社 2002 年版，第 146－165 页。

③ 参见罗豪才、湛中乐主编：《行政法学》，北京大学出版社 2012 年第 3 版，第 27 页。

④ 这里的基础理论区别于基本原理。基本原则与基本原理是有联系又有区别的概念，有时两者也会被等同对待。参见杨建顺主编：《行政法总论》，北京大学出版社 2016 年第 2 版，第 21－22 页。

⑤ 关于行政法理论与政治理论之间的关系，可参见［英］马丁·洛克林：《公法与政治理论》，郑戈译，商务印书馆 2002 年版；［英］保罗·P. 克雷格：《英国与美国的公法与民主》，毕洪海译，中国人民大学出版社 2008 年版；［英］卡罗尔·哈洛、理查德·罗林斯：《法律与行政》（上、下卷），杨伟东、李凌波、石红心、晏坤译，商务印书馆 2004 年版。

⑥ 法理学上关于这二者差别的讨论，参见雷磊：《类比法律论证——以德国学说为出发点》，中国政法大学出版社 2011 年版，第 327－342 页。

对具体的行为是否存在明确的要求。原则通常是一般性地要求实现某个目标，而没有准确地指示应当以何种行为来实现；相反，规则会明确要求或禁止某种特定的行为方式。而构造上的差别主要是适用方式上的差别。通常，规则的适用方式是“全有或全无”的确定性命令形态[①]，基本的逻辑构造是法律要件—行为效果的“涵摄”模式。当规则与规则发生冲突，往往产生非此即彼的法律适用效果。而原则存在“重量”的差别，要求在可能的范围内最大限度地实现目标，即被最佳化实现的命令。[②] 原则的适用方式是权衡，原则与原则的冲突只意味着根据权衡的结果，某一原则在具体个案中的重要性较低，而非无效。

就重要性而言，行政法基本原则不同于特殊原则。行政法基本原则是指导行政法律制定、规范行政权力运行，以及为监督者提供判断标准的基本准则。[③] 千差万别的规则能够通过行政法基本原则的统摄形成为统一的整体，因此，基本原则构成行政法的底线，贯穿于行政法的始终。[④] 与此相比，特殊原则位于基本原则之下，只是指导局部的行政法规范。比如，“过罚相当原则”就是在行政处罚法领域极为重要的一项原则。此外，狭义层面的行政法基本原则也应与一般原则存在差异。[⑤] 基本原则应当具备对行政法这一部门法具有特殊统领性的特质和地位，因此无法与宪法或其他部门法共享；而行政法一般原则的来源与适用并不局限于行政法领域，诸如公法和私法的共通原则、公法领域的共通原则，只要对行政法律关系具有规范作用，都可以作为行政法的一般原则。[⑥] 如前所述，本章也将一般原则作为广义的基本原则加以介绍。

二、行政法基本原则的确立标准

行政法基本原则不仅是行政法作为部门法适用的规范来源之一，而且是指引行政法律制度的制定、规范行政权力运行，以及为监督者提供判断标准时的基本准则，因此，行政法基本原则的确立对于构筑整座行政法大厦的根基极为重要。尤其是，在行政法没有形成统一法典、行政法规范本身通过众多相互平行和分散的行政法律文件组成的前提下，就更显重要。可以从形式标准与实质标准角度，

---

① 参见［美］罗纳德·德沃金：《认真对待权利》，信春鹰、吴玉章译，中国大百科全书出版社 1998 年版，第 43 页。

② 参见［德］罗伯特·阿列克西：《法：作为理性的制度化》，雷磊编译，中国法制出版社 2012 年版，第 131－147 页。

③ 参见陈新民：《中国行政法学原理》，中国政法大学出版社 2002 年版，第 32 页。

④ 参见胡建淼：《行政法学》（上），法律出版社 2023 年第 5 版，第 42 页。

⑤ 参见罗豪才、湛中乐主编：《行政法学》，北京大学出版社 2012 年第 3 版，第 27 页。

⑥ 参见姜明安、余凌云主编：《行政法》，科学出版社 2010 年版，第 63 页。

讨论行政法基本原则的确立标准。

从形式标准看，行政法基本原则应当符合以下要求：其一是法律性。法律是社会规范的一种，行政法基本原则作为行政法规范的渊源，必须具备法律性的特征，从而区分于政治的原则和行政管理的原则。法律性意味着“法律拘束力”，任何行政行为若违反行政法基本原则，都会产生法律后果。一般说来，法律原则并不要求明确的成文法化，但在适用效力上依然体现为有规范权利义务结构的法律效力。其二是特殊性。这种特殊性使之具备调整独特法律领域的部门法自觉，从而区分于作为根本法的宪法和其他部门法的基本原则。与私法上的意思自治形成对照的是，行政法的基本原则必须围绕着解决“行政与法”这一特殊领域的问题展开部门法思考，因此，行政法基本原则必须是聚焦“行政法”所形成的基本原则，而不是未经部门法的独特性思考而随意引介自其他领域的相关原则。其三是基本性。基本原则的基本性使之与行政法的其他特殊原则或者具体规则相区分。① 行政法原则本身可以区分层次，涵盖不同的适用范围。而基本原则一旦被概括、抽象出来后，反过来被用于全面指导行政法规范的制定、解释和适用，覆盖行政立法、执法、司法和法制监督的过程，是拘束所有行政活动的底线思维。②

从实质标准看，行政法基本原则的确立取决于对行政法功能与价值的认知，即返回到“事物的本质”。行政法，是有关行政之法，其核心是“法律与行政”的关系。③ 因此，行政法的基本原则本质上就需要回应“行政与法的对立统一”这一基本矛盾。根据现代法治理念的要求，法律高于行政，行政受法律的支配与统制。一方面，法律规定行政机关的职责和权限，赋予其行动的资格和程序要求，同时规定私人所要履行的义务以及根据法律所享有的权利。另一方面，法律具有民主正当性，行政机关是受人民的托付行使公权力，人民与行政机关是委托代理关系，所以行政机关必须遵守法律的规定，服从法律的目的。

因此，与私法领域的意思自治形成对照的是，行政法的基本原则为“法治行政原则”。“法治行政原则”是法治原理在行政法领域的要求。该原则完整地结合了法治的两个层面：首先有“行政”，确定的是行政机关与私人之间形成实体权利义务关系；其次是行政服从“法律的支配”，即行政遵循外在的法律界限。德国和日本行政法上用“依法律行政原理”来构架法治行政的基本框架，美国传统行政法上用“传送带模型”揭示法律与行政之间的关系。我国学者也指出：“行政法的基本原则总体上可以称作为‘行政法治原则’，旨在推进国家行政的法

---

① 参见张尚鷟主编：《走出低谷的中国行政法学——中国行政法学综述与评价》，中国政法大学出版社 1991 年版，第 61－62 页。

② 参见应松年主编：《行政法学新论》，中国方正出版社 1998 年版，第 37 页。

③ 参见周佑勇：《行政法原论》，北京大学出版社 2023 年第 3 版，第 55 页。

治化。”①

将法治行政作为行政法的基本原则，并非基于纯粹的理念，或者对外国法的简单比附，而是具有客观的认知基础。从比较法视角看，法治行政原则是民主与法治对于行政法所提出的本质要求。无论是大陆法系国家还是普通法系国家，都以某种形式的法治理念作为本国行政法的支配性原则。法律高于行政，行政受法律的支配与统制，是法治原则在行政法领域的核心命题。从国内法视角看，1999年，“依法治国，建设社会主义法治国家”写入我国《宪法》，正式确立了法治国家的宪法原则。《宪法》也明确要求：“一切国家机关和武装力量、各政党和各社会团体、各企业事业组织都必须遵守宪法和法律。”在2002年党的十六大提出“依法行政”之后，国务院于2004年颁布《全面推进依法行政实施纲要》，提出系统性的法治行政要求，并于2015年和2021年发布两轮《法治政府建设实施纲要》，可以说，法治行政、法治政府或依法行政的理念，已经是当下我国社会普遍接受的观念，具备“社会共识”的基础。②

三、行政法基本原则的发展

（一）发展阶段

行政法基本原则在行政法学中具有特殊地位。自1978年以来，几乎所有的行政法学教材和著作都会为行政法基本原则留下应有的位置。从学术史角度看，行政法基本原则在我国的发展可以分为三个阶段。

1. 借鉴其他学科知识体系，搬抄为行政法基本原则的“初期萌芽”阶段。这一阶段的特点是，在名称上往往就直接以“行政管理基本原则”为标题，不仅在形式上所列基本原则数量较多，而且在内容上直接搬抄政治学、行政学和宪法学的基本原则。③ 这一阶段主要是在1985年之前，其原因是在我国行政法学理和体系初建的彼时，行政法被认为是有关行政管理的法，因此行政管理的基本原则也被当然地视为行政法的基本原则；

2. 以《行政诉讼法》的制定为契机，形成基本原则“两分论”的生成阶段。1985—1989年是我国《行政诉讼法》酝酿、起草、讨论和通过的起步阶段。积极吸收外国行政法学理论、立足于司法审查面向的部门法思考，成为这一阶段

---

① 胡建淼：《行政法学》（上），法律出版社2023年第5版，第43页。

② “依法行政”在学理层面，有广义和狭义的区别，广义的依法行政等同于行政法治或者法治行政。

③ 例如参见北京政法学院国家法教研室编：《行政法概要》（校内用书），1982年版。

我国行政法发展的重要特点。[①] 其中，行政法基本原则“合法性与合理性”的两分论结构，正是这一阶段发展的成效之一。大致以 1989 年为界分，前期的行政法基本原则虽然亦开始立足于部门法的思考，但总体依然显得分散、混杂；自 1989 年开始，行政法基本原则被逐渐集约为“合法性与合理性”的两分论结构[②]，并在之后的相当一段时间成为我国行政法学的“通说”。

3. 从朴素的两分论结构，迈向多元化发展。“合法性与合理性”的两分论结构对我国的行政法发展意义重大。它不仅结束了我国行政法学向其他学科搬抄作业的历程，确立起作为部门法学科迈向独立的学理和知识体系建构的自觉，而且改变了以往“分散式”的罗列方式，尝试了一种对行政法基本原则体系化的建构形态。不过，自 1998 年之后，学界开始对两分论结构进行反思和修正[③]，有的虽然延续了两分论的框架基础，但对具体内容进行了细化和调整[④]，有的直接从基本框架上摈弃两分论结构而采取其他方式。这种多元化发展趋势持续到现在。

（二）基本原则的体系

目前，我国行政法教材和著作中对于行政法基本原则的阐述显得较为多元开放。从类型上可以区分以下方式：

1. “一元论”和“多元论”

通常，一元论采用宽泛意义的“法治行政原则”或“依法行政原则”为总纲，其项下会有较多具体原则加以补充拓展。比如，胡建淼教授认为“行政法的基本原则总体上可以称作为‘行政法治原则’……但是，具体应当包括哪几条原则，还是有待研讨”[⑤]；周佑勇教授也认为“行政法基本原则从总体上应该是行政法治原则”，但“应当具体确定哪几项为行政法基本原则”[⑥]。与此不同，多元论没有归纳或提炼出“唯一”的总纲性原则（原理），并认为行政法基本原则应当包含复数形态的罗列。比如应松年教授主编的《当代中国行政法》归纳了依法

---

① 具有英国法背景的北京大学龚祥瑞先生《比较宪法与行政法》出版，在中国公法学史上具有里程碑意义。该书从司法审查角度提出有关司法审查的行政合法性原则、行政正直性（公正性）原则和行政合理性原则，随之被中国行政法学者解读为行政法的基本原则。参见龚祥瑞：《比较宪法与行政法》，法律出版社 1985 年版，第 319－329 页；龚祥瑞：《行政合理性原则》，《法学杂志》1987 年第 2 期，第 38 页。

② 从文献史考证，朱维究教授在《法学研究》1989 年第 1 期发表《简论行政法的基本原则》，明确“行政合法性原则”和“行政合理性原则”的两分结构。这种两分结构也为我国两部具有较大学术影响力的行政法教材所采纳。参见应松年主编：《行政法学教程》，中国政法大学出版社 1988 年版，第 40－44 页；罗豪才主编：《行政法学》，中国政法大学出版社 1989 年版，第 37－45 页。

③ 参见胡建森：《关于中国行政法上的合法性原则的探讨》，《中国法学》1998 年第 1 期，第 65－66 页；姬亚平：《行政合法性、合理性原则质疑》，《行政法学研究》1998 年第 3 期，第 72－73 页。

④ 参见叶必丰：《行政法与行政诉讼法》，高等教育出版社 2015 年第 3 版，第 33－34 页。

⑤ 胡建淼：《行政法学》（上），法律出版社 2023 年第 5 版，第 43 页。

⑥ 周佑勇：《行政法基本原则研究》，法律出版社 2019 年第 2 版，第 120－121 页。

行政原则、合理性原则、诚信原则和正当程序原则这四项基本原则，它们并列在一起，没有总纲性原则的顶层设计。[①]

2. "层次式"和"并列式"

严格说来，并不存在纯粹意义上的行政法基本原则一元论，因为即使有"法治行政原则"等总纲性概括，行政法基本原则的讨论依然离不开具体原则的铺陈。无论是一元论项下的诸多原则，还是多元论本身的诸多原则，都可以区分为"层次式"和"并列式"两种类型。"层次式"是对复数的行政法原则作不同逻辑层次的展开。姜明安教授主编的《行政法与行政诉讼法》区分实体性原则和程序性原则，并在这两个类型项下区分具体原则；胡建淼教授从"职权来源"和"职权行使"两个方面来构建行政法治原则的层次；叶必丰教授保留了"合法性原则"和"合理性原则"的两分论结构，并在此之下细化具体原则。而并列式模式则是将不同行政法原则进行铺陈，并没有再次区分层次性的结构。[②]

3. "闭环式"和"举要式"

所谓闭环式，是指对行政法基本原则的架构基于一个逻辑和内容上的闭环体。比如章剑生教授提出行政法基本原则建构的逻辑基础，是立足于"有效率的行政"和"有限制的行政"两个基点，分别构建行政实体法、程序法和诉讼法三个领域的基本原则。[③] 周佑勇教授则立足于罗尔斯对形式正义、实质正义和程序正义的类型化区分，对应式地建构了行政法定原则、行政均衡原则和行政正当原则的结构。[④] 而"举要式"论者则将行政法原则理解为一种形成和发展中的动态结构，并不追求完备规整的逻辑。比如何海波教授认为法律原则来自不同视角的概括、提炼或引申，并不局限于有限的几个，但是可以在现下阶段对行政法原则进行"举要"[⑤]。

本章采用举要的方式对若干在当下我国行政法学界和实务界已达成相当共识的基本原则展开介绍。

第二节　依法律行政原则

依法律行政是法治行政原则中的基础性命题，也被称为法律支配或法律至

---

① 参见应松年主编：《当代中国行政法》（第一卷），人民出版社 2018 年版，第 105 页以下。

② 参见杨登峰：《行政法基本原则及其适用研究》，北京大学出版社 2022 年版。

③ 参见章剑生：《现代行政法基本理论》（上卷），法律出版社 2014 年第 2 版，第 90－108 页。

④ 参见周佑勇：《行政法基本原则研究》，法律出版社 2019 年第 2 版，第 135 页以下。

⑤ 举要的行政法原则包括诚意原则、比例原则、平等原则、正当程序原则、信赖保护原则和应急性原则。参见何海波：《实质法治——寻求行政判决的合法性》，法律出版社 2009 年版，第 248－255 页。

上。依法律行政是西方近代资产阶级革命后的一大成果，近代中国所继受的依法律行政是经由日本转介而来的德国法上的概念。[①] 它主要由法律优位原则与法律保留原则构成。[②]

一、法律优位原则

法律优位，也被称为法律优先或法律优越，是指法律高于行政，行政受法律拘束，行政的一切活动均不得违反现行的法律。按照传统学理，法律优位原则属于“消极层面”的要求，主要解决的是“不抵触”问题，即行政不得与法律相抵触。由于依法律行政原理是权力分工和民主原则的产物，因此，法律优位作为依法律行政原理的组成部分，其中的“法律”是形式意义上的法律，仅指代议制机关所制定的法律。[③]《宪法》第 5 条第 4 款规定：“一切国家机关……都必须遵守宪法和法律。一切违反宪法和法律的行为，必须予以追究。”这是对宪法和法律优势地位的强调。《立法法》在第 98 条强调宪法具有最高法律效力之后，于第 99 条第 1 款规定，“法律的效力高于行政法规、地方性法规、规章”，是对法律优位原则更为具体的规定。

（一）法律优位原则的核心要求

为了防止行政活动违反法律，法律优位原则的核心要求包括：（1）法律高于行政。只要现行有效的法律有所要求，行政活动就必须予以适用。法律优位原则的适用对象不仅包括具体的行政决定，还包括行政机关制定行政法规、规章和其他规范性文件的活动，即行政立法。这一点，在现代行政面临纷繁复杂的治理目标、代议制民主立法不得不进行行政立法授权的情形下，显得尤为重要。（2）行政不得违反法律。这里的违反法律，包括违反法律规定的主体、权限、程序和形式等要求。在法律没有规定并且法律有意不予规范时，行政机关加以规范，就是违反法律。在法律没有规定但法律是否有意不予规定并不明朗时，行政机关能否实施行政规制的行为，将取决于法律保留的要求。在有法律明示或默示规定时，“违反”与“抵触”同义，只要不超出法律规定的范围，就应认为不违反法律。由此可见，法律优位原则并不要求一切行政活动都必须有法律的依据，只要不抵

---

① 参见王贵松：《依法律行政原理的移植与嬗变》，《法学研究》2015 年第 2 期，第 80 页。

② 参见陈敏：《行政法总论》，新学林出版股份有限公司 2011 年版，第 155 页以下。

③ 从法律渊源角度看，它仅指我国全国人大及其常委会制定的法律，不包括行政法规、地方性法规和规章等，不包括习惯法，不包括未成文法化的一般法原则。参见王贵松：《论行政法上的法律优位》，《法学评论》2019 年第 1 期，第 38 页。

触现行法律规定，即“只要处于法律的框架秩序之内，就没有违反法律”[①]。(3) 法律只能由法律变更废止。由于法律是代表着民主正当性的最高国家意志，因此，只有新的法律才能修改、废止旧的法律。这就是所谓“法律的形式效力”。除非通过法律的授权，允许对现有法律的规定进行变通或者调整，不然即使现有法律的规定存在问题，行政机关在法律修改之前依然需要执行法律，而不得以下位法或其他措施变通或停止执行法律。

(二) 法律优位原则的辅助要求

贯彻法律优位原则，还需要遵循一些辅助要求：(1) 法律优位原则包含针对法律本身的面向。它要求法律具有具体且明确的内容（法律明确性原则），行政违反法律应当有不利的法律后果和评价产生，包括审查、纠正与惩戒机制。(2) 确认法规范的位阶性。为了防止行政活动违反法律，不仅要使行政的个别行为符合法律，还要使行政立法符合法律。法律固然可以授权行政机关制定行政立法，行政立法也有补充法律的效力，但行政立法依然受法律优位的限制。不能认为有法律的授权，行政立法就不会产生抵触上位规范的问题，因此，需要完善行政立法的合法性审查制度。(3) 积极适用法律。行政机关作为法律的执行机关，应当通晓相关法律规范，谙悉法律意旨，检视行政活动与法律的契合性，尤其是要在有法律规定的案件中积极适用法律，在可能产生冲突的情况下考虑整个法律体系的要求，使自己的行为符合法律的要求。

二、法律保留原则

法律保留的用语含义较为广泛，这里所说法律保留原则是指行政活动的作出必须取得法律的授权，即行政应当具有法律依据。[②] 如果说法律优位原则解决的是“不抵触”问题，那么法律保留原则解决的是“有依据”问题。法律优位是一种“位阶命题”，明确法律高于行政；而法律保留是一种“渊源命题”，即要求行政必须有法律可依。这里的法律，仅指代议制机关所制定的法律。因此，严格的法律保留原则要求“无法律即无行政”，代表着“积极面向”的行政合法性要求。

(一) 法律保留的范围

如果承认严格意义上的“行政＝法律的执行”的传送带模型，那就意味着

① 吴庚：《行政法之理论与实用》，三民书局 2006 年增订 9 版，第 81 页。

② 包含横向法律保留与纵向法律保留、宪法意义上的法律保留和行政法意义上的法律保留、组织保留和行为保留等区分。

“全部保留说”的立场，即所有行政活动都必须具有法律依据。行政全然接受立法者的意志支配，体现最强烈的法律保留形式。但全部保留说存在两个方面的问题：（1）可能性问题。现代行政任务纷繁复杂，要求所有的行政活动都具有法律上的依据，显得过于理想化。即使在传统的国家权力领域，亦很难实现纯粹的羁束行政。而在行政机关被赋予形成性立法权力的当下，为了实现行政目标，原则上需要行政的形成自由来选择不同的活动方式或组织形态。[①]（2）必要性问题。事无巨细、形态多样、目标各异的现代行政活动是否都需要法律保留，必要性存疑。如果将依法律行政的正当性基础理解为法治原则、分权理论和民主主义，那么行政正当化的来源也可以多样化。比如通过法律的明确性授权、通过公民参与来增强行政的民主化和决策的可接受性。[②]

由此，法律保留往往是指部分保留，其核心指向“适用范围”问题[③]，即什么样的行政领域或事项，必须保留给法律来规定。从理论形态看，部分保留说又可以分为侵害保留说和重要事项保留说。

侵害保留也称为干预保留，主张法律保留的范围应当局限于对公民自由和财产事项的干预。在德国法上，法律保留原则在自由法治国背景下萌芽，当时的行政主要就是秩序行政，凡属秩序行政的事务，必须适用此原则，没有例外。这也是奥托·迈耶时代对行政合法律性的“全面保留”要求。但随着现代国家任务的范围变化，行政机关的行为不再只限于秩序行政，也及于服务行政。国家被要求积极地提供服务，实现生存照顾和福利给付。此时，是否仍需按照秩序行政领域的要求遵守严格的法律保留，存在争议。肯定者坚持给付行政也被要求具有预算法和组织法上的依据；按照新财产权理论，获得给付也是公民新型财产权的表现，行政机关拒绝给付或不当给付，也会产生干预财产的效果。因此，需要通过法律对给付的内容、要件以及标准加以规范，防止行政的恣意。这也被称为“社会保留论”。而否定者认为，与侵害行为不同，给付行为并不会侵害公民的社会权，恰恰是“行政不给付”会侵害公民的社会权。因此，政府为社会提供福祉，只要不违背法律优位原则，就无须牺牲行政权的积极性来强行要求法律保留。对此，“权力保留说”提供的方案是，需要视给付行政是否涉及公权力行使来讨论是否需要法律保留的问题。只有行政机关决定公民权利义务的权力行为，才必须有法律的依据。

重要事项保留说被认为是现代意义上的法律保留原则。它主张，涉及行政活动的本质性事项必须由议会决定，因此也被称为“本质性保留说”。行政活动对

① 参见林明锵：《欧盟行政法——德国行政法总论之变革》，新学林出版股份有限公司2009年版，第58页。

② 参见王锡锌：《行政正当性需求的回归——中国新行政法概念的提出、逻辑与制度框架》，《清华法学》2009年第2期，第109页。

③ 参见陈新民：《中国行政法学原理》，中国政法大学出版社2002年版，第36页。

私主体的意义或重要性越大，其本质性特征就越为明显，对该事项的法律规范要求也越高。由此，事项与主体之间的关系被纳入重要事项保留的考虑范畴。具体的判断则取决于公民的地位、所涉及的生活范畴以及所受规范的对象，因而重要事项保留是情景化的判断，它存在适用的模糊性困难。根据该理论，法律保留可以区分三个层次：第一个层次是对基本权利极为重要或具有重要政治意义的事项，应由议会保留；第二个层次是重要性较小的事项，立法机关可以通过法律授权的方式授权行政机关制定行政法规；第三个层次是不具有重要性的事项，不适用法律保留原则。

（二）重要事项保留说的立法构造

对我国而言，法律保留的范围并非一成不变，它随着国家权力格局和人民地位的变化而变化。从实然角度看，我国目前关于法律保留原则的立法构造更接近重要事项保留说。[①] 根据《立法法》第12条的规定，部分事项因其重要性而构成绝对保留事项，比如犯罪和刑罚、对公民政治权利的剥夺、限制人身自由的强制措施和处罚、司法制度等。严格说来，只有这些事项才属于真正法律保留的范围，一方面，立法机关不得通过授权立法的方式将这些事项授权国务院先行制定行政法规，即遵循“禁止授权原则”；另一方面，正因为相关事项只能由法律加以规范，所以但凡行政活动涉及绝对保留事项的领域，必须有法律所提供的根据规范作为适用前提。

绝对保留事项之外的事项，可以进一步区分为两类：第一类是本来需要由立法机关制定法律、但立法机关可以在未制定法律的情形下授权国务院先行制定行政法规的事项，即法律相对保留的事项（《立法法》第11条中除绝对保留事项之外的事项）。由于这部分相对保留事项在重要性上虽然不及绝对保留事项，但已经高于一般事项，因此，即使授权国务院先行制定行政法规，也必须符合授权明确性原则，并且禁止二次授权。第二类是非必须由立法机关制定法律的事项，只要属于国务院的职权范围，即可以通过行政法规加以规范。

第三节　行政法的一般原则

依法律行政原理所包含的法律优位和法律保留，代表着法治行政原理的形式命题，只要行政活动符合形式上的合法律性，即达到了行政法治的要求；但现代

---

① 有学者将其更精确地归纳为“极为重要事项保留说”，参见王贵松：《行政活动法律保留的结构变迁》，《中国法学》2021年第1期，第139页。

的法治理念还包括实质法治，通过在形式合法律性的框架内输入某种新的法律精神或原则，实现对形式法治的补偏救弊。[①] 如果说依法律行政原则奠定了法治行政原理的底线框架，那么通过司法判决和学理逐步发展而来的行政法一般原则，则是在不同阶段通过不同实体价值的导入，进一步注入行政法的实体合法性之中。它代表着一套包括学理，特别是司法予以具体化所提炼出来的法律规范。[②] 不同学者对于行政法一般原则的概念和归纳观点不尽相同。

一、比例原则

比例原则解决目的与手段之间的关系。作为释义学概念，它发端于 18 世纪末期的德国警察行政法领域；二战后随着《德国基本法》的制定与联邦宪法法院裁判的解释适用，逐渐发展出具有宪法位阶的要求。随着其他国家对这一原则的借鉴，尤其是欧盟法上适用此原则对普通法国家造成影响，如今的比例原则已经在全球范围内出现跨学科研究和跨部门法适用的风潮。

（一）比例原则的内涵

行政法上的比例原则，主要针对行政裁量领域行政手段如何选择的问题，它的核心要求是行政活动的手段必须与目的成比例。

比例原则呈现丰富的内涵结构。通说认为，它包含适当性、必要性和均衡性的三项分支原则，（1）适当性原则要求行政机关所采取的措施，必须是有助于目标实现的方式。它可以细分为两个层面：其一是目的层面，其二是有助于目标实现的手段。就前者而言，要求目的应当是通过宪法和法律所确立的正当目的，行政行为不可追求不正当的目的。就后者而言，要求行政的手段本身是合法的，而且手段与目的之间具有适当联结，手段能够正面的促使目标的实现。[③]（2）必要性原则要求在所有同样有助于目标实现的手段中，必须选择对私主体权益损害最小的方式，因此该原则也被称为“最小侵害原则”。必要性原则可以细分为三个向度：其一是可选择的手段范围，其二是选择手段的最小侵害性，其三是目标实现的相同有效性。必要性原则所要求的最小侵害标准，不仅适用在实体层面，也对程序部分有所约束。（3）均衡性原则，也被称为“狭义的比例原则”，强调的是某项行政措施在公共目标实现与私人权益侵害之间的均衡。它最集中地体现出比例原则对目的手段关系的调整，并且只有当该行政措施对公共利益的实现（收

---

① 参见何海波：《实质法治——寻求行政判决的合法性》，法律出版社 2009 年版，第 11 - 15 页。
② 参见［德］哈特穆特·毛雷尔：《行政法学总论》，高家伟译，法律出版社 2000 年版，第 64 页。
③ 参见陈新民：《行政法学总论》，三民书局 2005 年修订 8 版，第 91 - 92 页。

益）和对私主体权益的损害（成本）之间达成均衡，才能被认为是符合比例原则之要求的行政措施。从这个角度出发，比例原则也经常被拿来与成本—收益分析相比较。

（二）比例原则的规范基础

德国法上的比例原则被认为是一个“效力基础非常深厚”的行政法一般原则，“兼及若干相互补充和交叉的理由”①。在我国，也有不同学者试图揭示比例原则的规范基础，但观点并不统一。从实定法角度，可以借助两重视角来梳理比例原则的规范基础。

1. 隐含规范和明示规范

我国既有的法规范中，既有那些不受德国法影响、但包含着比例原则之内涵的规范基础，也有那些继受德国法影响的比例原则的规范基础。前者可被称为“隐含规范”，后者可被称为“明示规范”。隐含规范比如《无线电管制规定》第4条规定：“实施无线电管制，应当遵循科学筹划、合理实施的原则，最大限度地减轻无线电管制对国民经济和人民群众生产生活造成的影响。”《人民警察使用警械和武器条例》第4条规定：“人民警察使用警械和武器，应当以制止违法犯罪行为，尽量减少人员伤亡、财产损失为原则。”这两个条款都没有特别明确的比例原则的表述。就立法本意而言，也未必吸收了德国法上的“比例原则”概念，但无论是“最大限度减轻影响”，还是“尽量减少损害”，都体现了比例原则构成中最小侵害原则的核心要义。隐含着比例原则相关内涵的，还包括一类区分不同情形设置不同法律后果的规范类型。比如《集会游行示威法》第27条规定，对于违法的集会、游行、示威，人民警察应当予以制止；不听制止的，有权命令其解散；拒不解散的，有权依照国家有关规定决定采取必要手段强行驱散，并对拒不服从的人员强行带离现场或者立即予以拘留。这一条款虽然没有就合比例性、适当性、最小侵害有任何明文体现，但它要求行政措施的选择必须区分不同的违法阶段和情形，隐含着“越是严厉的警察手段，越是针对更为严重的违法情形”的意图。②

近年来，伴随法释义学概念的比例原则在理论体系上的渐趋成熟和司法影响力的扩张，明示规范也逐渐在立法层面被吸收。《突发事件应对法》（2024年修订）第10条被认为包含着比例原则的明确表述，它规定：“突发事件应对措施应当与突发事件可能造成的社会危害的性质、程度和范围相适应；有多种措施可供

---

① ［德］哈特穆特·毛雷尔：《行政法学总论》，高家伟译，法律出版社2000年版，第66页。

② 这种包含了“越是严厉的政府手段，越要作为最后的手段予以适用”的比例原则还涉及程序面向。如《行政强制法》第44条、《税收征收管理法》第40条、《城乡规划法》第68条等。

选择的，应当选择有利于最大程度地保护公民、法人和其他组织权益，且对他人权益损害和生态环境影响较小的措施，并根据情况变化及时调整，做到科学、精准、有效。”该条款的架构已经有了突破朴素的目的手段关系思考而引入比例原则的外观，属于在突发事件应对领域对比例原则的细化。《行政强制法》第5条规定：“行政强制的设定和实施，应当适当。采用非强制手段可以达到行政管理目的的，不得设定和实施行政强制。”它设置了手段选择的优先顺位，包含着“非强制手段优先适用于强制手段”的机理。再结合该法出台之前《行政强制法（草案）》的条款：“设定行政强制应当适当。选择适当的方式，以最小损害当事人的权益为限度”，也可以看出它明显地包含着对最小侵害原则的吸收。这样的条款，亦可视为对比例原则的明示规范。此外，《行政处罚法》第5条第2款的“过罚相当条款”尽管从缘起和功能角度看并非典型的明示规范，但随着司法判例的引入和学界通约的共识，比例原则在行政处罚领域已经很难与过罚相当原则截然分离。

2. 命令性规范和适用性规范

命令性规范是指对行政决定明确提出了比例原则之要求的相关规范。而认为只要包含了特定用词就可以作为比例原则基础的“适用性规范”，则是指那些并没有明确比例原则的具体内涵和要求，但可以通过援引比例原则实现解释适用的规范。比如有学者认为：只要法律规范中包含了特定用词，比如“尽可能”“认为必要”等，这些规范就都可以成为比例原则的规范基础。[①]

尽管目前我国并没有行政法或行政程序法的法典，但国务院2004年颁布的《全面推进依法行政实施纲要》要求：“行使自由裁量权应当符合法律目的，排除不相关因素的干扰；所采取的措施和手段应当必要、适当；行政机关实施行政管理可以采用多种方式实现行政目的的，应当避免采用损害当事人权益的方式。”这一条款明确采纳了作为法释义学概念的比例原则，无论是要求目的与手段关系的“必要、适当”，还是对“避免损害（最小侵害原则）”的表述，都可以理解为比例原则的诫命性规范被统一贯彻到了最高行政机关所颁布的规范性文件之中。

如果说“诫命性规范”阐述的是为什么需要适用比例原则以及比例原则究竟有什么具体要求的话，那么“适用性规范”则为比例原则提供了“哪里可以适用比例原则”的依据。只要法规范采取“尽量”“相当”“相适应”“适当”“适度”“可接受性”“必要限度”“认为必要”“不得已”“显失公正”“明显不当”“显失均衡”等术语，就代表其以比例原则为规范依据。比如《重大动物疫情应急条例》第25条第一句规定：“在重大动物疫情报告期间，有关动物防疫监督机构应

① 参见马怀德主编：《行政法与行政诉讼法》，中国法制出版社2000年版，第68-69页。

当立即采取临时隔离控制措施；必要时，当地县级以上地方人民政府可以作出封锁决定并采取扑杀、销毁等措施。”这里，对于“必要”这一不确定法律概念的判断，以及法律后果上究竟采取“封锁决定并采取扑杀、销毁等措施”中的哪一种，可以引入比例原则加以解释适用。

（三）比例原则的司法适用

1. 判例的起点与发展

谈到比例原则在我国行政审判中的兴起，就不得不提及1999年最高人民法院作出的“汇丰公司案”[①] 的终审判决。该案的基本案情是：原告汇丰公司在未有效取得建设工程规划许可证的情况下，开工建设相关建筑工程，被被告哈尔滨市规划局给予行政处罚后诉至法院。针对处罚内容，最高人民法院指出：“既要保证行政管理目标的实现，又要兼顾保护相对人的权益，应以达到行政执法目的和目标为限，尽可能使相对人的权益遭受最小的侵害。上诉人所作的处罚决定中，拆除的面积明显大于遮挡的面积，不必要地增加了被上诉人的损失，给被上诉人造成了过度的不利影响。原审判决认定该处罚决定显失公正是正确的。”尽管该案通篇没有明确提及比例原则的概念，但这并没有影响我国实务界和学术界将之视为我国比例原则司法适用第一案的基本认识。[②]

“汇丰公司案”之后，比例原则司法适用不断推进，从判例角度看可区分为两条线索：其一，从“行政处罚显失公正”的审查标准看，“汇丰公司案”中比例原则对行政处罚决定的合法性判断思路被后续“鼎盛公司案”[③] 和“陈某（行政处罚）案”[④] 所沿袭，并结合“过罚相当原则”，完成比例原则适用从行为法规范到裁判法规范的衔接。这种将比例原则纳入“过罚相当原则”判断的审查思路，在司法实践领域颇具影响力，也使行政处罚案件类型成为比例原则适用最多的领域。其二，从突破行政处罚领域的视角看，“汇丰公司案”被后续的“王某萍案”[⑤] 援引，后者被编为中国行政审判案例第18号。其评析部分写道：“比例

---

① 汇丰实业发展有限公司诉哈尔滨市规划局行政处罚案，最高人民法院（1999）行终字第20号行政判决书，2000年4月28日。

② 参见周红耕、王振宇：《比例原则在司法审查中的适用》，《人民法院报》2001年4月22日第3版；湛中乐：《行政法上的比例原则及其司法运用——汇丰实业发展有限公司诉哈尔滨市规划局案的法律分析》，《行政法学研究》2003年第1期，第70页。

③ 苏州鼎盛食品公司不服苏州市工商局商标侵权行政处罚案，《最高人民法院公报》2013年第10期，第36-41页。

④ 陈某诉济南市城市公共客运管理服务中心客运管理行政处罚案，《最高人民法院公报》2018年第2期，第45-48页。

⑤ 王某萍诉河南省中牟县交通局交通行政赔偿案，最高人民法院行政审判庭编：《中国行政审判指导案例》（第1卷），中国法制出版社2010年版，第89-93页。

原则目前在我国虽然仍处于理论发展阶段，没有明确的法律规定，但其作为基本的行政法原则，已经得到一致认同，且最高人民法院在（1999）行终字20号汇丰公司诉哈尔滨市规划局一案中就适用了比例原则，表明我国的最高审判机关亦认同该原则在行政审判中的运用。”目前，比例原则具有在不同行政行为领域的适用性，除了行政处罚，在行政强制、行政许可、行政裁决、行政赔偿、行政不作为，以及政府信息公开领域，都发展出了比例原则适用的判例。[①]

2. 位阶构成与审查强度

司法实践不断丰富着比例原则位阶构成的适用形态。从位阶构成看，比例原则在我国判例中已经体现出位阶秩序的“全阶式适用”、“截取式适用”和“概括式适用”等不同类型。[②] 全阶式适用是指将比例原则下位的分支原则从适当性审查、必要性审查到均衡性审查全部覆盖地进行个案适用，最典型的判例可见“陈某（不予行政赔偿决定）案”[③]；截取式适用是指法院既跨越适当性审查、又回避均衡性审查，而直接截取“必要性审查”中的最小侵害原则作为判断标准，从而得出行政决定是否违反比例原则结论的情形，典型判例可见“郑某华案”[④]；概括性适用是指淡化甚至放弃“位阶秩序”本身，而直接对是否符合“比例原则”作出判断的适用方式，这种类型中的司法适用，并不涉及对比例原则具体分支原则的展开，而是在形式上将比例原则借助位阶秩序所确立的规范结构隐藏起来，典型判例可见“曾某勇案”[⑤]。

比例原则的司法适用，还存在着审查密度的强弱区别。事实上，司法个案对于比例原则位阶秩序的选择本身就代表着审查强度的差异。尤其是，以全阶式适用和截取式适用为典型的、纳入必要性审查的“最小侵害标准”，代表着司法干预行政决定的强烈意愿；而概括式适用，则代表着司法对行政决定给予更大礼让的意愿。而在比例原则三个分支原则的内在结构中，也可以细化出审查意愿的强弱。比如适当性审查是否要求手段全然实现目标、必要性审查中究竟采用最小侵害标准还是较小侵害标准，以及均衡性原则对于违反均衡性的程度把握，都可能代表司法审查强度的差异。审查强度的差异，也已经被我国最高人民法院判例所承认和采纳。

---

① 参见刘权：《行政判决中比例原则的适用》，《中国法学》2019年第3期，第86页。

② 参见蒋红珍：《比例原则位阶秩序的司法适用》，《法学研究》2020年第4期，第43-44页。

③ 陈某诉辽宁省庄河市公安局不予行政赔偿决定案，最高人民法院行政审判庭编：《中国行政审判指导案例》（第1卷），中国法制出版社2010年版，第94-98页。

④ 郑某华不服福建省莆田市建设局拆迁行政裁决案，最高人民法院行政审判庭编：《中国行政审批案例》（第3卷），中国法制出版社2013年版，第133-136页。

⑤ 曾某勇诉福建省安溪县人民政府等不履行职责及行政赔偿案，最高人民法院行政审判庭编：《中国行政审判指导案例》（第2卷），中国法制出版社2011年版，第214-218页。

二、正当程序原则

正当程序原则并非行政法所独有。作为行政法的一般原则，正当程序原则引入独特的程序价值来弥补实定法可能的程序不足。同样，实体法层面对正当程序原则的确立也并不影响正当程序原则作为行政法一般原则的地位。

（一）正当程序原则的内涵

正当程序原则有广义和狭义之分。广义的正当程序由“自然法背景”酝酿而来：它不仅可用来检验、衡量法定程序是否“合法”，同时也在行政行为没有明确法律程序规定时提供补充性适用。① 它涉及整体行政法的程序性要求，既包含诸如行政公正、公开、公平等程序性理念，也包含与程序相关的具体流程和制度环节，接近于国务院《全面推进依法行政实施纲要》中的“程序正当”。狭义的正当程序原则源自英美法。英国法上的自然正义（natural justice）包含两重相互具有独立性的规范：其一，任何人不能做自己案件的法官，即决定者必须保持中立、不得偏私；其二，给不利处分人以申辩的机会。任何人在受到可能的不利处分之前，应当被提供听取意见的机会。美国的宪法修正案以成文法形式确立——任何人未经正当法律程序不得剥夺其生命、自由或财产，从而发展出程序性和实体性的正当程序（due process）。②

严格说来，狭义的正当程序强调程序自身所应具有的独特内涵，即通过两造对立和交涉来实现某种反思性整合的制度建构。③ 按照《布莱克法律辞典》的解释，正当程序的中心含义是指“任何权益受到判决结果影响的当事人，都享有被告知和陈述自己意见并获得听审的权利”④。由此，借用最高人民法院行政庭公布的第20号指导案例（简称“彭某华案”）中所给的定义，正当程序是指“行政机关实施行政行为，可能影响公民、法人或者其他组织合法权益的，应当在作出行政行为之前向当事人和利害关系人告知事实，并说明理由，听取公民、法人或者其他组织的意见”⑤。

---

① 参见江必新：《行政程序正当性的司法审查》，《中国社会科学》2012年第7期，第124-125页。

② 另外，在日本法上，设置了三种听取意见的程序制度。参见朱芒：《行政程序中正当化装置的基本构成——关于日本行政程序法中意见陈述程序的考察》，《比较法研究》2007年第1期，第42页。

③ 参见季卫东：《法律程序的意义——对中国法制建设的另一种思考》，《中国社会科学》1993年第1期，第90页。

④ Checkbacks, *Black's Law Dictionary*, West Publishing Co., 1979, p. 1083.

⑤ 彭某华诉浙江省宁波市北仑区人民政府工伤行政复议案，最高人民法院行政审判庭编：《中国行政审判指导案例》（第1卷），中国法制出版社2010年版，第99-104页。

（二）正当程序原则在我国行政法上的发展

正当程序的研究 20 世纪末在我国的法理、宪法和刑法学界兴起。从判例角度看，1999 年“田某案”对我国行政法上的正当程序原则发展起到里程碑式的作用。[①] 针对被告在作出退学处理决定时所采用的程序问题，法院指出：“按退学处理，涉及被处理者的受教育权，从充分保障当事人权益的原则处罚，作出处理决定的单位应当将该处理决定直接向被处理者本人宣布、送达，允许被处理者本人提出申辩意见。”尽管法院没有指明这一程序要求的规范依据，行文中也没有对正当程序一词的明确采用，但这并不妨碍“田某案”作为正当程序原则在我国司法判例中适用第一案的地位。[②] 2004 年，“张某银案”[③] 的裁判文书首次明确采纳“正当程序”的概念，进一步推动了正当程序原则在司法实践中的适用。[④] 这之后，正当程序原则在诸多判例中被援引。[⑤] 如果说之前正当程序原则适用还往往是附随于实体性权利保护之后，那么“鲁信公司案”则明确了正当程序所具备的独立程序价值。[⑥]

从规范层面看，正当程序要求已经在不少成文法中得到体现。1996 年制定、并于 2021 年修订的《行政处罚法》不仅规定了行政机关的告知义务和私人的陈述申辩权，而且将作为正当程序原则核心要求的听证程序引入了行政处罚领域。随后于 2004 年施行的《行政许可法》则旨在通过程序制约行政审批权，不仅关于程序性规定的条文数量大幅增加，而且在内容上更加全面。2011 年《行政强制法》更是把行政程序作为重点，系统地规定了听证、告知、说明理由等正当程序制度。此外，《价格法》《治安管理处罚法》《土地管理法》《城乡规划法》等都设有关于行政听证的条款。

一般说来，即使某项原则已为制定法吸收，也不会影响其作为“法律原则”的性质。正当程序原则既可以作为超验的“法的一般原则”而存在（原理意义），也可以在实定法中具体体现（规则意义），即作为原理的正当程序和作为规则的正当程序同时并存。但由于《行政诉讼法》规定有明确的“法定程序”的概念，

---

① 参见田某诉北京科技大学拒绝颁发毕业证、学位证行政诉讼案，《最高人民法院公报》1999 年第 4 期，第 139 - 143 页。

② 参见何海波：《司法判决中的正当程序原则》，《法学研究》2009 年第 1 期，第 124 - 146 页。

③ 张某银诉徐州市人民政府房屋登记行政复议决定案，《最高人民法院公报》2005 年第 3 期，第 43 - 36 页。

④ 早前的“张某华案”就曾提到“正当程序”，但这里的“正当程序”是广义概念的正当程序。参见张某华不服磐安县公安局限制人身自由、扣押财产行政案，《最高人民法院公报》1994 年第 4 期，第 158 - 159 页。

⑤ 参见周佑勇：《司法判决对正当程序原则的发展》，《中国法学》2019 年第 3 期，第 27 页。

⑥ 参见临清市鲁信面粉有限公司诉山东省人民政府行政复议决定案，最高人民法院行政审判庭编：《中国行政审判案例》（第 3 卷），中国法制出版社 2012 年版，第 131 - 135 页。

因此正当程序与法定程序之间的关系，困扰着正当程序原则的司法适用和学理共识的达成。从行为法依据角度看，正当程序原则在我国判例中的适用存在竞合模式、推导模式和空缺模式三种类型。[①] 竞合模式是指正当程序的要求已经被实体法所采纳，从而正当程序原则的适用即转换成法定程序规则的涵摄方式[②]；推导模式是指正当程序尽管没有被实体法所明确吸收，但可以通过相关法律解释路径加以推导适用[③]；空缺模式是指在正当程序既没有被实定法规则明确采纳，也无法通过实体法条款加以推导时的适用方式。[④] 行为法依据的不同类型，对正当程序原则适用后的裁判法规范的援引也会产生影响。

三、信赖保护原则

信赖保护原则，也称为信赖利益保护原则，要求对私人因行政行为而产生的信赖利益给予保护。目前，我国学理和实务界对信赖保护原则的内涵和功能仍存在较大的认识差异，需要首先对信赖保护原则的概念进行界定。

（一）概念界定

信赖保护原则可以被区分为广义和狭义。广义的信赖保护原则立足于法律安定性的内在要求，要求行政机关对其行为或承诺守信用，对私人因信赖行政决定的利益给予合理保护。所有指向“信赖利益的保护”，都可以纳入广义的信赖保护原则。因此，它与“诚信原则”有一定同构性，可以宽泛地适用于所有行政活动，只要有“信赖利益”需要保护，就被纳入“信赖保护原则”的适用范畴。广义的信赖保护原则存在与法的溯及既往、法律安定性、行政行为效力理论与撤销规则等层面的交结。

狭义的信赖保护原则则有更严格的适用要件。这里需要区分“信赖利益需要保护”和“信赖利益保护原则”两个概念。因为当信赖利益因违法行政行为受损时，依法行政原则也可以保护信赖利益。在被认为是我国信赖保护原则经典判例的“益民公司案”中，行政机关改变原行政决定，通过采取违法的招投标方式变更授益行为对象时，法院裁判本质上是援引依法行政原则、通过撤销该违法行为

---

① 参见蒋红珍：《正当程序原则司法适用的正当性：回归规范立场》，《中国法学》2019 年第 3 期，第46 页。

② 参见黄某富、何某琼、何某诉四川省成都市金堂工商行政管理局行政处罚案，指导案例 6 号。

③ 参见彭某华诉浙江省宁波市北仑区人民政府工伤行政复议案，最高人民法院行政审判庭编：《中国行政审判指导案例》（第 1 卷），中国法制出版社 2010 年版，第 99－104 页。

④ 参见宋某莉诉宿迁市建设局房屋拆迁补偿安置裁决案，《最高人民法院公报》2004 年第 8 期，第 33－36 页。

的方式来保护原行政行为相对人的信赖利益。[①] 它虽然属于广义上对信赖利益的保护，“但与（狭义的）信赖保护原则的保护存在差异”[②]。这便引出狭义的信赖保护原则所具有的适用领域和功能指向上的独特之处。狭义的信赖保护原则是指当私人因为对违法的行政授益行为产生了合理期待，而行政机关存在对私人信赖利益的偏离行为时，经过利益衡量之后在特殊状况下承认对私人信赖利益的保护。[③] 由此，狭义的信赖利益乃基于违法行为而产生，持续这种违法行为而保护信赖利益甚至会与依法行政原则本身产生冲突。之所以确立这种狭义的信赖利益保护原则，是因为客观法秩序并不会对因违法行为而产生的私人利益提供一般性保护，个案中的实质正义需要创设独特的规范，甚至不惜以对抗形式合法为代价，在个案中对因违法的授益行为形成的信赖利益给予保护。德国法上作为信赖保护原则经典判例的“寡妇抚恤金案”，就体现出这种法律结构和适用效果。[④] 狭义的信赖保护原则固然有法安定性和诚信政府的面向，但它更注重特殊个案中私人权益保护的实质正义，体现独特的规范功能。

（二）适用要件与保护方式

通说认为，信赖利益保护需要符合信赖基础（先行行为）、信赖表现、信赖基础的偏离（后置行为）以及利益衡量的四要件。其中，狭义的信赖保护原则适用需要遵循更为严格的要件。

1. 信赖基础，是指行政机关的先行行为，该行为为私人完成信赖表现提供前提。先行行为包括行为、承诺或规则。广义上的信赖保护原则作用于授益行政行为的撤销和废止，撤销针对原本违法的行政行为，废止针对原本合法的行政行为，因此广义的信赖保护原则并不以先行行为的违法性作为前提；而狭义上的信赖保护原则，要求先行行为需同时满足“违法性”和“授益性”两个前提，前者指行为本身不合法，由此引发撤销问题；后者指行为对私人授益，从而引发信赖利益受损问题。[⑤]

---

① 参见益民公司诉河南省周口市政府等行政行为违法案，《最高人民法院公报》2005 年第 8 期，第 23－33 页。

② 王贵松：《依法行政原则对信赖利益的保护——益民公司诉河南省周口市政府等行政行为违法案分析》，《交大法学》2015 年第 1 期，第 167 页。

③ 参见刘飞：《行政法中信赖利益保护原则的适用要件——以授益行为的撤销与废止为基点的考察》，《比较法研究》2022 年第 4 期，第 139 页。

④ 案件介绍可参见福赛斯：《正当期待的起源与保护》，李洪雷译，载《行政法论丛》（第 11 卷），法律出版社 2008 年版，第 357 页；何源：《德国联邦行政法院典型判例研究 · 行政决定篇》，法律出版社 2020 年版，第 179－185 页。

⑤ 特别需要注意的是，对负担行政行为作不利变更的效果与废除授益行政行为相同，因此，也可以根据撤销和废止授益行政行为的规则进行判断。参见［德］哈特穆特 · 毛雷尔：《行政法学总论》，高家伟译，法律出版社 2000 年版，第 273 页。

2. 信赖表现，通常是指私人因信赖先行行为而采取的处置行为，即私人具备信赖的外在表现，具体包括财产的安排、使用、处置等行为。[①] 只有当信赖通过具体举措得以客观化之后，才能证成对信赖的保护需要。对于信赖表现，需满足以下要求：第一，基于善意的信赖。如果当事人通过恶意欺诈、胁迫、贿赂或其他不正当方法导致先行行政行为，或者当事人明知先行行政行为违法或出于重大过失而忽视其违法性的，信赖利益就不值得被保护。第二，信赖表现需与信赖基础存在因果关系，法官在一定情况下可以要求受益人证明两者之间存在因果关系。第三，基于信赖而作出的行为，应当在一定的合理限度范围之内，并非任何处置行为都可以当然地被认定为信赖表现。当然，合理限度范围如何确定，取决于个案的具体认定。通常，信赖基础和信赖表现一起证成信赖利益。

3. 信赖基础的偏离。在私人形成信赖利益之后，如果行政机关采取改变信赖基础、作出不利于受益人的后续行为，则构成信赖基础的偏离。信赖基础的偏离，既可能是合法的后置行为所致，即“合法致损”；也可能是违法的后续行为所致，即“违法致损”。广义上，只要涉及后置行为对信赖基础的偏离，就产生信赖利益是否需要保护的问题；但从狭义角度看，若是值得保护的信赖利益因行政机关的违法行为致损，按照依法行政原则撤销或改变后置的违法行为，就可以实现对信赖利益的保护。只有在信赖基础发生偏离的后置行为本身合法、信赖利益因合法致损时，狭义的信赖保护原则才发挥作用。

4. 利益衡量。在前述三个要件都满足的前提下，还要进行利益衡量来确认是否适用信赖保护原则。无论是针对行政行为的撤销还是废止，信赖保护原则都需要对信赖利益是否值得保护进行衡量。尤其是针对狭义的信赖保护原则，由于作为信赖基础的先行行为是违法的，行政机关原则上可以根据职权加以撤销，这就需要特别衡量撤销先行行为所保护的公共利益和受益者基于先行行为的信赖利益之间的关系。有学者将其概括为受益人的“信赖利益”与国家的“改变利益”之间的权衡。就此而言，信赖保护原则的核心是利益的衡量问题。

对于广义的信赖保护而言，利益衡量的结果会涉及保护方式的选择。通常而言，存在着实体性保护和程序性保护两种形式。程序性保护是指在作出变更信赖利益的行政行为之前，保障相对人的程序参与权利，这是一种保护程度相对较低的方式。[②] 实体性保护又分为两种：其一是存续性保护，即政府不得撤销、变更或者废止已经作出的先行行为，因此其也被称为“完全的信赖保护”，能够给予

---

① 就信赖表现是否属于信赖保护原则适用的必要构成要件存在肯定说与否定说。肯定说认为，信赖保护原则适用需要私人对行政机关的先行行为存在信赖的表现，否定说则认为信赖表现并非信赖保护原则适用的必要条件，即使在个案当中当事人没有信赖表现，亦可以推定相对人信赖的存在。

② 有关程序性保护，可参见余凌云：《诚信政府理论的本土化构建——诚实信用、信赖保护与合法预期的引入和发展》，《清华法学》2022 年第 4 期，第 133 页以下。

受益者既得利益状态最充分的保障。其二是财产性保护，也被称为补偿保护，即行政机关在权衡受益人的信赖利益和改变信赖基础所保护的公共利益之后，认为后者明显大于受益人的信赖利益，因而有必要撤销、变更或废止已经作出的行政行为，但同时给予信赖利益以一定的补偿保护。

狭义的信赖保护原则适用于受益人信赖利益要高于国家"改变利益"的特殊情景。如果确认改变信赖基础所保护的公共利益要高于受益人的信赖利益，那么违法的先行行为所形成的信赖利益就可以通过依法行政原则合法致损，此时，即使给予私人以财产性保护，也已经不是狭义的信赖保护原则所指向的规范内涵。由此可见，狭义的信赖保护原则紧紧围绕"授益行为的撤销"展开，保护方式应局限于存续性保护。当然，为了保护私人信赖利益而放任违法行为的存续，会损害客观法秩序所追求的公益目的，因此它会与形式法治产生紧张关系，只在非常有限的个案中才能适用。

（三）信赖保护原则在我国的发展

与民法中的"诚信原则"一样，广义的信赖保护在我国行政法上已经有广泛的适用。凡属先行行政行为（不论合法还是违法）给私人提供的信赖利益，都可能因为后续行政行为（不论是合法还是违法）的调整而产生是否需要保护的问题。就此而言，既存在以形式合法性为前提的信赖保护，也存在以形式违法性为前提的信赖保护问题。而狭义的信赖保护原则仅仅针对形式违法性前提下的信赖保护而言。我国行政审判实践中也已出现与之在规范结构上极为类似的"吴某琴案"①。在该案中，法院通过信赖保护原则阻却行政机关为纠正违法状态所实施的合法致损行为，相当于以损害客观法秩序所确立的形式合法性为代价，试图实现个案的实质正义，可以说是我国狭义信赖保护原则确立的里程碑判例。

从规范层面看，《行政许可法》第 8 条经常被认为是信赖保护原则的规范依据。该条第 1 款规定："公民、法人或者其他组织依法取得的行政许可受法律保护，行政机关不得擅自改变已经生效的行政许可。"它构成对行政行为作出机关改变权的限制②，本质上是对依法行政原则的重申。该条第 2 款规定："行政许可所依据的法律、法规、规章修改或者废止，或者准予行政许可所依据的客观情况发生重大变化的，为了公共利益的需要，行政机关可以依法变更或者撤回已经生效的行政许可。由此给公民、法人或者其他组织造成财产损失的，行政机关应当

---

① 吴某琴等诉山西省吕梁市工伤保险管理服务中心履行法定职责案，最高人民法院行政审判庭编：《中国行政审判案例》（第 4 卷），中国法制出版社 2012 年版，第 77－81 页。

② 参见叶必丰：《行政行为原理》，商务印书馆 2014 年版，第 279 页。

依法给予补偿。”私人的信赖利益因后续偏离信赖的行政行为合法致损，法律为之确立起行政机关的补偿义务，可以视为广义的信赖保护原则条款。但由于先行行政许可行为是合法行为，且不严格要求私人的信赖表现及其客观外在化基础，因此难以满足狭义的信赖保护原则之要求。《行政许可法》第 69 条的规定较为特殊。该条第 1 款规定，符合该款所列举的五种情形之一的，作出行政许可决定的行政机关或者其上级行政机关，根据利害关系人的请求或者依据职权，可以撤销行政许可行为。这五类情形包括行政机关工作人员滥用职权、玩忽职守作出准予行政许可决定的，超越法定职权作出准予行政许可决定的，违反法定程序作出准予行政许可决定的，对不具备申请资格或者不符合法定条件的申请人准予行政许可的，以及依法可以撤销行政许可的其他情形。就此而言，该款规定的是违法行政许可行为的撤销。该条第 4 款规定的“依照本条第一款的规定撤销行政许可，被许可人的合法权益受到损害的，行政机关应当依法给予赔偿”，是对违法行为撤销的信赖利益进行财产性保护。

四、行政效能原则

效能，也被称为效率或效益，是指用最小的投入获取最大的收益。行政效能原则，要求行政机关实现公共任务的最大投入产出比。通常，行政效能原则被理解为行政管理的原则而不是行政法原则。

（一）行政效能原则的学术变迁

20 世纪 80 年代，行政效能原则曾一度被认为是行政法的一般原则，主要是因为在行政法学理体系初建的当时，行政法被认为是有关行政之法，所有涉及行政管理的原则也可纳入行政法原则。并且，改革开放未久的当时，行政系统部门林立、机构臃肿、人浮于事的现状亟须改变，“一切国家机关实行精简的原则，实行工作责任制，实行工作人员的培训和考核制度，不断提高工作质量和工作效率，反对官僚主义”被明确载入《宪法》第 27 条第 1 款。但不久后，随着行政法作为独立的部门法的学科意识开始增强，脱离对行政学以及周边学科的依赖成为行政法学科成熟的标志。尤其是在 1989 年前后，伴随着《行政诉讼法》的制定和实施，偏向司法审查的功能定位和法律属性的学科体系建设需要，行政效能原则作为行政法一般原则被摈弃。

尽管主流学说尚未认同行政效能原则，但学术界依然存在着肯定性的观点。一方面可能是因为，行政性本身确实在行政法上有独特的定位，所以“有效率的行政权”被认为是行政法基本原则中与“有限制的行政权”相并列的两大逻辑起点之一[①]；另一方面，20世纪下半叶兴起的新公共管理运动也影响着全球的行政实践和法律应对机制。“善治理论”包含着新行政法对“合法性”和“最佳性”的两维结构要求，其中的“最佳性”包含着治理手段和效果的匹配度和达成度的效能指向。从学源角度看，与《行政诉讼法》出台之初学界大量引荐以德国法为基础的大陆法系国家行政法学知识和制度体系不同，21世纪之初来自美国的规制理论被引入，“行政效能效率原则”被进一步要求：完善行政组织法体系，通过合理的程序设置提高行政效率；广泛应用新的科技手段，以促进效能效率的提高；以及建立规制（监管）影响分析制度。[②] 其中，脱胎于法经济学的“成本—收益分析”在行政规制评估中的价值获得重视，这些都为行政效能原则被行政法学界所接受提供了基础。

（二）行政效能原则的构成

1. 组织法面向

在行政法领域，将效率或效能原则作为行政组织法基本原则之一的主张，提出的时间略早于将该原则作为行政法一般原则的观点。组织效率原则意味着组织行政“要以最小的投入获取最大效益”，具体要求包括行政组织精简化、行政组织系统化、行政组织合理化。[③] 其中，精简化致力于行政组织设置的必要性，系统化致力于行政组织体的整体一致性，合理化则对组织形态、标准和设置程序提出要求。它们共同致力于以最优化配置的行政组织系统，高效完成公共任务，在行政体系中调整政府职能的法律空间。[④] 在行政效能原则的组织法面向上，引入“行政任务”视角被认为是使其迈向更加具有法适用论层面规范内涵具体化的路径之一。这主要是因为，效能原则蕴含着成本（投入）与收益（产出）的分析公式，其收益端与行政任务的完成有着较为紧密的关联。[⑤]

2. 行为法面向

通常意义上，行为法面向是行政法一般原则所适用的典型场域。“行为法面向”的效能原则，是在行政行为在合目的性基础上所要求的行为的效率、行为的经济性与节约性要求。[⑥] 现代公共行政有制度建构和法规范适用两类功能。行为法面向的效能原则可以体现在这两重功能之中。沈岿教授指出，效能原则在制度

---

① 参见章剑生：《现代行政法基本原则之重构》，《中国法学》2003年第3期，第59页。

② 参见李洪雷：《行政法释义学：行政法学理的更新》，中国人民大学出版社2014年版，第108－109页。

③ 参见应松年、薛刚凌：《行政组织法基本原则之探讨》，《行政法学研究》2001年第2期，第13－15页。

④ 参见宋华琳：《政府职能配置的合理化与法律化》，《中国法律评论》2017年第3期，第69页。

⑤ 参见沈岿：《行政任务、效能原则与行政组织法治》，《行政法学研究》2023年第6期，第3页。

⑥ 参见林腾鹞：《行政法总论》，三民书局2020年修订4版，第95页。

建构论维度上的规范内涵包括市场或社会自治优先原则、管理或服务制度的效益最大化原则；在法适用论维度上的规范内涵包括：行政手段的有效性原则、行政手段效益的最大化原则。[①]

（三）行政效能原则的规范基础和司法适用

从制定法角度看，《宪法》第 27 条第 1 款明确要求一切国家机关“实行精简的原则”且皆需“不断提高工作质量和工作效率”。《公务员法》明确其立法目的包括“提高工作效能”，并指出公务员分类管理的目的是“提高管理效能”；并于第 14 条第 4 项规定“忠于职守，勤勉尽责，服从和执行上级依法作出的决定和命令，按照规定的权限和程序履行职责，努力提高工作质量和效率”是公务员应尽的义务之一。《地方组织法》第 63 条明确规定：“地方各级人民政府应当坚持以人民为中心，全心全意为人民服务，提高行政效能，建设服务型政府。”对于广泛存在的专门行政管理和监管领域，效率或效能的立法例更是不胜枚举。如《行政许可法》第 6 条规定：“实施行政许可，应当遵循便民的原则，提高办事效率，提供优质服务。”[②] 作为最高国家行政机关的国务院，在为全面推进依法行政所颁布的若干重要规范性文件中，都强调了行政效率、效能的重要性。如 2004 年《全面推进依法行政实施纲要》中强调“必须把坚持依法行政与提高行政效率统一起来”；2015 年，中共中央和国务院联合发布的《法治政府建设实施纲要（2015—2020 年）》明确提出，要建成“职能科学、权责法定、执法严明、公开公正、廉洁高效、守法诚信的法治政府”。随着数字法治政府建设的步伐加速，《法治政府建设实施纲要（2021—2025 年）》为法治政府建设更新了“智能高效”的目标，2022 年《国务院关于加强数字政府建设的指导意见》更是提出以数字化改革促进制度创新，保障数字政府建设和运行整体协同、智能高效、平稳有序，实现政府治理方式变革和治理能力提升。

从司法实践看，尽管行政效能原则在司法情境中囿于合法性审查而受到较多限制，但依然在具体的适用场景中发展出相关的典型案例。（1）效率与时效、期限制度。以“杨某峰案”为典型看，法院认为工伤认定申请时效就是“要在最大限度保护劳动者合法权益的同时，对工伤职工待遇申请工伤认定作出一定的限制，以节约行政管理资源，提高办事效率，便于劳动保障部门及时、准确地查明案件事实”[③]。以“常某坤案”为典型，法院认为原《政府信息公开条例》第 24

---

① 参见沈岿：《论行政法上的效能原则》，《清华法学》2019 年第 4 期，第 5 页。

② 此外，《药品管理法》第 27 条、《土地管理法》第 18 条、《电子商务法》第 72 条、《政府采购法》第 17 条、《城乡规划法》第 10 条、《数据安全法》第 22 条都对行政监管提出效率、效能或高效的要求。

③ 杨某峰诉无锡市劳动和社会保障局工伤认定行政纠纷案，《最高人民法院公报》2008 年第 1 期，第 40－45 页。

条明确有答复期限，“要求被告……30个工作日内对原告的信息公开申请予以书面答复”，与该条款不符合，“违背行政效率原则”①。（2）效率与送达制度。以“希优公司案”为典型看，法院在承认电子政务作为现代政府行政的新方式，有利于提高公共管理效率之后，认为“行政机关作出行政决定后，可以通过计算机等自动设备将其转化成有文字的纸制品送达行政相对人”，这是因为“电子政务的初衷在于提高行政效率、节约行政成本，如果都以纸质记载文字为形式要件，则不能发挥计算机技术在提高行政效率上的优势”②。（3）效率与标准。以“啄木鸟公司案”为典型，对判断“类似商品或者服务”提供参考的《区分表》，是我国商标行政主管机关以世界知识产权组织提供的《商标注册用商品和服务国际分类》为基础、总结我国长期的商标审查实践并结合我国国情而形成的判断商品和服务类似与否的规范性文件。为了保证执法的统一性和效率，商标行政主管机关以《区分表》为准进行类似商品划分并以此为基础进行商标注册和管理，是符合商标注册审查的内在规律的。③（4）效率与行政行为。以“真诚公司案”为典型，法院承认“在基础设施和公用事业管理领域，地方政府较常以授予独家特许经营权为对价，吸引、鼓励和引导更多优质社会资本参与相关投资和管理，以提高公共服务的质量和效率”④。（5）高效便利与相对人认定。以“联立公司案”为典型，行政高效便利原则也被法院作为理由确立原告资格判断中的“利害关系”。判决指出：“行政机关基于行政高效便利原则，不要求所有权人到申请现场、不要求其在相关申请表格上签署同意使用意见，系因通过房屋所有权证件和租赁协议已经能够判断所有权人同意合理使用房屋的意见。因此，房屋所有权人虽从形式上并非行政许可相对人，但实质上仍属‘未明示当事人’，其与许可行为也应存在‘利害关系’”⑤。

深度阅读

1. 城仲模．行政法之一般法律原则：上、下册．台北：三民书局，1999.
2. 沈岿．行政法理论基础：传统与革新．北京：清华大学出版社，2022：第

---

① 常某坤因诉义县人民政府不履行政府信息公开法定职责案，最高人民法院（2015）行监字第351号行政裁定书，2015年9月15日。

② 北京希优照明设备有限公司不服上海市商务委员会行政决定案，《最高人民法院公报》2011年第7期，第46页。

③ 参见杭州啄木鸟鞋业与中华人民共和国国家工商行政管理总局商标评审委员会、七好（集团）有限公司商标争议行政纠纷案，《最高人民法院公报》2012年第12期，第15-22页。

④ 汕尾市真诚公共汽车运输有限公司诉汕尾市人民政府排除、限制竞争案，广东省高级人民法院（2016）粤行终1455号行政判决书，2018年7月27日。

⑤ 北京联立房地产开发有限责任公司诉北京市东城区人民政府行政复议案，最高人民法院（2019）最高法行申293号行政裁定书，2019年10月12日。

七章.

3. 刘权．比例原则．北京：清华大学出版社，2022.

4. 王贵松．中国行政法学说史．北京：中国人民大学出版社，2023：第三章第五节.

问题与思考

1. 行政法基本原则的定位是什么？该如何确立？行政法基本原则的发展历程如何？

2. 依法律行政原则的内涵。

3. 请对行政法一般原则给予例示。

第二编

行政法的主体

第三章　行政法律关系

▶重点知识

行政法律关系　特别行政法律关系　行政主体　行政机关　法律法规授权主体　行政授权主体　行政委托　私人　相对人　第三人　公权利　保护规范理论　行政法上的义务

▶知识逻辑图

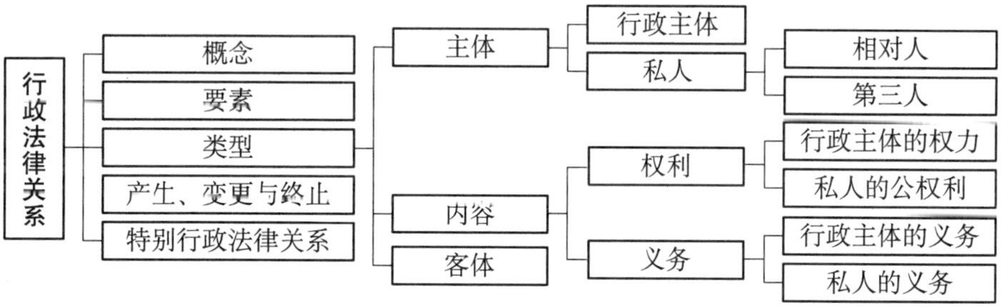

第一节　行政法律关系概述

法律关系是两个及以上法律主体之间依据法律，就具体事件形成的权利义务关系。如果这种法律关系依据行政法形成，就是行政法律关系。在行政法中，行政法律关系既与行政主体的权力有关，也与私人的公权利联系密切。

一、行政法律关系的概念与功能

（一）行政法律关系的概念

行政法律关系是由行政法调整的，两个以上法律主体之间就特定事件形成的权利义务关系。[①] 概括来说，行政法律关系具有如下特征：

首先，行政法律关系是有行政主体参与的法律关系。行政主体的参与是行政法律关系区别于民事法律关系的重要特征。典型的行政法律关系是在行政主体和私人之间形成的垂直关系。此时，行政主体作出行政处理，单方决定私人的权利义务。除垂直关系外，行政主体与私人以及行政主体之间还可以形成水平关系，例如行政主体与私人或行政主体之间签订行政协议而产生的法律关系。

其次，行政法律关系是由行政法调整的法律关系。不同主体之间会形成复杂的社会关系和法律关系，但并非所有受法调整的关系都是行政法律关系。受民法调整的社会关系为民事法律关系，如民法上的合同关系。同样，刑法调整的就是刑事法律关系。行政法律关系的核心特征在于，主体之间的关系由行政法调整。由于行政主体可以选择运用公法或私法的形式实现行政任务，所以有时即便有行政主体的参与，但若该关系由民法调整，也不属于行政法律关系。例如行政机关为从事行政活动而采购办公用品，形成的就是民事法律关系。

最后，行政法律关系是一种具体而非抽象的法律关系。宪法把所有人都纳入法秩序中，每个人与国家都处于法律关系之中。但国家与私人之间的这种关系只是一种潜在的法律关系。只有当行政机关行使职权、履行行政任务，就具体事件与私人接触，才会产生具体的法律关系，即行政法律关系。例如，法律规定在满足特定条件时，私人可以向行政机关申请补贴，这就是一种抽象的、潜在的行政法律关系。只有当私人根据规定提出补贴申请时，才会形成具体的行政法律关系。[②]

（二）行政法律关系的功能

行政法律关系主要具有价值确认与体系建构的功能。

一方面，行政法律关系肯定了个人的主体性，承认个人在行政法中的主体地位。行政法律关系的核心关切是，将私人与国家之间的权力支配关系转变为由法律调整的权利义务关系。现代法治国家中，私人与国家之间的关系是一种“距离关系”：私人与国家之间存在一定的距离，他具有自主支配的领域，可以自由采取行动。国家介入或干预私人空间时，需要宪法和法律的授权。将国家与私人之间的关系形塑为法律关系，有助于维系这种距离关系，保护私人的权利领域，重申宪法“尊重和保障人权”的核心价值。

另一方面，行政法律关系也具有体系建构功能。这种体系建构指向行政内部

---

① 有时行政法律关系也被称为行政管理法律关系，参见姜明安主编：《行政法与行政诉讼法》，北京大学出版社、高等教育出版社 2024 年第 8 版，第 140 页。

② 我国也有学者将二者分别称为第一层行政法律关系和第二层行政法律关系。参见张旭勇：《行政判决原论》，法律出版社 2017 年版，第 57 页。

领域和行政外部领域。在传统行政法理论中，只有与外部行政法律关系存在关联时，行政内部领域才会进入行政法的视野。而行政法律关系理论将行政内部领域中的机关、组织、人员之间的关系评价为法律关系，并与外部行政法律关系进行衔接和统合。由此，法的视角进入行政内部领域，可以运用法律对行政内部领域进行评价。① 在行政外部领域，行政法律关系的发展源自对行政活动形式理论的反思。传统行政活动形式理论将行政处理作为行政法体系的核心，仅在个别时间节点把握行政活动，割裂了行政活动各具体要素之间的体系性关联。相较之下，行政法律关系可以对包括规范、主体、行为、利益、程序等在内的法律事实进行完整分析，更关注实践和程序过程中不同主体间的关系。借助行政法律关系，不仅能完整地观察私人与行政主体之间持续、复杂的沟通过程，而且能够凸显私人的主体地位。②

不少学者主张运用行政法律关系取代行政处理，将行政法律关系当作行政法的核心概念。不过，这种观点并未彻底动摇行政处理的地位。③ 行政处理尽管是“瞬时摄影”，但这种瞬时并非任意的时刻，而是终结行政程序、调整行政法律关系的决定性时间点。与民事合同一样，行政处理是行政过程的一个重要参照点。在行政法律关系中产生的诸多法律问题往往要借助行政处理等活动形式才能解决。行政决定与行政法律关系并非相互排斥，而是相辅相成，共同建构行政法体系。④

二、行政法律关系的要素

行政法律关系的要素主要解决哪些主体、以何种内容、针对哪些客体形成了行政法律关系的问题。相应地，行政法律关系的要素包括主体、内容和客体等。这里主要讨论外部行政法律关系的各个要素。

（一）行政法律关系的主体

行政法律关系的主体有时也被称为行政法主体⑤，是在行政法律关系中具有

---

① Jan Philipp Schaefer, Die Umgestaltung des Verwaltungsrechts, Mohr Siebeck, 2016, S. 34 f.

② 参见［德］施密特·阿斯曼：《秩序理念下的行政法体系建构》，林明锵等译，北京大学出版社 2012 年版，第 282 页；鲁鹏宇：《论行政法学的阿基米德支点——以德国行政法律关系论为核心的考察》，《当代法学》2009 年第 5 期，第 57 页；张锟盛：《行政法学另一种典范之期待：法律关系理论》，《月旦法学杂志》第 121 期（2005 年 6 月），第 85－87 页。

③ 德国法上的相关讨论，参见赖恒盈：《行政法律关系论之研究——行政法学方法论评析》，元照出版公司 2002 年版，第 122－131 页。

④ 参见赵宏：《法律关系取代行政行为的可能与困局》，《法学家》2015 年第 3 期，第 32－54 页；Hartmut Maurer/Christian Waldhoff, Allgemeines Verwaltungsrecht, C. H. Beck, 20. Aufl., 2020, § 8 Rn. 27。

⑤ 参见姜明安主编：《行政法与行政诉讼法》，北京大学出版社、高等教育出版社 2024 年第 8 版，第 93 页；胡建淼：《行政法学》，法律出版社 2023 年第 5 版，第 68－69 页。

权利、承担义务的当事人。也就是说，行政法律关系的主体是具有行政法上权利能力的主体。

在外部行政法律关系中，行政法律关系的主体包括行政主体和私人。通常所说的“国家”和“私人”是这两类主体的简称。私人特别是自然人基于自身的存在具有权利能力。这主要是因为，法是为了人的共存秩序而制定，人是法规范的对象以及法律上权利义务的承担主体，这种对于个人权利能力和主体性的承认也被宪法所确认。所以于私人而言，关键不在于主体资格的认定，而是私人的权利及其判断问题。与之相对，为了实现行政任务，行政法为不同的组织分配权限。面对复杂的行政组织体系，应该首先确定哪些主体具有权利能力，能够成为行政主体。

（二）行政法律关系的内容

行政法律关系主体具有的权利和义务构成行政法律关系的内容。在行政法律关系中，至少有一个法律主体负有义务，至少有一个法律主体有权要求义务主体履行义务。行政法律关系通常并不局限于单项的权利和义务，而是由诸多权利义务组合而成。行政法律关系究竟包括哪些具体内容，要依据行政法律关系赖以产生的法规范进行解释和判断。

行政法上的权利又称为公法上的权利，简称公权利。[①] 在行政法律关系中，不仅私人具有权利，行政主体也可以成为权利主体，这是行政法律关系的应有之义。虽然我国行政法理论一般也承认，行政法律关系的各方当事人既有权利也有义务，但大多数学者主张，行政主体和私人在权利义务的性质与内容上存在较大差异，行政主体只有权力或职权，私人则具有权利。[②]

在法律关系中，一方主体的权利与另一方主体的义务相对应。义务是法秩序规定的某种“应为”。为了保障权利人实现权利，义务经常与制裁的威胁相联系。行政法上的义务也称为“公义务”，是依据行政法的规定，行政法律关系的一方主体对另一方负有的作为或不作为的义务。从内容上看，行政法上的义务既包括积极义务，也包括消极义务。从主体的角度来看，行政法上的义务不仅指行政主体的义务如向私人提供给付的义务，也包括私人的义务如依法纳税的义务。

---

① 对公权利，学说上有“公法权利”“主观公权利”“主体公权利”“行政法权利”“行政法上的权利”以及“行政法上的公法权利”等不同用法。近来，最高人民法院在裁判中多使用“主观公权利”。公权利一词来源于德国，虽然德语原词 subjektives öffentliches Recht 可直译为“主观公权利”，但“主观”和“客观”的用法是部分欧陆语言用来区分“权利”与“法”的前缀。对于中文而言，法与权利既缺少借助该前缀进行区分的实益，也有可能增加理解上的困难。参见王贵松：《公权论的中国变迁》，《中国法律评论》2023 年第 1 期，第 116 页。因此，本书并不沿用“主观公权利”，而是使用“公权利”。

② 参见李洪雷：《行政法释义学：行政法学理的更新》，中国人民大学出版社 2014 年版，第 56 页。

（三）行政法律关系的客体

行政法律关系的客体是行政法上权利义务指向的对象。作为行政法上权利义务的载体和表现形式，客体是确定行政法律关系的关键。行政法律关系的客体包括物、行为和人身利益。物是人身之外可以满足主体需要并能为主体支配和控制的客体，包括动产和不动产。行政机关查封扣押的物品、征用的土地、拆除的违法建筑都属于物。行为是行政法律关系主体的作为和不作为。人身利益包括人格利益和身份利益，如警告触及的是人格利益，而开除学籍则与学生的身份利益有关。

三、行政法律关系的类型

根据不同的分类标准，行政法律关系可以划分为不同类型。例如，可以根据存续时间、主体、发生领域和对象的不同，对行政法律关系进行分类。需要注意的是，分类的目的在于描述行政法律关系的多样性，不同类型的行政法律关系有所交叉。

（一）外部行政法律关系和内部行政法律关系

根据作用领域，行政法律关系有内部行政法律关系和外部行政法律关系的区分。二者的界分以行政法律关系主体的法律人格为标准。

行政主体与私人之间的法律关系是外部行政法律关系的核心部分，同时也是行政法最主要的调整内容。除此之外，外部行政法律关系还包括行政主体与行政主体之间的关系，例如不同行政主体通过行政协议形成的法律关系。传统行政法不承认行政内部存在独立的法律人格和法律关系，但在现代法治国家中，“法律的支配”意味着所有关系都受法律调整，行政内部的法律关系也可被包括在内。内部行政法律关系十分复杂，根据内部领域主体间的关系，内部行政法律关系可分为水平关系（如职务协作）和垂直关系（如领导、指令和监督）。特别是行政主体—行政机关、行政机关—行政机关以及行政主体—行政机关工作人员这三类关系较为典型。[①]

区分外部行政法律关系和内部行政法律关系的实益在于，法律关系中私人的法律地位以及争议的解决机制不同。在外部行政法律关系中，私人具有独立的法律地位。而在内部行政法律关系中，私人的法律地位有时会受到限缩。例如为了

---

① 对于内部行政法律关系的讨论，可参见章剑生：《作为担保行政行为合法性的内部行政法》，《法学家》2018年第6期，第66－80页。

保障行政机关的职能和运行秩序，法律和行政法规通常会课予公务员特别的义务。对于外部行政法律关系产生的争议，私人通常可选择行政复议、行政诉讼等救济方式。而内部行政法律关系产生的争议主要在行政系统内部解决。例如，行政机关之间因职务协助形成的内部行政法律关系，就不属于我国行政诉讼的受案范围。[①] 然而，也有国家承认内部行政法律关系产生的争议可诉诸法院。例如，为了维护机关权限免受其他机关的不当干预，德国法承认因权限争议产生的机关诉讼。

（二）一时性行政法律关系和持续性行政法律关系

根据存续时间，可以将行政法律关系分为一时性行政法律关系和持续性行政法律关系。一时性行政法律关系中的权利义务具有一次性，通常因权利的一次性行使或义务的一次性履行即告完结。例如，被处罚人缴纳完罚款，行政处罚关系随之终结。

持续性行政法律关系是具有相当存续时间的行政法律关系。例如，公共设施的利用关系、因公务员招录产生的公务员关系以及以支付抚恤金或最低生活保障待遇为内容的行政给付关系等。又如作出排污许可后，许可机关需要对许可设施是否符合法律规定进行持续监督。

（三）二元行政法律关系和多元行政法律关系

根据主体数量，行政法律关系可分为二元（或两极）行政法律关系和多元（或多极）行政法律关系。行政主体之间可以形成二元行政法律关系，而行政主体也可以是多方主体。

但更具讨论价值的是，在外部行政法律关系中根据私人一方数量进行的划分。由行政主体和私人双方形成的是二元行政法律关系，如行政机关和被处罚人之间的关系。传统秩序行政立足于国家社会二元论，主要关注私人与行政主体之间的关系。但随着社会和行政任务的变迁，行政机关经常要对个人利益、集体利益和公共利益进行权衡，这种由多方主体组成的是多元行政法律关系。[②] 例如，行政机关为建筑者颁布建设许可，建筑者、相邻人和行政机关因财产、采光、通风利益的冲突而形成的关系，就是一种典型的多元行政法律关系。在多元行政法律关系内部，私人之间既可能具有相同的利益指向，也可能存在冲突的利害关系，据此能对多元行政法律关系进行进一步的划分。[③]

---

① 《行政协议审理规定》第 3 条第 1 项规定："因行政机关订立的下列协议提起诉讼的，不属于人民法院行政诉讼的受案范围：（一）行政机关之间因公务协助等事由而订立的协议……"

② 参见王贵松：《作为利害调整法的行政法》，《中国法学》2019 年第 2 期，第 90－109 页。

③ 参见王世杰：《行政法上第三人保护的权利基础》，《法制与社会发展》2022 年第 2 期，第 93－98 页。

（四）关于人、行为、财产和公共设施的行政法律关系

根据对象或标的，可以将行政法律关系分为关于人、行为、财产以及公共设施的行政法律关系。

如果行政法律关系涉及私人的地位或身份利益，那么就是关于人的行政法律关系。例如，公务员与国家之间的关系、学生与学校之间的关系等都是围绕着人的身份利益产生。如果行政法律关系以作为或不作为为内容，则是关于行为的行政法律关系。例如，私人请求行政机关采取行为保护自身权益，行政机关命令企业关停排污设备。关于财产的行政法律关系是以财产为标的的行政法律关系，例如税收征缴关系、社会保障待遇给付关系、行政法上的债权债务关系等。关于公共设施的行政法律关系因公共设施或公物的利用而形成，例如因公立图书馆的使用而产生的法律关系。由于标的之间的牵连，以上类型之间也会相互交错。如公务员与国家之间的关系虽然与人的身份利益有关，但是也会涉及薪酬等财产关系。

四、行政法律关系的产生、变更与终止

行政法律关系的产生、变更与终止是行政法规范的构成要件得以满足而产生的法律效果。有时，法律直接导致行政法律关系的产生、变更与终止，有时则需要增加其他的行为或事实要素。

（一）行政法律关系的产生

依据法律在行政法律关系产生过程中的作用，对行政法律关系的产生方式可作如下区分。

1. 法律直接形成

法律通常以抽象、普遍的方式调整主体之间的权利义务。所以，法律直接形成行政法律关系的情形较为少见。典型的例子就是，根据《国籍法》第 4 条，“父母双方或一方为中国公民，本人出生在中国，具有中国国籍”。符合条件的自然人直接具有中国国籍。这种无须具体化，因符合法律构成要件自动产生法律效果的规范是一种自执行规范（self-executing norm）。

2. 法律间接形成

法律的抽象性和普遍性蕴含着不确定性的危险。除自执行规范外，法律通常需要在主体和对象上进行具体化，以明确私人的权利义务，在个案中形成秩序。为满足法律规定的构成要件，可以通过不同方式对法律进行具体化：

（1）行政行为。最典型的行政行为就是行政处罚、行政许可、行政协议等行政法律行为。例如，《道路交通安全法》规定交通违法行为应受处罚，行政机关对私人作出处罚决定产生了行政法律关系。除行政法律行为外，行政事实行为也能形成行政法律关系。例如行政机关违法拆迁造成损害，产生了行政赔偿法律关系。再如，行政机关就食品安全向公众发出警告、公开行政处罚决定等行政事实行为也会产生行政法律关系。

（2）私人行为。私人可以通过自己的行为导致行政法律关系产生。私人请求行政机关保护自己的人身权和财产权时，行政机关根据法律有义务采取一定的行为。此外，私人向行政机关提出给付申请时，也能产生行政法律关系。例如，根据《社会救助法（草案征求意见稿）》第42条第1款的规定，乡镇人民政府、街道办事处受理社会救助申请后，可以通过入户调查等方式，对申请人报告的情况进行调查核实。

（3）事件。除行政行为和私人行为外，事件也会产生行政法律关系。例如，根据《突发事件应对法》第73条的规定，地震、火灾等自然灾害发生后，行政机关有义务采取救助、保障食品供应等应急处置措施。

（二）行政法律关系的变更

行政法律关系在存续期间发生变化，但不导致法律关系丧失同一性时，就是行政法律关系的变更。根据行政法律关系的要素，行政法律关系的变更包括主体、内容和客体的变更。

行政法律关系主体的变更被称为行政法上权利义务的继受。法律关系的全部内容转移至另一个主体的，属于概括继受。相反，只是个别权利义务的转移的，则为个别继受或特别继受。于行政主体而言，行政主体的撤销、合并导致行政主体的权力和义务被其他行政主体继受。对于私人权利义务的继受而言，首先面临的问题是，在法律没有明确规定时，一项权利或义务是否可被继受。一般认为，具有专属性或高度人身从属性的权利义务无法被继受。为此，重点应关注调整该行政法律关系的规范目的。如果通过解释规范能够得出，该项权利义务只能由某个特定私人来履行，或者原权利义务人的特征或能力是享有该权利、履行该义务的必要条件，那么就应承认该权利义务具有高度的人身从属性，如服兵役的义务。相反，金钱给付义务由于与义务人的特征或能力无关，所以通常可以被继受。然而，若一项权利义务就其内容而言可被继受，但权利义务的继受会对继受者或他人的权利造成侵害，那么权利义务的继受就需要特别的法律依据。

行政法律关系内容的变更指向行政法上的权利义务。对于是否承认行政法律关系内容的变更，理论上存在争议。在行政协议形成的法律关系中，法律关系主体可以通过协商变动权利义务，这就是典型的行政法律关系内容的变更。除此之外，行政法律关系内容的变更一般意味着原行政法律关系消灭，新的行政法律关系产生。[①]

行政法律关系客体的变更是指在不影响权利义务内容，不使法律关系丧失同一性的情况下，用一个客体取代另一个客体。客体变更的前提是，客体具有可替代性。人身利益和不作为一般不具有可替代性。典型的客体变更主要是不具有专属性或高度人身从属性的财物或作为，例如，用财物替代罚款，用金钱替代部分劳务给付。

（三）行政法律关系的终止

随着法律和事实的变化，行政法律关系会宣告终止。行政法律关系可基于形成的原因终止：通过法律形成的行政法律关系，由于法律变动或废止而终止；通过行政处理形成的行政法律关系，在行政处理被撤销或撤回后不复存在；因行政协议形成的行政法律关系，由于行政协议的解除或终止而消灭。一般而言，终止事由既可以被法律预先确定，也可能取决于事后存在的特定条件。

1. 履行

履行是行政法律关系终止的通常情形。私人和行政主体履行义务都可以使行政法律关系消灭。私人的履行行为通常是事实行为，例如缴纳罚款或者为行政机关提供协助。而行政主体的履行既包括行政法律行为如作出行政许可，也可以是行政事实行为如返还罚款。

2. 放弃

除履行外，放弃也是消灭行政法律关系的重要方式。如行政主体依据法律免除了私人的义务，或者私人通过单方意思表示放弃自己的权利。

3. 主体和客体的消灭

私人一方失去权利能力，如自然人死亡，以及行政主体不复存在时，行政法律关系会终止。当行政法律关系的客体不存在时，由于权利义务失去了相应的载体，行政法律关系也会宣告终止。例如，应拆除的违章建筑因地震、火灾而灭失。

4. 时效届满

与民法类似，时效届满会使行政法律关系终止。在行政法中，时效届满通常与公权利密切相关。在此，还需要区分实体法的时效届满和程序法的时效届满。

---

① 参见方世荣、石佑启主编：《行政法与行政诉讼法》，北京大学出版社 2015 年第 3 版，第 32 页（方世荣执笔）。也有学者认为，行政法律关系内容的变化仅限于内容指向对象的数量和行为的变更，前者如款额的增减，后者如可替代义务指向对象的变化。参见杨建顺主编：《行政法总论》，北京大学出版社 2016 年第 2 版，第 42 页（高秦伟执笔）。但准确地说，内容指向对象的数量的变更意味着旧行政法律关系的消灭、新行政法律关系的产生，而行为的变更则是客体的变更而非内容的变更。

前者意味着公权利在实体法上消灭，后者是指公权利虽然存在，但无法在行政程序和行政救济程序中主张。

五、特别行政法律关系

在行政法律关系中，还有特别行政法律关系这样一种独特的关系形态。[①] 它贯穿于行政法学的发展史，构成了私人与国家关系变迁的重要观测点。

（一）特别行政法律关系的构造

在传统的行政法理论中，典型的特别行政法律关系主要有两种：一是公共设施的利用关系，如学生与学校、监狱服刑人员与监狱之间的关系；二是公法上的勤务关系，如公务员与行政机关、军人与国家之间的关系。相较于一般公众，私人与国家之间存在更为密切的联系。特别是为了确保组织功能得以发挥，往往会对私人权利进行更多的限制，课予私人特别的义务。

特别行政法律关系的特征在于，私人在组织—功能上或者物理空间上被整合到国家机关及其职能履行之中。前者是一种组织—功能的整合，例如公职人员在执行行政任务、行使行政权时，被纳入国家职能的履行当中。后者是物理空间的整合，例如公共设施的利用者（如监狱服刑人员）在物理上被纳入特定空间。在特别行政法律关系中，私人的地位与国家职能相互交织、相互依赖。为了确保特定制度或组织的功能，可以适当限缩私人的权益。但是，制度或组织的功能原则上并不具有优先价值，而是需要结合个案情形，与其他法益进行具体衡量。一般情况下，固然需要确保某些制度或组织的功能；但在某些情形中，反而要强化对私人（例如监狱服刑人员）权益的保护。

根据内容的不同，特别行政法律关系可以进一步分为基础关系和运营关系。前者涉及特别行政法律关系的成立、变更和终结，后者则与行政机关、公共设施等的日常运作和管理有关。[②] 基础关系和运营关系的区分，与行政处理的定性以及特别行政法律关系中私人的权利救济直接相关。只有在基础关系中，行政活动才具有对外效果，才存在行政处理。例如，公务员的职位调动如降级指向的就是公务员自身的法律地位，属于行政处理。而在运营关系中，行政活动针对的是作

---

① 特别行政法律关系多被称为“特别权力关系”。此外，还有“行政法上的特别关系”“公法特别拘束”“特别地位关系”和“特别法律关系”等诸多名称。在现代法治国家，私人与国家之间并非“权力关系”，而是一种行政法律关系，只不过是一种特别的行政法律关系罢了。所以，本书采“特别行政法律关系”的用法。

② Carl Hermann Ule，Das besondere Gewaltverhältnis，VVDStRL 15（1957），S. 133 ff.

为职务承担者或行政机关组成部分的个人，不存在对外效果，行政活动不构成行政处理。例如，行政机关对于公务人员从事公务的着装要求，以及任务的分配等活动，因缺少外部效果，不属于行政处理。在特别行政法律关系中，行政活动是否为行政处理以及能否获得权利救济的关键在于，私人自身的权利是否受到侵害。

（二）特别行政法律关系的具体类型

不同类型的特别行政法律关系各有其特点，应结合相关法律规定具体分析。

关于学校与学生之间的关系，《教育法》除了明确学生的合法权益，还于第44条规定，受教育者应遵守法律、法规和学校的管理制度。根据第43条第4项，受教育者对学校给予的处分不服，有权提出申诉；对学校、教师侵犯其人身权、财产权等合法权益的行为，有权提出申诉或者提起诉讼。《高等教育法》第41条规定，高等学校校长有权对学生进行处分；第53条规定，高等学校学生的合法权益受法律保护。根据教育部制定的部门规章《普通高等学校学生管理规定》第6条的规定，针对学校给予的处理或者处分，高等学校学生可以向学校、教育行政部门提出申诉；对学校、教职员工侵犯其人身权、财产权等合法权益的行为，有权提出申诉或者提起诉讼。司法实践中，我国法院已经承认学校与学生有关录取和开除决定的争议（基础关系）可以争讼。例如，在田某诉北京科技大学拒绝颁发毕业证、学位证案中，法院认为，高等学校对受教育者因违反校规、校纪而拒绝颁发学历证书、学位证书，受教育者不服的，可以依法提起行政诉讼。[①] 但学校的日常管理措施（运营关系），通常不属于行政诉讼的受案范围。

就公务员关系而言，我国法律只允许私人就特别行政法律关系的形成进行争讼。根据《公务员法》第95～99条的规定，公务员对处分、辞退、降职等相关的人事处理，不能提起行政诉讼，只能在行政系统内部进行申诉和控告。同时，《行政诉讼法》第13条第3款规定，行政机关对行政机关工作人员的奖惩、任免等决定不属于行政诉讼的受案范围。按照2018年行诉法解释第2条第3款的规定，"行政机关对行政机关工作人员的奖惩、任免等决定"，是指"行政机关作出的涉及行政机关工作人员公务员权利义务的决定"。所以对于公务员关系中的运营关系，法律和司法解释排除了争讼可能性。

军队对军人进行奖励和惩戒，主要不是由法律而是由2018年5月1日施行的《中国人民解放军纪律条令（试行）》（以下简称《纪律条令》）进行调整的。《纪律条令》规定了对军人进行奖惩的具体事项和方式。在合法权益受到侵害或

---

① 参见田某诉北京科技大学拒绝颁发毕业证、学位证行政诉讼案，《最高人民法院公报》1999年第4期，第139-143页。

认为处分不当时，军人可以根据《纪律条令》第八章的规定进行控告和申诉，但不能提起诉讼。自2017年开始，我国开始探索建立军事行政诉讼制度。军人认为军事机关及其工作人员作出的军事行政行为（如行政处罚、行政给付、行政确认、行政强制措施等）侵犯其合法权益时，可以依法向军事法院提起军事行政诉讼。经过6年试点，中央军委政法委员会于2023年2月印发《关于全面开展军事行政诉讼工作的通知》，推动军事行政诉讼工作在军队全面开展，以切实保障军人的合法权益，促进军事行政活动的法治化。

关于监狱服刑人员的在监关系，《监狱法》第7条规定，罪犯的人身安全、合法财产和辩护、申诉、控告、检举以及其他未被依法剥夺或者限制的权利不受侵犯。对于监狱管理行为，《监狱法》只规定了内部的申诉和控告机制，司法实践多将其定性为刑罚执行行为或刑事司法行为，从而排除其可诉性。同样，《国家赔偿法》第17～18条也规定，监狱管理部门侵犯服刑人员人身权、财产权的行为，属于刑事赔偿的范围。但事实上，《监狱法》明确区分了刑罚的执行和监狱管理。前者是“依照刑事诉讼法的明确授权实施的行为”，属于监狱的刑事司法职能。后者是典型的运营行为，应以服刑人员自身权利是否受到侵害为标准进行判断，不能全然否定诉诸行政诉讼的可能性。①

第二节　行政主体

在外部行政法律关系中，与私人相对的一方当事人为行政主体。行政主体在概念、类型及权利与义务上与私人存在较大差异。

一、行政主体的概念

（一）行政主体的界定

从行政实体法的角度来看，行政主体是行政法律关系中行使行政权，具有行政法上权利义务的主体。为了能够在外部行政法律关系中从事法律活动、形成和变动法律关系，行政主体需要具有行政法上的权利能力。也就是说，行政主体是行政法上的法人或公法人。这种行政主体概念的意义在于：首先，它能够明确行

① 参见林少华：《监狱管理行为的性质》，《人民司法·应用》2008年第1期，第88－90页。法国法的情况也可印证，参见张莉：《监所管理与司法监督——法国经验管窥》，《行政法学研究》2010年第2期，第126－130页。

政主体与私人的关系，不将行政主体的内部关系外部化；其次，它有利于理顺行政主体及其机关之间的关系；最后，它有助于明确不同行政主体之间的关系。[①]结合权利能力，可以从以下几个方面理解行政主体。

其一，行政主体是就外部行政法律关系而言的。行政主体的概念要解决的问题是：哪些主体在外部行政法律关系中具有权利能力，哪些主体能够与私人进行法律上的交往，对私人行使行政权。对于内部行政法律关系，例如行政主体与行政机关之间的关系，并不需要这种概念工具。[②] 行政机关只是使组织具有行为能力的装置，在外部行政法律关系中它不是行政主体。权利能力具有相对性，任何主体只在特定的领域才享有权利、承担义务。[③] 所以，行政机关在外部法律关系中不具有权利能力并不妨碍它可以在内部行政法律关系中具有主体资格，享有权利并承担相应的义务。

其二，行政主体主要是行政法领域具有权利能力的组织或个人。具有权利能力意味着，行政主体是行政法上权利义务的归属终点，它独立行使行政权力，负担义务，并能够承担相应的法律后果。虽然从表面上看，行政机关也具有权利义务，但其权利义务以及法律后果最终都非由行政机关，而是由行政主体来承担。《民法典》第 97 条规定，有独立经费的机关和承担行政职能的法定机构从成立之日起，具有机关法人资格，可以从事为履行职能所需要的民事活动。基于权利能力的相对性，《民法典》第 97 条所称的行政机关是法人，也只是意味着行政机关在从事民事交易中具有权利能力，不能直接适用于行政法。[④]

其三，行政主体是行政实体法而非行政程序法或行政诉讼法上的主体。行政程序法上的主体是指具有行政程序参与能力，能够作为行政程序法律关系的主体，特别是作为申请人、被申请人或其他当事人参与到行政程序当中。通常而言，具有程序参与能力的主体不仅包括自然人、公私法人，也包括行政机关。同样，行政主体也不同于行政诉讼法上的主体，后者主要涉及行政诉讼中的原告、被告以及其他诉讼参与人。例如，行政机关可以代表行政主体参与到行政诉讼中，所以行政机关是行政诉讼法上的主体，但并非行政主体。

（二）行政主体和行政机关

行政主体要和行政机关相区分。作为公法人，行政主体内部通常会设置不同

---

① 参见王贵松：《行政主体论的中国变迁》，《法学评论》2023 年第 1 期，第 71 页。

② 因此，行政主体理论与行政组织法之间不存在必然的逻辑关联。参见王贵松：《行政主体论的中国变迁》，《法学评论》2023 年第 1 期，第 71 页。

③ 参见沈建峰：《权利能力概念的形成和变迁》，《北方法学》2011 年第 3 期，第 64 页；王世杰：《国家法人理论的重塑》，《中国人民大学学报》2022 年第 5 期，第 128－129 页。

④ 参见王世杰：《国家法人理论的重塑》，《中国人民大学学报》2022 年第 5 期，第 132 页。

的机关具体行使行政权。

行政主体依靠行政机关行动。行政主体本身不具有行为能力，而需要为其活动而设置具有行为能力的装置，这些装置就是行政机关。[①] 行政机关不是行政主体，不具有权利能力，而是为行政主体活动。行政机关既处理行政主体的内部事务，也负责行政主体的外部事务。对外的行政机关代表行政主体与私人直接接触，这就使私人有了具体的对话者。

行政机关的责任归属于行政主体。这种归属是行政主体具有权利能力，作为最终归属节点的主要体现。行政机关及其成员不必以行政主体的名义进行行为，以机关自身的名义足矣。为了保障行政机关的行为能力，法律和行政法规一方面应给行政机关配置财产以使其可以从事法律活动，另一方面要为行政机关的活动设定清晰的责任结构，确保行政主体能够对行政机关的行为负责。[②]

总之，行政主体并不是行政机关，而是依靠行政机关行动，行政机关行为的最终后果归属于行政主体。正是由于行政机关经常代表行政主体活动，成为行政法上权利义务暂时性的归属主体，所以理论与实践中经常用行政机关代指行政主体。

二、行政主体的类型

关于行政主体理论上主要关注哪些主体可以具有行政法上的权利能力、独立行使行政权。根据《宪法》第 2 条第 1 款的规定，国家权力源自人民，人民是所有国家权力的主体。基于人民主权原理，国家权力的民主正当性须回溯至人民，并能通过议会和法律进行正当化。民主正当性包括制度（功能）、人事（组织）和事务（内容）三个方面。[③] 宪法和法律规定设置某机关就已经赋予了该机关正当性，因此制度正当性通常没有讨论的必要。人事正当性主要表现为，由法定的职务主体行使权力，以此保障决定权的中立性。而事务正当性是指权力行使的内容须具有民主正当性，它实际上包含了法律保留和政府对议会负责的要素。[④]

一个组织只有具备民主正当性，才能成为行政主体，行使行政权，与私人进行法律上的交往（特别是对私人权利进行干预）。国家法人和地方法人基于民主原则形成，具有民主正当性，当然属于行政主体。但是，宪法和法律有时会将行

---

① 参见章剑生：《现代行政法总论》，法律出版社 2019 年第 2 版，第 109 页。

② 参见王世杰：《国家法人理论的重塑》，《中国人民大学学报》2022 年第 5 期，第 127 页。

③ 参见陈征：《党政机关合并合署与行政活动的合法化水平》，《法学评论》2019 年第 3 期，第 29－31 页。

④ Christoph Möllers，in：M. Herdegen/K. -F. Gärditz/J. Masing/R. Poscher（Hrsg.），Handbuch des Verfassungsrechts，§ 5 Demokratie，C. H. Beck，2021，S. 317（337 ff.）.

政权从国家组织转移至基层自治主体、功能自治主体和其他私人（如企事业单位）。这些行政主体可被称为法律法规授权主体。此外，行政主体也有可能基于行政主体的授权行为产生，此类行政主体就是行政授权主体。虽然在制度正当性和人事正当性方面有所不足，但事务正当性和严格的程序控制机制可以补偿法律法规授权主体和行政授权主体的民主正当性亏空。

（一）国家法人和地方法人

宪法确立了人民主权原则。作为政治上的决定统一体和行为统一体，人民能够对共同体内部的诸多事项进行决断，而国家正是人民的组织载体。国家也为私人提供一个具有权利能力、行为能力以及责任能力的主体，以使私人与国家关系中的权利义务存在归属结点。[①] 在我国，国家的法人地位通过有关国家所有权与国家赔偿的宪法规定得到确证。

而根据《宪法》和《地方组织法》的规定，省（自治区、直辖市）、市（设区的市、自治州）、县（自治县、不设区的市、市辖区）、乡（民族乡、镇）的人民通过选举产生地方各级人民代表大会。作为“地方国家权力机关”，地方各级人民代表大会依宪法、法律和行政法规决定本行政区域内的事项。省、市、县、乡的民主正当性也源自人民，只不过是区域性的人民整体。就此而言，省、市、县、乡属于公法人，也是行政主体。[②] 但这并不妨碍省、市、县、乡要保证宪法、法律和行政法规在本行政区域内的实施，接受国家的监督。

（二）法律法规授权主体

法律法规授权是指法律法规直接将行政权赋予本不应行使该权力的私人。[③] 根据授权行使权力的主体被称为法律法规授权主体，它不属于国家组织，而是因行政权力或职权的设定才成为行政主体，所以它是功能性行政主体或授权性行政主体。

1. 基层自治主体

《宪法》第 111 条、《居委会组织法》和《村委会组织法》规定了基层自治制度，承认基层自治主体的行政主体资格。村民委员会和居民委员会是农村社区和城市社区进行自治的决策与执行机构，具体行使自治权，办理基层社区的公共事务和公益事业。

---

① 参见王世杰：《国家法人理论的重塑》，《中国人民大学学报》2022 年第 5 期，第 123－124 页。

② 参见王贵松：《行政主体论的中国变迁》，《法学评论》2023 年第 1 期，第 70 页。

③ 《行政诉讼法》第 2 条第 2 款、2018 年行诉法解释第 20 条和第 24 条使用的是“法律、法规、规章授权的组织”。不过，这是为了确定行政诉讼的被告，与行政实体法中行政主体的认定并不相同。

基层自治通过选举、决策、管理与监督机制使民众参与到与自身相关的事务中。民众的参与本身并不会产生民主正当性，而是提升了行政决定的可接受性。基层自治主体代表的不是人民的利益，而是其成员的利益。相应地，基层自治的正当性不是源自人民，而是源自在人民内部形成的局部整体。

基层自治也须具有民主正当性，这主要是通过事务民主正当性进行调控的，特别是自治决定应符合宪法和法律。因此，基层自治存在一种双重的正当化结构：基层自治不仅应遵守和执行宪法、法律和法规（民主正当性），而且得按照基层社区的自治章程、村规民约等进行自我管理（基层自治的正当性）。为了确保民主正当性，维护基层自治成员的权利，自治章程不得与宪法、法律、法规相抵触。这种受法律拘束借由国家对基层社区的法律监督得到保障。①

2. 功能自治主体

功能自治基于特定的职业、经济、文化或政治利益产生。功能自治主体由成员组成，由成员选举的机构自我管理，权利能力由法律授予。功能自治既有可能用于专门保障某种基本权利或制度（例如大学自治），也有可能是为了维护自治组织自身的利益（例如行业自治）。我国的功能自治主体是在改革开放后，随着国家职能的转变，才从政府部门转变为自律管理的自治团体。形式上，功能自治由其主体独立行使权力；实质上，功能自治授权成员自我决定，自主管理自身事务。

功能自治并不诉诸人民，不具有民主正当性，而是一种自治正当性，也就是将与行政任务相关的主体纳入行政任务的实现之中。功能自治不仅要依据自治章程，也要遵守宪法和法律。因此，功能自治也存在自治正当性和民主正当性的双重正当化结构。为了弥补功能自治主体的民主正当性赤字，一方面，确立功能自治需要正当理由，例如宪法和法律的明确承认，在利害关系人的参与下规制社会领域的现实需求，以及借助特定组织形式保护基本权利的要求。另一方面，应对功能自治的内容进行限定：功能自治主体的任务、组织和权限须由法律规定，并且往往限于利益群体自己的事务，它不得承担涉及公众或其他具有政治意义的公共任务。此外，为了确保民主正当性，国家应当对功能自治主体的行为进行监督。

---

① 《居委会组织法》第15条规定："居民公约由居民会议讨论制定，报不设区的市、市辖区的人民政府或者它的派出机关备案，由居民委员会监督执行。居民应当遵守居民会议的决议和居民公约。居民公约的内容不得与宪法、法律、法规和国家的政策相抵触。"《村委会组织法》第27条规定："村民会议可以制定和修改村民自治章程、村规民约，并报乡、民族乡、镇的人民政府备案。村民自治章程、村规民约以及村民会议或者村民代表会议的决定不得与宪法、法律、法规和国家的政策相抵触，不得有侵犯村民的人身权利、民主权利和合法财产权利的内容。村民自治章程、村规民约以及村民会议或者村民代表会议的决定违反前款规定的，由乡、民族乡、镇的人民政府责令改正。"

律师协会、医师协会和足球协会等行业协会都是典型的功能自治主体。以律师协会为例，《律师法》第43～46条与《中华全国律师协会章程》规定，律师协会是律师的自律性组织，有权对律师的执业活动进行考核，对律师、律师事务所实施奖励和惩戒。行业协会对成员的惩戒权就是行政权，成员自然可以对惩戒行为提起行政诉讼。

3. 其他私人

除了基层自治主体和功能自治主体，法律法规还会授权其他私人行使行政权，典型的就是部分企业和事业单位（如高等学校）。至于自然人能否成为行政主体，理论上存在争议。虽然我国有学者基于保障国家权力的公共性以及与行政诉讼被告相协调等理由认为，行政主体只能是组织，不能是自然人①；但实际上，法律法规授权的对象既可以是组织，也可以是自然人。例如，《行政处罚法》第19条规定："法律、法规授权的具有管理公共事务职能的组织可以在法定授权范围内实施行政处罚。"而在民用航空法和海商法领域，法律法规授权主体就是具有特殊技能的自然人，例如机长和船长。②

（三）行政授权主体

1. 行政授权主体的概念与特征

前述行政主体有时也会基于法律规定，通过授权行为将权力授予私人。以自己名义行使权力的私人就是行政授权主体。行政授权主体具有如下特征。

首先，行政授权主体行使的职权不是自身固有的，而是行政主体基于法律、法规授予私人的。通过行政授权③，权力得以在行政主体和私人之间转移。之所以要授权，是因为面对复杂的行政任务和高度专业化的现代社会，行政机关有时并不具有相关专业知识。为了弥补知识漏洞，减轻财政负担，法律法规允许行政主体将部分权力授予私人行使。相应地，行政授权主体应具备行使被授予的权力所需的人员、设备和技术条件。

其次，行政授权主体被授予的权力以行政任务所需为限。为了确保权力行使的合法性，行政授权既要有授权依据，也应符合比例原则。权力对私人权利义务的影响越大，就越要有效地保障被授予的权力的行使符合法律规定。

---

① 参见胡建淼：《行政法学》，法律出版社2023年第5版，第83页。

② 《民用航空法》第46条第1款规定："飞行中，对于任何破坏民用航空器、扰乱民用航空器内秩序、危害民用航空器所载人员或者财产安全以及其他危及飞行安全的行为，在保证安全的前提下，机长有权采取必要的适当措施。"《海商法》第36条第1款规定："为保障在船人员和船舶的安全，船长有权对在船上进行违法、犯罪活动的人采取禁闭或者其他必要措施，并防止其隐匿、毁灭、伪造证据。"

③ 对于行政授权的研究，参见李德旺：《作为职权转移机制的行政授权》，《法学家》2023年第3期，第161-174页。

最后，行政授权主体是行政主体，可以自己的名义独立行使权力，承担权力行使的法律后果。但是，行政授权主体具有接受授权主体监督的义务。这种监督包括法律监督和专业监督，授权主体可以发布监督指令、定期进行调查与报告。同时，规范化的监督也有利于抵消来自授权主体的不当影响，确保行政授权主体的实质独立性。

2. 行政授权主体与受委托主体的区分

行政主体有时并不把权力授予私人，而只是权力行使的主体发生了变化。这种现象被称为行政委托。例如，根据《行政处罚法》第20～21条，行政机关依照法律、法规、规章的规定，可以在其法定权限内书面委托特定组织实施行政处罚。在行政委托的情形中，受委托主体不是行政主体，而只是代替行政主体行使权力。

行政授权主体与受委托主体（或称行政授权与行政委托）存在以下区别：其一，权力行使的名义不同。行政授权主体以自己的名义从事行政活动，而受委托主体以委托主体的名义行使权力。其二，法律地位不同。行政授权主体是行政主体，独立行使行政权力；受委托主体不是行政主体，不具有独立性，在行使权力时须受委托主体的指示，不能违背委托主体的意思。其三，法律后果的承担主体不同。行政授权主体承担行使权力的法律后果，受委托主体行使权力的后果由委托主体承担。

三、行政主体的权力与义务

（一）行政主体的权力

1. 行政主体权力的概念

在行政法律关系中，通常用“权力”来表述行政主体具有的权利。所谓行政主体的权力，是指行政主体依据法律具有的为特定行为的权能。

对于行政主体的权力，应注意其与管辖权、职权、权限、职责等概念的区分。行政机关的管辖权是组织法概念，是指行政机关对某一特定事务可以进行管理的权能，它通常可以依据事项、层级、地域等进行进一步划分。[①] 与管辖权相比，职权、权限、职责等用语更为常见。

职权是国家机关职能范围内的权力，是依据职能分配给不同机关的具体权力。例如，《宪法》在论及全国人民代表大会（第62条）、全国人民代表大会常

① 参见高家伟：《论行政职权》，《行政法学研究》1996年第3期，第13页；李洪雷：《行政法释义学：行政法学理的更新》，中国人民大学出版社2014年版，第197页。

务委员会（第 67 条）以及国务院（第 89 条）等国家机关的权力时，使用的是职权的概念。相应地，行政职权就是行政权力法定化的具体表现，是分配给具体的组织机构和职位的行政权力。[①] 通过将某个行政任务分配给特定的行政组织，职权在行政任务和行政组织之间建立了联系。

权限是权力、职权的范围或界限，它更强调在权力或职权的范围内行使权力。例如，《宪法》第 90 条第 2 款规定："各部、各委员会根据法律和国务院的行政法规、决定、命令，在本部门的权限内，发布命令、指示和规章。"《宪法》第 99 条第 1 款规定，地方各级人民代表大会"依照法律规定的权限，通过和发布决议，审查和决定地方的经济建设、文化建设和公共事业建设的计划"。同样，《地方组织法》也大体上在这种含义上区分"职权"和"权限"。

行政职责是从义务和责任的角度规定行政职权。[②] 除一般性使用职权外，《行政诉讼法》并未使用"权限"，反而更青睐"职责"的概念。例如《行政诉讼法》第 12 条第 1 款第 6 项规定的"申请行政机关履行保护人身权、财产权等合法权益的法定职责"。

2. 行政主体的权力与私人公权利的区分

从形式结构上看，行政主体的权力与私人公权利具有同构性。我国行政法学者钟赓言很早就指出，国家权力与私人权利都是可以进行命令的意思力。[③] 与之相似，德国也有学者将行政主体的权力和私人的公权利进行通约，例如将行政机关的处罚权理解为对私人进行制裁的权利，征税权则是要求私人支付金钱的权利。按照这种理解，公权利是一种包含国家权力与私人权利的框架概念，行政主体也具有权利。[④]

但实际上，区分私人的公权利和行政主体的权力不仅是传统行政法理论的一贯立场[⑤]，而且存在实质理由。基于下述差异，有必要区分私人的公权利和行政主体的权力：首先，二者的本质以及承认理由不同。私人公权利通常是为了保护私人自身利益，本质上基于人的存在和主体地位而被承认。国家权力立足于公益和民主正当性，遵从授权原则，只有经宪法和法律授权，才有行政主体的权力。

---

① 参见莫于川：《行政职权的行政法解析与建构》，《重庆社会科学》2004 年第 1 期，第 74 页；王贵松：《行政裁量的构造与审查》，中国人民大学出版社 2016 年版，第 202 页。

② 也有学者认为，职责是立足于国家和行政机关或者行政机关与具体公务人员之间的行政法律关系而言的。参见王贵松：《行政裁量的构造与审查》，中国人民大学出版社 2016 年版，第 202 页。

③ 参见钟赓言：《钟赓言行政法讲义》，王贵松、徐强、罗潇点校，法律出版社 2015 年版，第 113 页。

④ 参见［德］哈特穆特·鲍尔：《国家的主观公权利——针对主观公权利的探讨》，赵宏译，《财经法学》2018 年第 1 期，第 18 页。

⑤ 奥托·迈耶承认私人公权利，但他以国家主权具有全权性为由，否认国家具有公权利。参见［德］奥托·迈耶：《德国行政法》，刘飞译，商务印书馆 2013 年版，第 113 页。

行政主体不具有先在的自由或权能，它不是为了自己利益，而是为了公共利益和行政任务而被赋予权力。其次，二者的行使方式不同。原则上，私人可自主决定是否以及如何行使权利，不受他人干涉。私人公权利原则上可以放弃，只有在法律明确禁止、基于整体法律关系不被容许以及公权利不仅保护个人利益也服务于公共利益时，私人才不得放弃公权利。而行政主体有义务行使权力，原则上不得任意处分与放弃。[①] 只有在符合法律规定，或者具有裁量权的行政主体认为私人利益比公共利益更重要时，才能放弃或者不行使权力。最后，发生争议时的解决机制不同。受到侵害时，私人公权利一般能够通过行政复议或行政诉讼得到修复。但行政主体之间存在职权争议时，通常无法诉诸行政诉讼，一般要在行政系统内部由有权机关进行裁决。

3. 行政主体权力的类型

行政主体的权力以保护私人权利、实现行政任务为目的。行政主体的权力依赖于行政任务，取决于宪法和法律的具体规定。因此，行政主体的权力本质上具有偶然性。因为行政主体的权力通常无法列举和穷尽，所以只能依其特殊性进行类型化。总的来看，行政主体具有三种较为独特的权力类型。

（1）规范制定权。除立法机关外，行政主体有时也可以制定普遍性的行为准则。基于法律的法规创造力原理[②]，行政主体的规范制定权是一种衍生的权力，只能根据法律授权才能行使。例如，国务院的行政法规制定权、国务院组成部门和地方政府的规章制定权都是典型的规范制定权。

（2）个案处理权。行政主体可以基于单方行为形成拘束性的法律关系，就个案作出行政许可、行政处罚等行政处理。但近来有理论认为，法律保留不仅意味着内容上的保留，在对私人作出负担性行政处理时，采取行政处理这种形式也得由法律保留［“作出行政处理的权能”（Verwaltungsaktbefugnis）］[③]。

（3）强制执行权。按照传统的行政法理论，为了有效确保行政任务的实现，在私人不履行行政处理确定的义务时，行政机关可以自行强制实现义务。但根据《行政强制法》的规定，只有具有强制执行权的行政机关才能强制执行，没有强制执行权的行政机关应当申请法院强制执行。

（二）行政主体的义务

在外部行政法律关系中，行政主体的义务与私人的公权利相对应。在行政法

---

① 参见［德］汉斯·J. 沃尔夫、奥托·巴霍夫、罗尔夫·施托贝尔：《行政法》（第一卷），高家伟译，商务印书馆2002年版，第483页；杨建顺：《行政规制与权利保障》，中国人民大学出版社2007年版，第144-145页。

② 参见王贵松：《论法律的法规创造力》，《中国法学》2017年第1期，第109-129页。

③ Christoph Druschel，Die Verwaltungsaktbefugnis，Duncker & Humblot，1999.

中，行政主体较为重要的义务包括履职义务、守法义务、保护私人权利的义务以及遵守法定程序的义务。

第一，履职义务。行政主体应依法、积极地履行自身的权力或职责。行政主体的义务首先源自法律、行政法规、地方性法规和行政规章等的明确规定。在规定义务时，实定法一般会采用“应当”“不得”等表述。例如，《行政强制法》第33条第2款第1句规定：“行政机关作出解除冻结决定的，应当及时通知金融机构和当事人。”第22条规定：“查封、扣押应当由法律、法规规定的行政机关实施，其他任何行政机关或者组织不得实施。”有时，即便没有这些表述，也能从私人的公权利中推导出行政主体的义务。其次，行政处理、行政协议、行政允诺等行政行为也会课予行政主体义务，例如行政主体根据行政协议提供对待给付，或者根据行政允诺应向私人兑现承诺的引资奖励。

第二，守法义务。在履行职责、实现行政任务的过程中，宪法和法律为行政主体行使权力划定了相应的界限，即守法义务。行政主体的守法义务是宪法和依法律行政原则的应有之义。《宪法》第5条第4款规定，一切国家机关和武装力量、各政党和各社会团体、各企业事业组织都必须遵守宪法和法律。依法律行政原则也要求，行政主体不仅不得违反法律，而且在为特定行为时需要法律的授权。

第三，保护私人权利的义务。虽然行政法的公益导向要求行政主体积极维护公共利益，但行政主体还有保护私人权利的义务。这种义务是国家尊重和保障人权的直接体现，贯穿行政权力行使的全部过程。例如，《人民警察法》第21条规定了人民警察的救助义务——人民警察遇到公民人身、财产安全受到侵犯或者处于其他危难情形，应当立即救助。

第四，遵守法定程序的义务。行政主体应遵守的法，既包括行政实体法，也涉及行政程序法。前者为行政主体提供行为标准，后者具体调整行政主体的行为过程。行政实体法和程序法相互联系，共同调控行政活动，确保依法律行政原则的实现。特别是当行政实体法的调控力度下降时，行政程序法的作用更得以凸显。根据不同的行政活动方式，行政主体应遵守的法定程序也有所差异。例如，在行政立法时，行政主体应遵循立项、起草、审查、决定、公布、备案等程序；而在进行行政处罚时，行政主体则要遵守《行政处罚法》有关普通程序和简易程序的规定。

四、我国目前主流的行政主体理论及其问题

按照我国目前较为主流的观点，行政主体是指依法享有行政权，能够以自己

名义对外行使行政职权，能够对外独立承担法律责任的组织。类型上，行政主体包括行政机关、法律法规授权的组织和其他社会公权力组织。[①] 现有的行政主体理论主要从确定行政诉讼被告的角度出发，强调行政权、自己名义和独立的责任承担。所以更准确地说，这是一种诉讼法的行政主体理论。

从明确行政诉讼被告、扩大行政诉讼受案范围的角度来看，目前主流的行政主体理论自有其价值，但是也存在诸多难以解决的问题：首先，这种行政主体理论缺乏行政法学的国家观，突破了行政外部法和内部法的界限，将国家内部的行政机关与外部的私人直接联结，国家从行政法的视野中消失。[②] 其结果是，行政机关被当作具有独立法律人格的法人。其次，将行政主体与行政诉讼被告相衔接，混淆了行政实体法和诉讼法。行政主体是行政法律关系的当事人，为实体法上的制度。而由哪一机关代表行政主体进行诉讼是诉讼技术的设计，属于法政策问题。二者的价值追求和背后的利益考量存在差异，无法直接等同。[③] 最后，这种行政主体理论将行政机关之外行使行政权的主体，区分为法律法规授权组织和其他社会公权力组织。但这种分类存在不明确之处。以行业协会为例，它在法律法规授权时为法律法规授权组织，在无法律法规授权而行使行政性职能时则为其他社会公权力组织。但这两种区分并不明晰，例如处理律师和被代理人间争议时的律师协会被列入“其他社会公权力组织”[④]。但律师协会的此项权力为《律师法》第 46 条第 1 款第 7 项明确规定。与之相似，虽然也有学者认为行政主体只包括行政机关和法律法规授权组织，但大多没有明确区分，法律法规授权到底是将原属于国家或行政机关的权力转移给社会组织，还是法律法规只是对社会组织具有的权力予以认可，抑或二者兼有。[⑤] 更进一步而言，现代国家垄断权力，行政机关、法律法规授权的组织以及其他社会公权力组织的权力都是源自宪法和法律的“授权”。不同行政主体间的差异并非是否有法律“授权”，而是法律“授权”的方式不同。

鉴于此，本书并不采用既有的行政主体理论，而是立足于外部行政法律关系，从行政实体法的角度认识行政主体。

---

① 参见姜明安主编：《行政法与行政诉讼法》，北京大学出版社、高等教育出版社 2024 年第 8 版，第 93－97 页；胡建淼：《行政法学》，法律出版社 2023 年第 5 版，第 65－66 页。

② 参见王贵松：《行政主体论的中国变迁》，《法学评论》2023 年第 1 期，第 69－71 页。

③ 参见王世杰：《国家法人理论的重塑》，《中国人民大学学报》2022 年第 5 期，第 132－134 页。

④ 姜明安主编：《行政法与行政诉讼法》，北京大学出版社、高等教育出版社 2024 年第 8 版，第 116－123 页。

⑤ 参见章剑生：《现代行政法总论》，法律出版社 2019 年第 2 版，第 117 页；胡建淼：《行政法学》，法律出版社 2023 年第 5 版，第 67 页。对社会组织权力来源的讨论，参见黎军：《行业组织及其成员间关系的研究——从行政法的视角》，载沈岿编：《谁还在行使权力——准政府组织个案研究》，清华大学出版社 2003 年版，第 253－272 页。

第三节 私 人

一、私人的概念和类型

（一）私人的概念

在外部行政法律关系中，与行政主体相对的行政法律关系主体为私人。它既是指行政处理法律效果直接指向的主体，也包括受到行政处理事实效果影响的主体。私人不仅可以是个人，也可指组织。进一步而言，只要不属于国家功能领域的个人和组织，就都属于私人。因此，不履行国家职能时的公务员，也是私人。[①]

我国行政法理论一般称私人为“行政相对人”[②]。实定法用的则是“公民、法人或其他组织”。其中，公民是具有一国国籍、享有相应权利义务的自然人。这里所说的公民不仅指中国公民，也可以包括外国公民。例如，根据《出境入境管理法》第 76 条，公安机关或者出入境边防检查机关可以对外国人的违法行为进行行政处罚。根据《民法典》第 57 条，法人是具有民事权利能力和民事行为能力，依法独立享有民事权利和承担民事义务的组织。营利法人、非营利法人和特别法人等属于这里所说的法人。其他组织又称为非法人组织。根据《民法典》第 102 条，它是指不具有法人资格，但是能够以自己名义从事民事活动的组织，包括个人独资企业、合伙企业、不具有法人资格的专业服务机构等。

（二）相对人和第三人

基于权利义务受到行政处理的不同影响，私人可以分为相对人和第三人。相对人和第三人原则上平等，只不过二者出现的时间顺序和各自的法律地位并不相同。

1. 相对人

相对人是直接承受行政处理法律效果的私人。他是行政处理直接针对的，并且受行政处理直接影响的主体。形式上，相对人通常是行政处理的受领人或直接指向的对象，是行政处理文书确定的主体。实质上，相对人是权利义务直接受到

---

① 参见姜明安主编：《行政法与行政诉讼法》，北京大学出版社、高等教育出版社 2024 年第 8 版，第 140－141 页。

② 方世荣：《论行政相对人》，中国政法大学出版社 2000 年版，第 16、48－49 页；姜明安主编：《行政法与行政诉讼法》，北京大学出版社、高等教育出版社 2024 年第 8 版，第 140 页。

行政处理的调整内容或法律效果影响的主体。[①]

相对人一般都是明示相对人，也就是说，他既是行政处理的受领人，他的权利义务也会受到行政处理的直接影响。例如，违法行为人通常是收到行政处罚通知书的私人，其权益被行政处罚直接减损。有时，即便某个私人不是行政处理文书的受领人，只要他的权利义务是行政处理的调整内容，他也就属于相对人，此时可称之为暗示相对人。例如行政机关禁止书店销售某个作者的作品。该禁令表面上针对书店，实际上也将作者作为行政处理的调整对象。其中，书店是行政命令的明示相对人，而作者为暗示相对人。

2. 第三人

相对人之外，权利义务受到行政处理影响的私人为第三人。例如，建筑工程施工许可的申请人为相对人，通风、采光等受到行政许可影响的相邻人就是第三人。对于第三人，《行政许可法》以及《行政诉讼法》使用的是“利害关系人”的概念。[②]

需要注意的是，本书所称的第三人是从行政实体法的角度认定的，是行政实体法上的第三人，与行政诉讼上的第三人不能完全对应。《行政诉讼法》规定的“第三人”主要包括两种类型：一是行政实体法上的第三人，其与行政处理存在利害关系，但没有提起诉讼；二是虽不属于行政实体法上的第三人，但与案件处理结果有利害关系的人，其参与到诉讼中既可以维护自身利益，也便于查清案件事实。[③]

二、私人的公权利

作为现代法秩序的关键要素，权利为法秩序补充了个别化的要素，确立了私人相对于其他主体的法律地位。民法中的权利被称为民事权利或者私权利。由于行政法是公法，所以行政法中的私人权利也被称为公权利。

（一）公权利的概念与功能

1. 公权利的概念

民法理论综合了意志说和利益说，认为权利由意志力（或法上的力）和利益

---

① 参见陈鹏：《行政诉讼原告资格的多层次构造》，《中外法学》2017 年第 5 期，第 1226 页。

② 学理上有时将其称作“行政相关人”，参见胡建淼：《行政法学》，法律出版社 2023 年第 5 版，第 105、106 页。也有学者称其为“间接相对人”，参见姜明安主编：《行政法与行政诉讼法》，北京大学出版社、高等教育出版社 2024 年第 8 版，第 142－143 页。

③ 参见全国人大常委会法制工作委员会行政法室编：《中华人民共和国行政诉讼法解读》，中国法制出版社 2015 年版，第 83 页。

构成。据此，权利是为了实现特定利益而具有要求义务主体为特定行为的意志力。[①]

公权利的概念源自民法，也由意志力和（受法保护的）利益组合而成，只不过行政法通常使用“法上的力”而非意志力。所谓公权利，是指私人基于行政法，为实现自身利益而具有的要求行政主体为特定行为的法上的力。我国实定法不采“公权利”的概念，而是多用“权利”“合法权益”等术语。理论上，除公权利外，还有“受法保护的利益”或“值得法保护的利益”等不同用语，这些都是公权利概念扩张的产物。

在公权利的概念要素中，利益通常是指私人利益，但也可以包括公共利益和集体利益。有时为了监督行政机关执行法律，或者保护特定公共利益，法律也会承认以保护公共利益为目的的公权利。例如，我国的政府信息公开请求权不仅服务于个人利益，也用来保护监督政府依法行政这项公共利益。[②] 法上的力是利益主体能够向义务主体实现利益的权能。作为一种实体法上的权能，法上的力既不是诉权，也不以诉权为前提，而是私人能够独立主张和实现规范，以保护特定利益的权能。若不存在法上的力，私人因行政活动而获得的利益就不属于权利，而只是反射性利益。

2. 公权利的功能

在行政法中，公权利主要具有地位分配功能和权利保护功能。

一方面，公权利具有地位分配功能。公权利可以为权利主体分配特定的利益和独立的法律地位，承认私人在行政法中的主体性。公权利为私人创造了相对于国家的自主空间和自由领域，在私人与国家权力之间设置了一定距离。为了维护自身利益，权利主体可以按照自己的意愿主张和实现规范内容。因此，公权利是私人的主体性和人格性的表达。通过将自主和人格引入行政法中，个人不再是国家活动的客体，而是具有权利能力的主体。正因如此，德国学者施密特-阿斯曼称公权利为“法治国家的支柱”。

另一方面，公权利也具有权利保护功能。无论行政主体采取何种活动形式，只要私人具有公权利，其都可以主张公权利保护自身利益，排除行政主体的违法侵害。与行政活动形式相比，公权利更能有效提供无漏洞的权利保护。这种权利保护功能尤其表现在行政诉讼原告资格的判断和诉讼准入上。自 2017 年刘某明诉张家港市人民政府行政复议案之后，我国法院将《行政诉讼法》第 25 条第 1

---

① 参见王泽鉴：《民法总则》，北京大学出版社 2009 年版，第 68 页；朱庆育：《民法总论》，北京大学出版社 2016 年第 2 版，第 1031 页；梁慧星：《民法总论》，法律出版社 2017 年第 5 版，第 70 页；杨代雄：《民法总论》，北京大学出版社 2022 年版，第 7 - 8 页。

② 参见王贵松：《信息公开行政诉讼中的诉的利益》，《比较法研究》2017 年第 2 期，第 20 - 22 页。

款中的“利害关系”理解为公权利受到侵害。“只有主观公权利，即公法领域权利和利益，受到行政行为影响，存在受到损害的可能性的当事人，才与行政行为具有法律上利害关系，才形成了行政法上权利义务关系，才具有原告主体资格（原告适格），才有资格提起行政诉讼。”[①] 行政诉讼原告资格以公权利受到侵害为前提，公权利也就具有了诉讼准入功能。作为诉讼准入的调节机制，公权利相应也划定了法院对行政活动审查的界限。所以，公权利还是行政和司法之间权限分配的调控工具。[②]

（二）公权利的类型

公权利的种类十分复杂，例如撤销请求权、听证权、行政赔偿请求权等。为了清晰认知不同的权利概念，形成清晰的公权利体系，有必要对公权利进行分类。

1. 广义公权利和狭义公权利

基于范围的广狭，公权利可分为狭义公权利和广义公权利。一般所说的公权利仅指狭义公权利，也就是行政法上的公权利。广义公权利不仅包括行政法上的公权利，也包括宪法上的公权利，即基本权利。它指向所有国家权力，特别是将立法机关作为义务主体。就具体内容而言，基本权利不仅具有防御权面向，而且可以为私人提供给付请求权。

但基本权利如何实现有赖现实情形。特别是私人之间的基本权利存在冲突时，为了形成公权利的内容，基本权利更需要由立法者进行具体化。如果说基本权利是原则，那么行政法上的公权利就是规则。基本权利是公权利的实质基础，立法者以基本权利为前提创设了内容明确的公权利，公权利是基本权利在一般法中的表现形式。[③] 在形塑具体公权利时，立法者应受到基本权利的拘束：一方面，立法者应创设公权利，积极实现基本权利的内容；另一方面，基本权利本身也是公权利，它有自己的保障范围和救济途径（例如宪法诉讼）。本质上，基本权利和公权利是对同一私人领域的不同层次的保护。

2. 支配权、形成权和请求权

支配权、形成权和请求权是按照公权利的作用进行的划分。支配权是权利主

---

① 刘某明诉张家港市人民政府行政复议案，最高人民法院（2017）最高法行申 169 号行政裁定书，2017 年 4 月 26 日。

② 参见王世杰：《私人主张超个人利益的公权利及其边界》，《法学家》2021 年第 6 期，第 123 页。

③ 参见鲁鹏宇、宋国：《论行政权利的确认与功能——以德国公权理论为核心的考察》，《行政法学研究》2010 年第 3 期，第 55 - 56 页；胡锦光、韩大元：《中国宪法》，法律出版社 2024 年第 5 版，第 146 页。

体对于物、行为和人身利益等客体进行支配的权利。权利主体可以在法律规定的范围内自由利用这些客体，并排除他人的侵扰。自由权的典型功能正是支配权。支配权主体可以自主支配自己的自由领域，不受所有行政主体的非法干预。形成权是权利主体依据单方意思表示就能够直接形成、变更和消灭法律关系的权利。私人对行政协议的解除权，加入或者离开公法社团的权利，选举权等都是典型的形成权。请求权是私人请求行政主体为特定行为的权利，传统行政法理论中的公权利主要是就请求权而言的，例如许可请求权、对于行政处理的撤销请求权以及行政赔偿请求权。

支配权、形成权和请求权可以相互结合。例如，自由权受到侵害时会产生用来保护支配权的防御请求权，而在拒绝给付请求权的行政处理中，私人具有针对行政处理的撤销请求权。

3. 基础性公权利和派生性公权利

基础性公权利和派生性公权利是有关公权利的经典分类。[①] 基础性公权利又称为原权性公权利，类似民法的绝对权，是私人针对所有行政主体的法律地位。而派生性公权利则是以基础性公权利为前提的辅助性或救济性权利，或称救济性公权利。据此，权利主体可以要求特定行政主体为一定行为。请求权是典型的派生性公权利。它既可以在基础性公权利受侵害时产生，也能够不依赖基础性公权利，由法律直接规定或从公法义务中推导而来。

基础性公权利和派生性公权利的区分对于认知实定法具有意义。对于《行政诉讼法》第2条规定的“合法权益”，如果认为请求权须在基础性公权利受侵害时产生，那么“合法权益”就是基础性公权利。相反，若主张请求权无须基础性公权利受侵害即可形成，那么“合法权益”就不必理解为基础性公权利，民事权利也可被纳入。

4. 实体性公权利和程序性公权利

根据公权利的内容指向的是实体决定还是程序决定，可以将公权利分为实体性公权利和程序性公权利。

实体性公权利是以特定实体决定为内容的公权利，私人据此可以要求行政主体为特定行为。借助实体性公权利，私人利益在行政法上能够得到完全保护。程序性公权利不是以特定实体决定为内容，而是私人在实现实体性公权利的过程中主张的要求行政主体遵守特定程序的权利。与实体性公权利相比，程序性公权利仅确保私人的程序参与利益，是对私人利益的不完全保护。无瑕疵裁量请求权是

① 对于这一组概念，姜明安教授的用语是“作为原权利的公权利”与“作为救济权的公权利”，参见姜明安：《公法学研究的几个基本问题》，《法商研究》2005年第3期，第5页。

典型的程序性公权利。具有权利的私人并非请求行政主体作出具有特定内容的裁量决定，而只是要求行政主体合理地行使裁量权。

实体性公权利和程序性公权利之间不存在质的差异，二者仅在利益保护的范围和阶段上有所区分，二者有时还会相互转化。①

（三）公权利的判断

民法是权利法，以调整冲突利益为目的，以双方主体的权利义务为结构，一方义务与另一方的权利相对应。但行政活动多以维护公共利益为目标，即便行政机关受法律拘束，也并不总是意味着，私人对于实现法规范具有独立权能。也就是说，行政法规范并不总是成立私人的权利，私人不具有一般性的法律执行请求权。

1. 法规范的明确规定

如果法规范明确肯定或否认私人的权利，那么公权利的判断较为简单。例如，根据《行政许可法》第 7 条，私人对行政机关实施行政许可，享有陈述权、申辩权。《城市居民最低生活保障条例》第 2 条第 1 款规定，“持有非农业户口的城市居民，凡共同生活的家庭成员人均收入低于当地城市居民最低生活保障标准的，均有从当地人民政府获得基本生活物质帮助的权利”。除了明确承认权利，实定法也经常会使用“可以”“有权”等用语。例如《行政处罚法》第 55 条规定，执法人员在调查或者进行检查时不出示执法证件的，私人有权拒绝接受调查或者检查。

有时，即便法律只规定了行政机关的义务，如果能确定与义务相对的权利人，也能肯定公权利的存在。例如《税收征收管理法》第 39 条规定，“纳税人在限期内已缴纳税款，税务机关未立即解除税收保全措施，使纳税人的合法利益遭受损失的，税务机关应当承担赔偿责任”。因为赔偿义务指向的对象是纳税人，所以仍然可以承认纳税人对于税务机关具有赔偿请求权。

2. 保护规范理论

当法规范未明确公权利是否存在时，如何判断权利往往成为问题。此时可以借助保护规范理论，以行政机关的义务规范为根据判断私人的公权利。

（1）保护规范理论的意涵。

保护规范理论最初被用来判断相对人和第三人的公权利。其后，随着相对人的公权利通过基本权利的防御权功能得到承认（“相对人理论”），保护规范理论

---

① 参见王贵松：《行政裁量的构造与审查》，中国人民大学出版社 2016 年版，第 133 - 134 页；王世杰：《保护规范理论的始源形态——布勒公权论的再认识》，《行政法学研究》2021 年第 1 期，第 163 - 164 页。

主要被用来判断第三人的公权利。[①] 根据保护规范理论，在行政法规范不仅保护公共利益，也保护私人利益时，利益受到法规范保护的私人具有公权利。基于从法规范中解释出私人公权利的立场，保护规范理论主要包括以下三重意涵：

首先，保护规范理论是从法规范中识别公权利的解释规则和解释方法的总称。传统保护规范理论强调探求立法者的主观意思，但现在的保护规范理论更关注立法者的客观意思。在某种意义上，保护规范理论的转变就是规范解释方法的转变。作为识别公权利的工具，保护规范理论对不同解释方法保持开放，这也使得保护规范理论具有高度的灵活性。[②]

其次，保护规范理论明确了公权利对法规范的从属性。保护规范理论要求以法规范，而非以事实或事实影响为依据判断私人的公权利。私人是否具有公权利，只能根据相应的法律、法规进行识别。私人受到的事实影响不能成为承认私人公权利的依据。事实必须接受法的评价，只有以法规范为依据，事实影响才能成为判断公权利的要素。然而这并不意味着，保护规范理论排除了事实影响。实际上，除了明确肯定或否定保护私益的法规范，大多数行政法规范是否保护私人利益并不明确，通常要结合个案情形才可以得出结论。[③] 我国法院也认为，在适用保护规范理论时，"既要看行政行为本身是否会侵犯法律保护的权益，也要看行政行为的实施是否必然会对当事人造成不利影响"[④]。

最后，保护规范理论对于法规范以及立法者意思的强调，立足于宪法有关权利分配的权限秩序。在我国议会制的宪法秩序中，立法优先于行政和司法，权利必须优先由具有直接民主正当性的立法者进行规定。依据宪法特别是其中关于基本权利的规定，立法者有权对私人法律地位和公私益以及私益间的冲突进行裁决，决定将哪些利益形塑为权利。在此基础上，行政机关和法院对于立法者的决定进行具体化，作出有关公权利的具体判断。

（2）保护规范理论的适用。

保护规范理论的适用包括三个要件：一是法规范必须为行政机关设定义务，二是法规范必须具有保护私人利益的目的，三是私人利益受到了个别保护。

公权利存在的前提，首先是行政机关的义务。从规范结构的角度来看，权利

---

① 参见［德］哈特穆特·鲍尔：《国家的主观公权利——针对主观公权利的探讨》，赵宏译，《财经法学》2018年第1期，第12-13页；赵宏：《主观公权利的历史嬗变与当代价值》，《中外法学》2019年第3期，第659-660页。

② 参见［德］哈特穆特·鲍尔：《新旧保护规范论》，王世杰译，《财经法学》2019年第1期，第112页。

③ 参见李泠烨：《原告资格判定中"保护规范说"和"实际影响说"的混用与厘清——兼评东联电线厂案再审判决》，《交大法学》2022年第2期，第164-176页；赵宏：《公法邻人保护中的考虑要求》，《法学家》2023年第1期，第17-22页。

④ 北京联立房地产开发有限责任公司诉北京市东城区人民政府行政复议案，最高人民法院（2019）最高法行申293号行政裁定书，2019年10月12日。

是法规范的具体效果，一方具有权利的前提是法规范为另一方主体规定了义务。课予行政机关的义务不必是严格的具体行为义务，行政机关合理行使裁量权的义务也属于此。所以，如果裁量规范具有保护私人利益的目的，也应承认私人具有请求权，即无瑕疵裁量请求权。规定行政机关义务的法规范不仅包括宪法、法律，也可以是指行政法规、规章以及行政规范性文件等。为了尽可能承认行政机关的义务，应全面查找保护规范，考虑法规范的“领域相关性”和“目的共同性”[①]。“既要参酌本行政管理领域的直接适用的法律规范，也要参酌相关领域的间接适用、潜在适用的法律规范；既要参酌法律规范的正面规定，也要参酌法律规范的负面规定；既要参酌保护当事人权益的法律规范，又要参酌制裁当事人行为的法律规范；既要看法律规范保障的权利（实体权利、程序权利、参与权利等），也要看违反法律规范要承担的法律责任”[②]。

其次是私益保护目的。课予行政机关义务的法规范必须对私人利益进行保护。例如有关建筑物间距的规定，目的是保护相邻人的通风、采光免受侵扰，所以属于保护私人利益的规范。在传统的公权利理论中，私人自由和利益构成了公权利概念的核心要素，而公共利益的维护委诸行政机关，通常不由私人进行主张。[③] 私益保护目的要件将维护公益的客观法规范和承认权利的主观法规范区分开来，授权利益受到保护的私人可以要求行政机关遵守该规范。在行政诉讼中，私益保护目的要件有助于限定对行政行为提起诉讼的主体范围，避免民众诉讼。[④]

由于利益的多元化和公私益日益交融，固守严苛的公私益区分反而会不利于保护私人利益。有时，立法者也会将涉及公共利益、集体利益的权利授予不特定的人群甚至一般公众，公权利成为促进公共利益的手段。[⑤] 于公权利的判断而言，应该从法体系的角度观察私人利益的保护需求，优先判断是否可以将法规范保护的利益（无论是公共利益还是私人利益）分配给特定私人。[⑥]

最后是私人利益受到个别保护。只有当行政法规范对私人利益进行个别保护

---

① 赵宏：《中国式保护规范理论的内核与扩展——以最高人民法院裁判为观察视角》，《当代法学》2021年第5期，第91-92页。

② 北京联立房地产开发有限责任公司诉北京市东城区人民政府行政复议案，最高人民法院（2019）最高法行申293号行政裁定书，2019年10月12日。

③ 参见王世杰：《私人主张超个人利益的公权利及其边界》，《法学家》2021年第6期，第121-123页。我国法院也认为，对于环境等公共利益不得由私人进行维护。参见李某勤诉郑州市二七区人民政府不履行法定职责案，最高人民法院（2018）最高法行申2975号行政裁定书，2018年6月29日。

④ 参见赵宏：《中国式保护规范理论的内核与扩展——以最高人民法院裁判为观察视角》，《当代法学》2021年第5期，第95页。

⑤ 参见王世杰：《私人主张超个人利益的公权利及其边界》，《法学家》2021年第6期，第126-130页。

⑥ 参见赵宏：《保护规范理论的误解澄清与本土适用》，《中国法学》2020年第4期，第171-173页；何源：《保护规范理论的适用困境及其纾解》，《法商研究》2022年第3期，第67-68页。

时，才能承认私人具有公权利。个别保护又称为区分保护，是指法规范将某种私人利益与公共利益区分开来，为其提供特殊的法律保护。在保护对象上，个别保护强调受到保护的是一个可区分的主体范围。以个别保护为基础，公权利的判断需要以法规范所调整的冲突利益及其结构为基础划定。在此，可以借助数量、空间和时间等辅助性的判断标准。个别保护最直接的体现就是被保护主体在数量上是有限的，或者处于特定的时间、空间范围之内。例如在沈某贤等 182 人诉北京市规划委员会颁发建设工程规划许可证纠纷案中，法院认为，因为《卫生系统实验动物管理暂行条例》（现已失效）规定"具有一定规模的实验动物室建筑，周围至少应有 20 米卫生间隔区"，而原告的住宅楼与行政机关批准建设的动物实验室之间的距离不足 20 米，所以原告受到个别保护。[①] 总之，享有公权利的私人应当是一个不同于公众的人或群体，其遭受的不利超出了一般生活风险。

（3）规范解释方法和基本权利的作用。

在适用保护规范理论判断公权利时，还需要选择适当的解释方法，关注基本权利的内容：

其一，可以运用文义、目的、体系、历史等方法解释行政法规范。最为基础的是文义解释。如果超出文义的射程，就要识别规范目的。法规范的目的不限于立法者的主观意思，也包括客观意思。此外，法规范的保护目的不仅从某个个别的规定，更要从制度性的框架条件和整个行政实体法体系中推导而来。尤为关键的考量要素就是私人间的水平利益关系，特别是当私人之间存在冲突的利益关系时，更应强化对利益遭受负担者的保护。[②]

其二，公权利的判断也可以通过基本权利获得提示。公权利具有双重依赖性：公权利既依赖基本权利，也依赖法律。对于公权利的判断而言，这种双重依赖性意味着基本权利具有规范内效力和规范外效力。[③] 基本权利的规范内效力是指，如果存在与公权利相关的法律规定，则在判断公权利时无须援用基本权利，而是在解释法律规范时考虑基本权利的内容和精神，对法律规范进行合乎基本权利的判断。此时，基本权利实际上对规范和利益价值的合理性进行体系化和明确化。基本权利的规范内效力并不意味着一定要将法律解释为保护规范，基本权利也可以拒绝将个别法律规定草率地解释为保护规范。特别是当私人之间存在利益冲突时，必须具体考察利益的权重和法对利益的保护，避免利益失衡。而基本权利的规范外效力是指，如果没有法律作为判断公权利的中介，那么就要从基本权

---

① 参见沈某贤等 182 人诉北京市规划委员会颁发建设工程规划许可证纠纷案，《最高人民法院公报》2004 年第 3 期，第 40－43 页。

② 参见王世杰：《利害调整模式下公权利理论的革新》，《交大法学》2023 年第 4 期，第 63－79 页。

③ 参见赵宏：《主观公权利的历史嬗变与当代价值》，《中外法学》2019 年第 3 期，第 660－661 页；赵宏：《保护规范理论的误解澄清与本土适用》，《中国法学》2020 年第 4 期，第 173－176 页。

利中得出公权利是否存在的判断。但是，由于基本权利的内容具有一般性和不确定性，所以通常要对私人受到侵害的程度提出特殊要求，例如私人受到了特别严重或难以忍受的不利影响。

三、私人在行政法上的义务

在行政法中，承认私人具有权利，并不否认义务的存在。因为私人自由的展开也会影响共同体和其他人的自由，所以行政主体也可以依据宪法和法律，为私人设定一定的行为界限或责任。这就是私人在行政法上的义务，有时也被称为公义务或公负担。

（一）私人义务的产生

我国《宪法》第 33 条第 4 款规定："任何公民享有宪法和法律规定的权利，同时必须履行宪法和法律规定的义务。"《宪法》第 52～59 条进一步规定了公民的各项基本义务，即公民必须履行的责任。[①] 法律、行政法规在对基本义务进行具体化时就产生了行政法上的义务。概念上，私人在行政法上的义务是指为了实现公共利益和行政任务，私人根据法律向行政主体为一定的作为或不作为。私人在行政法上的义务既能向一般公众课予，也可以是为了补偿行政的特别对待给付。

私人的义务主要有两种产生方式：

其一，私人的义务与自由有关，即因私人的行为对他人或社会产生了负外部效果，私人应承担相应的责任。这种类型的私人义务具体包括以下两种情形：一方面，课予私人义务是为了防御私人行使自由产生的损害后果，例如行政机关要求排污企业缴纳罚款或消除污染。另一方面，社会主义宪法的价值目标也要求行政机关根据法律，对市场经济形成的社会情势进行调控和再分配。课予社会上处于强势地位者以义务，有助于实现社会公平，保障自由的真正实现。

其二，即便与私人行为或自由无关，基于公益考量也可以为私人设定义务。首先，为了给共同体提供物质或劳务基础，法秩序可以对私人课予普遍的负担（一般负担），最为典型的就是纳税义务和服兵役义务。其次，为了共同体的需要，国家也会期待特定的私人承担一定的责任，作出特别牺牲，例如征收征用。因为此类义务与私人行为无关，所以必须根据法律对其进行更为严苛的控制，并且至少使得义务主体在物质上获得补偿。最后，为了确保集体的决定与行动一致

---

① 参见胡锦光、韩大元：《中国宪法》，法律出版社 2024 年第 5 版，第 270 页。

性得以实现，行政主体具有单方决定权，私人应服从行政机关的管理行为。[①]

（二）私人义务的类型

根据不同的标准，可以将私人的义务划分为不同类型。例如根据义务产生的阶段或层次，私人义务可以分为第一层次的义务和第二层次的义务。第一层次的义务是私人依据法律或行政法规应为的作为或者不作为，第二层次的义务是私人因违反第一层次的义务而产生的义务，通常要接受行政处罚。[②] 例如《土地管理法》第 25 条第 1 款规定："经批准的土地利用总体规划的修改，须经原批准机关批准；未经批准，不得改变土地利用总体规划确定的土地用途。"这就为土地利用者设定了未经批准不得改变土地用途的义务，即第一层次的义务。这种义务也可以由行政机关进行具体化。如果某个特定的土地利用者违反该义务，擅自将农用地改为建设用地，行政机关就有权要求土地利用者限期恢复土地原状，也可以并处罚款。[③] 此处的恢复原状和缴纳罚款的义务就是第二层次的义务。

按照义务标的，可将私人的义务分为以自然给付（劳务、实物、金钱的给付）为内容的义务和以行为给付为内容的义务。古代的徭役是典型的以劳务给付为内容的义务。在 2006 年农业税被废除之前，我国农民可以用粮食作物缴纳农业税，这是以实物给付为内容的义务。在现代社会中，行为义务和金钱给付义务较为常见。

1. 行为义务

行为义务的内容包括作为、不作为和容忍。作为义务是指私人向行政主体为一定行为的义务。例如根据《传染病防治法》第 30 条第 1 款，医疗机构工作人员发现突发原因不明的传染病时，有向卫生行政部门报告的义务。[④] 不作为义务则是指私人不得为一定行为的义务。例如《行政强制法》第 26 条第 2 款规定，对查封的场所、设施或者财物，行政机关可以委托第三人保管，第三人不得损毁或者擅自转移、处置。该款规定了第三人的不作为义务。根据《行政处罚法》第 55 条，当事人或者有关人员在接受执法人员调查或检查时，应当如实回答询问，

---

① 这种义务有时也被称为"服从行政管理的义务"，参见姜明安主编：《行政法与行政诉讼法》，北京大学出版社、高等教育出版社 2024 年第 8 版，第 146 页。

② 参见朱芒：《作为行政处罚一般种类的"通报批评"》，《中国法学》2021 年第 2 期，第 149 页。

③ 《土地管理法》第 74 条规定，"对违反土地利用总体规划擅自将农用地改为建设用地的，限期拆除在非法转让的土地上新建的建筑物和其他设施，恢复土地原状，对符合土地利用总体规划的，没收在非法转让的土地上新建的建筑物和其他设施；可以并处罚款"。

④ 《传染病防治法》第 30 条第 1 款规定："疾病预防控制机构、医疗机构和采供血机构及其执行职务的人员发现本法规定的传染病疫情或者发现其他传染病暴发、流行以及突发原因不明的传染病时，应当遵循疫情报告属地管理原则，按照国务院规定的或者国务院卫生行政部门规定的内容、程序、方式和时限报告。"

并协助调查或者检查，不得拒绝或者阻挠。该条同时课予了被调查人员以作为和不作为的义务。容忍义务主要是指对于行政主体利用其财产或采取其他行为，私人应予以容忍。《防洪法》第45条规定，在紧急防汛期，防汛指挥机构根据防汛抗洪的需要，有权在其管辖范围内调用物资、设备、交通运输工具和人力，决定采取取土占地、砍伐林木、清除阻水障碍物和其他必要的紧急措施。据此，因防洪需要而土地被占用的私人应当容忍防汛指挥机构对土地的使用。

2. 金钱给付义务

除行为义务外，现代社会最普遍的就是以金钱给付为内容的义务。金钱给付义务也被称为公课或税费，具体包括税收、费用、受益费和特别税费。①

（1）税收。税收是为满足国家财政需要，国家以法律为依据向私人强制课征的，不以特定对待给付为条件的金钱给付。一般而言，税收具有强制性与普遍性，是国家对私人课予的一般性金钱给付义务。税收以法律为依据，既可以是一次性的也可以是持续性的。此外，税收无须特定的对待给付，不以国家或者行政机关为私人提供相应的给付为前提。除个人所得税等一般性税收外，还有特别法领域的税收。例如，根据《环境保护税法》第2条，直接向环境排放应税污染物的企业事业单位和其他生产经营者为环境保护税的纳税人，应当缴纳环境保护税。

（2）费用或行政事业性收费。费用是私人因国家对其提供了一定的公共服务而支付的对价或报偿。在我国，费用一般被称为行政事业性收费。② 与税收相比，费用在以下方面具有特殊性：在目的方面，费用是为了合理补偿行政机关为私人提供服务的成本。费用应秉持等价、成本填补以及受益者付费原则，通常不得超出行政机关的支出成本。在对象方面，缴纳费用的主体是接受一定公共服务的特定私人，所以费用是一种“可归因于个人的给付”③。

费用主要包括对职务行为的行政费，因使用公共设施或公共资源而支付的使用费，以及因独占或单独利用公共资源而产生的特许费。④ 其中，行政费是行政机关为私人采取职务行为，为了弥补相应的行政支出，私人应该提供一定的金钱给付。此类费用主要包括行政管理类费用、鉴定类费用、考试类费用和培训类费

---

① 对于这些概念，国内学者的用语有所不同。例如高家伟将公课翻译为“公共捐税”，税收为“税务”，费用为“使用费”，受益费为“会费”，特别公课为“特别税”。参见［德］汉斯·J. 沃尔夫、奥托·巴霍夫、罗尔夫·施托贝尔：《行政法》（第一卷），高家伟译，商务印书馆2002年版，第489-497页。

② 国家发展改革委和财政部在2018年发布了《行政事业性收费标准管理办法》（发改价格规〔2018〕988号）。

③ 王锴：《论行政收费的理由和标准》，《行政法学研究》2019年第3期，第46-48页。

④ 德国法也存在相似区分，参见［德］汉斯·J. 沃尔夫、奥托·巴霍夫、罗尔夫·施托贝尔：《行政法》（第一卷），高家伟译，商务印书馆2002年版，第493-495页；史莉莉：《德国公共收费的概况、立法及启示》，《政治与法律》2012年第8期，第129、133-134页。

用。例如根据《居住证暂行条例》第 21 条，换领、补领居住证应当缴纳的证件工本费就是行政管理类费用。使用费是因利用公共设施或公共资源而应缴纳的费用，例如水电费、污水处理费、公园门票、临时占道收费等。特许费是因通过特许获得开采、利用自然或社会资源而应支付的报酬，例如矿产资源补偿费。与使用费不同，特许费的义务主体是个别受益的私人，目的是补偿因特许利用公共资源而产生的特别损失。

（3）受益费。受益费是行政机关为了弥补公共设施的支出，向因对公共设施的建设、使用或维护具有特殊利益的人课征的费用。对待给付、利益负担均衡，是受益费能够存在的主要理由。《河道管理条例》第 39 条规定的河道工程修建维护管理费就是典型的受益费："受益范围明确的堤防、护岸、水闸、圩垸、海塘和排涝工程设施，河道主管机关可以向受益的工商企业等单位和农户收取河道工程修建维护管理费，其标准应当根据工程修建和维护管理费用确定。"

受益费在以下两个方面与费用存在区别：其一，内容不同。受益费通常包含公共设施的固定成本，而费用则覆盖因使用公共设施或接受公共服务的特殊成本。其二，义务主体不同。受益费针对的是推定受益的某个群体，不以私人实际使用公共设施或接受公共服务为前提，只要有使用的可能性就足够；而费用的义务主体则更为具体和个别。因此，如果只能确定某个特定的服务使用群体，但无法具体确定具体的服务使用者，立法者通常会选择受益费而不是费用这种调整模式。

（4）特别税费。特别税费是国家对特定群体课征的，用以满足特别支出的金钱给付。与税收一样，特别税费也无须对待给付，不以义务人接受公共服务为前提。与税收不同，特别税费不进入一般的国家预算，而是纳入特别基金。在我国，特别税费一般被称作"政府性基金"，它是用来"支持特定公共基础设施建设和公共事业发展"的"专项用途的财政资金"[①]。只有满足以下条件，特别税费才具有容许性：其一，存在与一般公众相区分的同质性群体；其二，该群体与特别税费的目的之间存在特别的密切性；其三，对这一任务目的，该群体具有特别的融资责任；其四，课征资金要服务于该群体利益，专款专用，从而在特别税费造成的负担与所产生的利益之间建立适当的联系；其五，特别税费应列入预算计划并定期接受议会审查。[②]

与其他金钱给付义务相比，特别税费更为灵活，适用场景十分多样。特别税

① 《政府性基金管理暂行办法》（财综〔2010〕80 号）第 2 条规定："本办法所称政府性基金，是指各级人民政府及其所属部门根据法律、行政法规和中共中央、国务院文件规定，为支持特定公共基础设施建设和公共事业发展，向公民、法人和其他组织无偿征收的具有专项用途的财政资金。"

② 参见胡川宁：《德国环境税费法律制度研究》，载《人大法律评论》编辑委员会编：《人大法律评论》（2011 年卷第 2 辑），法律出版社 2012 年版，第 94-99 页。

费具有补偿性特别税费、促进性特别税费、引导性特别税费以及原因者特别税费这四种类型。补偿性特别税费能够对由法律或行政活动导致的负担或受益进行平衡，通过经济负担平等以实现义务平等。促进性特别税费并非产生负担效果，而是要促进实质任务，例如为了支持经济行业的生存和发展，促进产品销售或者质量的改进。引导性特别税费通过收费来引导私人从事某种行为。其首先是要表达法律尽管并不禁止某种行为，但它通过设定特别税费的方式为某些行为施加负担，以影响主体的行为选择。例如按照《残疾人就业条例》第 9 条和第 16 条的规定，未按照法律法规安排残疾人就业的用人单位，应当缴纳残疾人就业保障金，专项用于残疾人职业培训以及残疾人的就业服务和就业援助。残疾人就业保障金正是为了引导用人单位主动积极雇佣残疾人，促进残疾人就业。原因者特别税费是基于污染者付费原则产生的公课，主要出现在环境法领域。污染者对公共利益造成了损害，因此国家向他们收取一定的费用，以补偿环境遭受的损害。《环境保护法》第 43 条规定的排污费就是典型的原因者特别税费，该条第 1 款规定："排放污染物的企业事业单位和其他生产经营者，应当按照国家有关规定缴纳排污费。排污费应当全部专项用于环境污染防治，任何单位和个人不得截留、挤占或者挪作他用。"

深度阅读

1. 方世荣．论行政相对人．北京：中国政法大学出版社，2000.

2. 赖恒盈．行政法律关系论之研究：行政法学方法论评析．台北：元照出版公司，2002.

3. 赵宏．行政法学的主观法体系．北京：中国法制出版社，2022.

4. [德] 哈特穆特·鲍尔．新旧保护规范论．王世杰，译．财经法学，2019 (1).

5. 王贵松．行政主体论的中国变迁．法学评论，2023 (2).

问题与思考

1. 什么是行政法律关系？

2. 行政主体是什么？它和行政机关是什么关系？

3. 私人的公权利是什么？如何判断公权利是否存在？

第四章 行政机关和公务员

重点知识

行政机关的特征　国务院的宪法地位　地方行政机关的组成与权限　派出机关　民族自治地方行政机关　特别行政区的行政机关　公务员的概念　公务员的范围　公务员录用程序　聘任制公务员　公务员职务、职级与级别　公务员权利与义务　公务员交流与回避　公务员辞职　公务员培训　公务员惩戒　公务员辞退与退休

知识逻辑图

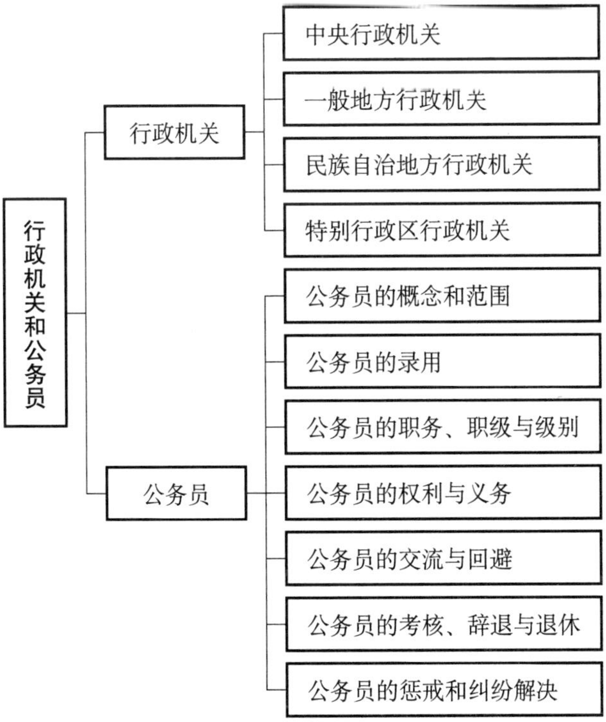

第一节 行政机关

一、行政机关的概念与特征

行政机关是指依照宪法、组织法而设置的行使行政职能的机关，是国家权力机关的执行机关。作为国家机关的组成部分，行政机关以自己的名义行使行政权，并承担因此而产生的法律责任。行政机关是主要的行政组织，获得法律、法规、规章授权的非行政机关组织也能够依法行使行政职权。不同于立法机关、监察机关、司法机关等国家机关，行政机关具有以下特征。

（一）法定性

行政机关依法对外行使行政职权，坚持法定职责必须为、法无授权不可为。行政机关虽然属于国家权力机关的执行机关，需要接受上级行政机关的领导，而且受监察机关、检察机关、审判机关的监督，但行政机关具有独立性。行政机关一经依宪法、组织法设立后，就必须履行法定职责，依法有效履行经济调节、市场监管、社会管理、公共服务、生态环境保护等职能。行政机关应把该管的事管好、管到位，不该管的事坚决不管。

行政机关依法行使行政职权，如果进一步细分，又可将行政权分为行政立法权、行政执法权和行政司法权。行政机关制定行政法规、规章等规则的权力，属于行政立法权；行政机关实施行政处罚、行政强制等权力属于行政执法权；行政机关实施行政裁决、行政复议等权力，属于行政司法权。

（二）执行性

我国一切权力属于人民，人民行使国家权力的机关是全国人民代表大会和地方各级人民代表大会。行政机关由国家权力机关即人民代表大会产生，执行国家权力机关制定的法律、决议和决定，对国家权力机关负责并受其监督。行政机关具有管理公共事务的职能，其执行公务必须是为了“公共利益”，而不能假公济私，寻求部门利益、团体利益或私人利益。

行政机关具有执行性，并不表明行政机关没有任何自主性。在现代国家，行政机关不是仅仅承担“传送带”的功能，还广泛制定行政规范。行政机关制定的行政规范，在数量上远远多于代议制民主机关制定的法律。现代政府依法行政，不再只是消极地依“法律”行政。我国国务院可以制定行政法规，设区以上的地方人民政府可以制定地方政府规章，在立法权限上除应当执行人民代表大会、上级行政机关的规定外，还可以依职权进行自主管理。

（三）层级性

不同于国家权力机关和司法机关，行政机关在组织体系上实行分工负责的科层制，即上下级行政机关之间是领导关系，下级服从上级。行政机关从中央到地方分为若干层级，受最高国家行政机关即国务院的统一领导，每一层级的行政机关都有相应的职责，行使相应的职权。采用科层制的行政组织体系，就是为了使行政机关更高效地进行公共管理，更好地提供高质量的公共服务。然而，科层制也存在缺陷，可能导致组织间合作困难、决策不透明、缺乏灵活性、民主性不够等问题。[①]

综上，行政机关具有法定性、执行性、层级性等特点。行政机关同行政组织、行政机构、派出机构、派出机关等概念存在以下区别与联系。

1. 行政组织与行政机关

行政组织是指依法享有行政职权的组织，包括行政机关和被授权的组织。行政机关是行使行政职权的最主要的行政组织，但它并不是唯一的主体。一方面，除行政机关外，法律、法规和规章授权的组织，也可以依法行使行政职权。例如，根据《律师法》第 46 条的规定，律师协会可以对律师、律师事务所实施奖励和惩戒。另一方面，行政机关具有多重身份，也可以像民事主体一样行使民事权利并承担民事义务，此时行政机关的身份就是民事主体。

2. 行政机构与行政机关

行政机构是各级人民政府及其职能部门根据行政管理工作的需要，而在该机关内部设立的具体处理和承办各项行政事务的内部工作机构。行政机构只是行政机关的内部组成单位，行政机关由各内部机构集合而成。行政机构不具有独立的编制和财政经费预算，不具有独立的法人资格，通常只能以其所属的行政机关的名义对外行使行政职权。为提高行政管理效率和公共服务质量，有效维护公共利益和社会秩序，行政机构经法律、法规或规章的明确授权，可以对外以自己的名义行使行政职权，并承担相应的法律责任。

广义的行政机构包括内部机构和行政机关。例如，《国务院行政机构设置和编制管理条例》第 6 条第 1 款和第 2 款规定："国务院行政机构根据职能分为国务院办公厅、国务院组成部门、国务院直属机构、国务院办事机构、国务院组成

---

① 参见李洪雷：《行政法释义学：行政法学理的更新》，中国人民大学出版社 2014 年版，第 182－183 页。

部门管理的国家行政机构和国务院议事协调机构。国务院办公厅协助国务院领导处理国务院日常工作。”

3. 派出机构、派出机关与行政机关

派出机构是指由政府职能部门根据工作需要，在一定区域内设置的负责某项或某方面行政事务的工作机构。派出机构一般属于内部行政机构，但如果得到法律、法规、规章的明确授权，就可以对外以自己的名义行使行政职权。例如，《治安管理处罚法》第 91 条规定：“治安管理处罚由县级以上人民政府公安机关决定；其中警告、五百元以下的罚款可以由公安派出所决定。”派出所作为县级以上人民政府公安机关设立的派出机构，得到法律的授权，可以对外以派出所的名义，对违反治安管理的行为实施警告、500 元以下的罚款。再如，《税收征收管理法》第 74 条规定：“本法规定的行政处罚，罚款额在二千元以下的，可以由税务所决定。”税务所作为税务机关的派出机构，得到法律的授权，可以对外以税务所的名义，对违反税收征收管理违法行为实施 2 000 元以下的罚款。

派出机关是指由县级以上地方人民政府经有关机关批准，在一定区域内设立的行政机关。省、自治区的人民政府在必要的时候，经国务院批准，可以设立若干派出机关。县、自治县的人民政府在必要的时候，经省、自治区、直辖市的人民政府批准，可以设立若干区公所，作为它的派出机关。市辖区、不设区的市的人民政府，经上一级人民政府批准，可以设立若干街道办事处，作为它的派出机关。街道办事处在本辖区内办理派出它的人民政府交办的公共服务、公共管理、公共安全等工作，依法履行综合管理、统筹协调、应急处置和行政执法等职责，反映居民的意见和要求。

派出机构与派出机关不同，主要区别在于：其一，设立主体不同。派出机关是由各级人民政府设立的，而派出机构则是由各级人民政府的职能部门设立的。其二，职能范围不同。派出机关的职权是多方面、综合性的，是对该行政区域内的行政事务进行综合管理；而派出机构的职权则具有专门性，一般只对该领域内的专门事务进行管理。其三，法律地位不同。派出机关属于行政机关，可以对外以自己的名义行使行政职权；派出机构除获得授权以外，只能以其所属的机关的名义对外行使行政职权。

二、行政机关的设置与类型

对于行政机关的设置，应当坚持优化政府组织结构与促进政府职能转变、理顺部门职责关系统筹结合，使机构设置更加科学、职能更加优化、权责更加协同。国务院行政机构的设置应以职能的科学配置为基础，做到职能明确、分工合理、机构精简，有利于提高行政效能。地方各级人民政府根据工作需要和优化协同高效以及精干的原则，设立必要的工作部门。中共中央、国务院印发的《法治政府建设实施纲要（2021—2025年）》要求健全政府机构职能体系，基本形成边界清晰、分工合理、权责一致、运行高效、法治保障的政府机构职能体系。

根据管辖事务和行政权限的宽窄，行政机关可分为综合类行政机关和专业类行政机关；根据管辖范围不同，可将行政机关分为中央行政机关和地方行政机关；根据功能不同，可将行政机关分为决策类行政机关、执行类行政机关和监督类行政机关；根据存续时间的长短，行政机关可分为常设行政机关和非常设行政机关。[①] 我国的行政机关包括各级人民政府及其组成部门。中央行政机关包括国务院及其行政机构，地方行政机关包括地方各级人民政府及其工作部门。根据《宪法》第30条规定，全国分为省、自治区、直辖市，省、自治区分为自治州、县、自治县、市，县、自治县分为乡、民族乡、镇。直辖市和较大的市分为区、县。自治州分为县、自治县、市。我国还设有香港和澳门两个特别行政区，直辖于中央人民政府。

从纵向上看，行政机关之间属于领导与被领导的关系；从横向上看，不同行政机关应当相互协作。我国长期按照职能划分、实行条块分割管理，因分工过细造成部门林立、职责交叉和多头指挥。[②] 对于行政机关之间的权限冲突，在我国无法通过诉讼的方式解决。我国的行政机关权限冲突主要是通过上级行政机关裁决的方式加以解决的，若发生权限冲突的行政机关之间互有隶属关系，则上级行政机关的判断优于下级行政机关的判断；若发生冲突的行政机关之间没有隶属关系，则由其共同的上级行政机关裁决。[③]

自改革开放以来，我国基本每5年进行一次机构改革，分别在1982年、1988年、1993年、1998年、2003年、2008年、2013年、2018年、2023年进行了9次规模较大的党和国家机构改革。2018年机构改革不同于以往强调精简机构，而是以加强党的全面领导为统领，以国家治理体系和治理能力现代化为导向，以推进党和国家机构职能优化协同高效为着力点。其中，探索党政机关合署办公改革格外引人注目。2018年发布的《中共中央关于深化党和国家机构改革的决定》《深化党和国家机构改革方案》分别进一步明确："党的有关机构可以同

---

① 参见《行政法与行政诉讼法学》编写组：《行政法与行政诉讼法学》，高等教育出版社2018年第2版，第44页。

② 参见王敬波：《面向整体政府的改革与行政主体理论的重塑》，《中国社会科学》2020年第7期，第108页。

③ 有学者提出，我国可以借鉴日本等国家的做法，建立机关诉讼，让法院通过诉讼程序解决行政机关的权限争议，如此不仅符合司法最终解决纠纷的法治原则要求，同时也有助于完善我国的行政组织法。参见王太高：《论机关诉讼——完善我国行政组织法的一个思路》，《河北法学》2005年第9期，第32页。

职能相近、联系紧密的其他部门统筹设置，实行合并设立或合署办公”，“推进职责相近的党政机关合并设立或合署办公”，“市县要加大党政机关合并设立或合署办公力度”。对职能相近、联系紧密的党政机关实行合署办公，有利于优化党政关系，提高管理效率与服务质量，并有利于节约办公资源，但可能导致权责不清、监督无力等突出问题，应正确区分“合并设立”与“合署办公”，健全合署办公内部监督制约机制，实现合理的党政分工，努力建设高质量的服务型法治政府。[①]

2023年中共中央、国务院印发《党和国家机构改革方案》，将深化党和国家机构改革作为推进国家治理体系和治理能力现代化的一项重要任务，要求按照坚持党的全面领导、坚持以人民为中心、坚持优化协同高效、坚持全面依法治国的原则，构建系统完备、科学规范、运行高效的党和国家机构职能体系。新时代党和国家机构改革有其鲜明特点，包括坚持和加强党的全面领导，坚持以人民为中心，坚持推进国家治理体系和治理能力现代化，坚持问题导向，坚持系统协同、运转高效，坚持法治与改革相统一。[②]

三、中央行政机关

中央行政机关是指活动范围及管辖事项涉及全国的行政机关，是一国行政机关体系中的核心，包括国务院及相关部门。国务院行政机构包括国务院办公厅、国务院组成部门、国务院直属特设机构、国务院直属机构、国务院办事机构、国务院部委管理的国家局。

（一）国务院

国务院，即中央人民政府，是最高国家权力机关的执行机关，是最高国家行政机关。“中央人民政府”是国务院的概括性地位，系指国务院可对内对外代表国家，但不能由此推导出国务院享有概括性的统治权。作为“最高国家权力机关的执行机关”，国务院负责执行最高国家权力机关的意志，接受其监督，且不具有任何实质的反制手段，但这也并不意味着全国人大是国务院的上级机关。作为“最高国家行政机关”，国务院行使行政权，但并非所有行政权都归属于国务院；国务院领导的国家机关都是行政机关，所有的行政机关也应当实质性地接受国务院的领导。[③] 国务院由全国人民代表大会产生，对全国人民代表大会及其常务委

---

① 参见刘权：《党政机关合署办公的反思与完善》，《行政法学研究》2018年第5期，第39页。

② 参见王若磊：《党和国家机构改革的政法逻辑》，《浙江工商大学学报》2023年第3期，第5页。

③ 参见王贵松：《国务院的宪法地位》，《中外法学》2021年第1期，第203页。

员会负责，受全国人民代表大会及其常务委员会监督。

根据2023年发布的《国务院工作规则》规定，国务院由总理、副总理、国务委员、各部部长、各委员会主任、人民银行行长、审计长、秘书长组成。国务院实行总理负责制。总理领导国务院的工作。副总理、国务委员协助总理工作，按分工负责分管领域工作；受总理委托，负责其他方面的工作或专项任务；根据统一安排，代表国务院进行外事活动。秘书长在总理领导下，负责处理国务院的日常工作，副秘书长协助秘书长工作。《宪法》第87条规定："国务院每届任期同全国人民代表大会每届任期相同。总理、副总理、国务委员连续任职不得超过两届。"《国务院组织法》第11条规定："国务院组成部门的设立、撤销或者合并，经总理提出，由全国人民代表大会决定；在全国人民代表大会闭会期间，由全国人民代表大会常务委员会决定。国务院组成部门确定或者调整后，由全国人民代表大会或者全国人民代表大会常务委员会公布。"

在职能上，国务院履行政府经济调节、市场监管、社会管理、公共服务、生态环境保护等职能，坚持稳中求进工作总基调，统筹发展和安全，充分发挥市场在资源配置中的决定性作用，更好发挥政府作用，推动有效市场和有为政府更好结合，创造良好发展环境，维护社会公平正义，扎实推进中国式现代化建设。国务院依法享有领导和管理全国性行政事务的职权，行使宪法和有关法律规定的职权。国务院各部、各委员会、人民银行、审计署根据法律、行政法规和国务院的决定、命令，在本部门的职权范围内，制定规章，发布命令，全面履行相关行政管理职能，统筹研究部署本领域本行业工作，抓好组织实施和督促落实。国务院及各部门要严格执行请示报告制度，工作中涉及党和国家工作全局的重大方针政策，经济、政治、文化、社会、生态文明建设中的重大原则和问题，以及党中央集中统一管理的事项等，必须向党中央请示报告。国务院各部门工作中的方针、政策、计划和重大行政措施，应向国务院请示报告。国务院各部门发布涉及政府重要工作部署、经济社会发展重要问题的信息，要经过严格审定，重大情况要及时向国务院报告。

《国务院工作规则》规定了国务院的工作原则，即坚持党的领导、坚持人民至上、坚持依法行政、坚持科学民主、坚持守正创新、坚持清正廉洁。国务院要自觉接受全国人大及其常委会的监督，认真负责地报告工作，接受询问和质询；自觉接受全国政协的民主监督，虚心听取意见和建议。国务院各部门要认真办理全国人大代表建议和全国政协委员提案，加强与代表委员沟通，严格落实办理责任和时限，主动公开办理结果。国务院及各部门公职人员要自觉接受国家监察机关的监督。

国务院实行国务院全体会议和国务院常务会议制度。国务院工作中的重大问题，须经国务院常务会议或者国务院全体会议讨论决定。国务院全体会议由总理、副总理、国务委员、各部部长、各委员会主任、人民银行行长、审计长、秘书长组成，由总理召集和主持。国务院全体会议的主要任务是：（1）讨论、决定政府工作报告、国民经济和社会发展规划等重大事项；（2）部署国务院的重要工作。国务院全体会议根据需要可安排其他有关部门、单位负责人列席会议。

国务院常务会议由总理、副总理、国务委员、秘书长组成，由总理召集和主持。国务院常务会议的主要任务是：（1）讨论需提请党中央审议、决定的重要事项；（2）讨论需提请国务院全体会议审议的重要事项；（3）讨论法律草案、审议行政法规草案；（4）讨论通过以国务院名义印发的重要规范性文件；（5）其他需提请国务院常务会议讨论、决定、通报的重要事项。国务院常务会议一般每月召开2～3次，如有需要可随时召开。根据会议议题可安排有关部门、单位负责人列席会议。

《国务院组织法》第8条第4款还规定，国务院根据需要召开总理办公会议和国务院专题会议。

（二）国务院机构

1. 国务院办公厅

国务院办公厅是协助国务院领导同志处理国务院日常工作的机构，由秘书长领导。设立国务院办公厅之前，存在政务院秘书厅、国务院秘书厅、国务院办公室等机构名称。

2. 国务院组成部门

国务院组成部门依法分别履行国务院基本的行政管理职能。国务院组成部门包括各部、各委员会、中国人民银行和审计署。根据2023年党的二十届二中全会审议通过的《党和国家机构改革方案》、第十四届全国人民代表大会第一次会议审议批准的国务院机构改革方案和国务院第一次常务会议审议通过的国务院直属特设机构、直属机构、办事机构、直属事业单位设置方案，国务院的组成部门共26个，具体包括外交部、国防部、国家发展和改革委员会、教育部、科学技术部、工业和信息化部、国家民族事务委员会、公安部、国家安全部、民政部、司法部、财政部、人力资源和社会保障部、自然资源部、生态环境部、住房和城乡建设部、交通运输部、水利部、农业农村部、商务部、文化和旅游部、国家卫生健康委员会、退役军人事务部、应急管理部、中国人民银行和审计署。

国务院组成部门的设立、撤销或者合并，经总理提出，由全国人民代表大会决定；在全国人民代表大会闭会期间，由全国人民代表大会常务委员会决定。国务院组成部门确定或者调整后，由全国人民代表大会或者全国人民代表大会常务委员会公布。国务院组成部门设部长（主任、行长、审计长）1人，副部长（副主任、副行长、副审计长）2至4人；委员会可以设委员5至10人。国务院组成部门实行部长（主任、行长、审计长）负责制。部长（主任、行长、审计长）领导本部门的工作，召集和主持部务（委务、行务、署务）会议，讨论决定本部门工作的重大问题；签署上报国务院的重要请示、报告和发布的命令、指示。副部长（副主任、副行长、副审计长）协助部长（主任、行长、审计长）工作。国务院副秘书长、各部副部长、各委员会副主任、中国人民银行副行长、副审计长由国务院任免。国务院组成部门工作中的方针、政策、计划和重大行政措施，应当向国务院请示报告，由国务院决定。根据法律和国务院的行政法规、决定、命令，主管部门可以在本部门的权限范围内发布命令、指示。国务院组成部门和具有行政管理职能的直属机构以及法律规定的机构，可以根据法律和国务院的行政法规、决定、命令，在本部门的权限范围内，制定规章。

3. 国务院直属机构

国务院直属机构主管国务院的某项专门业务，具有独立的行政管理职能。国务院直属机构可分为国务院直属特设机构和一般的直属机构。

国务院直属特设机构为国务院国有资产监督管理委员会，根据《国务院关于机构设置的通知》（国发〔2008〕11号）设立，为正部级机构。国务院国有资产监督管理委员会是国务院的特设机构，根据授权，代表国家履行出资人职责，对所监管企业国有资产的保值增值进行监督。

根据2023年《党和国家机构改革方案》，国务院直属机构为14个，包括海关总署、国家市场监督管理总局、中国证券监督管理委员会、国家体育总局、国家统计局、国家国际发展合作署、国务院参事室、国家税务总局、国家金融监督管理总局、国家广播电视总局、国家信访局、国家知识产权局、国家医疗保障局、国家机关事务管理局。

有的国务院直属机构此前属于国务院直属事业单位，如2023年中国证券监督管理委员会由国务院直属事业单位调整为国务院直属机构，统一负责公司（企业）债券发行审核工作，强化资本市场监管职责划入国家发展和改革委员会的企业债券发行审核职责。有的国务院直属机构是机构改革中新组建的，如2023年在中国银行保险监督管理委员会基础上组建的国家金融监督管理总局，统一负责除证券业之外的金融业监管，强化机构监管、行为监管、功能监管、穿透式监管、持续监管，统筹负责金融消费者权益保护，加强风险管理和防范处置，依法查处违法违规行为。

4. 国务院办事机构

国务院办事机构协助国务院总理办理专门事项，不具有独立的行政管理职能。

国务院研究室为国务院办事机构。国务院侨务办公室在中央统战部加挂牌子，由中央统战部承担相关职责。国务院港澳事务办公室在中共中央港澳工作办公室加挂牌子，由中共中央港澳工作办公室承担相关职责。国务院台湾事务办公室与中共中央台湾工作办公室、国家互联网信息办公室与中央网络安全和信息化委员会办公室，一个机构两块牌子，列入中共中央直属机构序列。国务院新闻办公室在中央宣传部加挂牌子，由中央宣传部承担相关职责。

需要注意的是，根据《国务院关于机构设置的通知》(国发〔2018〕6 号)，“国家互联网信息办公室”和“中央网络安全和信息化委员会办公室”实行合署办公，列入中共中央直属机构序列。在起源上，2011 年 5 月 4 日，国务院办公厅发出通知，设立国家互联网信息办公室。国家互联网信息办公室的主要职责包括落实互联网信息传播方针政策和推动互联网信息传播法制建设，指导、协调、督促有关部门加强互联网信息内容管理，依法查处违法违规网站等。2014 年 8 月 26 日，《国务院关于授权国家互联网信息办公室负责互联网信息内容管理工作的通知》发布，国家互联网信息办公室正式获得授权，成为授权主体，负责全国互联网信息内容管理工作，并负责监督管理执法。例如，2022 年 7 月 21 日，国家互联网信息办公室认定滴滴公司未按照相关法律法规规定和监管部门要求，履行网络安全、数据安全、个人信息保护义务，依据《网络安全法》《数据安全法》《个人信息保护法》《行政处罚法》等法律法规，对滴滴全球股份有限公司处人民币 80.26 亿元罚款，对滴滴全球股份有限公司董事长兼 CEO 程维、总裁柳青各处人民币 100 万元罚款。①

5. 国务院直属事业单位

根据 2023 年《党和国家机构改革方案》，国务院直属事业单位为 7 个，包括新华通讯社、中国社会科学院、国务院发展研究中心、中国气象局、中国科学院、中国工程院、中央广播电视总台。国家行政学院与中央党校，一个机构两块牌子，作为党中央直属事业单位。

6. 国务院部委管理的国家局

国务院部委管理的国家局由国务院组成部门管理，主管特定业务，行使行政管理职能。根据 2023 年《党和国家机构改革方案》，国务院部委管理的国家局为 17 个，包括国家粮食和物资储备局（由国家发展和改革委员会管理）、国家数据局（由国家发展和改革委员会管理）、国家烟草专卖局（由工业和信息化部管理）、国家林业和草原局（由自然资源部管理）、中国民用航空局（由交通运输部管理）、国家文物局（由文化和旅游部管理）、国家疾病预防控制局（由国家卫生健康委员会管理）、国家消防救援局（由应急管理部管理）、国家药品监督管理局

① 参见陆涵之：《滴滴被罚 80.26 亿元》，载《第一财经日报》2022 年 7 月 22 日，第 A04 版。

（由国家市场监督管理总局管理）、国家能源局（由国家发展和改革委员会管理）、国家国防科技工业局（由工业和信息化部管理）、国家移民管理局（由公安部管理）、国家铁路局（由交通运输部管理）、国家邮政局（由交通运输部管理）、国家中医药管理局（由国家卫生健康委员会管理）、国家矿山安全监察局（由应急管理部管理）、国家外汇管理局（由中国人民银行管理）。

国务院行政机构的设置以职能的科学配置为基础，做到职能明确、分工合理、机构精简，有利于提高行政效能。国务院根据国民经济和社会发展的需要，适应社会主义市场经济体制的要求，适时调整国务院行政机构；但是，在一届政府任期内，国务院组成部门应当保持相对稳定。国务院组成部门的设立、撤销或者合并由国务院机构编制管理机关提出方案，经国务院常务会议讨论通过后，由国务院总理提请全国人民代表大会决定；在全国人民代表大会闭会期间，提请全国人民代表大会常务委员会决定。国务院直属机构、国务院办事机构和国务院组成部门管理的国家行政机构的设立、撤销或者合并由国务院机构编制管理机关提出方案，报国务院决定。

四、一般地方行政机关

一般地方行政机关是指活动范围及管辖事项仅限于国家一定区域范围内的行政机关，包括地方各级人民政府及其组成部门。

（一）地方各级人民政府

地方各级人民政府是地方各级国家权力机关的执行机关，负责组织和管理本行政区域内的各项行政事务。《地方组织法》第 61 条规定：“省、自治区、直辖市、自治州、县、自治县、市、市辖区、乡、民族乡、镇设立人民政府。”地方各级人民政府对本级人民代表大会和上一级国家行政机关负责并报告工作。县级以上的地方各级人民政府在本级人民代表大会闭会期间，对本级人民代表大会常务委员会负责并报告工作。全国地方各级人民政府都是国务院统一领导下的国家行政机关，都服从国务院。地方政府双重负责是我国作为超大型国家的独特治理规则，它是一种既重视地方也强调中央的混合权力关系，在维护中央权威和统一领导的前提下，充分容许地方自主。我国应当进一步实现上下级政府事权分配的法定化，充实地方人大的主体地位，避免上级政府工作部门直接领导下级政府，并建立行政统一领导的程序机制和外部化规则。①

① 参见于文豪：《地方政府双重负责的宪法内涵》，《中国法学》2021 年第 3 期，第 90 页。

地方各级人民政府应当维护宪法和法律权威，坚持依法行政，建设职能科学、权责法定、执法严明、公开公正、智能高效、廉洁诚信、人民满意的法治政府。地方各级人民政府应当坚持以人民为中心，全心全意为人民服务，提高行政效能，建设服务型政府。地方各级人民政府应当严格执行廉洁从政各项规定，加强廉政建设，建设廉洁政府。地方各级人民政府应当坚持诚信原则，加强政务诚信建设，建设诚信政府。

省、自治区、直辖市、自治州、设区的市的人民政府分别由省长、副省长，自治区主席、副主席，市长、副市长，州长、副州长和秘书长、厅长、局长、委员会主任等组成。县、自治县、不设区的市、市辖区的人民政府分别由县长、副县长，市长、副市长，区长、副区长和局长、科长等组成。乡、民族乡的人民政府设乡长、副乡长。民族乡的乡长由建立民族乡的少数民族公民担任。镇人民政府设镇长、副镇长。新的一届人民政府领导人员依法选举产生后，应当在 2 个月内提请本级人民代表大会常务委员会任命人民政府秘书长、厅长、局长、委员会主任、科长。地方各级人民政府每届任期 5 年。

县级以上的地方各级人民政府会议分为全体会议和常务会议。全体会议由本级人民政府全体成员组成。省、自治区、直辖市、自治州、设区的市的人民政府常务会议，分别由省长、副省长，自治区主席、副主席，市长、副市长，州长、副州长和秘书长组成。县、自治县、不设区的市、市辖区的人民政府常务会议，分别由县长、副县长，市长、副市长，区长、副区长组成。省长、自治区主席、市长、州长、县长、区长召集和主持本级人民政府全体会议和常务会议。政府工作中的重大问题，须经政府常务会议或者全体会议讨论决定。地方各级人民政府实行重大事项请示报告制度。地方各级人民政府应当坚持科学决策、民主决策、依法决策，提高决策的质量。地方各级人民政府应当依法接受监督，确保行政权力依法正确行使。

（二）地方各级人民政府工作部门

地方各级人民政府根据工作需要和优化协同高效以及精干的原则，设立必要的工作部门。县级以上的地方各级人民政府设立审计机关。地方各级审计机关依照法律规定独立行使审计监督权，对本级人民政府和上一级审计机关负责。省、自治区、直辖市的人民政府的厅、局、委员会等工作部门和自治州、县、自治县、市、市辖区的人民政府的局、科等工作部门的设立、增加、减少或者合并，按照规定程序报请批准，并报本级人民代表大会常务委员会备案。省、自治区、直辖市、自治州、县、自治县、市、市辖区的人民政府应当协助设立在本行政区域内不属于自己管理的国家机关、企业、事业单位进行工作，并且监督它们遵守和执行法律和政策。

五、特别地方行政机关

特别地方行政机关大致存在两种，分别是民族自治地方行政机关和特别行政区行政机关。

（一）民族自治地方行政机关

中华人民共和国是全国各族人民共同缔造的统一的多民族国家。《宪法》第4条第3款规定："各少数民族聚居的地方实行区域自治，设立自治机关，行使自治权。各民族自治地方都是中华人民共和国不可分离的部分。"实行民族区域自治，体现了国家坚持实行各民族平等、团结和共同繁荣的原则。民族区域自治是我国处理民族问题、协调民族关系的基本制度，它一方面是中国传统治理边疆的政治经验的产物，另一方面又是向苏联模式学习的结果。[①]

自治区、自治州、自治县都是民族自治地方。自治区主席、自治州州长、自治县县长由实行区域自治的民族的公民担任。自治区、自治州、自治县的自治机关行使《宪法》第三章第五节规定的地方国家机关的职权，同时依照宪法、民族区域自治法和其他法律规定的权限行使自治权，根据本地方实际情况贯彻执行国家的法律、政策。

民族自治地方的自治机关自主地管理本地方的教育、科学、文化、卫生、体育事业，保护和整理民族的文化遗产，发展和繁荣民族文化。民族自治地方的自治机关依照国家的军事制度和当地的实际需要，经国务院批准，可以组织本地方维护社会治安的公安部队。民族自治地方的自治机关在执行职务的时候，依照本民族自治地方自治条例的规定，使用当地通用的一种或者几种语言文字。

（二）特别行政区行政机关

《宪法》第31条规定："国家在必要时得设立特别行政区。在特别行政区内实行的制度按照具体情况由全国人民代表大会以法律规定。"我国目前设立了2个特别行政区，即香港特别行政区和澳门香港特别行政区。

根据《香港特别行政区基本法》的规定，香港特别行政区实行高度自治，享有行政管理权、立法权、独立的司法权和终审权，直辖于中央人民政府。香港特别行政区政府是香港特别行政区行政机关，设政务司、财政司、律政司和各局、处、署。香港特别行政区行政长官是香港特别行政区的首长，代表香港特别行政

---

① 参见杜宴林、才圣：《民族区域自治制度的源与流：知识谱系的考察》，《法制与社会发展》2013第4期，第154页。

区，对中央人民政府和香港特别行政区负责。香港特别行政区行政长官由年满40周岁，在香港通常居住连续满20年并在外国无居留权的香港特别行政区永久性居民中的中国公民担任。香港特别行政区行政长官在当地通过选举或协商产生，由中央人民政府任命。行政长官的产生办法根据香港特别行政区的实际情况和循序渐进的原则而规定，最终达至由一个有广泛代表性的提名委员会按民主程序提名后普选产生的目标。香港特别行政区行政长官任期5年，可连任一次。

根据《澳门特别行政区基本法》的规定，澳门特别行政区实行高度自治，享有行政管理权、立法权、独立的司法权和终审权，直辖于中央人民政府。澳门特别行政区政府是澳门特别行政区的行政机关，设司、局、厅、处。澳门特别行政区政府的首长是澳门特别行政区行政长官，由年满40周岁，在澳门通常居住连续满20年的澳门特别行政区永久性居民中的中国公民担任。澳门特别行政区行政长官在当地通过选举或协商产生，由中央人民政府任命。澳门特别行政区行政长官任期5年，可连任一次。

第二节　公务员

2005年4月27日，第十届全国人民代表大会常务委员会第十五次会议通过《公务员法》，自2006年1月1日施行。2017年《公务员法》获得第一次修订，2018年获得第二次修订。①

一、公务员的概念和范围

不同的国家由于政治、历史、文化等不同，公务员的内涵和外延是不同的。英国的公务员又称为“文官”，是指经公开考试择优录用、不与内阁共进退的由国家支付工资福利的文职人员，也称“常任文官”。一般说来，英国文官不包括通过选举或政治任命产生的议员、首相、国务大臣等政务官，不包括企事业单位的文职人员、军人等。在美国，广义的公务员称政府雇员，包括在政府中任职的所有文职人员；狭义的公务员又称为职业文官，受文官法的调整。

新中国成立后一直没有正式使用过“公务员”一词，而是经常使用“干部”“国家干部”“国家工作人员”等概念。1993年10月1日，《国家公务员暂行条

① 《公务员法》第二次修订的主要内容包括以下方面：一是将科学发展观、习近平新时代中国特色社会主义思想写入总则，二是调整完善公务员职务、职级以及分类管理等有关规定，三是调整充实从严管理干部有关规定，四是充实健全激励保障机制有关规定，五是根据公务员管理实践需要作出的其他修改。

例》开始施行，标志着我国现代公务员制度的确立。《国家公务员暂行条例》并没有界定“公务员”，只是规定其适用于各级国家行政机关中除工勤人员以外的工作人员。2005 年颁布的《公务员法》作了明确界定，公务员“是指依法履行公职、纳入国家行政编制、由国家财政负担工资福利的工作人员”。识别我国公务员的标准有三个，即只有依法履行公职、纳入国家行政编制、由国家财政负担工资福利的，才属于公务员。

（一）依法履行公职

公务员是依法履行公职的人员，代表国家维护和增进公共利益。任何公职行为都是通过公务员的活动来实现的，但公务员不能以个人的名义对外行使职权，只能以其所属机关的名义履行法定职责。公务员履行公职的行为后果由其所在的机关承担，如果不服行政机关公务员的公务行为，可以依法对该行政机关提起行政诉讼。公务员在非履行公职时，身份为普通公民，行为属于个人行为。作为普通公民，公务员享有宪法和法律、法规赋予的各项权利，承担各项法定义务，既能以民事主体的身份从事相关活动，也能以行政相对人的身份出现在行政法律关系中。

（二）纳入国家行政编制

是否纳入国家行政编制，是判断公务员身份的重要标准。行政编制是我国党政机关使用的人员编制，包括国家机关、各党派和部分社会团体使用的人员编制，其经费由行政经费开支。行政编制的使用是与国家的政治与管理活动密切相关的，行政编制有较强的外在约束，全国行政编制规模受到严格控制。

公务员是纳入国家行政编制的履行公职的人员。依法履行公职的人员不一定属于公务员，如行政机关中无行政编制的工勤人员、纳入事业编制的人员、接受委托履行公职的人员。依照国家规定的程序设置的机构和核定的编制，是录用、聘用、调配工作人员、配备领导成员和核拨经费的依据。地方各级人民政府行政机构应当使用行政编制，事业单位应当使用事业编制，不得混用、挤占、挪用或者自行设定其他类别的编制。只有纳入国家行政编制的人员才是公务员，纳入事业编制的事业单位人员、无编制的人员不属于公务员。

（三）由国家财政负担工资福利

既然公务员是纳入国家行政编制的履行公职的人员，当然应当由国家财政负担其工资福利。公务员实行国家统一规定的工资制度。公务员工资制度贯彻按劳分配的原则，体现工作职责、工作能力、工作实绩、资历等因素，保持不同领导职务、职级、级别之间的合理工资差距。公务员按照国家规定享受福利待遇。国家根据经济社会发展水平提高公务员的福利待遇。公务员属于国家财政负担工资福利的人员，但并非所有的由国家财政供养的人员都是公务员，如我国公立学校的教师、科研院所的科研人员等。

我国公务员的范围具体包括下列机关的工作人员：(1) 中国共产党各级机关的工作人员；(2) 各级人大机关、人大常委会、人大专门委员会办事机构的工作人员；(3) 各级国家行政机关的工作人员；(4) 政协机关的工作人员；(5) 监察机关的工作人员；(6) 检察机关的工作人员；(7) 审判机关的工作人员；(8) 民主党派机关的工作人员；(9) 部分社会团体机关的工作人员。

根据不同的标准，可以对公务员进行不同的分类。以是否在中央机关任职为标准，公务员可分为国家公务员和地方公务员；以是否为领导为标准，公务员可分为领导职务的公务员与非领导职务的公务员；以职位性质为标准，公务员可分为综合管理类、专业技术类、行政执法类以及其他类；以产生方式为标准，公务员可分为考任制、聘任制、选任制等公务员。

二、公务员的录用

公务员的录用是指国家依据一定的条件和程序，对担任一级主任科员以下及其他相当职级层次的公务员，采取公开考试、严格考察、平等竞争、择优录取的办法选拔公务员的人事制度。

(一) 报考公务员的条件

报考公务员的条件包括基本条件和任职资格条件。《公务员法》第 13 条规定了报考公务员的基本条件："公务员应当具备下列条件：(一) 具有中华人民共和国国籍；(二) 年满十八周岁；(三) 拥护中华人民共和国宪法，拥护中国共产党领导和社会主义制度；(四) 具有良好的政治素质和道德品行；(五) 具有正常履行职责的身体条件和心理素质；(六) 具有符合职位要求的文化程度和工作能力；(七) 法律规定的其他条件。"第 25 条规定报考公务员，还应当具备省级以上公务员主管部门规定的拟任职位所要求的资格条件。国家对行政机关中初次从事行政处罚决定审核、行政复议、行政裁决、法律顾问的公务员实行统一法律职业资格考试制度，由国务院司法行政部门商有关部门组织实施。

即使符合报考公务员的条件，通过了笔试、面试等环节，存在相应情形的，也不得被录用为公务员。《公务员法》第 26 条规定："下列人员不得录用为公务员：(一) 因犯罪受过刑事处罚的；(二) 被开除中国共产党党籍的；(三) 被开除公职的；(四) 被依法列为失信联合惩戒对象的；(五) 有法律规定不得录用为公务员的其他情形的。”

（二）公务员的录用程序

录用公务员，应当在规定的编制限额内，并有相应的职位空缺。中央机关及其直属机构公务员的录用，由中央公务员主管部门负责组织。地方各级机关公务员的录用，由省级公务员主管部门负责组织，必要时省级公务员主管部门可以授权设区的市级公务员主管部门组织。

1. 发布招考公告

招考公告应当载明招考的职位、名额、报考资格条件、报考需要提交的申请材料以及其他报考须知事项。招录机关应当采取措施，便利公民报考。

2. 审查报考申请

招录机关根据报考资格条件对报考申请进行审查。报考者提交的申请材料应当真实、准确。

3. 笔试和面试

公务员录用考试采取笔试和面试等方式进行，考试内容根据公务员应当具备的基本能力和不同职位类别、不同层级机关分别设置。

4. 资格复审、考察和体检

招录机关根据考试成绩确定考察人选，并进行报考资格复审、考察和体检。公务员录用考察坚持党管干部原则，突出政治标准，坚持实事求是、公道正派，坚持德才兼备、以德为先，坚持人岗相适、人事相宜。考察情况应当全面、客观、真实、准确。考察情况作为择优确定拟录用人员的主要依据。根据《公务员录用考察办法（试行）》第 3 条规定：“公务员录用考察坚持党管干部原则，突出政治标准，坚持实事求是、公道正派，坚持德才兼备、以德为先，坚持人岗相适、人事相宜。考察情况应当全面、客观、真实、准确。考察情况作为择优确定拟录用人员的主要依据。”第 9 条规定：“考察人选有下列情形之一的，不得确定为拟录用人员：（一）有公务员法第二十六条所列情形的；（二）有公务员法第五十九条所列行为的；（三）不具备省级以上公务员主管部门确定的报考资格条件或者不符合招考职位有关要求的；（四）因犯罪被单处罚金，或者犯罪情节轻微，人民检察院依法作出不起诉决定或者人民法院依法免予刑事处罚的；（五）受到诫勉、组织处理或者党纪政务处分等影响期未满或者期满影响使用的；（六）被开除中国共产主义青年团团籍的；（七）被机关或者参照公务员法管理的机关（单位）辞退未满 5 年的；（八）高等教育期间受到开除学籍处分的；（九）在法律规定的国家考试中被认定有严重舞弊行为的；（十）政治素质、道德品行、社会责任感、为民服务意识和社会信用情况较差，以及其他不宜录用为公务员的情形。”公务员体检的项目和标准根据职位要求确定。具体办法由中央公务员主管部门会同国务院卫生健康行政部门规定。

5. 公示拟录用人员名单

招录机关根据考试成绩、考察情况和体检结果，提出拟录用人员名单，并予以公示。公示期不少于 5 个工作日。

6. 报送备案或审批

公示期满，中央一级招录机关应当将拟录用人员名单报中央公务员主管部门备案；地方各级招录机关应当将拟录用人员名单报省级或者设区的市级公务员主管部门审批。

录用特殊职位的公务员，经省级以上公务员主管部门批准，可以简化程序或者采用其他测评办法。新录用的公务员试用期为 1 年。试用期满合格的，予以任职；不合格的，取消录用。

（三）聘任制公务员

普通公民成为公务员，并不一定只能通过参加公务员考试。按照平等自愿、协商一致的原则，机关可以同符合条件的公民签订书面聘任合同，确定双方的权利、义务，由此产生聘任制公务员。《公务员法》第十六章中专门规定了公务员聘任制度。早在 1993 年，国务院公布的《国家公务员暂行条例》，就规定了公务员部分职位实行聘任制①，2002 年中共中央下发的《党政领导干部选拔任用工作条例》，也规定了对党政机关部分专业性较强的领导职务实行聘任制。② 公务员聘任制度可以更灵活地满足机关用人需求，提高政府管理效率和服务质量，打破公务员能进不能出、能上不能下的困境。公务员聘任制是任用公务员的一种人事管理制度，是对我国公务员制度的发展和创新，是相对于公务员考任制、公务员委任制、公务员选任制而言的。

1. 对专业性较强的职位和辅助性职位可实行聘任

根据工作需要，经过省级以上公务员主管部门批准，可以对专业性较强的职位和辅助性职位实行聘任制。公务员聘任制适用于两类职位：一是专业性较强的职位，二是辅助性职位。专业性较强的职位如金融、财会、信息技术等职位；辅助性职位事务性较强，在机关工作中处于辅助地位，如书记员、资料管理、文件

---

① 《国家公务员暂行条例》（已失效）第 45 条规定：“国家公务员职务实行委任制，部分职务实行聘任制。”

② 《党政领导干部选拔任用工作条例》第 40 条规定：“党政机关部分专业性较强的领导职务实行聘任制。聘任制领导职务的每一个聘任期不超过五年，可以连续聘任。聘任程序另行规定。”

分发、数据录入等方面的职位。为了有效保障国家安全，涉及国家秘密的职位，即使专业性较强或具有辅助性也不能实行聘任制。

2. 聘任方式相对灵活

传统公务员录用程序较为严格，采取公开考试、严格考察、平等竞争、择优录取的办法，而聘任制公务员录用方式相对灵活。《公务员法》第 101 条规定："机关聘任公务员可以参照公务员考试录用的程序进行公开招聘，也可以从符合条件的人员中直接选聘。机关聘任公务员应当在规定的编制限额和工资经费限额内进行。"对符合条件的人员，在坚持平等自愿、协商一致的原则下，机关与其签订聘任合同，确定机关与所聘公务员双方的权利、义务。聘任合同应当具备合同期限，职位及其职责要求，工资、福利、保险待遇，违约责任等条款。

3. 任职期限不再是终身制

公务员聘任制打破了公务员"永业制"，公务员不再是终身制。聘任合同期限为 1 到 5 年，聘任制公务员的公务员身份也将随聘任合同的终止而结束。符合条件的聘任制公务员，可以被续聘。聘任合同可以约定试用期，试用期为 1 个月至 12 个月。聘任制公务员实行协议工资制，具体办法由中央公务员主管部门规定。

4. 管理方式不同，纠纷解决机制有新突破

机关依据《公务员法》和聘任合同对所聘公务员进行管理。聘任制公务员具有公务员身份，公务员管理的一般规定和制度精神同样适用于聘任制公务员的管理。但对聘任制公务员的管理依据，还包括聘任合同。公务员聘任制对公务员与机关的纠纷解决机制有了新的突破。非聘任制公务员与机关发生了纠纷，不能向法院提起行政诉讼。

公务员聘任制设计的初衷，在于打破僵化的公务员进入与退出机制，消除人才难以及时有效更替和政府部门工作作风官僚化等弊端，如何把好"聘、管、出"关口尤为关键。应通过引入职业市场和公平竞争的激励机制，合理划分政府、市场对于所聘人员福利的承担边界，确定理性的符合社会需要的薪资福利标准。①

三、公务员的职务、职级与级别

领导职务、职级与级别是实施公务员管理，确定公务员工资以及其他待遇的依据。

---

① 参见张贝尔、宋宛泽、李东鹏、李汝鹏：《关于实行公务员聘任制的几点思考——以吉林省为例》，《行政与法》2017 年第 7 期，第 92 页。

（一）职位分类制度

按照公务员的职位的性质、特点和管理需要，公务员可分为综合管理类、专业技术类、行政执法类和其他类公务员。《公务员法》第 16 条规定："国家实行公务员职位分类制度。公务员职位类别按照公务员职位的性质、特点和管理需要，划分为综合管理类、专业技术类和行政执法类等类别。根据本法，对于具有职位特殊性，需要单独管理的，可以增设其他职位类别。各职位类别的适用范围由国家另行规定。"

综合管理类公务员是指在机关中履行规划、决策、组织、指挥、协调、监督等综合管理职责的公务员。专业技术类公务员是指承担专业技术职责，为实施公共管理提供直接专门的技术支持和保障的公务员。行政执法类公务员是指在履行社会管理和市场监管职能的基层行政执法部门中的公务员。行政执法类公务员是指依照法律法规，对行政相对人行使行政许可、行政处罚、行政强制、行政检查等执法职责的公务员。其他类公务员是指国家根据实际需要在综合管理类、专业技术类和行政执法类公务员以外单独设立的特殊职位类别的公务员。

（二）职务与职级并行制度

2018 年修订的《公务员法》重要变化之一，在于确立了职务与职级并行制度。《公务员法》第 17 条规定："国家实行公务员职务与职级并行制度，根据公务员职位类别和职责设置公务员领导职务、职级序列。"实行公务员职务与职级并行制度旨在适应推进国家治理体系和治理能力现代化的要求，完善中国特色公务员制度，改革公务员职务设置办法，建立职级序列，畅通职级晋升通道，拓展职级晋升空间，促进公务员立足本职安心工作，加强专业化建设，激励公务员干事创业、担当作为。

公务员领导职务根据宪法、有关法律和机构规格设置。领导职务层次分为：国家级正职、国家级副职、省部级正职、省部级副职、厅局级正职、厅局级副职、县处级正职、县处级副职、乡科级正职、乡科级副职。

职级，是公务员的等级序列，是与领导职务并行的晋升通道，体现公务员政治素质、业务能力、资历贡献，是确定工资、住房、医疗等待遇的重要依据，不具有领导职责。公务员职级在厅局级以下设置。综合管理类公务员职级序列分为：一级巡视员、二级巡视员、一级调研员、二级调研员、三级调研员、四级调研员、一级主任科员、二级主任科员、三级主任科员、四级主任科员、一级科员、二级科员。综合管理类以外其他职位类别公务员的职级序列，根据《公务员法》由国家另行规定。厅局级以下领导职务对应的综合管理类公务员最低职级如表 4－1 所示：

表 4-1　公务员领导职务对应的最低职级表

领导职务层次	对应的最低职级
厅局级正职	一级巡视员
厅局级副职	二级巡视员
县处级正职	二级调研员
县处级副职	四级调研员
乡科级正职	二级主任科员
乡科级副职	四级主任科员

领导职务与职级是确定公务员待遇的重要依据。公务员根据所任职级执行相应的工资标准，享受所在地区（部门）相应职务层次的住房、医疗、交通补贴、社会保险等待遇。担任领导职务且兼任职级的公务员，按照就高原则享受有关待遇。公务员晋升职级，不改变工作职位和领导指挥关系，不享受相应职务层次的政治待遇、工作待遇。因不胜任、不适宜担任现职免去领导职务的，按照其职级确定有关待遇，原政治待遇、工作待遇不再保留。公务员因公出国出差的交通、住宿标准以及办公用房标准等待遇，不与职级挂钩。县处级副职以上领导成员因换届不再提名、机构改革等原因免去领导职务转任职级的，保留原待遇，不改变干部管理权限。

《公务员法》第 46 条规定："公务员晋升领导职务，按照下列程序办理：（一）动议；（二）民主推荐；（三）确定考察对象，组织考察；（四）按照管理权限讨论决定；（五）履行任职手续。"厅局级正职以下领导职务出现空缺且本机关没有合适人选的，可以通过适当方式面向社会选拔任职人选。公务员晋升领导职务的，应当按照有关规定实行任职前公示制度和任职试用期制度。公务员的职务、职级实行能上能下。对不适宜或者不胜任现任职务、职级的，应当进行调整。公务员在年度考核中被确定为不称职的，按照规定程序降低一个职务或者职级层次任职。

领导职务序列与职级序列，是我国公务员两个并行的晋升通道。职级序列是公务员职业发展阶梯，是合理改善公务员待遇的一种方式。然而，合理改善待遇是科学管理的结果，不应该把科学管理蜕变为解决待遇，也不宜将公务员分类管理简化为对领导职务序列与职级序列进行分类管理。①

（三）公务员的级别

公务员级别应当根据其所任领导职务、职级及德才表现、工作实绩、资历确

① 参见宋世明：《推行职务与职级并行制度须厘清两个关键问题》，《中国党政干部论坛》2019 年第 5 期，第 13 页。

定。根据2019年12月23日中共中央组织部制定的《公务员职务、职级与级别管理办法》，公务员级别由低至高依次为二十七级至一级。不同的公务员领导职务层次，对应相应的级别（参见表4－2）。

表4－2 公务员领导职务与级别对应表

领导职务层次	级别
国家级正职	一级
国家级副职	四级至二级
省部级正职	八级至四级
省部级副职	十级至六级
厅局级正职	十三级至八级
厅局级副职	十五级至十级
县处级正职	十八级至十二级
县处级副职	二十级至十四级
乡科级正职	二十二级至十六级
乡科级副职	二十四级至十七级
副部级机关内设机构、副省级城市机关的司局级正职	十五级至十级
副部级机关内设机构、副省级城市机关的司局级副职	十七级至十一级

根据《公务员职务、职级与级别管理办法》的规定，新录用的公务员试用期满考核合格后，职级、级别的确定按照有关规定执行。通过面向社会选拔、调任等方式进入机关的公务员，其级别按照新任领导职务、职级，结合本人原任职务、工作经历、文化程度等条件，参照机关同类人员确定。公务员晋升领导职务、职级后，原级别低于新任领导职务、职级对应最低级别的，晋升到新任领导职务、职级对应的最低级别；原级别已在新任领导职务、职级对应范围的，除晋升一级、三级调研员和一级、三级主任科员及相当层次职级外，在原级别的基础上晋升一个级别。公务员累计5年年度考核结果均为称职以上等次的，可以在领导职务、职级对应级别范围内晋升一个级别。综合管理类公务员职级，对应相应的级别（参见表4－3）。综合管理类以外其他职位类别公务员的职级序列，由国家另行规定。

表4－3 公务员职级与级别对应表

综合管理类公务员职级	级别
一级巡视员	十三级至八级
二级巡视员	十五级至十级
一级调研员	十七级至十一级

续表

综合管理类公务员职级	级别
二级调研员	十八级至十二级
三级调研员	十九级至十三级
四级调研员	二十级至十四级
一级主任科员	二十一级至十五级
二级主任科员	二十二级至十六级
三级主任科员	二十三级至十七级
四级主任科员	二十四级至十八级
一级科员	二十六级至十八级
二级科员	二十七级至十九级

四、公务员的权利与义务

（一）公务员的权利

公务员的权利，是指公务员在履行职责过程中，有资格依法享受某种利益、可以作出某种行为或不作出某种行为的自由。根据《公务员法》第15条的规定，我国公务员主要有以下权利：

（1）执行职务权。公务员有获得履行职责应当具有的工作条件的权利，以有效执行公务。

（2）职位保障权。非因法定事由、非经法定程序，不被免职、降职、辞退或者处分。职位保障权可以保证公务员职业的相对稳定，使公务员安心本职工作，保持公共管理和公共服务活动的连续性和稳定性，也能防止公务员受到领导的违法打击和报复。实践中存在的干部就地免职重新竞聘上岗的现象，属于明显违法的行为。

（3）工资福利权。公务员有权获得工资报酬，享受福利、保险待遇。公务员工资包括基本工资、津贴、补贴和奖金。公务员按照国家规定享受地区附加津贴、艰苦边远地区津贴、岗位津贴等津贴。公务员按照国家规定享受住房、医疗等补贴、补助。公务员在定期考核中被确定为优秀、称职的，按照国家规定享受年终奖金。公务员工资应当按时足额发放。公务员依法参加社会保险，按照国家规定享受保险待遇。公务员因公牺牲或者病故的，其亲属享受国家规定的抚恤和优待。

（4）参加培训权。机关根据公务员工作职责的要求和提高公务员素质的需要，对公务员进行分类分级培训。机关对新录用人员应当在试用期内进行初任培训；对晋升领导职务的公务员应当在任职前或者任职后一年内进行任职培训；对从事专项工作的公务员应当进行专门业务培训；对全体公务员应当进行提高政治素质和工作能力、更新知识的在职培训，其中对专业技术类公务员应当进行专业技术培训。国家有计划地加强对优秀年轻公务员的培训。公务员的培训实行登记管理。

在我国公务员培训过程中，能力导向的培训理念已经形成，但仍然存在基层政府重视程度不够、初任培训实施力度不大、培训机构市场化不理想、培训结果缺乏考核等问题。应该着力于构建培训过程有监督、培训结束有考试、培训成绩有反馈、教学质量有测评、培训成果有评估、评估结果有运用的综合立体管理模式，从而培养公务员的良好学风，提高公务员培训质量，最终提高公务员的思想素质和工作能力。①

（5）批评和建议权。公务员对机关工作和领导人员有提出批评和建议的权利。批评和建议的内容既可以是与自己工作和权益有关的问题，也可以是与机关工作程序和工作内容、领导人工作方式和工作作风等相关的问题。批评和建议的方式可以是书面形式或口头形式，也可以是在会议上公开提出，或单独谈话提出。公务员不应阿谀奉承，应勇于行使批评和建议权。被批评和建议的领导应虚心接受意见，不应对公务员进行打击报复。在特定情形下，公务员的批评和建议权也是一种义务，如果不履行，就可能要承担相应的法律责任。

（6）申诉和控告权。公务员对涉及本人的人事处理不服的，可以向原处理机关申请复核；对复核结果不服的，可以自向同级公务员主管部门或者作出该人事处理的机关的上一级机关提出申诉；也可以不经复核，直接提出申诉。公务员认为机关及其领导人员侵犯其合法权益的，可以依法向上级机关或者监察机关提出控告。受理控告的机关应当按照规定及时处理。公务员提出申诉、控告，应当尊重事实，不得捏造事实，诬告、陷害他人。对捏造事实，诬告、陷害他人的，依法追究法律责任。

（7）辞职权。公务员有辞职的权利。公务员辞去公职，应当向任免机关提出书面申请。任免机关应当自接到申请之日起 30 日内予以审批，其中对领导成员辞去公职的申请，应当自接到申请之日起 90 日内予以审批。《公务员法》第 86 条规定："公务员有下列情形之一的，不得辞去公职：（一）未满国家规定的最低服务年限的；（二）在涉及国家秘密等特殊职位任职或者离开上述职位不满国家规定的脱密期限的；（三）重要公务尚未处理完毕，且须由本人继续处理的；（四）正在接受审计、纪律审查、监察调查，或者涉嫌犯罪，司法程序尚未终结

① 参见邓可、李泉：《我国公务员培训现状实证分析——以重庆市为例》，《行政与法》2018 年第 11 期，第 15 页。

的；（五）法律、行政法规规定的其他不得辞去公职的情形。”担任领导职务的公务员，因个人或者其他原因，可以自愿提出辞去领导职务。领导成员因工作严重失误、失职造成重大损失或者恶劣社会影响的，或者对重大事故负有领导责任的，应当引咎辞去领导职务。领导成员因其他原因不再适合担任现任领导职务的，或者应当引咎辞职本人不提出辞职的，应当责令其辞去领导职务。

除了执行职务权、职位保障权、工资福利权、参加培训权、批评和建议权、申诉和控告权、辞职权，公务员还享有法律规定的其他权利。

（二）公务员的义务

有权利就有义务，权利和义务具有一致性。《公务员法》第 14 条规定了公务员的基本义务："公务员应当履行下列义务：（一）忠于宪法，模范遵守、自觉维护宪法和法律，自觉接受中国共产党领导；（二）忠于国家，维护国家的安全、荣誉和利益；（三）忠于人民，全心全意为人民服务，接受人民监督；（四）忠于职守，勤勉尽责，服从和执行上级依法作出的决定和命令，按照规定的权限和程序履行职责，努力提高工作质量和效率；（五）保守国家秘密和工作秘密；（六）带头践行社会主义核心价值观，坚守法治，遵守纪律，恪守职业道德，模范遵守社会公德、家庭美德；（七）清正廉洁，公道正派；（八）法律规定的其他义务。"《公务员法》第 59 条还规定了 18 项禁止性义务，要求公务员不得有相关行为。除了要遵守《公务员法》的义务规定，公务员还需要履行其他法律法规等设定的义务。

但是，公务员的服从义务也有例外。《公务员法》第 60 条规定，公务员执行公务时，认为上级的决定或者命令有错误的，可以向上级提出改正或者撤销该决定或者命令的意见；上级不改变该决定或者命令，或者要求立即执行的，公务员应当执行该决定或者命令，执行的后果由上级负责，公务员不承担责任；但是，公务员执行明显违法的决定或者命令的，应当依法承担相应的责任。在夏某旭、刘某永滥用职权罪案中，法院认定，夏某旭与刘某永身为国家机关工作人员，执行明显违法的"会议纪要"，属于滥用职权，致使国家利益遭受重大损失，情节特别严重，其行为构成滥用职权罪。[①]

五、公务员的交流与回避

（一）公务员的交流

交流是指根据工作需要或公务员的个人愿望，变换公务员的工作岗位，以进

① 参见河南省周口市中级人民法院（2017）豫 16 刑终 482 号刑事裁定书，2017 年 9 月 21 日。

行人员合理流动。公务员交流制度可以开阔公务员的视野，优化人员配置，防止久处一地和久居一位而形成各种关系网。公务员可以在公务员和参照《公务员法》管理的工作人员队伍内部交流，也可以与国有企业和不参照《公务员法》管理的事业单位中从事公务的人员交流。交流的方式包括调任、转任。

（1）调任。国有企业、高等院校和科研院所以及其他不参照《公务员法》管理的事业单位中从事公务的人员，可以调入机关担任领导职务或者四级调研员以上及其他相当层次的职级。调任人选应当具备《公务员法》第 13 条规定的条件和拟任职位所要求的资格条件，并不得有《公务员法》第 26 条规定的情形。调任机关应当根据相关规定，对调任人选进行严格考察，并按照管理权限审批，必要时可以对调任人选进行考试。

（2）转任。公务员的转任是系统内部的交流，是实现公务员合理流动的有效途径。公务员在不同职位之间转任应当具备拟任职位所要求的资格条件，在规定的编制限额和职数内进行。对省部级正职以下的领导成员应当有计划、有重点地实行跨地区、跨部门转任。对担任机关内设机构领导职务和其他工作性质特殊的公务员，应当有计划地在本机关内转任。上级机关应当注重从基层机关公开遴选公务员。根据工作需要，机关可以采取挂职方式选派公务员承担重大工程、重大项目、重点任务或者其他专项工作。公务员在挂职期间，不改变与原机关的人事关系。

（二）公务员的回避

回避是指国家为保证公务员廉洁奉公、公正执行公务，对公务员所任职务、任职地点和执行公务等方面作出一定的限制。公务员有应当回避情形的，本人应当申请回避，利害关系人有权申请公务员回避，其他人员可以向机关提供公务员需要回避的情况。公务员回避制度包括任职回避、地域回避和公务回避等类型。

（1）任职回避。《公务员法》第 74 条规定：公务员之间有夫妻关系、直系血亲关系、三代以内旁系血亲关系以及近姻亲关系的，不得在同一机关担任双方直接隶属于同一领导人员的职务或者有直接上下级领导关系的职务，也不得在其中一方担任领导职务的机关从事组织、人事、纪检、监察、审计和财务工作。公务员不得在其配偶、子女及其配偶经营的企业、营利性组织的行业监管或者主管部门担任领导成员。因地域或者工作性质特殊，需要变通执行任职回避的，由省级以上公务员主管部门规定。

（2）地域回避。《公务员法》第 75 条规定：公务员担任乡级机关、县级机关、设区的市级机关及其有关部门主要领导职务的，应当按照有关规定实行地域回避。

（3）公务回避。《公务员法》第 76 条规定："公务员执行公务时，有下列情形之一的，应当回避：（一）涉及本人利害关系的；（二）涉及与本人有本法第七十四条第一款所列亲属关系人员的利害关系的；（三）其他可能影响公正执行公务的。”法律对公务员回避另有规定的，从其规定。

六、公务员的考核、辞退与退休

（一）公务员的考核

公务员的考核是指国家机关根据有关规定，按照管理权限，全面考核公务员的德、能、勤、绩、廉，重点考核政治素质和工作实绩。考核指标根据不同职位类别、不同层级机关分别设置。

公务员的考核分为平时考核、专项考核和定期考核等方式。定期考核以平时考核、专项考核为基础。非领导成员公务员的定期考核采取年度考核的方式。先由个人按照职位职责和有关要求进行总结，主管领导在听取群众意见后，提出考核等次建议，由本机关负责人或者授权的考核委员会确定考核等次。领导成员的考核由主管机关按照有关规定办理。

定期考核的结果分为优秀、称职、基本称职和不称职四个等次。定期考核的结果应当以书面形式通知公务员本人。定期考核的结果作为调整公务员职位、职务、职级、级别、工资以及公务员奖励、培训、辞退的依据。现代化的政府治理要求通过科学合理的公务员考核制度来提升公务员素质和政府治理水平，而构建符合现代化政府治理目标的公务员考核制度，需要从公务员考核的理念、标准、内容以及制度等方面展开努力。①

（二）公务员的辞退

公务员辞退，是指机关依照法律法规规定，解除与公务员的任用关系。《公务员》第88条规定：“公务员有下列情形之一的，予以辞退：（一）在年度考核中，连续两年被确定为不称职的；（二）不胜任现职工作，又不接受其他安排的；（三）因所在机关调整、撤销、合并或者缩减编制员额需要调整工作，本人拒绝合理安排的；（四）不履行公务员义务，不遵守法律和公务员纪律，经教育仍无转变，不适合继续在机关工作，又不宜给予开除处分的；（五）旷工或者因公外出、请假期满无正当理由逾期不归连续超过十五天，或者一年内累计超过三十天的。”因公致残被确认丧失或者部分丧失工作能力的，或者患病或者负伤在规定

---

① 参见张晶晶：《政府治理现代化视域下的公务员考核体系创新》，《人民论坛》2018年第18期，第46页。

的医疗期内的，或者女性公务员在孕期、产假、哺乳期内的，或者存在法律、行政法规规定的其他不得辞退的情形，不得辞退公务员。

辞退公务员，按照管理权限决定。辞退决定应当以书面形式通知被辞退的公务员，并应当告知辞退依据和理由。被辞退的公务员，可以领取辞退费或者根据国家有关规定享受失业保险。根据《公务员辞退规定》第 15 条，公务员被辞退后，原所在机关应当自作出辞退决定之日起 2 个月内将其人事档案转递至相应的人事档案工作机构、公共就业和人才服务机构或者本人户籍所在地社会保障服务机构。具体按照人事档案工作有关规定办理。本人应当配合转递人事档案，未予配合的，其后果由本人承担。

（三）公务员的退休

公务员退休是指公务员达到国家规定的退休年龄或者完全丧失工作能力的，根据法律规定，离开工作岗位，享受一定数额的退休金和其他待遇的行为。公务员退休可分为强制退休和自愿退休。强制退休是公务员在达到国家规定的退休年龄或者完全丧失工作能力时，必须办理退休手续。此前，我国公务员强制退休的年龄是男性年满 60 周岁，女性年满 55 周岁。自 2025 年开始，按照《全国人民代表大会常务委员会关于实施渐进式延迟法定退休年龄的决定》，国家将实施渐进式延迟法定退休年龄，逐步将男性和女性公务员的退休年龄分别延迟至 63 周岁和 58 周岁。

自愿退休是指由于具备法定的退休条件，公务员本人自愿申请退休离开工作岗位。公务员工作年限满 30 年的，或者距国家规定的退休年龄不足 5 年且工作年限满 20 年的，或者符合国家规定的可以提前退休的其他情形的，公务员本人自愿提出申请，经任免机关批准，可以提前退休。公务员退休后，享受国家规定的养老金和其他待遇，国家为其生活和健康提供必要的服务和帮助，鼓励发挥个人专长，参与社会发展。

七、公务员的惩戒和纠纷解决

（一）公务员的惩戒

惩戒是指有关机关追究违法违纪的公务员的法律责任。对公务员监督发现问题的，应当区分不同情况，予以谈话提醒、批评教育、责令检查、诫勉、组织调整、处分。对公务员涉嫌职务违法和职务犯罪的，应当依法移送监察机关处理。公务员因违纪违法应当承担纪律责任的，依照《公务员法》给予处分或者由监察机关依法给予政务处分；违纪违法行为情节轻微，经批评教育后改正的，可以免予处分。对同一违纪违法行为，监察机关已经作出政务处分决定的，公务员所在机关不再给予处分。

处分分为：警告、记过、记大过、降级、撤职、开除。公务员违纪违法的，应当由处分决定机关决定对公务员违纪违法的情况进行调查，并将调查认定的事实以及拟给予处分的依据告知公务员本人。公务员有权进行陈述和申辩；处分决定机关不得因公务员申辩而加重处分。对公务员的处分应当符合比例原则，处分的种类选择应当同其违纪违法行为的性质、情节、危害性等相当，防止处分畸轻畸重，做到“罚”当其过。[①] 处分决定应当以书面形式通知公务员本人。公务员受开除以外的处分，在受处分期间有悔改表现，并且没有再发生违纪违法行为的，处分期满后自动解除。解除处分后，晋升工资档次、级别和职务、职级不再受原处分的影响。但是，解除降级、撤职处分的，不视为恢复原级别、原职务、原职级。（见表 4-4）

表 4-4　公务员受处分的期间和后果表

<table>
<tr><th>处分种类</th><th>受处分的期间</th><th>后果</th></tr>
<tr><td>警告</td><td>6 个月</td><td>不得晋升职务、职级和级别</td></tr>
<tr><td>记过</td><td>12 个月</td><td rowspan="4">不得晋升职务、职级和级别，不得晋升工资档次</td></tr>
<tr><td>记大过</td><td>18 个月</td></tr>
<tr><td>降级</td><td rowspan="2">24 个月</td></tr>
<tr><td>撤职</td></tr>
</table>

（二）公务员的纠纷解决

在我国，公务员不服行政机关作出的涉及该行政机关公务员权利义务的决定，不能通过行政诉讼的途径寻求司法救济。《行政诉讼法》第 13 条规定：“人民法院不受理公民、法人或者其他组织对下列事项提起的诉讼：……（三）行政机关对行政机关工作人员的奖惩、任免等决定。”2018 年行诉法解释第 2 条规定：“行政诉讼法第十三条第三项规定的‘对行政机关工作人员的奖惩、任免等决定’，是指行政机关作出的涉及行政机关工作人员公务员权利义务的决定。”

我国公务员可以通过申诉、控告等方式寻求救济。公务员对涉及本人的人事处理不服的，可以自知道该人事处理之日起 30 日内向原处理机关申请复核；对复核结果不服的，可以自接到复核决定之日起 15 日内，按照规定向同级公务员主管部门或者作出该人事处理的机关的上一级机关提出申诉；也可以不经复核，自知道该人事处理之日起 30 日内直接提出申诉。对省级以下机关作出的申诉处

① 参见刘权：《过罚相当原则的规范构造与适用》，《中国法学》2023 年第 2 期，第 141 页。

理决定不服的，可以向作出处理决定的上一级机关提出再申诉。原处理机关应当自接到复核申请书后的30日内作出复核决定，并以书面形式告知申请人。受理公务员申诉的机关应当自受理之日起60日内作出处理决定；案情复杂的，可以适当延长，但是延长时间不得超过30日。复核、申诉期间不停止人事处理的执行。公务员不因申请复核、提出申诉而被加重处理。公务员认为机关及其领导人员侵犯其合法权益的，可以依法向上级机关或者监察机关提出控告。受理控告的机关应当按照规定及时处理。

司法救济是正义的最后一道防线，为了更好地在法治轨道上解决公务员同其所在机关的纠纷，切实保障公务员的合法权益，应当允许公务员通过诉讼的方式解决纠纷。实际上，传统的特别权力关系理论已得到修正。在新型特别权力关系理论指导下，传统特别权力关系领域并不是绝对地不适用法律保留，也不是绝对地不享有基本权利，更不是绝对地排除法院的司法审查。[①] 对公务员权益之救济，应建立内外双重保障机制，公务员对行政机关所为之行政处分，认为违法或不当，致侵害其权利或利益的，有权依法进行申诉，可申请行政复议或提起行政诉讼，并有权请求赔偿。[②]

在公务员招录过程中，考生认为自己合法权益受到行政机关的侵犯，有提出行政诉讼的权利，因为考生此时还不具有公务员身份。在张某著诉芜湖市人事局公务员招考行政录用决定案中，原告张某著在芜湖市人事局报名参加安徽省公务员考试，经过笔试和面试，综合成绩在报考该职位的30名考生中名列第一。张某著在芜湖市人事局指定的铜陵市人民医院的体检报告显示，其乙肝两对半中的HBsAg、HBeAb、HBcAb均为阳性，主检医生依据《安徽省国家公务员录用体检实施细则（试行）》确定其体检不合格，最终未被录取。法院认为，被告芜湖市人事局在安徽省国家公务员招录过程中作出取消原告张某著进入考核程序资格的具体行政行为主要证据不足。作为全国首例“乙肝歧视”案，本案推动了《传染病防治法》等法规范的修改，对中国社会发展，尤其是对《公务员录用体检标准（试行）》等就业体检标准的完善发挥了较大的促进作用。[③]

对于聘任制公务员，如果同聘任机关发生纠纷，可以通过人事争议仲裁和诉讼处理。聘任制公务员与所在机关之间因履行聘任合同发生争议的，可以自争议发生之日起60日内申请仲裁。省级以上公务员主管部门根据需要设立人事争议

---

① 参见黄学贤：《特别权力关系理论研究与实践发展——兼谈特别权力关系理论在我国的未来方位》，《苏州大学学报（哲学社会科学版）》2019年第5期，第66页。

② 参见黎军：《从特别权力关系理论的变迁谈我国对公务员救济制度的完善》，《行政法学研究》2000年第1期，第7页。

③ 参见杨建顺：《完善标准和证据制度，以正当程序确保权利救济实效性——张先著公务员录取资格案评析》，《中国法律评论》2019年第2期，第62页。

仲裁委员会，受理仲裁申请。当事人对仲裁裁决不服的，可以自接到仲裁裁决书之日起 15 日内向人民法院提起诉讼。仲裁裁决生效后，一方当事人不履行的，另一方当事人可以申请人民法院执行。

八、公务员的地位和公务行为的判断标准

公务员是干部队伍的重要组成部分，是社会主义事业的中坚力量，是人民的公仆。人民是国家的主人，公务员必须忠于人民，全心全意为人民服务，接受人民监督。然而，在现实中，一些公务员滥用权力，成了社会主义事业的破坏者。[①]

公务员依照法定的方式和程序任职，国家依法对公务员进行管理。公务员任职于立法机关、行政机关、监察机关、司法机关等不同的组织。行政机关中的公务员代表其所属的行政机关对外执行公务，与此同时，公务员作为普通公民的身份地位并未丧失。公务员以普通公民的身份实施的行为属于个人行为，如购买商品房、汽车。

区分公务行为和个人行为的界限是非常重要的，它不仅关系着相应行为的效力，而且关系着行为责任的归属。区分公务行为和个人行为不存在唯一绝对的标准，至少需要综合考虑以下因素：（1）时间因素。是否在上班时间实施行为，公务员在下班以后实施的行为则一般视为个人行为。（2）职责因素。公务员的行为属于其职责范围内的，视为公务行为；不属于其职责范围的，视为非公务行为。（3）公务标志因素。公务员执行公务时，佩戴或出示能表明其公务身份标志的，一般视为公务行为；反之，则一般视为非公务行为。（4）名义因素。公务员的行为是以其所属的行政机关之名作出的，视为公务行为；以其个人名义作出的，通常视为非公务行为。（5）命令因素。公务员的行为是根据其主管领导的命令、指示实施的，一般视为公务行为；反之，一般视为非公务行为。

在周某娣、潘某生诉南京市江宁区横溪镇政府侵犯人身权案中，潘某生租用的运输煤渣车辆途经本区横溪镇集镇时，被镇管员胡某文、吴某弟以该车抛洒、滴漏污染路面为由，拦车收取保洁费，双方发生争执并推搡。得知该消息的潘某志与其妻、兄、女儿、女婿等人先后租车赶至横溪集镇，在该镇十字路口处拦下即将下班的镇管员吴某春、夏某军申辩交涉，双方发生口角并揪打。后横溪镇派出所干警接警赶到现场，平息了纠纷。吴某春、夏某军对被对方殴打并撕坏衣服感到气愤，不听民警劝阻，与闻讯从家中赶来的胡某文一起追寻已离开现场的潘家人员，当在集镇农贸市场处发现潘某志、潘某香父女时，胡某文、吴某春即上

① 参见《公安部原副部长孙力军受贿、操纵证券市场、非法持有枪支案一审宣判》，载《人民日报》2022 年 9 月 24 日，第 4 版。

去拳击潘某志，致潘某志当场倒地经手术治疗无效死亡。法院经审理认为，从行为主体看，胡某文、吴某春系横溪镇管会的工作人员；从行为的时间、空间来看，胡某文、吴某春在实施致害行为时，不是在执行职务过程中；从行为的目的来看，胡某文、吴某春在警察到场、纠纷平息后，不听警察的劝阻，追寻已离开现场的潘家人员，其主观意图和目的，不是出于依法执行公务，而是基于个人泄私愤的心理需要和动机。综上，胡某文、吴某春实施的行为系与行使职权无关的个人违法行为。[①]

深度阅读

1. 叶必丰．论公务员的廉洁义务．东方法学，2018（1）.
2. 刘权．党政机关合署办公的反思与完善．行政法学研究，2018（5）.
3. 王敬波．面向整体政府的改革与行政主体理论的重塑．中国社会科学，2020（7）.
4. 王贵松．国务院的宪法地位．中外法学，2021（1）.

问题与思考

1. 行政机关行使职权时应当遵循哪些原则？
2. 如何理解国务院是最高国家权力机关的执行机关？
3. 公务员聘任制的价值和弊端有哪些？

① 参见周某娣、潘某生诉南京市江宁区横溪镇政府侵犯人身权并要求行政赔偿案，江苏省南京市中级人民法院（2001）宁行终字第53号行政判决书，2001年7月18日。

第三编

行政的行为形式

第五章 行政规范和行政规划

▶重点知识

行政规范的类型　行政立法的合法性判断　行政立法的监督机制　行政规范性文件的特点　行政规范性文件的监督机制　行政规划的概念　行政规划的性质

▶知识逻辑图

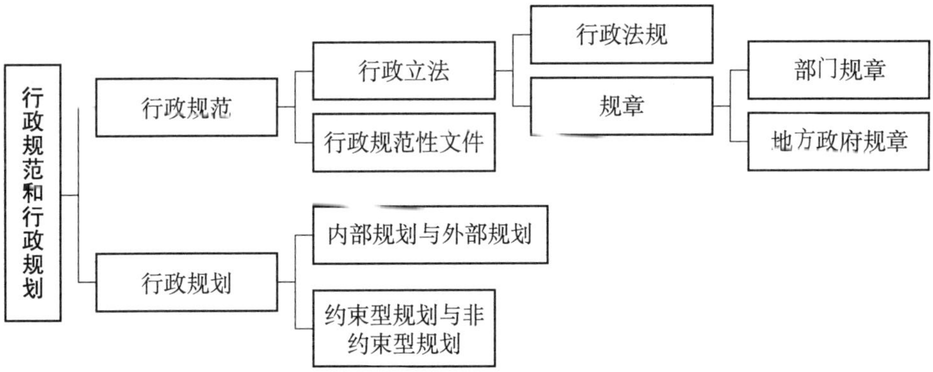

本章将主要探讨作为行政处理行为基础的行政行为，包括行政规范和行政规划两部分。

行政规范相对于行政处理而存在，是指行政机关制定的适用于不特定对象、可以反复适用的规范。行政规范具有法律约束力，是一种带有“规范性”的行为。受行政规范调整的主体应当遵守其规定，行政机关也可以直接基于行政规范的规定，作出有法律约束力的行政处理。行政规范的法律约束力来源于上位法制定机关的授权，或其制定主体自身的行政职权。在目前我国的实践中，行政规范包括行政立法和其他行政规范性文件两类。前者是指有权机关根据《立法法》的规定制定的行政法规或规章，后者是指各行政机关制定的行政法规、规章以外的规范性文件。行政立法和其他行政规范性文件分别具有正式和非正式的法律效力，并受到不同的制度约束，本章随后将分别介绍。

行政规划是不同类型的行政行为的综合，难以用单一的定义加以描述。行政规划可以分为内部规划与外部规划、约束型规划与非约束型规划。基于行政规划在实践中的表现，本章将主要介绍外部规划，特别是约束型外部规划。

第一节 行政立法

一、行政立法的概念

行政立法是行政机关根据法律规定制定具有正式法效力的规范的行为。根据该定义，行政立法至少包括三个方面的特点：

首先，行政立法行为的实施主体是有权行政机关。行政立法作为行政规范的一种，其制定主体须为行政机关。按照《立法法》，只有国务院及其部门（包含国务院直属机构以及法律规定的机构）和省、自治区、直辖市、设区的市、自治州的地方人民政府才是实施行政立法行为的适格主体。①

其次，行政立法具有正式法效力。享有立法权的行政机关可以制定效力不同的规范性文件，其中，行政立法类文件属于法的渊源，具有正式法效力。②《立法法》第 2 条明确将行政法规和规章纳入其调整范围，而《行政诉讼法》第 63 条则分别将行政法规和规章列为审理行政案件的依据和参照。这意味着不仅受行政立法文件调整的公民、法人、其他组织有义务遵守其规定，其他的国家机关，特别是人民法院，也应当尊重这些文件的内容。

再次，行政立法具有附属性。《宪法》第 58 条规定："全国人民代表大会和全国人民代表大会常务委员会行使国家立法权。"据此，严格来说，我国的立法权应当属于全国人大及其常委会。但就现实而言，仅由全国人大及其常委会行使立法权无法适应多样化的社会实践，故有必要赋予其他主体以部分事务的立法权。但其他主体所掌握的立法权相对于国家立法权而言只能是附属性的、派生的。特别是对缺乏较复杂的民主程序控制的行政机关来说，其立法权应当受到严格的限制。限制的方式即要求行政立法必须有上位法的依据。如《立法法》第 72 条第 1 款规定国务院根据宪法和法律，制定行政法规；第 91 条第 1 款和第 93 条第 1 款则分别规定国务院下属机构和地方人民政府应当根据各自的

---

① 参见《立法法》第 72 条、第 91 条、第 93 条。

② 关于法的渊源的论述，可参见张文显主编：《法理学》，高等教育出版社 2018 年版，第 87 页。

上位法制定规章。

二、行政立法的主要类型

行政立法中最重要的分类是立法活动所形成的法的渊源文件的分类。根据《立法法》，由行政机关所制定的法的渊源文件包括行政法规和规章两个大类。它们分别对应不同的制定主体和规范效力。

（一）行政法规

行政法规由国务院制定，一般由国务院总理签署国务院令公布，但有关国防建设的行政法规，可以由国务院总理、中央军事委员会主席共同签署国务院、中央军事委员会令公布。行政法规的名称一般称“条例”，也可以称“规定”“办法”等。国务院根据全国人民代表大会及其常务委员会的授权决定制定的行政法规，称“暂行条例”或者“暂行规定”。根据“国家行政法规库”中的信息，截至 2024 年年底，我国处在生效状态的行政法规有近 600 部。

我国《立法法》第 72 条第 1 款和第 2 款规定：“国务院根据宪法和法律，制定行政法规。行政法规可以就下列事项作出规定：（一）为执行法律的规定需要制定行政法规的事项；（二）宪法第八十九条规定的国务院行政管理职权的事项。”第 3 款规定：“应当由全国人民代表大会及其常务委员会制定法律的事项，国务院根据全国人民代表大会及其常务委员会的授权决定先制定的行政法规，经过实践检验，制定法律的条件成熟时，国务院应当及时提请全国人民代表大会及其常务委员会制定法律。”据此，行政法规内部又可以区分为三种具体类型，即执行性行政法规、职权性行政法规、授权性行政法规。

执行性行政法规是指国务院为执行法律规定而制定的行政法规。从宪法地位上说，国务院是最高国家权力机关的执行机关[①]，因此，由国务院制定的行政法规首要应当发挥执行法律的功能。由于我国地广人多，经济文化发展不平衡，为适应各地不同的情况，不少法律条文的内容比较原则，这些都需要国务院根据各种实际情况，制定具体的实施规定。执行性行政法规应当在法律规定的范围内制定，一般来说包括对重要法律术语的解释性规定和针对行政机关职责、执法程序、法律后果等的细化性规定。

职权性行政法规是指国务院根据自身行政职权所制定的行政法规。除了执行性规定，国务院还可以就《宪法》第 89 条规定的国务院行政管理职权的事项制

① 参见《宪法》第 85 条。

定行政法规，这通常被称为国务院的“职权立法权”。由于《宪法》第 89 条的规定十分笼统，仅列举了国务院管理的事务领域，并未提供任何的行为依据，因此，职权立法权事实上是国务院拥有的一种带有创制性的立法权。这在理论和实务界引发了较大的争议。① 从理论上说，职权立法权与行政机关的性质不符，行政机关是执行机关，不是立法机关，赋予其职权立法权可能影响甚至取代国家权力机关立法，形成多头立法、立法无序的状况。但是，就实践而言，过度强调行政法规制定要有明确法律依据，不利于调动行政立法的积极性，也不利于充分发挥行政立法的优势。行政立法的优势之一就是能及时应对社会生活中出现的新情况和新问题。而针对新问题，由于制定相关法律的条件不成熟，往往并没有具体法律的授权依据。此时若过于强调必须有授权或者法律依据才能制定行政法规，就有可能贻误立法时机。因此，职权性行政法规的存在有其现实必要。不过，职权性行政法规必须谨守行政立法的事项范围，不得规定法律保留范围内的相关事务。

授权性行政法规是指国务院根据全国人民代表大会及其常务委员的授权决定所制定的行政法规。《立法法》第 12 条规定：“本法第十一条规定的事项尚未制定法律的，全国人民代表大会及其常务委员会有权作出决定，授权国务院可以根据实际需要，对其中的部分事项先制定行政法规，但是有关犯罪和刑罚、对公民政治权利的剥夺和限制人身自由的强制措施和处罚、司法制度等事项除外。”从中可见，授权性行政法规所针对的是全国人民代表大会及其常务委员的专属立法权。这些事项属于法律保留范围，本应由立法机关自行规定，但由于立法机关冗长的立法程序有时难以适应社会发展快速发展的需要，故适度的立法授权亦有其存在价值。但需要注意的是，并非所有的法律保留事项均可被授权制定行政法规，包括犯罪和刑罚等与公民基本权利或自由密切相关的制度或措施不可由国务院规定。它们被称为法律的“绝对保留事项”。而可以被授权制定行政法规的事项被称为法律的“相对保留事项”。

（二）规章

规章又分为部门规章和地方政府规章，部门规章由部门首长签署命令公布，地方政府规章由省长、自治区主席、市长或者自治州州长签署命令公布。规章的名称一般称“规定”“办法”，但不得称“条例”。根据“国家规章库”中的信息，截至 2024 年年底，我国处在生效状态的部门规章有近 2 600 部，地方政府规章 8 100 余部。

部门规章的制定主体包括国务院各部、委员会、中国人民银行、审计署和具

① 参见王贵松：《论法律的法规创造力》，《中国法学》2017 年第 1 期，第 119－120 页。

有行政管理职能的直属机构以及法律规定的机构。虽然《宪法》第 90 条第 2 款仅规定各部、各委员会可以发布规章，但该款内容需作广义理解。中国人民银行和审计署同样属于国务院组成部门序列，应当享有与各部委一致的管理职权，故不应将规章制定权限于狭义的部或委员会。在此基础上，国务院直属机构主管国务院的某项专门业务，具有独立的行政管理职能，与国务院组成部门具有相似性，授予它们规章制定权符合《宪法》原意。另外，若涉及上述两个以上国务院部门职权范围的事项，则应当提请国务院制定行政法规或者由国务院有关部门联合制定规章。

部门规章规定的事项应当属于执行法律或者国务院的行政法规、决定、命令的事项。没有法律或者国务院的行政法规、决定、命令的依据，部门规章不得设定减损公民、法人和其他组织权利或者增加其义务的规范，不得增加本部门的权力或者减少本部门的法定职责。可见，部门规章仅拥有执行性立法权，而不像行政法规那样享有职权性立法权。这种限制来源于《宪法》对行政法规和部门规章的不同定位。根据《宪法》第 89 条，国务院可以根据宪法和法律制定行政法规，故行政法规的依据从宽泛意义上说可直接源于《宪法》；而根据《宪法》第 90 条，各部、各委员会只能根据法律和国务院的行政法规、决定、命令，在本部门的权限内，发布规章，因此，部门规章不能根据《宪法》所规定的抽象职权产生。从实践角度说，鉴于部门规章的数量远远多于行政法规，对其施加更为严格的限制有利于确保法制统一，避免多头立法。

地方政府规章的制定主体包括省、自治区、直辖市和设区的市、自治州的人民政府。其中，省、自治区、直辖市政府所辖区域范围较大，人口较多，面对的情况也比较复杂，它们需要具有更大的管理权限。因此，自 2000 年《立法法》刚颁布时，省、自治区、直辖市的地方人民政府即被赋予了规章制定权。① 而设区的市、自治州的人民政府普遍获得规章制定权源于 2015 年《立法法》的修改。在此之前，仅有 49 个“较大的市”的地方政府拥有这项权力。② 广泛授予各个设区的市和自治州的地方人民政府以规章制定权，有利于发挥地方积极性，以适应经济社会快速变革时期不同地区有差异的管理需要。除上列制定主体外，其余各个县、不设区的县级市、市辖区以及各个乡镇的人民政府均不具有规章制定权，各级地方人民政府的组成部门也没有规章制定权。实践中，不具有规章制定权的机关只能制定其他行政规范性文件。

地方政府规章规定的事项包括三个方面：一是为执行法律、行政法规、地方

---

① 参见 2000 年《立法法》第 73 条。

② 根据 2000 年《立法法》第 63 条第 4 款，较大的市是指省、自治区的人民政府所在地的市，经济特区所在地的市和经国务院批准的较大的市。

性法规的规定需要制定规章的事项。[1] 这与部门规章的执行性规定权类似，但是地方政府规章所执行的对象除了包括法律、行政法规等中央立法，还包括本级和上级人民代表大会及其常委会所制定的地方性法规，以及上级地方人民政府所制定的规章。二是属于本行政区域的具体行政管理事项。[2] 这体现出地方人民政府规章制定权中的自主性。按照《宪法》第 107 条的规定，县级以上地方各级人民政府依照法律规定的权限，管理本行政区域内的经济、教育、科学、文化、卫生、体育事业、城乡建设事业和财政、民政、公安、民族事务、司法行政、计划生育等行政工作。因此，不同于国务院组成部门，地方人民政府具有针对本地事务的一般性管理职权，可制定带有一定创制性的规定；但地方政府所制定的这类规章的内容只能限制于行政管理事项，不能涉及地方立法机关职权范围内的事务，同时，其内容应当是具体的，以实现上位法的目的或精神为主。三是应当制定地方性法规但条件尚不成熟的，因行政管理迫切需要，需要先制定地方政府规章的事项。[3] 这是《立法法》考虑到我国存在的地方差异，而赋予地方政府的先行性规章制定权。此类规章实施满两年需要继续实施的，应当提请本级人民代表大会或者其常务委员会制定地方性法规。

还需要指出的是，设区的市和自治州的地方人民政府新制定的规章只能限于城乡建设与管理、生态文明建设、历史文化保护、基层治理等方面的事项，而省、自治区、直辖市人民政府所制定的规章无此方面的限制。另外，没有法律、行政法规、地方性法规的依据，地方政府规章不得设定减损公民、法人和其他组织权利或者增加其义务的规范，也即地方政府规章同样要接受法律法规保留原则的约束。

三、行政立法的程序

行政立法的程序代表了行政机关政策意志形成的过程，其设置的合理性将直接影响立法质量。在设计立法程序时，一方面要注意保障立法的民主性与科学性，另一方面也要注重立法的效率。对于行政立法而言，相对较简单的立法程序有利于这类规定更好适应快速变化的社会现实。在我国，调整行政立法程序的规定除《立法法》之外还有《行政法规制定程序条例》和《规章制定程序条例》这两部行政法规。以上法律、行政法规中所规定的主要程序步骤包括立项、起草、审查、决定与公布等环节。

---

① 参见《立法法》第 93 条第 2 款第 1 项。

② 参见《立法法》第 93 条第 2 款第 2 项。

③ 参见《立法法》第 93 条第 5 款。

（一）立项

立项是指将某项行政法规或规章的制定纳入立法计划的行为。就行政法规而言，国务院于每年年初编制本年度的立法工作计划，国务院有关部门认为需要制定行政法规的，应当于国务院编制年度立法工作计划前，向国务院报请立项。就规章而言，有制定权的国务院部门或地方人民政府亦需要编制年度规章制定工作计划，国务院部门内设机构或者其他机构和省、自治区、直辖市和设区的市、自治州的人民政府所属工作部门或者下级人民政府认为需要制定规章的，分别向该部门或该地方人民政府报请立项。

立项工作直接影响行政立法的议程设置，因此在该阶段就需要纳入社会公众的参与。根据《行政法规制定程序条例》和《规章制定程序条例》的规定，国务院法制机构应当向社会公开征集行政法规制定项目建议，国务院部门，省、自治区、直辖市和设区的市、自治州的人民政府，可以向社会公开征集规章制定项目建议。实践中，公民、法人或其他组织可以通过各种方式向制定机关反映立法诉求。这些建议虽然不一定能够最终导致行政立法的立项，但它们可在一定程度上影响行政机关相关政策的制定。①

（二）起草

起草是指制定机关初步拟定行政法规或规章的草案文本。行政法规由国务院组织起草，具体的起草工作由国务院部门或国务院法制机构负责。规章由国务院部门或有规章制定权的地方人民政府组织起草，国务院部门可以确定由其一个或者几个内设机构或者其他机构具体负责起草工作，地方人民政府可以确定由其一个部门或者几个部门具体负责起草工作，也可以分别由它们的法制机构起草或者组织起草。因此，行政立法的起草主体事实上主要是各制定机关的下级机关或内设机构，而这可能带来立法行政化以及部门保护主义的弊端。

为了克服行政机关自身在立法活动中的局限，行政立法活动需要引入广泛的社会参与。《行政法规制定程序条例》和《规章制定程序条例》均要求，起草部门应当深入调查研究，总结实践经验，广泛听取有关机关、组织和公民的意见。涉及社会公众普遍关注的热点难点问题和经济社会发展遇到的突出矛盾，减损公

---

① 例如，在 2005 年，全国人大代表、华中师范大学教授周洪宇曾向国务院提出制定《乙肝病原携带者权益保护条例》的建议案，希望尽快出台管理单病种的行政法规。2006 年 8 月 9 日，卫生部与最高人民法院、劳动部等部委协商后，对包括周洪宇在内 77 位全国人大代表的制定《乙肝病原携带者权益保护条例》的建议进行答复。虽然国务院并未因此而修改立法计划，但在 2007 年，劳动和社会保障部发布《关于维护乙肝表面抗原携带者就业权利的意见》，要求除国家法律、行政法规和卫生部规定禁止从事的工作外，用人单位不得强行将乙肝病毒血清学指标作为体检标准。

民、法人和其他组织权利或者增加其义务，对社会公众有重要影响等重大利益调整事项的，应当进行论证咨询。另外，行政立法草案除依法不应公开的外，都需要向社会公开征求意见。

上述立法程序的规定在相当程度上保障了行政立法活动的科学性与民主性。例如，在拟制定的行政法规《外国人永久居留管理条例》（征求意见稿）公布后，相关话题引发网络热议，社交媒体上有关该话题的阅读数超过 50 亿次，并引发 300 余万次相关讨论。2020 年 3 月 7 日，司法部、国家移民管理局在京联合召开《外国人永久居留管理条例》（征求意见稿）征求意见座谈会，邀请企事业单位人员、社区干部、居民和专家学者参加会议。司法部有关负责人表示，司法部将按照科学立法、民主立法、依法立法的要求，对公众所提的意见建议，认真深入予以研究。条例在充分吸纳公众意见、进一步修改完善之前不会仓促出台。① 这体现了公众意见对于行政立法活动的重要影响。

（三）审查

审查是在起草部门完成起草后，由制定机关的法制机构对立法草案所进行的合法性与适当性判断。该环节主要起到提高立法质量、保证法制统一、防止部门倾向等功能。法制机构审查的对象除了包括行政法规或规章的送审稿，还包括起草部门对送审稿的说明以及有关材料。在送审稿说明中，起草部门应当对立法的必要性，主要思路，确立的主要制度，征求有关机关、组织和公民意见的情况，各方面对送审稿主要问题的不同意见及其协调处理情况作出说明；行政法规的起草部门还应就拟设定、取消或者调整行政许可、行政强制的情况等作出说明。有关材料主要包括所规范领域的实际情况和相关数据、实践中存在的主要问题、国内外的有关立法资料、调研报告、考察报告等。

法制机构审查的内容涉及政治导向、立法内容、行政管理协调性、公众参与情况等多个方面。具体而言，包括立法草案是否严格贯彻落实党的路线方针政策和决策部署，是否符合宪法和法律的规定，是否遵循立法法确定的立法原则，是否与有关行政法规和规章相协调、衔接，是否正确处理有关机关、组织和公民对送审稿主要问题的意见，是否符合立法技术要求，制定的基本条件是否成熟，主要制度是否存在较大争议，制定过程是否规范等问题。

在审查过程中，为了进一步强化立法的民主性与科学性，法制机构应当将送审稿涉及的主要问题发送有关机关、组织和专家征求意见，也可以将送审稿或者修改稿及其说明等向社会公布，再次征求公众意见。当然，审查环节中的向社会

---

① 参见白阳：《司法部、国家移民管理局召开座谈会就外国人永久居留管理条例征求意见稿听取意见 将广泛听取认真吸收公众意见》，新华社北京 2020 年 3 月 7 日电。

公众征求意见原则上并非必须进行，这与起草环节的要求有所区别。同时，法制机构也不能完全受制于起草机关所提供的材料，它们还应当就规章送审稿涉及的主要问题，深入基层进行实地调查研究，听取基层有关机关、组织和公民的意见，独立收集有关立法中重要问题的材料。若有关部门对行政法规送审稿涉及的主要制度、方针政策、管理体制、权限分工等有不同意见的，法制机构应当进行协调，力求达成一致意见。经过充分协调不能达成一致意见的，法制机构应当将主要问题、有关机构或者部门的意见和法制机构的意见及时报行政法规或规章的制定机关决定。

（四）决定与公布

行政法规和规章经过法制机构审查后，法制机构负责人应当提请制定机关负责人作最终决定。行政法规草案一般由国务院法制机构主要负责人提出提请国务院常务会议审议的建议；对调整范围单一、各方面意见一致或者依据法律制定的配套行政法规草案，可以采取传批方式，由国务院法制机构直接提请国务院审批。所谓“传批”即指在国务院有关领导同志之间传阅审批，这种批准方式不需要召开国务院常务会议，相对简便快捷，是行政法规决定环节的特殊程序。相比较而言，规章在决定环节则必须采用会议审议的方式，其中，部门规章应当经部务会议或者委员会会议决定，地方政府规章应当经政府常务会议或者全体会议决定。[①]

通过决定程序的行政法规或规章文本即由制定机关行政首长签署命令公布施行。行政法规由国务院总理签署国务院令予以公布，规章由部门首长或者省长、自治区主席、市长、自治州州长签署地方人民政府令予以公布。因此，在实践中，行政法规的文号形式必为“国务院令”，而规章的文号则可能是“部令”“委员会令”“人民政府令”等。行政法规和部门规章公布后，应及时在国务院公报、部门公报和中国政府法制信息网以及在全国范围内发行的报纸上刊载。地方政府规章签署公布后，应及时在本级人民政府公报和中国政府法制信息网以及在本行政区域范围内发行的报纸上刊载。行政法规和规章应当自公布之日起30日后施行；但是，涉及国家安全、外汇汇率、货币政策的确定以及公布后不立即施行将有碍施行的，可以自公布之日起施行。

四、行政立法的监督

行政立法的监督是指有权机关对于行政立法的权限、内容和程序的监督。此

① 参见《立法法》第95条。

处的“有权机关”主要是指行政立法的上位法制定机关，在部分情况下也包括人民法院等司法机关。行政立法监督的内容主要是立法活动的合法性（在部分情况下也包括适当性），而不包括立法适用过程中的协调性。因此，当同位立法发生冲突或同一机关的立法发生冲突时，有权机关所进行的裁决并非本章所称的行政立法监督。

（一）行政立法的合法性判断标准

行政立法的合法性主要包括权限合法、内容合法和程序合法三个方面。

1. 权限合法

权限合法是指立法活动处在制定机关的权限范围内，未违反上位法有关权限内容的规定。本节已在第二部分介绍了行政法规和规章的立法权限，此处还需特别强调的是，作为行政立法，行政法规和规章应当遵守法律保留制度的要求，不得在未获授权的前提下染指国家权力机关的立法职权。例如，2007 年通过的行政法规《铁路交通事故应急救援和调查处理条例》第 33 条第 1 款曾规定：“事故造成铁路旅客人身伤亡和自带行李损失的，铁路运输企业对每名铁路旅客人身伤亡的赔偿责任限额为人民币 15 万元，对每名铁路旅客自带行李损失的赔偿责任限额为人民币 2 000 元。”该规定事实上违反了当时有效的《侵权责任法》第 77 条：“承担高度危险责任，法律规定赔偿限额的，依照其规定。”[①] 按照《侵权责任法》第 77 条，高度危险责任的赔偿限额应由法律规定，系法律保留事项；作为行政法规，《铁路交通事故应急救援和调查处理条例》规定赔偿限额系立法越权。2012 年 11 月 9 日，《国务院关于修改和废止部分行政法规的决定》决定删除该条。

2. 内容合法

内容合法是指立法条文与上位法条文不相抵触。所谓“抵触”，是指上下位法的内容存在直接的逻辑矛盾。如作为上位法的行政法规《社会救助暂行办法》第 45 条规定：“最低生活保障家庭中有劳动能力但未就业的成员，应当接受人力资源社会保障等有关部门介绍的工作；无正当理由，连续 3 次拒绝接受介绍的与其健康状况、劳动能力等相适应的工作的，县级人民政府民政部门应当决定减发或者停发其本人的最低生活保障金。”而作为下位法的地方政府规章《××省城市居民最低生活保障实施办法》第 25 条则将减发或者停发的条件变为“两次不接受工作安排或者两次无故不参加社区居民委员会组织的公益性社区服务劳动”。显然，上述两个条文在逻辑上无法同时成立，下位的地方政府规章抵触了上位的

① 该条对应于现《民法典》第 1244 条。

行政法规。

值得注意的是，“抵触”仅指下位法内容与上位法存在直接矛盾，而不包括其他违反上位法的情形。从理论上说，下位法规定超越权限、违背法定程序等情形，应当属于法的违反，而非法的抵触。[①] 因此，当上位法中不存在对应条文时，下位法即不会与上位法发生抵触。如在前述《铁路交通事故应急救援和调查处理条例》这一事例中，上位法上并不存在有关铁路交通事故的赔偿限额规定，故该行政法规不会与上位法内容发生抵触，但该行政法规仍然可能发生超越权限或违背程序等违反上位法的情形。

3. 程序合法

程序合法是指立法符合上位法所规定的步骤、方式与时限等程序性要求。就行政立法而言，《立法法》《行政法规制定程序条例》和《规章制定程序条例》均规定了详细的立法程序规范。例如，要求立法经过立项、起草、审查、决定与公布等环节的规范是有关步骤的规范，要求通过座谈会、论证会、听证会等多种形式听取公众意见的规范是有关立法方式的规范，要求在公布之后指定日期实施的规范是有关时限的规范。这些程序规范在很大程度上保障了立法的民主性与科学性。随着我国行政法治建设水平的不断提升，违背立法程序的现象越来越罕见。

（二）行政立法的监督机制

行政立法的监督机制根据监督主体的不同可以分为人大、政府等上位法制定机关的监督和司法机关的监督。人大和政府的监督是效力层面的监督，而司法机关的监督是适用层面的监督。

1. 人大监督和政府监督

下位法不得违反上位法，因此从原理上说，上位法的制定主体有权力纠正下位法违背上位法的规定。这种纠正权表现为对下位法的撤销或者改变。不过，根据《宪法》和《立法法》，各有权机关的监督范围存在一定的边界，并非所有的下位行政立法均可被其撤销或改变。

首先，人大常委会可以撤销本级人民政府的行政立法。在中央层面，全国人大常委会有权撤销同宪法和法律相抵触的行政法规；在地方层面，各级地方人大常委会有权撤销本级人民政府制定的不适当的规章。

其次，人民政府可以改变或撤销其所属部门或下级人民政府的立法。具体而言，国务院有权改变或者撤销不适当的部门规章和地方政府规章，省、自治区的人民政府有权改变或者撤销下一级人民政府制定的不适当的规章。我国《宪法》

---

① 关于法的抵触问题的讨论，可参见俞祺：《论与上位法相抵触》，《法学家》2021年第5期，第57页。

规定，国务院统一领导全国地方各级国家行政机关的工作，县级以上的地方各级人民政府领导所属各工作部门和下级人民政府的工作。基于行政系统内的领导与被领导关系，上级行政机关不仅可以撤销下级行政机关不适当的立法，也可以对其直接进行改变。

最后，授权机关有权撤销被授权机关制定的超越授权范围或者违背授权目的的法规，必要时可以撤销授权。在我国目前的立法制度中，经由授权制定的行政立法主要是指涉及法律保留事项的行政法规。这些被授权制定的法规可以在某种程度上突破其制定主体固有的权限范围，但不能超越授权的范围。当其超越授权范围时，授权机关有权对其进行监督。

上述有权机关可以主动启动针对行政立法本文的监督程序，也可以基于有关方面的建议启动，前者为依职权的监督，后者为依申请的监督。

依职权的监督是指上位法制定机关主动审查报送给它的下位法文本，并作出相应处理的行为。《立法法》第 111 条规定："全国人民代表大会专门委员会、常务委员会工作机构可以对报送备案的行政法规、地方性法规、自治条例和单行条例等进行主动审查，并可以根据需要进行专项审查。国务院备案审查工作机构可以对报送备案的地方性法规、自治条例和单行条例，部门规章和省、自治区、直辖市的人民政府制定的规章进行主动审查，并可以根据需要进行专项审查。"该规定中所称的"报送备案"是指下位法制定机关在立法文本公布后向各上位法制定机关呈送文本并接受监督的行为。根据《立法法》第 109 条，行政法规应报全国人大常委会备案，部门规章和地方政府规章报国务院备案，地方政府规章应当同时报本级人大常委会备案，设区的市、自治州的人民政府制定的规章应当同时报省、自治区的人大常委会和人民政府备案。

依申请的监督是指上位法制定机关根据有申请权的主体的审查建议，作出相应处理的行为。可以提出审查建议的主体包括两类：一是国务院、中央军事委员会、国家监察委员会、最高人民法院、最高人民检察院和各省、自治区、直辖市的人大常委会，它们所提出的建议将直接由全国人民代表大会有关的专门委员会和常务委员会工作机构进行审查、提出意见。二是其他国家机关和社会团体、企业事业组织以及公民，这些主体所提出的建议由常务委员会工作机构进行审查，必要时，送有关的专门委员会进行审查、提出意见。实践中，通过后一种途径提出的审查建议占绝对多数。[①] 可见，依申请进行的立法监督对维护法制统一，保

---

① 如在 2018—2022 年间，除个别情形外，全国人大常委会没有收到过国家机关提出的审查要求，但收到公民、组织提出审查建议 17 769 件，其中 2018 年 1 229 件，2019 年 226 件，2020 年 5 146 件，2021 年 6 339 件，2022 年 4 829 件。参见沈春耀：《全国人民代表大会常务委员会法制工作委员会关于十三届全国人大以来暨 2022 年备案审查工作情况的报告——2022 年 12 月 28 日在第十三届全国人民代表大会常务委员会第三十八次会议上》，《全国人民代表大会常务委员会公报》2023 年第 1 号，第 150 页。

障公民、法人和其他组织的权益有更加重要的意义。

2. 司法监督

对行政立法的司法监督主要是指人民法院在审理行政案件时对规章的合法性的判断。《行政诉讼法》第 63 条规定："人民法院审理行政案件，以法律和行政法规、地方性法规为依据……人民法院审理行政案件，参照规章。"作为审判活动的依据，行政法规的合法性严格来说不受法院的监督，当法院在审理活动中发现行政法规违反法律时，不宜在判决中指出其违法性。但对于规章而言，其仅为行政审判活动的参照，这意味着法院可以在适用规章时对其合法性进行判断，具有合法性的规章予以适用，不具有合法性的则不予适用。当然，人民法院对规章合法性的监督仅及于个案，一般不具有普遍效力。法院也不能进行抽象的政策监督活动，《行政诉讼法》第 13 条还特别禁止直接针对行政立法的起诉。

第二节　行政规范性文件

一、行政规范性文件的概念与特点

行政规范性文件是指在行政立法以外，由各级人民政府及其工作部门、法律法规授权实施公共管理的组织，依照法定权限和程序制定的，涉及公民、法人和其他组织的权利义务，具有普遍约束力，在一定期限内反复适用的公文。基于以上定义，行政规范性文件至少有五个方面的特征。

一是规范性。行政规范性文件的内容涉及公民、法人和其他组织权利义务，具有法律效果，因此带有规范性。这一特征将行政规范性文件与不具有权利义务内容的其他文件区分开来，如本章第一部分所述的仅设定政府目标的行政规划以及其他描述事实问题的文件。

二是外部性。行政规范性文件的法律效力针对行政机关外部的私人发生，是具有公共管理功能的政策文件。这一特征将行政规范性文件与行政机关调整本机关内部的组织、人事、后勤管理等事务的文件区分开来。不过需要强调的是，部分文件虽然针对内部主体作出，但其实质目的是对外部主体的权利义务产生影响，那么，此类文件仍然应当被界定为行政规范性文件。例如《公安部三局关于执行户口登记条例的初步意见》虽然从形式上看是公安部内设机构发布的指导各级公安机关户籍登记部门工作的文件，但其内容实质上涉及公民的姓名、迁徙自由等多项重要权利，故不属于行政机关的内部文件。

三是一般性。行政规范性文件和行政立法一样，均属于行政规范。它们适用于不特定的主体，且效力针对未来发生。在实务中需要注意的问题是，部分表面上看似具有广泛调整性的文件并非行政规范性文件。如 2013 年 12 月 27 日，安徽省政府办公厅转发省安全监管局等部门的第 45 号文件——《关于烟花爆竹生产企业整体退出意见的通知》，要求全省 75 家烟花爆竹企业在 2014 年 12 月 31 日前必须全部关闭。该文件的内容虽然调整范围较广，但其针对的对象是特定的 75 家生产企业，故不具有抽象性，应为行政处理。

四是制定主体和程序的多样性。行政法规和规章作为行政立法，其制定主体和程序均有严格的限制。但对行政立法以外的规范性文件而言，相关约束则宽松得多。目前，法律上对行政规范性文件的制定主体并无特殊要求，这意味着各级人民政府及其部门，甚至行政机关的内设机构、派出机构和法律、法规、规章授权组织均可制定行政规范性文件。另外，就制定程序而言，行政规范性文件的制定机关通常不需要进行复杂的意见征求、论证、调研等工作，相较行政立法活动而言明显简便快捷。宽松的限制导致规范性文件的数量远多于行政立法，也导致对它们进行事前的合法性控制存在较大的难度。

五是执行性。由于规范性文件并非立法，因此它们只能对上位法作执行性规定，而不能进行创制性规定，特别是不能在没有上位法依据的情况下增加公民、法人和其他组织的义务，限制公民、法人和其他组织的权利。根据我国《行政处罚法》《行政许可法》《行政强制法》，行政规范性文件不得设定行政处罚、行政许可和行政强制，它们也不能设定应当由法律、法规、规章设定的事项。

二、行政规范性文件的表现形式与制定程序

行政规范性文件是行政机关公文的一种，在实践中可能以不同的名称和文号形式出现，由于它们常常带有红字标题，因此也被俗称为“红头文件”。根据《党政机关公文处理工作条例》（中办发〔2012〕14 号），党政机关的公文种类主要有决议、决定、命令（令）、公报、公告、通告、意见、通知、通报、报告、请示、批复、议案、函、纪要等。其中，除议案、请示、报告形式的公文通常不直接涉及公共行政管理外，其他性质的公文均有可能是行政规范性文件。它们的发文字号包括机关代字、年份、序号，如原《国家行政机关公文处理办法》的发文字号为“国发〔2000〕23 号”，这意味着该文件是国务院于 2000 年发布的第 23 个同类文件。当然，行政规范性文件通常不包括国务院和有规章制定权的主体以命令形式发布的规范，“命令”是行政法规或规章的法定发布形式。文件发文字号上的差异是实践中判断文件性质的重要标准。

作为历史上形成的一种行政管理手段，行政规范性文件的存在具有一定的合

理性。计划经济时期，党委、政府作为政治经济活动的领导和组织者，发出的指令往往成为社会生活中的准则和依据。改革开放后，社会经济形势快速变化，法律的修订和完善一时还无法赶上经济社会快速发展的步伐，为了缓解立法滞后造成的脱节，先以行政规范性文件来加以调整，就成为一种权宜之计。但随着中国特色社会主义法律体系的形成和法治政府建设水平的不断提升，继续以行政规范性文件作为社会治理的重要手段已显得不合时宜。因此，中共中央和国务院印发的《法治政府建设实施纲要（2021—2025 年）》特别针对规范性文件的管理和监督提出了六项要求。① 另外，从中央到地方的各级行政机关也仿照行政立法程序出台了调整规范性文件制定程序的专门规定，强化对规范性文件的管理。

例如，国务院办公厅于 2018 年发布的《关于加强行政规范性文件制定和监督管理工作的通知》（国办发〔2018〕37 号）要求："行政规范性文件必须严格依照法定程序制发，重要的行政规范性文件要严格执行评估论证、公开征求意见、合法性审核、集体审议决定、向社会公开发布等程序。要加强制发程序管理，健全工作机制，完善工作流程，确保制发工作规范有序。"另外，国务院办公厅发布的《关于全面推行行政规范性文件合法性审核机制的指导意见》（国办发〔2018〕115 号）进一步要求明确规范性文件合法性的事前审核制度。

三、行政规范性文件的监督

虽然行政规范性文件在内容上应受到严格的限制，但在现实中，大量文件事实上涉及对公民、法人和其他组织权利义务的调整。例如在郑某琴诉浙江省温岭市人民政府土地行政批准案②中，作为地方行政规范性文件的《温岭市个人建房用地管理办法》《温岭市工业城二期用地范围房屋迁建补偿安置办法》将"应迁出未迁出的人口"及"已经出嫁的妇女及其子女"排除在申请个人建房用地和安置人口之外。这些规定涉及对公民合法权益的限制，违背法律保留原则，也与《妇女权益保障法》等上位法规定精神不符。类似的事例在实践中频繁出现，致使行政规范性文件的合法性问题受到社会广泛关注。鉴于行政规范性文件在实践中所表现出来的种种问题，对其加强监督就显得尤为重要。对行政规范性文件的

① 一是依法制定行政规范性文件，严禁越权发文、严控发文数量、严格制发程序。二是建立健全行政规范性文件制定协调机制，防止政出多门、政策效应相互抵消。三是健全行政规范性文件动态清理工作机制。四是加强对行政规范性文件制定和管理工作的指导监督，推动管理制度化规范化。五是全面落实行政规范性文件合法性审核机制，明确审核范围，统一审核标准。六是严格落实行政规范性文件备案审查制度。

② 参见郑某琴诉温岭市人民政府土地行政审批案，最高人民法院行政诉讼附带审查规范性文件典型案例之五，浙江省台州市中级人民法院（2015）浙台行终字第 186 号行政判决书，2015 年 11 月 19 日。

监督与对行政立法的监督具有较多的相似之处，但因为行政规范性文件不属于立法，对它们的监督可以更加广泛、深入，有权提起监督程序的主体也可更加多样化。

（一）行政规范性文件的合法性判断标准

行政规范性文件的合法性判断与行政立法的基本一致，包括权限、内容与程序三个方面。2018 年行诉法解释第 148 条将规范性文件不合法的情形总结为五种：第一，超越制定机关的法定职权或者超越法律、法规、规章的授权范围的；第二，与法律、法规、规章等上位法的规定相抵触的；第三，没有法律、法规、规章依据，违法增加公民、法人和其他组织义务或者减损公民、法人和其他组织合法权益的；第四，未履行法定批准程序、公开发布程序，严重违反制定程序的；第五，其他违反法律、法规以及规章规定的情形。若不考虑最后一项兜底条款，上述情形中的第一种和第三种构成权限违法，第二种构成内容违法，第四种构成程序违法。

（二）行政规范性文件的监督机制

与行政立法相似，行政规范性文件需要受到其上位规范制定机关的监督，上位规范制定机关包括上级行政机关和制定上位法的立法机关。同时，与行政立法不同的是，行政规范性文件还可以在具体的行政案件中接受行政复议机关和法院的附带性审查。复议和诉讼中的规范性文件审查更具针对性，是目前监督行政规范性文件的主要方式。

1. 行政复议中的规范性文件附带审查

行政复议中的规范性文件附带审查制度与行政诉讼中大体相似，也需要公民、法人和其他组织结合具体的行政争议提出请求。两者的主要区别在于审理机关和对违法规范性文件的处理方式。在行政复议中，受理规范性文件一并审查请求的是行政复议机关，而负责审查的则是对规范性文件有监督权的机关。《行政复议法》第 57 条规定："行政复议机关在对被申请人作出的行政行为进行审查时，认为其依据不合法，本机关有权处理的，应当在三十日内依法处理；无权处理的，应当在七日内转送有权处理的国家机关依法处理。"若复议机关有权处理违法的规范性文件，其处理决定将直接影响该规范性文件的效力，而不像在行政诉讼中那样，仅于本案中不予适用。不过，在多数复议案件中，复议机关无权直接处理违法的规范性文件，而转送有权机关处理的程序又相对复杂，这导致实践中通过行政复议程序被纠正的规范性文件数量相对较少。

2. 行政诉讼中的规范性文件附带审查

《行政诉讼法》第 53 条第 1 款规定："公民、法人或者其他组织认为行政行为所依据的国务院部门和地方人民政府及其部门制定的规范性文件不合法，在对行政行为提起诉讼时，可以一并请求对该规范性文件进行审查。”根据该条，私人在行政诉讼中请求法院监督规范性文件，必须附带于一个具体的行政争议，人民法院不能进行抽象的政策监督，此即所谓“附带审查”。能够被附带的条件是存在争议的行政行为系依据该规范性文件作出。若规范性文件只是与行政行为相关，而不是行政行为的依据，则法院不应将其作为附带审查的对象。如在毛某梅、祝某兴诉浙江省江山市贺村镇人民政府行政强制及行政赔偿案①中，原告请求法院确认贺村镇人民政府的强制拆除行为违法，赔偿其各项损失，并申请对江山市人民政府《关于深入推进生猪养殖污染整治和规范管理的通知》（江政办发〔2014〕29 号）进行附带审查。但法院认为，文件相关条款内容系对生猪退养相关补助的政策规定，非本案贺村镇人民政府实施强制拆除行为的法律依据，故决定不予审查。

人民法院在对规范性文件审查过程中，发现规范性文件可能不合法的，应当听取规范性文件制定机关的意见，制定机关也可以申请出庭陈述意见。人民法院经审查认为行政行为所依据的规范性文件合法的，应当作为认定行政行为合法的依据；经审查认为规范性文件不合法的，不作为认定行政行为合法的依据，并在裁判理由中予以阐明。但是，即便人民法院认为行政规范性文件不合法，也并非直接通过判决取消该文件的效力，而只能向规范性文件的制定机关提出处理建议。司法建议可以抄送制定机关的同级人民政府、上一级行政机关、监察机关以及规范性文件的备案机关。为审慎起见，法院也可以考虑提级审理、审委会审理等方式。②

3. 规范性文件备案审查

尽管《立法法》中未明确规定针对行政规范性文件的备案审查制度，但许多行政机关都已自行制定了行政规范性文件备案审查规定，要求对行政立法以外的规范性文件落实“有件必备、有备必审、有错必纠”原则。

行政规范性文件的备案审查通常由上级行政机关负责，在部分情况下也可以由立法机关负责。如《国务院办公厅关于加强行政规范性文件制定和监督管理工作的通知》（国办发〔2018〕37 号）规定：“省级以下地方各级人民政府制定的行政规范性文件要报上一级人民政府和本级人民代表大会常务委员会备案，地方人民政府部门制定的行政规范性文件要报本级人民政府备案，地方人民政府两个或

---

① 参见毛某梅等诉江山市贺村镇人民政府强制及行政赔偿案，最高人民法院行政诉讼附带审查规范性文件典型案例之九，浙江省衢州市柯城区人民法院（2016）浙 0802 行初 19 号行政判决书，2016 年 10 月 28 日。

② 参见何海波：《论法院对规范性文件的附带审查》，《中国法学》2021 年第 3 期，第 155－156 页。

两个以上部门联合制定的行政规范性文件由牵头部门负责报送备案。实行垂直管理的部门，下级部门制定的行政规范性文件要报上一级主管部门备案，同时抄送文件制定机关所在地的本级人民政府。”上级行政机关基于行政领导权，可以直接撤销或改变不适当的行政规范性文件，地方人大常委会基于其监督权，亦可撤销不适当的行政规范性文件。另外，公民、法人、其他组织认为规范性文件不合法、不适当的，也可以向有权机关提出审查建议。

第三节　行政规划

一、行政规划的概念与分类

行政规划目前尚无法律规范层面的定义，其在理论上也存在一定争议。在学术界较有影响的观点认为，行政规划是行政机关为了实现特定的行政目标，而作出的对行政机关具有约束力、必须采取具体措施在未来一定期限内予以实现的、关于某一地区或某一行业之事务的部署与安排。① 在大陆法系其他国家的行政法上，与行政规划对应的概念是行政计划。例如在日本，行政计划是指“行政厅在实施公共事业及其他活动之前，首先要综合地提示有关行政目标，事前制定出规划蓝图作为具体的行政目标，并进一步制定为实现该综合性目标所必须的各项政策性大纲的活动”②。

从传统学理定义中可以归纳出的行政规划区别于行政规范的特点至少包括两个方面：其一，行政规划是一种设定未来目标的行政活动，这些目标在许多情况下仅是事实层面的；而行政规范并不直接设定具体的政策目标，它们只是对被调整对象未来的行为作出规范，并主要以权利义务的形式表现出来。其二，受行政规划约束的主体主要是行政机关，行政机关需要采取各种法律范围内允许的手段，推动规划目标的实现。而行政规范约束的对象主要是行政机关以外的私人，一般不调整行政机关的活动。③

---

① 参见周佑勇、王青斌：《论行政规划》，《中南民族大学学报（人文社会科学版）》2005 年第 1 期，第 101 页。

② 杨建顺：《日本行政法通论》，中国法制出版社 1998 年版，第 562 页。

③ 例如，江山市《关于深入推进生猪养殖污染整治和规范管理工作的通知》（江政办发〔2014〕29 号）要求，在两年时间内，每年各安排 100 个行政村开展生猪养殖污染“百村整治”行动，重点推进限养区村庄内生猪养殖场的关停退养。该《通知》中的“关停退养”要求，本质上只是一项政策性声明，阐述了行政机关在未来两年的相关工作目标，并未直接调整私人的活动。因此，该通知属于行政规划，而非行政规范。

不过，从实践情况看，上述对行政规划的界定并不完全符合我国的规范现实。例如，作为最为典型的规划类型，城市控制性详细规划在确定未来城市建设蓝图的同时，也对私人在城市中的各项建设活动作出了限制。它们既设定了行政目标，又规定了权利义务；既约束行政机关的行为，也约束相关私人的行为。可见，行政规划并非不能调整权利义务，也并非仅针对行政机关。这反映出行政规划概念界定的困难。德国行政法学者毛雷尔指出："学理上存在着界定行政计划概念的多种企图；但是，它们更像是法律事实的单纯描述，而不是法律上的概念界定。计划的多样性，表现在计划的制定机关、相对人、内容、执行方式、持续时间长短、效果和法律约束力等方面，要想给'计划'下一个全面、统一的概念是不可能的。"①

我们认为，行政规划实际上综合了不同类型的行政行为。为揭示其内部的复杂性，我们应对其作分类讨论。从我国的实践角度看，行政规划可根据约束力的有无区分为约束型规划和非约束型规划，其中，约束型规划又可分为约束行政机关的规划和约束私人的规划。此外，行政规划还可根据调整对象区分为内部规划和外部规划。内部规划是指内容完全针对行政机关内部的规划。如中央审计委员会办公室、审计署2021年发布的《"十四五"国家审计工作发展规划》，对审计工作的基本原则、主要目标、重点工作和保障措施进行了部署。外部规划是指行政机关发布的旨在进行公共管理活动的规划，如国务院办公厅发布的《"十四五"国民健康规划》，对公共卫生服务能力、重大疾病危害的控制和消除、医疗卫生服务质量、健康产业发展以及国民健康政策体系等问题作出安排。由于内部规划不直接涉及公共管理活动，一般不会涉及私人的权利义务，它们属于内部行政法的范畴。在不产生外部化效果的前提下，内部行政行为通常不在传统行政法学关注的范围之内。因此，本章后续介绍将仅限于外部规划。

约束型规划和非约束型规划是根据规划内容是否对被调整对象具有强制约束力而进行的分类。非约束型规划仅仅提出指导性的方针，不具有强制性的约束效果。如前述《"十四五"国民健康规划》中所主张的"织牢公共卫生防护网""全方位干预健康问题和影响因素""全周期保障人群健康"等政策措施，均属于对行政机关未来行为的宏观指导，并未对有关部门提出具有强制性的要求。其中虽然提出了一系列的衡量指标，但这些指标均被标示为"预期性"指标，不具有约束力。约束型规划则是指具有强制约束力的规划，规划中的衡量指标往往会被特别标明具有"约束性"。

约束型规划的约束力可能针对不同的主体：其中一些规划仅要求实施规划的

① ［德］哈特穆特·毛雷尔：《行政法学总论》，高家伟译，法律出版社2000年版，第408页。

行政机关在一定时间内必须实现某一特定目标，但并未对有关私人的行为作出约束性规定；另有一些规划除约束行政机关外，还直接调整相关私人的行为。仅约束行政机关的规划如国务院发布的《"十四五"国家应急体系规划》。该《规划》要求各地区和各有关部门确保到2025年，生产安全事故死亡人数下降15%，重特大生产安全事故起数下降20%。除了约束行政机关，还同时约束私人的规划如在城市总体规划之下的控制性详细规划。这类规划通常会规定相应建筑地块的总建筑规模、容积率、建筑高度、绿地率等，它们不仅是主管行政机关实施规划许可行为的依据，也是有关私人从事建设行为的边界。

二、行政规划的性质

鉴于行政规划的概念的复杂性，行政规划的法律性质存在多样化的可能。不同类型的行政规划在法律上应被归入不同的类别，以下分别讨论。

第一，非约束型规划属于事实行为。目的在于进行公共管理，但却不具有法律约束力的规划应被归入事实行为的范畴。这类规划的功能一般在于宣示政策方向，指导未来的实践，通常由较高层级的政府发布。虽然它们自身不具有法律效果，仅相当于行政指导，但许多有法律效果的行政规范或行政处理系基于它们作出，它们在实践中仍有十分重要的意义。

第二，既对行政机关有约束效果，又对私人有约束效果的规划属于行政规范。当某项规划中直接包含了对私人权利义务的调整时，该规划就具有了行政规范的特点。此时，应将其归入行政规范这一特殊的行政准则范畴之中，使其接受更加严格的法律限制。《城乡规划法》上的"详细规划"即属于此类。在我国目前的实践中，司法机关已将详细规划视为规范性文件进行监督。如最高人民法院在湛江喜强工业气体有限公司与遂溪县住房和城乡规划建设局等编制并批准土地利用总体规划纠纷案（以下简称"湛江喜强案"）中指出，当事人认为详细规划侵犯其土地利用权的，可以在对"一书两证"行为引发的复议和诉讼案件中，一并请求对详细规划进行审查，以维护合法权益。①

第三，仅对行政机关有约束效果的规划属于内部行政规范。当规划的内容对负责实施的行政机关产生明确的约束力时，它们设定了针对行政机关的义务。不过，这类规划并未包含对私人权利义务的规定，故不属于本章先前所界定的行政规范，而只能被称为"内部行政规范"。行政机关作出调整私人权利义务的行为不能仅依据这类规划，还必须同时具有其他法律、法规依据。当然，若此类规划

---

① 参见湛江喜强工业气体有限公司与遂溪县住房和城乡规划建设局等编制并批准土地利用总体规划纠纷案，《最高人民法院公报》2022年第3期，第45-48页。

中明确含有通过行政机关行为约束私人的意思，则其应被纳入行政规范的范畴。

三、行政规划的制定、实施和修改

（一）行政规划的制定

行政规划的制定一般需要经历编制与批准两个阶段。例如在城乡规划领域，城市总体规划由城市人民政府组织编制，省、自治区人民政府所在地的城市以及国务院确定的城市的总体规划，由省、自治区人民政府审查同意后，报国务院审批；其他城市的总体规划，由城市人民政府报省、自治区人民政府审批。在报送审批前，城市总体规划还应当先经本级人大常委会审议。而控制性详细规划则仅需本级人民政府批准，并报本级人大常委会和上一级人民政府备案即可。另外，城乡规划报送审批前，组织编制机关应当依法将城乡规划草案予以公告，并采取论证会、听证会或者其他方式征求专家和公众的意见。组织编制机关应当充分考虑专家和公众的意见，并在报送审批的材料中附具意见采纳情况及理由。

在我国，具有核心基础地位的规划是“国民经济和社会发展规划”，其编制和批准过程也最为严肃。根据《宪法》，全国人民代表大会审查和批准国民经济和社会发展计划，县级以上的地方各级人民代表大会审查和批准本行政区域内的国民经济和社会发展计划。在编制程序上，《国务院关于加强国民经济和社会发展规划编制工作的若干意见》（国发〔2005〕33 号）要求：“编制规划前，必须认真做好基础调查、信息搜集、课题研究以及纳入规划重大项目的论证等前期工作，及时与有关方面进行沟通协调。……编制规划要充分发扬民主，广泛听取意见。……国务院发展改革部门和省（区、市）人民政府发展改革部门要组建由不同领域专家组成的规划专家委员会，并在规划编制过程中认真听取专家委员会的意见。”在实践中，此类规划内容的确定往往要广泛征求社会各界的意见。例如，“十四五”规划在编制过程中曾进行网上意见征求，共获得群众留言一百多万条。全国人大亦围绕规划纲要编制若干重要问题展开了数十次调研。①

（二）行政规划的实施

行政规划的实施是指具体落实规划内容的行为。规划本身仍然属于宏观层面的蓝图，当规划制定完成后，行政机关需要在具体行政过程中将其转化为行政处

① 参见李命志：《全过程人民民主在五年规划编制和审查批准过程中的体现——依法开展“十四五”规划纲要审查工作纪实》，载中国人大网，http：//www.npc.gov.cn/npc/c2/kgfb/202112/t20211207_315161.html，2024 年 4 月 18 日访问。

理决定。如《城乡规划法》第38条规定："在城市、镇规划区内以出让方式提供国有土地使用权的，在国有土地使用权出让前，城市、县人民政府城乡规划主管部门应当依据控制性详细规划，提出出让地块的位置、使用性质、开发强度等规划条件，作为国有土地使用权出让合同的组成部分。未确定规划条件的地块，不得出让国有土地使用权。以出让方式取得国有土地使用权的建设项目，建设单位在取得建设项目的批准、核准、备案文件和签订国有土地使用权出让合同后，向城市、县人民政府城乡规划主管部门领取建设用地规划许可证。城市、县人民政府城乡规划主管部门不得在建设用地规划许可证中，擅自改变作为国有土地使用权出让合同组成部分的规划条件。"在此例中，规划的内容被转化为行政协议和行政许可等行政处理决定的内容。

（三）行政规划的修改

行政规划作为其他众多行政行为的基础，在一般情况下应当保持稳定，不宜轻易更改。但经济社会的发展常常会带来各种各样新的变化，规划的修改在部分情况下在所难免。在城乡规划领域，有下列情形之一的，组织编制机关方可按照规定的权限和程序修改省域城镇体系规划、城市总体规划、镇总体规划：（1）上级人民政府制定的城乡规划发生变更，提出修改规划要求的；（2）行政区划调整确需修改规划的；（3）因国务院批准重大建设工程确需修改规划的；（4）经评估确需修改规划的；（5）城乡规划的审批机关认为应当修改规划的其他情形。[①] 规划的修改本质上等同于规划的部分重新制定，因此规划修改的程序可参照制定程序确定，负责编制的机关在拟定修改方案后，应报有批准权的机关批准。同时，因为规划的修改导致已经取得行政许可或具有其他信赖利益的当事人受损的，应当给予他们相应补偿。

四、行政规划的救济

行政规划是否可由私人主张救济，需要结合行政规划的性质作具体判断。非约束型规划和仅对行政机关有约束效果的规划并不调整私人的权利义务，故私人一般也不能针对这些规划主张救济。但这并不绝对，当私人依赖规划内容而产生信赖行为时，其信赖利益应有保护的必要性。若规划制定主体突然调整规划，私人应可主张针对信赖利益损失的赔偿或补偿。若负责实施规划的行政机关违背规划要求，侵害私人的信赖利益，相关私人亦可主张赔偿。而对行政机关和私人都

---

① 参见《城乡规划法》第47条。

有约束效果的规划如前所述应属于行政规范，针对这类规划的救济可参照规范性文件的相关救济制度实施。

在前述“湛江喜强案”中，最高人民法院即对城市总体规划和详细规划的性质进行了区分，并指出了不同的救济渠道。就总体规划而言，其法律意义在于对下一层次的规划权力进行限制，而不是对具体的建设项目进行直接约束。对总体规划的监督既可以通过《城乡规划法》第16条等规定的民主审议程序进行，也可以通过专业判断和公众参与等程序进行，但不宜通过司法审查程序监督。而控制性详细规划一经批准，就形成约束力，是规划管理的最直接依据，是国有土地使用权出让、开发和建设管理的法定前置条件。因此对地方政府编制和修改详细规划行为有司法救济的必要。[①]

深度阅读

1. 翁岳生编．行政法：上册．北京：中国法制出版社，2009：第三章．

2. 王贵松．论法律的法规创造力．中国法学，2017（1）．

3. 何海波．论法院对规范性文件的附带审查．中国法学，2021（3）．

4. 俞祺．论与上位法相抵触．法学家，2021（5）．

5. 徐某英诉山东省五莲县社会医疗保险事业处不予报销医疗费用案．最高人民法院行政诉讼附带审查规范性文件典型案例之一．山东省日照市中级人民法院（2017）鲁11行终99号行政判决书，2017年11月22日．

问题与思考

1. 行政立法和行政规范性文件有何区别？

2. 判断行政规范性文件合法性的标准是什么？

3. 试述外部行政规划的性质。

① 参见湛江喜强工业气体有限公司与遂溪县住房和城乡规划建设局等编制并批准土地利用总体规划纠纷案，《最高人民法院公报》2022年第3期，第45-48页。

第六章 行政处理

▶重点知识

行政处理的概念要素与典型分类　行政处理的合法要件　行政处理的违法类型　行政处理的生效与无效　行政处理的存续力　行政处理的构成要件效力　行政处理的撤销　行政处理的废止

▶知识逻辑图

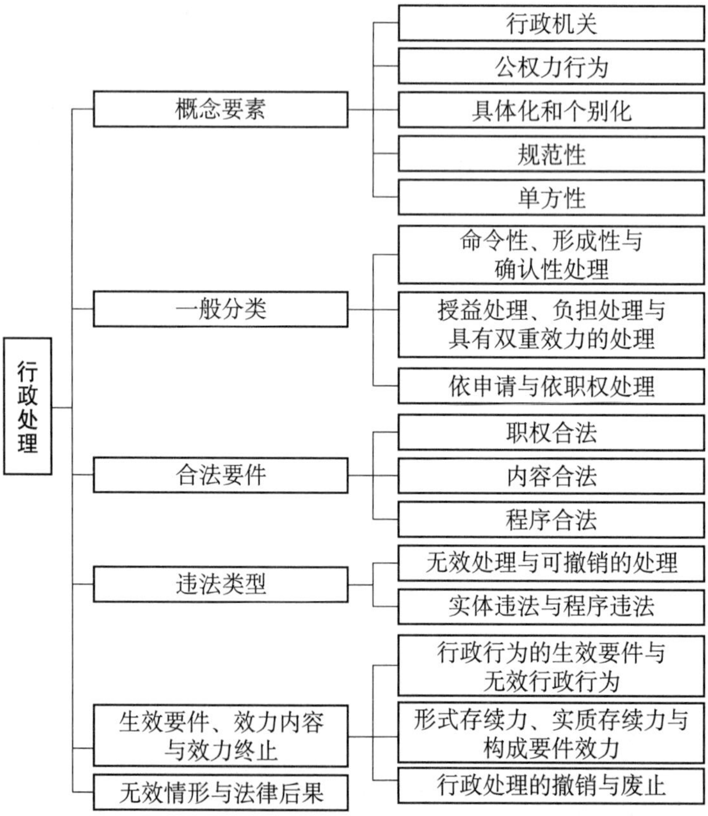

第一节 行政处理的一般理论

行政处理由德国法上的行政行为概念演变而来。我国虽然在实定法中尚未对行政处理予以明确界定，但在学理研究上，这一概念的意涵、要素和类型已渐渐明晰。

一、行政行为与行政处理的概念演变

受德国法影响，传统欧陆行政法学本质上就是一整套有关行政方式的教义学。这套教义学的核心，在于通过将纷繁复杂的行政活动提炼归纳为行政处理、行政合同、事实行为等具体类型，再抽象整理出不同类型的行政方式的构成要件和法律后果，由此将行政法整体置于行为类型的观察视角和规范框架下。[①] 在这套行为方式的法教义学中，居于核心位置的就是行政处理，德国法称之为"行政行为"（Verwaltungsakt）。

行政行为概念最早出现在法国法中，德国行政法之父奥托·迈耶对其进行了内涵再造，使其一跃成为行政法学的"阿基米德支点"。行政行为的创设源自对司法判决的模仿，其目标首先是在行政过程中塑造类似司法判决的型式化构造，从而明晰国家和个人之间的法律关系，并借由这种法律形式实现法律对行政的驯服。行政行为的创设首先是服务于法治国家的目标，因此在德国法中又被称为"法治国下的目的性创设"。在迈耶之后，德国学者对于行政行为持续的教义阐发，更使这一概念具备了高度的技术性和完备性。而教义化的行政行为除服务于法治国下的法安定性功能外，同样通过简化行政机关对行为手段的选择提高了行政效能，以及通过对行为方式的固定化和制度化减少了行政恣意。

日本法最初将德国法上的"Verwaltungsakt"翻译为"行政行为"，但之后又用"行政处分"取而代之，行政行为则在更广泛的意义上被使用。这种翻译方式同样出现于我国民国时期的行政法教材中。例如，钟赓言在其《行政法讲义》中就界定行政处分是"行政权一方面之行为，就实在之事件而定其法律关系者也"[②]。范扬在其《行政法总论》中同样以"行政处分"指代德国法上的"行政

---

① 参见赵宏：《行政法学的主观法体系》，中国法制出版社 2021 年版，第 104 页。

② 钟赓言：《钟赓言行政法讲义》，王贵松、徐强、罗潇点校，法律出版社 2015 年版（原书为 1927 年版），第 53 - 55 页。

行为”，即“就具体事项为一定的意思表示，依其表示而发生法律效果的行为”①。

受苏联法影响，行政行为和行政处理的概念一度在我国 1949 年以后的行政法中隐匿，直至改革开放后才渐渐恢复在学科中的体系定位。最初的很多教材中，与德国法上“行政行为”意涵相当的行为方式被界定为“采取行政措施的行为”②，或是“行政处理”③ 等。行政行为则被作为大多数行政方式的综合且在更广泛的意义上被使用。④ 在其之下又会区分抽象/具体的行政行为。德国法上的“行政行为”以及日本法上的“行政处分”概念也渐渐被型塑为我国行政法教材中的“具体行政行为”，这一概念甚至被纳入 1989 年的《行政诉讼法》中。该法第 5 条规定，“人民法院审理行政案件，对具体行政行为是否合法进行审查”。1991 年行诉法意见第 1 条还对具体行政行为作出解释：“‘具体行政行为’是指国家行政机关和行政机关工作人员、法律法规授权的组织、行政机关委托的组织或者个人在行政管理活动中行使行政职权，针对特定的公民、法人或者其他组织，就特定的具体事项，作出的有关该公民、法人或者其他组织权利义务的单方行为。”从构成要件看，这一概念基本就是德国法上“行政行为”的翻版，也与日本法上的行政处分在内涵与外延上较为一致。

与具体行政行为已跃升为法律概念不同，作为其对应概念的“抽象行政行为”及其上位概念“行政行为”则只属于学理讨论范畴。但在 2014 年《行政诉讼法》修订后，“具体行政行为”概念从诉讼法中消失，并为“行政行为”所替代。⑤ 该法第 53 条还将“行政行为”与“规范性文件”并立，也意味着法律中的行政行为概念已不是最广义的行政方式的综合，至少在范畴上已经排除了行政立法和其他规范性文件。⑥ 但依照全国人大法工委编写的《中华人民共和国行政诉讼法释义》，修订后的《行政诉讼法》中的“行政行为”可从如下方面理解：（1）行政行为不包括行政机关的规范性文件；（2）行政行为既包括作为，也包括不作为；（3）行政行为包括事实行为；（4）行政行为包括行政机关签订、履行协议的行为。由此来看，《行政诉讼法》中的行政行为既非最广义的行政行为，也非德国法和日本法意义上狭义的行政行为和行政处分，而只是与行政诉讼紧密相连，并

---

① 范扬：《行政法总论》，中国方正出版社 2005 年版，第 166 页。

② 王岷灿主编：《行政法概要》，法律出版社 1983 年版，第 97－100 页。

③ 罗豪才主编：《行政法学》，中国政法大学出版社 1989 年版，第 124－126 页；姜明安主编：《行政法与行政诉讼法》，北京大学出版社、高等教育出版社 1999 年版，第 141 页。

④ 参见章剑生：《中国行政法中行政行为概念形成史简考》，载《行政法论丛》（第 28 卷），法律出版社 2022 年版，第 10－55 页。

⑤ 例如 2014 年《行政诉讼法》第 6 条规定：“人民法院审理行政案件，对行政行为是否合法进行审查。”

⑥ 《行政诉讼法》第 53 条第 1 款规定：“公民、法人或者其他组织认为行政行为所依据的国务院部门和地方人民政府及其部门制定的规范性文件不合法，在对行政行为提起诉讼时，可以一并请求对该规范性文件进行审查。”

决定了行政诉讼受案范围的一个相对中观的实定法概念。

尽管在实定法上，我国尚不存在如德国《联邦行政程序法》第 35 条一样明确的关于“行政行为”的界定，但学理上其实已经继受了有关德国法上的行政行为法教义学，包括要素、效力的发生与内容，合法/违法的区分等。这些教义内容当然无法适用于行政立法、事实行为和行政协议等其他行为方式。也因此，仍有必要在行政法上确立一个与德国法上的行政行为相类比的概念，用以指代狭义的却居于行政法教义核心的行政方式。迄今的教科书中有的将之称为“行政处理”①，有的将之称为“行政决定”②，而本书则采行政处理的提法。

二、行政处理的界定与要素

结合上述概念演变，所谓行政处理就是行政机关在公法范围内，针对具体个案作出的，对外直接发生法律效力的处理决定。其概念要素具体包含如下五个方面。

（一）行政机关

行政处理是行政机关依据其法定职权作出的行为。主体是识别行政处理的首要标准。例如，《行政许可法》第 22 条规定，“行政许可由具有行政许可权的行政机关在其法定职权范围内实施”；《行政处罚法》第 17 条规定，“行政处罚由具有行政处罚权的行政机关在法定职权范围内实施”。

《国务院组织法》《地方组织法》《国务院行政机构设置和编制管理条例》《地方各级人民政府机构设置和编制管理条例》等法律规范中对于行政机关都有相对清晰的界定。行政机关是隶属于我国国家机关序列，依据宪法和行政组织法的明确授权，行使行政管理职权的组织。具体又包括中央行政机关和地方行政机关。前者由国务院和国务院的工作部门（部、委、中国人民银行、审计署、直属机构）组成，后者则包括地方各级人民政府及其工作部门。

除行政机关外，我国被承认具有行政主体资格的还有法律、法规、规章授权的组织，这些组织也完全可依据特别法的授权作出相应的行政处理。例如《行政许可法》第 23 条中规定，“法律、法规授权的具有管理公共事务职能的组织，在法定授权范围内，以自己的名义实施行政许可”；《行政处罚法》第 19 条规定，“法律、法规授权的具有管理公共事务职能的组织可以在法定授权范围内实施行政处罚”。而《行政诉讼法》第 2 条同样规定：“公民、法人或者其他组织认为行

① 姜明安主编：《行政法与行政诉讼法》，北京大学出版社、高等教育出版社 2024 年第 8 版，第 224 页。
② 章剑生：《现代行政法总论》，法律出版社 2019 年第 2 版，第 139 页。

政机关和行政机关工作人员的行政行为侵犯其合法权益，有权依照本法向人民法院提起诉讼。前款所称行政行为，包括法律、法规、规章授权的组织作出的行政行为。”①

如果以机关标准，那么立法机关和司法机关所为的立法行为和司法行为当然不属于行政处理，但其行为从功能意义上属于行政职能的另当别论。此外，行政机关依照宪法作出的具有高度政治性和主权性的行为属于国家行为，同样不属于行政处理。②

能够以自己名义对外作出行政处理的为行政机关和法律、法规、规章授权组织，但行政机关还可在法定职权范围内，依照法律、法规、规章的规定，将其职权委托给其他机关、组织实施，接受委托的机关和组织在委托范围内，亦可以委托行政机关的名义对外作出行政处理。与此相同的还有个人。在一般情形下，个人所为的行为并非行政处理，例如十字路口红绿灯故障，路人见义勇为指挥交通，其指挥行为并不能被视为行政处理。但如果个人与行政机关之间存在职务委托关系，就可以行政机关的名义对外作出行政处理。

（二）公权力行为

行政处理是一种公法决定，是行政机关依据公法行使公权力的行为。强调行政处理是公法决定，首先是与行政机关根据私法进行的活动相区分。后者是行政处于私人的地位，适用私法所为的行为，典型的例如：其一，以私法方式辅助行政的行为，例如以私法方式获取行政活动所需的人力与物力；其二，行政营利性行为，即国家直接以私法方式参与经济活动，以增加国库收入的行为；其三，以私法方式完成行政任务的行为，例如国家通过自己设立公司或与私人缔结特许经营协议的方式，承担生存照顾等给付义务。③ 行政适用私法所为的行为不仅在法律适用上与公权力行为会有不同，在救济方式上也与公权力行为会有区别。对公法行为不服，公民可申请行政复议和行政诉讼；而私法行为则由民事诉讼来裁断。传统理论认为，行政机关依据私法所为的行为，同样应适用“私法自治”原

---

① 例如，在溆浦县中医院诉溆浦县邮电局不履行法定职责案中，法院就认为，“邮电部门既具有邮电行政主管机关的职权，又参与邮电市场经营。经过改革，目前虽然邮政和电信初步分离，一些电信部门逐渐成为企业法人，但由于电信行业的特殊性，我国电信市场并未全面放开，国家对电信方面的行政管理工作，仍然要通过国有电信企业实施。这些国有电信企业沿袭过去的做法行使行政管理职权时”，应视为法律、法规授权的组织。参见溆浦县中医院诉溆浦县邮电局不履行法定职责案，《最高人民法院公报》2000 年第 1 期，第 36 页。

② 《行政诉讼法》第 13 条规定：“人民法院不受理公民、法人或者其他组织对下列事项提起的诉讼：（一）国防、外交等国家行为……” 2018 年行诉法解释第 2 条第 1 款规定：“行政诉讼法第十三条第一项规定的‘国家行为’，是指国务院、中央军事委员会、国防部、外交部等根据宪法和法律的授权，以国家的名义实施的有关国防和外交事务的行为，以及经宪法和法律授权的国家机关宣布紧急状态等行为。”

③ 参见［德］哈特穆特·毛雷尔：《行政法学总论》，高家伟译，法律出版社 2000 年版，第 35 页。

则，但近年来为避免行政借逃遁于私法之下规避公法义务，学理上认为即使是行政机关的私法行为也不能完全排除公法约束，尤其是基本权利保障的要求等。

行政机关依据公法或行使公权力的行为，也常常被称为“高权行为”。高权的概念源于德国威权时代。彼时认为，国家与个人之间是一种上与下的关系，国家居于上位所发动的权力也就被命名为高权。但伴随民主观念的深入，这种不平等的地位预设已被国家与个人之间同样属于法律关系的观念所替代。德国法迄今虽未放弃高权概念，但其内涵已经为公法行为或公权力行为所吸收。① 公权力行为的典型特征在于其并不以当事人的同意为前提，带有明显的单方意志性，在秩序行政下甚至表现为强制性和命令性。但单方意志性、强制性和命令性都并非强调行政的专断恣意，而是表明其与私法行为的区别。正因为此类行为具有单方意志性甚至是强制性和命令性，所以要受到公法的特别约束。

（三）具体化和个别化

行政处理是针对具体个案或特定的具体事件所为的行为，即行政处理具有“具体化和个别化”的典型特征。这一特征又可追溯至行政处理的创设历史。行政处理自创设始就被作为司法判决在行政程序中的对应物，因此也被赋予了如司法判决一样的具体化和个别化的特征，它将公民在行政关系中的权利义务、公民与国家的法律关系通过个案宣示予以具体和明确，由此使行政如同司法一样对公民有了明确性、客观性和可预见性。②

“针对具体个案”是指相对人必须“特定”，所涉及的事项必须“具体”，由此行政处理也得以与规范不特定对象与抽象事实的行政立法和规范性文件互相区别。一般认为，相对人具体且事项特定，即同时具有“特定”和“具体”特征的就是行政处理，例如行政机关禁止某公民入境。同样没有争议的是，如果行政针对的是不特定的一般人群，事项也具有抽象性，此时就属行政立法或规范性文件。对人群特定的判断，又以行政处理生效的时点来观察，考察此时行政处理所影响的人群范围是否闭合，人数是否确定。③ 而对事项具体的判断，则是以行政处理的规范效力是具有一次性还是反复性为标准。如果决定的规范效力为一次性的，通常就可认定该事项是具体的；反之，如果规范可以反复适用则为抽象的。典型的例如在易某广诉湖南省株洲县人民政府送电线路建设工程征地拆迁补偿安置决定案中，法院就认为，株洲县人民政府制定下发《长衡 500kV 送电线路工

---

① 参见赵宏：《行政行为在德国法中的思想溯源、争议问题与新近发展》，载《行政法论丛》（第 28 卷），法律出版社 2022 年版，第 96 页。

② 参见赵宏：《法治国下的目的性创设：德国行政行为理论与制度实践研究》，法律出版社 2012 年版，第 55 页。

③ 参见章剑生：《现代行政法总论》，法律出版社 2019 年第 2 版，第 142 页。

程株洲县建设工程征地拆迁补偿安置办法》（株县政办发〔2007〕9号），“效力仅及于被拆迁单位和被拆迁户，其效力不及于其他对象，不能反复使用，是一个行政决定，具有可诉性”①。

较为复杂的是，如果二者出现交叉，例如针对的对象不特定，但事项是具体的；或者针对的对象是特定的，但事项又是抽象的，此时又该如何归类。前者例如城管部门要求临街的商贩李某随时清理其门前的垃圾。因为未来可能产生的垃圾以及需要清理的地域范围并不确定，因此可说是针对特定个人所作的抽象事项。后者例如警察禁止民众参与预定于未来某日举行的示威游行。禁令发布时，行政机关根本无从确定可能参与集会的相对人范围，因此在人员上具有一般性特征，但禁止参与某项游行又具有事项具体的特征。德国法将此类行为称为“一般处分”，并认可一般处分同样属于行政处理。② 一般处分包括针对物的一般处分和针对人的一般处分。我国司法判决中对此问题也有涉及。例如，在徐某等诉南通市通州区交通运输局交通行政管理及行政赔偿上诉案中，法院同样认为，“交通信号灯是道路交通安全管理的基础设施，在道路上设置交通信号灯，既是行政机关为保障道路交通安全与秩序所提供的一种公共服务，也是道路交通管理的手段之一，是行政机关行使道路交通管理职权的行为。交通信号灯一旦设立，与所在道路一并投入使用，在特定的时间、空间内就可以对道路通行者的通行行为产生法律效果，影响到道路通行者的权利义务，符合可诉行政行为的特征”③。

（四）规范性

行政处理中包含了行政机关意欲发生某种法律效果的意思表示，其效果或是对公民的权利义务进行设定、变更或解除，或是确认公民在具体个案中所享有的权利和承担的义务。这种意思表示又被归纳为行政行为的规范性或曰调整性，并被认为是行政处理最核心的要素。④ “公法上意思表示”要素的纳入，使行政处理被确定为法律行为，并与那些非高权性的，亦不包含意思表示的事实行为相区分。事实行为并不包含发生法律效果的意思表示，其效果的发生也非依据行政机

① 最高人民法院行政审判庭编：《中国行政审判案例》（第2卷），中国法制出版社2011年版，第22页。

② 根据德国《联邦行政程序法》第35条的规定，一般处分是指“针对的是数量确定的，或是根据一般标准能够确定的人群，或者其内容是对某物的公法性质以及一般使用的规定”。

③ 徐某等诉南通市通州区交通运输局交通行政管理及行政赔偿上诉案，江苏省南通市中级人民法院（2020）苏06行终139号行政裁定书，2020年5月15日。

④ 这种“规范性”此前也被翻译为“处理性”（［德］哈特穆特·毛雷尔：《行政法学总论》，高家伟译，法律出版社2000年版，第183页）、“规制性”［翁岳生编：《行政法（2000）》（上册），中国法制出版社2002年版，第638页］以及“规律性”（［日］山本隆司：《诉讼类型、行政行为与法律关系》，王贵松译，《法治现代化研究》2020年第6期，第171页）。

关的意思表示或规范意图，而是法律规定的直接结果。典型的事实行为例如通知、提供咨询和信息、催告、发布声明、提供建议、提出告诫等。

行政机关的公法意思表示有可能是积极的，例如命令、形成和确认决定；也可能是消极的，例如对当事人的请求予以明确拒绝。若单纯地保持缄默或不作为，除非有法律的明确规定，否则不能成立行政处理。在行政法中，类似于民法中的拟制法律行为的仅有《行政许可法》第 50 条规定的“被许可人需要延续依法取得的行政许可的有效期的，应当在该行政许可有效期届满三十日前向作出行政许可决定的行政机关提出申请……行政机关应当根据被许可人的申请，在该行政许可有效期届满前作出是否准予延续的决定；逾期未作决定的，视为准予延续”。在此，行政机关虽未作出意思表示，但法律为保护被许可人的利益，将其拟制为作出了准予延续许可的行政处理。

行政处理概念中的“直接对外发生法律效力”表达的也是规范性的意涵。既然行政处理是行政机关的意思表示，其目的就是发生法律效果，这种法律效果也应兼具对外性和直接性。所谓对外性是指行政处理的作用效果不能仅局限于行政机关内部，而是要对外部相对人的权利义务作出有拘束力的调整。2018 年行诉法解释中明确列举的排除在受案范围之外的“行政机关作出的不产生外部法律效力的行为”“行政机关为作出行政行为而实施的准备、论证、研究、层报、咨询等过程性行为”“上级行政机关基于内部层级监督关系对下级行政机关作出的听取报告、执法检查、督促履责等行为”等情形，本质上都是不具有外部法律效力的行为。所谓“直接性”，即强调行政处理中包含了行政机关明确的发生法律效果的意图，且法律效果的发生是直接根据行政机关的意思表示，而非凭借其他中介。例如在魏某高、陈某志诉来安县人民政府收回土地使用权批复案中，法院就指出，“地方人民政府对其所属行政管理部门的请示作出的批复，一般属于内部行政行为，不可对此提起诉讼，但行政管理部门直接将该批复付诸实施并对行政相对人的权利义务产生了实际影响，行政相对人对该批复不服提起诉讼的，人民法院应当依法受理”①。此处虽直接涉及内部行为外部化的问题，但所谓外部化就意味着已直接对相对人的权利义务产生影响。

（五）单方性

行政处理决定虽然包含了行政机关欲发生某种法律效果的意思表示，但与合同行为不同，行政处理决定是行政机关单方面的意思表示，而非双方合意的行为，行政机关作出行政处理时既不受相对人意思表示的约束，也无须征得相对人

---

① 最高人民法院行政审判庭编：《中国行政审判指导案例》（第 1 卷），中国法制出版社 2010 年版，第 1 页。

的同意。这种单方意志性并不因为某类行政处理必须以相对人申请为前提而有不同。例如在行政许可中，此类行政行为虽要以相对人主动提出申请为前提，但在相对人提出申请后，是否准予许可由行政机关单方决定。即使现代行政为保障当事人的程序权利和结果公正，赋予了相对人在决定作出前陈述申辩、表达异议甚至是申请听证的权利，但这些参与权只是确保相对人能够对行政处理的作出产生影响，而并非赋予其意思表示与行政机关的相同权重。

也因为单方性，行政处理与行政协议互相区别，后者是行政机关为了实现行政管理或者公共服务目标，与公民、法人或者其他组织协商订立的具有行政法上权利义务内容的协议。行政协议与民事合同一样属于双方合意的行为，也是行政机关的行为方式中鲜见的双方行为。但强调行政处理的单方性，绝不意味着行政机关就可恣意妄为。单方意志性除了要借助行政权力的强制性和命令性去达到秩序维护和行政管理的目标，所指向的还有行政处理的明确的可追责性以及公法的特别约束。

三、行政处理的一般分类

根据不同的标准，行政处理又可以划分为不同类型。此处介绍几种典型的分类方式。

（一）命令性处理、形成性处理与确认性处理处理

行政处理根据其意思表示的内容，首先可区分为命令性处理、形成性处理与确认性处理三种。

命令性处理的内容是科以相对人特定作为、不作为或是容忍的义务。例如《建筑法》第 64 条规定：“违反本法规定，未取得施工许可证或者开工报告未经批准擅自施工的，责令改正，对不符合开工条件的责令停止施工，可以处以罚款。”此处的“责令改正”就是科以相对人的作为义务，而“责令停止施工”则是科以不作为义务。《传染病防治法》第 39 条第 1 款规定：“医疗机构发现甲类传染病时，应当及时采取下列措施：（一）对病人、病原携带者，予以隔离治疗，隔离期限根据医学检查结果确定；（二）对疑似病人，确诊前在指定场所单独隔离治疗；（三）对医疗机构内的病人、病原携带者、疑似病人的密切接触者，在指定场所进行医学观察和采取其他必要的预防措施。”依照这一规定，在医疗机构对病人、病原携带者、疑似病人进行隔离治疗时，这些人就被科以了容忍义务。

形成性处理的内容在于设立、变更或消灭某种法律关系。典型的例如《行政许可法》第 38 条第 1 款规定：“申请人的申请符合法定条件、标准的，行政机关

应当依法作出准予行政许可的书面决定。”此处就通过作出准予许可的规定而设立了具体的法律关系。《行政许可法》第 49 条规定：“被许可人要求变更行政许可事项的，应当向作出行政许可决定的行政机关提出申请；符合法定条件、标准的，行政机关应当依法办理变更手续。”此处的变更许可本质也是对具体法律关系的变更。《行政许可法》第 69 条第 1 款规定：“有下列情形之一的，作出行政许可决定的行政机关或者其上级行政机关，根据利害关系人的请求或者依据职权，可以撤销行政许可：（一）行政机关工作人员滥用职权、玩忽职守作出准予行政许可决定的；（二）超越法定职权作出准予行政许可决定的；（三）违反法定程序作出准予行政许可决定的；（四）对不具备申请资格或者不符合法定条件的申请人准予行政许可的；（五）依法可以撤销行政许可的其他情形。”此处的撤销许可就是终止和消灭具体的行政许可法律关系。

确认性处理是行政机关借由处理决定对已经发生的法律关系、法律事实、法律地位予以确认，从而使其具有法律上的拘束效力。例如《居民身份证法》第 2 条规定：“居住在中华人民共和国境内的年满十六周岁的中国公民，应当依照本法的规定申请领取居民身份证；未满十六周岁的中国公民，可以依照本法的规定申请领取居民身份证。”此处的颁发身份证就是对公民身份的确认。再如《民法典》第 1049 条规定：“要求结婚的男女双方应当亲自到婚姻登记机关申请结婚登记。符合本法规定的，予以登记，发给结婚证。完成结婚登记，即确立婚姻关系。未办理结婚登记的，应当补办登记。”此处的结婚登记同样属于确认性行政处理。

命令性处理、形成性处理和确认性处理的区分除在于其意思表示和法律效果不同外，还在于除命令性处理外，形成性处理和确认性处理都是在处理决定作出时，行政机关所欲发生的法律效果就已经实现，并不需要执行。而命令性行政处理会涉及强制执行的问题，如果相对人不履行行政机关科以的相应义务，行政机关就可以这一决定为依据依照法律规定强制执行。

（二）授益处理、负担处理与具有双重效力的处理

行政处理依照对相对人的法律效果又可区分为授益处理与负担处理。所谓授益处理是指行政处理设立或确认了相对人权利或赋予其法律上的重大利益。典型的授益处理决定包括：核发各种证照、授予某种资格、给予社会救助等。与授益处理相对的是负担处理或称侵益处理。负担处理即给相对人带来法律上不利益的决定。这种不利益可能表现为施予相对人某种义务、强加命令或禁止、撤销或撤回权利或利益、对相对人作出不利的改变或限制、拒绝相对人的授益请求等。

判定行政处理是授益处理还是负担处理，应视行为的内容以及当事人的主张而定。但并非所有的行政处理都只是授益或只是负担，其法律效果可能并不单

一，有可能部分授益却部分施予负担。此类行为又被称为“具有双重效力的行为”。具有双重效力的行为根据行为不同的法律效力是针对同一相对人还是针对不同人，又可再区分为具有“混合效力的行为”和“具有第三人效力的行为”。

具有混合效力的行为是针对同一相对人，行政处理既给予其利益，同时又施予其负担。典型的就是附加负担附款的行政许可，即行政机关在准予当事人的许可申请时，又在行为中附加负担的附款。例如《水污染防治法》第 21 条规定，“直接或者间接向水体排放工业废水和医疗污水以及其他按照规定应当取得排污许可证方可排放的废水、污水的企业事业单位和其他生产经营者，应当取得排污许可证”；第 23 条又规定，“实行排污许可管理的企业事业单位和其他生产经营者应当按照国家有关规定和监测规范，对所排放的水污染物自行监测，并保存原始监测记录。重点排污单位还应当安装水污染物排放自动监测设备，与环境保护主管部门的监控设备联网，并保证监测设备正常运行”。颁发排污许可证属于授益行为，但受益人必须按照国家有关规定和监测规范，对所排放的水污染物自行监测，并保存原始监测记录，就属于附加的负担。

具有第三人效力的行为是指行政处理对相对人授益，却对第三人产生不利影响。典型的就如《城乡规划法》第 40 条第 1 款规定：“在城市、镇规划区内进行建筑物、构筑物、道路、管线和其他工程建设的，建设单位或者个人应当向城市、县人民政府城乡规划主管部门或者省、自治区、直辖市人民政府确定的镇人民政府申请办理建设工程规划许可证。”而实践中城乡规划管理部门在颁发建设工程规划许可时，最经常遇到的问题就是建筑物的邻人认为此建设项目影响其通风、采光、通行等相邻权。此类许可也因此常常被称为附第三人效力的行为。

授益行为与负担行为的区分意义首先在于法律保留适用强度的差异。一般认为负担行为要受到更严格的法律保留的约束，但伴随学理上用重要事项保留取代了侵害保留，授益行为与负担行为在是否适用法律保留问题上已没有本质区别，所区别的只是法律规范的强度。[①] 除法律保留外，授益行为与负担行为的区分意义还在于信赖保护原则的适用。对于授益行为，因为有当事人的信赖利益需要保护，行政机关在嗣后撤销和废止时，要受到更多的约束。对于负担行为，一般认为并无信赖保护原则的适用，因为被施予负担的相对人对行政处理的存续似乎并无利益，相反对该行为的撤销和废止还怀有期待。[②]

---

① 参见王贵松：《行政活动法律保留的结构变迁》，《中国法学》2021 年第 1 期，第 124 - 145 页。

② 但也不能绝对排除在负担行为中对信赖利益的保护，至少在下述两种情形下，相对人的信赖利益应作为行政机关撤销负担行政行为时的裁量要素：首先，行政机关可能用负担更重的行政行为替代原违法负担行为；其次，相对人可能基于该负担行为的规制内容已经进行了不能回复，或者只能在遭受不合理的不利之下回复原状的费用支出或是财产处置。参见赵宏：《法治国下的目的性创设：德国行政行为理论与制度实践研究》，法律出版社 2012 年版，第 217 - 218 页。

（三）依申请和依职权的处理

按照行政处理可否由行政机关主动实施，又可将其区分为依申请的处理和依职权的处理。前者是行政机关只有在相对人提出申请后才能启动行政程序的行为，典型的例如行政许可和行政确认；而后者是无须相对人申请，行政机关就可依职权主动实施的行为，典型的例如行政处罚和行政强制。依申请的处理其程序往往可区分为“申请—受理—审查—决定”等几个步骤；而依职权的处理程序则相对简化，又可区分为“调查取证—作出决定”等步骤。需要注意的是，依申请的处理虽然需要相对人申请才能启动行政程序，但相对人的意思表示对结果的作出并没有实质性影响，行政处理的最终决定权仍在行政机关。

四、行政处理的附款

与民事法律行为一样，很多行政处理在主行为之后也会附加附款。附款是行政行为的作出机关针对某行政处理的主要内容所为的附加规定，其目的正在于对行为的主要规范内容作进一步补充或限定。而行政机关在行政行为的主要内容上附加附款，同样是期望主要规范内容更加符合个案的特殊性。这一点尤其表现在授益行为中，相对人期望通过授益行为获得某项权利或利益时，行政机关却应同时考虑对相对人的授益可能影响到的公共利益，以及可能给第三人带来的负担，并在对这些利益冲突进行权衡后，作出附有附款的授益决定。附款也使行政机关在严格遵守依法律行政原则时，能够兼顾个案差异，并在相对人利益、公共利益和第三人利益间做到妥适平衡。

（一）行政处理的附款类型

民事法律行为的附款主要为条件和期限，行政处理的典型附款除条件和期限外，还有负担、废止保留以及负担保留。与民事法律行为相同，所谓条件是行政处理效力的发生或消灭，依赖于未来的一项不确定的事实的发生，作为行政处理附款的条件也可区分为停止条件和解除条件两类；而期限则是行政处理的效力从某个特定的时间点开始或到某个时间点结束或者在一定时间内持续有效。

负担是行政实践中最常见的一类附款类型，尤其是行政机关在作出授益处理的同时，常常会通过负担附款课予相对人一定的作为或不作为义务。例如《行政许可法》第 67 条第 1 款规定：“取得直接关系公共利益的特定行业的市场准入行政许可的被许可人，应当按照国家规定的服务标准、资费标准和行政机关依法规定的条件，向用户提供安全、方便、稳定和价格合理的服务，并履行普遍服务的义务；未经作出行政许可决定的行政机关批准，不得擅自停业、歇业。”此处的“履行普遍服务的义务”以及“不得擅自停业、歇业”都可说是在行政许可这个主行为之上附加负担的附款。学理上一般认为，负担和其他类型的附款不同，因其包含了独立的规范内容，故相对人可单独就负担提起行政诉讼，而其他附款却与行政处理的主要规制内容紧密相连，并不能单独就其提起行政诉讼。[①]

废止保留是行政处理特有的一种附款。[②] 它赋予了行政机关在行政处理作出后废止该行为，使其自未来某一时刻起全部或部分地丧失效力的权限。这种附款虽然近于一种特殊的解除条件，但与作为附款的条件不同，它并不依赖于未来某项不确定事实的出现，而是取决于行政机关废止权的行使。废止保留作为附款的法律效果在于，因行政机关已事先告知相对人行政处理未来有被废止的可能，其直接效果就是阻却相对人信赖利益的产生，行政机关嗣后废止行政处理时，既不受信赖保护原则的约束，也无须对相对人的损失予以补偿。[③] 典型的废止保留例如《药品管理法》第 78 条规定：“对附条件批准的药品，药品上市许可持有人应当采取相应风险管理措施，并在规定期限内按照要求完成相关研究；逾期未按照要求完成研究或者不能证明其获益大于风险的，国务院药品监督管理部门应当依法处理，直至注销药品注册证书。”此处的药品上市许可不仅附了负担，同时也附加了废止保留。

负担保留是行政机关在作出行政处理时，保留事后附加、变更或补充负担的权限。负担保留的内容，不仅可以是行政机关未来可能增加负担附款，也有可能是对原来的负担附款进行扩充和变更。

（二）附款的法律容许性

尽管附款具有维护公益、保障第三人利益，促进行政效率和程序经济的功能，但其毕竟对行政处理的主要规范内容进行了限定，尤其在授益行政处理中，行政机关作出授益决定，但又附加期限、条件、负担或废止保留这些“负担性规定”作为限定，这些限定并非受益人所期望，亦会对其权利产生影响，因此，是否可在主行为上附加附款或者附加何种附款，并非行政机关的裁量空间。德国《联邦行政程序法》第 36 条就规定，羁束行为只有存在法律明确规定或为了确保行政处理的前提实现时，附款才具有合法性。而针对裁量行为，行政机关可根据裁量决定是否附加附款，但在裁量时同样要谨守比例原则和禁止不当联结原则。

---

① 参见［德］哈特穆特·毛雷尔：《行政法学总论》，高家伟译，法律出版社 2000 年版，第 316 页。

② “废止保留”也常常被称为“撤回权的保留”。参见［日］藤田宙靖：《行政法总论》（上），王贵松译，中国政法大学出版社 2023 年版，第 185 页。

③ 参见赵宏：《法治国下的目的性创设：德国行政行为理论与制度实践研究》，法律出版社 2012 年版，第 385－394 页。

比例原则要求行政机关必须选择对相对人损害较小的附款，而不能借由附款构成对相对人的过度限制；禁止不当联结原则则意味着附款应与所依附的主行为在目的上存在合理正当关联，不能附加没有实质关联的附款。①

第二节　行政处理的合法与违法

行政处理的合法与违法是对行政处理的合法性的法律判断。行政应受立法约束，行政处理应符合法律规定的合法要件，这是依法律行政原则的基本要求，也是现代国家从行政擅断主义和专制主义向行政法治的重要跨越。

一、行政处理的合法要件

行政处理必须符合所有的法律要求始为合法。反之，行政处理如与法律规定或法律原则的要求有任何不符，都属违法。行政处理的违法可能因行政机关没有相应职权，或是行政处理所依赖的事实基础不存在，或是适用法律错误、违反法定程序而产生。在行政机关拥有裁量权限时，违法还会表现为行政机关没有按照法律规定或法律原则的要求使用裁量权。行政处理的合法要件包括职权要件、内容要件和程序要件等几个方面。

（一）职权要件

行政处理应由具有事务管辖权和地域管辖权的行政机关作出，前者是指行政处理属于行政机关主管的事务范围，而后者则指行政处理属于有事务管辖权的行政机关的地域管辖范围。

事务管辖权即行政权限，也就是行政机关有无执行某项行政任务，或作出某种决定的权能。例如《治安管理处罚法》第 2 条规定："扰乱公共秩序，妨害公共安全，侵犯人身权利、财产权利，妨害社会管理，具有社会危害性，依照《中华人民共和国刑法》的规定构成犯罪的，依法追究刑事责任；尚不够刑事处罚的，由公安机关依照本法给予治安管理处罚。"这就说明，对于扰乱公共秩序，妨害公共安全，侵犯人身权利、财产权利，妨害社会管理，具有社会危害性的治安类案件，公安机关具有事务管辖权，可依据《治安管理处罚法》的规定予以治安处罚。地域管辖权涉及的是行政案件由哪个地方的行政机关具体管辖。例如

① 参见［德］哈特穆特·毛雷尔：《行政法学总论》，高家伟译，法律出版社 2000 年版，第 323 页。

《行政处罚法》第 22 条规定："行政处罚由违法行为发生地的行政机关管辖。法律、行政法规、部门规章另有规定的，从其规定。"此处涉及的就是地域管辖的规定。有时即使法律、法规没有明确规定，法院基于相关法律的立法原意也可认定行政机关具有或不具有某项法定职权。例如在夏某荣诉徐州市建设局行政证明纠纷案中，法院就认为，"建设部《城市住宅小区竣工综合验收管理办法》第 3 条第 3 款规定，'城市人民政府建设行政主管部门负责组织实施本行政区域内城市住宅小区竣工综合验收工作'。现行法律、法规和规章虽规定建设行政主管部门负责本行政区域内城市住宅小区的组织竣工综合验收工作，但建设行政主管部门对建设在集体土地的住宅小区组织竣工综合验收，也不违背'房地产开发项目竣工，经验收合格后，方可交付使用'的立法原意。无论世纪花园住宅小区所在的土地是国有还是集体所有，原审被上诉人徐州市建设局都必须依其享有的行政职权，才能对该住宅小区组织竣工综合验收"①。

根据《行政诉讼法》第 70 条，"行政行为有下列情形之一的，人民法院判决撤销或者部分撤销，并可以判决被告重新作出行政行为：……（四）超越职权的……"此处的"超越职权"就是超越法律规定的事务管辖权和地域管辖权。典型的例如：（1）横向越权（超越事务管辖权），即甲行政机关行使了乙行政机关的职权。例如公安机关处罚违反市场管理秩序的行为。（2）纵向越权（超越级别管辖权），即下级行政机关行使了上级行政机关的职权。（3）地域越权（超越地域管辖权），即甲地行政机关行使了应由乙地行政机关行使的职权。（4）超越法定的处理权，即行政机关虽在其对应的事务、级别、地域管辖权范围内活动，但突破了法规范所赋予的处理权。例如，根据《治安管理处罚法》第 91 条，公安派出所有权以自己名义作出警告、500 元以下罚款的决定。若某派出所以自己名义作出 600 元罚款或行政拘留的决定，则构成超越法定的处理权限。

（二）内容要件

所谓内容要件是指，行政处理必须事实清楚、证据确凿，适用法律法规正确，若行政机关在个案处理上拥有裁量权，其行使裁量权时还需符合法律规范和法律原则的基本要求。据此，行政处理的内容要件又可区分事实要件、法律依据要件等几个方面。

1. 事实要件

事实要件是指行政机关作出行政处理必须具备足以支持其合法性的事实基础，且这些事实须由以合法方式获得的证据予以支持。事实要件首先涉及行政机

---

① 夏某荣诉徐州市建设局行政证明纠纷案，《最高人民法院公报》2006 年第 9 期，第 41 页。

关的个案调查义务。原则上，行政机关负有义务全面收集有关的事实依据以作出客观理性的决定。例如《行政处罚法》第 40 条就规定：“公民、法人或者其他组织违反行政管理秩序的行为，依法应当给予行政处罚的，行政机关必须查明事实；违法事实不清、证据不足的，不得给予行政处罚。”在很多法律规范中，也都规定了行政机关相应的调查手段。例如《治安管理处罚法》第 78 条规定：“公安机关受理报案、控告、举报、投案后，认为属于违反治安管理行为的，应当立即进行调查；认为不属于违反治安管理行为的，应当告知报案人、控告人、举报人、投案人，并说明理由。”在这部法律规范中，还特别规定了公安机关在治安类的案件中传唤、询问、检查等多种调查方式。

行政机关所调查的事实应由以合法方式获得的证据予以支持。《行政处罚法》第 46 条第 1 款规定，能够作为行政处罚事实依据的证据形式包括：“（一）书证；（二）物证；（三）视听资料；（四）电子数据；（五）证人证言；（六）当事人的陈述；（七）鉴定意见；（八）勘验笔录、现场笔录。”但上述证据必须经查证属实，才可作为认定案件事实的根据。与超越职权一样，根据《行政诉讼法》第 70 条规定，行政行为“主要证据不足的”，法院判决撤销或部分撤销。这里的“主要证据不足”是指被告向法院提交的证据，不能证明被诉行为认定的有关定性和处理结果之基本事实。[①]

2. 法律依据要件

法律依据要件是指行政处理必须具有合法的法律依据，且法律适用过程同样合法。行政机关在作出行政处理时的法律适用不只包括找到正确的法律依据，还包括要对法律依据中规定的事实要件进行解释，进而将已调查的案件事实代入法律规定（所谓涵摄），并最终在法条规定的法律后果中进行选择（所谓裁量）的过程。据此，解释、涵摄和裁量其实都是法律适用的过程，也是法律依据要件所能覆盖的范围。如果行政机关对法律条文，尤其是其中不确定法律概念的解释并不符合一般的解释规则，或是将案件事实和法条中的要件事实进行了错误的涵摄，或是在行使法律效果的裁量权时违反了裁量的界限并罹患裁量瑕疵，都可说是适用法律错误。以《治安管理处罚法》第 26 条为例，该条规定：“有下列行为之一的，处五日以上十日以下拘留，可以并处五百元以下罚款；情节较重的，处十日以上十五日以下拘留，可以并处一千元以下罚款：（一）结伙斗殴的；（二）追逐、拦截他人的；（三）强拿硬要或者任意损毁、占用公私财物的；（四）其他寻衅滋事行为。”此处的“其他寻衅滋事行为”就属于法律规定的不确定概念。在对此概念进行解释时，首先要考虑这一条款在《治安管理处罚法》中的体系位置，即

---

① 参见何海波：《行政诉讼法》，法律出版社 2022 年版，第 431 页。

其指向的是“扰乱公共秩序的行为”，此外对“其他寻衅滋事行为”的解释还应与前面三项行为列举能够类比。治安管理处罚中的寻衅滋事对应的又是刑法中的寻衅滋事罪，因此刑法中有关寻衅滋事的规定都可以作为解释的参照。而在法律后果的选择上，《公安机关执行〈中华人民共和国治安管理处罚法〉有关问题的解释（二）》对何为“情节较重”同样进行了相应规定，也是公安机关必须参照的依据。

《行政诉讼法》第70条规定，行政行为“适用法律、法规错误的”，人民法院判决撤销或部分撤销。此处的“法律、法规”应被扩大理解为行政行为所依据的所有法规范。具体而言，适用法律、法规错误包括：(1) 应适用甲法，却适用了乙法；(2) 应适用上位法、特别法、新法，却适用了下位法、一般法、旧法；(3) 应适用某法的某条款，却适用了该法的其他条款；(4) 未援引具体法规范，包括完全未援引、仅笼统援引但未指出所依据的具体条文；(5) 适用尚未生效或已失效、废止的法规范等。

（三）形式要件和程序要件

行政处理的合法性要件除包含职权、事实、法律依据等实体性要件外，还包括形式要件和程序要件。

1. 形式要件

我国目前尚无统一的行政程序法，有关行政处理的一般形式并没有统一规定。但从散见于各个法律规范中的规定来看，行政处理原则上应以书面方式作出，唯有法律有明确授权时，才可以例外地以口头方式作出。

伴随数据时代和行政自动化的发展，实践中很多行政处理也开始诉诸机器、算法等电子方式作出，电子化行政也在税务稽查、交通执法、疫情防控等各个领域广泛展开。但因为尚处于探索阶段，我国对行政机关采取电子方式作出行政处理还缺乏细致统一的规范。如在北京希优照明设备有限公司不服上海市商务委员会行政决定案中，法院便提及“自动设备作出的行政行为的形式，也理应符合程序法对形式上的一般规定”[①]。修订后的《行政处罚法》在第41条规定了利用电子技术监控设备收集、固定证据的规则：“行政机关依照法律、行政法规规定利用电子技术监控设备收集、固定违法事实的，应当经过法制和技术审核，确保电子技术监控设备符合标准、设置合理、标志明显，设置地点应当向社会公布。电子技术监控设备记录违法事实应当真实、清晰、完整、准确。行政机关应当审核记录内容是否符合要求；未经审核或者经审核不符合要求的，不得作为行政处罚的证据。行政机关应当及时告知当事人违法事实，并采取信息化手段或者其他

---

① 北京希优照明设备有限公司不服上海市商务委员会行政决定案，《最高人民法院公报》2011年第7期，第46页。

措施，为当事人查询、陈述和申辩提供便利。不得限制或者变相限制当事人享有的陈述权、申辩权。”由此可得，行政机关如采取电子方式收集、固定证据亦应符合如下要求：其一，经过法制和技术审核；其二，应确保电子技术监控设备记录的违法事实真实、清晰、完整、准确；其三，即使采取电子方式收集和固定证据，也不能免除行政机关的个案调查义务和缩减当事人的程序权利。仅利用电子技术监控设备收集、固定证据只是“半自动化行政”。是否能够完全排除人工而将行政处理的过程都交由机器完成，目前各国规定不一，而我国目前对此正处于学理讨论阶段。①

2. 程序要件

程序要件是指行政机关作出行政处理时必须遵循法律规定的方式、期限、步骤和形式，而不能随意颠倒步骤，改变方式、延宕期限和增减形式。行政程序不仅有服务于正确作出实体决定的功能，还能在现代行政下增进公众对行政处理的可理解性、可接受性，并借由保障公民的程序权利来提升公民在行政中的主体地位。

虽然我国尚未出台统一的行政程序法，但迄今在地方已有湖南、山东、江苏、宁夏、浙江等多个省或自治区通过地方政府规章和地方性法规的方式，对行政程序作出较为统一的规定。而行政处罚、行政许可和行政强制等领域的行政程序也有专门性立法予以规范。正当程序的观念同样在司法审判中得到贯彻。《行政诉讼法》第70条规定，行政行为“违反法定程序的”，人民法院判决撤销或部分撤销，并可判决被告重新作出行政行为，所强调的同样是行政机关对法定程序的谨守。此处的“违反法定程序”不仅指法律、法规、规章中规定的程序要件，还包括正当程序。在不少案件中，法院均将正当程序作为裁判行政处理是否合法的依据。

二、行政处理的违法类型

行政处理唯有符合职权、事实、法律依据、形式与程序等诸项要件时才属合法，而若违反其中任何一项要件都属于违法。违法的行政处理根据不同标准又可划分为不同类型，其法律后果也会有所不同。

（一）一般性违法与重大且明显违法

行政处理可首先通过其法律效果是归于无效还是应予撤销，而区分为无效行

---

① 参见查云飞：《行政裁量自动化的学理基础与功能定位》，《行政法学研究》2021年第3期，第114-124页。

政处理和违法但应予撤销的行政处理。如果行政处理的违法瑕疵重大、明显，行政处理属于无效行为，其自始就不产生任何效力，行政相对人也不受其拘束；反之，如果行政处理所具有的违法瑕疵并非重大且明显，这种瑕疵就不会影响该行政处理的生效。尽管有权机关可事后作出撤销决定，使该处理溯及既往地失去效力，但行政相对人在该处理被撤销前一直要受该行为的约束。具有此类违法瑕疵的行政处理又被称为“应予撤销的行政处理”。

行政行为的违法瑕疵是构成无效的事由还是应予撤销的事由，对相对人权利有重大影响。对于无效的行政行为，相对人不受该行为的拘束，不用履行该行为所确定的任何义务，对这种不履行亦不承担任何法律责任。相对人对无效处理申请救济也不受起诉期限的限制，有权机关亦可在任何时候宣布该行为无效。而对于违法的行政处理，当事人行使撤销请求权必须遵守救济期限的规定，相对人的撤销请求权超过期限即告丧失。

（二）实体违法与程序违法

如上文所述，职权、事实、法律依据属于行政处理的实体性合法要件，而形式和程序则属于程序性合法要件。行政处理的违法瑕疵属于实体的还是程序的在法律效果上也会有差异。

根据《行政诉讼法》第 70 条的规定，如果行政处理违反实体性合法要件，例如主要证据不足，适用法律、法规错误，超越职权的，滥用职权的，明显不当的，法院会判决撤销或部分撤销行政处理，并可以判决被告重新作出新的行为。

但如果是违反程序要件，法律规定的处理方式就有所不同。1989 年《行政诉讼法》规定，行政“违反法定程序的”，法院判决撤销或部分撤销，这一规定凸显了行政程序的独立价值，也倒逼了行政机关作出行政处理时遵守法定程序。但这种粗放性的规定在实践中也引发问题：如果仅因程序违法就撤销实体正确的行政处理，行政机关依照法定程序仍旧会作出与原来的处理完全相同的决定，由此又会损害行政效率和程序经济。为克服这种僵化处理导致的问题，《行政诉讼法》在 2014 年修改时又对程序瑕疵作出“违反法定程序”与“程序轻微违法”的二分，在法律后果上则留有无效、应予撤销与确认违法三种处理余地，在判决方式上也会同时涉及确认无效、撤销与确认违法判决。据此，如果程序违法已达到重大且明显的程度，则会导致行政处理自始无效；如果“行政行为程序轻微违法，但对原告权益不产生实际影响”，法院会判决确认违法，但不撤销该行为；对于除以上两种情形之外的程序瑕疵，法院则会判决撤销或部分撤销，并可责令被告重新作出行为。

其实在司法实践中，除上述几类程序瑕疵外，对于行政处理在步骤、期限、方式和顺序方面的轻微瑕疵，例如行政机关工作人员未表明身份、行政处理仅笼统说明法律依据而未指出具体条款、行政机关逾期才作出行政处理、在行政执法的相关文书中遗漏签名，或者步骤不当增减和颠倒，法院会要求行政机关予以补正并驳回原告的诉讼请求。由此，除导致无效、撤销和确认违法三种法律后果外，行政程序瑕疵中尚包含另一类情形更轻微，可允许行政机关事后补正，而在法律效果也可忽略不计的程序瑕疵。[①] 例如，在梁某某诉徐州市云龙区民政局离婚登记行政确认案中，法院认为，“本案并无证据证明云龙区民政局对梁某某的陈述、申辩进行了记录，故不符合前述关于记录的规定，应予纠正……云龙区民政局未按照《民事诉讼法》规定的方式向梁某某送达案涉《离婚登记情况说明》的行为，不符合前述关于送达的规定，亦应予以纠正”[②]。

（三）可补正和可转换的违法

与罹患重大明显违法瑕疵不同，如果行政处理只是具有轻微瑕疵，尤其是上文所述的程序或方式方面的瑕疵，很多立法例同样允许行政机关事后予以补正。补正后这些违法瑕疵就可视为瑕疵已被治愈，而行政处理也不再被作为违法的行为。补正的目的又在于促进行政效率和程序经济。[③] 例如，德国《联邦行政程序法》第45条规定以下情形可补正：“(1) 行政行为的作出所必要的申请，事后已提出的；(2) 应说明的理由，事后已说明的；(3) 对当事人的听证，事后已听证的；(4) 作出行政行为须经委员会决议，事后已决议的；(5) 须其他行政机关的协力，其他行政机关事后已协力的。”但允许行政机关事后对违法行为尤其是具有程序瑕疵的行政处理予以补正，在很大程度上会影响当事人的程序权利和地位，因此，德国法普遍主张要对上述可补正的情形予以严格解释。

除补正外，另一种治愈违法瑕疵的方式是行政处理的转换。行政处理的转换承继自民法中的“无效法律行为的转换”，是指将一个违法的行政处理转换成另一个合法的行政处理，而转换的条件根据德国《联邦行政程序法》的规定包括：(1) 新的行为已包含在原来的待转换的行为中；(2) 新旧行为的目标相同；(3) 新行为的实体和程序均合法；(4) 如果行政机关认识到原行为违法就会作出新行为；(5) 转换不会对利害关系人不利；(6) 原行为是可以撤回的；(7) 行政机关在转换时听取了利害关系人的意见。[④] 转换本质上是为行政效率和经济的考虑，而将一个原本违法的处理重新视作一个合法的处理，但因为受制于诸多限制

---

① 参见梁君瑜：《行政程序瑕疵的三分法与司法审查》，《法学家》2017年第3期，第45-58页。

② 梁某某诉徐州市云龙区民政局离婚登记行政确认案，《最高人民法院公报》2022年第1期，第43页。

③ 参见［德］哈特穆特·毛雷尔：《行政法学总论》，高家伟译，法律出版社2000年版，第323页。

④ 参见［德］哈特穆特·毛雷尔：《行政法学总论》，高家伟译，法律出版社2000年版，第260页。

要件，其适用范围并不大。

三、合法/违法的判断基准时

行政处理是合法抑或违法，原则上应依照行政处理作成时的法律及事实状态进行判断。行政处理作成后，所依据的法律或事实状态如有改变，并不影响其原本的合法性和违法性。这就是行政处理合法/违法的判断基准时。

对于作出就终结的行政处理而言，依照其作出时的事实和法律来判断其是否合法，并不困难。但对于具有持续效力的行政处理而言，因其内容在于设定和变更持续相当时间的法律关系，此时，应以行政处理作出时的状态为准，还是需参酌嗣后事实和法律的变化来判断行政处理是否合法就有一定争议。但因涉及法不溯及既往原则的适用，即使是法院在诉讼中判断某行为是否合法时，仍旧以行政机关作出决定时的事实和法律状态为准，基于原告权利保护的需求，对于嗣后发生的事实和法律变更，法院可以例外地予以斟酌，但这些情势变化对于法院并不具有拘束作用。在 2000 年行诉法解释第 56 条中曾规定，“有下列情形之一的，人民法院应当判决驳回原告的诉讼请求：……（三）被诉具体行政行为合法，但因法律、政策变化需要变更或废止的”，此处表达的也是法院在对行政行为进行审查时，应以行为作出时的事实和法律状态为判断基准时的意涵。但对于作出时合法，嗣后根据新的事实和法律“变得违法”的行政处理，法院虽不能撤销或废止，但行政处理的作出机关可通过的废止方式予以处理。

第三节　行政处理的生效与无效

行政处理的生效/无效与合法/违法相关，但并非一一对应。合法的行政处理会发生其欲发生的法律效果，违法的行政处理却并不必然会导致其无效。有关行政处理生效与无效的制度安排背后还有法安定性与实质正义之间的法益权衡。

一、行政处理的生效要件

行政处理中包含了欲发生某种法律效果的意思表示，行政处理的生效就是指行政处理依其内容已产生行政机关所欲发生的法律效果。与行政处理的生效概念相关联的还有行政处理的成立。所谓行政处理的成立是指，行政处理已具备所应具备的核心要素，并从外观上可被识别为行政处理，且与其他行为方式互相区别。[①] 虽然此前我国的立法例中曾出现过行政行为成立的规定[②]，但成立概念本身并非一个具有法效性的概念，在法律上需要评价的仍旧是行政处理生效/无效。

作为公法行为的行政处理与私法行为不同，其生效并不因行政处理有违法瑕疵而受影响，而只依赖于对相对人的告知以及行政处理的违法瑕疵是否已属于重大明显而导致其自始无效。因此，行政处理的生效要件只有两项：其一，告知相对人；其二，行政处理并非自始无效。

（一）外部效力与内部效力

在说明行政处理的生效要件前，首先要区分外部效力与内部效力。行政处理一经告知就会生效，此时所称的生效，基本上指的是外部效力，即意味着行政处理自此开始产生拘束作用，行政相对人、利害关系人和行政处理的作出机关，乃至其他机关和法院都会受行政处理的拘束。外部效力的产生并不依赖于行政处理的具体规范内容，而是以行政机关对受此行为影响的相对人和利害关系人予以合法告知为前提。行政法学理上所讨论的行政处理的生效就是外部效力，后面涉及的存续力、构成要件效力等内容也都是类型化的外部效力。

与外部效力不同，行政处理依其具体规范内容（命令、禁止、形成与确认等）所欲发生的法律效果，是其内部效力。内部效力总是以相对人的具体权利或利益受行政处理影响为前提，因此，内部效力事实上是行政机关意思表示的具体外化。内部效力一般情形下与外部效力同时发生，但有时也会根据行政处理的具体内容而稍后发生。例如，行政处理附有期限或条件的附款时，则内部效力自期限届至或条件成就时才产生。

（二）告知作为生效要件

除自始无效的情形外，告知是行政处理生效的唯一要件。行政处理在告知相对人后，就不再是内部程序的构成，而成为能够诉请法律救济的对象。告知也意味着行政处理的效力开始发生。因我国尚无统一的行政程序法，有关告知的程序散见于各个单行的法律规范中。例如《行政许可法》第 38 条规定："申请人的申请符合法定条件、标准的，行政机关应当依法作出准予行政许可的书面决定。行政机关依法作出不予行政许可的书面决定的，应当说明理由，并告知申请人享有

---

① 参见姜明安主编：《行政法与行政诉讼法》，北京大学出版社、高等教育出版社 2024 年第 8 版，第 190 页。

② 1996 年《行政处罚法》第 41 条规定，"行政机关及其执法人员在作出处罚决定之前，不依照本法第三十一条、第三十二条的规定向当事人告知给予行政处罚的事实、理由和依据，拒绝听取当事人的陈述、申辩，行政处罚决定不能成立"，但该条在 2021 年被修改。

依法申请行政复议或者提起行政诉讼的权利。"《行政处罚法》第 52 条第 1、2 款规定："执法人员当场作出行政处罚决定的，应当向当事人出示执法证件，填写预定格式、编有号码的行政处罚决定书，并当场交付当事人。当事人拒绝签收的，应当在行政处罚决定书上注明。前款规定的行政处罚决定书应当载明当事人的违法行为，行政处罚的种类和依据、罚款数额、时间、地点，申请行政复议、提起行政诉讼的途径和期限以及行政机关名称，并由执法人员签名或者盖章。"《行政处罚法》第 61 条规定："行政处罚决定书应当在宣告后当场交付当事人；当事人不在场的，行政机关应当在七日内依照《中华人民共和国民事诉讼法》的有关规定，将行政处罚决定书送达当事人。当事人同意并签订确认书的，行政机关可以采用传真、电子邮件等方式，将行政处罚决定书等送达当事人。"

有效的告知是行政处理产生法律效力的前提，未告知或告知存在瑕疵的行政处理不能产生法律效力。如在最高人民法院指导案例 77 号罗某荣诉吉安市物价局物价行政处理案中，法院认为，"此种以告知《批复》有关内容代替告知举报调查结果行为，未能依法履行保护举报人财产权的法定职责，本身就是对罗某荣通过正当举报途径寻求救济的权利的一种侵犯"[①]。因告知原则上是个别进行，故行政处理对第三人产生法律效力并不依赖于行政处理已告知相对人，即行政处理对第三人发生法律效力也应在告知其之后，除非法律特别规定，要求行政行为必须告知所有或至少大多数相对人始能生效。[②]

（三）效力的存续与终止

行政处理只要不属于无效行为，一经告知即发生法律效力，其内部效力的发生依据行政处理的具体规范内容，而外部效力则表现为一系列的拘束作用。这种拘束作用首先意味着行政处理的所有参与者均受此处理的拘束，只要该行政处理存续，这种拘束作用就会持续存在。而能够使行政处理的效力发生终止的法定事项包括：行政处理的作出机关对行政处理的撤销与废止，其他有权机关对行政处理的废除，行政处理因时间经过、内容完成而效力终结等。

二、行政处理的无效及其法律后果

法律上的无效，一向被解释为自始无效、当然无效和绝对无效，即行为一经

---

① 罗某荣诉吉安市物价局物价行政处理案，最高人民法院指导案例 77 号。

② 参见赵宏：《法治国下的目的性创设：德国行政行为理论与制度实践研究》，法律出版社 2012 年版，第 132 页。

作出就不会产生行政机关所欲发生的法律效力，对任何人也不具有拘束作用，对于该行政处理效力的信赖也不会获得法律保护。

行政法中的无效行为理论与民法中的有很大不同。除无民事行为能力人实施的民事法律行为无效，行为人以虚假的意思表示实施的民事法律行为无效外，《民法典》规定的无效情形还有：违反法律、行政法规的强制性规定的民事法律行为无效，违背公序良俗的民事法律行为无效。据此，在民法中，法律行为违反法律的强制性规定或公序良俗的均为无效。但并非所有违法的行政处理都与违法的民事法律行为一样，原则上都会导致无效的后果。相反，唯有具有特定违法瑕疵的行政处理才构成无效，如果不属于无效情形，即使行政处理罹患违法瑕疵，法律同样允许其继续发生拘束作用，相对人如有异议，也必须在法律规定的救济期限内，通过法定的救济途径诉请将其撤销，否则相对人就会丧失推翻该处理的法律权能，行政处理效力的消失也就只能依赖于行政处理的作出机关主动将其撤销或废止。

（一）无效的认定标准

对于何种违法瑕疵才会构成无效，我国采取了与德日一样的“重大且明显违法”标准。《行政诉讼法》第 75 条规定：“行政行为有实施主体不具有行政主体资格或者没有依据等重大且明显违法情形，原告申请确认行政行为无效的，人民法院判决确认无效。”

重大且明显违法包括两方面的要求：其一，瑕疵的重大性或严重性。这是行为瑕疵的内部属性。所谓瑕疵的重大性，是指行政处理违反重要法规、欠缺本质要件。其二，瑕疵的明显性。这是行为瑕疵的外部属性，即以一般人或平均理性人的衡量标准来看，都可知其是违法的。[①] 德国学者描述“重大明显”就是：“行政行为的瑕疵就如同写在额头上一样明显，当事人一望即知”[②]。

为进一步明晰适用标准，2018 年行诉法解释第 99 条列举“重大且明显违法”的情形包括：“（一）行政行为实施主体不具有行政主体资格；（二）减损权利或者增加义务的行政行为没有法律规范依据；（三）行政行为的内容客观上不可能实施；（四）其他重大且明显违法的情形。”这些列举可说是法律明示的绝对无效情形，即只要具备此类违法瑕疵，法院就可认定行政处理无效，而无须再行斟酌。具体包括：其一，实施主体不具有主体资格；其二，“减损权利或增加义务”这类负担性行政处理缺乏授权依据；其三，明显缺乏事实依据，导致行政行为的内容客观上不可能实施，例如对一个已经死去的相对人颁发高度个人化的行

---

① 参见王贵松：《行政行为无效的认定》，《法学研究》2018 年第 6 期，第 162 页。

② ［德］哈特穆特·毛雷尔：《行政法学总论》，高家伟译，法律出版社 2000 年版，第 253 页。

政许可。而在我国的司法实践中，法院也将房产局在被继承人尚未死亡时就进行的房屋转移登记确认为无效。除司法解释明确列举的这些绝对无效的情形外，司法实践中被确认为无效的情形还有：(1) 不具备法定形式要件，例如行政机关作出的政府信息公开申请回复未加盖印章；(2) 明显违反法定程序，例如在当事人根本未到婚姻登记现场的情况下，为当事人办理结婚登记；(3) 违背了法律的原则，例如冒用身份证信息办理结婚登记；(4) 严重且明显的职权瑕疵，例如没有任何事实上的联结点能够认为行政机关有权作出该行政行为，或是该行政行为所规范的事项属于行政机关的任务范围；(5) 严重且明显的内容瑕疵，例如行政决定严重且明显地违反了至关重要的形式或实体原则，属于纯粹的恣意行为或是内容明显不够确定等。

(二) 无效的法律后果

从实体法而言，无效的行政处理自始不生效力，对于相对人、第三人、行政处理的作出机关、其他机关和法院都不会产生任何拘束作用，这种拘束作用既包含前文所说的外部效力，也包含内部效力。因此，任何人都无须遵守或是重视该行为。无效行政处理既不能作为相对人或第三人主张信赖的客体，也不能作为行政强制执行的依据。既然其不产生拘束效果，相对人也就没有履行的必要，在行政机关要求履行时，相对人可以拒绝，在法律上也不会遭受不利的后果，更不会构成妨碍公务的违法行为。[①] 例如《行政处罚法》第 70 条就规定："行政机关及其执法人员当场收缴罚款的，必须向当事人出具国务院财政部门或者省、自治区、直辖市人民政府财政部门统一制发的专用票据；不出具财政部门统一制发的专用票据的，当事人有权拒绝缴纳罚款。"

行政处理无效的法律效果尽管属于实体法范畴，但其核心意义仍旧体现在救济法方面：如果行政处理只是一般性违法，法院作出的是撤销判决，但如果属于重大且明显的无效瑕疵，法院作出的就是确认无效判决。撤销判决撤销了被诉行政处理，使相应的法律状态回复至被诉行政处理作出之前的状态，而确认无效则是宣告行政处理的法律效果不曾存在，也不承认存在需要保护的信赖利益。从法效性上看，尽管撤销判决和确认无效判决相近，但法院实际上是对行政处理的违法性作了更严厉的宣告。一般违法与无效在救济法上更直接的区别还体现于起诉期限的不同。针对罹患一般性违法瑕疵的行政处理，当事人

---

① 在较早关于无效行政行为的讨论中，除了不受起诉期限限制，其内核还包括公民的抵抗权，即行政行为的无效赋予了公民在某些情况下直接抵抗行政命令实现的权利（参见沈岿：《法治和良知自由——行政行为无效理论及其实践之探索》，《中外法学》2001 年第 4 期，第 466 - 480 页；王锡锌：《行政行为无效理论与相对人抵抗权问题探讨》，《法学》2001 年第 10 期，第 16 - 20 页），但这种"抵抗权"的表述并不准确，其本质其实只是拒绝权。

起诉必须遵守法律规定的起诉期限，期限经过行政处理即具有了形式存续力，基于法秩序安定的考虑，当事人也就丧失了再通过诉讼寻求法律救济的权利，除非行政机关自己主动将违法行为予以撤销。但如果是无效行为，当事人起诉则不受起诉期限的限制，在理论上，当事人可在任何时候主张行政处理无效。

但值得注意的是，实践中判定行政处理究竟只是一般性违法还是无效可能会有一定困难，法院的意见也可能会与当事人的意见不一。如果公民依照自己的判断认为某项行政处理无效，从而无视诉讼期限，就有可能承担一定风险。因此，为稳妥起见，公民即使笃信该行政处理已经构成无效，也应依法定期限提起法律救济。法院受理后，如果认为被诉请撤销的行政行为属于无效，则会将撤销的诉讼请求转换为请求确认无效。①

（三）生效/无效制度的法理依据：法的安定性/实质正义的价值权衡

最初学者在论述生效/无效并不与合法/违法互相对应，违法原则上也并不会影响行政处理的生效时，会将原因归入诸如公益至上、行政权的先验优越性等价值，但这种观念因具有威权色彩而被抛弃。行政处理生效/无效的制度安排的原因本质上要诉诸法治国下的法的安定性原则与实质正义。

法的安定性原则首先确认，人类共同体生活的秩序主要由内容明确、持续稳定的秩序元素来形成，唯有如此，人们对于共同体生活才是可预测和可计算的。这些秩序元素既包含制定法，也包含司法判决和行政处理。法的安定性原则要求这些秩序元素在静态上足够明确，在动态上也要足够稳定，并应获得人们的普遍服从。以制定法为例，制定法一经颁布，就对所有人都具有约束力，人们并不能因为自己的主观好恶就拥有选择性的服从自由。作为法秩序的另一构成要素，行政处理具备与制定法一样的属性，其效力的发生并不会因为自身的违法瑕疵，或者相对人对行政处理合法/违法的判断而受到阻却。正因如此，行政处理的生效与行为的违法瑕疵并没有必然关联，即使违法的行政行为，学理和制度上也会认为其仍然有效。相对人同样不能根据自己对于行政处理是否合法/违法的判断就选择性地服从或不服从某项行政处理。如其对行政处理有异议，必须经由法定的救济途径，在法定的期限内提出。否则期限经过，该行为即使违法，对相对人而言也具有不可诉请撤销性，行为的规范内容也会因此固定下来。这些都是法治国

---

① 2018年行诉法解释第94条第1款就规定："公民、法人或者其他组织起诉请求撤销行政行为，人民法院经审查认为行政行为无效的，应当作出确认无效的判决。"与之相应，该条第2款规定，"公民、法人或者其他组织起诉请求确认行政行为无效，人民法院审查认为行政行为不属于无效情形"，法院就要承担释明转换的义务，"经释明，原告请求撤销行政行为的，应当继续审理并依法作出相应判决；原告请求撤销行政行为但超过法定起诉期限的，裁定驳回起诉；原告拒绝变更诉讼请求的，判决驳回其诉讼请求"。

下法安定性原则的要求。

但法安定性原则的前提是预设了法本身的正当性，以及对法正当性的绝对信赖。正如制定法同样会存在不法的现象，如果在法律并不正义的前提下还要僵化地要求人们予以遵守，无疑与法治国原则下的实质正义观念不符。因此，法安定性原则及其内含的法律应获得普遍服从的要求并不能被推向极致，法安定性原则的适用同样有其界限，而这个界限正是法的实质正义。两者的关系也表现为：一般情况下，为了法安定性的考虑，人们应普遍遵守法律和公权机关的决定，但如果制定法和公权机关的决定违反正义已经到了让人不堪忍受的程度，对法的实质正义的考量就要优先于法的安定性，人们也就无须再遵守这种实质内容不正义的法和决定。①

将上述思路引入行政处理中即可得出无效行政处理作为行政处理效力发生的例外的原因：基于法安定性原则的要求，行政处理一经作出，就会产生普遍的拘束作用，这种拘束作用并不因行为的违法瑕疵而受到影响。但法律又同时确认，罹患重大且明显的违法瑕疵的行政处理为无效行政行为，自始都不会产生任何拘束作用，其原因就在于，无效行政行为违反了法实质正义的基本要求，根本不具有正义的基本品格，如果对于无效行政行为仍要求公民服从，必定有悖法治的基本内涵。

第四节　行政处理的效力内容与效力终止

行政处理在生效后会产生一系列的拘束作用，这些拘束作用的具体表现可称为行政处理的效力内容。这些效力内容也是私人法律行为所没有的“种种特殊的效力”②。行政处理在生效后的效力内容可根据其针对的对象不同而区分为存续力（形式存续力与实质存续力）和构成要件效力。行政处理的作出机关嗣后对行政处理的撤销与废止都会对其效力的存续产生影响，法律也因此会对撤销与废止应遵循的规则作出严格规范。

一、传统四效力说及其问题

因受日本法影响，传统教科书在论及行政行为的效力时常有四效力说：公定

① 参见赵宏：《法治国下的目的性创设：德国行政行为理论与制度实践研究》，法律出版社 2012 年版，第 150－154 页。

② ［日］藤田宙靖：《行政法总论》（上），王贵松译，中国政法大学出版社 2023 年版，第 187 页。

力、确定力、拘束力和执行力。[①] 但这种归类方法存在内涵不清、界限不明、逻辑不畅的问题。

在传统四效力中，公定力被作为其中最重要的效力。公定力最初被认为是"行政行为一经作出，即使具有瑕疵，在未经法定机关按照法定程序作出确认和宣告前，就具有的被视为合法行为且要求国家机关、社会组织和个人尊重的效力"[②]，即公定力是行政处理的"合法性推定"。但合法性推定以公权力的先验优越性原理为基础，即使在公定力源起国的日本也已被放弃，我国目前持公定力学说的学者也基本都主张公定力是"有效性推定"。迄今公定力的内涵被认为只是指，"行政行为一经作出，除自始无效外，即获得有效性推定，在未经机关依法撤销之前，要求任何国家机关、社会组织或公民对其给予承认、尊重和服从并不得根据自己的判断对其无视、否定或抵抗的效力"[③]，即所谓"有效性推定"。

值得注意的是，所谓"行政行为一经作出，除自始无效外，即获得有效性推定"其实已包含在行政处理的生效内容中，日本学者也认为，所谓"公定力"本质上指向的也只是行政处理在何种情况下、在何种程度上有效的问题。[④] 既然与生效或有效问题同一，其实就再无单独将其列为一类效力内容的必要。而将生效范畴的理论认知，错置在效力内容的框架下，在体系逻辑上并不闭合周延。事实上，公定力概念的内容即使在日本也日渐稀薄。伴随作为传统公定力派生效果的自力执行力不再获得承认，公定力在日本法中就仅余"撤销制度的排他性管辖"的内容，即能直接攻击行政行为的仅作为抗告诉讼的撤销之诉，即使不服行政行为所形成的法关系或权利义务，也不能直接以民事诉讼或当事人诉讼就该法关系或权利义务进行争议，而必须以撤销诉讼请求撤销行政行为。[⑤] 这种意义上的公定力已从实体之力蜕变为程序之力，日本学者甚至认为，公定力已非行政行为内在的实体概念，而只是撤销诉讼等实体法规定的反射效果。[⑥]

在四效力中，同样不具有普遍性的还有执行力。执行力的内涵一般被界定为"已生效的行政行为要求行政主体和相对人对其内容予以实现的法律效力"。执行力所导向的也是强制执行，即当相对人负有行政义务但不履行时，国家有权强制

---

① 参见姜明安主编：《行政法与行政诉讼法》，北京大学出版社、高等教育出版社 2024 年第 8 版，第 215 - 219 页。

② 叶必丰：《行政行为的效力研究》，中国人民大学出版社 2002 年版，第 68 页。

③ 章志远：《行政行为效力论》，中国人事出版社 2003 年版，第 54 页。

④ 参见［日］藤田宙靖：《行政法总论》（上），王贵松译，中国政法大学出版社 2023 年版，第 187 页。

⑤ 参见［日］山本隆司：《诉讼类型、行政行为与法律关系》，王贵松译，载《法治现代化研究》2020 年第 6 期，第 172 页。

⑥ 参见［日］藤田宙靖：《行政法总论》（上卷），王贵松译，中国政法大学出版社 2023 年版，第 191 页。

其履行。[1] 但如上文所述，行政处理根据其规范内容可划分为命令性处理、形成性处理和确认性处理，唯有命令性处理才需要执行，而形成性处理和确认性处理在行为作出后法律效果就已经实现，并无须执行。既然不具有普适性，执行力是否能作为独立的行政处理的效力内容就值得斟酌。

除公定力和执行力外，传统学理对确定力和拘束力也往往并不细致区分，这也导致这两项效力的意涵与边界同样不够明晰。在很多教科书中，我国学理效仿日本理论重塑了确定力概念，并用形式确定力指代对相对人的“不可争力”，用实质确定力指代对行为作出机关的“不可变更力”[2]，但确定力产生的缘由被主要诉诸信赖保护原则，而较少将其与行政处理生效后，为维续其存续性，而限制行政机关随意废除行政处理的法律拘束作用相连。与相对较为清晰的确定力相比，拘束力基本未被清晰地阐释过。具有代表性的意见认为，所谓拘束力是指“已生效具体行政行为所具有的约束和限制行政主体和相对人行为的法律效力”[3]。但这种意义上的拘束力与确定力在针对对象上几无差异，且其如何作用也没有任何清晰说明。

二、行政处理的效力内容

鉴于传统四效力说存在的问题，有必要根据行政处理在生效后所产生的一系列拘束作用所针对的不同对象而对其进行细分，以明晰行政处理具体的拘束效果。行政处理在生效后所发生的拘束作用根据其针对对象可区分为形式存续力、实质存续力以及构成要件效力。其中形式存续力指向的是相对人或利害关系人，实质存续力指向的是行政处理的作出机关本身，构成要件效力则指向除作出机关以外的其他行政机关和法院。

（一）形式存续力与实质存续力

法的安定性要求同为法秩序构成要素的制定法、行政处理和司法判决不仅在静态上要足够明确，在动态上也必须保持一定的稳定性和持续性，由此才能产生可信赖性。为确保行政处理具有一定的存续性，就要在制度上尽可能排除或减少影响其存续性的因素，尤其是行政处理的作出机关嗣后废除行政处理的权限。此

---

① 参见姜明安主编：《行政法与行政诉讼法》，北京大学出版社、高等教育出版社 2024 年第 8 版，第 215 页。

② 叶必丰：《行政法学》，武汉大学出版社 1996 年版，第 131 页；叶必丰：《行政行为确定力研究》，《中国法学》1996 年第 3 期，第 101 页。

③ 姜明安主编：《行政法与行政诉讼法》，北京大学出版社、高等教育出版社 2024 年第 8 版，第 218 页。

外，既然行政处理是以司法判决为原型，确保司法判决稳定性的确定力原理同样成为行政处理效力学理的重要参照，并最终塑成了行政处理存续力的概念：与判决形式确定力对应的是行政处理的形式存续力，形式存续力在德国法上被称为“不可诉请撤销性”，在日本法中被称作“不可争力”；与判决实质确定力对应的是行政处理的实质存续力，实质存续力在德国法中被称为“有限的废除可能性”，在日本法中则被称为“不可变更力”或实质解定力。

1. 形式存续力

形式存续力是相对人不能再以常规的法律救济途径对行政处理中的规范内容诉请撤销。形式存续力产生的事由可以是法律救济期限经过，当事人放弃法律救济；或是在特殊情形下当事人救济权利丧失。形式存续力的存在意味着，当事人若对行政处理存有异议，就必须在法律规定的救济期限内向有权机关，例如复议机关和法院主张，否则期限经过，该行政处理就对当事人具有了确定性。形式存续力是行政处理针对相对人的一种法效力，其本质就是为了确保法的安定性而对当事人的救济权进行一定限制，其在实定法上则具体表现为复议期限和起诉期限的规定。2018 年行诉法解释第 69 条规定，“有下列情形之一，已经立案的，应当裁定驳回起诉：……（二）超过法定起诉期限且无行政诉讼法第四十八条规定情形的……”表达的也是形式存续力的意涵。例如，法院在马某忠与宁夏回族自治区固原市人民政府行政批复、宁夏回族自治区固原市住房和城乡建设局房屋拆迁行政裁决案中认为，“上诉人对该拆迁裁决提出起诉已远远超过当时有效的、修改前的《中华人民共和国行政诉讼法》第三十九条关于三个月的起诉期限的规定，且其提交的证据材料未显示存在超过法定起诉期限的正当理由。由于上诉人已知道该拆迁裁决的内容，其提出的适用二十年的最长诉讼保护期限的主张不能成立。诉讼时效是民事实体法的规定，起诉期限则是《中华人民共和国行政诉讼法》的规定。在法定期限内提起诉讼为法定起诉条件之一，人民法院应当依职权主动审查”①。

无效行政处理自始不生任何效力，当然就不会对相对人产生形式存续力，无效行政处理的救济不受起诉期限限制的原因同样在此。行政处理在具有形式存续力后，当事人即不能再通过常规司法救济途径诉请将其撤销。但欧陆法中又有“行政程序的重新进行”可作为形式存续力的作用界限。所谓“行政程序的重新进行”，即法律在相对人对行政处理已不能再诉请撤销时，例外地允许行政机关重新进行行政程序，对行政处理的合法性进行重新审查，并进而决定是否撤销、废止或变更原行为。行政程序的重新进行本质是在相对人常规救济途径已丧失

① 马某忠与宁夏回族自治区固原市人民政府行政批复、宁夏回族自治区固原市住房和城乡建设局房屋拆迁行政裁决案，《最高人民法院公报》2019 年第 12 期，第 27 页。

后，赋予其重启一种非常规的救济途径的请求权。这种制度的目的在于保障公民的合法权利不致因为行政程序关闭而受损。[①]

2. 实质存续力

实质存续力与行政行为的撤销与废止紧密相连，其指向的是行政处理的机关本身，是行政处理对行为作出机关的拘束效力，即行政处理的作出机关和相对人一样要受行政处理内容的拘束，这种拘束性又具体表现为，行政机关唯有具备一定要件时，才能对已经作出的行政处理进行撤销、变更与废止。实质存续力与形式存续力都意在维护法的安定性，但除法安定性外，实质存续力对行政处理作出机关嗣后的撤销和废止权限予以限制，同样是对个人信赖利益的保护。

只要行政行为不属于无效，生效后就会自然产生这种实质存续力，而不论行政行为是违法或是合法，这一点与形式存续力相同。但与形式存续力强调的是原则上的“不可诉请撤销性”不同，实质存续力只是有限制的废除可能性，即法律仍旧例外地允许要件满足时，行政处理的作出机关可对行政处理予以撤销和废止。实质存续力在实体法上的表现就在于法律对于行政机关撤销和废止行政处理的限制。例如《行政许可法》第 8 条第 1 款规定，“公民、法人或者其他组织依法取得的行政许可受法律保护，行政机关不得擅自改变已经生效的行政许可”。这既是对信赖利益保护的规定，也体现了行政处理的实质存续力。

在具体判决中，有的法院已明确提及存续力的概念，例如在浙江省仙居县长动机械厂诉仙居县住房和城乡建设规划局一案中，法院就认为，“原告持有的两份证明盖有仙居县建设规划局的公章，属于行政许可，未经有权机关依法定程序撤销之前，推定有效，具有存续力”[②]。而在天津的焦某刚诉和平公安分局治安管理处罚决定行政纠纷案中，法院虽未直接提及存续力概念，但判决已经表达了这一意涵：“这个处罚决定事实清楚、证据确凿，处罚在法律规定的幅度内，且执法程序合法，是合法的行政处罚决定，并已发生法律效力。依法作出的行政处罚决定一旦生效，其法律效力不仅及于相对人，也及于行政机关，不能随意被撤销。已经生效的行政处罚决定如果随意撤销，也就意味着行政处罚行为本身带有

---

① 德国《联邦行政程序法》第 51 条规定的“行政程序的重新进行”的条件为：“1. 行政机关在下列情况下，须应相对人申请，决定是否对已具有不可诉请撤销的行政行为予以撤销或变更：(1) 行政行为所依据的事实或法律情况事后作出了有利于相对人的变更；(2) 相对人提供了新的证据材料，可以导致产生有利于相对人的决定；(3) 具有符合民事诉讼法第 580 条的重新受理理由的。2. 对于程序重新开始的事由，相对人只有无重大过失才不能在过去的程序中，尤其不能通过法律途径主张时，行政机关方可接受其申请。3. 申请须在 3 个月内提出。该期限以相对人得知重新进行的理由之日起算。4. 第 3 条所列的主管行政机关对该申请作出决定，撤销或变更所涉及的行政行为是另一行政机关作出的，亦同。5. 第 48 条第 1 款 1 句和第 49 条第 1 款在此处不适用。”

② 浙江省仙居县长动机械厂诉仙居县住房和城乡建设规划局案，浙江省仙居县人民法院 (2013) 台仙行初字第 19 号行政判决书，2013 年 8 月 16 日。

随意性，不利于社会秩序的恢复和稳定”[1]。

（二）构成要件效力

正如司法判决在作出后除会对判决作出法院本身产生影响，同样会对其他法院产生拘束作用一样，行政处理在作出后，除对该处理的作出机关会产生拘束作用外，同样会对其他行政机关和法院产生拘束性作用，其他行政机关和法院都必须对已生效的行政处理中已确认的事实及其在法律上的存在予以尊重，并作为自身决定的基础，这种拘束作用被称作“构成要件效力”。

构成要件效力的概念最早出现于民事诉讼法中。民事诉讼法理论认为，立法机关制定的规则会对行政与司法都产生拘束力，司法判决和行政处理同为高权行为，同样会对其他法院和行政机关产生拘束作用。将这种拘束作用引入行政过程就是行政处理的构成要件效力，即已生效的行政处理应作为其他机关或法院作出后续决定的事实构成的效力。对其他行政机关或法院而言，行政处理的成立、存在以及规范内容，是一种既定事实，这些行政机关和法院应予接受并受其约束。[2]

行政处理构成要件效力的产生首先是基于法的安定性原则。法的安定性原则要求所有的国家行为在作出后都具有一定的存续性，且其存续性应受法律保护，由此才能形成可预测和可计算的安定的法秩序。法的安定性除要对行政处理的作出机关嗣后的撤销和废止权限予以限制外，还要求已生效的行政处理如同司法判决一样，应获得其他行政机关和法院的承认与尊重，并在它们针对相同或相关问题的判断上，产生一定的拘束效果。除为了维护法的安定性外，构成要件效力的产生还是权力分立与功能配合的体现。现代国家不仅各个机关要各司其职，基于法秩序一致性的考量，在三权之间及其内部同样应存在功能配合与协作，由此国家权力的运作才能和谐进行。

行政处理构成要件效力的拘束效果主要表现为偏离禁止，即其他行政机关和法院有义务接受已存在行政处理的内容，将其作为自身决定的基础，而不得偏离行政处理的规范内容或与之相矛盾。[3] 但构成要件效力同样有其界限：首先，对行政处理有审查权的复议机关、对行政事务真正享有管辖权的行政机关以及可对行政处理进行审查的法院就不受构成要件的限制；其次，与司法判决对其他法院的决定性作用仅限于判决主文一样，构成要件效力原则上也只针对行政处理的主文部分，即只有行政处理的规范内容和结论对其他行政机关和法院才具有拘束

---

① 焦某刚诉和平公安分局治安管理处罚决定行政纠纷案，《最高人民法院公报》2006 年第 10 期，第 44 页。

② 参见赵宏：《法治国下的目的性创设：德国行政行为理论与制度实践》，法律出版社 2012 年版，第 291 页。

③ 参见王世杰：《论行政行为的构成要件效力》，《政治与法律》2019 年第 9 期，第 67 - 69 页。

力，才能成为其他机关和法院在相同或相关问题判断上的构成要件，而作为调整内容基础的“事实与法律认定”，即行政处理的理由部分，其他行政机关和法院原则上并没有义务将其作为自身决定的基础。

在具体适用上，行政处理的构成要件效力又主要体现为行政处理对民事审判的拘束。因为民事关系和行政关系的密切关联，行政处理往往会成为民事诉讼的先决问题。此时，基于行政处理的构成要件效力，只要该行政处理是有效的，法院在民事案件中就无权再对该行政处理进行合法性审查，也无权撤销该处理，更不能偏离其调整内容而自行判断。这一点已体现于我国很多相关判决中。例如在魏某苏诉魏某南排除妨碍纠纷抗诉案中，法院提出，对于有效的行政行为，“人民法院必须在民事诉讼中予以尊重和认可，即在民事诉讼中法院不得径自否定其效力或者不采信，如要否认具体行政行为的预决力，也必须经行政诉讼程序予以撤销或变更”①。

与民事审判不同的是，行政处理对于刑事审判一般并不具有构成要件效力，也不能拘束刑事审判，其原因主要在于：其一，对罪刑法定原则的悖反。尽管伴随行政法与刑法的互动交融，刑法的很多犯罪构成开始由行政法规范来规定，或者需要援引行政法规范才能补足，即现代刑法开始具有行政从属性。但这种从属性有其界限。如果立法者将是否构成刑法法益侵害的问题完全交由行政机关来承担，必然会彻底冲垮罪刑法定原则，造成行政法对刑法的侵蚀。其二，承认行政处理对民事审判的拘束力主要基于对法的安定性和秩序统一的考虑，但这一考虑其实与实质正义以及人权保障之间存在紧张关系。如果说在民事审判中，法的安定性原则尚居于优位，刑事审判中显然人权保障要获得更多的考虑。作为法秩序中最为严苛的制裁手段，刑罚直接影响了个人的生命、自由与财产。因此，在刑事审判中人权保障也应优于防止矛盾裁判、维护法的安定性这些次级目标。②③

综上，行政处理在生效后所具有的效力内容可大体描述如下页图 6－1 所示。

三、行政处理的效力终止

除无效情形外，行政处理在送达相对人后即产生法律效力，行政处理只要未

---

① 魏某苏诉魏某南排除妨碍纠纷抗诉案，浙江省高级人民法院（2002）浙民再抗字第 21 号民事判决书。

② 参见王世杰：《论行政行为对刑事审判的拘束》，《政治与法律》2018 年第 6 期，第 64 页。

③ 除构成要件效力外，德国法上还有确认效力的概念。确认效力是法律所明确规定的，行政处理中的事实认定和法律评价对于其他行政机关和法院的拘束作用。但是，因为立法中鲜有法律规定确认效力，这一内容也就逐渐在现在的行政处理效力构成中被隐去。

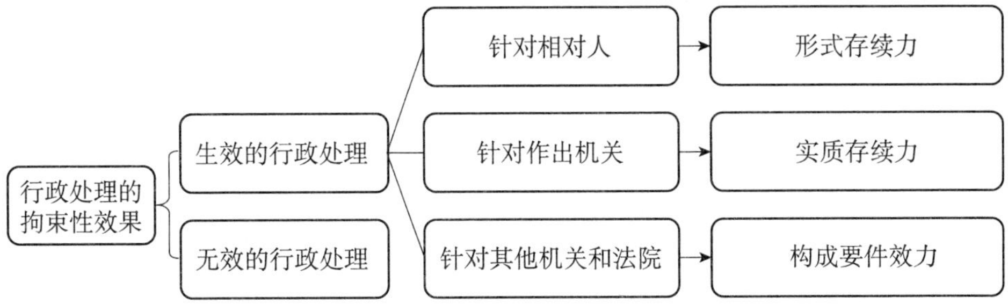

图 6-1　行政处理的效力和内容

被作出机关撤销、废止或被其他有关机关撤销，或因事件经过或其他原因而完成，就会一直有效。典型的造成行政处理效力终止的原因既有行政处理在行政复议或行政诉讼中被复议机关或法院撤销，也有相对人的主体资格丧失、附期限的行政处理期限到期等。对行政处理效力的存续性产生影响的另一重要因素是行政处理的作出机关嗣后对行政处理的撤销和废止。撤销和废止既是一种新的行政处理，也会使此前行政处理的效力发生终止。因涉及行政处理的存续力及其背后的法安定性原则，法律都会对行政处理的作出机关嗣后撤销和废止行政处理作出严格的限制规定。

（一）行政处理的撤销

这里的撤销，是行政机关根据职权，对违法的行政处理全部或部分地排除其法律效力的行为，其规则不同于法律救济程序中行政复议机关或法院对违法行为的撤销，这种撤销也常被称为“职权撤销”。

从依法律行政的观念出发，如果一项行政处理违法，行政机关不仅有职权而且有义务将其撤销，但撤销的本质是阻断行政处理效力的存续，又会涉及法的安定性原则和对相对人信赖利益的保护。也因此，行政机关是否以及在何种条件具备时，始能撤销一项违法的行政处理，应在法的安定性与实质正义、行政合法性与存续性等价值之间进行权衡，而为维护法秩序的安定和相对人信赖利益的保护，行政处理的作出机关嗣后撤销处理的权限应受到严格约束。

撤销会让行政处理溯及既往地失去法律效力。行政机关撤销违法行政处理的权限首先根据该处理属于授益行为还是负担行为而应有不同。一般而言，行政机关撤销违法的授益行为会受到更严格的限制，其原因在于，对于授益行为的撤销，行政机关必须考虑对相对人信赖利益的保护，授益行政处理的实质存续力只有在法律允许的条件出现时，才能被中断和停止。相对授益性的处理，负担行为一般情形下不会产生相对人的信赖利益问题，行政机关的撤销权限也不受信赖保护原则的限制。但这并不意味着，对负担处理行政机关不仅有权而且有义务将其撤销。因为实质存续力的作用，即使是撤销负担处理，行政机关依旧要进行合义务的裁量。在裁量时，负担处理是否已具有形式存续力或不可诉请撤销性，纠正违法回复合法状态之利益，“同等情况同等对待”的平等原则等，都应是行政机关考虑的因素。

（二）行政处理的废止

与行政处理的撤销针对的是违法的行政处理不同，行政处理的废止指行政处理的作出机关嗣后对合法的行政处理所为的废除。废除的原因主要在于行政处理所依赖的事实和法律发生变化，维续此前的行政处理已不再符合现行法律或事实要求。废止在学理上又被称为“撤回”。与对违法的行政处理的撤销不同，复议机关和法院并无权对合法的行政处理予以废止，享有废止权限的原则上也只有行政处理的作出机关。此外，行政处理的废止，无论其性质是负担或授益，都只是向未来发生作用效果，而并不能像撤销一样溯及既往。

行政机关废止行政处理同样要考虑法的安定性原则和信赖利益保护，又因涉及的是合法的行政处理，相对人的信赖利益相比撤销也应有更大的比重。《行政许可法》第 8 条第 2 款是典型的关于行政处理废止的规定：“行政许可所依据的法律、法规、规章修改或者废止，或者准予行政许可所依据的客观情况发生重大变化的，为了公共利益的需要，行政机关可以依法变更或者撤回已经生效的行政许可。由此给公民、法人或者其他组织造成财产损失的，行政机关应当依法给予补偿。”从此条款来看，行政机关废止行政许可就应对相对人予以补偿，而不像在行政许可的撤销中，行政机关还必须权衡相对人是否信赖该项处理及其信赖是否值得保护。此类因法律或事实嗣后改变而撤回已生效许可的案件，实务中也很常见。例如在广州市建筑置业有限公司诉广州市海珠区人民政府等履行法定职责案中，法院就指出：“原告广州市建筑置业公司经广州市国土资源和房屋管理局批准同意办理用地手续，后因该项目用地闲置，广州市国土资源局和房屋管理局报经广州市人民政府批准后，作出对涉案的项目用地予以收回的决定。广州市国土资源和房屋管理局的行为属于撤回已经生效的行政决定，依法应当给予适当的补偿。”①

除信赖利益在授益行政行为的废止中要得到更多重视外，因为废止的原因并非行政处理的违法，而是事实和法律状态的变化致使原来合法的行为与现行法发生冲突，即废止与合法行政原则之间并不冲突，所以，行政机关在废止行政处理时，也要受到相对撤销更多的限制。很多国家的立法例都规定，除非为保护重大

---

① 广州市建筑置业有限公司诉广州市海珠区人民政府等履行法定职责纠纷案，广东省广州市中级人民法院（2010）穗中法行初字第 8 号行政判决书，2010 年 12 月 2 日。

的公益，行政机关不得轻易废止行政处理。[①]

深度阅读

1. ［德］哈特穆特·毛雷尔．行政法学总论．高家伟，译．北京：法律出版社，2000：第三编“行政活动：行政行为”．

2. 翁岳生．行政法：上册．北京：中国法制出版社，2009：第十一章“行政处分”．

3. 赵宏．法治国下的目的性创设：德国行政行为理论与制度实践研究．北京：法律出版社，2012.

4. 叶必丰．行政行为原理．北京：商务印书馆，2022.

问题与思考

1. 什么是行政处理？

2. 行政处理的合法性要件包括哪些？

3. 行政处理的生效要件包括哪些？行政处理的无效情形有哪些？

4. 行政处理的效力内容包含哪些？

---

① 例如，德国《联邦行政程序法》第49条第2款规定：“合法授益的行政行为，在不可诉请撤销之后，仅可在下列情况下全部或部分地向将来废止：1. 法规容许或行政行为附有废止保留；2. 行政行为附有负担，受益人没有或未在为他定出的期限内履行该负担的；3. 行政机关基于事后发生的事实，即有不作出该行政行为的正当性，且不废止该行政行为就会危害公益；4. 在受益人尚未使用所提供的优惠，或尚未受领行政行为的给付的情况下，行政机关基于法规的修改，即具有不作出该行政行为的正当性，且不废止会危害公益；5. 为避免或消除对公共福利的严重不利，在此准用第48条第4款的规定。”

第七章 行政协议和事实行为

重点知识

行政协议的概念和要素　行政协议的特征　行政协议的内容　行政协议的功能　行政协议的效力　行政协议中的行政优益权　订立行政协议的基本原则　行政协议诉讼的当事人　审查重点　举证规则　行政协议复议　行政事实行为的概念　行政指导

知识逻辑图

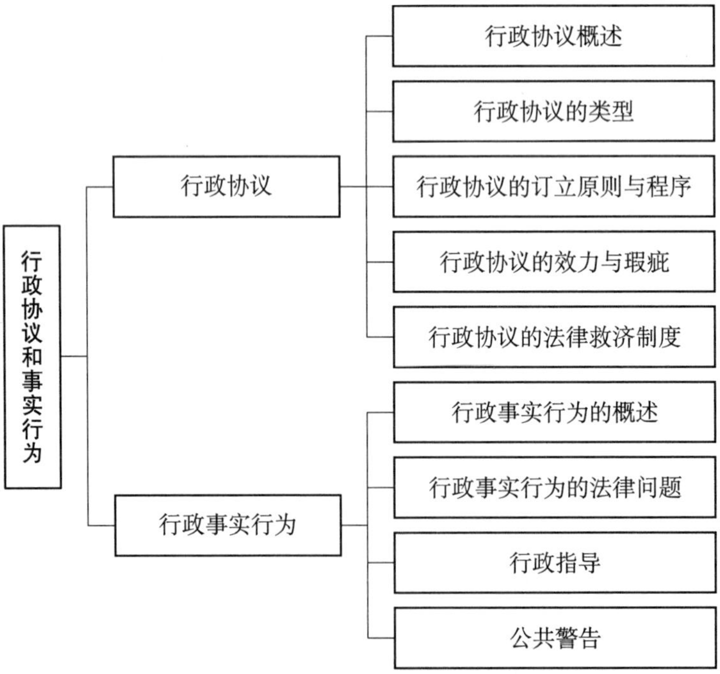

第一节　行政协议

一、行政协议概述

行政协议（又被称为行政合同、行政契约、公法契约）作为一种新型的行政活动方式，随着服务行政、给付行政、合作行政等理论与实践的发展，日益广泛地被运用于世界各国的公共行政管理和公共服务。不同于前述章节中以单方性、命令性和强制性为特点的传统行政行为类型，行政协议是行政机关通过与相对人协商，意思表示一致而签订协议的方式来实现行政管理和公共服务目标，其不仅扩大了公民参与行政管理和社会治理的途径，也创新改革了行政管理方式，有助于转变政府职能，建设服务型法治政府和诚信政府。行政协议因具有行政性和协议性的双重属性，呈现出公法和私法交融的复杂法律形态，在行政法的理论研究和司法实践中均具有越发重要的地位。

（一）行政协议的概念及界定标准

1. 行政协议的概念

关于行政协议的概念，在最高人民法院《行政协议审理规定》颁行前并无统一的定义，且素有争议，学界和实务界争论的问题包括是否需要法定定义，行政协议是否包括行政主体之间签订的合同，相对人之间签订的为实现公共管理和公共服务目的的合同是否属于行政协议等。[①] 虽然目前对行政协议的概念尚未达成完全的共识，但鉴于《行政协议审理规定》作为司法解释的地位和法律效力，本书采取其作出的法定定义，即：行政协议是指行政主体为了实现行政管理或者公共服务目标，与公民、法人或者其他组织协商订立的具有行政法上的权利义务内容的协议。[②]

2. 行政协议的界定标准

上述定义主要是从如何区别行政协议与民事协议的角度进行的概念界定。由此，我们也可以提炼出我国界定和识别行政协议的四个要素标准：（1）主体要素；（2）目的要素；（3）内容要素；（4）意思要素。

---

① 参见王连昌、马怀德主编：《行政法学》，中国政法大学出版社 2007 年版，第 277 页以下；梁凤云：《行政协议司法解释讲义》，人民法院出版社 2020 年版，第 5 页以下。

② 参见《行政协议审理规定》第 1 条。

（1）主体要素。行政协议的当事人至少有一方是行政主体，且其在与行政相对人通过缔结合同而形成的行政法律关系中处于主导地位，享有行政优益权，这是行政协议区别于民事合同的最显著特征。

（2）目的要素。行政主体与行政相对人订立行政协议是为了实现行政管理或者公共服务目标，即是为了实现公法上的目的。例如，行政机关征收国有土地上房屋并与被征收人签订补偿协议必须是为了保障国家安全、促进国民经济和社会发展等公共利益的需要。① 而民事合同则是当事人为了实现自身权益，也即私法上的目的，这是二者的根本区别。

（3）内容要素。行政协议的内容是作为合同当事人的行政主体和行政相对人在行政法上的权利和义务，例如，行政主体享有的为实现公共管理和公共服务目的的行政优益权（包括指挥权、监督权、单方变更解除权等）、负有兑现约定给予相对人优惠和价款或给予赔偿、补偿的义务；行政相对人享有取得报酬权、损害赔偿请求权、补偿权等权利，负有按照合同约定的条件和期限认真履行合同的义务、接受行政主体监督和指挥的义务等。

（4）意思要素。行政协议必须是行政主体与相对人经过平等协商，意思表示一致自愿达成的协议。意思要素是行政协议区别于其他行政行为的重要特征，也是行政协议“协议”属性的体现。行政主体不得强迫行政相对人订立行政协议。民法上的诚实信用、平等自愿等原则也适用于行政协议。

值得注意的是，上述四个要素在界定行政协议时需要综合运用，对系争协议是民事协议还是行政协议需要采取综合标准来判断。当然，鉴于合同争议的复杂性，在司法实践中也有基于司法解释罗列的判断标准认定系争特许经营合同不是行政协议的案例②，或针对同一类型案件，不同法院可能作出迥异的裁判结果。特别需要指出的是，不应一刀切地笼统界定协议的属性，并据此认定不属于民事诉讼或行政诉讼管辖而驳回起诉，使当事人状告无门。③ 重要的是，应根据合同争议的性质，为当事人提供实质性解决争议的救济途径。为解决因合同定性之争带来的救济难题，《行政协议审理规定》第 8 条明确规定了推定管辖制度。如果

---

① 参见《国有土地上房屋征收与补偿条例》第 8 条。

② 例如，在“河南新陵公路建设投资有限公司与辉县市人民政府合同纠纷管辖权异议案”中，最高人民法院民事审判庭根据 2015 年行诉法解释界定行政协议的五个特征要素，对案涉 BOT 特许经营协议合同从目的、职责、主体、行为、内容等方面进行分析，认为该协议是民商事合同。参见河南新陵公路建设投资有限公司与辉县市人民政府合同纠纷管辖权异议案，最高人民法院（2015）民一终字第 244 号民事裁定书，2015 年 10 月 28 日。

③ 例如，在“杨俊生诉陕西省寿阳县人民政府拆迁补偿案”中，原审法院民事审判庭以涉案协议为行政协议为由裁定驳回，但拆迁补偿协议并非行政诉讼法列举的有名行政协议，在实践中一般不作为行政案件处理。最高人民法院在再审裁定中按照有利于实质解决争议和诉讼经济的原则，裁定以行政案件继续审理。参见杨俊生诉山西省寿阳县人民政府房屋拆迁补偿协议案，最高人民法院（2016）最高法行申 4300 号行政裁定书，2019 年 5 月 10 日。

生效的民事裁定以协议不属于民事合同为由，裁定不予受理或者驳回起诉的，法院行政审判部门应当依法受理。

以下以“大英县永佳纸业有限公司诉四川省大英县人民政府不履行行政协议案”为例来阐明司法实践中如何依据行政协议的四个要素来认定行政协议并确定行政诉讼的救济途径。该案的基本案情是：2013 年 7 月，中共四川省遂宁市大英县委为落实上级党委、政府要求，实现节能减排目标，出台中共大英县委第 23 期《关于研究永佳纸业处置方案会议纪要》（以下简称《会议纪要》），决定对大英县永佳纸业有限公司（以下简称永佳公司）进行关停征收。根据《会议纪要》，四川省大英县人民政府（以下简称大英县政府）安排大英县回马镇政府（以下简称回马镇政府）于 2013 年 9 月 6 日与永佳公司签订了“大英县永佳纸业有限公司资产转让协议书”（以下简称“资产转让协议书”），永佳公司关停退出造纸行业，回马镇政府受让永佳公司资产并支付对价。协议签订后，永佳公司依约定履行了大部分义务，回马镇政府接受了永佳公司的厂房等资产后，于 2014 年 4 月 4 日前由大英县政府、回马镇政府共计支付了永佳公司补偿金 322.4 万元，之后虽经多次催收仍未履行后续付款义务。永佳公司认为其与回马镇政府签订的“资产转让协议书”系合法有效的行政合同，大英县政府、回马镇政府应当按约定履行付款义务。故诉至法院请求判令大英县政府、回马镇政府支付永佳公司转让费人民币 894.6 万元及相应利息。

经四川省遂宁市中级人民法院一审，四川省高级人民法院二审判决“资产转让协议书”合法有效，大英县政府应当给付尚欠永佳公司的征收补偿费用人民币 794.6 万元及资金利息（按照约定在补偿款中扣除 100 万元作为大英县政府、回马镇政府自行办理相关手续的费用）。大英县政府、回马镇政府不服，向最高人民法院申请再审称，“资产转让协议书”系民事合同，若属行政协议，永佳公司不履行约定义务将导致其无法救济，故本案不属于行政诉讼受案范围。

最高人民法院在再审裁定中，完整地运用行政协议的主体、目的、内容和意思四要素对协议性质进行了分析，认为本案案涉“资产转让协议书”系大英县政府为履行环境保护治理法定职责，由大英县政府通过回马镇政府与永佳公司订立协议替代行政决定，其意在通过受让涉污企业永佳公司资产，让永佳公司退出造纸行业，以实现节能减排和环境保护的行政管理目标，维护公共利益，符合行政协议的四个要素，系行政协议，相应违约责任应由大英县政府承担。

同时，最高人民法院在再审裁定中强调，我国行政诉讼虽然采用被告恒定原则，但并不影响作为行政协议一方当事人的行政机关的相关权利救济。在相对人不履行行政协议约定义务，行政机关又不能起诉行政相对人的情况下，行政机关可以作出要求相对人履行义务的决定，相对人拒不履行的，行政机关可以该决定为执行依据向人民法院申请强制执行。故不存在案涉“资产转让协议书”若被定性为行政协议，永佳公司不履行约定义务将导致行政机关无法救济的问题。据此，最高人民法院裁定驳回大英县政府的再审申请。[①]

（二）行政协议的特征

行政协议具有行政性和协议性（契约性）的双重特征。司法审查因此既审查行政协议的合法性，也审查合约性。具体而言，在行政协议诉讼中，法院既审查行政机关签订、履行、单方变更、解除等行为的合法性，也审查行政协议作为合同的合同效力问题。

1. 行政性

行政协议的行政性体现在其当事人必有一方是行政主体，且行政主体在行政协议的订立、履行和解除方面享有行政优益权，以及协议的目的是完成公共管理任务或提供公共服务等特定行政任务，协议的内容是行政法上的权利义务关系。行政协议的行政性使其区别于平等民事主体之间订立的私法契约，也是行政协议被纳入行政诉讼受案范围且在司法审查中首先适用行政法律规范的主要原因。

2. 协议性

行政协议既是一种新型行政活动方式，也是一种合同类型，因此具有合同的基本属性，即双方自愿真实意思表示一致而达成具有约束力的协议。这种双方合意性是行政协议区别于传统的单方高权行政行为的重要标志。基于合意性和意思自治，相对人有权选择是否订立行政协议，并可就行政协议条款与行政主体进行充分磋商，在法律规定的权限范围内就协议内容进行约定。协议性也决定了法院在审查行政协议时，不仅审查其合法性，也审查合约性，并可以适用相应的民事法律规范。

需要指出的是，在司法实践中，一般认为，行政协议的行政性优先于协议性、合法性优先于合约性，行政协议应当优先适用合法性审查原则。当行政协议的合约性与合法性相冲突，即约定的内容不符合法律规定时，人民法院对该协议内容的效力应当不予认可。若行政协议所依据的法律法规已对协议内容作出具体明确规定，双方当事人均应遵守而不具有自由协商空间，若违反该规定，协议订立后当事人请求依法予以变更协议内容的，人民法院可以支持。[②]

---

① 参见大英县永佳纸业有限公司诉四川省大英县人民政府不履行行政协议案，最高人民法院（2017）最高法行申 195 号行政裁定书，行政协议案件典型案例第 1 号，最高人民法院 2019 年 12 月 12 日发布。

② 参见王某某、陈某某诉浙江省杭州市余杭区良渚街道办事处变更拆迁补偿安置协议案，最高人民法院行政协议诉讼典型案例（第二批），《人民法院报》2022 年 4 月 21 日，第 2 版。该案中，法院认为，原告起诉的系争“房屋拆迁安置协议”不符合其订立时应当适用的《杭州市征收集体所有土地房屋补偿条例》，遗漏了 1 名符合安置人员条件的现役军人的补偿待遇，造成显失公平的后果，依法应予纠正。法院遂根据协议相对人的请求，按照法定标准判决变更安置协议，增补安置人口和面积。法院在合法性审查的基础上通过判决变更协议内容的方式高效充分地保障了协议相对人的合法权益。

（三）行政协议的内容

行政协议中对行政主体和相对人双方当事人的权利义务的配置，应当既能有效地促成行政协议所追求的特定行政目的的实现，又能以实现该特定行政目的所必须的限度为原则，不过度赋权或科以义务。[①] 此外，双方的对待给付义务应当相当，并且具有正当合理的关联，禁止不当联结。

1. 行政主体的权利和义务

行政协议中，行政主体享有以下权利，一般也被称为行政优益权。

（1）指挥权。行政主体有决定协议相对人如何履行合同的权利，对方对此有服从的义务。例如，在水土承包治理合同中，水利部门有权要求承包单位采取符合技术规程的治理方式履行合同。

（2）检查、监督权。出于保护社会公共利益的需要，尤其是在涉及国计民生的基础设施和公用事业特许经营协议中，行政主体有权及时了解协议相对人履行合同的情况，如要求协议相对人提供有关材料、报表、账册或者向行政机关口头或书面汇报履行合同的情况，并且有权对不正当履行的情形予以纠正。[②]

（3）单方变更或者解除合同权。在合同履行过程中，行政主体有权单方变更协议相对人履行义务的期限、范围和方式，这是维护公共秩序和公共利益所必需的行政优益权。但该特权的行使必须合法正当，必须是出于公共利益为情势所需，并符合公平、合理、合法和信赖保护原则，导致相对人财产损失的，应予以合理补偿。

（4）制裁权。在协议相对人不履行或不适当履行合同义务时，行政主体可以依法行使制裁权。例如，在国有土地使用权出让合同中，对于未按合同规定的条件和期限开发利用土地的，土地管理部门应当予以纠正，并根据情节给予警告、罚款直至无偿收回土地使用权的处罚。[③]

在行政协议中，行政主体负有的义务一般包括：

（1）按照约定的权限和程序签订合同并遵循诚实信用原则，依约全面履行合同。[④] 行政主体应当认真履行协议，不得以政府换届、领导更替等理由违约毁约，因违约毁约侵犯合法权益的，要承担法律和经济责任。[⑤]

---

① 参见朱维究、王成栋主编：《一般行政法原理》，高等教育出版社2005年版，第396页以下（喻文光执笔）。

② 例如，《基础设施和公用事业特许经营管理办法》第44条规定了行政主体对特许经营者执行法律、行政法规、行业标准、产品或服务技术规范，以及其他有关监管要求进行监督管理的权利；第46条规定了行政主体定期对特许经营项目建设运营情况进行监测分析和绩效评估的权利。

③ 参见《城镇国有土地使用权出让和转让暂行条例》第17条。

④ 参见《基础设施和公用事业特许经营管理办法》第30条。

⑤ 参见中共中央、国务院《关于完善产权保护制度依法保护产权的意见》（中发〔2016〕28号）第七项“完善政府守信践诺机制”。

(2) 兑现合同约定给予协议相对人投资补助、财政补贴等政策优惠，兑现提供配套公共服务或基础设施的承诺，遵守承诺不建设特许经营项目的同类竞争性项目等。

(3) 支付合同约定的相应价款、报酬或补偿款以及给付实物（如交付拆迁安置房屋等)。

(4) 对合同相对人或利害关系人（公平竞争权人、不动产的用益物权人、公房承租人）的财产损害赔偿的义务。在签订和履行行政协议过程中，凡是因行政主体行使职权或行政优益权而给相对人或利害关系人合法权益造成损失，应当予以赔偿或补偿的，行政主体应当依据有关规定和实际损害给予赔偿或补偿。

2. 协议相对人的权利义务

协议相对人的权利主要有：

(1) 取得报酬或实物、享受政策优惠权。行政相对人有权要求行政主体按约定支付价款、给付实物，兑现合同约定的优惠承诺，如补贴、贷款、担保、减免赋税、授权特许经营者收取使用费、获得特许经营收益等。行政主体不得单方变更报酬及优惠条款。

(2) 请求损害赔偿或补偿权。协议相对人对于协议履行过程中，行政机关违法行使职权侵害其合法权益的，有权要求赔偿；对于行政主体出于公共利益需要单方变更或解除合同的，有权要求给予适当补偿。

(3) 额外费用偿还请求权。行政主体根据公共利益需要，要求相对人提供协议约定以外的产品或服务的，协议相对人有权要求给予公平合理补偿。①

(4) 不可预见情形或困难补偿权。若发生与行政主体和相对人都无关的不可抗力风险或不可预见的情形，例如，经济危机的爆发，导致合同履行极端困难的，相对人有权要求行政主体给予补偿和帮助，以保证合同得以继续履行。

协议相对人的义务主要有：

(1) 按照合同约定亲自、全面、实际履行义务。亲自履行是指相对人依法必须自己履行，因为协议相对人是行政主体经过招投标等法定程序选择的、最符合实现行政目的以及具备特定资质和能力的行政合同执行人，非经行政主体同意，其不得转委托他人代为履行，否则会影响合同履行的质量和效果。全面履行是指按照合同规定的条件、期限和质量标准等要求全面适当履行。实际履行是指必须按照合同规定的标的履行，不能任意变更标的或用违约金和赔偿损失的方法代替合同的履行。

(2) 接受行政主体的管理监督和指挥。特许经营协议的相对人还应当公开有

---

① 参见《基础设施和公用事业特许经营管理办法》第 39 条。

关会计数据、财务核算和其他有关财务指标，并依法接受年度财务审计。[①]

（3）特许经营协议的相对人应当根据法律规范、标准规范和协议约定，提供优质、持续、高效、安全、普遍、无歧视的公共产品或者公共服务。[②]

需要强调的是，行政协议中对相对人设定的各项义务必须是具有现实履行可能性的，否则将导致合同目的实际不能实现，相对人有权要求解除合同。[③]

（四）行政协议的发展

行政协议作为一种柔和弹性及合意性的行政活动方式，是随着民主法治、福利国家以及给付行政的确立和发展应运而生的。在理论上，行政领域能否存在契约关系，经历了从根本否定到逐渐接受的争议过程，而不同的法律传统及法律实践也形成了不同的行政合同理论。

1. 大陆法系行政协议的发展

在德国，早期公法学界对于行政协议主要是持保留或否定的态度，以奥托·迈耶的观点最具代表性，其认为在公法领域国家缔结私法意义上的契约是不可想象的。[④] 学者研究认为，有两方面的原因可以解释上述立场：一方面，行政法学当时作为新兴学科正处于创立期，定位为“面向国家行政的特殊法律制度体系”，为与私法相区别，不应在行政法学中赋予作为私法核心制度的合同以重要地位。另一方面，该立场也受到当时国家学的理论预设前提和教义学前理解的影响，认为公法受到国家意志的单方普遍约束原则的支配，在国家与臣民之间的不平等公法关系中，不可能产生合同意义上的平等法律关系中的意思表示。[⑤] 但二战之后，随着行政合同在行政管理中的运用，行政合同存在论成为学界的主流观点。而 1966 年联邦行政法院关于建设费用的一个重要判决则进一步强调了行政协议在行政活动方式多样性和行政民主化方面的重要价值，指出承认行政协议的合法性体现了现代法治国家公民法律地位的根本变化，其不再仅仅是行政客体，而是行政法律关系的一方当事人，提升了行政的民主正当性。[⑥] 行政合同在德国取得

---

① 参见《基础设施和公用事业特许经营管理办法》第 47 条第 3 款。

② 参见《基础设施和公用事业特许经营管理办法》第 34、49 条。

③ 参见中山市某房地产发展有限公司诉广东省中山市自然资源局要求解除行政协议案，最高人民法院行政协议诉讼典型案例（第二批），《人民法院报》2022 年 4 月 21 日，第 3 版。该案的系争“国有土地使用权出让合同补充协议”为原告某房地产公司设定了有悖常理的履约义务，即其须于协议订立后的两个多月内在面积达 10 万平方米的涉案土地上完成办理规划和施工许可、基坑开挖、打入所有基础桩、地基施工完成三分之一等土地开发建设义务，被法院认定合同义务不具有现实可能性，导致合同目的实际不能实现，符合法定的合同解除条件。

④ Vgl. Otto Mayer, *Zur Lehre vom öffentlich-rechtlichen Vertrage*, AöR, Bd. 3 (1888), S. 3 (42).

⑤ Vgl. Hartmut Bauer, *Verwaltungsverträge*, in: Voßkuhle/Eifert/Möllers, Grundlagen des Verwaltungsrechts, Aufl. 3, 2022, § 35, S. 645 ff.

⑥ Vgl. BVerwGE 23, 213 - Baudispens, Rn 7, 1966.

的重大突破是1976年德国《联邦行政程序法》专章（第54～61条）规定了公法合同。根据该法第54条的定义，公法合同是指设定、变更和终止公法上法律关系的合同。公法合同包括行政主体之间签订的协议，以及行政主体和相对人之间签订的协议。作为与行政行为并列的一种行政活动方式，德国行政合同的适用范围非常广泛，有对等合同和主从合同、和解合同和双务合同等多种形式。[①] 在立法肯认了行政合同的地位之后，学界对行政协议的探讨从在实定法和理论体系中争取一席之地转向法律的解释和适用问题，即探讨行政协议与私法协议的区分界限、合法要件、协议类型和效力等问题。在20世纪90年代行政领域公私合作、债法改革和欧盟一体化的大背景下，理论和实务界的讨论重心又转为如何将公私合作协议（PPP）纳入行政程序法或重构公私合作行政契约法，债法改革对行政合同的影响，以及欧盟法框架下的行政协议制度建构等问题。总之，德国的行政协议制度以及相关学术研究的广度和深度一直在与时俱进，不断拓展。

在法国，行政合同是指由行政机关参与制定，受公法规则调整并由行政法院管辖的契约。法国基于明确的公法私法区分，行政合同与民事合同严格区别，行政合同是行政机关签订的公法上的合同，包括公共工程承包合同、公共服务特许合同、独占使用公用公产合同、出卖国有不动产合同，以及近年来兴起的公私合作合同（PPP合同）等。这类合同受公法规则调整，由行政法院管辖。但法国没有关于行政合同的专门法律和定义，适用于行政合同的基本规则都是通过最高行政法院的判例概括提炼出来的。判例法确立的界定行政合同的标准包括：（1）合同的当事人中有一方是行政主体；（2）合同以执行公务为目的；（3）合同适用于不同于私法的规则。[②] 法国的行政合同制度非常强调行政合同的行政性以及公益优先原则。出于以下两个理由，行政主体可以行使单方变更或解除合同的行政优益权：（1）出于公共利益的保护，尤其是为了保障公共服务提供的稳定性和延续性。（2）因客观事实发生不可预见的变化，包括不可抗力因素和不可预见的事实状态、不可测的风险，若继续履行契约，将可能对公共利益造成损害。对此，判例中发展出了“王之行为”理论和“不可预见性”理论。前者主要针对不可预见的契约之外的公权力的行使；后者主要是指经济上不可预见的变动，例如，在经典案例1916年“波尔多照明公司案”中，煤价因战争影响而大涨，原告无法按原来合同约定的价格提供照明服务，要求补偿因履约而发生的经济损失。[③]

---

① 参见［德］哈特穆特·毛雷尔：《行政法学总论》，高家伟译，法律出版社2000年版，第353页以下。

② 参见王名扬：《法国行政法》，中国政法大学出版社1989年版，第179-182页；姜明安：《比较行政法》，法律出版社2023年版，第189页以下。

③ 参见黄源浩：《法国行政契约发展趋势——以“不可预见性理论”之变迁为中心》，载台湾行政法学会主编：《行政契约之基础理论、法理变革及实务趋势/行政程序法之最新发展》，元照出版公司2013年版，第30页以下。

值得指出的是，我国行政协议制度在形成和发展中借鉴和吸收了德国和法国行政合同制度中的理论养分，例如，德国的行政协议效力理论、法国的行政优益权理论等，并进行了本土化建构，形成了具有中国特色的行政协议制度。

2. 英美法系行政协议的发展

在英美法系国家，由于不区分公法和私法，没有明确的行政合同的概念，但有政府合同或公共契约的概念，即政府与私人或企业之间订立的合同。由于实行一元化的普通法院裁判制度，以及传统上对行政权的怀疑和对司法权的信任，涉及政府合同或公共契约的争议均由普通法院管辖，适用与私人之间契约相同的法律。但政府具有维护公共利益和监管市场的职责，因此，英美法中也发展了针对政府合同或公共契约的特殊规则来保护公共利益，以及保障政府监管权的行使。例如，英国在判例中确立了“契约不能束缚政府的自由裁量权”的原则。在成文法中，主要从程序上规范政府合同，例如，1977 年《不公正合同条款》对政府合同中行政机关的契约自由作了限制。美国则以政府采购为中心建立了公共契约制度，并颁布了专门的《政府采购法》和《缔约采购法》等，内容包括政府采购的授权规范、政府采购的招投标程序以及标准化合同条款等，据此来保障政府采购的公开透明和公平竞争。同时，美国通过判例发展了特殊的规则，给予政府在契约关系中特殊的地位，以调和政府在公共契约中双重身份（公益监管者以及合同当事人）带来的矛盾冲突。[①] 例如，在 1996 年美国联邦最高法院作出的著名的 Winstar 案判决中，法院一方面禁止私方当事人行使特别履行的请求权以维护政府监管权限不受干扰，另一方面维护私方当事人的信赖利益，允许其通过损害赔偿之诉来保护合法权益。[②] 而在规制改革和公私合作的大潮中，规制合同（regulatory contract）作为新型治理工具受到青睐，被较多地运用于金融监管和环境治理等领域。

无论如何，合同作为一种治理手段和规制工具被日益广泛运用到公共管理中，而如何平衡其中涉及的公共利益和私人利益是各国面临的共同课题。

3. 我国行政协议的发展

我国行政协议的发展肇始于改革开放。计划经济向市场经济的转轨以及经济体制改革促使政府职能转变，政府职能的转变又要求改革传统僵化的命令—服务型行政管理模式，创新政府管理方式，行政合同作为新型灵活的、赋予相对人自

---

① 参见张若磊：《美国法制中政府与人民签立契约关系之法规初探》，载台湾行政法学会主编：《行政契约之基础理论、法理变革及实务趋势/行政程序法之最新发展》，元照出版公司 2013 年版，第 66 页以下。

② See Roger Citron, *Lessons from the Damages Decisions following United States v. Winstar Corp.*, 32: 1 Public L. J. 6 - 10, 1 - 38 (2002).

主权和能动性的行政管理方式正好适应了这个转变过程，应运而生。改革开放初期的农村土地承包合同、粮食订购合同已粗具行政合同雏形。1987 年党的十三大明确提出“无论哪种经营责任制，都要运用法律手段，以契约形式确定国家与企业、企业所有者与企业经营者之间的责、权、利关系”[①]，为我国行政协议的运用与发展奠立了基石。随后国务院 1988 年颁布了《全民所有制工业企业承包经营责任制暂行条例》和《全民所有制小型工业租赁暂行条例》，据此签订的企业承包合同被行政法学界归入行政合同范畴。[②] 尤其是 1990 年国务院颁布的《城镇国有土地使用权出让和转让暂行条例》明确规定了行政主体在合同中的制裁权、解除权等行政合同所特有的规则，被学者认为是当时“最为符合或接近行政合同的”[③]。此后，行政合同的适用范围逐渐扩展到国有土地使用权出让、公共工程承包、基础设施和公用事业特许经营、治安责任承担、环境治理等领域。行政合同的实践也推动了理论研究和立法的进程。虽然由于民法学者的反对，2000 年颁行的《合同法》没有确立行政合同的地位，但 2004 年国务院《全面推进依法行政实施纲要》明确将行政合同作为改革行政管理的方式列入这一依法行政的纲领性文件中。行政合同立法取得的突破性进展是 2014 年《行政诉讼法》修改时将其纳入行政诉讼的受案范围。立法者认为，随着政府职能转变，行政协议应用会越来越广泛，但在司法实践中，由于没有统一规定，对于相关争议有的法院按民事案件受理，有的按行政案件受理，导致审理的依据、适用的规则和审判结果不一致，不利于化解矛盾。考虑到行政协议争议中往往伴随着行政行为争议，将其纳入行政诉讼范围，有利于争议的一并解决。[④] 据此，《行政诉讼法》第 12 条第 1 款第 11 项明确规定，公民、法人或其他组织认为行政机关不依法履行、未按照约定履行或者违法变更、解除政府特许经营协议、土地房屋征收补偿协议等协议的，可以提起行政诉讼。但该条款没有对行政协议的概念作出界定，也没有对行政协议的范围等具体问题作出规定。最高人民法院先在 2015 年行诉法解释中用 6 个条文针对行政协议的定义、类型、法律适用、判决类型、诉讼费用等作出规定，后于 2019 年 12 月颁布了详细的《关于审理行政协议案件若干问题的规定》，共计 29 条，对于行政协议诉讼审理规则作出了更为完整和体系化的规定。当然，任何纸面的规则都需要实践的试用和检验，实践也需要

---

① 《中国共产党第十三次全国代表大会报告》（1987 年 10 月 25 日）第四部分“关于经济体制改革”中的第一项改革措施：（一）按照所有权经营权分离的原则，搞活全民所有制企业，载中华人民共和国中央人民政府网，https：//www. gov. cn/test/2008 - 07/01/content _ 1032279 _ 2. htm，2024 年 4 月 19 日访问。

② 参见马怀德主编：《行政法学》，中国政法大学出版社 2007 年版，第 275、281 页以下。

③ 张树义：《行政合同》，中国政法大学出版社 1994 年版，第 5 页。

④ 参见全国人大常委会法制工作委员会行政法室编：《中华人民共和国行政诉讼法解读》，中国法制出版社 2014 年版，第 44 页。

理论的提炼和指导，我国行政协议的实践丰富而复杂，方兴未艾，相关理论研究需要紧密联系实践，不断推陈出新，回应实践需求，从而完善制度和规则的建构。

（五）行政协议的功能

1. 扩大公众参与，推进民主治理

行政合同是公民参与公共管理和社会治理的重要途径，通过行政机关与相对人进行平等的协商对话、展开合作，共同完成国家行政管理和公共服务任务，从根本上改变了传统高权行政中行政机关居高临下的优越地位，提高了相对人的主体地位，扩大了民主参与的方式与程度，促进了现代社会的多元主体合作共治。

2. 实现行政活动方式多元化，回应公共管理和服务的时代挑战

传统的行政管理方式，如行政许可、行政检查、行政处罚、行政强制执行等权力色彩浓厚，被称为权力行政，但在行政职能急遽扩大，公共管理和服务任务日趋复杂多样的全球化、数字化时代，面对各种风险和挑战，权力行政已经捉襟见肘，亟须多元化的规制手段和治理工具。行政协议作为合作型行政活动方式，能够吸收私人的资本、技术、人力和信息等优势，通过合作共治来分担风险并回应国家和社会治理的需求和挑战。

3. 顺利实现行政管理目标，预防行政争议

行政协议的双方合意性充分体现了对相对人意思表示及其合法利益的尊重，相对人的意见和诉求在协商过程中得到充分表达，可以改变其抵触心态，调动其积极性、主动性和创造性，有利于行政管理目标的顺利实现。同时，行政协议的缔结使行政主体和相对人的权利义务关系得到确定和明晰，且协议具有法律约束力，可以有效保护相对人的合法权益并从源头预防行政争议。例如，在行政争议频发多发的土地房屋征收补偿领域，为从源头预防争议，2019年修正的《土地管理法》将签订补偿协议等前置到申请征地前，要求行政机关必须首先与拟征收土地的所有权人、使用权人就补偿安置等签订协议，然后才可以申请征收土地。① 有的地方立法还规定，若房屋被征收人及时与行政机关签订补偿协议，可以获得一定的奖励，因为其促进实现了城市更新、旧城改造等行政管理目标。②

---

① 参见《土地管理法》第47条第4、5款。

② 例如，《上海市国有土地上房屋征收与补偿实施细则》第27条第2款规定："对按期签约、搬迁的被征收人、公有房屋承租人，房屋征收部门应当给予奖励，具体奖励标准由各区人民政府制定。"

二、行政协议的类型

行政协议可以依照不同的标准划分为不同的类型，进行学理上的类型化研究。我国《行政诉讼法》和司法解释明确规定了几类典型的行政协议。以下首先结合域外法介绍学理上对行政协议所作的分类，再详细探讨我国实定法上列举的几类有名行政协议。

（一）行政协议的学理分类

1. 对等协议和隶属协议

这是德国行政法上以签订协议的当事人之间的法律关系为标准而作的分类。

（1）对等协议（koordinationsrechtliche Verträge）是原则上地位平等的合同当事人之间，特别是具有权利能力的行政主体之间签订的合同，其调整的是不能通过行政行为处理的法律关系。为有效利用资源，几个地方行政机关常签订协议来合作完成某些公法任务，例如，两个乡镇之间有关界河养护的协议；乡镇和县之间有关移交垃圾清除义务的合同。

（2）隶属协议（subordinationsrechtliche Verträge）是指具有命令服从关系的当事人之间，即行政机关为一方、公民或其他处于行政关系之下的法人作为另一方签订的合同。例如，在建筑法上常见的乡镇和私人（私方建设主体、投资者等）签订的城市建设合同。①

2. 处分合同与负担合同

这是德国法上借鉴民法的分类方式，以合同标的以及效力为标准所作的行政协议分类。

（1）处分合同（Verfügungsvertrag），指直接设定、变更或消灭特定公法关系的合同，其无须另一履行行为即发生法律效果。例如，双方签订的行政合同可直接替代相对人所申请的行政许可。

（2）负担合同（Verpflichtungsvertrag）。与此处分合同相对，负担合同是指通过合同课予的义务，还需要另一行为来履行，才能产生合同内容约定的法律效果。例如，行政机关与相对人签订社会补助协议，行政机关需实际履行给付金钱义务，补助协议才发生法律效果。②

---

① Maurer/Waldhoff, *Allgemeines Verwaltungsrecht*, 20., *überarbeiteteund ergänzte Auflage*, 2020, S. 419 - 420.

② Maurer/Waldhoff, *Allgemeines Verwaltungsrecht*, 20., *überarbeitete und ergänzte Auflage*, 2020, S. 420 - 421.

3. 和解合同和双务合同

这是德国《联邦行政程序法》特别明文规定的两类实践中常见的典型合同。

（1）和解合同是指通过相互让步来消除合理判断中的事实或法律问题的不确定状态的合同。其适用的条件是：(a) 存在着有关事实状况或者法律观点的不确定状态；(b) 这种不确定状态不能查明，或者非经花费重大成本不能查明；(c) 通过双方当事人的“让步”，可以取得一致的认识。

（2）双务合同是指设定对等义务的合同。为了保护公民以及防止行政主体出卖公权力，双务合同的适用需要具备以下合法要件：(a) 符合特定的目的；(b) 为了执行公共任务；(c) 给付义务必须任务；(d) 与合同中的给付义务具有客观的关联性（即禁止不当联结）。①

值得指出的是，和解合同和双务合同既可能属于前述对等协议，也可能是隶属协议，它们是根据不同标准作的分类，不能僵化区分，也不能随意混淆。

（二）我国实定法规定的行政协议类型

我国《行政诉讼法》明确列举了政府特许经营协议、土地房屋征收补偿协议两类行政协议。最高人民法院《行政协议审理规定》在此基础上规定了五类有名行政协议。当然，司法解释的规定只是列举了实践中几类重要的行政协议，以实现特定的法政策目标。例如，通过对国有自然资源使用权出让协议的审理，来解决国有自然资源领域政府不履约、不监管、权力寻租等乱象，确保国有资产等国家利益得到有力保护；通过审理政府投资的保障性住房的租赁、买卖等协议，来保障城市低收入群体的“房子是用来住的”合法权益；通过对政府与社会资本合作协议的审理，来保障社会资本方参与公私合作的积极性和安全感，营造公平竞争营商环境、促进民营经济发展等。② 这五类行政协议并未根据某一严谨标准进行分类，也不乏争议。以下将作简要介绍和探讨。

1. 政府特许经营协议

政府特许经营是政府通过招标等公平竞争方式，许可特定经营者经营某项公共产品或者提供某项公共服务。政府特许经营一般通过协议明确双方的权利义务和风险分担，约定特许经营者在一定期限和范围内投资建设运营基础设施和公用

---

① 参见［德］哈特穆特·毛雷尔：《行政法学总论》，高家伟译，法律出版社 2000 年版，第 355－356 页。

② 参见《最高法就发布〈最高人民法院关于审理行政协议案件若干问题的规定〉举行新闻发布会》，载中国网，http：//www.china.com.cn/zhibo/content_75496710.htm，2024 年 4 月 19 日访问。

事业并获得收益。[①] 特许经营广泛存在于城市供水、供气、供热、污水处理、垃圾处理、城市公共交通等公用事业领域。

政府特许经营协议虽然已被 2015 年 5 月 1 日起施行的新《行政诉讼法》列为法定有名行政协议，但其实在此之前，对其法律属性素有争议，学界有三种代表性观点：民事合同说、行政合同说和混合合同说。[②] 而在司法实务界，多数特许经营协议，尤其是 BOT 协议[③]，自 1995 年为了吸引外商投资被引进以来，基本被认定为民事合同，通过民事诉讼途径或仲裁来解决纠纷。[④] 因此，对于特许经营协议是否必须纳入行政诉讼的争议问题，比较务实的解决方案是，可以适用《行政协议审理规定》第 28 条的规定[⑤]，以特许经营协议的订立时间为分界，在 2015 年 5 月 1 日之前订立的，相关争议仍可以采取民事诉讼或者商事仲裁的救济途径；此后订立的，则通过行政诉讼加以解决。

2. 土地、房屋等征收征用补偿协议

这也是《行政诉讼法》第 12 条第 1 款第 11 项明确规定的行政协议类型。土地征收补偿是指政府对依法征收农村集体所有的土地所给予的补偿。房屋征收补偿是行政机关征收国有或集体土地上的房屋所给予的补偿。根据《国有土地上房屋征收与补偿条例》第 25 条的规定，房屋征收部门与被征收人可以就补偿方式、补偿金额和支付期限、用于产权调换房屋的地点和面积、搬迁费、临时安置费或者周转用房、停产停业损失、搬迁期限、过渡方式和过渡期限等事项，订立补偿协议。补偿协议订立后，一方当事人不履行补偿协议约定的义务的，另一方当事人可以依法提起诉讼。一般认为，征收征用补偿协议符合行政协议的基本特征，属于典型的行政协议。另外，需要注意的是，《行政协议审理规定》中规定的“土地、房屋等征收征用补偿协议”中的“等”属于“等外等”。只要是由于征收征用补偿签订的协议，就都属于行政协议，并不局限于土地、房屋两类，还包括可能被征收的其他不动产、动产，甚至知识产权，例如，我国香港特别行政区

---

① 参见《基础设施和公用事业特许经营管理办法》第 3 条；袁杰主编：《中华人民共和国行政诉讼法解读》，中国法制出版社 2014 年版，第 43 页。

② 参见陈阵香、陈乃新：《PPP 特许经营协议的法律性质》，《法学》2015 年第 11 期，第 25 - 26 页；余凌云：《行政契约论》，中国人民大学出版社 2006 年版，第 28 - 30 页；应松年主编《当代中国行政法》，中国方正出版社 2005 年版，第 988 - 995 页（邢鸿飞执笔）。

③ BOT 是“build-operate-transfer”的缩写，意为“建设—经营—转让”，BOT 模式是公共基础设施特许经营的最典型方式，即由政府通过特许协议授予社会资本组成的项目公司一定期限的基础设施特许经营权，由其筹资建设，并通过运营收回投资成本并获得一定投资回报，约定期满后，项目设施无偿转让给项目所在地政府。在 BOT 协议中，政府和社会资本方详细约定双方各自的权利义务、期限和争议解决途径等条款。

④ 参见于安：《论政府特许经营协议》，《行政法研究》2017 年第 6 期，第 11 页。

⑤ 《行政协议审理规定》第 28 条规定：“2015 年 5 月 1 日后订立的行政协议发生纠纷的，适用行政诉讼法及本规定。2015 年 5 月 1 日前订立的行政协议发生纠纷的，适用当时的法律、行政法规及司法解释。”

《专利条例》第 69 条规定政府可在极度紧急期间征用专利。[①]

3. 矿业权等国有自然资源使用权出让协议

这类协议是指行政机关代表国家将矿业权等国有自然资源的使用权在一定期限内出让给行政相对人，行政相对人支付出让金并按协议的规定开发利用国有自然资源而签订的协议。

《行政协议审理规定》列举的此类行政协议中比较典型的且无争议的是探矿权、采矿权出让协议。理论和实务界分歧较大的是国有土地使用权出让协议是否属于行政协议。[②] 民法学界和民事审判中一般将其视为当事人一方为政府的民事合同，且认为行政机关单方解除协议是合同法规定的法定解除情形，而非行政优益权的行使[③]；此外，基于民事赔偿的填平补齐原则对私人主体的保护更为有利。自 2005 年起适用的《最高人民法院关于审理涉及国有土地使用权合同纠纷案件适用法律问题的解释》也将此类合同争议作为民事诉讼案件审理。持反对意见者认为，国有土地使用权出让协议在目的和内容等要素方面均符合行政协议的定义，尤其是出于社会公共利益需要，行政机关可以单方收回国有土地使用权，具有明显的公益性质。此外，由于国有土地使用权出让只是土地征收、规划、补偿等行政程序中的一个环节，国有土地使用权出让协议的法律争议问题往往涉及其他环节的行政行为合法性问题，将出让协议作为行政协议审理，有利于克服民事审判部门无法审查行政行为合法性的不足，有利于行政争议的实质性化解。鉴于国有土地使用权出让协议引发的争议常常具有民行交叉的复杂性，对于出让协议以及争议的性质不宜先入为主地一刀切地定性，而应根据双方核心法律争议的性质，从有利于当事人权益的有效保护以及实质性化解争议的角度，确定法律救济的合适途径。

4. 政府投资的保障性住房的租赁、买卖等协议

这是《行政协议审理规定》列举的一类有名行政协议，是指行政机关为推行和实现福利政策，与行政相对人签订的由政府投资建设的保障性住房的租赁、买卖等协议。原建设部等发布的自 2007 年实施的《廉租住房保障办法》规定了这一协议类型。[④]

---

① 参见梁凤云：《行政协议司法解释讲义》，人民法院出版社 2020 年版，第 23－25 页。

② 关于国有土地使用权出让协议法律性质在学界和司法实务界的争议、定性为民事协议或行政协议各自的优缺点，以及最高人民法院在制订《行政协议审理规定》对该问题的考量，请参见梁凤云：《行政协议司法解释讲义》，人民法院出版社 2020 年版，第 25－32 页。

③ 参见王利明：《论行政协议的范围——兼评〈关于审理行政协议案件若干问题的规定〉第 1 条、第 2 条》，《环球法律评论》2020 年第 1 期，第 10－11 页。

④ 参见《廉租住房保障办法》第 20 条的规定："对轮候到位的城市低收入住房困难家庭，建设（住房保障）主管部门或者具体实施机构应当按照已确定的保障方式，与其签订租赁住房补贴协议或者廉租住房租赁合同，予以发放租赁住房补贴或者配租廉租住房。"

自2014年《行政诉讼法》将行政协议纳入行政诉讼受案范围后，司法实践中一般将涉及公共住房租赁协议、经济适用房、廉租房租赁、买卖协议的争议作为行政案件审理，较好地保障了低收入群体的合法权益。相关案例曾入选最高人民法院2017年发布的行政审判十大典型案例。①

5. 符合《行政协议审理规定》第1条的政府与社会资本合作协议

政府与社会资本合作协议又称为公私合作协议或PPP协议。PPP（Public-Private Partnerships）是政府通过和社会资本合作来提供公共产品和服务的一种方式。作为继私有化、规制缓和、再规制之后的又一种公共行政和公共物品供给方式的改革创新模式，PPP在20世纪90年代席卷世界各国。其一般具备三个特征：平等合作、风险分担、互利共赢。PPP的表现形式很多，但大致可归纳为两种：合同模式的PPP（包括BOT、TOT、BOO、特许经营等）；以及公司模式的PPP（指公私双方共同建立新的PPP项目公司或公共一方转让公司股份给私人）。② 我国的PPP实践一般认为可以追溯到1984年深圳沙角B电厂BOT项目，几经起伏后自2014年起再次受到特别关注被大力推广，但目前因为多种原因又陷入低谷和困境。

综观PPP实务和司法实践，涉及PPP的争议包括两大类：一类是在选择社会资本过程中，例如因招投标程序，或特许经营权授予产生的争议，此类争议可能涉及行政权的行使，例如，撤销或收回特许经营权，可以通过行政诉讼予以解决。另一类是因PPP协议本身产生的问题。而PPP协议是一个合同束，或称合同体系，包括框架协议、特许经营协议、融资协议、担保协议、施工承包协议、保险协议等等。虽然特许经营协议是核心协议，但其不等同于PPP协议。而且即使是特许经营协议项下的争议也很复杂，有公法性质，也有民事性质。而从合同过程论的角度而言，PPP协议是一个系列行为，包括协议的邀约、协议的签订、协议的履行、协议的解除、涉及协议无效、违约责任、补偿与赔偿责任等的认定或协商、协议的再谈判等。PPP协议从签订到履行的整个过程都有可能涉诉，而不同阶段产生争议的行为性质都有不同。争议类型也是五花八门，包括确定合同的效力、确定解除合同通知的效力、政府回购款争议、政府违约未履行合同义务、特许经营权的地域范围、转发包PPP项目的合法性，等等。③ 由此可

---

① 参见林某国诉济南市住房保障和房产管理局房屋行政管理案，最高人民法院行政审判十大典型案例（第一批）第1号，最高人民法院2017年6月13日发布。基本案情及专家点评参见《行政审判十大典型案例》，《中国审判》2017年第20期，第174页以下。

② 参见喻文光：《PPP规制中的立法问题研究——基于法政策学的视角》，《当代法学》2016年第2期，第77页。

③ 关于PPP协议的争议解决机制及相关案例梳理分析，请参见：YU Wenguang，*Dispute Resolutions Mechanisms of PPP Agreements in China：A Research based on Judicial Decisions*，Frontiers of Law in China，pp. 360－386（2019）。

见，涉及特许经营协议或 PPP 协议的争议复杂多样，即使某协议被认定为是行政协议，争议的事项也可能仅仅是项目的回购款或者是协议中特定款项的归属权问题，这是典型的民事争议，不应被认定为行政争议而纳入行政诉讼。所以，不能笼统地根据行政协议的定义或名称就决定其行政诉讼的救济途径，也不能僵化套用主体标准认为合同争议两造只要有行政主体一方作为当事人即为行政争议，而是要根据争议的具体内容来确定争议的性质，从而选择有利于实质性解决争议的司法救济途径。[①] 因此，《行政协议审理规定》在将 PPP 协议纳入行政诉讼受案范围时，特别增加了限定语“符合本规定第一条规定的”PPP 协议，这是值得肯定的。该限定条件在司法实践中应当得到正确和严格的解释和适用，以实质性解决 PPP 争议。

6. 其他类型的行政协议

行政管理实践灵活运用协议这一新型治理和规制工具，创造了丰富多样的行政协议类型，除《行政诉讼法》及其司法解释列举的上述有名行政协议外，常见的其他类型行政协议包括：政府招商引资协议[②]，公有房屋出售租赁协议，委托培养等教育行政协议[③]，行政机关委托的科研、咨询协议[④]，行政强制执行和解协议等。

值得注意的是，《行政协议审理规定》不仅正面列举了特定类型的行政协议，还反面明确排除了两类协议：即外观上类似行政协议，但不符合司法解释确定的行政协议基本要素的公务协助协议和人事协议。该司法解释规定，对于行政机关之间因公务协助等事由而订立的协议、行政机关与其工作人员订立的劳动人事协议，不属于行政诉讼受案范围。[⑤]

三、行政协议的订立原则与程序

行政协议的订立与实施需要符合法定程序，并且要充分保护公共利益，保障公平竞争，这也是行政协议区别于民事协议的重要特征。

---

① See YU Wenguang, *Dispute Resolutions Mechanisms of PPP Agreements in China: A Research based on Judicial Decisions*, Frontiers of Law in China, p. 367 - 370 (2019).

② 参见九鼎公司诉吉林省长白山保护开发区池北区管理委员会、吉林省长白山保护开发区管理委员会不履行招商引资行政协议案，最高人民法院行政协议典型案例（第一批）第 5 号，最高人民法院 2021 年 5 月 11 日发布。

③ 例如，李文英请求泸州市江阳区卫生局履行行政合同安排工作案，载最高人民法院中国应用法学研究所编：《人民法院案例选（2004 年行政国家赔偿专辑）》，人民法院出版社 2005 年版，第 350 - 354 页。

④ 参见《湖南省行政程序规定》（2022 年）第 93 条第 2 款第 6 项的规定。

⑤ 参见《行政协议审理规定》第 3 条的规定。

(一) 订立行政协议的基本原则

1. 依法订立原则

依法行政是行政法的基本原则，落实到行政协议的订立程序中就是协议必须依法订立。具体而言，包括三方面的合法性要求：首先，行政主体必须在其职责权限范围内订立合同，包括对于行政协议具有事务管辖权、地域管辖权和层级管辖权。例如，有权签订土地征收补偿安置协议的行政主体只能是县级以上地方人民政府、县级以上地方人民政府自然资源主管部门、经有关部门确定的土地征收实施机构。① 行政主体不得超越其职权范围作出承诺或承担义务。其次，行政协议的内容，即对双方当事人权利义务的设定必须合法，不得违反法律、法规、规章，或者损害国家利益、社会公共利益、他人合法权益。② 最后，行政协议缔结的形式和程序应当合法。行政协议一般应以书面形式缔结。对于行政协议订立的程序，有法律规范明确规定的，如特许经营或土地出让协议需要经过招投标等公平竞争程序，若违反法定程序将导致行政协议无效。③

2. 禁止不当联结原则

禁止不当联结原则是指行政主体作出的行政决定必须与所要实现的行政目的具有正当合理关联，即除了符合比例原则要求的目的正当、手段正当、手段和目的之间符合比例，还需要手段与目的间有正当合理联结，禁止行政主体对相对人施加与行政行为无正当合理关联的义务。该原则要求行政主体采取的行政行为与追求之行政目的之间有实质的内在关联关系。具体到行政协议中，为了防止行政主体出卖公权力或恣意滥权，要求行政主体与相对人订立行政协议，约定相互给付义务的，相对人的给付义务与行政主体的给付义务应当相当，而且具有正当合理的关联，否则将导致协议无效。德国《联邦行政程序法》明确规定了禁止不当联结原则。④ 我国虽尚无法律的明确规定，但司法实践中已经运用该原则来审理行政协议案件。例如，在一个拆迁补偿协议纠纷诉讼中，法院认为，获得拆迁补偿属于被征收人的法定权利，其与被征收人是否完成投资额等义务之间没有合理关联，行政机关利用其强势地位为协议相对人设定明显不对等的条件或者义务，

---

① 参见《土地管理法》第 47 条、《土地管理法实施条例》第 29 条的规定。

② 参见《浙江省行政合法性审查工作规定》第 16 条第 1 款第 3、4 项。

③ 例如，在“清远盛兴投资有限公司诉广东省清远市清城区人民政府国有土地使用权出让争议案”中，对于行政机关与相对人订立的国有建设用地使用权出让协议，最高人民法院在审查其合法性时指出：“(协议双方) 不能以契约自由为借口通过协议程序取代法律规定的竞争性招拍挂程序”，从而认定行政协议无效。参见清远盛兴投资有限公司诉广东省清远市清城区人民政府国有土地使用权出让争议案，最高人民法院 (2020) 最高法行申 3832 号行政裁定书，2020 年 6 月 24 日。

④ 参见德国《联邦行政程序法》第 56 条、第 59 条的规定。

违反“禁止不当联结”原则，协议相对人撤销协议的请求权可以得到法院支持。[①]

3. 公开原则

行政主体与相对人订立行政协议应当全过程公开，包括行政协议项目公开、对选择协议相对人的要求公开、协议相对人人竞争过程公开、行政协议签订结果公开等。若行政主体与相对人订立的是政府特许经营协议，特许经营协议实施机构和特许经营者应当将特许经营方案、特许经营者选择结果、特许经营协议主要内容及其变更或终止、项目每季度建设运营情况、公共产品或服务标准、监测分析运营评价结果、经审计的年度财务报表等有关信息按规定向社会公开。[②]

4. 竞争择优原则

为了更好地实现公共管理和公共服务目的，行政主体在订立行政协议时必须选择合适可靠的行政相对人，而公平竞争是选择适当行政相对人的最好途径。尤其是在涉及公共利益以及周期长、投资大的基础设施和公共服务特许经营中，应当采取公开招标、邀请招标、竞争性谈判等方式，经过公开、公平、透明的竞争程序，选择最符合实现行政目的所需的资质能力要求、诚信可靠的协议相对人。

（二）行政协议订立的程序

以协议相对人已经相对确定还是需要竞争择优为标准，订立行政协议的程序可以分为以下两类：

1. 遵守一般正当程序协商订立行政协议

在协议相对人已经相对确定的情形下，如土地、房屋等征收征用补偿协议，行政主体在订立协议时，应当遵循正当程序的要求，在充分保障被补偿人及第三人（使用权人或承租人等）的知情权和参与权的前提下，经过友好协商达成意思表示一致签订协议，以预防争议并保护相对人及利害关系人的合法权益。

2. 通过竞争性程序订立行政协议

在协议相对人需要通过竞争性程序来择优的情形下，如对于政府特许经营协议或国有自然资源使用权出让协议等，订立行政协议一般采用招标、拍卖、竞争性谈判等方式。招标、拍卖、竞争性谈判适用《招标投标法》《拍卖法》《政府采购法》等有关法律规范的规定。

（1）招标

招标是指行政主体在一定范围内公开货物、工程或服务、采购的条件和要

---

① 参见卡朱米公司诉福建省莆田市荔城区人民政府请求撤销征收补偿安置协议案，最高人民法院行政协议典型案例（第一批）第1号，最高人民法院2021年5月11日发布。

② 参见《基础设施和公用事业特许经营管理办法》第47条第2款。

求，并接受或邀请众多投标人参加竞标，继而按照事先规定的程序，从中选择合适者签订协议的程序。招标又分为公开招标与邀请招标。公开招标，是指招标人以招标公告的方式邀请不特定人投标。邀请招标，是指招标人以投标邀请书的方式邀请特定人投标。[①]

（2）拍卖

拍卖是指以公开竞价的形式，将特定物品或者财产权利转让给最高应价者的买卖方式。[②] 我国《城镇国有土地使用权出让和转让暂行条例》（2020年修订）第13条规定，土地使用权出让可以采取协议、招标、拍卖方式。

（3）竞争性谈判

竞争性谈判是指行政主体对不能或不宜采取招标方式缔约的事项，通过与多个相对人分别谈判，从中选择最合适的人选订立合同。我国《政府采购法》第30条对竞争性谈判规定了较为严格的适用条件："符合下列情形之一的货物或者服务，可以依照本法采用竞争性谈判方式采购：（一）招标后没有供应商投标或者没有合格标的或者重新招标未能成立的；（二）技术复杂或者性质特殊，不能确定详细规格或者具体要求的；（三）采用招标所需时间不能满足用户紧急需要的；（四）不能事先计算出价格总额的。"

四、行政协议的效力与瑕疵

行政协议的效力问题是法院对行政协议进行合约性审查的重点，可以适用我国《民法典》中的相应民事法律规范，尤其是合同编的有关规定。

（一）行政协议的成立、生效和有效

1. 行政协议的成立

合同的成立与合同生效是两个不同的概念。合同的成立，是指符合一定要件时当事人的合意即成为合同。基于合同自由原则，一般只要具备当事人和意思表示，合同即可成立。只有合同成立之后才能对其法律效果进行判断，之后才是合同的履行、变更以及违约的法律后果等。

2. 行政协议的生效

合同的生效，是指已经依法成立的合同依照当事人合意的内容发生效力。根

---

① 参见《招标投标法》第10条。

② 参见《拍卖法》第3条。

据合同成立与合同生效的关系，可以分为两种情形[①]：

（1）同时发生

根据《民法典》第 502 条第 1 款的规定，依法成立的合同，自成立时生效。因此，一般而言，行政协议依法成立之时即为生效之时。例如，征收补偿协议中，若行政主体与相对人之间没有对行政协议生效的时间作出特别约定，则双方当事人就行政协议内容达成一致时，该协议成立并且生效。

（2）异时发生

这是指合同成立和合同生效时间不一致。主要包括三种情形：

第一，附生效条件的合同。此类合同在条件成就时生效。[②] 在此之前，合同虽然成立，但尚未生效。例如，2019 年修正的《土地管理法》将签订补偿安置协议前置到征收土地申请前，而且要求签约要达到一定比例行政机关才可以提出征收土地申请，这使得土地征收补偿安置协议成为附条件生效合同。在各地制订的征收补偿安置协议示范文本中通常会明确规定，该协议为附条件生效协议，自双方签字盖章之日起成立，土地征收经依法批准并发布征收土地公告后，协议生效。[③]

第二，附生效期限的合同。当事人可以对合同的效力约定附期限，合同在期限届至时生效。[④]

第三，需要办理批准登记手续的合同。若法律、行政法规规定应当经过其他机关批准等程序后生效的行政协议，只有获得相关批准后才能生效；若在一审法庭辩论终结前未获得批准，法院将确认该协议未生效。[⑤] 而且若行政协议约定被告负有履行批准程序义务而被告未履行，需承担缔约过失责任。[⑥]

3. 行政协议的有效要件

行政协议的有效，是指行政协议具备了协议的有效要件。根据我国《民法典》第 143 条的规定，民事合同的有效要件包括三个方面：（1）行为人具有相应的民事行为能力；（2）意思表示真实；（3）不违反法律、行政法规的强制性规定，不违背公序良俗。这三个有效要件也适用于行政协议。同时基于行政协议的公法属性，在具体要求方面也有不同。行政协议的有效要件包括：

（1）主体要件。从行政主体一方而言，其应当具备缔约主体资格，缔约事项属于其法定权限范围，例如，只有土地管理部门才能签订土地房屋补偿协议，工

---

① 参见梁凤云：《行政协议司法解释讲义》，人民法院出版社 2020 年版，第 154 页以下。

② 参见《民法典》第 158 条。

③ 参见《湖南省自然资源厅关于印发征地补偿安置协议示范文本的通知》（湘自资规〔2022〕2 号，2022 年 6 月 10 日发布）中“土地征收补偿安置协议”第 8 条的规定。

④ 参见《民法典》第 160 条的规定。

⑤ 参见《行政协议审理规定》第 13 条第 1 款的规定。

⑥ 参见《行政协议审理规定》第 13 条第 2 款的规定。

商、税务等机关无权签订此类协议。对协议相对人而言，其应当具有民事行为能力或具备缔约主体资格，例如，特许经营协议中的相对人必须具备特许经营所需要的资质。

（2）意思要件。双方当事人签订协议是出于真实自愿，不存在重大误解、欺诈、胁迫等情形，否则会导致协议被变更、撤销或被确认无效。

（3）内容要件。协议的内容不得违反法律、行政法规、地方性法规和规章的规定，不得侵犯社会公共利益或第三人合法权益，不得违反禁止不当联结原则。

（二）行政协议的无效情形

一般而言，行政协议依法成立后就发生效力，但若协议具有重大违法情形或不符合合同有效的要件，如意思表示不真实等，则可能被当事人主张无效或被法院判定无效。根据《行政协议审理规定》第 12 条的规定，行政协议无效有以下两类情形：

1. 存在《行政诉讼法》第 75 条规定的重大且明显违法情形

这类行政协议无效的情形主要包括：（1）被告无职权或者超越职权订立行政协议。（2）作为行政协议主要内容的行政行为无效的。（3）行政协议的内容对于任何人都不可能实现的。（4）行政协议的内容履行构成犯罪的。（5）按照事项性质或者法律、法规、规章的规定不得订立行政协议的。行政机关不得将作为国家主权化身的核心权力（如征税权和警察权）以行政协议的方式进行处分，否则可能构成出售公权力或抛弃行政职权。例如，公安机关与特定公司签订治安承包协议，由特定公司完成罚款额度，这属于按照事项性质（此为治安处罚权）不得签订协议的情形，属于典型的无效行政协议。①

2. 适用民事法律规范确认协议无效的情形

基于行政协议的协议性，对于行政协议无效的认定可以适用《民法典》中关于确认合同无效的规定。具体可以包括以下几种情形②：

（1）以虚假的意思表示来隐藏非法目的。行政机关或相对人为了达到非法目的而采取迂回方式，签订“伪装协议”来规避法律、行政法规的强制性规定的，该协议无效。例如，国有土地使用权出让合同签订后，双方再签订补充协议将工业用地无偿转变为商业用地，规避《土地管理法》不得改变土地用途的规定，以合法形式掩盖非法目的的，被法院判定为无效协议。③

---

① 参见梁凤云：《行政协议司法解释讲义》，人民法院出版社 2020 年版，第 167 页。

② 参见梁凤云：《行政协议司法解释讲义》，人民法院出版社 2020 年版，第 168 页以下。

③ 参见孝感金太阳置业有限公司诉湖北省孝感市孝南区政府行政协议申请再审案，最高人民法院（2018）最高法行申 3619 号行政裁定书，2019 年 1 月 31 日。

（2）违反法律、行政法规的强制性规定。强制性规定是出于保护社会公共利益的目的而约束限制当事人的意思自治。行政协议当事人不得以契约自由为由排除法律、行政法规强制性规定的适用。例如，当事人不得在土地出让协议中以协议方式排除适用法定招投标程序。[①]

（3）损害社会公共利益和违背公序良俗。行政协议的根本目的是实现和维护社会公共利益，违背该目的的行政协议自然应当无效。例如，行政机关严重突破安置补偿政策，签订超标重复给予相对人安置房的“产权调换补偿协议书”，将增加政府在旧村改造项目中的公共支出，侵犯整个片区的补偿安置秩序，损害社会公共利益，不符合协议目的，应属无效协议。[②]

（4）恶意串通。行政机关工作人员和相对人非法勾结，为谋取私利，订立违法行政协议。例如，相对人通过行贿行政机关工作人员，操纵招投标程序而中标并签订土地出让协议或特许经营协议。

（三）行政协议的可撤销

在我国合同法理论中，一般认为，合同包括有效、无效、可撤销以及效力待定四种效力状态。因此，除前述合同的有效要件、无效情形外，《民法典》第147～151条规定了可撤销合同的情形，包括：重大误解、欺诈、胁迫、乘人之危等违背当事人真实意思或使合同显失公平的情形。对于行政协议而言，虽然大陆法系国家除葡萄牙外，基本上只认定协议的有效或无效，但我国《行政协议审理规定》规定了可撤销的情形。其主要考虑是，因为《合同法》已有明确规定，而且有的协议虽然因欺诈、胁迫应当认定无效，但在协议履行过程中已经形成重要的国家利益或社会公共利益，如果确认无效会影响国家和社会公共利益的实现。[③] 因此，《行政协议审理规定》第14条规定：“原告认为行政协议存在胁迫、欺诈、重大误解、显失公平等情形而请求撤销，人民法院经审理认为符合法律规定可撤销情形的，可以依法判决撤销该协议。”

1. 定义以及与其他概念的区别

行政协议的可撤销是指由于行政协议意思表示不真实，撤销权人可以行使撤销权，使已生效的协议归于消灭。

行政协议的可撤销与行政协议的无效的区别在于：行政协议可撤销的原因主

---

① 参见清远盛兴投资有限公司诉广东省清远市清城区人民政府国有土地使用权出让争议案，最高人民法院（2020）最高法行申3832号行政裁定书，2020年6月24日。

② 参见徐某某诉安丘市人民政府房屋补偿安置协议案，行政协议案件典型案例第10号，最高人民法院2019年12月12日发布。

③ 参见梁凤云：《行政协议司法解释讲义》，人民法院出版社2020年版，第171页。

要是意思表示不真实；行政协议的无效主要是因其明显重大违法，违反法律强制性规定或损害社会公共利益等。此外，若撤销权人不行使撤销权，则可撤销协议继续有效；若其主张撤销合同，则协议自始无效。

行政协议的可撤销与行政行为的撤销主要区别在于：行政行为撤销的原因是《行政诉讼法》第 70 条规定的违法情形，包括行政行为适用法律错误、违反法定程序、超越或滥用职权等。行政协议撤销的原因是违背当事人的真实意思表示。

2. 行政协议可撤销的情形

（1）欺诈、胁迫、乘人之危。如前所述，这是民事合同可撤销的原因，也是行政协议可撤销的情形。

（2）因重大误解而订立协议。重大误解是指行为人对行为的性质、对方当事人或者标的物的品种、质量、规格、价格、数量等产生错误认识，按照通常理解如果不发生该错误认识行为人就不会作出相应意思表示的。[①] 为在尊重表意人的意思自治和保护相对人的合理信赖之间达致适当平衡，对于出于重大误解的协议不应直接认定无效，而是赋予误解人选择权，其可以通过行使撤销权而使协议效力消灭。

（3）在订立协议时显失公平。显失公平的行政协议是在一方当事人有重大不利情况下签订的违反公平合理原则的合同。此种重大不利不是出于一方当事人的真正自愿，而是另一方当事人利用其优势地位或利用对方当事人处于急迫情势、无经验、欠缺判断能力等状态，而签订的权利义务不对等、经济利益严重失衡，违反公平合理原则的协议。例如，行政机关在签订征收补偿协议时，利用强势地位为被征收人设定明显不对等的投资义务作为其获得全额拆迁补偿的对价的，被法院认定既显失公平，又违反禁止不当联结原则，判决支持协议相对人撤销协议的请求。[②]

（四）行政协议无效或被撤销后的法律后果

根据《行政协议审理规定》第 15 条的规定，行政协议无效、被撤销或确定不发生法律效力后的法律效果包括四种[③]：

1. 返还财产

双方当事人已经履行合同的，对于已经交付的财产，交付方享有财产返还请

---

① 参见《最高人民法院关于适用〈中华人民共和国民法典〉总则编若干问题的解释》（法释〔2022〕6 号，2022 年 2 月 24 日发布）第 19 条的规定。

② 参见卡朱米公司诉福建省莆田市荔城区人民政府请求撤销征收补偿安置协议案，最高人民法院行政协议典型案例（第一批）第 1 号，最高人民法院 2021 年 5 月 12 日发布。

③ 参见梁凤云：《行政诉讼法讲义》（下），人民法院出版社 2022 年版，第 777 页以下。

求权，受领方负有返还财产的义务。而且根据《民法典》物权编的规定，该财产包括受领时的原物及有关收益，例如天然孳息。

2. 折价补偿

行政协议被确认无效或者被撤销后，因该行政协议取得的财产，如果不能返还或者没有必要返还的，应当采取折价补偿的方式，一般折价为金钱。“不能返还”是指法律上和事实上不能返还，例如善意第三人已经取得财产，或标的物已经灭失，无法返还原物的。“没有必要返还”是指虽然财产并非法律上或事实上不能返还，但实际返还财产不符合经济原则的，即可折价予以补偿。

3. 赔偿损失

如果行政协议的撤销、变更、解除是由于行政机关的合法行政行为导致的，则按照国家赔偿法的规定进行赔偿。如果合同的撤销、变更或解除是当事人行使合同法规定的形成权导致的，则承担合同法上的损失赔偿责任，包括缔约过失责任。

4. 补救措施

根据《行政诉讼法》第 76 条规定，法院作出行政协议无效判决的，可以同时责令被告行政机关在其法定权限范围内采取补救措施。例如，对于因行政机关过错导致国有土地使用权转让合同无效的，可以考虑由其在法定权限内另行选择一幅国有土地签订行政协议。

上述四种法律后果如图 7－1 所示：

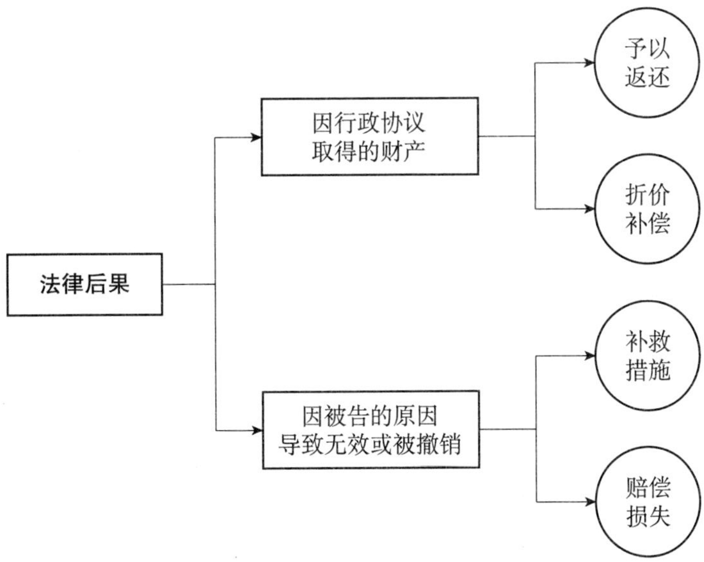

图 7－1　行政协议无效或被撤销后的四种法律后果

五、行政协议的法律救济制度

行政协议的法律救济制度，是指因行政协议产生争议后，行政协议当事人要求行政机关或司法机关解决纠纷、补救受到损害的合法权益的制度。行政协议的法律救济，主要通过下几种途径来实现：

（一）行政协议复议

在2023年《行政复议法》修订前，由行政协议引发的行政争议，例如，对于实践中较多出现的房屋征收安置补偿协议或特许经营协议等纠纷可否通过复议解决，较有争议，因为行政协议并未被明确列入《行政复议法》规定的范围，一般认为其不属于行政复议的受案范围，原国务院法制办曾以复函的形式明确了这一点。①

修订后的《行政复议法》为发挥行政复议公正高效、便民为民的制度优势和化解行政争议的主渠道作用，扩大了行政复议范围，明确将行政协议争议纳入该法第11条列举的可以提起复议的情形，即“认为行政机关不依法订立、不依法履行、未按照约定履行或者违法变更、解除政府特许经营协议、土地房屋征收补偿协议等行政协议的”，可以申请复议。

关于复议机关对行政协议相关纠纷作出决定的方式，根据《行政复议法》第71条的规定，复议机关可以采取责令被申请人订立、履行、采取补救措施、赔偿损失等方式，实质性解决相关争议。

（二）行政协议诉讼

自2014年《行政诉讼法》修改将行政协议纳入受案范围后，行政诉讼成为行政协议争议的重要救济途径。根据我国的《行政诉讼法》及其司法解释，行政协议诉讼审查包括合法性审查和合约性审查两个重点，对行政机关行使行政优益权的合法性审查，以及对行政机关不依法履行、未按照约定履行协议的合约性审查。②

1. 行政机关行使行政优益权行为的合法性审查

根据《行政协议审理规定》，法院对于行政机关行使优益权行为的合法性要

---

① 参见原国务院法制办《对〈交通运输部关于政府特许经营协议等引起的行政协议争议是否属于行政复议受案范围的函〉的复函》（国法秘复函〔2017〕886号，2017年9月13日）。该复函指出：“政府特许经营协议等协议争议不属于《中华人民共和国行政复议法》第六条规定的行政复议受案范围。”

② 参见《行政诉讼法》第12条第1款第12项、《行政协议审理规定》第11条。

件进行全面和逐一审查，具体包括两方面：一方面，按照《行政诉讼法》第70条的规定对被告订立、履行、变更、解除行政协议的行为是否具有法定职权、是否滥用职权、适用法律法规是否正确、是否遵守法定程序、是否明显不当、是否履行相应法定职责进行全面的审查。若行政机关行使行政优益权存在《行政诉讼法》第70条规定的违法情形，则判决撤销或部分撤销，并可以责令被告重新作出行政行为。

另一方面，对于行政机关变更、解除行政协议是否符合法定或约定变更、解除要件进行审查。

所谓法定的变更、解除，是指行政机关在符合法律规定的各种变更、解除要件时，依照法定程序通过变更、解除的方式终结协议效力的行为。法律规定的变更、解除要件主要包括：（1）必须是基于公共利益的需要。若在行政协议履行过程中，出现严重损害国家利益或者公共利益的重大情形，或者法律、法规、规章修改或者废止，或者政策重大调整，或授予特许经营权所依据的客观情况发生重大变化，为了公共利益的需要，行政机关可以单方变更或解除行政协议。（2）单方变更解除行政协议给相对人造成损失的，必须予以补偿。例如，《北京市城市基础设施特许经营条例》规定，确因公共利益需要，政府可以收回特许经营权，终止特许经营协议，但是应当按照特许经营协议的约定给予相应补偿。[①]（3）协议相对人存在过错、违约或不当行为，被责令改正，拒不改正的。例如，《新疆维吾尔自治区市政公用事业特许经营条例》规定，特许经营者有下列情形的，特许人应当责令其限期改正，逾期不改的，特许人有权撤销特许经营权，并终止特许经营协议：违反本条例规定以特许经营项目的运营权设定担保，或者擅自转让、出租特许经营项目的运营权，或者擅自处置、抵押特许经营设施、设备的；未按照法律、法规及有关标准、规范和特许经营协议约定从事特许经营活动，不履行普遍服务义务，或者不履行养护、维修和更新改造义务，危及公共利益、公共安全的；因经营管理不善，造成重大质量、生产安全责任事故，不适宜继续从事特许经营活动的；擅自停业、歇业的；法律、法规、规章禁止的其他情形。[②]（4）合同履行客观不能或法律不能或出现预期违约或实际违约情形，行政机关可以单方变更解除协议。这主要是《民法典》第563条规定的当事人解除合同的要件，包括：1）嗣后客观不能。因不可抗力致使行政协议不能履行。2）嗣后法律不能。因法律法规的变更而使行政协议无法履行。3）预期违约。行政协议相对人迟延履行主要义务，经催告后在协议期限内仍未履行。4）实际违约。行政协议相对人迟延履行债务或者有其他违约行为致使不能实现合同目的。

---

① 参见《北京市城市基础设施特许经营条例》第32条第2款。

② 参见《新疆维吾尔自治区市政公用事业特许经营条例》第34条。

所谓约定的变更、解除，是指行政机关在明确约定的变更、解除条件成就时，基于单方的意思表示变更、解除行政协议。例如，在特许经营协议中，当事人通常会约定："如因违约或不适当履行承诺可能给对方造成重大损失，或者致合同无法继续履行时，对方有权解除合同，并追究赔偿责任。"

若法院审查后认定，行政机关变更、解除行政协议合法，则判决驳回原告要求撤销行政机关单方变更、解除协议决定的诉讼请求，给原告造成损失的，判决行政机关予以补偿。若行政机关变更、解除行政协议的行为违法，法院可以判决行政机关继续履行协议、采取补救措施；给协议相对人造成损失的，判决行政机关予以赔偿。①

2. 行政机关履约行为的合约性审查

合约性审查是指原告认为被告未依法或者未按照约定履行行政协议的，人民法院应当针对其诉讼请求，对被告是否具有相应义务或者履行相应义务等进行审查。合约性审查涉及行政协议的效力，包括其是否依法成立、是否生效，或者应当被认定为无效；行政协议是否存在可撤销的情形；行政机关的行为是否构成违约；违约责任如何承担等问题。

对于行政协议的效力争议，法院通常会经过审查后作出确认有效或无效判决。因行政机关原因造成行政协议无效的，其应当承担赔偿责任。②

对于行政机关的违约争议，《行政协议审理规定》明确了行政协议违约责任。行政机关违约的，应当充分赔偿当事人的实际损失。原告要求按照约定的违约金条款或者定金条款予以赔偿的，人民法院应予支持。③ 对于预期违约，即被告明确表示或者以自己的行为表明不履行行政协议义务，原告在履行期限届满之前向法院起诉请求其承担违约责任的，法院应予支持。④ 此外，为了确保行政协议当事人实际权益，回应当事人实质诉求，《行政协议审理规定》明确了具体给付判决，即被告未依法履行、未按照约定履行行政协议，法院可以依法判决被告继续履行，并明确继续履行的具体内容；被告无法履行或者继续履行无实际意义的，法院可以判决被告采取相应的补救措施；给原告造成损失的，判决被告予以赔偿。⑤

为便于理解和学习，本书将行政协议的判决类型与诉讼类型对应起来，制作图 7－2 如下：

---

① 参见《行政协议审理规定》第 16 条。

② 参见《行政协议审理规定》第 22 条。

③ 参见《行政协议审理规定》第 19 条第 2 款。

④ 参见《行政协议审理规定》第 20 条。

⑤ 参见《行政协议审理规定》第 19 条第 1 款。

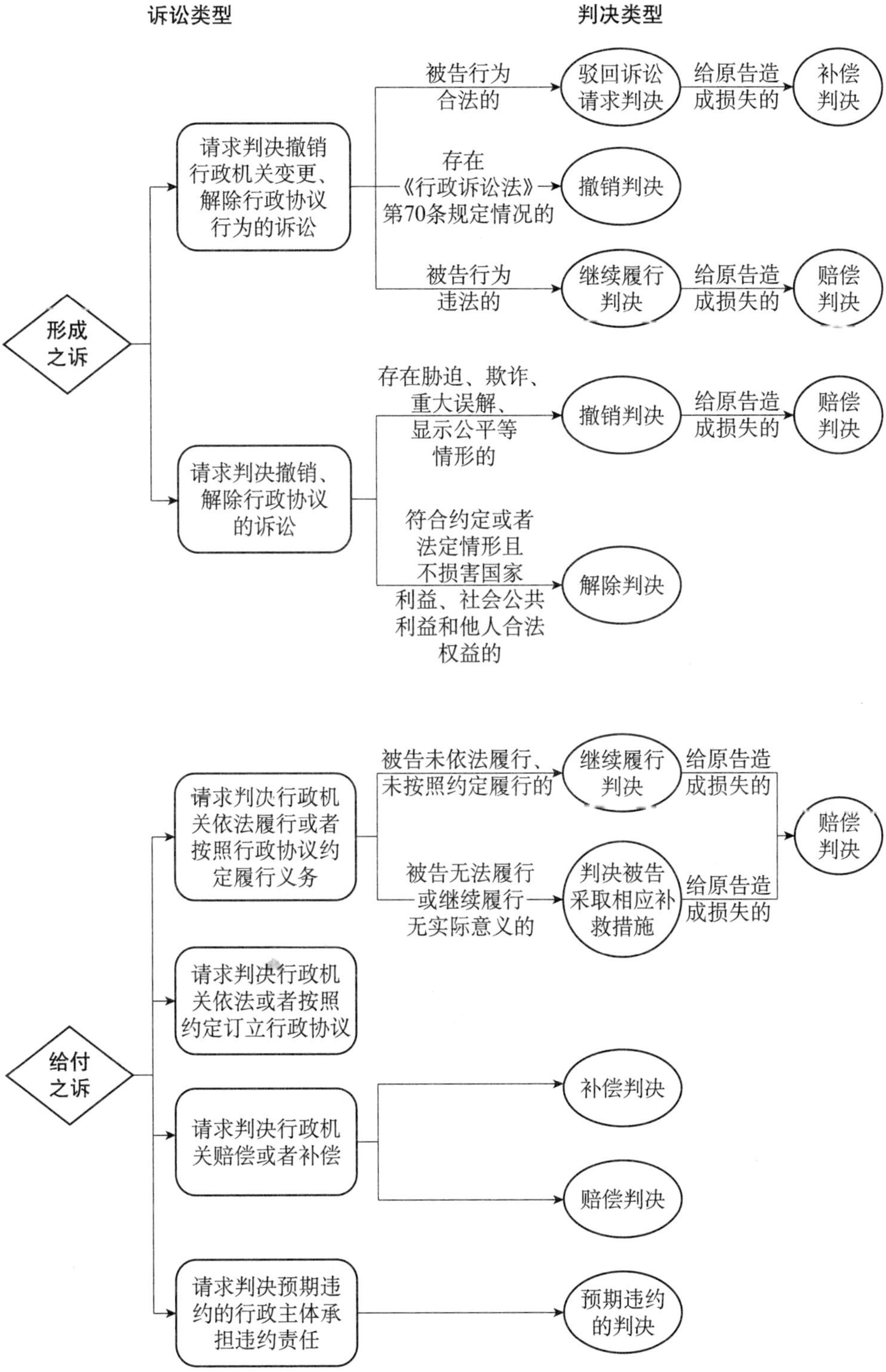
诉讼类型
判决类型
形成之诉
请求判决撤销行政机关变更、解除行政协议行为的诉讼
被告行为合法的
驳回诉讼请求判决
给原告造成损失的
补偿判决
存在《行政诉讼法》第70条规定情况的
撤销判决
被告行为违法的
继续履行判决
给原告造成损失的
赔偿判决
请求判决撤销、解除行政协议的诉讼
存在胁迫、欺诈、重大误解、显示公平等情形的
撤销判决
给原告造成损失的
赔偿判决
符合约定或者法定情形且不损害国家利益、社会公共利益和他人合法权益的
解除判决
给付之诉
请求判决行政机关依法履行或者按照行政协议约定履行义务
被告未依法履行、未按照约定履行的
继续履行判决
给原告造成损失的
被告无法履行或继续履行无实际意义的
判决被告采取相应补救措施
给原告造成损失的
赔偿判决
请求判决行政机关依法或者按照约定订立行政协议
请求判决行政机关赔偿或者补偿
补偿判决
赔偿判决
请求判决预期违约的行政主体承担违约责任
预期违约的判决

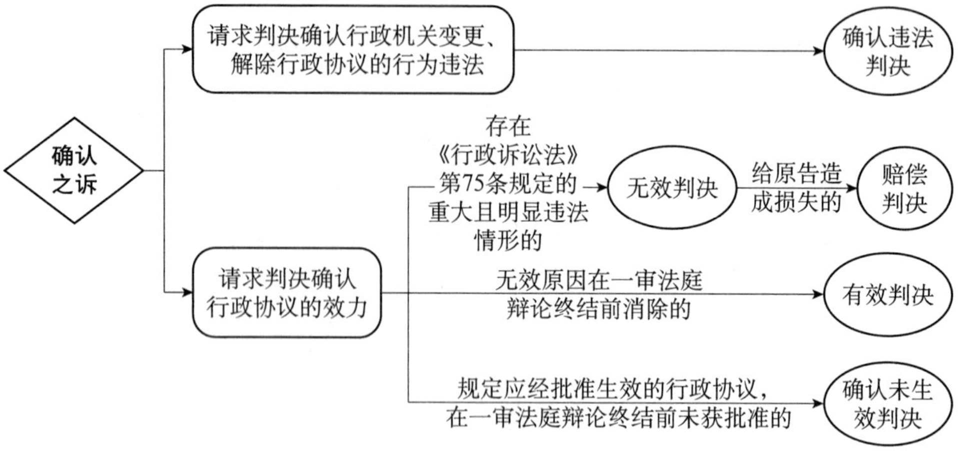

图 7-2　行政协议的诉讼类型与判决类型示意图①

（三）行政协议的非诉强制执行程序

基于我国行政诉讼“民告官”的性质，在行政协议诉讼中，被告只能是行政机关，这导致作为行政协议当事人一方的行政机关不能提起行政诉讼。又因为行政协议被纳入了行政诉讼受案范围，行政机关也不能提起民事诉讼。若协议相对人不履行约定义务，行政机关的法律救济途径就成为一个必须解决的难题。《行政诉讼法》对此没有作出明确规定，《行政协议审理规定》第 24 条规定设计了一个具有中国特色的解决方案，即如果行政机关没有行政强制执行权，可以将行政协议转换为行政行为，即作出一个要求协议相对人履行协议的书面决定，进而通过非诉行政执行的方式来促使协议相对人履约。

对这一制度设计不乏争议，因为其涉及对行政协议与行政行为之间关系定位的问题。一般认为，对于同一事项不得同时并用行政协议和行政行为方式。对于行政协议的执行也是如此，双方既然已经签订了双方合意的行政协议，行政机关就不应再通过单方行政决定的方式实现请求权，除非协议中明确约定了相对人应当接受行政机关的强制执行，否则，行政机关既可以基于平等地位与相对人签订协议，又可以作出高权性的单方行政决定，在行政协议与行政行为两种行为方式之间任意转换，将使相对人处于更为不利的法律地位，使得行政协议制度丧失其根本的存在价值。② 司法解释在起草时曾经借鉴德国等国的立法经验，拟定由双方当事人在行政协议中约定强制执行条款，若协议相对人未按照约定履行义务，经催告仍不履行，行政机关可以向法院申请强制执行该协议。但在审议中产生很

① 本图根据《行政协议审理规定》第 12～22 条制作。

② 参见刘飞：《行政协议诉讼的制度构建》，《法学研究》2019 年第 3 期，第 47 页。

大的争议，因为以协议双方的约定申请法院强制执行，与行政强制法规定的申请强制执行条件不一致。而且将行政协议直接作为执行依据，也超出了目前法律和司法解释所确定的执行依据种类。因此，《行政协议审理规定》删去了行政协议约定强制执行条款，作出了现在的规定，即通过行政机关的决定将行政协议转换成行决定，再申请法院强制执行。①

根据《行政协议审理规定》第 24 条的规定，行政协议的非诉强制执行程序包括两种情形：

其一，行政机关作出履行协议决定作为执行名义，且应当满足以下四个条件：(1) 该履行决定具有可执行内容，且是属于《行政诉讼法》受案范围的行政行为。(2) 当事人在法定期限内未申请复议或提起诉讼，又不履行行政决定。(3) 行政机关没有行政强制执行权。(4) 行政协议的内容具有可执行性。

其二，行政机关作出处理决定作为执行名义，主要是指行政机关享有法律规定的监督职权，如特许经营协议中的行政主体享有指挥权、监督权以及制裁权，国有土地使用权出让协议中，土地管理部门对于未按合同规定的期限和条件开发利用土地的，可以给予警告、罚款或无偿收回土地使用权的处罚。协议相对人未按照约定履行协议的，行政机关行使上述行政优益权或制裁处罚权作出行政决定后，可以向法院申请强制执行。

对于行政机关提出的强制执行申请，法院参照《行政强制法》的规定进行审查并作出是否执行的裁定。

(四) 行政协议的仲裁

对于行政协议可否仲裁的问题在理论界和实务界素有争议。《行政协议审理规定》采取了否定说，该司法解释第 26 条规定，行政协议约定仲裁条款的，法院应当确认该条款无效。但规定了例外，即法律、行政法规或者我国缔结、参加的国际条约另有规定的除外。其主要理由是，特许经营等行政协议纠纷已被纳入行政诉讼受案范围，为防止“公法遁入私法”，不应允许约定私法性质的仲裁。此外，《仲裁法》第 3 条第 2 款明确规定“依法应当由行政机关处理的行政争议”不能仲裁。②

但值得思考的是，修改后的《行政诉讼法》将政府特许经营协议等纳入受案范围的本意是扩大当事人的救济途径，而非进行限缩。而且法院对行政协议的合法性审查并不因仲裁而被排除，行政协议的可仲裁性与仲裁裁决的合法性，是法

---

① 参见梁凤云：《行政协议司法解释讲义》，人民法院出版社 2020 年版，第 248 - 249 页。

② 参见梁凤云：《行政协议司法解释讲义》，人民法院出版社 2020 年版，第 254 页。

院审查的两个面向的问题，不应混同。[①] 此外，《仲裁法》排除仲裁的事项是由行政机关解决的行政争议。若可以论证特许经营协议争议不涉及行政权的行使，不属于行政争议，则应当可以适用仲裁。而且从国际立法来看，针对 PPP 协议和特许经营协议的争议，由于其包含多个合同的合同群、关系复杂、周期长，投资额巨大，基本都适用包括仲裁在内的多元纠纷解决机制。[②] 对于其他类型的行政协议纠纷，若涉及行政优益权行使的行政协议争议，则不适用仲裁，而对于不涉及公权力行使的履约纠纷，并无充分正当理由排除经济高效的仲裁争议解决机制。同时，这种排除不符合行政协议的契约性，否定了当事人自主选择纠纷解决机制的权利。由此，我们认为，在《行政诉讼法》并未明确排除其他救济途径以及《仲裁法》具有解释适用空间的背景下，应在不损害社会公共利益的前提下，以高效便民、实质性解决争议为目标，以涉及行政协议的争议性质作为标准来判断是否适用仲裁。若该争议涉及公权力行使，基于公权力不得处分的原则，不得适用仲裁，这也是《仲裁法》排除行政争议适用仲裁的法理依据；若相关争议是纯粹的履约纠纷，如特许经营项目的回购款争议或融资争议，则应当允许通过仲裁方式来解决纠纷，从而在我国的行政协议争议解决中，建立包括仲裁在内的行政协议多元纠纷解决机制。

第二节　行政事实行为

一、行政事实行为概述

（一）行政事实行为的概念

行政事实行为是指行政主体基于行使职权的直接需要而作出的，不以发生法律效力为目的，而产生客观事实效果的行为。行政事实行为与行政行为都是行政活动的一种方式，二者的根本区别在于，行政事实行为是以某种事实结果而不是法律效果为目的，不具有法律上的约束力；而行政行为则以产生、变更或消灭行政法律关系为目的，具有确定力、公定力和执行力等法律上的约束力。

（二）行政事实行为的表现形式

行政事实行为的表现形式多种多样，比较常见且重要的包括以下几类：

---

① 参见姜波、叶树理：《行政协议争议仲裁问题研究》，《行政法学研究》2018 年第 3 期，第 111 页。

② See YU Wenguang, *Dispute Resolutions Mechanisms of PPP Agreements in China: A Research based on Judicial Decisions*, Frontiers of Law in China, pp. 384 - 385 (2019).

1. 行政调查性事实行为。行政调查是指行政主体为了实现行政目的或履行公共职能，依职权收集信息、进行监测、检查的行为，例如人口普查、对环境污染指数的监测、食品卫生抽样检查、进出口检疫等。

2. 行政指导。行政指导是行政主体为了实现一定目的，在其职权范围内，依照国家法律或政策，为引导相对人的活动而实施的，对相对人不直接产生法律效果的非强制性行为，如行政机关对相对人作出建议、劝告、指引等。

3. 执行性行政事实行为。执行性行政事实行为是指行政主体为后续作出行政行为采取的证据保全措施，或为执行行政决定内容而采取的强制措施等，如对不合格抽样食品的封存、销毁，行政机关采取的查封、扣押、驱逐出境等强制措施。

4. 磋商性行政事实行为。磋商性行政事实行为是指行政主体在作出正式行政行为之前，与行政相对人就某些问题作出的不具有法律效果的协商行为。例如，行政主体在与相对人订立行政协议之前就合同条款、履约方式等进行的非正式沟通协商，是订立合同前的必要准备过程，但不具有约束力和强制性。

5. 行政资讯、通告以及公共警告。这是指行政机关履行公共职能提供公共信息或为预防各类风险而对公众发布警告等行为，例如，气象部门发布空气质量及污染等级的公告、食品监管部门发布食品安全风险警示等。

（三）行政事实行为的特征

学界一般认为，行政事实行为具有以下三个特征①：

1. 行政事实行为是一种行政活动方式

作为行政活动方式之一的行政事实行为是行政主体行使职权实现行政管理目的和公共任务的手段，不同于民事事实行为，如无因管理等，行政事实行为在属性上属于公法行为。

2. 行政事实行为是行使行政职权的行为

行政事实行为是行政主体在职权范围内实施的行为，例如，食品安全监管部门公布食品抽检信息、发布食品安全风险警示公告等。因此，行政事实行为也必须依法作出，不仅应在主体、权限、程序等方面符合法律规定，还应当遵守法律优位、法律保留以及比例原则等行政法基本原则。

3. 行政事实行为不以产生法律效果为目的

行政事实行为不具有法律上的约束力，不以产生法律效果为目的，只产生客

---

① 参见朱维究、王成栋主编：《一般行政法原理》，高等教育出版社 2005 年版，第 434 页（罗智敏执笔）。

观事实效果，这是其最重要的特征。但行政事实行为也会对相对人的合法权益产生影响。例如，市场监管部门发布的某类商品的消费警示，会影响到商家的营销收益和声誉形象。因此，需要对行政事实行为进行法律规制，同时为受到影响和损害的相对人或利害关系人提供适当的法律救济途径。

二、行政事实行为的法律问题

（一）行政事实行为的合法性

如前文所述，行政事实行为虽然不以产生法律效果为目的，但并不意味着其不会影响或侵犯相对人的合法权益。行政事实行为并非法外之地，也需要对其进行法律规制。行政事实行为的合法性审查主要包括以下几方面：

1. 主体合法。实施行政事实行为的主体必须具有行政主体资格，能以自己的名义独立承担法律责任。

2. 权限合法。行政机关必须在其法定职权范围内依法实施行政事实行为，超越职权或滥用职权的行为违法。例如，市场监管部门为进行地方贸易保护，而借故对外地知名商标产品进行所谓的消费警示，是滥用职权的违法行为。

3. 采取的措施适当、符合比例原则。有的行政事实行为，如不当发布的公共警告会侵犯相对人的经营自主权、名誉或商誉等，造成企业营销额急剧下降，对企业的不利影响或合法权益侵害有时可能比行政处罚都严重。因此，实施此类行政事实行为必须遵守比例原则，做到目的与手段相称，平衡公共利益与相对人合法权益的保护。

4. 程序合法。法定或正当程序可以从程序角度，在事前事中监督行政机关依法行使职权，避免行政事实行为事后对相对人合法权益造成侵害。例如，在人口普查中，普查员应当按照《全国人口普查条例》第 23 条的规定以及《个人信息保护法》第 35 条的规定履行告知义务，即明确告知人口普查的目的、法律依据和普查对象的权利义务，以及关于个人信息的处理目的、处理方式、保存期限等。①

（二）行政事实行为的法律救济

虽然行政事实行为不以产生法律效果为目的，但行政主体作出的行政事实行为侵犯公民、法人或其他组织合法权益的，也必须承担法律责任。因违法行政事

① 参见喻文光、郑子璇：《数字时代政府机关处理个人信息告知义务制度的公法建构》，《人权》2022 年第 3 期，第 4 页。

实行为遭受损害的行政相对人享有消除违法后果请求权、恢复原状请求权、损害赔偿请求权等权利。

我国《行政复议法》和《行政诉讼法》确定受案范围采取的是实际不利影响标准，即只要是对当事人权利义务产生了实际的、不利的影响，该行为即具有可复议性和可诉性。据此，对于不影响当事人权利义务的事实行为，不纳入复议和诉讼的受案范围；对于行为作出时虽然没有发生法律效果的意思表示，但实际上对当事人产生了不利影响的事实行为，当事人可以通过复议或诉讼途径获得法律救济。例如，行政执法机关的暴力执法行为，侵犯相对人人身权、财产权的，受害人有获得国家赔偿的权利。[①] 又如，针对执行性事实行为，即违法查封、扣押、冻结等强制措施，相对人可以申请复议或提起诉讼，请求确认违法并要求行政赔偿。[②]

三、行政指导

行政指导是通说认为的典型行政事实行为，首先在日本产业促进领域得到推广运用，为日本经济腾飞作出贡献，后经过学者深入研究，已经被专章明确规定在《日本行政程序法》中。行政指导作为服务型政府包容审慎监管、柔性执法的一种方式，也被我国行政机关普遍运用于行政管理、经济促进、市场监管等领域。《湖南省行政程序规定》专节作了较为全面的规定。[③]

（一）行政指导的概念与特征

行政指导是指行政主体为实现特定的行政目的，在其法定的职权范围内或者依据法律规范和政策，以指导、劝告、提醒、建议等非强制性方式，引导公民、法人和其他组织作出或者不作出某种行为的行政活动。[④]

行政指导作为一种行政事实行为，不具有法律上的强制力。非强制性是其根本特征。行政指导所期待目标的实现以行政相对人的自愿接受或配合为前提，行政相对人没有必须服从的义务，行政机关不能因相对人的拒绝而强迫其接受行政指导或对其作出不利措施。

（二）实施行政指导的基本原则

正确实施行政指导，应当遵循以下基本原则：

---

① 参见《国家赔偿法》第 2、3、4 条。

② 参见《行政复议法》第 11 条第 1 款第 2 项；《行政诉讼法》第 12 条第 1 款第 2 项。

③ 参见《湖南省行政程序规定》（2022 年）第 5 章第 2 节。

④ 参见《湖南省行政程序规定》（2022 年）第 99 条。

1. 合法原则。行政主体实施行政指导不得违反法律的基本原则和具体规范，不得与国家政策相抵触。必须在法定职权范围内实施，不得超越法定权限和管辖范围，不得突破法律和政策底线。

2. 自愿原则。行政主体实施行政指导应当以行政相对人自愿为前提，充分尊重行政相对人的自主权。只能采取建议、辅导等非强制方式，通过行政相对人的理解和配合达到行政管理目的。行政相对人拒绝接受行政指导的，行政主体不得采取变相强制手段迫使相对人接受指导，或对其采取不利的措施。

3. 公平原则。行政主体应当公平、平等对待行政相对人。在相关条件基本相同的情况下，对不同行政相对人应当实施相同或者类似的行政指导。

4. 公开原则。行政指导的目的、内容、理由、依据、实施者以及背景资料等事项，应当对当事人或者公众公开，涉及国家秘密和依法受到保护的商业秘密或者个人隐私的除外，以便于社会监督，以及行政主体自我约束。

5. 灵活原则。行政主体应当根据具体情况选择相应的建议、引导、示范、劝告等灵活方式，可以采取书面、口头或者其他合理形式。[①]

（三）行政指导适用的情形和实施的方式

从我国行政主体运用行政指导这一柔性执法方式的实践来看，其主要适用于：（1）助成性行政指导领域，即从技术、政策、安全、信息等方面帮助当事人增进其合法利益，助成实现公共管理任务或促进产业发展的政策目标等。（2）预防和改正违法行为，如国家市场监督管理总局2021年在对违反《反垄断法》的阿里和美团进行巨额行政处罚的同时，作出行政指导书，要求其实施多项合规整改措施。

行政主体实施行政指导的具体形式灵活多样，主要包括以下几种：（1）制定和发布指导、诱导性的政策。（2）提供技术指导和帮助、辅导。如帮助、引导企业实施商标战略，帮助农民发展订单农业等。（3）建议、劝告、说服。行政主体可以就容易发生或者可能发生的违法行为对行政相对人进行劝告、预警。如根据执法数据分析提示相关主体避免实施易发生的违法行为，对涉嫌破坏市场经济秩序但无明确法律规范的行为进行劝告等。（4）示范、引导。例如，知识产权管理部门根据法律法规和行业交易惯例推行知识产权交易或者授权合同示范文本；市场监管部门发布《反垄断合规指引》引导企业合法合规经营。（5）提醒。行政主体可以就行政相对人容易疏忽的相关事项进行提示。例如，市场监管部门提醒证照有效期限即将届满、提醒义务履行期限即将届满、提醒办理业务变更等。

---

① 参见原国家工商总局发布的《关于工商行政管理机关全面推进行政指导工作的意见》（工商法字〔2009〕230号，2009年11月25日发布），以及《湖南省行政程序规定》第100、103、105条的规定。

（四）行政指导的法律救济

行政指导虽然属于行政事实行为，不具有强制力，不直接影响相对人的权利义务，按照 2018 年行诉法解释第 1 条第 2 款第 3 项的规定，不属于行政诉讼的受案范围；但若是行政主体以行政指导之名，行行政命令或行政处罚、行政强制之实，为相对人设定义务，或限制其权利行使，在事实上实际影响了相对人的合法权益，则满足行政复议和行政诉讼受案范围的“实际不利影响”标准，该行为即具有可诉性，当事人可以针对此类行为申请复议或提起诉讼。因此，对于行政指导的法律救济问题，不应以某行为冠以行政指导的名称或具有行政指导的外观就排除行政复议或司法审查，必须坚持以其是否实际影响相对人合法权益为判断标准，对行政指导进行有效法律监督，并为相对人提供实质性救济。①

四、公共警告

（一）公共警告的概念

公共警告是行政事实行为的一种特殊形式，是指行政主体以发布公告的形式提供公共信息，警示公众注意特定危险或风险，从而防御危险和预防风险的行政活动方式。②

在现代风险社会，政府向公众发布相关风险信息，提醒公众防范风险，是风险预防的重要措施，也是国家保护义务的体现，已成为现代政府的重要任务和应尽职责。③ 公共警告在我国已在食品安全监管、产品质量监管、市场监管、消费者保护、公共卫生防疫等领域得到运用。例如，《食品安全法》第 22 条规定，“对经综合分析表明可能具有较高程度安全风险的食品，国务院食品安全监督管理部门应当及时提出食品安全风险警示，并向社会公布。”

公共警告具有两面性：一方面公共警告是政府履行职责，提供公共信息的给付行为，通过及时发布风险信息来预防风险，有利于保护公众的生命健康权以及社会公共利益；另一方面公共警告也可能侵害企业的营业自由和财产权，影响企业的名誉信用。因此，必须对公共警告进行法律规制，以规范公权力的行使，并平衡保护各方合法权益。④

---

① 参见梁凤云：《行政诉讼讲义》（上），人民法院出版社 2022 年版，第 143 页。

② 参见［德］哈特穆特·毛雷尔：《行政法学总论》，高家伟译，法律出版社 2000 年版，第 393 页以下。

③ 参见王贵松：《食品安全风险公告的界限与责任》，《华东政法大学学报》2011 年第 5 期，第 28 页。

④ 参见王贵松：《食品安全风险公告的界限与责任》，《华东政法大学学报》2011 年第 5 期，第 28 页。

（二）公共警告的合法性

结合相关立法、学者研究和域外经验，行政主体作出公共警告应当符合以下几方面的合法性要件[①]：

1. 主体合法。发布公共警告的行政主体应当具有相应职责，并在法定权限范围内发布公共警告，例如，对于重大疫情的风险公告应当由法定的公共卫生主管部门发布。

2. 满足防御危险和预防风险的事实要件前提。因为对于是否发布公共警告，行政主体享有一定的行政裁量权，所以应当在实体事实要件上作出规范。例如，对于食品或产品安全风险和消费风险的公共警告发布，一般（1）应当有充分理由怀疑其可能对人身健康造成危害，或（2）有充分理由怀疑其违反健康保护的相关法律规定；（3）在个别情况下有足够的迹象表明某产品对安全和健康构成或已经构成风险，并且由于科学知识不足或其他原因无法在规定的时间内消除该不确定性风险；（4）或者有事实证据怀疑企业有严重违反不得欺骗消费者的法律规定的。对于第（3）、（4）种情形需在权衡利害关系人和公共利益后，决定是否发布公共警告。

3. 符合比例原则的规定。因为公共警告可能侵犯利害关系人的合法权益，所以应当采取最小侵害的措施。即只有在未采取或未及时采取其他同样有效的措施，以及其他同样效果的措施未能实施时，特别是食品业者自身未向公众提供信息、或信息不能到达消费者时，行政主体才能主动发布公共警告。当然，存在紧急危险或风险，或经调查、检查，已有较为充分事实证明存在重大风险的情形不受前述限制。

4. 遵守法定程序。例如，在食品风险公告发布前，只要不妨碍提供信息所欲达之目的的实现，应当听取生产者和流通业者的意见，以通过事前程序保护利害关系人的合法权益。

5. 错误公告及时纠正。行政主体发布的公共警告信息有误，或者对信息提供的基础事由有不正确的描述，事后查明时，可以根据利害关系人的申请，或在为保护重大公共利益所必要时，应当立即告知公众。告知应采取与当初向公众提供信息同样的方式。

（三）公共警告的法律救济

公共警告作为行政事实行为的一种，其法律救济问题适用前已论述过的规

---

① 参见《德国食品、商品和饲料法》（Lebensmittel-，Bedarfsgegenstände-und Futtermittelgesetzbuch（Lebensmittel-und Futtermittelgesetzbuch-LFGB，2022 年修订版）第 40 条的规定；王贵松：《食品安全风险公告的界限与责任》，《华东政法大学学报》2011 年第 5 期，第 33 页以下。

则，即采取实际影响标准来判断。对公民、法人或其他组织合法权益造成实际不利影响的公共警告，具有可复议性和可诉性，当事人可以申请复议或提起诉讼，请求撤销违法或不当公共警告，并对造成的损失要求赔偿和补偿。

在受理案件后，复议机关或法院可结合前述合法性要件，对公共警告进行审查，对于不合法的，可以撤销公共警告，并对当事人的损失给予赔偿；对于合法的公共警告，政府无须承担赔偿或补偿责任。但对于后来经最终调查予以更正的公共警告，由此而给企业造成的损失，国家应当承担一定的补偿责任。①

深度阅读

1. 梁凤云．行政协议司法解释讲义．北京：人民法院出版社，2020.

2. 最高人民法院行政审判庭．行政协议典型案例裁判规则与评析．北京：人民法院出版社，2021.

3. 余凌云．行政契约论．北京：清华大学出版社，2022.

4. 梁凤云．行政诉讼讲义：上、下．北京：人民法院出版社，2022.（上册重点阅读第二章“受案范围”；下册重点阅读第七章第六节“行政协议诉讼”）.

5. 高木光．事实行为与行政诉讼．田卫卫，王贵松，译．北京：中国政法大学出版社，2023.

问题与思考

1. 什么是行政协议？其与民事合同有何区别？

2. 试列举若干典型的行政协议。

3. 如何审查行政机关行使行政优益权和合法性？

4. 行政协议有哪些救济渠道？可否仲裁？

5. 如何理解行政事实行为的概念和表现形式？

6. 练习题

(1) 孙某和孙小某是父子，孙某是户主，孙小某以孙某的名义跟政府签订了房屋征收协议，孙某称对此不知情，向法院起诉，请求确认房屋征收协议无效。下列说法正确的是：(　　)。

A. 法院不能适用民事法律规范的无权代理来确认行政协议无效

B. 若协议约定地域管辖，管辖无效

C. 若无效的事由在一审法庭辩论终结前消失，法院可驳回原告起诉

---

① 参见王贵松：《食品安全风险公告的界限与责任》，《华东政法大学学报》2011 年第 5 期，第 37－38 页。

D. 法院应审查行政机关签订协议的合法性

(2) 某县政府发布《关于招商引资的意见》，规定对引资人按实际投资的1%给予奖励。李某介绍某公司跟县招商局签订投资协议，以建设经营移交方式出资5 000万元建设了一个垃圾焚烧厂。李某请求招商局支付奖励，招商局支付10万元后未再支付余款。对此，下列说法正确的是：(　　)。(多选)

A. 该公司因行政机关不履行招商引资的约定义务，可提起行政诉讼

B. 拒绝支付余款违反诚实信用原则

C.《关于招商引资的意见》属于具体行政行为

D. 某公司认为县政府未按约定履行行政协议，可向市人民政府申请行政复议

(3) 某区住建部门因城市更新，与甲签订“国有土地上的房屋征收与补偿协议”。协议约定，如在履行协议过程中发生争议，可以向市仲裁委员会申请仲裁。后甲以其签署协议受到胁迫为由，诉请法院判决解除该补偿协议。关于本案，下列说法正确的是：(　　)。

A. 法院因存在仲裁条款裁定不予受理

B. 甲承担解除协议的举证责任

C. 本案不适用调解

D. 法院因协议存在仲裁条款而确认协议无效

(4) 下列关于行政指导的说法中，正确的是：(　　)。

A. 行政机关发布《企业合规风险指引》属于行政指导

B. 行政指导必须书面作出

C. 行政指导是柔性的、不具有法律强制力的行为

D. 行政主体对于行政指导行为不需要承担法律责任

第四编

行政的一般制度

第八章 行政程序

重点知识

行政程序的分类　行政程序的功能　行政程序法　正当程序原则　公开公平公正原则　高效便民原则　职能分离制度　回避制度　听证制度　听取意见制度　说明理由制度　案卷阅览制度　行政时效制度　行政程序瑕疵的类型与法律后果

知识逻辑图

- 行政程序
  - 行政程序概述
    - 行政程序的概念
    - 行政程序的分类
    - 行政程序的功能
    - 行政程序的特点
    - 行政程序法及其法典化
  - 行政程序法的基本原则
    - 正当程序原则
    - 公开公平公正原则
    - 高效便民原则
  - 行政程序的基本制度
    - 职能分离制度
    - 回避制度
    - 听证制度
    - 听取意见制度
    - 说明理由制度
    - 行政公开与案卷阅览制度
    - 行政时效制度
  - 行政程序瑕疵及其法律后果
    - 行政程序瑕疵的不同类型
    - 行政程序瑕疵的法律后果

第一节　行政程序概述

程序与实体相对，是作出行为的具体过程，主要由步骤、方式和时空三个要素构成。行政程序是行政机关作出行政行为时所应当遵循的步骤、方式、时空等要素构成的一个连续过程。[①] 行政程序既区别于立法机关的立法程序，也区别于司法机关的司法程序，具有行政性、效率性、职权性等特点。“行政程序作为规范行政权、体现法治形式合理性的行为过程，是实现法治行政的重要前提；而行政程序发达与否，则是衡量一个国家法治行政程度的重要标志。”[②]

一、行政程序的概念

行政程序是指行政机关作出各类行为所遵循的方式、步骤和时空等要素构成的连续过程。一方面，行政程序符合法律程序的一般定义，其构成要素与法律程序基本相同。法律程序与法律实体相对，后者关注行为的内容，指向程序经过后权利义务的最终变化；而法律程序是作出一定行为的过程，包括方式、步骤和时空三个要素，指向影响权利义务最终变化的行为是如何作出的。另一方面，行政程序适用于行政活动，需要受到依法律行政原理的拘束，满足行政法基本原则对行政活动提出的要求。

第一，行政程序适用于行政机关作出的各类行为。首先，行政机关和相对人、利害关系人是行政程序中进行交互的三类主体，而行政机关在其中处于主导地位，成为行政程序中的核心主体。一方面，只有行政机关参与的各类带有强弱不一高权色彩的活动才属于行政活动，而在部分行政活动，特别是内部行政活动中并不存在相对人和利害关系人。即使在存在相对人和利害关系人的行政活动中，行政程序也并不一定要求私人参与其中，特别是在部分应急行为中。[③] 另一方面，行政机关在行政程序中处于主导地位，决定着行政程序的进行，相对人和利害关系人则处于相对从属地位。其次，行政程序存在于行政机关作出的各类公法行为中，包括具有法效性的行政处理、行政立法和行政协议等，也包括各类不具有法效性的事实行为。除行政机关以私法人的身份作出的私法行为外，行政机

---

① 参见章剑生：《现代行政法总论》，法律出版社 2019 年第 2 版，第 215 页。

② 姜明安主编：《行政法与行政诉讼法》，北京大学出版社、高等教育出版社 2024 年第 8 版，第 337 页。

③ 参见彭錞：《再论行政应急性原则：内涵、证立与展开》，《中国法学》2021 年第 6 期，第 70 页。

关作出的各类公法行为一般具有高权性，或至少带有一定的高权色彩，后者主要指行政协议等处于公私法交界地带的行为。对这些行为都需要设置一定的程序，程序要求不仅有助于保障行政权行使的合法性与合理性，也可以为相对人和利害关系人提供与行政机关沟通的空间，达到防止行政权滥用的效果。

第二，行政程序包括方式、步骤和时空三个要素。首先，方式是指程序中各方的行为应以何种形式作出，既涉及行政机关的行为，也涉及参与到行政程序中的私人的行为。如行政机关在作出行政处理时，应当采取书面方式还是口头方式；又如在依申请的行政处理中，相对人应当线上申请还是采取线下申请。其次，步骤是指行政程序中各行为的前后顺序，如《行政处罚法》第 44 条规定应当先告知相对人，再作出处罚决定。最后，时空是指行政程序中各行为作出的期限和地点。期限包括期间和日期两类，日期往往是期间的起点或终点。如《行政许可法》第 32 条第 1 款第 4 项中的“五日内”为期间，“收到申请材料之日”为日期，后者构成了第 42 条、第 43 条中审查期间的计算起点。

二、行政程序的分类

行政程序依据不同的标准，可以进行不同的分类。同一分类标准下，不同类别的行政程序适用的原则和规则存在差异。

（一）羁束性程序与裁量性程序

依据程序是否必须被行政机关适用，行政程序可以分为羁束性程序与裁量性程序。羁束性程序是指法规范要求行政机关所必须履行的程序，行政机关不履行此程序即构成程序违法。裁量性程序是指法规范授予行政机关程序裁量权时，行政机关进行合义务的裁量后决定采取的程序。行政机关于此进行的程序裁量也可能存在瑕疵，进而构成明显不当。羁束性程序和裁量性程序的区分并非绝对，在法规范没有赋予行政机关程序裁量权时，行政机关也可能通过对要件中不确定法律概念的解释与涵摄决定规范是否被适用。而在法规范赋予行政机关程序裁量权时，行政机关也需要受到法治行政原理下各原则，特别是平等原则和比例原则的拘束，进而出现裁量收缩乃至裁量收缩至零的情形。部分情况下，法规范未就行政活动是否需要履行某程序进行规定，行政机关也可以从正当程序原则出发，自行决定履行一定程序，此亦属于裁量性程序。[①] 在此情况下，行政机关未根据正当程序原则决定履行一定程序时，行政处理可能也会被认定为明显不当，最高人

---

① 参见郑春燕：《服务理念下的程序裁量及其规制》，《中国法学》2009 年第 3 期，第 96－97 页。

民法院行政审判庭发布的“赵某诉平邑县人民政府土地行政复议案”即为此点在司法实践中的体现。

（二）内部程序与外部程序

依据行政程序适用的行为类型，行政程序可以分为内部程序和外部程序。外部程序可以进一步区分为抽象行为程序、具体行为程序，具体行为程序可以区分为行政处理程序、行政事实行为程序和行政协议程序。

首先，就内部程序和外部程序的区分而言，内部程序适用于行政机关对其内部的公务员和公物以及其他行政机关等作出的各类行为，包括抽象的内部行政规则制定和具体的内部行政行为。此类行为并不直接对私人产生效力，不直接影响私人的权利义务，故一般认为其程序要求可以较为宽松。但出于以下原因，内部行为也非完全不受程序拘束。部分情况下的内部行为可能透过法治行政原理下各原则的转换对相对人产生事实拘束力，如行政规则基于诚信原则、平等原则和比例原则等对相对人产生事实拘束力①，又如具体内部行为的外部化，于此应加强对此类行为的程序要求。外部程序对私人直接产生效力，故对外部行为的程序要求更为严格。

其次，可以依据外部行政行为的分类，将外部行政程序分为抽象行政行为程序和具体行政行为程序。前者主要指行政法规、规章和对外生效的规范性文件的制定程序，后者则指针对私人作出的具有法效性和不具有法效性的各类行为程序，区分二者的核心标准是相对人是否特定与针对的事实关系是否具体。就抽象行政行为程序而言，由于作为抽象行政行为结果的行政法规、规章和规范性文件针对不特定相对人反复适用，其往往涉及复杂的利益关系，且规章和行政法规作为具体行政行为的根据规范，不受司法审查，故抽象行政行为对私人的影响更大，需要受到更严格的程序控制。我国《立法法》和《规章制定程序条例》为各类抽象行政行为的作出设置了立项、起草、审查、决定和公布等一系列的程序要求。与具体行政行为相比，抽象行政行为具有适用对象不特定等特征，由此如何使各方利益在程序中得到适当表达，成为抽象行政行为程序的一个重要问题。

最后，依据外部具体行为的分类，外部具体行为程序可以分为行政事实行为程序、行政处理程序和行政协议程序。其一，行政事实行为尽管不具有法效性，但由于其为行政机关依实力径直作出的行为，对相对人权益亦可以产生不亚于具有法效性的行政处理的影响。如强制措施，可直接限制私人的人身权和财产权；又如信息公开，直接涉及私人的隐私权和个人信息。故应当存在相应程序，《行政强制法》和《政府信息公开条例》中的部分规范即属于此。其二，行政处理作

① 参见王贵松：《行政裁量基准的设定与适用》，《华东政法大学学报》2016 年第 3 期，第 69 - 71 页。

为行政法的核心概念，行政处理的程序成为行政程序的核心。我国尚无统一的行政程序法，对行政处理的程序要求散见于各类行政处理的单行法中，如《行政处罚法》《行政许可法》。不同类型行政处理适用的程序差异较大，如依申请行政处理的程序在相对人申请时开启，而其他类型行政处理则由行政机关依职权启动。其三，行政协议因其合意性和灵活性等特征，被越来越多地作为实现行政目的的工具。尽管行政协议中存在双方合意，但由于行政协议可能代替行政处理或将行政处理作为协议约定事项，且行政机关具有优势地位，故其要受到公法原则和公法规范的拘束。对行政协议设置一定程序，不仅有助于保护协议中私人一方的权利，也有助于保护协议所涉及的公共利益。我国各地出台的行政程序规定往往对行政协议的程序有所规定，如《湖南省行政程序规定》第 93 条到第 98 条。

三、行政程序的功能

之所以要为行政机关的行为设置一定的程序要求，是因为行政程序具有保障私人合法权益、充实行政民主性、确保行政活动的正确性和提升行政效能等功能。

（一）保障私人合法权益

行政程序的首要价值是保障私人合法权益，包括免受行政权非法侵害、参与行政过程和接受行政给付的权利。行政程序首先具有防御权功能，能够发挥防御行政权违法侵害的工具性价值。这一功能可以追溯至基本权利的防御功能。基本权利的客观价值面向要求包括行政机关在内的国家权力的各分支将基本权利的保护作为其行为的目标，限制行政权滥用进而防止不当限制基本权利行为的作出。在现代行政过程中，行政程序不局限于前述防御功能，还包含保障私人参与行政过程和接受行政给付权利的功能。在现代民主政治中，私人不再是公共权力行使的客体，而需要积极主动地参与行政过程。行政程序不再是行政机关的独角戏，而是行政机关与行政相对人、利害关系人互动的行政过程。行政程序需要发挥保障私人参与权、给付权等权利实现的功能。程序基本权利的理论渊源可以追溯到耶利内克的地位理论，指公民相对于国家居于主动地位，积极参与国家意志的形成。[①] 我国宪法上程序基本权利的规范基础是《宪法》第 41 条，该条未尽之处则可以诉诸人权条款的解释。于此，良好的行政程序本身成为目的，行政程序的目的性价值于此得到体现。

---

① 参见王锴：《论宪法上的程序权》，《比较法研究》2009 年第 3 期，第 63 页。

（二）充实行政活动的民主正当性

在传统的代议制民主体制下，行政活动的正当性主要源于代议机关的立法授权，因而行政活动不具备直接的民主正当性。源自立法授权的正当性，可以细分为功能与制度、组织-人员和内容-实体三个维度上的正当性。功能与制度正当性是指基于宪法直接规定的权力具有的正当性；组织-人员正当性指行政机关人员的任免可以回溯到民主程序中，进而具有的正当性；内容-实体正当性指行政机关的行为或存在法律的明确依据或处于法律设置的框架秩序之下，进而具有的正当性。[①] 然而，由于我国存在行政职权立法等制度安排，加之行政任务的不断扩展，前述正当性路径越来越难以为继。特别是在现代协商民主理论下，公民的民主权利不能仅仅体现为选举民主，也需要体现为对行政过程的参与民主。“行政程序可以让公民越过自己的代表直接介入行政权的行使过程。在这个过程中，公民权利可以成为约束行政权合法、正当行使的一种外在规范力量，并随时可以对行政权的行使是否合法、正当，在法律范围内提出质疑、抗辩，为行政机关行使职权提供一个反思的机制。”[②] 行政程序使得私人能够直接参与到行政机关意思表示的形成过程中，为双方提供了理性商谈的制度框架。由此，不同群体的利益诉求得以表达，行政机关可以从个案程序中直接获得正当性，补足前述行政活动正当性的不足。

（三）促进行政活动的正确性

行政程序有助于促进行政活动的正确性。一方面，通过不同利益群体参与行政程序的制度安排，行政机关可以正视纷繁复杂的利益诉求，以免忽视应当予以考量的因素。在分配行政和利害关系调整法的观念下，行政程序不仅具有保护相对人合法权益的功能，还需要发挥利害调整的功能。[③] 为了提升行政决定的合理性，有时甚至还会邀请一定的专家和公众代表参与到调整程序之中。程序的参与主体有时比有资格提起行政救济的主体范围要广。在意见听取型程序中，诸如行政立法、行政决策、行政计划等，利害关系人、公众和专家也会基于维护自身权益、社会认知或技术理性参与其中。我国《城乡规划法》第 26、46 条、《价格法》第 23 条等规定了公告评价程序、听证会等听取意见的方式，均已将此明文化。另一方面，通过专家参与到行政程序中，行政机关可以更为妥当地进行涉及

---

① 参见展鹏贺：《数字化行政方式的权力正当性检视》，《中国法学》2021 年第 3 期，第 123 - 125 页；陈征：《党政机关合并合署与行政活动的合法化水平》，《法学评论》2019 年第 3 期，第 29 - 31 页。

② 姜明安主编：《行政法与行政诉讼法》，北京大学出版社、高等教育出版社 2019 年第 7 版，第 328 页。

③ 参见王贵松：《作为利害调整法的行政法》，《中国法学》2019 年第 2 期，第 90 - 109 页。

各类专业因素的行政判断，提升行政活动的科学理性。最为常见的情形为重大行政决策的专家咨询、法制审核等程序，通过专家参与确保行政活动的正确性、合法性。

（四）提升行政效能

事前为各类行政活动设置良好的程序安排，可以减少程序错乱，降低制度成本。尽管行政程序在一定情形下可能会延缓行政活动的速度，但如前述，良好的行政程序可以提升行政活动的品质，反而有助于提升行政效能。行政程序使得私人参与到行政机关的意志形成中，使双方在程序中得以交流沟通，进而提高行政活动的可接受程度。由此私人更易于接受行政活动的结果，自觉履行其所负有的各类义务，减少执行成本。此外，为了提升行政效能，我国部分实体法除规定正式程序外，还规定了简易程序。如《行政处罚法》第 51 条规定：违法事实确凿并有法定依据，对公民处以 200 元以下、对法人或者其他组织处以 3 000 元以下罚款或者警告的行政处罚的，可以当场作出行政处罚决定。法律另有规定的，从其规定。《行政许可法》第 33 条规定：行政机关应当建立和完善有关制度，推行电子政务，在行政机关的网站上公布行政许可事项，方便申请人采取数据电文等方式提出行政许可申请；应当与其他行政机关共享有关行政许可信息，提高办事效率。

四、行政程序的特点

行政程序具有不同于其他法律程序的特点，其特点是由行政程序所适用的对象——行政权本身的特性决定的。

第一，行政法具有的保护相对人权利与实现公共利益的双重目标追求，决定了行政程序具有权利保障和行政效能并重的特点。一方面，行政程序具有防范公权力不法侵害的防御功能，具有保护私人权利的目的追求。另一方面，行政法规范中充斥着无法被分解为私人权益的公共利益，而行政机关是公共利益的代表者。行政机关在行使权力的过程中需要平衡对公共利益的追求和对私人权利的保护。行政程序对实现公共利益的作用体现在两个方面：一是行政程序的高效运作能够减少行政成本，提高行政效能，这符合公共利益最大化的目标。二是行政程序所指向的实体目标除私人权利保障外，还有实现公共利益。行政机关在进行关乎公共利益的各类行为中，往往需要通过公听会等程序征求意见，以确认公共利益的有无。最高人民法院在郭某昌诉宁波市鄞州区政府房屋行政征收案中指明：“公共利益属于典型的不确定法律概念……对于立法规定不明确或者可能认识有分歧的，则宜尊重通过正当程序而形成的判断，地方人大及其常委会、绝大多数被征收居民同意的建设项目，应当认为属于公共利益的需要。”[①]

第二，行政活动方式的多样化决定了行政程序具有多样化的特点。行政机关可以采取不同方式来实现行政目标，如行政处理、行政计划、行政指导、行政协议等。不同的行政活动方式所需要遵循的行政程序并不完全一样，这对行政实体法提出了很高的立法需求。我国《行政法规制定程序条例》《行政规章制定程序条例》重点对行政立法作出了具体的程序规制。《行政处罚法》《行政许可法》《行政强制法》分别对行政处罚程序、行政许可程序、行政强制程序作出了重点规范。尽管具有这样的多样性特点，但行政活动所具有的高权色彩和公共利益追求等特质并未消失，进而使得行政权行使往往需要遵循一定程度的共性要求。由此，适用于所有行政活动的统一的行政程序法典存在制定的必要和可能，以发挥统一各类程序规范、精简冗余规范、推动法体系的创新并提高行政活动的可接受性等功能。[②] 比较法上，德国、美国和日本的行政程序法为各类行政活动设置了一般性的程序规范。国内部分地区也制定了规范各类行政活动的行政程序规定。有学者指出，现代政府职能扩张后，行政权力的运行分为两种情形：一种以作出特定行政行为为目的，包括作出行政决定、制定行政规章、作出重大行政决策；另一种不以作出特定行政行为为目的，如履行监管职能，预防和防范重大风险，应对突发公共事件，提供公共服务等。两种情形对应的程序机制不同：第一种情形对应的是结果导向的行政权力运行程序，程序制度建构关注如何产出一个合法的行政行为，这也是传统意义的行政行为程序；第二种情形对应的是过程导向的行政权力运行程序，程序制度建构关注现代政府治理机制的形成，侧重推动权力运行过程的信息化、透明度、开放性及对私人的友善程度，以提升政府公共治理能力和公共服务水平。[③] 这凸显了现代行政程序多样性的特点。

第三，整个行政法教义学体系具有的程序化色彩，使得行政程序法和行政实体法具有相对分离的特点。首先，行政程序法不包括根据规范，亦即其并不规定各类行政活动作出的要件与后果，不能单独成为作出行政活动的根据，而主要包括各类活动作出之前的方式、步骤和时空的总和。由此，行政程序法和行政实体法是相对分离的，前者可以被作为单独讨论的对象。其次，行政法学的建立模仿

---

① 郭某昌诉宁波市鄞州区人民政府房屋行政征收案，最高人民法院（2017）行申 4693 号行政裁定书，2017 年 9 月 26 日。

② 参见［德］沃尔夫冈·卡尔：《法典化理念与特别法发展之间的行政程序法》，马立群译，《南大法学》2021 年第 2 期，第 151－155 页。

③ 参见王万华：《我国行政法法典编纂的程序主义进路选择》，《中国法学》2021 年第 4 期，第 112 页。

自司法判决，规范以行政处理为核心的各类行政活动的行政法，与规范以判决为核心的各类审判活动的诉讼法之间存在相似性，由此使得既有实体法体系本身也可以被视作是一种广义上的行政程序法。[①] 这使得狭义行政程序与被包含在广义行政程序中的行政实体之间存在千丝万缕的关系，如为行政处理设置各类程序需要先界定清楚行政处理的定义。比较法上，各国的行政程序法往往会规定与行政程序密切相关的行政实体的规定，如德国《联邦行政程序法》第三章规定了行政行为的定义和效力等被认为不属于狭义行政程序法的内容。最后，部分行政规范属于程序规范还是实体规范并不明晰，如政府信息公开行为本身并不导致相对人权利义务的变动，属于单纯高权行为，但相对人往往于此存在请求政府告知其一定信息的权利，与其相关的规定属于程序规范还是实体规范存在一定疑问。

五、行政程序法及其法典化

各国行政程序法律制度发展的一个重要趋势，是其法律形式的法典化。从历史上看，其经历了三波浪潮。[②]

第一波行政程序法典化的浪潮发生在欧洲大陆。西班牙是最早从事行政程序法典编纂的国家，早在 1889 年即制定了共有 159 条的《行政程序标准法》。奥地利则在 1925 年通过《一般行政程序法》，收录了行政法院判例中所确立的行政程序基本原则。此后，欧洲大陆的其他国家，如捷克（1928 年）、波兰（1928 年）、南斯拉夫（1930 年）以及德国的一些州，纷纷制定了自己的行政程序法，从而形成了行政程序法典化的第一次浪潮。这一时期的行政程序立法，所追求的主要目的为行政的简化和高效，对私人的程序权利考虑不周。

第二波行政程序法典化的浪潮以二战后的美国与德国为代表。美国自罗斯福新政以后，行政权尤其是规制权不断扩张。为化解新政反对者对美国走向专制的疑虑，美国于 1946 年制定了《联邦行政程序法》（APA）。该法对行政规则制定和行政裁决程序均作了规定，并且贯彻公开、参与、公正等程序原则，实现了对行政权的程序控制。此后，美国又陆续颁布了一批与《联邦行政程序法》相配套的法律，如《信息自由法》（1966 年）、《隐私权法》（1974 年）、《阳光下的政府法》（1976 年）等，使得美国一跃成为行政程序法治最为完善的国家，并对此后许多国家的行政程序法产生了重大影响。欧洲大陆的联邦德国，在二战后制定的《基本法》中规定了法治、民主和基本权利保护等原则，为行政程序法治的发展

---

① 参见黄宇骁：《行政法上的客观法与主观法》，《环球法律评论》2022 年第 1 期，第 137－138 页。

② 参见李洪雷：《国外行政程序法制建设简要历程》，《紫光阁》2015 年第 2 期，第 45－46 页。

提供了坚实的宪法基础，但因为德国以整个行政法总则（包括行政程序法和行政实体法）的法典化为目标，增加了立法的难度，直到 1976 年方通过了《联邦行政程序法》。德国和美国行政程序法体现了两种不同的立法模式。一是美国法的规范对象包括抽象的规则制定与具体的行政裁决，而德国法基本上局限于具体的行政处理和公法契约；二是美国法是纯粹的行政程序法，而德国法中则规定了一些实体性的内容，尤其是行政决定的成立和效力等制度，从而实现了行政法总则的部分法典化。在这一时期，匈牙利（1958 年）、瑞士（1968 年）、瑞典（1971 年）等也相继制定了《行政程序法》，西班牙则于 1958 年制定了新的《行政程序法》。

第三波行政程序法典化的浪潮发生在 20 世纪 90 年代以后。在欧洲，意大利（1990 年）、葡萄牙（1991 年）、荷兰（1994 年）、希腊（1999 年）等国制定了行政程序法。西班牙也配合其新的民主宪法，于 1992 年彻底抛弃了 1958 年《行政程序法》中的陈旧内容，制定了全新的《公共行政机关及共同的行政程序法》。这一时期不少亚洲国家竞相制定行政程序法。日本早在 1964 年即起草了第一部行政程序法草案，但直到 1993 年《行政程序法》才正式获得通过。该法最初仅主要规范行政决定（行政处分）和行政指导，后来在 2005 年又增加了作为行政立法事前程序的意见公募程序。韩国于 1996 年制定了《行政程序法》，我国澳门地区于 1994 年制定了《行政程序法典》。

进入 21 世纪后，欧盟成员国的行政程序法典均保持了较大的稳定性，没有大的修改和变动。其发展主要是通过单行行政立法和行政执法、行政诉讼的判例实现的。这一时期，欧盟行政程序立法的最大进展是《欧盟行政程序模范规则》。尽管它不是立法机关制定的，没有直接法律效力，但是它对后来的欧盟行政程序立法产生重大影响。《欧盟行政程序模范规则》参考并超越了世界各国行政程序法的现有模式，共包括 6 卷，分别为总则（general provisions）、行政规则制定（administrative rulemaking）、个案决定（single case decision-making）、行政合同（contracts）、行政协作（mutual assistance）和行政信息管理（administrative information management）。[①] 此外，法国于 2015 年通过的《公众与行政机关关系法典》（Code des relations entre le public et l'administration）也值得特别关注。一方面，法国属于传统大陆法系国家的代表，享有“行政法母国”之盛誉，其制度建构历程和制度创新成果，对于行政法治后发国家具有显著的借鉴意义；另一方面，与其他发达国家在制定法方面的创制着力于程序立法不同，法国的此部法典，无论是名称还是内容，都超越了纯粹程序法的范畴，具有行政基本法的特

① 参见彭錞：《迈向欧盟统一行政程序法典：背景、争议与进程》，《环球法律评论》2016 年第 3 期，第 77－93 页。

点。法国《公众与行政机关关系法典》包括五卷：第一卷“公众与行政机关的沟通交流”，第二卷“行政主体作出之单方行为”，第三卷“行政文件获取和公共信息的再利用”，第四卷“与行政机关发生争议之解决”，第五卷“适用于海外的条款”①。

我国目前尚未制定统一的行政程序法，但在某些行政行为（行政处罚行为、行政许可行为、行政强制行为）领域制定了融入一定行政实体法内容的单行行政程序法；在地方层面，已有十多个省市制定了地方行政程序规章。② 2008 年《湖南省行政程序规定》是我国第一部综合性地方行政程序立法，对行政决策程序、行政执法程序、特别行为程序和应急程序、听证程序、公开程序等作出了具体规定，开创了我国行政程序地方立法的先河。但是我国要实现法治政府建设的目标，仅依靠这些单行行政程序法和地方行政程序规章是远远不够的。因此，中共中央和国务院发布的《法治政府建设实施纲要（2021—2025 年）》和《法治中国建设规划（2020—2025 年）》均强调要完善我国行政程序法律制度，制定统一的行政程序法。统一的行政程序法典的出台，并非是要废弃现有的行政程序单行法和行政管理法中已存的程序法规范，而是要提取出适用于各个领域、各种不同行政行为的普遍性、抽象性和原则性的规范。制定统一的行政程序法典，对现有的单行程序立法进行体系化整合，其目标主要体现于以下四个方面：一是保障和尊重行政相对人的人权和人格尊严；二是控制与规范行政主体行使行政权；三是防止偏私与歧视，维护社会公平正义；四是提高行政效率，保障公共物品的有效供给。而统一行政程序法典的出台也会在以下方面展现其重要意义：其一，推进依法行政、依法治国，建设法治政府和法治国家；其二，推进制度反腐、法治反腐，建设廉洁政府、效能政府；其三，推进国家治理现代化，实现良法善治。③

第二节　行政程序法的基本原则

行政程序的规范设计与具体适用需要遵循一系列的基本原则，其功能在于指导行政程序法规则的设计和法规范的适用。

---

① 法国《公众与行政机关关系法典》的相关内容，可参见成协中：《法国〈公众与行政机关关系法典〉的制度创新及其对我国行政法典编撰的启示》，《法国研究》2022 年第 1 期，第 48－68 页。

② 行政程序地方立法的基本图景，可参见杨登峰：《行政程序地方先行立法的主体、模式与规范》，《政治与法律》2020 年第 3 期，第 64－76 页。

③ 参见姜明安：《21 世纪中外行政程序法发展述评》，《比较法研究》2019 年第 6 期，第 142 页。

一、正当程序原则

正当程序原则是对行政程序的一般性要求，在普通法系行政法的实践中占据了重要地位，并对我国的行政程序发展产生了相当影响。

普通法系对行政程序的要求往往更为严格，正当程序（due process）这一概念即通常被认为起源于英国法上的自然正义原则（natural justice）[①]，并在美国的司法实践中得以进一步发展。英国法上的自然正义包括两项基本原则：一是任何人不能做自己的法官，即禁止偏私。在行政活动的作出者以其他身份和案件有所牵连时，行政处理即可能违反此项原则。二是每个人的抗辩都必须被听取，即公平听证的权利。自然正义原则可以被视作越权无效原则的一个分支，因此在英国违反自然程序会使得行政决定无效。[②]

美国法上的正当程序原则来源于美国宪法第五修正案。该修正案适用于联邦行政机关，规定“未经正当法律程序，不得被剥夺生命、自由或财产”。美国宪法第十四修正案为各州行政机关的行为也作出了类似的要求。通过联邦最高法院的解释，美国法上的正当程序不仅包括程序性正当程序（procedural due process），而且发展出了实体性正当程序（substantive due process）。就程序性正当程序而言，其与大陆法系通常理解上的程序要求相当。美国法院发展出二阶分析法进行判断，即需要先判断当事人争讼的利益是否为生命、自由和财产，进而界定程序是否正当。[③] 实体性正当程序由联邦最高法院在一系列案件中发展出来，指向包括立法和行政在内的公权力行为的内容是否公正合理，并且在一定程度上发挥了兜底性人权条款的作用，这与大陆法系就程序的理解存在较大偏差。其早期主要用于限制公权力对经济领域的管制，经过一段时间沉寂后，转向对公民权的保护。[④]

一般认为，相较于通过程序控制行政权，以德国为代表的大陆法系国家更重视对行政权的实体控制，即通过依法律行政原理的控制。此点的例证为德国法上的行政程序的非正式性思想（Nichtförmlichkeit des Verwaltungsverfahrens），行

---

① 参见汤德宗：《行政程序法论》，元照出版公司 2001 年版，第 9 页；周佑勇：《行政法的正当程序原则》，《中国法学》2004 年第 4 期，第 115 页。

② 参见［英］威廉·韦德、克里斯托弗·福赛：《行政法》，骆梅英、苏苗罕、周华兰、卢超、王瑞雪译，骆梅英校，中国人民大学出版社 2018 年版，第 339－340 页。

③ 具体可进一步阅读［美］罗纳德·M. 莱文、杰弗瑞·S. 拉博斯：《行政程序法精要》，苏苗罕译，中国法制出版社 2022 年版，第 123－149 页。

④ 参见汤德宗：《行政程序法论》，元照出版公司 2003 年版，第 169－173 页；余军：《正当程序：作为概括性人权保障条款——基于美国联邦最高法院司法史的考察》，《浙江学刊》2014 年第 6 期，第 159－169 页。

政程序在没有规范明确要求的情况下由行政机关自行决定。① 此外，德国法对违反法定程序的行政处理的容忍度较高，不得撤销违反程序但实质内容不受明显影响的行政处理。②

正当程序原则不仅为我国实定法所吸收，而且进入司法实践中，成为判断行政活动合法性的重要标准。一方面，《行政处罚法》《行政许可法》《行政强制法》等一系列行政单行法均吸纳了正当程序原则的因素，为部分行政活动设置了听证、陈述申辩等程序。《行政诉讼法》不仅将违反法定程序作为撤销行政处理的原因之一，而且规定“行政行为程序轻微违法，但对原告权利不产生实际影响的”，法院可以不撤销系争的行政处理决定，而径直判决确认违法。另一方面，正当程序原则进入我国行政裁判中，即在不存在法定程序的情况下，法院亦可能因行政处理违反正当程序原则而径直撤销行政处理决定。1999 年的田某诉北京科技大学拒绝颁发毕业证、学位证行政诉讼案是正当程序原则进入行政审判的起点。③ 该案中法院在不存在法定程序的情况下，认为系争行政处理决定未满足“向当事人送达、宣布，允许当事人提出申辩意见”等正当程序的要求。此案后成为指导性案例，为后续法院审判所参照。“正当程序”概念进入裁判文书的首案为张某银诉徐州市人民政府房屋登记行政复议决定案。④ 在该案中，江苏省高级人民法院认为：“行政复议法虽然没有明确规定行政复议机关必须通知第三人参加复议，但根据正当程序的要求，行政机关在可能作出对他人不利的行政决定时，应当专门听取利害关系人的意见。”此后，司法实践中存在大量引用正当程序原则进行判决的案例，法院通过灵活解释程序法规范或超越具体规范而径直适用该原则，正当程序原则在实践中得到广泛运用。⑤ 前一种司法实践方式的典型案例为赵某诉平邑县人民政府土地行政复议案，该案中法院从行政许可审查程序和《行政许可法》的精神推导出行政许可的撤销亦需要遵循正当程序原则；后一种司法实践方式的典型案例为“陆某佐诉上海市闸北区房屋土地管理局房屋拆迁

① 德国《联邦行政程序法》第 10 条规定：“行政程序不受特定形式的约束，有特殊法规要求程序形式的，依其要求。行政程序应便捷地、合目的地、快速地进行”。

② 德国《联邦行政程序法》第 46 条规定：“违反有关程序、形式或地域管辖的规定，但并未明显影响行政行为实质内容的，对不属于第 44 条的行政行为，不得仅因此而撤销行政行为，依据本法第 44 条属无效行政行为的除外。”

③ 参见田某诉北京科技大学拒绝颁发毕业证、学位证行政诉讼案，最高人民法院指导案例 38 号。

④ 参见张某银诉徐州市人民政府房屋登记行政复议决定案，《最高人民法院公报》2005 年第 3 期，第43－46 页。

⑤ 相关司法实践的发展，可参见周佑勇：《司法判决对正当程序原则的发展》，《中国法学》2019 年第 3 期，第 26－45 页；蒋红珍：《正当程序原则司法适用的正当性：回归规范立场》，《中国法学》2019 年第 3 期，第 46－63 页。

行政裁决纠纷案”，正当程序原则被直接适用。[①]

二、公开公平公正原则

公开公平公正原则常被视为正当程序原则在我国的具体化[②]，包括行政公开、行政公平公正两个子原则。

行政公开指行政活动的进行中，行政机关原则上应当公开与其职权行使相关的信息。行政公开包括与行政处理相关的各类信息的公开和政府各类信息的公开。前者指作出行政处理时，应当将相关信息告知相对人与利害关系人，后者指行政机关在行使行政权过程中所保有的各类信息应当向社会公众公开。第一，就与行政处理相关的各类信息的公开而言，行政公开是相对人和利害关系人及时参与到行政程序，进而确保程序公平公正进行的前提。这蕴含在前述英国法上自然正义原则的公平听证权利中，并与美国法上正当程序原则中的给予相对人通知相契合。私人只有及时获得相关信息后，才可能得知自身是将要作出的行政处理的相对人，或与之具有利害关系，进而在行政处理作出前参与到程序之中。最高人民法院在发布典型案例郝某只案时，于“典型意义”中强调作为行政公开原则具体体现的征地公告制度对私人权益的保障作用。[③] 第二，就政府各类信息的公开而言，行政公开有助于加强对行政权的社会监督，发挥公共信息的价值。一方面，行政信息向全社会公开，社会公众均可获知相关信息，展开舆论监督，进而促进行政机关自我纠错。另一方面，对私人而言，行政机关行使职权过程中获得的各种信息往往可以满足私人生产、生活和科研需要，行政公开可以使行政机关掌握的信息及时为需要该信息的主体所掌握，发挥信息的经济与社会价值。

行政公平公正指行政机关在作出行政处理的过程中，应当使相对人和利害关系人参与到行政程序中，在听取各方意见的基础上公平公正地作出各类行为。第一，只有事前及时告知相对人和利害关系人拟作出的行政处理的相关信息，实现行政公开，私人才可能参与到行政程序中，使得行政机关在听取各方意见的基础上公平公正决策。第二，行政公平公正要求相关各方都可以参与到行政程序中，给予其表达自身的利益诉求的机会。一方面，在作出抽象行为或重大行政决策时，行政机关应适当选取各方面的利益代表，听取各方意见，确保各类利益都被

---

① 参见蒋红珍：《正当程序原则司法适用的正当性：回归规范立场》，《中国法学》2019 年第 3 期，第 53 - 56 页。

② 参见章剑生：《现代行政法基本理论（上）》，法律出版社 2014 年版，第 107 页。

③ 参见郝某只等 15 人诉屯留县人民政府不履行征地方案公告和征地补偿、安置方案公告法定职责案，《最高人民法院公布人民法院保障民生第二批典型案例》，《最高人民法院公报》2015 年第 3 期，第 28 - 30 页。

纳入行政机关的考量中。另一方面，在作出具体行政处理决定时，应当听取相对人的陈述申辩，考虑相对人的意见，并听取与考虑利害关系人的意见与利益。第三，行政公平公正要求行政机关不得偏私。一方面，参与行政活动的行政机关工作人员不得与行政活动具有利害关系，即任何人不得做自己的法官；另一方面，参与到行政活动中的行政机关工作人员，不得私下单独接触行政活动涉及的任何一方，避免受其中一方的不当影响。

三、高效便民原则

高效便民原则指行政机关在进行行政活动时，应当尽可能提高行政效能，并使相对人和利害关系人便利地参加到行政程序中。该原则可以分为高效原则和便民原则，二者均不能为传统的正当程序原则所涵盖，其中的高效原则还可能与正当程序原则存在一定张力。

高效原则指行政机关应尽量以较低的程序成本达到较高的程序结果。第一，高效原则要求行政程序至少要满足正当程序原则的基本要求。高效原则可能与正当程序原则产生张力，即在不当追求程序高效的情况下，程序的正当性可能受到减损。但实际上，程序运转高效的前提是其能够最低限度地满足行政程序设置的制度目的，此点类似于比例原则中的适当性判断，任何不正当程序设置都不能被认为是符合高效要求的。第二，高效原则要求以最低的成本实现最高的收益。在满足最低限度的制度目的后，是否要进一步提高程序的严密程度，则要考虑到成本与收益的比较。成本的计算要考虑到行政机关进行行政程序所耗费的公共财政资金与相对人和利害关系人在程序中耗费的时间与资金。此处的成本不仅局限于行政机关和相对人耗费的直接成本，也应当考虑各类间接成本，特别是相对人和利害关系人参加行政程序的间接成本。①

便民原则指行政程序的进行要尽量地便利各类相对人和利害关系人参加，照顾到不同群体的需求。第一，行政机关应当使得各类公共信息便于私人了解，使得各类办公场所便于私人到达。第二，行政机关应当积极履行释明义务，如最高人民法院在作为典型案例发布的齐某发案中指出："推动行政机关履行释明义务，对公民、法人或其他组织申请的事项，即使不在被申请机关职责范围之内，也要求该机关给予适当指导，是……促进权力高效便民公开的重要抓手"②。第三，行政机关应当推动电子政务发展，便于私人通过各种方式参与到程序之中，并照

① 参见沈岿：《论行政法上的效能原则》，《清华法学》2019 年第 4 期，第 20 页。

② 齐某发诉山东省交通运输厅道路运输局不履行法定职责案，《最高人民法院发布八起典型案例》，《最高人民法院公报》2015 年第 11 期，第 24 页。

顾到特殊群体的需要，消除数字鸿沟给老年人等带来的不适。

第三节　行政程序的基本制度

行政程序的各类功能与适用于行政程序的各原则需要透过一系列具体制度加以实现和落实。我国不存在统一的行政程序立法，行政程序散见于各类单行法中。尽管各单行法中的程序制度纷繁复杂，但存在一些共通性的程序制度，下面予以分别介绍。①

一、职能分离制度

职能分离（separation of functions），又称裁审分离，指行政决定的作出过程中，进行案件调查的主体和作出决定的主体应当分离。该制度来自普通法，是正当程序原则中的禁止偏私，即行政公平公正原则在具体制度上的体现，包括职权的完全分离和不完全分离两种模式，被我国的某些制度所吸收。

第一，职能分离是英美普通法上的传统制度，指从事裁决和审判型听证的机构或人员不能从事与听证活动不相容的活动②，体现了其对权力属性的独特认识。之所以要使调查人员和裁决人员分离，是因为要防止裁决人员因参与到调查过程，基于裁决之前获取的信息产生偏见。英国行政法上即将职能交汇作为产生偏见的原因之一。③ 在美国行政法上，职能分离制度本质上是将行政处理的作出视为司法性质的行为，进而将适用于法院的制度——追诉的主体和裁判的主体分离——适用于行政处理的作出，这与大陆法系对行政权的认识存在本质区别。在美国法上，职能分离存在两种模式：一是完全型的职能分离，二是内部型的职能分离，后者被更多适用。

第二，职能分离制度并没有被德日行政程序法所明确采纳，但在我国法上得到了明确体现。一方面，职能分离可以被认为是回避制度的特殊情形之一，部分情况下被置于回避义务的讨论中，德日行政程序法不仅未单独就职能分离进行原则性规定，而且未将其明确纳入回避事由。《日本行政程序法》第 19 条仅就不利处分中的听证程序主持人的回避进行了规定，而且不包括此前参加过调查程序这

---

① 行政调查制度可参见本书第九章第二节。

② 参见王名扬：《美国行政法》，法律出版社 2016 年版，第 327 - 332 页。

③ 参见［英］威廉・韦德、克里斯托弗・福赛：《行政法》，骆梅英、苏苗罕、周华兰、卢超、王瑞雪译，中国人民大学出版社 2018 年版，第 360 页。

一事由。[1] 德国《联邦行政程序法》第 20 条就回避规定的适用范围更为广泛，适用于“在行政程序中为行政机关从事有关活动”人员，不限于听证主持人，但相关事由亦未直接包括此前参加过调查程序。另一方面，职能分离制度出现在我国部分行政程序制度中。职能分离制度在我国法上最集中的体现是《行政处罚法》第 64 条第 4 项前段“听证由行政机关指定的非本案调查人员主持”与《行政许可法》第 48 条第 1 款第 3 项“行政机关应当指定审查该行政许可申请的工作人员以外的人员为听证主持人”。前述规定使听证主持人独立于调查或审查人员，类似于前述内部型的职能分离模式。

二、回避制度

回避制度是行政公平公正原则的具体化，是指与行政活动具有利害关系的人不能参加到行政程序之中，以维护公众对于行政程序的信赖与行政活动结果的公平公正。

第一，回避制度存在双重目的。一是回避制度可以增加公众对于行政程序的信赖，进而有助于嗣后相对人自觉履行被行政机关课予的各类义务，减少行政纠纷的产生。二是回避制度通过保障行政程序参与者的中立性，尽可能实现行政活动结果的公平公正。在作为公报案例的上海笛爱建筑材料有限公司诉上海市浦东新区人民政府行政批复案的裁判要旨中，最高人民法院即强调了回避对事故调查的客观公正的重要性。[2]

第二，我国不存在统一的行政程序法，未就回避制度的适用范围作出概括性的规定。但不仅《行政处罚法》《行政许可法》等就具体类型行政处理进行规定的一般法和《海关法》《道路交通安全法》等专项法中设置了回避规范，各地行政程序规定也设置了一般性的回避规范。纵览其中的回避规范，在法律层面，回避制度被广泛适用于行政处罚和行政许可等各类行政处理的作出程序；而在地方行政程序规定中，回避制度被适用于所有执行公务的行为，如《湖南省行政程序规定》第 18 条。此外，即使尚无回避的法定要求，行政机关也可能基于正当程序原则遵循回避的要求，否则行政处理可能在嗣后的诉讼程序中被认定为明显不当或程序违法。

---

① 不过在解释上，有观点认为听证主持人的选择应当排除与案件直接相关的职员。参见［日］室井力、芝池义一、浜川清主编：《日本行政程序法逐条注释》，朱芒译，上海三联书店 2009 年版，第 165－166 页。

② 参见上海笛爱建筑材料有限公司诉上海市浦东新区人民政府行政批复案，《最高人民法院公报》2022 年第 7 期，第 45－48 页。

第三，就应当回避的人员范围而言，我国行政程序立法上包括本人与行政活动存在利害关系、亲属与行政活动存在利害关系两类情形。前述利害关系指参与行政活动作出的公务人员为行政活动的相对人、相对人的代理人或与相对人存在相同的利益。《湖南省行政程序规定》第 18 条就回避人员范围的规定明确了这两类情形，并设置了兜底规定。此外，如果在较广范围上理解回避，前述职能分离也可以被纳入回避讨论，即执行调查和追诉的公务人员应当在裁决程序中回避。

三、听证制度

听证程序包括正式的听证程序和非正式的听证程序，前者模仿司法程序，强调听证主持人的中立性与听证笔录的拘束力；后者是行政机关进行活动时听取意见的程序，不强调程序的司法性特征与听证笔录的拘束力。由于非正式听证与正式听证存在较大差别，且我国立法是在正式听证程序的意义上使用听证这一概念，故我们将非正式听证纳入前述狭义的听取意见，于此仅论述正式听证。

第一，行政活动原则上不采取正式听证程序，而仅进行一般性的听取意见即可。正式听证模仿司法审判程序，一般公开进行，强调主持人的中立并给予双方举证质证的机会，故其程序较为复杂。而大部分行政处理所针对事实较为简单，采正式听证程序会降低行政程序的效能。故在各国法上，正式听证程序往往在案件疑难复杂的情况下才会被采用，案涉财产数额是判断标准之一。最高人民法院在第 6 号指导案例黄某富、何某琼、何某诉四川省成都市金堂工商行政管理局行政处罚案的裁判要点中指出："行政机关做出没收较大数额涉案财产的行政处罚决定时，未告知当事人有要求举行听证的权利或者未依法举行听证的，人民法院应当依法认定该行政处罚违反法定程序。"

第二，听证程序的启动包括依申请和依职权两种情形。我国《行政处罚法》第 63 条和《行政许可法》第 46 条规定了应当进行听证的情形，前者听证程序的启动以相对人申请为前提，后者行政机关则依职权启动听证程序。

第三，听证程序包括适用于行政处理的听证、适用于行政立法的听证和适用于规划制定的听证。首先，在满足法定要件的情况下，行政机关作出行政处理的过程中应当进行听证。由于行政处理具有相对人特定、事实关系具体的特征，参与听证的相对人和利害关系人范围有限，适合以准司法性听证程序进行。其次，在立法和规划制定过程中，由于不存在特定相对人，故需要选定公益代表人参加听证。此情形下的听证涉及广泛的公共利益，又被称为公共听证。在具体行政处理的作出可能广泛影响社会公共利益的情况下，以及在行政机关作出针对一般处分的情况下，亦存在社会公共代表参加听证的可能。前述涉及广泛公共利益，需要社会公众代表参加的情形可以被统称为公共听证，即公听会。

第四，听证程序带有准司法程序的特征，即要求主持人具有中立性、原则上采取公开的言辞审理、听证笔录为最后决定的唯一依据。由于前述公共听证和非公共听证具有较大差异，下文所述的听证程序仅针对非公共的正式听证而言。

首先，由于正式听证是一种带有司法色彩的程序，听证主持人类似于法官，需要具有中立性，以避免偏私。这里的中立性主要是针对行政机关而言的，即强调听证程序的主持人不能是本案调查人员或审查人员，以避免其秉持先见，妨碍听证程序的公正进行。由于不同国家的程序观念存在差异，就听证主持人是否必然需要具有中立性存在不同的规定。德国《联邦行政程序法》未对听证主持人的中立性提出要求；美国法为了保障主持人的中立创设了地位中立的行政法法官（administrative law judge）制度[①]，这与前述美国法对职能分离的强调有关；日本《行政程序法》则折中二者，规定了听证主持人的回避。我国《行政许可法》和《行政处罚法》均对听证主持人员的中立性进行了规定，明确要求行政处罚事前进行调查或对行政许可进行审查的人员不得主持听证，对听证人员的中立性要求强于德日，而弱于美国。

其次，就听证程序而言，不同国家立法存在较大差异。在我国法上听证原则上进行公开的言辞审理，但德日行政法中规定听证原则上不公开进行。《行政处罚法》第 64 条规定"除涉及国家秘密、商业秘密或者个人隐私依法予以保密外，听证公开举行"，《行政许可法》第 48 条亦规定"听证应当公开举行"。

最后，经听证的行政处理应当依据听证笔录作出。正式听证程序耗费了大量的行政资源与参加人的成本，若最后决定的作出不充分考虑听证笔录则会导致听证目的落空，故《行政许可法》和《行政处罚法》均要求根据听证笔录作出决定，此即案卷排他性原则。日本《行政程序法》第 26 条亦要求行政机关作出行政处理应当充分参酌笔录，允许行政机关在充分说明理由的情况下不依据笔录的内容和意见。[②]

四、听取意见制度

听取意见泛指行政机关通过各种方式听取公民的意见，听证是广义上听取意见的一种，指行政机关在各类行政活动中，以正式的方式听取相对人、利害关系

---

① 参见［美］罗纳德·M. 莱文、杰弗瑞·S. 拉博斯：《行政程序法精要》，苏苗罕译，中国法制出版社 2022 年版，第 164 页。

② 参见［日］室井力、芝池义一、浜川清主编：《日本行政程序法逐条注释》，朱芒译，上海三联书店 2009 年版，第 197 - 198 页。

人和社会公众的意见。

听取意见既包括行政机关作出行政处理或事实行为时，听取相对人和利害关系人的陈述、申辩，也包括行政机关一般性地听取公民的各类建议。这里主要论述狭义上的听取意见，并不包括听证。

第一，在行政处理和部分事实行为的作出过程中，行政机关应当听取相对人和利害关系人的意见。《行政处罚法》第 45 条、《行政许可法》第 36 条为行政处理中听取意见程序的典型规定。在行政处理较为复杂重大疑难的情形下，行政机关则应当进行正式的听证程序，而非进行此种简易的意见听取。《行政强制法》第 18 条亦规定了对当事人采取行政强制措施时应听取其陈述和申辩。

第二，在抽象规范和行政规划制定过程中，行政机关亦存在听取意见的义务。《行政法规制定程序条例》第 13 条和《规章制定程序条例》第 15 条规定了行政机关在立法时听取意见的义务；《城乡规划法》第 26 条规定了行政机关在规划制定过程中听取意见的义务。比较法上存在类似程序，如日本行政机关在制定抽象规则过程中的意见公募程序。在美国法上，规章制定只有在国会立法明确要求的情况下才采取正式的听证程序，大多数情况下采取通告-评论（notice and comment process）的方式，这一非正式的听取意见的程序，即公布立法草案后供公众进行评论。[①]

第三，除行政机关作出行政活动时听取意见外，社会公众亦可以来信来访的方式向行政机关提出意见，此即我国的信访制度。日本法上的苦情处理制度与之类似。

五、说明理由制度

说明理由制度指行政机关进行各类活动时，应当说明其进行活动的事实依据与法律依据，特别是具体化不确定法律概念和进行裁量时考虑的因素。2004 年国务院发布的《全面推进依法行政实施纲要》要求："行政机关行使自由裁量权的，应当在行政决定中说明理由。"这个要求把行政行为说明理由确定为行政机关行使裁量权的一项普遍性原则，为依法行政原理添加了以权力制约权力的力量。

第一，说明理由制度适用于各类行政活动。不同行政活动中，行政机关理由说明义务的轻重存在差异。

首先，行政活动法效性的有无不能决定理由说明义务的有无。具有法效性的

① 参见［美］理查德·J·皮尔斯：《行政法（第一卷）》，苏苗罕译，中国人民大学出版社 2016 年版，第 434－435 页。

行政处理含有意思表示要素，但此要素仅指行政机关对相对人义务为何的一种表示，并不当然推知其于此具有理由说明义务。不具有法效性的各类事实行为中，行政机关尽管并不直接课予相对人义务，但其依高权所为的行为往往也会给相对人权益带来影响，遂不能免除其理由说明义务。

其次，侵害性的有无并不能决定理由说明义务的有无。在侵害性的行政活动，如行政处罚、行政强制中，相对人的既得权受到行政权的合法限制，此时行政机关需要说明其行为符合依法律行政原理，且进行了合义务的裁量。而在行政许可等授益行政行为的作出过程中，行政机关也需要说明理由。从利害调整的角度观察行政法，行政机关的行为是在不同群体之间进行利益分配。在存在互换利害关系的情况下，行政机关给予相对人利益，如采矿权授予等，会导致第三人丧失获得该利益的机会。即使个案中私人之间的利益冲突不够明显，如各类补贴的发放，因行政机关的行为是在个人利益和公共资金之间进行分配，故亦应当进行一定程度的理由说明。①

最后，真正决定理由说明义务轻重的应当是行政活动的利害调整程度与行政机关的自主活动空间的大小。一方面，在行政活动的利害调整程度较高的情况下，如侵害行为的作出、规划的调整、部分许可的作出等，行政机关负有更强的理由说明义务。在行政活动的利害调整程度较小的情况下，如行政指导的作出等，行政机关负有较弱的理由说明义务。另一方面，在不需要上位法依据的自主行政活动的作出、规范中存在不确定法律概念、规范为行政机关设置了裁量的情况下，除说明行政活动的合法性外，行政机关还有义务说明其在自主空间内行为的理由。行政机关作出行政活动，无须说明规范的合理性，但是在法规范未尽之处，行政机关存在自主活动空间，行政机关的活动不能从规范中直接导出，其需要说明所为活动的理由。此种活动空间愈大，行政机关的理由说明义务也就愈强。

第二，行政机关需要在说明行政活动适法性的基础上，说明行政活动的合理性。

首先，基于在法秩序下具有的正当性，法规范本身即构成行政活动的权威依据。在法规范不存在裁量空间的情况下，行政机关不需要说明法规范的合理性，只需要说明其行为合法即可。对行政活动合法性的说明，包括事实认定和法律适用两方面，这里需要特别说明的是法律适用。此处的法律适用是指法律要件部分的解释和涵摄，而在该部分可能存在不确定法律概念。即使不将不确定法律概念

① 参见王贵松：《作为利害调整法的行政法》，《中国法学》2019年第2期，第94－98页；黄宇骁：《行政法上的客观法与主观法》，《环球法律评论》2022年第1期，第138、142－143页；赖恒盈：《行政法律关系论之研究——行政法学方法论评析》，元照出版公司2003年版，第139－140页。

作为要件裁量，行政机关也应当说明其如何具体化不确定法律概念、如何将事实涵摄到规范中、在存在判断余地之时判断考量的因素是否正当全面。正如最高人民法院在饭垄堆公司案中指出："……依法说明理由，以此表明……已经全面客观地查清了事实，综合衡量了与案情相关的全部因素……因为只有借助书面决定和卷宗记载的理由说明，人民法院才能知晓决定考虑了哪些相关因素以及是否考虑了不相关因素，才能有效地审查和评价决定的合法性。"①

其次，在规范为行政机关设置了决定裁量和效果裁量时，行政机关应当就裁量说明理由。其一，说明裁量理由是大陆法系行政程序的普遍要求，也为我国的部分规范所确认。德国《联邦行政程序法》第 39 条第 1 款规定："……说明理由时，机关应告知作出决定时所考虑的重要事实和法律理由。就有关裁量决定说明理由时，也应告知机关行使裁量权时考虑的因素"，这明确规定了理由说明义务，并特别强调对裁量理由的说明。日本《行政程序法》第 8 条和第 14 条也分别规定了依申请行政处理和不利行政处理作出的理由说明。我国 2004 年发布的《全面推进依法行政实施纲要》第 20 点亦指出行政机关行使裁量权时需要在决定中说明理由。其二，说明裁量理由可以使行政机关进行裁量时所考虑的因素清晰起来，有助于相对人接受行政裁量的结果，也便于法院监督，防止裁量权的恣意行使。其三，在存在裁量基准的情况下，可以认为裁量基准本身即构成裁量理由的一部分，即裁量基准制定者事前所确立的一般性的正当化理由。② 法的适用是一个从一般到特殊的过程，裁量基准处在这个过程的中间。裁量基准制定的程序严格且有公共参与，故能够承担这个过程中从一般到特殊范围内的说理。不过，裁量基准与个案之间仍有距离，故将裁量基准规定适用于个案的过程仍须说理，行政处理的作出需要作为理由的裁量基准和将裁量基准适用于个案的理由这两类理由。

第三，理由说明应当至少在裁量决定作出的同时进行。如果作出决定后再说明理由，理由说明的功能将在很大程度上落空。我国实定法亦表明，在行政诉讼中，行政机关应当以其在行政程序中说明过的理由证明其尽到了理由说明义务。《行政诉讼法》第 34 条规定"被告……应当提供作出该行政行为的证据和所依据的规范性文件"，《行诉证据规定》亦指出"下列证据不能作为认定被诉具体行政行为合法的依据：（一）被告及其诉讼代理人在作出具体行政行为后或者在诉讼程序中自行收集的证据"。在行政机关事前没有说明理由或理由存在瑕疵的情况

---

① 郴州饭垄堆矿业有限公司诉国土资源部行政复议决定案，最高人民法院（2018）行再 6 号行政判决书，2018 年 3 月 7 日。

② 参见鲍律帆：《裁量基准的制度定位：理由的规范化》，《河北法学》2022 年第 1 期，第 174－177 页。

下，行政处理构成程序违法，会导致被确认违法或被撤销的后果。此外，比较法上，在理由说明存在瑕疵的情况下，行政机关可以追加和替换理由。德国《联邦行政程序法》第 45 条规定“行政行为未依据本法第 44 条属无效的，违反程序或形式规定时可不予考虑：必要的理由说明事后提供的”。其承认了理由的追加，德国行政法学理与判例亦承认理由的替换。[①] 在我国，尚无类似的实定法规定，前述以行政机关作出行政行为的时间节点作为判断行政行为合法性标准的规定，实际上意味着该制度在我国尚不存在。

在饭垄堆公司案中，最高人民法院认定：“被诉复议决定援引《行政复议法》第二十八条第一款第三项作为法律依据时，未明确具体适用该项五种违法情形的具体类型，更未阐明具体理由，给当事人依法维权和人民法院合法性审查造成障碍，构成适用法律不当。”该案中，最高人民法院特别强调了理由说明的功能，指出：“因为只有借助书面决定和卷宗记载的理由说明，人民法院才能知晓决定考虑了哪些相关因素以及是否考虑了不相关因素，才能有效地审查和评价决定的合法性。不说明裁量过程和没有充分说明理由的决定，既不能说服行政相对人，也难以有效控制行政裁量权，还会给嗣后司法审查带来障碍。”“在对案涉采矿权重叠问题有多种处理方式以及可能存在多种复议结论的情况下，国土资源部选择做出撤销决定，更应充分说明理由。但是，从复议机关所提供的证据与全案卷宗情况来看，被诉复议决定并未体现相应的衡量因素，也未进行充分说理，仅简单以构成重叠即做出撤销决定，难以得到人民法院支持。人民法院认为复议机关所提供的证据材料不能满足司法审查需要而复议机关未完全履行说明理由义务的，可以要求复议机关重新调查处理，并提供可以进行审查的证据、依据以及相应的理由说明。”在“法适用-法裁判”这一框架中，我们要求行政机关作出行政行为时说明理由，一方面是用程序性机制强制行政机关在多方面考虑之后理性地作出行政行为，另一方面也是出于行政行为“以理服人”而不是“以力压人”的需要。[②]

六、行政公开与案卷阅览制度

行政公开指行政机关将其所掌握的各类信息向外公开，包括作出行政处理时向相对人和利害关系人公开的案卷阅览制度和面向所有人的政府信息公开制度。第一，在行政处理作出中，行政机关除了应当告知处罚决定及理由，还应当为其

---

① 参见王贵松：《行政裁量的构造与审查》，中国人民大学出版社 2016 年版，第 88 - 92 页。

② 参见章剑生：《面向司法审查的行政行为说明理由——郴州饭垄堆矿业有限公司与国土资源部等国土资源行政复议决定再审案评析》，《交大法学》2020 年第 2 期，第 191 页。

阅览案卷提供渠道。此即案卷阅览制度，为主观层面上相对人和利害关系人的案卷阅览权。第二，在行政处理作出之外，行政机关也负有一般性的政府信息公开义务，这主要由《政府信息公开条例》规定。除涉及个人隐私、商业秘密和国家秘密外，政府信息原则都需要公开，包括主动公开和被动公开两种情形。

政府信息相关制度本书设专章予以介绍[①]，于此不再赘述，在此提示其亦属于行政公开制度的一部分。下面主要对案卷阅览制度，即主观层面的案卷阅览权进行说明。案卷阅览权指相对人和利害关系人在行政活动过程中查阅本案卷宗的程序性权利，是行政公开在行政活动过程中的体现，与政府信息公开请求权存在差异。

案卷阅览权是行政公开的体现，并最终指向行政处理的公平公正。第一，在行政活动过程中，行政机关掌握大量不为相对人所了解的信息，比如行政机关通过检查获得的证据和证人提供的证词等，进而相对于行政活动的参与人行政机关具有相当的信息优势。案卷阅览权使行政机关掌握的信息向行政活动的当事人公开，行政机关的信息优势被消解，由此实现所谓"当事人的武器平等"。第二，案卷阅览权可以使行政活动的参与人了解行政机关作出行政决定时受到何种因素的影响。尽管行政程序法上存在说明理由制度，但是行政机关所说明的理由仅为其所宣称的理由，并不一定是其所真实考虑的因素。赋予行政活动参与人案卷阅览权，使其获悉行政机关在决定作出中受到何种因素的影响，并由此进行有针对性的申辩，可使行政决定作出过程更为透明。第三，案卷阅览权是通过行政公开，实现行政公平公正的程序制度安排。尽管案卷阅览权的行使本身是使行政机关掌握的信息为私人所知，为行政公开原则所支配，但其不限于保障私人的知情权，更在于使私人在了解行政机关掌握的各类信息后更好地参与到行政程序中，实现行政结果的公平公正。第四，案卷阅览权可使相对人和利害关系人获悉行政机关作出决定时考虑的全部因素，通过监督防止其受到不当影响。

案卷阅览权指在部分行政程序中当事人请求行政机关允许其查阅案卷的权利。第一，案卷阅览权发生于部分行政程序中。一方面，案卷阅览权仅适用于行政活动的过程中。案件阅览权涉及信息范围大于政府信息公开的范围，包括部分可以不予公开和不予公开的信息，前者如过程性信息，后者如涉及个人秘密的信息。因此行政案卷并非所有情形下均可被公开，而需要限定其公开的范围。此类信息对于参与到行政活动的私人具有前述消解行政机关信息优势进而使得私人实质参与到行政活动中的作用，故应在利益衡量后将此类信息在行政程序进行中向参与到行政活动的私人公开较为妥当。另一方面，赋予私人案卷阅览权，既可能导致行政效率的降低，也可能导致政府信息的不当外泄，故并非在所有的行政程

---

① 对于政府信息公开制度，可进一步参见本书第九章第三节。

序中均需要赋予私人案卷阅览权。比较法上，日本《行政程序法》仅规定了不利行政处理听证程序中的案卷阅览权，即仅适用于采取了听证程序的不利处理决定的作出过程中。第二，案卷阅览权为行政活动的相对人和利害关系人所享有，指向行政活动的作出机关。由于案卷阅览权的最终目的是实现行政活动的公平公正，而相对人与利害关系人是真正参与到行政程序中，并受行政活动影响的主体，其享有案卷阅览权是应有之义。而为了降低政府信息不当泄露的风险以及避免行政程序的过分延迟，不给予案外人案卷阅览权亦属当然。不过，在行政程序结束后，不论是相对人，利害关系人，还是案外人，均可遵循政府信息公开规定，申请公开相关信息，但此时可供公开的信息范围小于案卷所包含的信息范围。第三，从个人信息保护的角度，案卷阅览权部分体现了个人对其信息的复制阅览权。《个人信息保护法》第 45 条第 2 款规定“个人请求查阅、复制其个人信息的，个人信息处理者应当及时提供”，该法既适用于私主体，亦适用于国家机关。行政案卷中既具有相对人和利害关系人的大量个人信息，也具有个人信息之外的政府信息，故《个人信息保护法》可以为案卷阅览权提供一定支撑。第四，行政处理的相对人和利害关系人享有的案卷阅览权并非绝对，需要受到一定限制，国家秘密和个人秘密是比较法和我国实定法上限制案卷查阅的重要理由。

案卷阅览权是比较行政程序法上所普遍设置的一项程序权利，但在我国尚未成为一项普遍性的制度，且作为政府信息公开的例外，属于可不予公开的政府信息。第一，德国《联邦行政程序法》第 29 条和日本《行政程序法》第 18 条均规定了案卷阅览权，而我国并无统一的案卷阅览权规定。我国并无统一的行政程序立法，在行政行为单行法中，仅有《行政复议法》第 47 条规定了复议过程中的案卷查阅，《行政处罚法》等并未涉及案卷阅览权。部分地方行政程序立法中规定了案卷阅览权，如《湖南省行政程序规定》第 79 条。第二，案卷阅览权与政府信息公开请求权之间存在交叉，二者均为行政公开的组成部分。一方面，案卷阅览权和政府信息公开均为行政机关将其掌握的信息提供给私人，二者直接指向的目标皆为行政公开，不过前者最终指向个案处理的妥当性。另一方面，案卷包含的部分信息在满足政府信息公开的要求，成为两种权利所共同指向的对象时，本可适用政府信息公开的规定，成为应当公开的信息；但我国实定法上将行政案卷和必须公开的政府信息作了完全区分，使得行政案卷所包含的信息全部成为可以不予公开的政府信息。《政府信息公开条例》第 16 条第 2 款规定：“……行政执法案卷信息，可以不予公开。法律、法规、规章规定上述信息应当公开的，从其规定。”最高人民法院《信息公开审理规定》第 2 条亦规定：“行政程序中的当事人、利害关系人以政府信息公开名义申请查阅案卷材料，行政机关告知其应当按照相关法律、法规的规定办理的。”

七、行政时效制度

行政时效制度是高效原则的具体化，指行政程序中存在的各类时间限制，包括行政机关作出各类行为应当遵循的时间限制和相对人应当遵循的时间限制。

第一，为避免行政机关进行行政活动时过分延迟，不同层级的立法为行政活动设置了各种时间限制。行政机关进行的各类活动或是为了公共利益的实现，或是为了私人权利的保护，行政程序过分延迟会导致前述目的均无法实现。但行政程序进行过快，既可能使相对人和利害关系人的程序参与权得不到保障，也可能使行政机关无法正确地作出各类决定。是故，行政程序的时限设置需要在防止行政权行使过分延迟的同时，使相对人和利害关系人的程序参与权得到保障，并满足行政正确性的要求。

在我国，一方面，在就各类行政活动进行规定的单行法中，为行政活动的不同环节设置了长短不一的各类时限。如《行政处罚法》第 60 条规定："行政机关应当自行政处罚案件立案之日起九十日内作出行政处罚决定。"此外，设计行政时效制度时，需要考虑到无法在正常时限内完成行政程序的情况，为之设置时限延长的规定。如《行政许可法》第 42 条规定："除可以当场作出行政许可决定的外，行政机关应当自受理行政许可申请之日起二十日内作出行政许可决定。二十日内不能作出决定的，经本行政机关负责人批准，可以延长十日，并应当将延长期限的理由告知申请人。"另一方面，在就各领域进行规定的单行法中，往往会就时效作出特殊规定，此时需要适用转致规范和遵循特别法优于一般法的原则。适用规范时，不能仅关注针对单独行政活动类型进行规定的单行法中作为一般法的时限规范，也应当关注就各领域进行规定的单行法中作为特别法的时限规范，具体包括存在转致规范和不存在转致规范两种情形。其一，《行政许可法》和《行政处罚法》等针对单独行政活动类型进行规定的单行法，在时限的规范体系中往往会设置转致规范——"法律、法规另有规定的，依照其规定"。此时，即使位阶低于法律的法规设置了不同于法律规定的时限，也因此转致规范可以优先适用。此时，不论适用于特定领域的规范位阶是否高于针对单独行政活动类型进行规定的单行法，径直适用被转致的规范即可。其二，在部分的时限规范中，作为一般法的时限规范体系中没有设置转致规范，此时如果各领域的单行法设置了与之不同的规范，则需要适用规范冲突的一般解决方法。

第二，不同层级的立法也为相对人和利害关系人参与行政程序设置了一定时限要求，以促使其及时行使程序权利，防止因权利滥用而导致行政程序的拖延，达到程序经济性和正当性的平衡。如《行政许可法》第 47 条规定，"申请人、利害关系人在被告知听证权利之日起五日内提出听证申请的”。须说明，应当区分实体法上的时效和程序法上的时效，前者经过会导致实体法上状态的变更，如处罚时效经过后，行政机关就不能再给予相对人行政处罚。而后者经过，只影响程序权利的行使，与实体法上的状态无关。

第四节　行政程序瑕疵及其法律后果

行政程序瑕疵指行政活动违反程序法规范，使行政活动的合法性受到影响，进而可能在行政诉讼中被撤销或被确认违法。

一、行政程序瑕疵的不同类型

行政程序瑕疵可以出现在不同类型的行政活动中，瑕疵程度亦有差异，不同类型的行政活动中不同程度的程序瑕疵会导致不同的后果。

第一，行政处理中程序瑕疵可以分为程序严重瑕疵和程序轻微瑕疵。二者的区分来源于《行政诉讼法》第 70 条和第 74 条就不同判决类型的规定，是以程序瑕疵是否对公民权利的产生实质影响为标准。《行政诉讼法》第 70 条规定“违反法定程序的”行政行为应当撤销，且行政处理亦可能构成该条中的“明显不当”进而被撤销，该条并未排除轻微程序违法且不实际影响权利的情形。但第 74 条规定“行政行为程序轻微违法，但对原告权利不产生实际影响的”应当确认违法。这与前述应当撤销的规定存在竞合，确认判决于此应优先适用，即将程序轻微违法的情形排除出撤销判决的适用范围，对其仅确认违法而不判决撤销。此外，程序违法达到“重大且明显”的程度时，根据《行政诉讼法》第 75 条规定需要被确认无效。下面采取三阶判断法说明如何识别案涉行政处理属于哪一类程序瑕疵。首先根据第 70 条判断是否构成程序瑕疵，如果构成，再根据第 74 条判断是否构成程序轻微瑕疵，构成程序瑕疵但不构成程序轻微瑕疵的情形属于程序严重瑕疵。最后，如果程序严重瑕疵属于“重大且明显违法”的情形，则构成导致无效的严重瑕疵，反之构成导致可撤销的严重瑕疵。

首先，行政处理程序在违反法律法规和规章的情况下，构成“违反法定程序”；在违反正当程序原则以及规范性文件所确定之程序的情况下，构成“明显不当”，二者均构成程序瑕疵。一方面，从语义来看，违反法定程序需要存在实定法所确定的程序，而此处实定法的范围为何则存在疑义。法律法规和规章属于此处之法并无疑义，存在疑义的是正当程序原则和规范性文件是否属于此处之法。实践中有将违反正当程序原则的行政处理认定为程序违法的判例，如“张成银案”，最高人民法院的司法文件和公报案例亦持此观点。[①] 但规范性文件和正当程序原则并不能成为行政判决的依据，难以认为其对法院具有法的拘束力，而明显不当能够容纳行政处理程序违反二者的情形，故不宜将二者纳入此处法的范围。另一方面，2014 年《行政诉讼法》修改时新增“明显不当”作为撤销判决的情形之一，而明显不当可以包括前述两种情形。在明显不当未成为撤销判决适用条件之前，对“法定程序”中的法作扩大解释，使法包含规范性文件以及学理上的原则的做法，有在规范供给不足情况下努力扩大司法审查力度的考虑。但在立法明确新增“明显不当”后，违反正当程序原则可以被认定为程序裁量明显不当，违反规范性文件的要求属于有违行政自我拘束、平等对待和合法预期保护等原则，进而也可以被认定为程序裁量明显不当，此时不必再扩大解释“法定程序”这一概念。

其次，程序轻微瑕疵指行政处理违反法定程序或构成明显不当，但不对原告权利产生实际影响。前述违反法定程序和明显不当的认定涵盖了所有程序瑕疵的情形，但行政程序瑕疵并不一定对私人的实体权利产生影响。出于维护行政效率、避免程序空转的目的，《行政诉讼法》设置了针对轻微程序违法的确认违法但不撤销的确认违法判决。2018 年行诉法解释第 96 条进行了细化，一方面例举了“处理期限轻微违法”和“通知、送达等程序轻微违法”两类程序轻微违法情形，并兜底规定“其他程序轻微违法的情形”。另一方面将“对原告权利不产生实际影响”界定为“对原告依法享有的听证、陈述、申辩等重要程序性权利不产生实质损害的”。前述 2018 年行诉法解释就“对原告权利不产生实际影响”的细化尚需进一步说明。该条不仅未将此处的原告权利限制在实体权利的范围，甚至未将实体权利纳入其中，而仅包括“听证、陈述、申辩等重要程序性权利”。从司法解释的立场出发，判断时需要着眼于原告的程序权利。而就何为重要的程序性权利，可以和实体结果相联系，即“对原告权利不产生实际影响”指的是原告受损的程序权利不会影响与实体密切相关的权利。

最后，在行政程序存在严重瑕疵的情况下，还需要判断严重瑕疵是否构成“重大且明显违法”这一导致行政处理无效的情形，具体采取判断无效行政行为的一般标准。

第二，在行政事实行为中，程序瑕疵只可能导致确认违法的后果。行政事实行为不存在可撤销内容，故无法适用撤销判决。因前述确认违法判决也适用于可以撤销但不撤销的行政处理，行政事实行为在此无适用余地。存在程序违法的事

---

① 参见蔡小雪、陈裕琨、缪蕾主编：《最高人民法院司法观点集成·行政卷》，中国民主法制出版社 2023 年第 2 版，第 704 页。

实行为仅可以适用《行政诉讼法》第 74 条第 2 款第 1 项而被确认违法，故不须对事实行为的程序瑕疵再进行分类。

第三，在规范性文件制定中，程序瑕疵可能导致规范性文件在附带审查中被认定为不合法，进而导致其不被作为认定被诉行政行为合法性的依据。2018 年行诉法解释第 148 条对《行政诉讼法》第 64 条中“规范性文件不合法”的判定标准进行了细化，将“未履行法定批准程序、公开发布程序，严重违反制定程序的”作为认定规范性文件不合法的情形之一。

二、行政程序瑕疵的法律后果

不同类型的行政程序瑕疵会导致不同的法律后果，法院需要对存在程序瑕疵的行政活动进行审查后适用不同的判决类型。行政处理存在程序瑕疵，会被确认违法、撤销或确认无效；行政事实行为存在程序瑕疵会被确认违法。此外，实践中部分法院对存在轻微程序违法的被诉行政行为，既不作出确认判决，又不作出撤销判决，而驳回原告诉讼请求，而仅在判决理由中指明程序违法。[①] 鉴于立法已明确轻微程序违法适用确认违法判决，而确认违法判决并不影响案涉行政处理的效力，是权衡确保行政合法性和实现行政效率等不同价值的产物，且判决理由的效力和判决主文的效力截然不同。故就程序违法作驳回判决的做法存在不妥之处，不将其作为一种程序瑕疵的后果进行论述。

第一，就行政处理而言，法院需要对不同的程序瑕疵采取不同的判决类型。就构成“重大且明显违法”的严重程序瑕疵而言，法院需要对被诉行政处理作出确认无效判决。就不构成“重大且明显违法”的严重程序瑕疵而言，法院需要撤销被诉行政处理，但如果被诉行政处理符合情况判决的条件，则作出情况判决，即判决确认违法。就轻微程序瑕疵而言，法院需要作出确认违法的判决。第二，前述作出确认违法和确认无效判决的情形中，除因程序轻微瑕疵而确认违法外[②]，法院需要根据《行政诉讼法》第 76 条判断行政机关是否需要采取补救措施或承担赔偿义务。第三，就存在程序瑕疵的行政事实行为而言，法院仅可依据《行政诉讼法》第 74 条第 2 款第 1 项判决确认违法，而无判决撤销或无效的可能。第四，规范性文件制定程序违法，导致其不被作为认定被诉行政行为合法性的依据，法院应当向制定机关提出处理建议。

---

① 参见梁君瑜：《行政程序瑕疵的三分法与司法审查》，《法学家》2017 年第 3 期，第 52 页。

② 参见最高人民法院行政审判庭编：《中华人民共和国行政诉讼法及其司法解释理解与适用》，人民法院出版社 2015 年版，第 503 - 504 页。

深度阅读

1. 哈特穆特·毛雷尔．行政法学总论．高家伟，译．北京：法律出版社，2000：第十九章.

2. 约翰·V. 奥尔特．正当法律程序简史．杨明成，陈霜玲，译．北京：商务印书馆，2006.

3. 翁岳生．行政法：上册．北京：中国法制出版社，2009：第十六章.

4. 梁君瑜．行政程序瑕疵的三分法与司法审查．法学家，2017（3）.

问题与思考

1. 行政程序是什么？有何功能？如何实现此种功能？

2. 行政程序的原则有哪些？英美法和我国法的正当程序原则有何联系与区别？

3. 听证制度的核心要求有哪些？

4. 行政调查制度的一般要求有哪些？

5. 行政程序违法的后果有哪些？违反法定程序和违反正当程序的后果有何不同？

第九章 行政信息

重点知识

行政信息的概念　行政信息的收集　行政信息的公开　行政信息的利用　行政调查的类型　行政调查的程序　政府信息公开的原则　政府信息公开的范围　政务数据开放　个人信息保护

知识逻辑图

- 行政信息
  - 行政信息的范围
    - 行政调查中获取的信息
    - 行政机关制作的信息
    - 公共企事业单位管理公共事务、提供公共服务的信息
  - 行政信息的收集
    - 依职权进行行政调查
      - 概念与类型
      - 调查的依据
      - 调查的程序
      - 调查的救济
    - 依法进行社会调查
    - 公共企事业单位在提供公共服务过程中收集的信息
  - 行政信息的公开
    - 政务公开
    - 政府信息公开
      - 概念、根据与原则
      - 主体、方式与范围
      - 依申请公开的程序
      - 监督与救济
    - 公开数据开放
  - 行政信息的利用
    - 行政决策的事实基础
    - 行政决策的智能辅助
    - 公共信用制度
    - 公共数据授权运营服务社会
    - 行政信息利用的法律控制

现代国家是信息国家，行政活动越发依赖信息的治理手段。政府掌握的行政信息不仅数量庞大，而且已经形成了大数据的物理形态，并在此基础上为数字政府治理提供了新的手段。信息技术和数字产业的发展为促使政务开放、政府信息公开纳入了崭新的内容。此外，电子化的行政信息收集方式形成了大数据，从而为自动化行政提供了技术条件。因此，行政信息的收集、公开与利用已从传统的行政调查、政府信息公开走向了数字政府乃至于自动化行政的阶段。

第一节　行政信息概述

一、行政信息的概念与范围

（一）概念

行政信息是行政机关、法律法规授权的组织以及管理公共事务、提供社会公共服务的企事业单位在履行行政管理职能以及管理公共事务、提供社会公共服务时，通过行政调查、大数据监测、信息备案、签订公共服务合同等方式收集及获取的各类信息。行政信息是学理概念，其内涵和范围比《政府信息公开条例》中的“政府信息”更广。根据《政府信息公开条例》（以下简称《公开条例》）的规定，政府信息是指行政机关在履行行政管理职能过程中制作或者获取的，以一定形式记录、保存的信息。《公开条例》所规定的政府信息是法律概念，根据其定义和条文的体系解释，政府信息并不包括管理公共事务、提供社会公共服务的企事业单位在履行管理公共事务、提供社会公共服务时制作或者获取的信息。

数据是信息的载体，在电子化和大数据时代，行政信息通常依托数据来表达。《数据安全法》第 3 条规定，数据是指任何以电子或者其他方式对信息的记录。据此政务数据通常指行政机关履行行政管理职能获取的信息的数据载体，而公共数据不仅包括政务数据，也包括公共管理和服务机构在依法履行职责、提供公共服务过程中制作或者获取的信息的数据载体。

（二）范围

根据行政信息获取主体和性质的不同，行政信息可分为以下几类：

1. 行政机关在履行行政管理职能过程中获取的，以一定形式记录、保存的信息。此类行政信息是最典型的政府信息，是行政机关根据法律规定履行行政管理职能过程中，从其他行政机关或公民、法人和其他组织取得的信息。例如，土地管理部门在作出土地征收决定前，需要从被征收土地范围内的土地所有权和使用权人那里获取物权、户籍、人口等相关信息，同时也要从发改委、规划部门等行政机关那里获取项目核准、土地利用规划许可等信息。

2. 行政机关在履行行政管理职能过程中制作的信息，例如制定的文件、来往的公函、会议纪要、行政决定等。行政机关在履职过程中会对获取的信息进行加工、汇总，以及重新制作相关信息；也会根据行政管理需要形成各种公函、签报、批复、会议纪要、备忘录，乃至于制定各种文件（行政解释、裁量基准等）、规章等。这些各类形式的信息也属于行政信息。

值得注意的是，党政联合发文在我国行政活动中普遍存在，是行政管理坚持党的领导的具体体现，这部分内容也属于行政信息的组成部分。但是我国司法审判中通常认为党政联合发文并非行政机关在履行职责过程中制作或者获取的信息，从而认定其不属于《公开条例》中应予公开的政府信息。

3. 公共企事业单位履行管理公共事务、提供社会公共服务职能中制作或者获取的信息。与履行公共事务职能有关的公共企事业单位的信息也属于行政信息。根据《公开条例》第 54、55 条的规定，法律法规授权的具有管理公共事务职能的组织的信息视为政府信息；教育、卫生健康、供水、供电、供气、供热、环境保护、公共交通等与人民群众利益密切相关的公共企事业单位，在提供社会公共服务过程中制作、获取的信息，依照相关法律、法规和国务院有关主管部门或者机构的规定执行。公共企事业单位在提供社会公共服务过程中制作、获取的信息不属于《公开条例》的政府信息，公开途径与《公开条例》规定的不完全一致，但因其具有公共属性，属于参照适用政府信息规定的公共信息。此外，公共数据开放制度也将此类信息纳入了公共数据的范畴。

二、行政信息的收集、公开与利用

信息是现代国家治理最重要的工具。行政机关除了通过依法获取信息对具体事件作出行政处理，还对其获取和制作的信息进行归档、分析、共享，乃至再次加工，服务于超出初次信息收集目的的行政决策。随着信息技术的不断发展，行政信息的管理从纸质进展到电子化，网络化、数据化、平台化技术的广泛应用使得各类社会信息可以被及时广泛地收集和处理。大数据和通用人工智能技术促使行政机关对所收集的信息进行挖掘与测算，从中发现社会经济运行的规律，快速拓展了行政监管的广度和深度。公共行政中数字技术日益广泛的应用，改变了行政组织的架构和运行规则，指向“行政-公民”沟通意义上行政模式的改造，行政信息的开发和利用以社会信用治理、自动化行政辅助决策为代表，成为新型的行政活动方式。

在现代国家行政权的扩张中，行政机关信息收集、保存的技术和能力取得了显著进步，但同时这些行政信息往往不为公众所知。这就要求建立公开行政信息、建立透明政府、接受公众监督的信息公开法律制度。

（一）行政信息的收集

行政机关、法律法规授权的组织以及管理公共事务、提供社会公共服务的企事业单位在履行行政职责过程或者提供公共服务中通过以下的方式收集行政信息：

（1）政府为了履行监管责任依行政调查职权收集信息。此类信息来源既包括行政机关根据法律法规规定作出行政许可、行政处罚等行为之前，通过行政调查获取的相关信息，又包括根据法律法规等规定要求企业“信息报送”“信息备案”而获取的信息，通过国土督察的卫星遥感监测、气象或环境的监测系统等获得的信息，以及通过自然人、法人乃至动物的身份识别系统获得的信息等。信息报送制度在诸多行政监管领域被广泛应用，例如《药品网络销售监督管理办法》规定，药品网络销售企业应当向药品监督管理部门报告企业名称、网站名称、应用程序名称、IP 地址、域名、药品生产许可证或者药品经营许可证等信息……鼓励第三方平台与药品监督管理部门建立开放数据接口等形式的自动化信息报送机制。

（2）政府根据法律法规规定进行社会调查收集信息。政府为了制定经济社会政策、编制经济社会发展规划、制定政府规章，乃至于作出具体的行政决定，都离不开社会调查。除委托社会第三方进行社会调查以外，我国《统计法》《全国人口普查条例》等法律法规还规定了法定的行政机关的社会调查形式。例如，《统计法》规定，统计的基本任务是对经济社会发展情况进行统计调查、统计分析；《全国人口普查条例》规定，每 10 年进行一次全国人口普查，主要调查人口和住户的基本情况，内容包括姓名、性别、年龄、民族、国籍、受教育程度、行业、职业、迁移流动、社会保障、婚姻、生育、死亡、住房情况等。政府通过以上普查、统计等社会调查，即可获取有关人口、社会、经济等各方面的行政信息。

（3）教育、卫生健康、供水、供电、供气、供热、环境保护、公共交通等与人民群众利益密切相关的公共企事业单位，在提供社会公共服务过程中收集信息。公共企事业单位在提供公共服务过程，一般会要求用户提供姓名、家庭住址、联系方式等个人信息。此外，用户使用公共服务的额度、费用以及投诉等信息也随着公共服务的展开，为相应的企事业单位所获取。

（二）行政信息的公开

1. 政务公开

我国行政信息的公开制度起源于20世纪80年代以来从村务公开到乡镇机关政务公开的探索。1997年，党的十五大报告将公开作为民主监督制度的重要环节，并指出："城乡基层政权机关和基层群众性自治组织，都要健全民主选举制度，实行政务和财务公开，让群众参与讨论和决定基层公共事务和公益事业，对干部实行民主监督。"2000年《国务院政府工作报告》中明确："积极推行政务公开，鼓励人民群众依法对政府及其工作人员进行监督，并发挥舆论监督的作用。"

与此同时，行政机关内部信息收集、管理的方式快速发展，为行政信息公开的制度化提供了基础。1987年1月24日，国家经济信息中心正式成立。1990年，43个部委信息中心成立。2001年，国务院信息化工作办公室成立。2002年8月，中共中央办公厅、国务院办公厅联合转发《国家信息化领导小组关于我国电子政务建设指导意见》，规划"两网四库十二金"，覆盖了我国电子政务亟须建设的各个方面。同时档案信息化建设，即电子档案和档案数字资源也在快速发展。行政机关和公用企事业单位的信息符合《档案法》所规定的"对国家和社会具有保存价值的各种文字、图表、声像等不同形式的历史记录"的情形的，应纳入档案管理，并根据《档案法》的相关规定向社会开放。

2. 政府信息公开制度

在政务公开制度建设的过程中，行政机关通过建设政府信息公开系统，利用网络资源建设政府门户网站，加强和社会公众的交流互动。2001年中国加入世界贸易组织后，应承担公开特定政府信息的国际义务，《政府信息公开条例》随之进入立法程序。实际上，地方早于国家层面制定和实施了有关政府信息公开的法律制度。例如，2002年《广州市政府信息公开规定》、2004年《上海市政府信息公开规定》相继出台。

政府信息公开制度从行政机关信息公开职责、公民知情权的角度建构了外部主体获得行政机关所掌握信息的法律制度途径。政府信息公开制度的主要目的在于保障公民、法人和其他组织依法获取政府信息、提高政府工作的透明度。国家层面的《政府信息公开条例》自2008年5月1日起施行。它是我国行政公开法律制度建设的里程碑。2019年4月3日国务院修订了该条例，扩大了主动公开范围，完善了依申请公开程序。

3. 公共数据开放

数据是指任何以电子或者其他方式对信息的记录。[1] 公共数据是指国家机

---

① 参见《数据安全法》第3条第1款。

关、事业单位，经依法授权具有管理公共事务职能的组织，以及供水、供电、供气、公共交通等提供公共服务的组织，在履行公共管理和服务职责过程中收集和产生的数据。[①] 政府数据开放制度侧重数据的利用和再开发，旨在挖掘数据的潜在价值，为政府和社会有效解决各种问题提供新的路径。

与政府信息公开制度相比较，公共数据开放制度更重视公共数据的再利用，而不仅仅是公民知情权的保障；公共数据的概念与范围与政府信息存在差异，尤其是对于提供公共服务的公共企事业单位的信息在政府信息公开制度中是否属于政府信息存在争议，而该类信息在公共数据开放中是公共数据的重要组成部分。此外，公共数据开放基于数据的特性，一般会形成或构建统一的大数据平台归集公共数据后进行开放。[②] 行政机关应在行政管理过程中对行政机关和公共企事业单位的公共数据进行归集、保存、质量管理、安全评估、共享、应用乃至开放，建设电子政务云等统一的政府大数据基础设施。

（三）行政信息的利用

1. 行政决策的事实基础

行政机关采集行政信息通常是为了作出某项行政处理或者制定某一领域的行政规范和公共政策。例如，行政机关通过行政调查查明案件事实，依职权进行资料收集、调取证据。事实清楚是行政主体作出一切行政决定的前提。为了制定某项公共政策，行政机关会通过各种方式收集资料、现场调研获取有关信息，最终根据各方面了解的信息进行综合研判，制定公共政策或者相关行政立法。因此，行政信息为行政机关提供了行政决策的事实基础。

为了使行政决策其有更为充分的事实基础，应当加强行政信息的沟通与共享。在纸质和早期电子化的信息年代，由于信息在各主体之间难以流动，行政机关对所获取信息的利用是非常有限的，往往只能服务于收集信息的目的。行政机关掌握的行政信息往往仅限于依本部门职权所获取的信息，只有专门的行政信息综合部门，例如，统计部门才能掌握整体性的信息。各部门各自掌握的信息无法共享，因此，行政信息的可利用价值较低。行政决策完成以后的信息保存和管理，反而成为一种耗费行政成本的负担，与外部公众的联系也比较薄弱。

2. 行政决策的智能辅助

信息技术的发展使得行政信息能够以网络为路径、以数据为载体进行传输，进而通过对数据的处理，使碎片化的数据结构化，结合人工智能技术的发展，甚

---

① 参见《上海市数据条例》第 2 条第 4 项。

② 参见《上海市数据条例》第 42 条第 1 款。

至可以形成提供框架经验、价值观、背景信息、专家见解乃至于直觉的智能。政务共享和公共数据授权运营为原本碎片化的行政信息进行大数据开发提供了制度支持。这种行政信息的技术赋能，使行政机关观察和认识社会的能力大大增强，从而带来了预测性行政决策和自动化辅助行政决策的快速发展。

在经济调节、市场监管、社会管理和生态环保领域，行政机关运用大数据技术，监测经济运行、违规行为、环境质量等，以算法确定相应行政决策的启动和作出。这种预测性监管方式与传统的行政决策方式不同，不仅改变了行政决策前调查事实的过程，而且颠覆了行政监管领域行政决策的启动规则。行政监管领域中行政处罚等处理行为的法定启动要件中所包含的行政裁量权也将被赋予新的内容。

此外，数字技术应用给行政方式带来的最为显著的变化是开始以大量自动化实现的技术过程替代直接的人工处理活动。在交通违法识别、智能城管执法等领域，行政机关在终端自动采集数据的基础上，以数据分析替代了由执法人员现场完成的执法检查、违法调查。无论是行政执法程序的启动、调查，还是最终的决定、送达，都可以通过数据的交互传递与分析处理来完成。在行政处罚中，利用电子技术监控设备收集、固定违法事实的，依法须经过人工审核，数据自动化的结果仅处于辅助地位。未来人工智能对行政方式最根本的改变，在于深度学习的技术特点使机器拥有了通过数据学习独立决策的能力，可能出现“无人审批”等实践，即不依赖人工，完全转为由算法设计的数据分析处理过程。

3. 公共信用制度

大数据技术背景下行政信息利用领域产生的另一项重要制度是社会公共信用及联合惩戒制度。公共信用信息，是指由行政机关、司法机关、法律法规授权的具有管理公共事务职能的组织以及公共企事业单位、群团组织等，在其履行职责、提供服务过程中产生或者获取的，可用于识别自然人、法人和其他组织信用状况的数据和资料。① 公共信用信息是社会信用信息的主要组成部分，与市场信用信息一起成为社会信用体系的基础。公共信用制度则是将行政机关等公共部门所掌握的自然人、法人和其他组织的可以用以评价其信用的信息进行归集，尤其对属于失信评价的信息进行归类和评价，并在此基础上对信息主体采取激励或惩戒的措施。公共信用制度已经超越一般的信息收集与公开制度，具有对信息作进一步处理和评价，以及以此为条件对自然人、法人和其他组织进行激励或惩戒的作用。

具体而言，公共信用信息中的失信信息包括税款、社会保险费、行政事业性收费、政府性基金的欠缴信息；提供虚假材料、违反告知承诺制度的信息；适用

---

① 参见《上海市公共信用信息归集和使用管理办法》第 2 条第 2 款。

一般程序作出的行政处罚信息、行政强制执行信息；被监管部门作出其他责令改正决定但拒不改正或者逾期不改正的信息；自然人乘坐公共交通工具时冒用他人证件、使用伪造证件乘车等逃票信息，在旅游活动中无正当理由滞留公共交通工具、影响其正常行驶等行为信息，参加国家组织的统一考试作弊的信息等。行政机关通过对自然人、法人和其他组织的信用评价，可以在行政管理和公共服务过程中，给予简化程序、优先办理等便利；在财政资金补助、税收优惠等政策扶持活动中，列为优先选择对象等，或者相反地，在日常监管中列为重点监管对象，增加检查频次、加强现场核查等；在行政许可、年检验证等工作中，列为重点核查对象；限制参加政府采购、政府购买服务、政府投资项目招标、国有土地出让等活动。

我国的社会信用体系建设整合分散的公共数据和个人数据，采用广义的失信概念，涵盖履约与守法状况，并采用联合惩戒手段，不仅是为了防范交易风险和保障市场经济秩序，更是创设了一种超越旧有体系的社会治理方式。这一制度体系将社会信用的范围从履约状态拓展至守法状态，甚至涵盖社会生活的各个领域，必然面临着正当性和合法性质疑。[①]

4. 公共数据授权运营服务社会

公共数据开放中政府通过授权企业运营相关公共数据，可以进一步辅助行政决策或提升公共服务水平，同时可为整个社会提供数据服务产品。我国现有各级地方政府或行业主管部门基于开放平台，开放公共数据覆盖市监、交通、生态、公共设施等多个领域，主要采取集中统一授权、分行业集中数据专区授权或多层次分散的授权三种授权运营模式。如北京市采取的公共数据专区授权运营管理，在金融公共数据领域为银行、保险、担保等金融机构提供服务。浙江省规定由公共数据主管部门发布重点领域的授权运营公告，申请单位经过“申请-资格审查-评审”环节才能获得授权，与公共数据主管部门签订运营协议，在企业注册登记、交通运输、教育、气象等领域，公共数据运营产品为社会提供了诸多公共服务。例如，“停车场空闲状态信息”平台可以通过接口调用数据，并按分钟更新。中国气象局通过中国气象数据网开放气象数据，在天气预报、农业指导、物流运输等场景发挥着极为重要的作用。

三、行政信息利用的法律控制

在人工智能、大数据等数字技术加持下，行政机关对于经济发展状态、社会

---

① 参见伏创宇：《我国社会信用体系建设的功能定位及其边界》，《行政法学研究》2024 年第 1 期，第 28 页。

运行样态等掌握了充足的信息，因而具备空前的预测和规划能力。这也意味着行政机关将主动扩展职权边界。但是，对行政信息利用拓展的权限合法性、程序合法性等方面都应进行进一步的检视。传统的行政信息利用中的行政调查行为以及政府信息公开制度将在后续两节中具体展开。

（一）权限的边界

信息的技术赋能必然促使行政机关运用新手段、新工具去实现行政任务，进而扩展行政机关在组织、行为、程序等各方面的权限范围。首先，由于行政机关掌握了大数据和人工智能技术之后，认识、了解社会的能力比以往快速增强，所以行政机关会主动拓展其监管的职权范围，例如：随着预测能力的增强，行政机关可能会扩大监管的范围并课以相对人更多的义务；随着对违法事实的全面掌握和快速固定，行政机关可能在是否作出处罚决定时不再行使裁量权。其次，由国家行政机关拥有的行政权力随着算法等信息技术对行政信息的赋能，可能会与信息技术公司进行分享，公权力的专属原则可能被打破。最后，通过行政信息的再次利用创造出的社会信用及联合惩戒等手段，超越了原有的法律责任体系，并试图进一步强化法律实施，其正当性也值得反思。

（二）行政程序的控制

传统的行政程序从"人"的行为出发，按人的行为经验将整个行政程序分割成若干个可控的节点，在每个节点处设计控权机制，而在自动化行政中这些节点不复存在，相对人仅感知到结果，其程序权利被大幅压缩。因此，针对自动化行政的特点，传统的行政程序尤其是不利处分的行政程序应受到修正，以保障行政相对人和利害关系人的程序性权利。例如，《行政处罚法》第 41 条第 3 款规定，行政机关利用电子技术监控设备收集、固定违法事实的，应当及时告知当事人违法事实，并采取信息化手段或者其他措施，为当事人查询、陈述和申辩提供便利。不得限制或者变相限制当事人享有的陈述权、申辩权。

通过自动化决策方式作出对个人权益有重大影响的决定，应当告知行政相对人并予以说明。履行行政检查职责的行政机关应当以主动信息公开的方式将大数据检查开展的经过和结果予以告知，以实现数据分析过程的透明和结果的公平合理。此类自动化决策方式不仅在交通领域广泛应用，而且在环境、城市管理、市场监管、互联网监管、海事、船政等多个行政领域广泛应用。因此，实定法上应强化行政机关说明理由制度，要求行政机关针对自动化设备的技术标准、选择过程、准确率以及算法的规则等技术事项进行公开并在个案中作出充分说明和承担举证责任。例如，《行政处罚法》第 41 条第 1 款规定，行政机关依照法律、行政法规规定利用电子技术监控设备收集、固定违法事实的，应当经过法制和技术审核，确保电子技术监控设备符合标准、设置合理、标志明显，设置地点应当向社会公布。

（三）算法控制

行政机关高度依赖算法进行事实认定与辅助决策。在行政活动中分析海量数据的算法，是一种经人为设计的计算方法。算法代表着用系统的方法描述解决问题的策略机制，通过一定规范的输入，人或计算机自动执行这一系列操作步骤，在有限时间内获得所要求的输出。这些计算方法和模型使人们能够去处理那些原本无法由个人独立完成的问题求解和系统设计。

然而，行政决策中运用算法存在算法不透明、不可靠以及价值观偏差等问题。在算法决策数据输入、计算和输出的三个环节中，由于数据采集的方式、数据因商业秘密保护而不公开等原因存在算法黑箱。算法在指标界定、情景模拟中可能会出现带有歧视、违背社会公平等问题。

从而，在运用算法辅助行政决策时，一是应使大数据分析所依赖的算法尽量可靠，否则结论不具有参考价值。履行行政检查职责的行政机关在与技术公司共同建构模型、确定算法时，应当邀请多方主体参与，包括但不限于网信部门、工信部门、公安部门，有条件的还应当邀请专门的数据官员，以确保算法的可靠性。二是应坚持和发展行政公开原则，增强算法透明度、事前开展算法影响评估、重视陈述与申辩环节和说明理由制度。三是应赋予相对人获得算法解释的权利，并明确说明理由的内容与标准。国家有关互联网信息服务的规定要求包括行政机关在内的信息服务提供者负有算法相关信息的公示义务和对算法决策结果的说明义务，对算法机制机理负有审核、科技伦理审查的法律责任。

（四）个人信息保护

在行政信息的收集、公开与利用过程中，当然会涉及公民的个人信息。个人信息是以电子或者其他方式记录的与已识别或者可识别的自然人有关的各种信息，不包括匿名化处理后的信息，往往与隐私权密切相关，理应受到更严密的法律保护。[①]《政府信息公开条例》第15条规定："涉及商业秘密、个人隐私等公开会对第三方合法权益造成损害的政府信息，行政机关不得公开。"此外，《民法典》第1039条对国家机关、承担行政职能的法定机构及其工作人员课予了对于履行职责过程中知悉的自然人的隐私和个人信息予以保密，不得泄露或者向他人非法提供的义务。而我国《宪法》对通信秘密早已规定了极为具体的保护。《宪法》第40条规定："中华人民共和国公民的通信自由和通信秘密受法律的保护。

---

① 参见《个人信息保护法》第4条第1款。

除因国家安全或者追查刑事犯罪的需要，由公安机关或者检察机关依照法律规定的程序对通信进行检查外，任何组织或者个人不得以任何理由侵犯公民的通信自由和通信秘密。”该条款建构了对公民的“通信”这一个人信息的宪法层面的保护。①

数字技术和行政方式深度绑定的过程，是个人信息在数据化条件下被行政机关广泛收集、分析和再利用的过程。《个人信息保护法》全面规定了个人信息处理的规则，并在第二章第三节单列“国家机关处理个人信息的特别规定”，要求国家机构应避免在个人信息处理的过程中侵害私人生活，并严格限定基于公共利益需要收集和使用个人信息的范围。②《个人信息保护法》规定，包括个人信息的收集、存储、使用、加工、传输、提供、公开、删除等个人信息处理行为都应当遵循合法、正当、必要和诚信原则，应当具有明确、合理的目的，并应当与处理目的直接相关，采取对个人权益影响最小的方式。处理个人信息还应当遵循公开、透明原则，公开个人信息处理规则，明示处理的目的、方式和范围，保证个人信息的质量和安全。

具体而言，除了豁免的情形，国家机关与其他任何组织一样，受到个人信息处理行为规则的规制。这些规制的措施包括：（1）国家机关为履行法定职责处理个人信息，应当依照法律规定履行告知义务，即便是为履行法定职责所必需而无须取得个人同意，也不能免除告知义务；（2）个人信息的保存期限应当为实现处理目的所必要的最短时间；（3）国家机关利用个人信息进行自动化决策，应当保证决策的透明度和结果公平、公正，不得对个人在交易价格等交易条件上实行不合理的差别待遇；（4）国家机关向其他个人信息处理者提供其处理的个人信息的，应当向个人告知接收方的名称或者姓名、联系方式、处理目的、处理方式和个人信息的种类，并取得个人的单独同意；（5）国家机关不得公开其处理的个人信息，取得个人单独同意的除外；（6）只有在具有特定的目的和充分的必要性，并采取严格保护措施的情形下，国家机关方可处理敏感个人信息；（7）国家机关应当根据个人信息的处理目的、处理方式、个人信息的种类以及对个人权益的影响、可能存在的安全风险等，采取制定内部管理制度和操作规程、采取相应的加密、去标识化等安全技术措施、个人信息保护影响评估、合规审计等措施保护个人信息权益。相应地，个人对于国家机关对其个人信息的处理享有知情权、决定权、查阅、复制、更正、删除等权利。

基于国家机关履行法定职责的必要，《个人信息保护法》规定了告知同意规

---

① 近年来，随着数字技术的发展，通话记录、快递寄送信息等是否属于宪法所保护的“通信”秘密也成为焦点。

② 参见王锡锌：《个人信息国家保护义务及展开》，《中国法学》2021年第1期，第150-152页。

则适用的豁免。仅在三种法定情形下，可以免除告知义务：其一，法律、行政法规规定应当保密。国家机关为履行法定职责而处理个人信息，如果依据法律、行政法规的规定，应当保密的，不适用告知同意规则，不需要告知个人，更无须取得个人的同意。此种情形中，保密的依据必须是法律或行政法规的规定，规章无法成为豁免的依据。其二，不需要告知的情形。作为信息主体的个人已经知悉了告知的内容，此时无须处理者告知。此外，在处理已经合法公开的个人信息时，也不需要告知，因为这种个人信息的处理原则上不需要个人同意（除非对个人权益有重大影响），事实上，也没法逐一告知。其三，告知将妨碍国家机关履行法定职责的。主要指在特定的情形中，为避免给国家机关履行法定职责造成妨碍，不能告知个人。例如，依据《税收征收管理法》第 54 条，税务机关有权检查纳税人的账簿、记账凭证、报表和有关资料，检查扣缴义务人代扣代缴、代收代缴税款账簿、记账凭证和有关资料。这种情形下，税务机关处理个人信息之前如果向个人进行告知的话，就可能出现作为纳税人的个人突击转移、篡改甚至销毁账簿、记账凭证、报表和有关资料，导致税务机关无法履行税收征收管理的法定职责。

在同意阶段，为履行法定职责所必需，国家机关无须取得个人同意即可处理个人信息。[①] 例如，《道路交通安全法》第 19 条规定，驾驶机动车，应当依法取得机动车驾驶证。申请机动车驾驶证，应当符合国务院公安部门规定的驾驶许可条件；经考试合格后，由公安机关交通管理部门发给相应类别的机动车驾驶证。故此，自然人在向公安机关交通管理部门申请机动车驾驶证时，必须提供相应的个人信息，公安机关交通管理部门无须取得个人的同意。为应对突发公共卫生事件所必需，也可以不取得个人同意而处理个人信息。

但是，为了约束国家机关的豁免权，《个人信息保护法》同时规定，国家机关为履行法定职责处理个人信息，应当依照法律、行政法规规定的权限、程序进行，不得超出履行法定职责所必需的范围和限度。这是依法行政中法定职权、法定程序的要求，也是必要最小限度的比例原则的体现。履行法定职责所必需的范围和限度意味着国家机关收集、处理个人信息应当限于实现处理目的的最小范围和最少侵害。

此外，敏感个人信息是一旦泄露或者非法使用，容易导致自然人的人格尊严受到侵害或者人身、财产安全受到危害的个人信息，包括生物识别、宗教信仰、特定身份、医疗健康、金融账户、行踪轨迹等信息，以及不满 14 周岁未成年人的个人信息。只有在具有特定的目的和充分的必要性，并采取严格保护措施的情形下，个人信息处理者方可处理敏感个人信息。即便为了实施公权力，采集敏感个人信息也需有法律依据，例如，《生物安全法》第 56 条规定，为了查处违法犯

---

① 参见《个人信息保护法》第 13 条第 1 款第 3 项、第 35 条。

罪可以采集我国重要遗传家系、特定地区人类遗传资源，无须国务院卫生健康主管部门批准。

在违法责任层面，对于处理个人信息的国家机关，《个人信息保护法》规定了对不履行本法规定的个人信息保护义务的国家机关和国家机关工作人员的责令改正和处分制度。尽管《个人信息保护法》没有设置专门针对国家机关的外部行政责任条款，但并不排除其他部门法的另行规定。比如《居民身份证法》第 19 条对“国家机关或者金融、电信、交通、教育、医疗等单位的工作人员泄露在履行职责或者提供服务过程中获得的居民身份证记载的公民个人信息”的行为，设置了治安管理行政处罚。

第二节 行政调查

一、行政调查的概念与类型

（一）概念、组织与方式

1. 概念

广义的行政调查是指行政机关为了实现行政目的，收集必要信息的行政活动。通常所指的行政调查是行政主体依法了解信息、收集证据，以确定行政行为事实依据的活动，是行政处罚、许可、强制、征收等行政行为作出的前提。行政机关在作成最终之决定前，本于职权调查主义，应先运用各种调查方法调查事实之真伪，而不受当事人主张之拘束。在调查过程中，当事人亦负有协力义务，以协助行政机关厘清事实。任何一个行政行为的作出都需要行政主体先进行相关信息的采集和事实认定。行政调查也可以是一种为了解社会、经济发展状况而进行的独立的调查行为，是政府主动了解社会事物和获取各种信息的手段。行政调查往往会在立法中体现于“监督检查”一章，其作用在于通过检查监测行政法的实施效果，没有指向特定的对象。

在我国，土地调查、人口调查和事故调查等领域有专门立法规定[1]，其他有关行政调查的规定散见于行政许可、行政处罚、行政征收以及行政给付等领域的单行法律法规中。在法律、法规和规章的规定和行政实践中，行政调查表现为不

① 相关规定见于《生产安全事故报告和调查处理条例》《铁路交通安全事故应急救援和调查处理条例》《电力安全事故应急处置和调查处理条例》《土地调查条例》《全国人口普查条例》等。

同样态，如调查、视察、监察、隔离观察、检查、检验、检测、勘察、勘验、鉴定、询问和盘查等。

行政调查属于事实行为。行政调查不具有规范性，本身不会直接剥夺行政相对人的权利。与行政许可、行政处罚等行政行为不同，行政调查本身不是目的。在有实定法依据的情况下，行政调查可以具有强制性，即有关组织与个人必须配合与协助，否则将承担不利后果。《行政强制法》第 2 条第 2 款规定的行政强制措施类型包括行政机关在行政管理过程中为防止证据损毁，依法对公民的人身自由实施暂时性限制，或者对公民、法人或者其他组织的财物实施暂时性控制。

大数据在行政调查中的应用并未改变行政调查的事实行为性质。例如，在传统的查阅行为中，行政机关主要通过人工的方式对被检查对象的文件、监控录像、录音等资料进行查询翻阅，根据办案经验分析、研判有无不符合法律规定之处，行政机关查阅被检查对象的资料仅在事实上构成对相对人个人信息权益的干预。大数据检查通过机器对所有电子数据不加区分地进行挖掘分析，虽然也涉及被检查对象的个人信息权益甚至隐私权，但大数据检查本身没有直接引起行政法律关系的发生、变更或者消灭。

2. 组织与方式

行政调查的组织可以分为专门的调查机构、临时组建的调查组以及行政执法人员三种类型。大多数的行政调查，对于调查主体组织形式的要求仅为“两个以上具备资格的行政执法人员”。《行政处罚法》第 42 条第 1 款规定，执法人员不得少于两人。在《反垄断法》《银行业监督管理法》《证券法》等规范中，也规定了行政调查人员不得少于两人。行政调查人员一般为专业执法人员，例如，《土地管理法实施条例》第 47 条规定，土地管理监督检查人员应当经过培训，经考核合格，取得行政执法证件后，方可从事土地管理监督检查工作。

专门的调查机构有国家统计局、国家自然资源督察机构、审计局、县级以上地方人民政府设立的独立统计机构，这些机构成立的目的是从事行政调查工作。临时组建的调查组一般由法律明确规定，即在特定事项发生时，组建调查团队。例如，《生产安全事故报告和调查处理条例》《电力安全事故应急处置和调查处理条例》和《铁路交通事故应急救援和调查处理条例》都规定，应根据事故等级由相应级别的行政机关组织调查组对事故进行调查。

行政调查的方式是指行政机关为了获得证据而采取的手段，常见调查方法包括询问当事人或证人、向有关单位和个人调取书证、物证或视听资料，勘验、检查，鉴定，听证等。行政调查可以要求当事人保留或者填写有关记录和资料，也可以使用一定措施迫使当事人向行政机关报告（如信息报送制度）；可以通过传唤、询问等方式实施行政调查，也可以通过检查、鉴定等方式进行行政调查。例如，《食品安全法》第15条规定："食品安全风险监测工作人员有权进入相关食用农产品种植养殖、食品生产经营场所采集样品、收集相关数据。"《食品安全法实施条例》进而规定，食品安全风险监测结果表明存在食品安全隐患，食品安全监督管理等部门经进一步调查确认有必要通知相关食品生产经营者的，接到通知的食品生产经营者应当立即进行自查，并报告相关情况。此即规定了行政调查人员直接进入现场获取信息以及要求企业提交自查报告相结合的方式。

中国目前尚无统一的行政调查法或行政程序法对行政调查作统一规定。行政调查的方法散见于各种法规之中。根据《行政强制法》的规定，查封、扣押作为调查的辅助手段，具有强制性。没有法律法规的特别规定，行政调查人员不能进行强制性的调查。为实现行政活动的目的，法律法规针对特定的调查事项设定了特定的行政调查方式，行政机关应按照规定的方式开展行政调查。例如，《对外贸易法》第37条规定："调查可以采取书面问卷、召开听证会、实地调查、委托调查等方式进行。"《环境保护法》第17条第1款和第18条规定，国务院环境保护主管部门制定监测规范，会同有关部门组织监测网络，统一规划国家环境质量监测站（点）的设置，建立监测数据共享机制，加强对环境监测的管理；省级以上人民政府应当组织有关部门或者委托专业机构，对环境状况进行调查、评价，建立环境资源承载能力监测预警机制。《反倾销条例》第20条规定："商务部可以采用问卷、抽样、听证会、现场核查等方式向利害关系方了解情况，进行调查。商务部应当为有关利害关系方提供陈述意见和论据的机会。商务部认为必要时，可以派出工作人员赴有关国家（地区）进行调查；但是，有关国家（地区）提出异议的除外。"

（二）行政调查的类型

1. 强制调查与任意调查

强制调查是指行政调查相对人一方承担必须接受调查的法定义务，如果拒绝调查，行政机关可以通过强制措施保证行政调查实施。非强制调查又称任意调查，是指完全依赖调查相对人一方的同意与协助才能进行的调查，法律上没有提供强制措施和手段，行政机关也不能强制实施调查。依照法律法规的规定，行政机关可以实施强制手段以实现调查目的，相对人负有服从和配合义务的行政调查，属于强制调查；反之则不属于强制调查。

区别强制调查与非强制调查的法律意义在于，在强制调查中，如果有法定配合义务的主体不配合调查，会导致不利后果。强制调查实际上是一种行政强制措施，它必须受到《行政强制法》的约束。有关法律还规定了行政调查主体有对涉嫌违法的物品实施查封、扣押等行政强制措施的权力。例如，《食品安全法》第

110 条规定，县级以上人民政府食品药品监督管理、质量监督部门有权查封、扣押有证据证明不符合食品安全标准或者有证据证明存在安全隐患以及用于违法生产经营的食品、食品添加剂、食品相关产品；查封违法从事生产经营活动的场所。《产品质量法》第 18 条规定，县级以上产品质量监督部门可以对有根据认为不符合保障人体健康和人身、财产安全的国家标准、行业标准的产品或者有其他严重质量问题的产品，以及直接用于生产、销售该项产品的原辅材料、包装物、生产工具，予以查封或者扣押。

强制调查，又可以分为直接强制调查和间接强制调查。直接强制调查，又称实力强制调查，是指行政机关对不履行配合义务的相对人可采取行政强制措施的行政调查。如《道路交通安全法》第 72 条第 2 款规定，“交通警察应当对交通事故现场进行勘验、检查，收集证据；因收集证据的需要，可以扣留事故车辆”。通常，强制调查的行政强制措施以当事人不履行配合调查义务为前提，例如，《产品质量法》第 16 条规定：“对依法进行的产品质量监督检查，生产者、销售者不得拒绝。”在生产者、销售者不履行配合调查义务时，行政机关可以依据《行政强制法》中有关行政强制措施的规定，实施直接强制调查。

间接强制调查是指行政机关对不履行配合义务的相对人可以依法实施行政处罚的行政调查。如《统计法》第 42 条规定：“作为统计调查对象的国家机关、企业事业单位或者其他组织迟报统计资料，或者未按照国家有关规定设置原始记录、统计台账的，由县级以上人民政府统计机构责令改正，给予警告”；“个体工商户迟报统计资料的，由县级以上人民政府统计机构责令改正，给予警告，可以并处一千元以下的罚款”，这就属于间接强制调查。此外，《反不正当竞争法》第 28 条规定可以对妨害监督检查部门的个人和单位处以罚款，并可以由公安机关依法给予治安管理处罚；《治安管理处罚法》第 60 条第 2 项规定了对伪造、隐匿、毁灭证据或者提供虚假证言、谎报案情，影响行政执法机关依法办案的行为，处 5 日以上 10 日以下拘留，并处 200 元以上 500 元以下罚款。我国的事故调查多是采取间接强制调查的方式。例如，《生产安全事故报告和调查处理条例》第 36 条第 4 项、《电力安全事故应急处置和调查处理条例》第 28 条第 4 项对“拒绝接受调查或者拒绝提供有关情况和资料的”规定了行政处罚和处分措施。

2. 个案式调查与一般性调查

个案式调查，是指行政机关在有具体法规范授权作出行政行为前，为了确定是否符合行为要件的事实，针对特定当事人进行的事实调查或资料收集活动。在行政执法中，个案式调查通常是行政机关在个案中为作出行政决定而实施的收集证据行为，其启动以一定的违法线索或者嫌疑为前提。

一般性调查并未指向特定的对象，行政机关只是通过调查手段主动了解和获取各种信息，也并非为了作出某一项具体的行政行为，并不一定以存在违法线索或嫌疑为启动条件，可以随机抽查，也可以对有嫌疑的对象进行检查。警察法上的警务预测、市场监管中的“双随机一公开”，环境保护法上的环境监测等都是一般性调查的体现。公安机关交通管理部门的电子监控抓拍、自动识别行为在上传至公安交通集成指挥平台进行审核之前，并没有特定对象，也是不以违法线索或者存在嫌疑为前提的一般性调查。《统计法》所规定的统计机构对经济社会发展情况进行统计调查，要求搜集、整理统计资料，以周期性普查为基础，以经常性抽样调查为主体，综合运用全面调查、重点调查等方法，并充分利用行政记录等资料，也属于一般性调查。

二、行政调查的法律控制

（一）行政调查的法律依据

行政调查作为事实行为，不以有法律依据为必要，只要调查事项属于行政机关职权事项范围即可进行调查。但是，当涉及强制调查时，鉴于其可能给被调查人带来权利义务的不利后果，应受到依法行政原则的拘束，即应具备明确的法律法规依据。

此外，当行政调查例如进入住宅检查、对妇女身体的检查、银行存款的调查等，涉及公民宪法上的基本权利，包括公民的人身自由、住宅不受侵犯的权利以及财产权时，应具备直接的法律依据。我国《宪法》第 39 条明文规定：“中华人民共和国公民的住宅不受侵犯。禁止非法搜查或者非法侵入公民的住宅。”实施进入公民住宅的行政调查必须受到法律的严格限制。行政调查机关进入公民住宅进行调查，必须有法律明文依据。

此外，对人体检查显然会影响被检查人的声誉与人身自由，尤其是对妇女身体的检查，所以对人体实施检查必须符合以下两个条件：（1）必须有法律或行政法规的明文规定。如《治安管理处罚法》第 87 条第 1 款规定：“公安机关对与违反治安管理行为有关的场所、物品、人身可以进行检查……”《海关法》第 6 条第 4 项规定，海关有权检查走私嫌疑人的身体。（2）检查妇女的身体，必须由女性工作人员实施或参加，这是考虑妇女身体的特殊性需要而提供的特别保护。我国《治安管理处罚法》第 87 条第 2 款规定：“检查妇女的身体，应当由女性工作人员进行。”公安部发布的《公安机关办理行政案件程序规定》第 84 条规定：“对违法嫌疑人进行检查时，应当尊重被检查人的人格尊严，不得以有损人格尊严的方式进行检查。检查妇女的身体，应当由女性工作人员进行。依法对卖淫、嫖娼人员进行性病检查，应当由医生进行。”

关于对个人和单位银行存款的行政调查，《商业银行法》第 29 条规定：“商业银行办理个人储蓄存款业务，应当遵循存款自愿、取款自由、存款有息、为存款人保密的原则。对个人储蓄存款，商业银行有权拒绝任何单位或者个人查询、冻结、扣划，但法律另有规定的除外。”第 30 条规定：“对单位存款，商业银行有权拒绝任何单位或者个人查询，但法律、行政法规另有规定的除外；有权拒绝任何单位或者个人冻结、扣划，但法律另有规定的除外。”这说明，设定对个人储蓄存款调查权的必须是法律，设定对单位存款调查权的必须是法律或行政法规。

在通信检查上，存在宪法层面的直接规定。我国《宪法》第 40 条规定：“除因国家安全或者追查刑事犯罪的需要，由公安机关或者检察机关依照法律规定的程序对通信进行检查外，任何组织或者个人不得以任何理由侵犯公民的通信自由和通信秘密。”

（二）行政调查的程序

1. 一般的调查程序

基于行政调查可能给被调查人的人身和财产权利带来的不利，现有法律制度对特定类型的行政调查已作出普遍性的程序规定。

（1）两人调查程序。《行政处罚法》第 42 条第 1 款规定：“行政处罚应当由具有行政执法资格的执法人员实施。执法人员不得少于两人，法律另有规定的除外。”在《反垄断法》《银行业监督管理法》《证券法》等规范中，也规定了行政调查人员不得少于两人。然而，由于公安机关警力不足，一人执法的现象比较普遍。《公安机关办理行政案件程序规定》第 39 条第 1 款规定：“适用简易程序处罚的，可以由人民警察一人作出行政处罚决定。”第 52 条第 2 款进一步规定：“接报案、受案登记、接受证据、信息采集、调解、送达文书等工作，可以由一名人民警察带领警务辅助人员进行，但应当全程录音录像。”可见，在公安执法领域，部门规章肯定了简易程序中一人调查程序合规；在一般程序中，在全程录音录像的前提下，警务辅助人员仅可参与接报案、受案登记、接受证据、信息采集的调查工作。在司法实践中，在违法行为事实不清的情况下，对于瞬间发生的交通违法行为，在执法人员与违法人员不存在利害关系的前提下，法院认可了单独执法人员的陈述作为认定违法行为的优势证据。①

（2）事前批准程序。在我国，对住宅的搜查，需要出示县级以上人民政府公安机关开具的检查证明文件。《治安管理处罚法》第 87 条第 1 款规定：“公安机

① 参见廖某荣诉重庆市公安局交通管理局第二支队道路交通管理行政处罚决定案，《最高人民法院公报》2007 年第 1 期，第 39－42 页。

关对与违反治安管理行为有关的场所、物品、人身可以进行检查。检查时，人民警察不得少于二人，并应当出示工作证件和县级以上人民政府公安机关开具的检查证明文件。对确有必要立即进行检查的，人民警察经出示工作证件，可以当场检查，但检查公民住所应当出示县级以上人民政府公安机关开具的检查证明文件。”对于兼有居住性质的场所，如居家营业、以住所为货物的存储场所等，为了更好地保护住宅自由，应当比照住宅的检查程序来实施检查。

（3）告知程序。从保障当事人权益的角度出发，在行政调查前，行政调查人员应当将行政调查的目的、事项、日期等相关事项预先告知当事人。除事前通知明显有可能导致隐匿或篡改资料的特殊情形外，原则上均应事前通知。例如，《行政处罚法》第 41 条规定，行政机关依照法律、行政法规规定利用电子技术监控设备收集、固定违法事实的，设置地点应当向社会公布。在我国行政管理实践中，对于事先告知会导致违法行为证据被隐匿或毁灭的情形，为了更好地查明事实真相，行政机关在法定特殊情形下可以开展不预先告知的“飞行检查”①。

无论是否进行事先告知，行政调查人员到达调查地点后，都应主动表明身份，并出示合法证件和调查通知书，说明调查的理由，否则被调查的当事人有权拒绝接受调查。例如，《税收征收管理法》第 59 条规定，行政调查人员“未出示税务检查证和税务检查通知书的，被检查人有权拒绝调查”。行政调查人员还应当告知被调查人在接受调查时享有的权利。例如，《市场监督管理行政处罚程序规定》第 21 条第 2 款规定，首次向当事人收集、调取证据的，应当告知其享有陈述权、申辩权以及申请回避的权利。

（4）过程记录程序。行政机关应当对调查取证进行全过程记录。《行政处罚法》第 47 条规定：“行政机关应当依法以文字、音像等形式，对行政处罚的启动、调查取证、审核、决定、送达、执行等进行全过程记录，归档保存。”《市场监督管理行政处罚程序规定》第 44 条规定：“进行现场检查、询问当事人及其他有关单位和个人、抽样取证、采取先行登记保存措施、实施查封或者扣押等行政强制措施时，按照有关规定采取拍照、录音、录像等方式记录现场情况。”2018 年国务院办公厅发布的《关于全面推行行政执法公示制度执法全过程记录制度重大执法决定法制审核制度的指导意见》，强调行政执法机关要通过文字、音像等记录形式，对行政执法的启动、调查取证、审核决定、送达执行等全部过程进行记录，并全面系统归档保存，做到执法全过程留痕和可回溯管理。其中，音像记录方式应具备必要性、适当性和实效性，对文字记录能够全面有效记录执法行为的，可以不进行音像记录；对查封扣押财产、强制拆除等直接涉及人身自由、生

---

① 如《药品医疗器械飞行检查办法》《兽药生产企业飞行检查管理办法》《生猪屠宰厂（场）飞行检查办法》等。

命健康、重大财产权益的现场执法活动和执法办案场所，要推行全程音像记录；对现场执法、调查取证、举行听证、留置送达和公告送达等容易引发争议的行政执法过程，要根据实际情况进行音像记录。

2. 特定方式的调查程序

行政机关基于不同的调查内容，可以根据法律规定采取不同的调查方式，例如询问，收集、调取证据，勘验等都分别有其特定的调查程序。

（1）询问的程序。在行政调查中询问当事人，是最为直接的了解案件事实的调查方式。根据《公安机关办理行政案件程序规定》《市场监督管理行政处罚程序规定》《农业行政处罚程序规定》等对询问的详细规定，询问的对象可以是当事人、利害关系人和证人；询问的地点可以是被询问人的住处或单位，也可以是指定地点；询问时，应当告知被询问人必须如实提供证据、证言和故意作伪证或者隐匿证据应负的法律责任；询问应当个别进行；询问时应当听取被询问人的陈述和申辩；询问应当制作询问笔录，询问笔录应当交被询问人核对；笔录如有差错、遗漏，应当允许其更正或者补充，经核对无误后，由被询问人在笔录上逐页签名、盖章或者以其他方式确认，办案人员应当在笔录上签名。

（2）收集、调取证据的程序。行政机关进行调查取证时，当事人应到场；无法通知当事人，当事人不到场或者拒绝接受调查，当事人拒绝签名、盖章或者以其他方式确认的，办案人员应当在笔录或者其他材料上注明情况，并采取录音、录像等方式记录，必要时可以邀请有关人员作为见证人。行政机关从有关单位和个人调取证据的，必须出具书面收据，注明有关证据或者材料的项目和编号。

（3）勘验的程序。勘验是一种重要的调查方式。行政机关实施勘验，应当事先通知当事人或其代理人到场，当事人或其代理人拒不到场的，应当邀请没有利害关系的人员到场作为见证人；行政机关实施勘验时，可以采取测量、拍照、录音、录像、抽取样品、询问在场有关人员等方式；勘验应当制作勘验笔录，勘验笔录应当记明勘验的时间、地点、内容、在场人员，经当事人或其代理人核实后，由执法人员、当事人或其代理人、见证人签名或者盖章；当事人或其代理人对笔录有异议或者拒绝签名的，应当在笔录中注明情况，并且由执法人员和见证人签字或者盖章；必要时可以采取拍照、录像或者其他方式记录现场情况。

行政调查需使用行政强制措施的，应根据《行政强制法》第18～21条的规定，遵守行政强制措施的法定程序。涉及查封、扣押等强制措施的，应遵守《行政强制法》中关于查封、扣押的法定程序规定。行政调查涉及对未成年人调查的，由于未成年人的身心处于成长时期，对他们的调查，不得影响他们的身心健康，因此对未成年人的调查，必须有其监护人在场。

值得注意的是，行政机关运用大数据收集信息进行行政调查时，法定的行政调查程序制度可能被忽略甚至违反。例如，在交通违法等公安信息的大数据收集、监测系统中，感应式检查和大数据检查都依靠自动化设备进行，前者由设备完成信息采集、识别确认再经人工审核，后者由设备汇集数据、分析数据、预测结果，行政机关根据预测结果再进行处置。传统的行政程序从“人”的行为出发，按人的行为经验将整个行政程序分割成若干个可控的节点，而在自动化行政中相对人的程序权利被大幅压缩。[①]

（三）行政调查的救济

行政调查行为，除过程中所作的行政处罚和行政强制措施外，作为一种行政事实行为，原则上不可诉。与行政调查相关的行政活动，法院对其可诉性认识如下：

1. 关于事故调查笔录的可诉性

在封丘县电业局诉封丘县卫生局撤销检查笔录案中，原告认为卫生局在检查过程中制作的现场检查笔录严重损害其合法权益，要求撤销该笔录。法院认为，行政机关在执法检查过程中制作的现场检查笔录属于记录客观事实的证据，没有确定当事人的权利义务，不具有可诉性。[②]

2. 关于事故调查结论的可诉性

作为调查结论的一种，交通事故认定书是公安机关在查明交通事故事实后，根据当事人的违章行为与交通事故之间的因果关系以及违章行为在交通事故中的作用所作出的鉴定结论。在罗某富不服道路交通事故责任认定案中，法院认为：“对道路交通事故进行责任认定，是公安机关根据行政法规的授权实施的一种行政确认行为。该行为直接关系到发生道路交通事故后，当事人是否构成犯罪以及应否被追究刑事责任、是否违法以及应否被行政处罚、是否承担民事赔偿责任或者能否得到民事赔偿的问题，因此它涉及当事人的权利和义务。”[③] 但是，《道路交通安全法》第 73 条将交通事故责任认定书规定为证据，全国人大常委会法工委《关于交通事故责任认定行为是否属于具体行政行为，可否纳入行政诉讼受案范围的意见》认为，交通事故责任认定行为不属于具体行政行为，不能向人民法院提起行政诉讼。

---

① 参见查云飞：《大数据检查的行政法构造》，《华东政法大学学报》2022 年第 1 期，第 57 页。

② 参见最高人民法院行政审判庭编：《中国行政审判案例》（第 3 卷），中国法制出版社 2013 年版，第 15－18 页。

③ 罗某富不服道路交通事故责任认定案，《最高人民法院公报》2002 年第 5 期，第 180 页。

在李某飞等六人诉浙江省宁波市镇海区农业局农业行政检查案[①]中，法院的裁判要旨指出："事故调查结论不同于处理决定，因其不属最终处理而不具有可诉性。但行政机关依法具有对该类事故进行查外的法定职责时，如该调查结论。依据不足或没有明确结论，则可能对行政相对人的权利义务产生影响。此时该调查结论具有可诉性。"这里并非指行政调查结论可诉，而是指在调查结论依据不足或没有明确结论，并且可能对行政相对人的权利义务产生影响时，可以实质意义上的行政不作为为由提起诉讼。行政机关具有调查的法定职责而拒绝调查的，或对调查久拖不决的以及终止行政调查的，相对人认为侵犯其合法权益时可以提起行政不作为之诉。

第三节　政府信息公开制度

一、政府信息公开制度概述

《政府信息公开条例》是我国行政公开法律制度建设的里程碑，该条例于2007年制定，2008年5月1日起施行，2019年进行了修订。

（一）政府信息的概念

按照《公开条例》的定义，政府信息是指行政机关在履行职责过程中制作或者获取的，以一定形式记录、保存的信息。该定义包含主体、职权、信息的产生方式和存在方式四个要素。

首先，关于主体要素，根据《公开条例》，我国政府信息公开制度中的"政府"，仅指行政机关。根据《公开条例》第54、55条的规定，法律、法规授权的具有管理公共事务职能的组织公开政府信息适用本条例；而教育、卫生健康、供水、供电、供气、供热、环境保护、公共交通等与人民群众利益密切相关的公共企事业单位，在提供社会公共服务过程中制作、获取的信息公开，依照相关法律、法规和国务院有关主管部门或者机构的规定执行，不直接适用《公开条例》。此外，关于党政联合发文，大多数法院认为党组织为信息制作主体，把党政联合发文定性为党务信息、混合信息，而非政府信息。这种简单的形式判断，使行政活动中被广泛作为行政行为依据的此类文件被排除在《公开条例》的公开制度约

① 参见最高人民法院行政审判庭编：《中国行政审判案例》（第2卷），中国法制出版社2011年版，第17-21页。

束之外。

其次，关于职权要素，政府信息是行政机关在履行职责过程中制作或者获取的信息，强调政府信息与政府职责之间的内在关系。行政机关因履行对内管理职能而产生的信息，除归属于公务员个人从而与其职责无关的信息，以及需要保密的信息之外，都在公开之列。此处的“履行职责”指的是履行行政法上的职责，而不包括虽然履职主体是行政机关，但履行的是刑事诉讼等非行政领域职责的情形。例如，在奚某强诉中华人民共和国公安部案①中，奚某强向公安部申请公开《关于实行“破案追逃”新机制的通知》（公通字〔1999〕91号）等三个文件中关于网上追逃措施适用条件的政府信息。法院认为，“申请公开的三个文件及其具体内容，是公安部作为刑事司法机关履行侦查犯罪职责时制作的信息，依法不属于《公开条例》第二条所规定的政府信息”。此外，法律法规授权组织除根据授权实施行政管理活动之外，还有自身的业务活动。对被授权组织而言，在依授权实施行政管理活动的过程中所形成的信息属于政府信息，在开展自身业务时所形成的信息则不属于这里所定义的政府信息。

再次，关于产生方式要素，即对“制作或者获取”的理解。政府信息的内容既包括其自身制作的信息，也包括其获取的他人信息，实际上还包括其他主体制作但与政府职责的履行密切相关的信息。对此可以分成三个方面理解：第一，政府自己制作的信息。政府在履行自身职责的过程中，不可避免地需要制作各种信息，如颁布各种法规、规章、规范性文件，制作行政处罚笔录、行政听证笔录，作出各种许可决定、处罚决定等。当然，具体到每一个行政机关而言，其所需要公开的政府信息未必是自己制作的，完全可能是其他机关制作而与本机关有着密切联系的信息，例如上级机关发布但由下级机关执行的规范性文件。第二，政府获取的他人信息。政府在履行职责的过程中，基于行政管理的需要，往往要求公民、法人或其他组织提供各种信息并加以保存，这也属于政府信息的重要组成部分。此类信息以各种登记信息居多，如企业与个体户的市场主体登记、房屋所有权登记、不动产抵押登记、机动车信息登记、个人户籍登记等。第三，其他主体制作但与政府职责的履行密切相关的信息。尽管根据《公开条例》的定义，所谓“政府信息”并不包含这一类型，但此类信息毫无疑问属于政府信息的组成部分。例如，由各级国家权力机关通过的国民经济与社会发展计划，由各级国家权力机关批准的财政预决算方案等，都属此类政府信息。

最后，关于存在方式要素，政府信息是以一定形式记录、保存的信息，也就是说，政府信息必须以一定有形的载体存在。政府信息必须通过有形载体加以记

① 参见奚某强诉中华人民共和国公安部案，“全国法院政府信息公开十大案例”之二，最高人民法院2014年9月12日发布。

录、保存。随着科学技术的发展，记录和保存政府信息的载体不再局限于纸张，还可以是胶卷、胶片、磁带、磁盘、光盘和其他数字化存储介质。对属于公开范围的政府信息，行政机关必须以有形载体记录和保存，以备公开之用。行政机关不得以个人记忆为基础公开没有有形载体的信息。

（二）政府信息公开的根据

政府信息公开制度的宪法依据在于公民的知情权。由《宪法》第 27 条第 2 款规定的国家机关和国家工作人员同人民保持密切联系、接受人民的监督条款，以及《宪法》第 41 条规定的公民对于任何国家机关和国家工作人员的批评和建议权条款，可以导出公民享有知情权。《公开条例》第 1 条目的条款规定的“为了保障公民、法人和其他组织依法获取政府信息，提高政府工作的透明度”，体现了保障公民知情权的立法基础。2019 年修订前的《公开条例》曾在第 13 条规定申请获取相关政府信息需“根据自身生产、生活、科研等特殊需要”的“特殊需要”要件，2019 年修订后的《公开条例》删去此项规定，进一步体现了政府信息公开制度保障公民知情权的宪法基础。

除《公开条例》所规定的政府信息公开制度以外，2021 年修订的《行政处罚法》新增第 48 条第 1 款规定的“具有一定社会影响的行政处罚决定应当依法公开”，亦应属于政府信息主动公开范畴。《行政处罚法》第 48 条第 2 款同时规定，“公开的行政处罚决定被依法变更、撤销、确认违法或者确认无效的，行政机关应当在三日内撤回行政处罚决定信息并公开说明理由”，这一制度是《公开条例》尚未规定的政府信息公开的新内容。

近年来，随着大数据技术的快速发展，数据作为新型生产要素，已快速融入生产、分配、流通、消费和社会服务管理等各环节，深刻改变着生产方式、生活方式和社会治理方式。公共数据开放的制度也快速发展。各级行政机关、企事业单位依法履职或提供公共服务过程中产生的公共数据，在保护个人隐私和确保公共安全的前提下，通过汇集、共享、开放和包括授权运营等在内的应用，得以进一步赋能和推动社会的进步。

（三）政府信息公开的原则

《公开条例》第 5 条规定，行政机关公开政府信息，应当坚持以公开为常态、不公开为例外，遵循公正、公平、合法、便民的原则。“以公开为常态、不公开为例外”原则意味着要积极扩大主动公开范围，凡是能主动公开的一律主动公开，不公开政府信息的具体情形必须明确。同时依申请公开具有向主动公开转化的机制：行政机关可以将多个申请人申请公开的政府信息纳入主动公开的范围，申请人也可以建议行政机关将依申请公开的政府信息纳入主动公开的范围。

公正公平原则要求行政机关公开政府信息时平等对待申请人，依法保护利害关系人的合法权益，在公共利益与私人利益之间作出合理的权衡。合法原则要求行政机关公开政府信息遵守法定权限、条件、程序和方式。便民原则要求行政机关采取各种手段，使公众以最便利的方式获取政府信息，简化获取政府信息的各种程序，减轻信息获取者的负担，节省其时间和经济成本。

二、信息公开的主体、方式与范围

（一）公开主体

根据《公开条例》第10条的规定，行政机关制作的政府信息，由制作该政府信息的行政机关负责公开。行政机关从公民、法人和其他组织获取的政府信息，由保存该政府信息的行政机关负责公开。较为复杂的情形是，行政机关获取的其他行政机关的政府信息，此时存在多个持有政府信息的主体，《公开条例》规定由制作或者最初获取该政府信息的行政机关负责公开。由于政府信息公开的申请人不具备了解由谁“最初获取”的能力，因此公开主体“最初获取”的举证义务归于被申请人。除以上两种情形外，法律、法规对政府信息公开的权限另有规定的，从其规定。

行政机关设立的派出机构、内设机构依照法律、法规对外以自己名义履行行政管理职能的，可以由该派出机构、内设机构负责与所履行行政管理职能有关的政府信息公开工作。两个以上行政机关共同制作的政府信息，由牵头制作的行政机关负责公开。“牵头”是行政组织内部的工作方式，通常指临时负责协调多个组织和个人完成某项工作任务，负责协调共同制作政府信息的行政机关具有公开政府信息的义务。

（二）公开方式

行政机关公开政府信息，采取主动公开和依申请公开两种方式。《公开条例》首先概括式地规定，对涉及公众利益调整、需要公众广泛知晓或者需要公众参与决策的政府信息，行政机关应当主动公开；其次分别例举了14种应当主动公开的信息类型，包括：行政法规、规章和规范性文件；行政机关的办公信息；各类规划和政策；国民经济和社会发展统计信息；行政许可、行政处罚、行政强制的依据、条件、程序以及相关决定；财政预算、决算信息；突发公共事件的应急预案、预警信息及应对情况等。[①] 此外，在例举的情形以外，设区的市级、县级人

---

① 参见《公开条例》第20条。

民政府及其部门还应当根据本地方的具体情况，主动公开涉及市政建设、公共服务、公益事业、土地征收、房屋征收、治安管理、社会救助等方面的政府信息；乡（镇）人民政府还应当根据本地方的具体情况，主动公开贯彻落实农业农村政策、农田水利工程建设运营、农村土地承包经营权流转、宅基地使用情况审核、土地征收、房屋征收、筹资筹劳、社会救助等方面的政府信息。《公开条例》还对政府信息主动公开的场所、信息平台以及公开的期限作出了具体规定。

在主动公开以外，公民、法人或者其他组织可以向地方各级人民政府、对外以自己名义履行行政管理职能的县级以上人民政府部门申请获取相关政府信息。依申请公开的政府信息当然包括主动公开信息范围内的所有应当予以公开的政府信息。《公开条例》还规定依申请公开信息纳入主动公开信息的制度。当多个申请人就相同政府信息向同一行政机关提出公开申请，且该政府信息属于可以公开的时，行政机关可以将其纳入主动公开的范围。申请人认为涉及公众利益调整、需要公众广泛知晓或者需要公众参与决策的，可以建议行政机关将该信息纳入主动公开的范围。行政机关经审核认为属于主动公开范围的，应当及时主动公开。

（三）公开范围

行政机关公开政府信息，应当坚持“以公开为常态、不公开为例外”的原则，这一原则决定了政府信息公开的范围。根据《公开条例》的规定，我国政府信息不公开可以分为绝对不公开、相对不公开、酌定不公开三种类型。

依法确定为国家秘密的政府信息，法律、行政法规禁止公开的政府信息，公开后可能危及国家安全、公共安全、经济安全和社会稳定（简称“三安全一稳定”）的政府信息，属于绝对不公开的情形。《保守国家秘密法》第 2 条规定：“国家秘密是关系国家安全和利益，依照法定程序确定，在一定时间内只限一定范围的人员知悉的事项。”因此，国家秘密的判定需要考虑信息是否是关系国家安全和利益的内容、是否经法定程序定密、是否有一定的时间和知悉人员的限制范围等要素。关于商业秘密，“依据反不正当竞争法的规定，商业秘密是指不为公众知悉、能为权利人带来经济利益、具有实用性并经权利人采取保密措施的技术信息和经营信息”[①]。关于个人隐私根据《民法典》第 1032 条的规定，隐私是自然人的私人生活安宁和不愿为他人知晓的私密空间、私密活动、私密信息。此外，行政机关必须引入“三安全一稳定”判断基准，决定是否向申请人提供其所申请的政府信息。“三安全”与“国家秘密”之间存在法律上的竞合关系，故在

---

① 王某利诉天津市和平区房地产管理局案，“全国法院政府信息公开十大案例”之三，最高人民法院 2014 年 9 月 12 日发布。除《反不正当竞争法》以外，《刑法》第 219 条也规定了侵犯商业秘密罪，其关于商业秘密的定义与《反不正当竞争法》中的一致。

适用过程中实际上可以收缩为政府信息公开是否“危及社会稳定”，“国家安全、公共安全、经济安全”可以被吸收到国家秘密、商业秘密和个人隐私判断基准之中。[①]“危及”“社会稳定”均为不确定法概念。在周某倩诉上海市人力资源和社会保障局政府信息公开案[②]中，最高人民法院提出了影响范围的广泛、社会动荡的引发和不利影响三项要件。

公开会对第三方合法权益造成损害的政府信息，例如商业秘密、个人隐私等，属于相对不公开的情形，是否公开应经过意见征询程序，即行政机关应当书面征求第三方的意见。行政机关认为不公开会对公共利益造成重大影响的，仍然可以决定予以公开。这里涉及信息公开对公共利益和个人隐私的利益衡量，须判断公开信息的公共利益是否符合《公开条例》规定的“提高政府工作的透明度，建设法治政府，充分发挥政府信息对人民群众生产、生活和经济社会活动的服务作用”的立法目的。公开主体应寻找有无可替代方法既能公开信息，又能避免损害个人隐私利益。公开涉及个人隐私的信息如果是实现政府信息公开立法目的的唯一必要手段，可认为公开信息符合必要性原则。如果有其他适当的方式可以达到信息公开的立法目的，则不得公开涉及个人隐私的信息。只有当公开信息所实现的公共利益优于限制公开信息所保护的个人隐私利益时，个人信息才应予以公开。在杨某权诉山东省肥城市房产管理局案[③]中，法院通过个案论证了涉及个人隐私的政府信息不公开会对公共利益造成重大影响、应予公开的情形：“保障性住房制度是政府为解决低收入家庭的住房问题而运用公共资源实施的一项社会福利制度，直接涉及公共资源和公共利益。在房屋供需存有较大缺口的现状下，某个申请人获得保障性住房，会直接减少可供应房屋的数量，对在其后欲获得保障性住房的轮候申请人而言，意味着机会利益的减损。为发挥制度效用、依法保障公平，利害关系方的知情权与监督权应该受到充分尊重，其公开相关政府信息的请求应当得到支持。”

行政机关的内部事务信息，包括人事管理、后勤管理、内部工作流程等方面的信息，行政机关在履行行政管理职能过程中形成的讨论记录、过程稿、磋商信函、请示报告等过程性信息以及行政执法案卷信息，可以不予公开。这三类政府信息属于酌定不公开的信息。行政机关内部事务信息可以不公开主要是考虑此类信息不具有外部性，对公众的权利义务不产生直接影响。而过程性信息因处于讨论、研究或者审查过程中，具有不确定性。免除公开内部信息和过程性信息，目

① 参见章剑生：《现代行政法专题》，清华大学出版社2014年版，第145页。

② 参见最高人民法院行政审判庭编：《中国行政审判案例》（第2卷），中国法制出版社2011年版，第17-21页。

③ 参见杨某权诉山东省肥城市房产管理局案，“全国法院政府信息公开十大案例”之四，最高人民法院2014年9月12日发布。

的是保护机构内部或不同机构之间的交流，从而使官员能够畅所欲言，充分表达自己的真实想法。行政执法案卷信息与当事人、利害关系人之外的其他主体没有直接利害关系，且通常涉及相关主体的商业秘密和个人隐私，所以可以不予公开。对行政执法案卷信息的内涵和外延应当加以限定，否则此类酌定不公开的理由将成为政府信息不公开的挡箭牌。《公开条例》明确规定，法律、法规、规章规定上述信息应当公开的，从其规定。

《公开条例》第37条规定了政府信息公开的区分处理规则，即申请公开的信息中含有不应当公开或者不属于政府信息的内容，但是能够作区分处理的，行政机关应当向申请人提供可以公开的政府信息内容，并对不予公开的内容说明理由。这进一步体现了“以公开为常态、不公开为例外”的原则。

三、依申请公开的程序

（一）申请

私人申请获取政府信息的，应当向行政机关的政府信息公开工作机构提出，并采用包括信件、数据电文在内的书面形式；采用书面形式确有困难的，申请人可以口头提出。政府信息公开申请应包括政府信息的名称、文号或者便于行政机关查询的其他特征性描述。申请内容不明确的，行政机关应当给予指导和释明，并自收到申请之日起7个工作日内一次性告知申请人作出补正，说明需要补正的事项和合理的补正期限。何谓申请的明确性？在实践中，申请人在申请时使用“相关”“所有”“全部”“不限于”“包括”等概括性用语，经过检索无法予以特定化的政府信息，或者属于一类特定信息，且材料数量巨大的，可以认定为申请不明确。申请人申请公开政府信息的数量、频次明显超过合理范围时，行政机关可以要求申请人说明理由。行政机关认为申请理由不合理的，告知申请人不予处理。

（二）答复期限与方式

行政机关收到政府信息公开申请，能够当场答复的，应当当场予以答复。行政机关不能当场答复的，应当自收到申请之日起20个工作日内予以答复（需要延长的除外）。“收到申请之日”指的是：（1）申请人当面提交政府信息公开申请的，以提交之日为收到申请之日；（2）申请人以邮寄方式提交政府信息公开申请的，以行政机关签收之日为收到申请之日；以平常信函等无须签收的邮寄方式提交政府信息公开申请的，政府信息公开工作机构应当于收到申请的当日与申请人确认，确认之日为收到申请之日；（3）申请人通过互联网渠道或者政府信息公开工作机构的传真提交政府信息公开申请的，以双方确认之日为收到申请之日。此外，申请需补正的，答复期限自行政机关收到补正的申请之日起计算。

行政机关对于政府信息公开申请的答复方式有以下几种类型：（1）所申请公开信息已经主动公开的，告知申请人获取该政府信息的方式、途径；（2）所申请公开信息可以公开的，向申请人提供该政府信息，或者告知申请人获取该政府信息的方式、途径和时间；（3）行政机关依据《公开条例》的规定决定不予公开的，告知申请人不予公开并说明理由；（4）经检索没有所申请公开信息的，告知申请人该政府信息不存在；（5）所申请公开信息不属于本行政机关负责公开的，告知申请人并说明理由；能够确定负责公开该政府信息的行政机关的，告知申请人该行政机关的名称、联系方式；（6）行政机关已就申请人提出的政府信息公开申请作出答复、申请人重复申请公开相同政府信息的，告知申请人不予重复处理；（7）所申请公开信息属于市场主体登记、不动产登记资料等信息，有关法律、行政法规对信息的获取有特别规定的，告知申请人依照有关法律、行政法规的规定办理。

前述答复的“政府信息不存在”，仅指这一政府信息自始至终不曾产生，根本谈不上是否应当公开，对此，行政机关应当告知申请人该政府信息本身不存在。然而，在司法审查中能否认定“政府信息不存在”，需要结合行政机关信息检索义务的关键词和检索方法进行判断。在罗某昌诉重庆市彭水苗族土家族自治县地方海事处案中，最高人民法院认为：“被告以政府信息不存在为由答复原告的，人民法院应审查被告是否已经尽到充分合理的查找、检索义务。原告提交了该政府信息系由被告制作或者保存的相关线索等初步证据后，若被告不能提供相反证据，并举证证明已尽到充分合理的查找、检索义务的，人民法院不予支持被告有关政府信息不存在的主张。”[①] 在张某诉上海市规划和国土资源管理局案[②]中，当事人要求公开“本市116地块项目土地出让金缴款凭证”政府信息，上海市规划和国土资源管理局经至其档案中心以“缴款凭证”为关键词进行手工查找，未找到名为“缴款凭证”的116地块土地出让金缴款凭证的政府信息，遂认定其未制作过原告申请获取的政府信息，答复张某，其申请公开的政府信息不存在。最高人民法院认为，在日常生活中，这种证明缴纳款项凭证的名称或许为缴款凭证，或许为收据、发票等，并不局限于缴款凭证的表述，如果行政机关仅以原告的描述为关键词进行检索，进而简单答复政府信息不存在，亦属未能尽到检索义务。

---

① 罗某昌诉重庆市彭水苗族土家族自治县地方海事处案，最高人民法院指导案例101号。

② 参见张某诉上海市规划和国土资源管理局案，“全国法院政府信息公开十大案例”之九，最高人民法院2014年9月12日发布。

（三）收费

行政机关依申请提供政府信息，不收取费用。但是，申请人申请公开政府信息的数量、频次明显超过合理范围的，行政机关可以收取信息处理费。信息处理费实质上是为了有效调节政府信息公开申请行为、引导申请人合理行使权利，向申请公开政府信息超出一定数量或者频次范围的申请人收取的费用。在 2015 年《最高人民法院公报》登载的陆某霞诉南通市发展和改革委员会政府信息公开答复案中，法院指出，如果公民提起政府信息公开申请违背了《公开条例》的立法本意且不具有善意，就会构成知情权的滥用。从而，《公开条例》第 35 条规定了对于申请人申请公开政府信息的数量、频次明显超过合理范围的，行政机关可以要求申请人说明理由。行政机关认为申请理由不合理的，告知申请人不予处理。收取信息处理费即为对申请人申请公开政府信息的数量、频次明显超过合理范围的行为的进一步调节。

国务院办公厅印发的《政府信息公开信息处理费管理办法》规定，按照超额累进方式计算信息处理的收费金额。在程序上，行政机关应当在政府信息公开申请处理期限内，按照申请人获取信息的途径向申请人发出收费通知，说明收费的依据、标准、数额、缴纳方式等。申请人对收取信息处理费的决定有异议的，不能单独就该决定申请行政复议或者提起行政诉讼，但是可以在缴费期满后，就行政机关不再处理其政府信息公开申请的行为，向上一级行政机关或者政府信息公开工作主管部门投诉、举报，或者依法申请行政复议、提起行政诉讼。

四、政府信息公开的监督与救济

在政府信息工作监督层面，《公开条例》除规定政府信息公开工作考核制度、社会评议制度和责任追究制度以外，还特别规定了每年度向社会公开政府信息公开工作年度报告的制度。年度报告的内容包括：主动公开政府信息的情况、行政机关收到和处理政府信息公开申请的情况、因政府信息公开工作被申请行政复议、提起行政诉讼的情况等。此外，公民、法人或者其他组织认为行政机关在政府信息公开工作中侵犯其合法权益的，可以向上一级行政机关或者政府信息公开工作主管部门投诉、举报，也可以依法申请行政复议或者提起行政诉讼。

在申请政府信息公开行政复议或提起行政诉讼时，咨询性质申请的不予答复行为会被排除在行政复议和行政诉讼的范围之外。在孙某荣诉吉林省人民政府行政复议不予受理决定案[①]中，孙某荣以《公开条例》为依据申请查询吉林市住建

---

① 参见孙某荣诉吉林省人民政府行政复议不予受理决定案，《最高人民法院公报》2016 年第 12 期，第 23－26 页。

厅发布的《关于申请房屋用途变更登记有关问题的通知》是否已过时效，最高人民法院认为，申请了解文件效力属于咨询性质，不属于《公开条例》规定的“应当按照申请人要求的形式予以提供”政府信息的情形。行政机关针对咨询申请作出的答复以及不予答复行为，不属于政府信息公开行为，不会对咨询人的权利义务产生实际影响，故不属于行政复议的受理范围，起诉人缺乏诉的利益，无原告资格，人民法院可以不予受理或裁定驳回起诉。

五、政务数据开放

公共数据中的政务数据开放实质上是在政府信息公开制度尤其是主动公开的基础上衍生出来的制度。公共数据开放制度出于数据的特性，一般会形成或构建统一的大数据平台归集公共数据后进行开放。[①] 从而，行政机关应在行政管理过程中对行政机关的政务数据进行归集、保存、质量管理、安全评估、共享、应用乃至开放，建设电子政务云等统一的政府大数据基础设施。政府信息公开为政务数据开放提供了基础，但是，原始、完整、及时、可机读、可再利用等一系列围绕数据利用而形成的要求，已超越了以个人知情权保障为基础建构的政府信息公开制度的内涵。[②]

由于政务数据的开放涉及市场主体和个人有关个人信息的隐私权、商业秘密、知识产权等诸多权利保护问题，政务数据开放类型可分为无条件开放、有条件开放和非开放三类。涉及个人隐私、个人信息、商业秘密、保密商务信息，或者法律、法规规定不得开放的，列入非开放类；对数据安全和处理能力要求较高、时效性较强或者需要持续获取的公共数据，列入有条件开放类；其他政务数据列入无条件开放类。非开放类政务数据依法进行脱密、脱敏处理，或者相关权利人同意开放的，可以列入无条件开放或者有条件开放类。对有条件开放类公共数据，自然人、法人和非法人组织可以通过市大数据资源平台提出数据开放请求，相关公共管理和服务机构应当按照规定处理。[③]

深度阅读

1. 张亮．论政府信息推定不存在的限制与修正．环球法律评论，2020（4）.
2. 查云飞．行政裁量自动化的学理基础与功能定位．行政法学研究，2021（3）.

---

① 参见《上海市数据条例》第42条第1款。
② 参见王万华：《论政府数据开放与政府信息公开的关系》，《财经法学》2020年第1期，第18页。
③ 参见《上海市数据条例》第41条。

3. 王锡锌．个人信息国家保护义务及展开．中国法学，2021（1）.
4. 赵宏．告知同意在政府履职行为中的适用与限制．环球法律评论，2022（2）.
5. 伏创宇．我国社会信用体系建设的功能定位及其边界．行政法学研究，2024（1）.
6. 最高人民法院2014年9月12日发布全国法院政府信息公开十大案例.

问题与思考

1. 随着大数据技术、人工智能的快速发展，行政活动中运用行政信息进行管理的手段会发生何种变化？从依法行政角度应如何对这些行政手段进行规制？

2. 政府信息公开中可以不予公开的行政执法案卷应该如何界定？

第十章 行政许可

重点知识

行政许可的概念　种类与原则　行政许可的事项与设定权限　行政许可的实施机关与实施程序　许可条件与审查基准　行政许可的撤回　撤销与注销　行政许可的法律责任

知识逻辑图

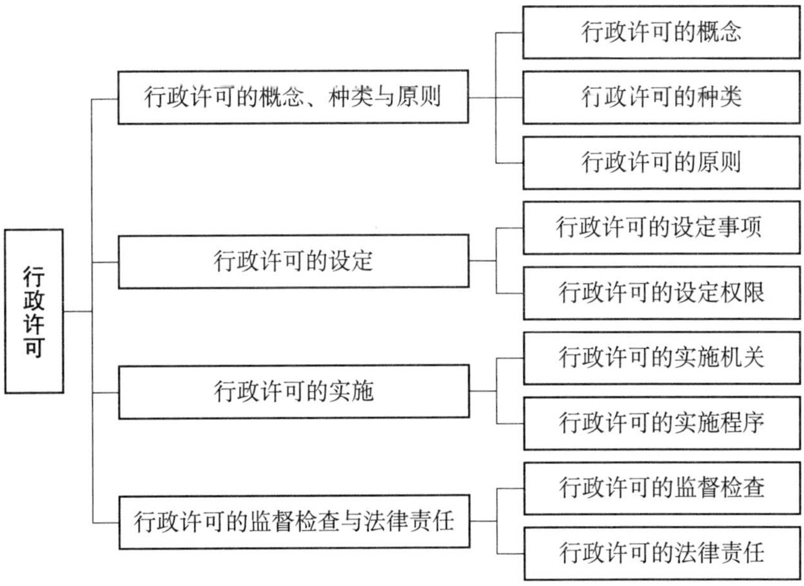

现代国家管理政治、经济、社会、文化等各方面事务，都会采取事前控制手段。行政审批就是一种重要的事前控制手段。在我国，受传统的高度集中的计划经济体制影响，行政审批被广泛运用于行政管理领域。改革开放以来，历次政府机构改革始终与转变政府职能和工作方式密切关联。2001 年，国务院批准并转发《关于行政审批制度改革工作的实施意见》（国发〔2001〕33 号），积极推行

行政审批制度改革，要求各级政府进一步转变政府职能，减少行政审批，少管微观，多管宏观，少抓事前的行政审批，多抓事后的监督检查，具体而言："不符合政企分开和政事分开原则、妨碍市场开放和公平竞争以及实际上难以发挥有效作用的行政审批，坚决予以取消；可以用市场机制代替的行政审批，通过市场机制运作。对于确需保留的行政审批，要建立健全监督制约机制"。

2003 年，为巩固行政审批制度改革成果，履行我国对外承诺，进一步推进行政管理体制改革，从源头上预防和治理腐败，我国制定了《行政许可法》。2019 年，全国人大常委会对《行政许可法》作了局部修改。[①]

第一节　行政许可的概念、种类与原则

国务院行政审批制度改革工作领导小组在 2001 年《关于贯彻行政审批制度改革的五项原则需要把握的几个问题》中明确，行政审批是指行政审批机关（包括有行政审批权的其他组织）根据自然人、法人或者其他组织依法提出的申请，经依法审查，准予其从事特定活动、认可其资格资质、确认特定民事关系或者特定民事权利能力和行为能力的行为。在此基础上，其进一步指出：行政审批的形式多样、名称不一，有审批、核准、批准、审核、同意、注册、许可、认证、登记、鉴证等，但其实质不是名称和形式，而是"必须经过行政审批机关同意"；行政审批是行政审批机关作为行政主体对相对人实施的具体行政行为，不包括内部有关人事、财务、外事等事项的审批；行政审批权的设定和实施，应遵循合法原则、合理原则、效能原则、责任原则和监督原则。此后，国务院持续取消行政审批项目。2004 年 6 月 29 日，国务院发布第 412 号令，公布《国务院对确需保留的行政审批项目设定行政许可的决定》，对法律、行政法规以外的规范性文件设定，但确需保留且符合《行政许可法》第 12 条规定事项的 500 项行政审批项目，决定予以保留并设定行政许可。这就在《行政许可法》实施后区分了行政许可和行政审批。

一、行政许可的概念

《行政许可法》第 2 条规定，本法所称行政许可，是指行政机关根据公民、

---

① 参见《全国人民代表大会常务委员会关于修改〈中华人民共和国建筑法〉等八部法律的决定》，《全国人民代表大会常务委员会公报》2019 年第 3 期，第 619－620 页。

法人或者其他组织的申请，经依法审查，准予其从事特定活动的行为。在全国人大常委会审议的《行政许可法（草案）》中，行政许可的概念被表述为："行政机关根据自然人、法人或者其他组织提出的申请，经依法审查，准予其从事特定活动、认可其资格资质或者确立其特定主体资格、特定身份的行为。"[①] 在审议过程中，一些委员、地方和法学专家提出，行政许可是行政机关根据申请，经依法审查，准予申请人从事特定活动的行为。行政机关"认可其资格资质或者确立其特定主体资格、特定身份"，已经包含在前一句的表述之中，可以不再重复规定。因此，全国人大法律委员会在《行政许可法（草案二次审议稿）》中建议将这一条予以简化修改。[②] 这一建议最终被吸收，成为《行政许可法》的正式条文。

与此相对，《行政许可法》第 3 条第 2 款规定，有关行政机关对其他机关或者对其直接管理的事业单位的人事、财务、外事等事项的审批，不适用本法。即发生在行政机关之间或者行政机关内部的审批，与《行政许可法》上的行政许可不可等量齐观。

关于行政许可的性质，存在"赋权说"和"解禁说"的讨论。早期有学者对行政许可是"赋权"行为提出质疑，主张"行政许可是一种义务与服务，而非恩赐权利"[③]。就对一般许可的性质认识而言，这一意见是成立的。在"解禁说"看来，行政相对人被行政机关的许可行为所解除的是由法律设定的一般性不作为义务（禁止义务）。在权利义务关系上，许可行为只是恢复原本具有的自由，并不产生权利。[④] 与解除一般禁止的狭义许可不同，特许是赋权性或授益性的行政许可行为，是对公民、法人和其他组织设定其原本不拥有的权利或权利能力的行为。特许往往适用于电力、煤气、自来水等公用事业和铁路、公路等基础设施的建设运营。

行政许可是最重要的行政行为类型之一。总体而言，行政许可是外部行政行为，是具体行政行为，是依申请作出的行政行为。当然，被统称为行政许可的这类行政行为，相互之间也存在着具体差异，需要分类加以阐述。

---

① 杨景宇：《关于〈中华人民共和国行政许可法（草案）〉的说明——2002 年 8 月 23 日在第九届全国人民代表大会常务委员会第二十九次会议上》，《全国人民代表大会常务委员会公报》2003 年第 5 期，第 450 页。

② 参见乔晓阳：《全国人大法律委员会关于〈中华人民共和国行政许可法（草案）〉修改情况的汇报——2002 年 12 月 23 日在第九届全国人民代表大会常务委员会第三十一次会议上》，《全国人民代表大会常务委员会公报》2003 年第 5 期，第 454 页。

③ 郭道晖：《对行政许可是"赋权"行为的质疑——关于享有与行使权利的一点法理思考》，《法学》1997 年第 11 期，第 9 页。

④ 参见朱芒：《日本的行政许可——基本理论和制度》，《中外法学》1999 年第 4 期，第 103 页。

二、行政许可的种类

行政许可的分类在立法过程中曾引起广泛讨论。[①] 国务院起草的《行政许可法（草案）》根据性质、功能和适用事项的不同，将行政许可分为五类[②]，经过几番争论，最终未在立法中列明。但是，《行政许可法》第 12 条规定的可以设定行政许可的事项，仍包含着行政许可的法定种类。

（一）一般许可

根据《行政许可法》第 12 条第 1 项的规定，直接涉及国家安全、公共安全、经济宏观调控、生态环境保护以及直接关系人身健康、生命财产安全等特定活动，需要按照法定条件予以批准的事项，是可以设定行政许可的事项。这里的许可是一般许可，也是行政许可的基本形态。

我国《道路交通安全法》第 19 条第 1 款规定："驾驶机动车，应当依法取得机动车驾驶证。"这里的"机动车驾驶证"就是一般许可。起初，每个人都有驾驶机动车辆的自由，但是为了维护公共安全，国家制定法律对驾驶行为设定了普遍禁止，每个人都失去了这一自由，只有提出符合许可条件的申请并获得许可后，才能解禁从而恢复驾驶自由。

（二）特许

根据《行政许可法》第 12 条第 2 项的规定，有限自然资源开发利用、公共资源配置以及直接关系公共利益的特定行业的市场准入等，需要赋予特定权利的事项，是可以设定行政许可的事项。这一类行政许可，通常被认为是"特许"。

我国《矿产资源法》第 3 条规定："矿产资源属于国家所有，由国务院行使国家对矿产资源的所有权……勘查、开采矿产资源，必须依法分别申请、经批准取得探矿权、采矿权，并办理登记。"这里的"批准"就是特许。该法第 5 条进一步规定："国家实行探矿权、采矿权有偿取得的制度……开采矿产资源，必须按照国家有关规定缴纳资源税和资源补偿费。"从中可以看出，私主体没有开采矿产资源的自由，只有获得特许并支付相应费用后才能取得采矿的权利。

---

① 参见应松年口述：《与法同行》，何海波整理，中国政法大学出版社 2015 年版，第 133 页。

② 参见杨景宇：《关于〈中华人民共和国行政许可法（草案）〉的说明——2002 年 8 月 23 日在第九届全国人民代表大会常务委员会第二十九次会议上》，《全国人民代表大会常务委员会公报》2003 年第 5 期，第 451－452 页。

（三）认可

根据《行政许可法》第 12 条第 3 项的规定，提供公众服务并且直接关系公共利益的职业、行业，需要确定具备特殊信誉、特殊条件或者特殊技能等资格、资质的事项，是可以设定行政许可的事项。这种由行政机关对申请人是否具备特定信誉、条件和技能的认定，是认可，其主要功能是提高特定职业、行业的从业水平。

我国《律师法》第 5 条规定："申请律师执业，应当具备下列条件：……通过国家统一法律职业资格考试取得法律职业资格……"这里规定的条件，就是从事律师这个职业所应当具备的特殊条件。对律师执业的许可，应当属于这里的认可。

（四）核准

根据《行政许可法》第 12 条第 4 项的规定，直接关系公共安全、人身健康、生命财产安全的重要设备、设施、产品、物品，需要按照技术标准、技术规范，通过检验、检测、检疫等方式进行审定的事项，是可以设定行政许可的事项。这里规定的是核准，即由行政机关对某些事项是否达到特定技术标准、经济技术规范所作的判断、确定。当然，从一般意义上分析，行政法学上核准的性质，需要根据其核准的内容加以判定。

（五）登记

根据《行政许可法》第 12 条第 5 项的规定，企业或者其他组织的设立等，需要确定主体资格的事项，是可以设定行政许可的事项。确定主体资格的行为，是确认性行政行为。

我国《市场主体登记管理条例》第 3 条第 1 款规定，市场主体应当依照本条例办理登记。未经登记，不得以市场主体名义从事经营活动。法律、行政法规规定无须办理登记的除外；第 8 条第 1 款进一步规定，市场主体的一般登记事项包括：(1) 名称；(2) 主体类型；(3) 经营范围；(4) 住所或者主要经营场所；(5) 注册资本或者出资额；(6) 法定代表人、执行事务合伙人或者负责人姓名。可以看出，这里的登记，是行政机关的确认性行政行为。

上述五个法定种类，以一般许可和特许为基本形态，而认可、核准和登记的性质，从权利义务关系的角度考察，也是一般许可，只不过在具体形态上呈现出一定的特别性。对此，有学者认为，《行政许可法》第 12 条第 1、3、4、5 项规定的形式上是四类，实质上有共性，包括许可条件法定，许可决定一般无行政裁量权，一般没有数量限制，不涉及资源配置，当事人取得许可无须支付资源使用费，因此主张这四类均属于一般许可。[①]

考察行政法学理和比较法，行政许可通常分为一般许可、特许和认可三类。[②] 其中，一般许可或者狭义许可是免除私人所负的一般性禁止义务（不作为义务）的特定行为；而特许是对相对人直接设定其原本不拥有的权利或权利能力的行为。[③] 在法国行政法上，特许通常是指相对人和行政机关签订合同，得到特别允许做某种行为，或使用公产的权利。[④] 这两类的内涵与前述我国行政许可法定种类的前两类，基本上是一致的。学理和比较法上的认可，主要体现在日本法中，它是一种补充私主体的行为从而使之具备法律效力的行为，它是补充法律行为，是对法律行为的认可。[⑤]

我国《民法典》第 502 条规定："依法成立的合同，自成立时生效，但是法律另有规定或者当事人另有约定的除外。依照法律、行政法规的规定，合同应当办理批准等手续的，依照其规定。"这里的"批准等手续"就是学理上的认可，而不是前述法定种类的第一类。被废止的《合同法》第 44 条规定中还有"登记"的表述，这个"登记"的性质也是学理上的认可，而不是前述法定种类的第五类登记。已于 2020 年 1 月 1 日废止的我国《中外合资经营企业法》第 3 条第一句规定："合营各方签订的合营协议、合同、章程，应报国家对外经济贸易主管部门审查批准。"这里的"审查批准"也是学理上的认可，而与前述法定种类的第一类一般许可不相契合。2020 年 1 月 1 日起施行的《外商投资法》在投资管理上实行负面清单制度，外商投资准入负面清单以外的领域，按照内外资一致的原则实施管理。但是，该法第 29 条规定："外商投资需要办理投资项目核准、备案的，按照国家有关规定执行。"这里的"核准"，还是学理上的认可，而与前述法定种类的第四类——核准并不相同。

总体而言，一般许可与自由的关系，特许与权利形成的关系，认可与私法调整的关系，是认识类型化行政许可性质的基本框架。在上述三类之外，还存在一种确认性行政行为，与前述法定种类的第五类登记的性质相同，即确认法律关系或主体资格的行为。

学理上的认可等在私人的法律行为之后作出，从而在形式上容易与备案相混淆。实务中，行政机关也不时以"备案"之名行"许可"之实。但是，备案与许

---

① 参见王克稳：《行政许可中特许权的物权属性与制度建构研究》，法律出版社 2015 年版，第 29－31 页。

② 参见贺善征：《行政许认可辨析》，《现代法学》1997 年第 5 期，第 38 页；朱芒：《日本的行政许可——基本理论与制度》，《中外法学》1999 年第 4 期，第 102、104－106 页。

③ 参见朱芒：《日本的行政许可——基本理论与制度》，《中外法学》1999 年第 4 期，第 102－104 页。

④ 参见王名扬：《法国行政法》，北京大学出版社 2007 年版，第 271 页。

⑤ 参见朱芒：《日本的行政许可——基本理论和制度》，《中外法学》1999 年第 4 期，第 105－106 页。

可在意思表示及其法律效果上存在根本区别。《国务院办公厅关于推广行政备案规范管理改革试点经验的通知（国办函〔2022〕110号）》附件3对行政备案的定义表述为：行政机关根据公民、法人或者其他组织依法报送的相关材料，经审核予以存档备查的行为，对行政备案事项，不得规定经行政机关审查同意，企业和群众方可从事相关特定活动。在日本法上，备案是指私人向行政机关作出的通知行为；行政机关对备案，不具有审查其内容的权限。[①]

三、行政许可的原则

行政许可是一种重要的行政行为类型，其设定和实施受行政法基本原则的调控。《行政许可法》对行政许可的基本原则作了具体规定，主要包括法定原则、正当程序原则、高效便民原则和信赖保护原则。

（一）法定原则

法定原则主要体现在《行政许可法》第4条中，即："设定和实施行政许可，应当依照法定的权限、范围、条件和程序。"《行政许可法》第27条关于"行政机关实施行政许可，不得向申请人提出购买指定商品、接受有偿服务等不正当要求"的规定，实际上是从禁止的角度对法定原则的具体化。

（二）正当程序原则

公开、公平、公正、非歧视原则主要在《行政许可法》第5条第1款中宣示，即："设定和实施行政许可，应当遵循公开、公平、公正、非歧视的原则。"其中，非歧视原则是2019年《行政许可法》修订时增加规定的。

《行政许可法》第5条第2款的规定进一步深化了公开原则，即："有关行政许可的规定应当公布；未经公布的，不得作为实施行政许可的依据。行政许可的实施和结果，除涉及国家秘密、商业秘密或者个人隐私的外，应当公开。"2019年修订时增加规定："未经申请人同意，行政机关及其工作人员、参与专家评审等的人员不得披露申请人提交的商业秘密、未披露信息或者保密商务信息，法律另有规定或者涉及国家安全、重大社会公共利益的除外；行政机关依法公开申请人前述信息的，允许申请人在合理期限内提出异议。"

2019年《行政许可法》修订时，在第5条第3款对非歧视原则作了具体规定："符合法定条件、标准的，申请人有依法取得行政许可的平等权利，行政机

① 参见［日］室井力、芝池义一、浜川清主编：《日本行政程序法逐条注释》，朱芒译，上海三联出版社2009年版，第253页。

关不得歧视任何人。”这一规定有利于营造公平竞争的营商环境。

此外，《行政许可法》第 7 条第一分句规定的“公民、法人或者其他组织对行政机关实施行政许可，享有陈述权、申辩权”，《行政许可法》第 36 条规定的告知利害关系人和听取陈述申辩，第 46 条规定的法定和重大行政许可事项听证，第 47 条规定的申请人、利害关系人听证，都是体现正当程序原则的重要制度。

（三）高效便民原则

高效便民原则在国务院 2004 年发布的《全面推进依法行政实施纲要》中有详细阐述。《行政许可法》第 6 条的规定具体表述了行政许可的便民和效率原则，即：“实施行政许可，应当遵循便民的原则，提高办事效率，提供优质服务。”《行政许可法》第 26 条规定：“行政许可需要行政机关内设的多个机构办理的，该行政机关应当确定一个机构统一受理行政许可申请，统一送达行政许可决定。行政许可依法由地方人民政府两个以上部门分别实施的行政许可，本级人民政府可以确定由一个部门受理行政许可申请并转告有关部门分别提出意见后统一办理，或者组织有关部门联合办理、集中办理。”这就是体现效率、便民原则的具体制度安排。

国务院的“放管服”改革，浙江省广泛实践的“最多跑一次改革”，上海市“一网通办”“行业综合许可证”等行政审批制度改革，其出发点都在于提升行政许可效能、提供优质政务服务。

（四）信赖保护原则

信赖保护原则系大陆法系行政法上的基本原则，它是法的安定性和诚实守信政府的集中体现。在实定法上，《行政许可法》第 8 条规定：“公民、法人或者其他组织依法取得的行政许可受法律保护，行政机关不得擅自改变已经生效的行政许可。行政许可所依据的法律、法规、规章修改或者废止，或者准予行政许可所依据的客观情况发生重大变化的，为了公共利益的需要，行政机关可以依法变更或者撤回已经生效的行政许可。由此给公民、法人或者其他组织造成财产损失的，行政机关应当依法给予补偿。”《行政许可法》第 69 条规定，因行政机关自己的违法行为导致行政许可被撤销，使被许可人的合法权益受到损害的，行政机关应当依法给予赔偿。合法的行政许可被撤回、违法的行政许可被撤销，造成公民、法人和其他组织财产损失的，应当给予补偿或赔偿，这些规定是信赖保护原则的具体制度表现。

在益民公司诉河南省周口市政府等行政行为违法案中，最高人民法院指出：“被诉具体行政行为违反了法律规定，且损害了相对人信赖利益，但如果撤销该行政行为，将会给公共利益造成重大损失的，应确认被诉具体行政行为违法，并责令被诉行政机关采取相应的补救措施。"[①] 该案例被认为是体现行政许可信赖保护原则的里程碑判例。[②]

第二节　行政许可的设定

在《行政许可法》制定过程中，讨论得最多、也是最大难题的，就是如何划定一条界线，明确哪些事项需要设定许可，哪些事项不需要设定许可。这个问题，就是行政许可的设定问题。行政许可的设定，是指拥有行政许可立法权的国家机关在行政法律规范性文件中，对行政许可所作出的创设性规定。

在计划经济体制之下，政府实施的实际上是全能行政。这种体制直接导致大锅饭、低效率、资源配置不合理、政府权力过大等弊端。我国的改革正是从革除这种体制弊端开始的，通过最初的放权让利，缩减政府干预的范围和程度，让市场在资源配置中发挥越来越大的作用，逐步建立了社会主义市场经济制度。在市场化改革后，政府仍然需要承担经济调节、市场监管、社会管理、公共服务和生态环境保护的职能。制定《行政许可法》，科学地划定政府与市场的边界，有利于巩固市场化改革的成果，为政府履行其法定职责提供法律依据。[③]

一、行政许可的设定事项

设定行政许可的原则是体现市场在资源配置中的决定性作用，尊重社会在国家治理中的重要作用，其目的在于保障权利、实现公益。对此，《行政许可法》第 11 条有明确的规定："设定行政许可，应当遵循经济和社会发展规律，有利于发挥公民、法人或者其他组织的积极性、主动性，维护公共利益和社会秩序，促进经济、社会和生态环境协调发展。"

在《行政许可法》制定过程中，对于哪些事项可以设定为许可，曾有过广泛的争论。国务院"在征求意见过程中，普遍认为：草案对哪些事项可以设定行政许可，哪些事项不能设定行政许可，需要作出明确规定。考虑到我国经济体制还处于转轨时期，政府职能转变还没有完全到位，为了对下一步改革留有余地，这

---

① 益民公司诉河南省周口市政府等行政行为违法案，《最高人民法院公报》2005 年第 8 期，第 23 - 33 页。

② 对该案的详细分析，参见王贵松：《依法行政原则对信赖利益的保护——益民公司诉河南省周口市政府等行政行为违法案分析》，《交大法学》2015 年第 1 期，第 167 - 175 页。

③ 参见周汉华：《行政许可法：观念创新与实践挑战》，《法学研究》2005 年第 2 期，第 6 页。

个问题不宜规定过于具体，以免挂一漏万。据此，草案对可以设定行政许可的事项作了原则规定”①。

前已述及，《行政许可法》第 12 条原则性规定了可以设定行政许可的事项，具体包括：（1）直接涉及国家安全、公共安全、经济宏观调控、生态环境保护以及直接关系人身健康、生命财产安全等特定活动，需要按照法定条件予以批准的事项；（2）有限自然资源开发利用、公共资源配置以及直接关系公共利益的特定行业的市场准入等，需要赋予特定权利的事项；（3）提供公共服务并且直接关系公共利益的职业、行业，需要确定具备特殊信誉、特殊条件或者特殊技能等资格、资质的事项；（4）直接关系公共安全、人身健康、生命财产安全的重要设备、设施、产品、物品，需要按照技术标准、技术规范，通过检验、检测、检疫等方式进行审定的事项；（5）企业或者其他组织的设立等，需要确定主体资格的事项。除这五项列举事项外，该条第六项还将“法律、行政法规规定可以设定行政许可的其他事项”作为兜底事项加以规定。

设定行政许可还要坚持合理的原则，即使是可以设定行政许可的事项，也并不是都要设定行政许可。《行政许可法》第 13 条规定，本法第 12 条规定的可以设定行政许可的事项，通过私主体自主决定、市场竞争机制、行业自律和事后监督等方式能够予以规范的，可以不设行政许可。《行政许可法》第 13 条对这些替代行政许可的方式作了具体列举，具体包括：（1）公民、法人或者其他组织能够自主决定的事项；（2）市场竞争机制能够有效调节的事项；（3）行业组织或者中介机构能够自律管理的事项；（4）行政机关采用事后监督等其他行政管理方式能够解决的事项。

从 2015 年《国务院关于实行市场准入负面清单制度的意见》（国发〔2015〕55 号），到 2020 年《优化营商环境条例》第 20 条，国家持续放宽市场准入条件，并实行全国统一的市场准入负面清单制度。国务院以清单方式明确列出在中华人民共和国境内禁止和限制投资经营的行业、领域、业务等。市场准入负面清单以外的领域，各类市场主体均可以依法平等进入。各地区、各部门不得另行制定市场准入性质的负面清单。市场准入负面清单包括禁止准入类和限制准入类，对禁止准入事项，市场主体不得进入，行政机关不予审批、核准，不得办理有关手续；对限制准入事项，或由市场主体提出申请，行政机关依法依规作出是否予以准入的决定，或由市场主体依照政府规定的准入条件和准入方式合规进入。实行市场准入负面清单制度有助于厘清市场调节和行政许可之间的关系。对于需由市

① 杨景宇：《关于〈中华人民共和国行政许可法（草案）〉的说明——2002 年 8 月 23 日在第九届全国人民代表大会常务委员会第二十九次会议上》，《全国人民代表大会常务委员会公报》2003 年第 5 期，第 451 页。

场主体提出申请、由行政机关依法依规决定准入的限制准入事项，应当依法设定行政许可。

在是否设定许可上，我国法律规范上的一些规定往往有充分的考量。例如，《水法》第 7 条规定，国家对水资源依法实行取水许可制度和有偿使用制度。但是，农村集体经济组织及其成员使用本集体经济组织的水塘、水库中的水的除外。于此，“农村集体经济组织及其成员使用本集体经济组织的水塘、水库中的水”被排除适用“取水许可制度和有偿使用制度”，因为这是自然经济运作的基本形态，政府干预不应介入。在解释论上，它不完全属于前述私主体自主决定或行业自律的情形，而是自然经济运作和村民自治的情形。

2004 年国务院颁布的《全面推进依法行政实施纲要》对上述规定的要旨作了进一步的明确，规定：“凡是公民、法人和其他组织能够自主解决的，市场竞争机制能够调节的，行业组织或者中介机构通过自律能够解决的事项，除法律另有规定的外，行政机关不要通过行政管理去解决。”

即使为了确立基本秩序、保障公共安全、实现公共利益，行政许可也不必然是充分或可行的手段。例如，为保障网络安全而实行互联网网站的入网许可，但是不能以为有了事前控制的许可就必然有持续的安全，因为网络技术日新月异，指望以入网时的许可保障安全无异于“刻舟求剑”；又如，网络搜索引擎的“竞价排名”使搜索的自然结果受到调整，如果采用事前许可的方式一一予以审查则必定毫无效率；再如，特大城市的重要地段在节假日必有人群聚集，即使不举办特定活动也是如此，此时保障安全不可能采用许可的手段。

二、行政许可的设定权限

行政许可的设定权限是《行政许可法》立法中一个争议很大的问题。有学者较早指出：“我国许可制度比较混乱，许多没有行政许可立法权的行政机关随意为自己设定许可权，这无疑是对相对人权利的限制和剥夺。为了防止类似情况的出现，可拟从立法上统一行政许可权的设定问题。”①

《行政许可法》对不同位阶的法律规范的设定权限作了分别规定。《行政许可法》第 14 条第一句规定：“本法第十二条所列事项，法律可以设定行政许可。”

《行政许可法》对国务院的行政许可设定权限作了分类规定。《行政许可法》第 14 条第二句规定：“尚未制定法律的，行政法规可以设定行政许可。”《行政许可法》第 14 条第 2 款规定：“必要时，国务院可以采用发布决定的方式设定行政

① 马怀德：《行政许可权初探》，《中外法学》1991 年第 3 期，第 33 页。

许可。实施后，除临时性行政许可事项外，国务院应当及时提请全国人民代表大会及其常务委员会制定法律，或者自行制定行政法规。”根据我国《宪法》第89条第1项的规定，国务院可以根据宪法和法律，规定行政措施，制定行政法规，发布决定和命令。“制定行政法规”和“发布决定”都是国务院有权采取的行政活动方式。

《行政许可法》之所以允许国务院以决定形式设定行政许可，是因为在该法制定之时绝大部分许可都是由部门规章设定的，其中一部分是合理的、是实际需要的。[①] 关于“用发布决定的方式设定行政许可”，2004年6月29日发布的《国务院对确需保留的行政审批项目设定行政许可的决定》（国务院令第412号）是较为重要的实例。该决定规定，对法律、行政法规以外的规范性文件设定，但确需保留且符合《行政许可法》第12条规定事项的行政审批项目，根据《行政许可法》第14条第2款的规定，决定予以保留并设定行政许可，共500项。例如，该决定的第112项规定了“出租汽车经营资格证、车辆运营证和驾驶员客运证核发”。

地方性法规的行政许可设定权规定于《行政许可法》第15条。该条第一句前半句规定：“本法第十二条所列事项，尚未制定法律、行政法规的，地方性法规可以设定行政许可”。同条第2款作了限制性规定：地方性法规不得设定应当由国家统一确定的公民、法人或者其他组织的资格、资质的行政许可；不得设定企业或者其他组织的设立登记及其前置性行政许可。其设定的行政许可，不得限制其他地区的个人或者企业到本地区从事生产经营和提供服务，不得限制其他地区的商品进入本地区市场。

关于政府规章是否可以设定行政许可，两种不同意见相持不下。在国务院常务会议关于《行政许可法（草案）》的第一次讨论中，针对部门规章设定行政许可中存在的各方面问题，最终决定取消部门规章的许可设定权，但保留地方政府规章的许可设定权。[②③]

到全国人大常委会审议阶段，对地方政府规章的许可设定权进行了反复的讨论，最后决定从设定主体和设定时限两个方面进行限制。考虑到省级人民政府规章和省会市、较大市人民政府规章有所不同，法律委员会建议规定，省、自治区、直辖市人民政府的规章可以设定一年期的临时性行政许可。此外，针对一些

---

① 参见应松年口述：《与法同行》，何海波整理，中国政法大学出版社2015年版，第134页。

② 参见周汉华：《行政许可法：观念创新与实践挑战》，《法学研究》2005年第2期，第11页。

③ 时任总理朱镕基说：“部门规章不能设定行政许可。你又是裁判员又是运动员，自己设定许可，然后自己掌握着，那不行。”关于地方政府规章，朱镕基说：“地方政府，特别是省政府，相当于小国务院，事情多得不得了，应该给它设定权。”最后折中了一下：地方政府规章只能设定临时性许可。参见应松年口述：《与法同行》，何海波整理，中国政法大学出版社2015年版，第133－134页。

地方存在的地方保护主义等问题，法律针对性地作出一些限制性规定。[①] 省级地方政府规章的临时性许可设定权规定于《行政许可法》第 15 条第 1 款后半句："尚未制定法律、行政法规和地方性法规的，因行政管理的需要，确需立即实施行政许可的，省、自治区、直辖市人民政府规章可以设定临时性的行政许可。临时性的行政许可实施满一年需要继续实施的，应当提请本级人民代表大会及其常务委员会制定地方性法规。"关于省级政府规章临时性许可设定权的限制性规定的内容与地方性法规设定行政许可的限制性规定内容一致，一体规定于《行政许可法》第 15 条第 2 款。

总体而言，《行政许可法》对于许可设定权的规定，尤其是对地方许可设定权的规范与限制，应该说远远超出了《行政处罚法》与《立法法》的规定，达到了立法权上收的最高峰。[②] 最高人民法院在行政审判中对规章设定行政许可往往也进行较为严格的合法性审查。在最高人民法院指导案例 5 号中，法院生效裁判认为：根据《行政许可法》第 15 条第 1 款、第 16 条第 3 款的规定，在已经制定法律、行政法规的情况下，地方政府规章只能在法律、行政法规设定的行政许可事项范围内对实施该行政许可作出具体规定，不能设定新的行政许可。法律及《盐业管理条例》没有设定工业盐准运证这一行政许可，地方政府规章不能设定工业盐准运证制度。在裁判要点中，最高人民法院进一步明确，地方政府规章违反法律规定设定许可、处罚的，人民法院在行政审判中不予适用。[③]

《行政许可法》第 17 条进一步规定，除上述规定外，其他规范性文件一律不得设定行政许可；第 18 条规定，设定行政许可，应当规定行政许可的实施机关、条件、程序、期限。其中，关于许可条件的设定，应当符合比例原则，即设定的条件应当妥当，能够实现立法上的行政目的；设定的条件应当必要，对当事人权益的影响或负担最小；设定的条件应该均衡，所实现的公共利益应当高于所付出的社会成本。[④]

除行政许可的设定权限外，《行政许可法》还规定了行政许可的规定权限。所谓行政许可的规定，是指在设定行政许可事项范围内对实施该许可作出具体规定。《行政许可法》第 16 条前三款规定，行政法规可以在法律设定的行政许可事

---

① 参见乔晓阳：《全国人大法律委员会关于〈中华人民共和国行政许可法（草案）〉修改情况的汇报——2002 年 12 月 23 日在第九届全国人民代表大会常务委员会第三十一次会议上》，《全国人民代表大会常务委员会公报》2003 年第 5 期，第 455 页。

② 参见周汉华：《行政许可法：观念创新与实践挑战》，《法学研究》2005 年第 2 期，第 11 页。

③ 参见鲁潍（福建）盐业进出口有限公司苏州分公司诉江苏省苏州市盐务管理局盐业行政处罚案，最高人民法院指导案例 5 号。详细的判例评析，参见金自宁：《地方立法行政许可设定权之法律解释——基于鲁潍案的分析》，《中国法学》2017 年第 1 期，第 249－267 页。

④ 作为示例，对以"网约车"为代表的"互联网＋"新经济、新业态，是否及如何设定许可，参见陈越峰：《"互联网＋"的规制结构——以"网约车"规制为例》，《法学家》2017 年第 1 期，第 17－31 页。

项范围内，对实施该行政许可作出具体规定；地方性法规可以在法律、行政法规设定的行政许可事项范围内，对实施该行政许可作出具体规定；规章可以在上位法设定的行政许可事项范围内，对实施该行政许可作出具体规定。

《行政许可法》第 16 条第 4 款对实施行政许可的具体规定作了限制性规定，即“法规、规章对实施上位法设定的行政许可作出的具体规定，不得增设行政许可；对行政许可条件作出的具体规定，不得增设违反上位法的其他条件。”例如，《特种设备安全法》规定，电梯的安装、改造和修理需要具备资质许可。2016 年发布的《宁波市电梯安全管理办法》规定，电梯的拆除需要委托具有电梯安装资质许可的单位实施，不得自行拆除，否则将受到行政处罚。对此，浙江省人大常委会法工委在审查后认为，“《办法》的规定扩大了电梯安装资质许可的范围、限制了电梯所有权人的权利，与上位法相抵触”①。因此，《宁波市电梯安全管理办法》的这一规定，属于增设行政许可。

增设许可条件，包括增设积极条件和增设消极条件。增设积极条件，就是违法地增加了许可申请人的作为义务。例如，江西省鹰潭市政府规章将“装配式建筑实施情况”作为办理商品房预售许可的前置条件，就为商品房预售许可增加了积极条件。增设消极条件，就是违法地增加了许可申请人的不作为义务。例如，在一起因不准予施工许可引发的行政诉讼案件中，行政机关以申请人“未缴纳城市基础设施配套费”“属失信被执行人”为由，根据《关于对房地产领域相关失信责任主体实施联合惩戒的合作备忘录》的规定不予办理施工许可；法院经审理认为，这些理由均不属于《建筑法》及《建筑工程施工许可管理办法》规定的有关颁证的法定条件，行政机关据此不予办理施工许可的决定属于适用法律错误。②

需要说明的是，虽然《行政许可法》第 18 条规定，设定行政许可时应当规定其实施机关、条件、程序以及期限，但是在立法实践中，有不少法律、法规设定的行政许可没有规定实施机关和条件。对此，国务院法制办公室曾经作出答复：“2004 年 7 月 1 日前发布的法律、法规，设定了行政许可但未规定行政许可的条件、程序、期限的，规章可以对有关行政许可条件、程序、期限作出规定”③。因此，下位法对法律、法规在《行政许可法》施行前已设定行政许可但未规定条件的空白所作的填补规定，属于补充规定许可条件，不属于增设许可条件。

为了评价设定行政许可的合法性、必要性，《行政许可法》第 20 条规定，行

---

① 俞祺、程万里：《论行政许可法上的增设》，《法治现代化研究》2023 年第 2 期，第 75－93 页。

② 参见俞祺、程万里：《论行政许可法上的增设》，《法治现代化研究》2023 年第 2 期，第 75－93 页。关于下位规范具体规定许可条件的情况，可进一步阅读俞祺：《央地关系中的立法》，北京大学出版社 2023 年版，第 219－220 页。

③ 国法：《行政许可法有关问题解答（二）》，《政府法制》2004 年第 15 期，第 15 页。

政许可的设定机关应当定期对其设定的行政许可进行评价；对已设定的行政许可，认为通过《行政许可法》第 13 条所列方式能够解决的，应当对设定该行政许可的规定及时予以修改或者废止。行政许可的实施机关也可以对已设定的行政许可的实施情况及存在的必要性适时进行评价，并将意见报告该行政许可的设定机关。

第三节　行政许可的实施

行政许可涉及私主体重要权益，故行政许可实施的合法性至为关键。《行政许可法》颁布实施后，行政许可的合法性框架得以确立。2004 年，《行政许可法》实施当年，人民法院受理一审行政许可案件（不计入行政许可不作为案件）8 000 件，2006 年突破 1 万件，在全部行政一审案件中所占比例突破 10%。[①] 司法审查推动行政许可实施的合法性水平得到持续提升。关于行政许可的实施，最为重要的是实施机关和实施程序这两个方面的内容。

一、行政许可的实施机关

行政许可的实施机关包括行政机关、授权组织。《行政许可法》第 22 条规定，行政许可由具有行政许可权的行政机关在其法定职权范围内实施；第 23 条规定，法律、法规授权的具有管理公共事务职能的组织，在法定授权范围内，以自己的名义实施行政许可。

行政机关实施行政许可可以委托，但条件较为严格。《行政许可法》第 24 条规定，行政机关在其法定职权范围内，依照法律、法规、规章的规定，可以委托其他行政机关实施行政许可。与行政处罚的委托实施相比，行政许可只能委托“其他行政机关实施”，即不能委托“其他行政机关”以外的组织或个人实施。此外，委托机关还应当将受委托行政机关和受委托实施行政许可的内容予以公告。该条第 2 款规定，委托行政机关对受委托行政机关实施行政许可的行为应当负责监督，并对该行为的后果承担法律责任。同条第 3 款规定，受委托行政机关在委托范围内，以委托行政机关名义实施行政许可；不得再委托其他组织或者个人实施行政许可。《行政许可法》关于委托实施名义和责任的规定符合委托的法理。

① 参见赵大光、杨临萍、王振宇：《最高人民法院〈关于审理行政许可案件若干问题的规定〉之解读》，《法律适用》2010 年第 4 期，第 26 页。

为了提升行政许可的效能，《行政许可法》第 25 条规定："经国务院批准，省、自治区、直辖市人民政府根据精简、统一、效能的原则，可以决定一个行政机关行使有关行政机关的行政许可权。"第 26 条进一步规定，行政许可需要行政机关内设的多个机构办理的，该行政机关应当确定一个机构统一受理行政许可申请，统一送达行政许可决定。行政许可依法由地方人民政府两个以上部门分别实施的，本级人民政府可以确定一个部门受理行政许可申请并转告有关部门分别提出意见后统一办理，或者组织有关部门联合办理、集中办理。根据最高人民法院《行政许可审理规定》第 5 条的规定，通过集中受理、联合办理的方式作出行政许可决定后，承担因此而产生的法律责任的行政机关是"对当事人作出具有实质影响的不利行为的机关"。

二、行政许可的实施程序

（一）申请

行政许可是典型的依申请行政行为，行政相对人的申请行为是启动行政许可的首要条件，也是行政许可程序的第一步。

提出申请的申请书可能需要采用格式文本。根据《行政许可法》第 29 条第 1 款的规定，如果申请书需要采用格式文本，行政机关应当向申请人提供行政许可申请书格式文本。行政机关提供的格式文本中所列出的要求申请人填写的项目，应当是行政机关批准行政许可所必须了解的事项，申请书格式文本不得包含与申请行政许可事项没有直接关系的内容。《行政许可法》第 58 条进一步规定，行政机关向申请人提供申请书格式文本，不得收取任何费用。

提出申请可以代理。对此，《行政许可法》第 29 条第 2 款规定，申请人可以委托代理人提出行政许可申请。但依法应当由申请人到行政机关办公场所提出行政许可申请的除外。

提出申请的方式原则上不作限定。《行政许可法》第 29 条第 3 款规定，行政许可申请可以通过信函、电报、电传、传真、电子数据交换和电子邮件等方式提出。事实上，《行政许可法》规定了行政机关推行电子政务的制度义务，第 33 条规定，行政机关应当建立和完善有关制度，推行电子政务，在行政机关的网站上公布行政许可事项，方便申请人采取数据电文等方式提出行政许可申请；应当与其他行政机关共享有关行政许可信息，提高办事效率。

提出申请的材料应当真实。对此，《行政许可法》第 31 条规定，申请人申请行政许可，应当如实向行政机关提交有关材料和反映真实情况，并对其申请材料实质内容的真实性负责。《行政许可法》第 69 条规定，被许可人以欺骗等不正当手段取得行政许可的，应当予以撤销。

2019 年《行政许可法》修订，在第 31 条增加了一款，作为第 2 款，规定："行政机关及其工作人员不得以转让技术作为取得行政许可的条件；不得在实施行政许可的过程中，直接或者间接地要求转让技术。"即不得对申请附加不合理的条件。

（二）受理

行政机关收到申请材料后，应根据相应情形进行受理或者不予受理。行政机关受理或者不予受理行政许可申请，应当出具加盖本行政机关专用印章和注明日期的书面凭证。根据《行政许可法》第 32 条第 1 款第 5 项的规定，申请事项属于本行政机关职权范围，申请材料齐全、符合法定形式，或者申请人按照本行政机关的要求提交全部补正申请材料的，应当受理行政许可申请。同条款第 3 项规定，申请材料存在可以当场更正的错误的，应当允许申请人当场更正；第 4 项规定，申请材料不齐全或者不符合法定形式的，应当当场或者在 5 日内一次告知申请人需要补正的全部内容，逾期不告知的，自收到申请材料之日起即为受理。

行政机关应当不予受理的情形主要有三类，根据《行政许可法》第 32 条的规定，具体包括无须许可、无权受理和申请瑕疵。对此，应作出相应的处理：（1）申请事项依法不需要取得行政许可的，应当即时告知申请人不受理；（2）申请事项依法不属于本行政机关职权范围的，应当即时作出不予受理的决定，并告知申请人向有关行政机关申请；（3）申请材料存在可以当场更正的错误，申请人不予纠正，或申请材料不齐全或者不符合法定形式，经告知后不予补正的，应告知申请人不受理。

（三）审查

1. 许可条件与审查基准

《行政许可法》第 18 条规定，设定行政许可，应当规定行政许可的条件。《行政许可法》第 30 条进一步规定，行政机关应当将法律、法规、规章规定的有关行政许可的事项、依据、条件、数量、程序、期限以及需要提交的全部材料的目录和申请书示范文本等在办公场所公示。申请人要求行政机关对公示内容予以说明、解释的，行政机关应当说明、解释，提供准确、可靠的信息。相应地，行政机关在受理申请后，应当根据法定条件展开审查。当然，许可条件在个案上还需要具体化。

许可条件的具体化，有赖于审查基准。审查基准是行政裁量基准的主要类型。有学者指出，行政裁量基准是指"行政执法者在行政法律规范没有提供要件-效果规定，或者虽然提供了要件-效果规定但据此不足以获得处理具体行政案件所需之完整的判断标准时，按照立法者意图、在行政法律规范所预定的范围内、以要件-效果规定的形式设定的判断标准”①。我国《行政许可法》没有明定行政机关制定裁量基准的义务。在比较法上，日本《行政程序法》第5条要求行政机关制定具体的、并且是公开的必要的审查基准，以此使行政机关在解释和适用法律时能公正地作出裁量和提高行政过程的透明度。对于申请人而言，这项要求也意味着提高了申请人预测行政机关答复内容的可能性。② 有学者主张，从平等原则出发，应将设定裁量基准规定为行政机关的义务。裁量基准相对于立法而言是裁量权的一般行使，相对于公务员而言则又是裁量权的控制手段。裁量基准虽非立法，但经由平等对待、信赖保护等原则的转换而对行政机关具有事实上的拘束力。③《行政许可法》尽管没有明确规定应当制定具体的、必要的审查基准，但是对许可条件进行公示且应要求说明解释以提供准确可靠信息，也在一定程度上为行政机关设定了在个案中明确实质性审查基准的义务。

在沈某贤等182人诉北京市规划委员会颁发建设工程规划许可证纠纷案中，法院认为：“规划委员会在审批该项目的《建设工程规划许可证》时，应当审查第三人是否已取得了环境影响报告书，并根据卫生部颁布施行的《卫生系统实验动物管理暂行条例》规定，审查申报建设的实验动物室建筑是否保留至少有20米的卫生隔离区。”该案中卫生部规章规定的“实验动物室建筑保留至少有20米的卫生隔离区”即为审查条件，而相应的审查基准也是非常明确的。

我国一些地方立法中规定了裁量基准的设定义务。例如，《湖南省行政程序规定》《浙江省行政程序办法》等均有相应规定。实践中，行政机关往往从优化营商环境、提升服务效能和自我拘束的角度考虑，对行政许可的法定条件规定具体的审查基准，这种情形在国家统一要求和地方经济竞争与合作中变得越来越多了。④

《优化营商环境条例》第40条第3款第2句规定，符合相关条件和要求的，可以按照有关规定采取告知承诺的方式办理。例如，证明事项告知承诺制，是指行政机关在办理有关许可登记等事项时，以书面形式将法律法规规定的证明义务或者证明条件一次性告知当事人，由申请人作出书面承诺符合这些条件、标准和

---

① 王天华：《裁量标准基本理论问题刍议》，《浙江学刊》2006年第6期，第125页。

② 参见［日］室井力、芝池义一、浜川清主编：《日本行政程序法逐条注释》，朱芒译，上海三联书店2009年版，第73页。展开的分析，参见朱芒：《日本〈行政程序法〉中的裁量基准制度——作为程序正当性保障装置的内在构成》，《华东政法学院学报》2006年第1期，第73-79页。

③ 参见王贵松：《行政裁量基准的设定与适用》，《华东政法大学学报》2016年第3期，第65页。

④ 在多机关审批模式下，行政许可的审查标准及其规范依据，可能出现实体要件的矛盾，也可能表现为程序上的“互为前置”。有关研究参见骆梅英：《行政许可标准的冲突及解决》，《法学研究》2014年第2期，第46-60页。

要求，同时也愿意承担承诺不实的法律责任，行政机关相应直接办理的制度。以告知承诺方式办理许可，实质是一种附条件或附期限的行政许可。

2. 审查强度

《行政许可法》第 34 条规定，行政机关应当对申请人提交的申请材料进行审查。申请人提交的申请材料齐全、符合法定形式，行政机关能够当场作出决定的，应当当场作出书面的行政许可决定。根据法定条件和程序，需要对申请材料的实质内容进行核实的，行政机关应当指派两名以上工作人员进行核查。这就在审查强度上明确了形式审查和实质审查标准。

《市场主体登记管理条例》第 19 条规定了“形式审查标准”，它是与市场的效率原则和行政的效能原则相契合的。但是，形式审查并不代表“无为而治”，更不能“不作为”。实践中，因为错误登记引发不少诉讼，应当加以妥善解决，因此不能形式化地甚至机械地理解和适用形式审查标准。也有观点认为，我国《行政许可法》规定企业设立登记是行政许可，因此应当对作为行政许可的登记合法性采用“实质审查标准”①。为了统一审查标准，最高人民法院在《关于审理公司登记行政案件若干问题的座谈会纪要》中提出了“审慎审查标准”，这一标准偏重于审查登记机关在主观上是否尽到了审查义务，因此还需要在类案上不断梳理、提炼和归纳，从而基于案件类型具体化，同时也需要根据营商环境优化、经济发展改革等动态地把握。

3. 审查程序

(1) 一般程序

关于行政许可审查与决定的一般程序，《行政许可法》有系统规定。行政机关应当对申请人提交的申请材料进行审查；依法应当先经下级行政机关审查后报上级行政机关决定的行政许可，下级行政机关应当在法定期限内将初步审查意见和全部申请材料直接报送上级行政机关。

根据《行政许可法》第 36 条的规定，行政机关对行政许可申请进行审查时，发现行政许可事项直接关系他人重大利益的，应当告知该利害关系人。申请人、利害关系人有权进行陈述和申辩。行政机关应当听取申请人、利害关系人的意见。

《行政许可法》第 37 条规定，行政机关对行政许可申请进行审查后，除当场作出行政许可决定的外，应当在法定期限内按照规定程序作出行政许可决定。最高人民法院《行政许可审理规定》第 6 条规定，行政机关受理行政许可申请后，

---

① 张光宏、郭敬波：《公司法定代表人、股东变更登记的性质及审查标准》，《人民司法·案例》2008 年第 12 期，第 46－48 页。

在法定期限内不予答复，公民、法人或者其他组织向人民法院起诉的，人民法院应当依法受理。“法定期限”自行政许可申请受理之日起计算；以数据电文方式受理的，自数据电文进入行政机关指定的特定系统之日起计算；数据电文需要确认收讫的，自申请人收到行政机关的收讫确认之日起计算。

行政许可的审查和决定的一般时限为受理行政许可申请之日起 20 个工作日。20 日内不能作出决定的，经本行政机关负责人批准，可以延长 10 日，并应当将延长期限的理由告知申请人。行政许可采取法定的统一办理或者联合办理、集中办理的，办理的一般时限为 45 个工作日；45 日内不能办结的，经本级人民政府负责人批准，可以延长 15 日，并应当将延长期限的理由告知申请人。依法应当先经下级行政机关审查后报上级行政机关决定的行政许可，下级行政机关应当自其受理行政许可申请之日起 20 日内审查完毕。

《行政许可法》规定，依法需要听证、招标、拍卖、检验、检测、检疫、鉴定和专家评审的，所需时间不计算在上述期限内。行政机关应当将所需时间书面告知申请人。对这一规定，也有意见认为，《行政许可法》规定了一般的时限，但又规定鉴定、评审的时间不包括在内。在药品审批领域，新药上市快两个月、慢两个月涉及利益大，容易滋生腐败。①

在国务院“放管服”改革中，各部门和各地方政府开始加速许可的各种实践。例如，药物的快速审评、浙江“最多跑一次”、上海“一网通办”的改革等。②《优化营商环境条例》在第 33 条、第 35 条、第 47 条不断强调减时限，包括压缩市场主体注销办理时间、减时限推进政务服务标准化和压缩不动产登记办理时间等。《优化营商环境条例》第 36 条明确了关于办理时限的原则，即法律、法规、规章以及国家有关规定对政务服务事项办理时限有规定的，应当在规定的时限内尽快办结；没有规定的，应当按照合理、高效的原则确定办理时限并按时办结。该条还规定各地区可以在国家规定的政务服务事项办理时限内进一步压减时间，并应当向社会公开；超过办理时间的，办理单位应当公开说明理由。

行政机关经审查申请，认为符合法定条件、标准的，应当依法作出准予行政许可的书面决定。行政机关依法作出不予行政许可的书面决定的，应当说明理由，并告知申请人享有依法申请行政复议或者提起行政诉讼的权利。行政机关作出准予行政许可的决定，需要颁发行政许可证件的，应当向申请人颁发加盖本行政机关印章的行政许可证件。行政机关向申请人颁发、送达行政许可证件，或者加贴标签、加盖检验、检测、检疫印章，应当自作出决定之日起 10 日内完成。

行政机关作出的行政许可决定，其地域效力及于全国。根据《行政许可法》

---

① 参见应松年口述：《与法同行》，何海波整理，中国政法大学出版社 2015 年版，第 136 页。

② 参见《浙江“最多跑一次”越跑越顺》，载《人民日报》2018 年 1 月 30 日第 1 版。

第41条的规定，法律、行政法规设定的行政许可，其适用范围没有地域限制的，申请人取得的行政许可在全国范围内有效。

在作出准予许可的决定后，行政机关负有向公众公开的义务。根据《行政许可法》第40条的规定，行政机关作出的准予行政许可决定，应当予以公开，公众有权查阅。《行政许可审理规定》第2条规定，公民、法人或者其他组织认为行政机关未公开行政许可决定而提起行政诉讼的，人民法院应当依法受理。

《行政许可法》规定了听证程序，具体包括法定和决定听证、申请听证这两类。《行政许可法》第46条规定，法律、法规、规章规定实施行政许可应当听证的事项，或者行政机关认为需要听证的其他涉及公共利益的重大行政许可事项，行政机关应当向社会公告，并举行听证。① 例如，《环境影响评价法》第21条规定，除国家规定需要保密的情形外，对环境可能造成重大影响、应当编制环境影响报告书的建设项目，建设单位应当在报批建设项目环境影响报告书前，举行论证会、听证会，或者采取其他形式，征求有关单位、专家和公众的意见。

《行政许可法》第47条规定，行政许可直接涉及申请人与他人之间重大利益关系的，行政机关在作出行政许可决定前，应当告知申请人、利害关系人享有要求听证的权利。例如，城市规划许可事项影响到利害关系人的房屋日照、通行、通风、采光、截水、排水等民事相邻权关系的，是重大利益关系，行政机关应履行听证告知程序。② 又如，《环境保护行政许可听证暂行办法》第5条第3项规定，环境保护行政许可直接涉及申请人与他人之间重大利益关系，申请人、利害关系人依法要求听证的，适用该办法。该办法第6条第2项规定，可能产生油烟、恶臭、噪声或者其他污染，严重影响项目所在地居民生活环境质量的建设项目，未依法征求有关单位、专家和公众的意见，或者虽然依法征求了有关单位、专家和公众的意见，但存在重大意见分歧的，环境保护行政主管部门在审查或者重新审核建设项目环境影响评价文件之前，可以举行听证会，征求项目所在地有

---

① 在《行政许可法（草案）》二审过程中，法律委员会建议增加一条规定："有关资源、环境保护、城市征地建设等涉及社会公共利益的重大行政许可事项，行政机关应当向申请人或者利害关系人说明有关情况，并举行听证会。"乔晓阳：《全国人大法律委员会关于〈中华人民共和国行政许可法（草案）〉修改情况的汇报——2002年12月23日在第九届全国人民代表大会常务委员会第三十一次会议上》，《全国人民代表大会常务委员会公报》2003年第5期，第455页。最后，其所列举的"资源、环境保护、城市征地建设等"的表述被删除了，参见乔晓阳：《全国人大法律委员会关于〈中华人民共和国行政许可法（草案）〉审议结果的汇报——2003年8月22日在第十届全国人民代表大会常务委员会第四次会议上》，《全国人民代表大会常务委员会公报》2003年第5期，第463页。

② 参见万靖、胡俊辉：《行政许可中重大利益关系的认定》，《人民司法·案例》2013年第24期，第102-105页。关于城市空间利益正当分配及听证程序的适用，进一步的阅读可参见陈越峰：《城市空间利益的正当分配——从规划行政许可侵犯相邻权益案切入》，《法学研究》2015年第1期，第39-53页。

关单位和居民的意见。

根据最高人民法院《行政许可审理规定》第3条的规定，公民、法人或者其他组织仅就行政许可过程中告知听证的通知行为提起行政诉讼的，人民法院不予受理，但导致许可程序对上述主体事实上终止的除外。

听证程序的实施，需要遵循告知、公开、回避、听取意见和案卷排他性的规则。《行政许可法》第47、48条对此作出了详细规定，具体包括：1）申请人、利害关系人在被告知听证权利之日起5日内提出听证申请的，行政机关应当在20日内组织听证[①]，申请人、利害关系人不承担行政机关组织听证的费用。2）行政机关应当于举行听证的7日前将举行听证的时间、地点通知申请人、利害关系人，必要时予以公告。3）行政许可听证应当公开举行。4）行政机关应当指定审查行政许可申请的工作人员以外的工作人员为听证主持人。申请人或利害关系人如果认为主持人与本行政许可事项有直接利害关系的，有权申请回避。5）举行听证时，审查该行政许可申请的工作人员应当提供审查意见的证据、理由，申请人和利害关系人可以有针对性地提出证据并进行申辩和质证，提出对自己有利的事实和依据。6）听证应当制作笔录，听证笔录应当交听证参加人确认无误后签字或者盖章。行政机关应当根据听证笔录，作出行政许可决定。

《行政许可法》第49、50条对变更和延续许可作出了规定。被许可人要求变更行政许可事项的，应当向作出行政许可决定的行政机关提出申请；符合法定条件、标准的，行政机关应当依法办理变更手续。被许可人需要延续依法取得的行政许可的有效期的，应当在该行政许可有效期届满30日前向作出行政许可决定的行政机关提出申请。但是，法律、法规、规章另有规定的，依照其规定。行政机关应当根据被许可人的申请，在该行政许可有效期届满前作出是否准予延续的决定；逾期未作决定的，视为准予延续。可以看出，逾期未作决定，被拟制为准予延续的行政许可决定。行政机关在逾期后又作出不准予延续的行政许可决定的，应视为对拟制性行政许可决定的撤回。

（2）特别程序

行政许可程序的特别规定是调整某种特殊行政许可事项的程序规范，规定于《行政许可法》第52～57条。国务院提出的《行政许可法（草案）》针对普通许可事项、特许事项、认可事项、核准事项和登记事项等各类行政许可的特点规定

① 《行政许可法（草案）》二次审议稿第47条规定了行政机关应当举行听证的情形。有的地方提出，这一条对于申请人或者利害关系人在提出听证申请后，行政机关应当在多长时间内举行听证未作规定，应当加以明确。因此，法律委员会建议增加规定：行政机关应当在申请人或者利害关系人提出听证申请后的20日内组织听证。该建议被写入了三审稿中。参见乔晓阳：《全国人大法律委员会关于〈中华人民共和国行政许可法（草案）〉修改情况的汇报——2003年6月23日在第十届全国人民代表大会常务委员会第三次会议上》，《中华人民共和国全国人民代表大会常务委员会公报》2003年第5期，第458页。

了不同的特别程序。[①] 其后，关于这一分类及相应的特别程序一直有不同意见，直到《行政许可法（草案）》三审时仍有不同意见。[②] 最终，行政许可的分类未作保留，但是特别程序被保留了。其中一个重要考虑就是，不同类型的行政许可，有的需要进行实质审查，有的只需进行形式审查，有的要经拍卖，有的要经考试，宜严则严，宜简则简。这样，便于规范、监督实施行政许可的行为，防止执法扰民，以方便当事人办事。[③]

在适用上，根据《行政许可法》第 51 条的规定，特别程序优于一般程序。国务院实施行政许可的程序，根据《行政许可法》第 52 条的规定，适用有关法律、行政法规的规定。《行政许可法》规定了招标、拍卖，考试、考核，检验、检测、检疫，核实，排序等特别程序，分述如下：

实施《行政许可法》第 12 条第 2 项所列“有限自然资源开发利用、公共资源配置以及直接关系公共利益的特定行业的市场准入等，需要赋予特定权利的事项”的行政许可，即“特许”事项的行政许可，根据《行政许可法》第 53 条的规定，行政机关应当通过招标、拍卖等公平竞争的方式作出决定。但是，法律、行政法规另有规定的，依照其规定。行政机关通过招标、拍卖等方式作出行政许可决定的具体程序，依照有关法律、行政法规的规定。行政机关按照招标、拍卖程序确定中标人、买受人后，应当作出准予行政许可的决定，并依法向中标人、买受人颁发行政许可证件。行政机关违反本条规定，不采用招标、拍卖方式，或者违反招标、拍卖程序，损害申请人合法权益的，申请人可以依法申请行政复议或者提起行政诉讼。

实施《行政许可法》第 12 条第 3 项所列“提供公众服务并且直接关系公共利益的职业、行业，需要确定具备特殊信誉、特殊条件或者特殊技能等资格、资质的事项”的行政许可，根据《行政许可法》第 54 条的规定，赋予公民特定资格，依法应当举行国家考试的，行政机关根据考试成绩和其他法定条件作出行政许可决定；赋予法人或者其他组织特定的资格、资质的，行政机关根据申请人的专业人员构成、技术条件、经营业绩和管理水平等的考核结果作出行政许可决定。但是，法律、行政法规另有规定的，依照其规定。公民特定资格的考试依法

① 参见杨景宇：《关于〈中华人民共和国行政许可法（草案）〉的说明——2002 年 8 月 23 日在第九届全国人民代表大会常务委员会第二十九次会议上》，《全国人民代表大会常务委员会公报》2003 年第 5 期，第 452 页。

② 参见乔晓阳：《全国人大法律委员会关于〈中华人民共和国行政许可法（草案）〉修改情况的汇报——2003 年 6 月 23 日在第十届全国人民代表大会常务委员会第三次会议上》，《中华人民共和国全国人民代表大会常务委员会公报》2003 年第 5 期，第 458 页。

③ 参见乔晓阳：《全国人大法律委员会关于〈中华人民共和国行政许可法（草案）〉修改情况的汇报——2003 年 6 月 23 日在第十届全国人民代表大会常务委员会第三次会议上》，《中华人民共和国全国人民代表大会常务委员会公报》2003 年第 5 期，第 458 - 459 页。

由行政机关或者行业组织实施，公开举行。行政机关或者行业组织应当事先公布资格考试的报名条件、报考办法、考试科目以及考试大纲。但是，不得组织强制性的资格考试的考前培训，不得指定教材或者其他助考材料。

实施《行政许可法》第12条第4项所列“直接关系公共安全、人身健康、生命财产安全的重要设备、设施、产品、物品，需要按照技术标准、技术规范，通过检验、检测、检疫等方式进行审定的事项”的行政许可，根据《行政许可法》第55条的规定，应当按照技术标准、技术规范依法进行检验、检测、检疫，行政机关根据检验、检测、检疫的结果作出行政许可决定。行政机关实施检验、检测、检疫，应当自受理申请之日起5日内指派两名以上工作人员按照技术标准、技术规范进行检验、检测、检疫。不需要对检验、检测、检疫结果作进一步技术分析即可认定设备、设施、产品、物品是否符合技术标准、技术规范的，行政机关应当当场作出行政许可决定。行政机关根据检验、检测、检疫结果，作出不予行政许可决定的，应当书面说明不予行政许可所依据的技术标准、技术规范。

实施《行政许可法》第12条第5项所列“企业或者其他组织的设立等，需要确定主体资格的事项”的行政许可，根据《行政许可法》第56条的规定，申请人提交的申请材料齐全、符合法定形式的，行政机关应当当场予以登记。需要对申请材料的实质内容进行核实的，行政机关依照《行政许可法》第34条第3款的规定办理，即根据法定条件和程序，需要对申请材料的实质内容进行核实的，行政机关应当指派两名以上工作人员进行核查。

实施有数量限制的行政许可，两个或者两个以上申请人的申请均符合法定条件、标准的，根据《行政许可法》第57条的规定，行政机关应当根据受理行政许可申请的先后顺序作出准予行政许可的决定。但是，法律、行政法规另有规定的，依照其规定。

第四节　行政许可的监督检查与法律责任

一、行政许可的监督检查

（一）检查

在作出行政许可后的监管中，行政机关可以依法进行检查、检验、检测。具体包括对被许可人生产经营的产品依法进行抽样检查、检验、检测，对其生产经营场所依法进行实地检查。检查时，行政机关可以依法查阅或者要求被许可人报送有关材料；被许可人应当如实提供有关情况和材料。行政机关根据法律、行政法规的规定，对直接关系公共安全、人身健康、生命财产安全的重要设备、设施进行定期检验。对检验合格的，行政机关应当发给相应的证明文件。

（二）命令

在作出行政许可后的监管中，行政机关有权以采取责令限期改正、责令停止违法行为等行政命令的形式实现行政目的。例如，被许可人未依法履行开发利用自然资源义务或者未依法履行利用公共资源义务的，行政机关应当责令限期改正；被许可人在规定期限内不改正的，行政机关应当依照有关法律、行政法规的规定予以处理。

取得直接关系公共利益的特定行业的市场准入行政许可的被许可人，应当按照国家规定的服务标准、资费标准和行政机关依法规定的条件，向用户提供安全、方便、稳定和价格合理的服务，并履行普遍服务的义务；未经作出行政许可决定的行政机关批准，不得擅自停业、歇业。被许可人不履行前述义务的，行政机关应当责令限期改正，或者依法采取有效措施督促其履行义务。

对直接关系公共安全、人身健康、生命财产安全的重要设备、设施，行政机关应当督促设计、建造、安装和使用单位建立相应的自检制度。行政机关在监督检查时，发现直接关系公共安全、人身健康、生命财产安全的重要设备、设施存在安全隐患的，应当责令停止建造、安装和使用，并责令设计、建造、安装和使用单位立即改正。

（三）撤回

《行政许可法》第 8 条第 2 款规定，行政许可所依据的法律、法规、规章修改或者废止，或者准予行政许可所依据的客观情况发生重大变化的，为了公共利益的需要，行政机关可以依法变更或者撤回已经生效的行政许可。由此给公民、法人或者其他组织造成财产损失的，行政机关应当依法给予补偿。

（四）撤销

行政许可决定作出后，若存在法定事由，作出行政许可决定的行政机关或者其上级行政机关，根据利害关系人的请求或者依据职权，可以撤销行政许可。

根据《行政许可法》第 69 条第 1 款的规定，可撤销的行政许可包括：（1）行政机关工作人员滥用职权、玩忽职守作出准予行政许可决定的；（2）超越法定职权作出准予行政许可决定的；（3）违反法定程序作出准予行政许可决定的；（4）对不具备申请资格或者不符合法定条件的申请人准予行政许可的；（5）依法可以撤销行政许可的其他情形。撤销许可后，被许可人的合法权益受到损害的，行政机关应当依法给予赔偿。这是信赖保护原则的体现。

根据《行政许可法》第69条第2款的规定，被许可人以欺骗、贿赂等不正当手段取得行政许可的，应当予以撤销。撤销行政许可后，被许可人基于行政许可取得的利益不受保护。

前述可撤销或应撤销行政许可的情形，若撤销可能对公共利益造成重大损害的，不予撤销。

此外，在《行政许可法》授权设定许可的法律规范以外，其他规范性文件设定行政许可的，有关机关应当责令设定该行政许可的机关改正，或者依法予以撤销。

撤销许可应当遵守法定程序。在中国石化销售有限公司江苏盐城石油分公司诉江苏省射阳县国土资源局撤销行政许可案中，法院指出，射阳住建局仅根据第三人法定代表人姜某标的举报，结合调查的情况作出该行政行为，在向原告颁发临时规划许可证7日后即予以撤销，并未听取原告的陈述和申辩，行政机关撤销已经生效的行政许可，应当遵守公开、公平、公正的正当程序原则，保障行政相对人依法行使陈述、申辩等权利。①

（五）注销

行政许可注销是行政机关在行政许可效力终止后办理的手续，是一种程序行为。注销制度对于保证行政许可信息的完整准确，避免有限自然资源和社会资源的浪费，有着重要意义。②

《行政许可法》第70条规定了行政机关应当依法办理有关行政许可注销手续的法定事由，具体包括：（1）行政许可有效期届满未延续的；（2）赋予公民特定资格的行政许可，该公民死亡或者丧失行为能力的；（3）法人或者其他组织依法终止的；（4）行政许可依法被撤销、撤回，或者行政许可证件依法被吊销的；（5）因不可抗力导致行政许可事项无法实施的；（6）法律、法规规定的应当注销行政许可的其他情形。

办理许可的注销，应当遵守正当程序原则。在射阳县红旗文工团诉射阳县文化广电新闻出版局程序不正当注销文化行政许可纠纷案中，法院认为，射阳县文化广电新闻出版局于2013年5月13日作出“射文广新注告字〔2013〕1号行政许可注销公告”，对被上诉人射阳县红旗文工团依法取得的“射民演01号营业性演出许可证”予以注销，之前未告知被上诉人依法享有陈述、申辩权，之后又未

① 参见中国石化销售有限公司江苏盐城石油分公司诉江苏省射阳县国土资源局撤销行政许可案，《最高人民法院公报》2021年第11期，第26-28页。

② 参见王太高：《论行政许可注销立法之完善》，《法学》2010年第9期，第90页。

向被上诉人送达该注销决定，程序严重违法。《最高人民法院公报》归纳裁判摘要时指出：行政机关在注销行政许可前未告知行政相对人，未听取行政相对人的陈述申辩，违反了程序正当原则，在作出注销决定后又未依法送达行政相对人，行政相对人要求撤销行政机关行政许可注销行为的，人民法院应予支持。[①]

二、行政许可的法律责任

行政机关依法作出不予行政许可的书面决定的，申请人享有依法申请行政复议或者提起行政诉讼的权利。实际上，对于准予许可的决定，利害关系人也有权申请行政复议或提起行政诉讼。《行政许可法》第 7 条第 2、3 分句规定，公民、法人或者其他组织对行政机关实施行政许可，有权依法申请行政复议或者提起行政诉讼；其合法权益因行政机关违法实施行政许可受到损害的，有权依法要求赔偿。此外，最高人民法院《行政许可审理规定》第 2 条明确规定："公民、法人或者其他组织认为行政机关未公开行政许可决定或者未提供行政许可监督检查记录侵犯其合法权益，提起行政诉讼的，人民法院应当依法受理。"

在法律责任上，《行政许可法》规定，行政机关及其工作人员实施违反本法的违法行为，将受到相应的行政处分，构成犯罪的，依法追究刑事责任。行政机关违法实施行政许可，给当事人的合法权益造成损害的，应当依照国家赔偿法的规定给予赔偿。

《行政许可法》第 72 条规定，行政机关及其工作人员违反本法的规定，有下列情形之一的，由其上级行政机关或者监察机关责令改正；情节严重的，对直接负责的主管人员和其他直接责任人员依法给予行政处分：(1) 对符合法定条件的行政许可申请不予受理的；(2) 不在办公场所公示依法应当公示的材料的；(3) 在受理、审查、决定行政许可过程中，未向申请人、利害关系人履行法定告知义务的；(4) 申请人提交的申请材料不齐全、不符合法定形式，不一次告知申请人必须补正的全部内容的；(5) 违法披露申请人提交的商业秘密、未披露信息或者保密商务信息的；(6) 以转让技术作为取得行政许可的条件，或者在实施行政许可的过程中直接或者间接地要求转让技术的；(7) 未依法说明不受理行政许可申请或者不予行政许可的理由的；(8) 依法应当举行听证而不举行听证的。其中，第 5 项和第 6 项系 2019 年修订《行政许可法》时所增加。

《行政许可法》第 73 条进一步规定，行政机关工作人员办理行政许可、实施监督检查，索取或者收受他人财物或者谋取其他利益，构成犯罪的，依法追究刑

---

① 参见射阳县红旗文工团诉射阳县文化广电新闻出版局程序不正当注销文化行政许可纠纷案，《最高人民法院公报》2018 年第 8 期，第 47 - 48 页。

事责任；尚不构成犯罪的，依法给予行政处分。

《行政许可法》第 74 条对三种严重违法行为规定了直至刑事责任的法律责任，具体包括：(1) 对不符合法定条件的申请人准予行政许可或者超越法定职权作出准予行政许可决定的；(2) 对符合法定条件的申请人不予行政许可或者不在法定期限内作出准予行政许可决定的；(3) 依法应当根据招标、拍卖结果或者考试成绩择优作出准予行政许可决定，未经招标、拍卖或者考试，或者不根据招标、拍卖结果或者考试成绩择优作出准予行政许可决定的。

此外，《行政许可法》第 75 条规定，行政机关实施行政许可，擅自收费或者不按照法定项目和标准收费的，由其上级行政机关或者监察机关责令退还非法收取的费用；对直接负责的主管人员和其他直接责任人员依法给予行政处分。截留、挪用、私分或者变相私分实施行政许可依法收取的费用的，予以追缴；对直接负责的主管人员和其他直接责任人员依法给予行政处分；构成犯罪的，依法追究刑事责任。

行政许可申请人、被许可人和其他私主体，有违反《行政许可法》的违法行为，将依法受到行政处罚或相应的行政处理；构成犯罪的，依法追究刑事责任。具体而言，《行政许可法》第 78 条规定，行政许可申请人隐瞒有关情况或者提供虚假材料申请行政许可的，行政机关不予受理或者不予行政许可，并给予警告；行政许可申请属于直接关系公共安全、人身健康、生命财产安全事项的，申请人在一年内不得再次申请该行政许可。《行政许可法》第 79 条进一步规定，被许可人以欺骗、贿赂等不正当手段取得行政许可的，行政机关应当依法给予行政处罚；取得的行政许可属于直接关系公共安全、人身健康、生命财产安全事项的，申请人在 3 年内不得再次申请该行政许可；构成犯罪的，依法追究刑事责任。

《行政许可法》第 80 条规定，被许可人有下列行为之一的，行政机关应当依法给予行政处罚；构成犯罪的，依法追究刑事责任：(1) 涂改、倒卖、出租、出借行政许可证件，或者以其他形式非法转让行政许可的；(2) 超越行政许可范围进行活动的；(3) 向负责监督检查的行政机关隐瞒有关情况、提供虚假材料或者拒绝提供反映其活动情况的真实材料的；(4) 法律、法规、规章规定的其他违法行为。

《行政许可法》在第 81 条规定了私主体擅自从事依法应当取得行政许可的活动的法律责任，明确行政机关应当依法采取措施予以制止，并依法给予行政处罚；构成犯罪的，依法追究刑事责任。

深度阅读

1. 朱芒．日本的行政许可：基本理论和制度．中外法学，1999 (4).

2. 杨景宇．关于〈中华人民共和国行政许可法（草案）〉的说明：2002年8月23日在第九届全国人民代表大会常务委员会第二十九次会议上．全国人民代表大会常务委员会公报，2003（5）．

3. 乔晓阳．全国人大法律委员会关于〈中华人民共和国行政许可法（草案）〉修改情况的汇报：2002年12月23日在第九届全国人民代表大会常务委员会第三十一次会议上．全国人民代表大会常务委员会公报，2003（5）．

4. 周汉华．行政许可法：观念创新与实践挑战．法学研究，2005（2）．

5. 益民公司诉河南省周口市政府等行政行为违法案．最高人民法院公报，2005（8）．

6. 鲁潍（福建）盐业进出口有限公司苏州分公司诉江苏省苏州市盐务管理局盐业行政处罚案．最高人民法院指导案例5号．

问题与思考

1. 行政许可的概念是什么？有哪些类别？

2. 行政许可的设定事项有哪些？哪些情形下，可以不设定行政许可？行政许可的设定权限是如何规定的？

3. 行政许可的实施机关是如何规定的？行政许可有哪些实施程序？

第十一章 行政给付

重点知识

行政给付的概念　行政给付的规范基础　行政给付的原则　行政给付请求权　行政给付义务　行政给付形式

知识逻辑图

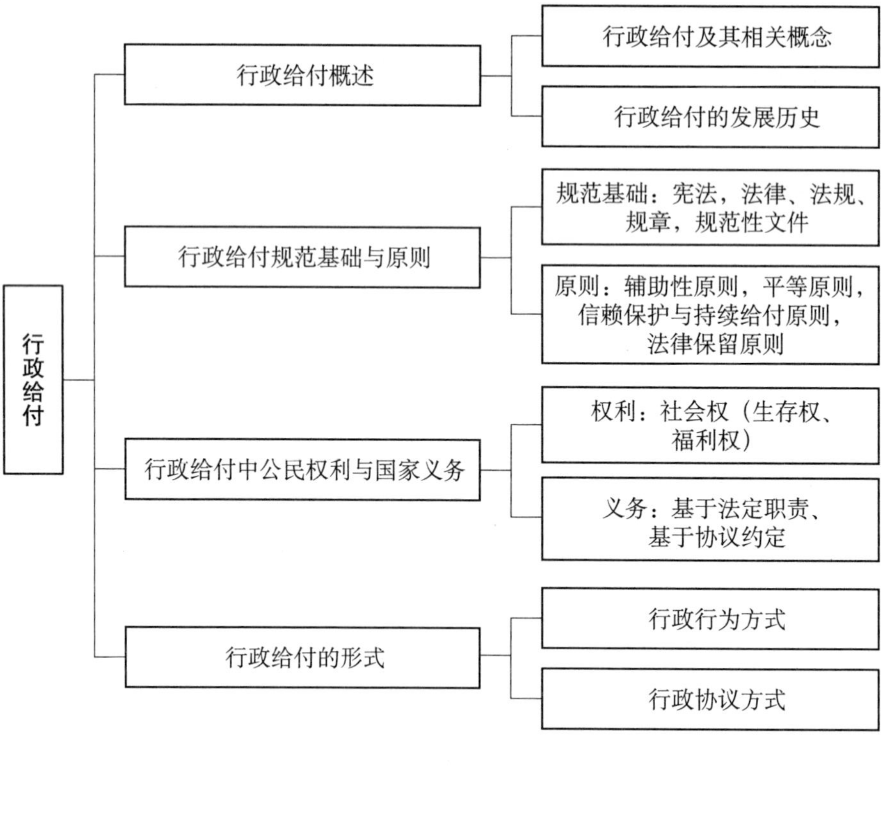

第一节　行政给付概述

行政给付有广义和狭义之分。狭义的行政给付是政府提供必需的生存条件、防范生活风险和社会共同生活条件的义务。例如，政府向公民提供最低生活保障金，提供失业、疾病、养老保险，提供公共交通通信和生活用水用电用气等服务。广义的行政给付是政府满足公民的社会权和其他公法受益权的行政义务的总和。同时，行政给付较易与“给付行政”“服务行政”等概念交错，也会因国别的不同以及历史时期的分殊，呈现出不同的形态。

一、行政给付及其相关概念

在行政法学的讨论中，有必要界定“行政给付”概念并厘清其与“给付行政”词语的区别和联系。同时，行政给付作为一种制度实践，涉及基本物质帮助、福利给付等，其范围也亟待厘定。

（一）作为领域描述的给付行政

给付行政一词源自德语（Leistende Verwaltung），大多用于与侵害行政或秩序行政的对比之中。1938年，德国学者福斯特霍夫（Ernst Forsthoff）在其著作《作为给付主体的行政》中创立了给付行政论，他认为，随着人口增长和城市化的社会现实，基于生存权保障需要所产生的行政为给付行政，这包括水、电、煤气的提供；所有种类的交通手段、邮政、电话、电报的提供乃至对老龄、残疾、疾病、失业领域的规制。[①] 一般而言，其内容包括：

1. 公共设施行政：国家以及政府提供公民生活不可缺少的水电、煤气等公用事业，提供公共汽车、铁路等运输业服务，提供邮电通信事业服务等。如公用事业特许经营中强调，特许经营权发生变更或者终止时，主管部门必须采取有效措施保证市政公用产品供应和服务的连续性与稳定性，其中服务提供的连续性和稳定性也是对行政给付的要求和行政给付的特征所在。

2. 社会保险或公共扶助等社会保障行政：社会保障行政的特色在于给付主体与受领者之间的给付关系多是通过行政行为等单方面形成，甚至这种关系建立后还要受到行政的广泛干预。社会保障行政具体包括社会保险、社会救助、社会

① 参见陈新民：《公法学札记》，中国政法大学出版社2001年版，第47-48页。

福利、社会优抚等制度，社会保险强调对价，社会救助强调最低的生存保障，社会福利是国家和社会通过各种福利事业、福利设施、福利服务为社会成员提供基本生活保障，并使其基本生活状况不断得到改善的社会政策和制度的总称。社会优抚是指国家和社会对有特殊贡献者及其家属提供褒扬和优惠性质的物质帮助，以保障其生活不低于当地一般生活水平的制度。

3. 补助金交付、融资、债务保证等资金交付行政。这是指行政主体为了保证经营的安定、满足公共需要，而对私人、私营企业提供资金，其内容包括国家、地方公共团体、行政法人等提供的保险、企业融通资金信贷、青少年保护、就业信息等。

各类行政法学教科书在行政法学的概述部分常常会出现“给付行政”的语词，尤其是在对行政职能扩张或者变化的描述上，强调政府的给付职能。[①] 例如，有著作在介绍英美法系行政法概念时提到，二战后，英美法系行政法的发展包括有关社会服务的法、公共事业的法。[②] 也有著作认为，国家职能的扩张导致为适应社会发展之需，为保障社会的发展和进步，需要举办社会福利和社会保险。在该书后续章节中，则将狭义的行政给付限于行政物质帮助，并将其归为依申请行政行为。[③] 这种体例和安排是教科书中采用的主流方式。

（二）作为行为描述的行政给付

通常来说，“行政给付”又称行政物质帮助，是指行政机关对公民在年老、疾病或丧失劳动能力等情况或其他特殊情况下，依照有关法律、法规规定，赋予其一定的物质权益或与物质有关的权益的具体行政行为。[④]

在当下中国行政法学的主流学说中，“行政给付”行为的范围较窄，只是“给付行政”的一种方式，多限定为围绕物质帮助权所展开的给付，指行政机关对公民在年老、疾病或丧失劳动能力等特殊情况下，依照有关法律、法规规定，赋予其一定的物质权益或与物质相关权益的行政行为，其外延包括优待、抚恤、安置、补助、提供最低生活保障、救灾扶贫等，这比大陆法系国家所讨论的给付

---

① 参见姜明安主编：《行政法学》，法律出版社 1998 年版，第 114－117 页（董炯执笔）；姜明安主编：《行政法与行政诉讼法》，北京大学出版社、高等教育出版社 1999 年版，第 189－193 页；张正钊主编：《行政法与行政诉讼法》，中国人民大学出版社 1999 年版，第 138－141 页；姜明安主编：《行政法与行政诉讼法》，法律出版社 2003 年版，第 132－137 页。

② 参见应松年、朱维究编著：《行政法学总论》，工人出版社 1985 年版，第 14 页。

③ 参见姜明安主编：《行政法与行政诉讼法》，北京大学出版社、高等教育出版社 2005 年第 2 版，第 272 页。

④ 参见罗豪才、湛中乐主编：《行政法学》，北京大出版社 1996 年版，第 242 页。国内多数教科书中都有这种体例安排。早期行政给付的代表性研究文献如郭润生、张小平：《论给付行政法》，《行政法学研究》1994 年第 3 期，第 16－23 页。林莉红、孔繁华：《行政给付研究》，载《珞珈法学论坛》第 2 卷，武汉大学出版社 2002 年版。

行政范围要窄。狭义上的行政给付主要包括现金、实物给付等，例如，城市居民最低生活保障金、社会救济金、福利金、自然灾害救济金等的发放；抑或给付实物，这种行政给付方式不直接给被救助对象发放现金，而是赋予其某种与物质相关的权益，给付的范围多为公民衣食住行方面的生活必需品，具体形式包括提供廉价住房，减免公共场所门票费以及免收义务教育阶段的学杂费等。

通常来看，行政给付具有如下特征：

第一，行政给付是一种给予行政相对人金钱或实物的授益性行为。行政给付是政府以国库为后盾实施的行为，而国库的来源是税收，税收是对相对人不利的侵害行为，行政给付则赋予了相对人物质利益或与物质有关的利益。当然这种授益并非无限的，而是仅仅提供满足最低生活需求的资金或实物。

第二，一般而言，行政给付须依申请作出。除在发生自然灾害等特殊的紧急情形下，申请是启动行政给付的要件之一。即使在紧急情况下，有时也要求履行相应的申请手续，只不过手续相对比较简单而已。

第三，行政给付虽多数依法展开，但也会基于政策、规范性文件等展开。行政给付要符合法律、法规、规章和政策的要求，同时行政给付只能给予符合条件的公民，并遵循必要的程序实施。

（三）作为判决类型的给付判决

根据《行政诉讼法》第 12 条第 1 款第 10 项规定，认为行政机关没有依法支付抚恤金、最低生活保障待遇或者社会保险待遇的可以提起行政诉讼。《行政诉讼法》第 73 条规定："人民法院经过审理，查明被告依法负有给付义务的，判决被告履行给付义务。"第 57 条规定，人民法院对起诉行政机关没有依法支付抚恤金、最低生活保障金和工伤、医疗社会保险金的案件，权利义务关系明确、不先予执行将严重影响原告生活的，可以根据原告的申请，裁定先予执行。当事人对先予执行裁定不服的，可以申请复议一次。复议期间不停止裁定的执行。《行政诉讼法》第 12 条第 1 款第 10 项规定的"认为"强调公民主观上的判断，至于是否符合法院受案范围，交由法院予以判断。没有依法支付抚恤金、最低生活保障待遇、社会保险待遇为本条所明确列举的给付事由，但这也成为实践中拓宽受案范围的依据所在，即其他金钱类给付也可能归入该条，进而法院应予受理。故此，给付判决所涉法律概念的内涵并不确定且包容性极强，留待解释的空间极大。

当前的司法实践倾向于对"依法""给付义务"等概念作扩张解释，认为"依法"不仅包括"依照法律、法规等规范性文件的明确规定"，还包括"依照法律法规所认可的名义"，"给付义务"不限于给付行政的范畴，给付内容不仅包括金钱或财物，还包括行为。[①] 如给付判决中所包括的政府信息公开类给付并不属于学说范畴上的给付行政抑或行政给付。

二、行政给付的发展历史

从历史发展脉络来看，早期行政给付更多的是一种道义上的给付。道义即道德与正义，道义关乎责任，例如进行慈善的责任，即使没有特定的个体从慈善中得益，慈善成为一个责任依然合理。[②] 换言之，在行政给付未被法定化之前，慈善组织等社会力量提供的服务更为普遍。行政给付涉及政府对于个体的积极给付，在社会主义国家的中国，并不缺乏所谓的行政给付，例如早期的济贫和社会救助工作，但这并非现代意义的行政给付，它更多是一种单一地从政府角度的施舍与恩赐，公民并不具有要求政府给付的权利，因此这只能被认定为一种单向的法律关系。

（一）济贫时期的行政给付

早在中华民国时期，即存有关于"给付"的研究。《社会救济法》《赈灾法》等的颁布，使得此时的给付更关注于基本民生的满足。在日本学者清水澄《行政法泛论》与《行政法各论》的中文译本中，都有专章讨论恩给权及内务行政的问题。[③] 或是受孙中山三民主义中"民生主义"的影响，民国行政法学者白鹏飞在1927年即指出："现代的国家，不仅依司法及警察以维持社会之安宁为已足。必更进一步，而以开发社会之文化，增进国民之福利，为一种重要的任务，是为国家文化之目的。"[④] 此阶段的学者也多从民生角度探讨行政给付，如认为教育、医疗、养老都是关乎民生生计的问题。[⑤] 再如萨孟武认为，政治的目的便在于满足人民实际生活的需要，按年老长幼、强弱壮老、贤愚贫富等境遇作出适宜的安排。[⑥] 此期间的学者似乎也较容易认同渗透着浓郁社会本位思想的福利国家理念。

除学者论述之外，涉及济贫与福利的法令也开始颁布。例如，1915 年，中华民国政府仿照英国的"伊丽莎白济贫法"颁布了《游民习艺所章程》。1928

---

① 参见黄锴：《行政诉讼给付判决的构造与功能》，《法学研究》2020 年第 1 期，第 67－82 页。

② 参见［英］迈克尔·罗森：《尊严：历史与意义》，石可译，法律出版社 2014 年版，第 113 页。

③ 参见［日］清水澄：《〈行政法泛论〉与〈行政法各论〉》，金泯澜等译，中国政法大学出版社 2007 年版，第 78 页。

④ 白鹏飞：《行政法总论》，商务印书馆 1928 年版，第 2 页。

⑤ 参见萨孟武：《五权宪法与民生主义：与梅思平同志商榷》，《新生命》第 2 卷（1929 年），第 4 页。

⑥ 参见章渊若：《现代宪法与民生主义》，《国立劳动大学劳动季刊》1931 年第 2 期，第 3 页。

年，民国政府颁布了《管理各地方私立慈善机构规则》。1930 年，民国政府在全国推行救灾准备金制度。这些立法显示民国政府已经开始尝试用法律手段来规范济贫行为。1943 年，中国历史上第一部国家济贫大法《社会救济法》得以公布实施。同时，民国政府认为以前制定的相关法规已经与实际情况不符，又颁布了一系列法规，如《社会救济法施行细则》（1944 年）、《各省市县市地方救济事业基金管理办法》（1942 年）、《社会部奖助社会福利事业暂行办法》（1944 年）、《救济院规程》（1944 年）、《管理私立救济设施规则》（1945 年）、《赈灾查放办法》（1947 年）等，逐渐形成了一整套与济贫相关的法律法规体系。

与传统帝制中国的“荒政”相较，近代中国社会立法在救济模式、救济理念与救济范围三方面实现了重大变革，社会福利由消极的临时性赈济变为积极的常态化救济，由政府单方面的“恩赐”转变为国家责任与人民权利，社会立法也在传统公法和私法的中间地带获得了蓬勃发展，进而涵盖了现代社会生活的方方面面，以期实现所谓全时、全民、全盘的社会救济，社会福利权也最终上升为一种宪法位阶的权利。[①]

（二）计划经济阶段的行政给付

新中国成立以后，为了医治战争创伤并根除贫困，行政给付以救济为主。国家接管和改造了国民党统治时期兴办的“救济院”、封建性的“善堂”“节妇堂”和接受外国津贴的各类慈善团体和救济机构；同时，国家开始设立教养机构，对妓女、游民、乞丐予以改造，收养那些无依无靠、丧失劳动能力、无法维持自身生活的孤老残幼；开展贫苦农民、城市贫民和残疾人的生产自救。

作为社会主义国家，我国素来强调和关照社会共同体的整体利益，强调集体主义。由此，在计划经济阶段，行政给付的实施在很大程度上依赖于单位。基于全国范围内的统筹安排，政府直接承担对无依无靠、无家可归的孤老残幼之照顾，个人依托单位享受相应的福利给付，包括住房、子女福利等。这一阶段最为典型的行政给付制度是五保户供养制度，即由国家在吃、穿、住、医、葬方面给予村民生活照顾和物质帮助。早在 1950 年，我国的行政优抚制度便开始建立，这是行政给付的重要项目之一，其相应的立法依据包括《革命军人牺牲病故褒恤暂行条例》《民兵工伤亡褒恤暂行条例》《革命残废军人优待抚恤暂行条例》。基于这些规定，以军人及其家属为对象的优抚制度得以建立。制度建立之初，优抚制度主要涉及优待、抚恤，后来被逐步扩大到安置、养老等措施和服务。

---

① 参见聂鑫：《近代中国社会立法与福利国家的建构》，《武汉大学学报（哲学社会科学版）》2019 年第 6 期，第 147 页。

（三）市场经济阶段超越生存照顾的行政给付

计划经济时期试图由国家来提供各种给付，使得行政给付初期发展阶段，只能提供某种较低水平的保障。发展到市场经济阶段，一些给付职责被交由私主体承担，但狭义上的行政给付，即包括最低生活保障在内的社会救助仍主要依赖于国家给付。伴随市场经济的发展及中国经济发展水平的提高，我国的行政给付已不再只是实现“生存照顾”的工具，而是旨在实现更普遍的公民福祉。在我国，行政给付的范围既包括以摆脱贫困为内容的精准扶贫，亦包括以实现更高福祉，即共同富裕目标导向下的行政给付，这种意义上的给付追求更高水平、更高质量的给付。例如，在与行政给付相关的公共服务领域，存在大量非基本公共服务。为保障公民更高层次的需求，保障社会整体福利水平所必需但市场自发供给不足的公共服务，政府通过支持公益性社会机构或市场主体增加服务供给，实现大多数公民以可承受的价格付费享有。典型的在养老、托育、学前教育领域，如需要支付一定费用的普惠园。

在计划经济阶段，更为强调对贫困问题的解决，强调国家对基本生活的照顾。发展到市场经济阶段，开始强调以公民共享权为基础的行政给付，国家和政府开始致力于社会公平秩序的建构。在共同富裕背景之下，除基本生活保障之外，行政给付亦需考虑每位公民追寻全面发展所需的相应保障措施，如教育、医疗等各方面的保障。由此产生两方面的具体问题，即法律如何保障公民的“分享”权利以及如何确保公民能获得公正及合乎正义的“分享”。进而，行政法也需要包括两方面内容：一方面是公权力的实施问题，另一方面是给付义务的确立。前者强调公权力的运作，后者则强调借用私法所实现的自治。① 当下，我国除《宪法》之外，先后颁布了《劳动法》《残疾人保障法》《老年人权益保障法》《妇女权益保障法》等法律，并逐步建立了养老保险、失业保险、医疗保险、工伤保险、生育保险、社会救济、社会福利制度以及优抚等社会保障制度。由此可见，在中国，尽管“行政给付”并非法律上的用语，但依然具有极其丰富的制度实践。

第二节 行政给付的规范基础与原则

行政给付受制于各国财政，故此首先需受预算法调整，如我国《预算法》中

① 参见陈新民：《公法学札记》，中国政法大学出版社 2001 年版，第 60 页。

所规定的社会保险基金预算、一般公共预算[①]便与行政给付相关。行政给付领域的立法呈现出繁密之状，既包括国家层面的立法，如《社会保险法》《社会救助暂行办法》；也包括地方层面各种契合地方财政的规定。由于其关涉公民生存权等社会权益，故此也常会在宪法层面上加以规定。

一、行政给付的规范基础

（一）宪法

从比较法角度审视，行政给付往往是宪法中生存权或社会权的体现。如日本宪法第25条规定："一切国民都享有维持最低限度的健康和有文化的生活权利。国家必须在生活的一切方面努力提高和增进社会福利、社会保障以及公共卫生事业。"[②] 德国基本法第20条第1款和第28条第1款确立了"社会法治国"原则，其产生的主要动因在于19世纪以来人口增长、工业化、无产阶级产生以及都市化等带来的社会现实问题。[③] 由此包含行政给付在内的诸多受益性活动发轫于宪法上的社会国原则，强调国家应努力建立与维护社会安全与社会正义。

我国《宪法》第14条、第19条、第21条、第22条、第42条、第44条和第45条都涉及行政给付的内容。这些规定明确了国家在发展医疗卫生、社会保障事业等方面所负有的义务。其中最为核心的条款为第45条。我国学者多以第45条所规定的"物质帮助权"推导出行政给付的含义。对于社会主义国家的中国而言，传统的社会主义宪法重点本不在于保障经济自由，而在于保障社会权利。[④] 这使得以确保社会权实现为宗旨的行政给付，有了宪法规范层面的依据。具体来看，物质帮助权的行使场景为"公民年老、疾病或者丧失劳动能力的情况下"，涉及普通公民遭遇自然衰老或疾病或因某些原因丧失劳动力时，具有从国家和社会获得物质帮助的权利。第45条第2款特别对军人保障、抚恤和优待部分加以规定，第3款涉及残疾人的劳动、生活和教育。其中，国家义务使用了不同措辞，即"发展"（社会保险、社会救济和医疗卫生事业）、"保障"（残疾军人的生活）和"帮助安排"（盲、聋、哑和其他有残疾的公民）。这些用语具有不同

---

① 参见《预算法》第27条第2款，一般公共预算支出按照其功能分类，包括一般公共服务支出，外交、公共安全、国防支出，农业、环境保护支出，教育、科技、文化、卫生、体育支出，社会保障及就业支出和其他支出。

② 《日本国宪法》（1946年公布，1947年实施），载姜士林等编：《世界宪法大全》，青岛出版社1997年版，第385页。

③ 参见陈新民：《公法学札记》，中国政法大学出版社2001年版，第99页。

④ 参见韩大元、林来梵、郑贤君：《宪法学专题研究》，中国人民大学出版社2008年第2版，第399页。

的侧重点，如“发展”强调对社会保险等事业的扩大与夯实；“保障”是指用保护、保证等手段与起保护作用的事物构成的可持续发展支撑体系；“帮助安排”则更加具体化。措辞不同，所产生的实践要求亦会有所差异，如“发展”聚焦于相应事业，“保障”侧重于整体的体系架构。此外，《宪法》第14条第4款规定“国家建立健全同经济发展水平相适应的社会保障制度”，这一规定可以理解为一种制度性保障。它意味着与行政给付相关的社会保障制度的建立与完善，需要强调国家的义务和责任。同时，由于国家资源的有限性，只有建立与经济发展水平相适应的社会保障制度，才能防止因过度追求形式平等而忽略实质性平等的保障，从而有助于行政给付制度的切实落实。

（二）法律、法规、规章

行政给付的诸具体领域具有高度专业性和技术性特点。由于行政给付领域涉及项目多样，立法类型也颇为繁复。在这个领域中，法律规范具有较强专业性，也呈现出变动不居的形态。[①] 例如，行政给付中如何确定低保户的家庭收入，如何确定工伤认定中的伤残等级，这些专业性问题须借助行政机关的相应规范细化予以明确。而在国家或者更为宏观的层面，则侧重于在整体上形成行政给付框架和体系。

从中央层面来看，《关于推进中央与地方财政事权和支出责任划分改革的指导意见》（国发〔2016〕49号）指出：“一些本应由中央直接负责的事务交给地方承担，一些宜由地方负责的事务，中央承担过多，地方没有担负起相应的支出责任；不少中央和地方提供基本公共服务的职责交叉重叠，共同承担的事项较多；省以下财政事权和支出责任划分不尽规范；有的财政事权和支出责任划分缺乏法律依据，法治化、规范化程度不高。”基于中央与地方的事权划分，尤其由于行政给付受制于财政拘束，行政给付领域中的立法基础首先在于《预算法》。如《预算法》第5条规定，预算包括一般公共预算、政府性基金预算、国有资本经营预算、社会保险基金预算。这其中，一般公共预算和社会保险基金预算可能会与行政给付相关。一般公共预算中的很大一部分用来保障和改善民生，后者主要涉及社会保险类给付。从行政给付所需资源及资金角度考虑，中央层面的立法能在宏观层面上实现社会有限资源的分配与再分配，特别是涉及财政预算等问题时，必须从中央层面来规范这些内容，进而形成相应的财政基础。由于行政给付的具体项目繁杂，涉及行政给付的中央层面立法至少包括《社会保险法》《慈善法》《老年人权益保障法》《社会救助暂行办法》等，其中可散见各种行政给付项

---

① 参见［日］大桥洋一：《行政法学的结构性变革》，吕艳滨译，中国人民大学出版社2008年版，第170页。

目的具体规定。[1] 由此可见，行政给付在我国与民生保障这一更大主旨相关，因为其所涉及的领域多关涉民生保障的普遍事项。

行政给付涉及复杂的财政因素，常由地方政府履行具体的行政给付职能，因此存在大量地方立法。实践中，各地以地方性法规、地方政府规章形式，颁布了诸多涉及行政给付的立法。如各地的养老服务促进规定[2]结合实际情况，作出了适宜本地的相关规定。

（三）行政规范性文件

在行政给付领域，即使法律规定了给付根据，有时也只表现为概括性的规定，因此需要依赖行政机关内部制定相应的规则，来确定具体的给付基准。只要法律上没有具体规定，多少金额、给付给谁就交由行政主体判断，于是，行政给付每每通过规范性文件来承载行政机关的政策裁量，其形式包括通知、意见、决定、会议纪要等，法律属性上亦可归属于行政计划、行政指导等。例如，诸多关于医疗保险、养老保障金的调整都是通过"文件""通知"等形式展开的。加之行政给付受政策影响甚巨，需要具有一定的灵活性，这些都为行政给付中规范性文件的作用发挥提供了空间。整体来看，其中的规范性文件主要包括两种类型。

1. 创制性规范性文件

如本章所述各部委所确立的宏观制度改革方案，这种全局性的规划本质上属于"创制性"，原因在于其创设了公民权利义务或确立了政府职责的基本框架，在行政给付领域具有一般性的框架指引作用。例如，《国家医保局、财政部关于建立医疗保障待遇清单制度的意见》（医保发〔2021〕5号）其中所确定的基本制度、基本政策以及相应的制度框架实则会在后续立法中予以落实，如"各地在基本制度框架之外不得新设制度，地方现有的其他形式制度安排要逐步清理过渡到基本制度框架中"。再如，《关于深化医疗保障制度改革的意见》实则在全国层

---

① 如《老年人权益保障法》规定了基本养老保险制度、基本医疗保险制度、长期护理保障制度、廉租房、高龄津贴等多项与行政给付相关的物质保障。《社会保险法》确立了包含基本养老保险、医疗保险等具体制度在内的公民获得物质帮助的权利，并对相应保险项目的展开予以了具体规定。《社会救助暂行办法》围绕"基本生活"方面的救助制度，如最低生活保障、医疗救助、教育救助、就业救助等进行了规定。

② 如《浙江省社会养老服务促进条例》结合浙江省所发展的以居家为基础的养老服务体系对养老服务予以了法治化，解决了如养老服务队伍建设、民办养老机构建设用地难等问题。其中界定了社会养老服务的性质，明确政府在社会养老服务中起主导作用，明确了用地、融资、财政补助等方面的激励政策和保障措施，以鼓励民间资本设立多种类型的养老机构，满足多样化、多层次的养老服务需求。参见王永昌：《关于〈浙江省社会养老服务促进条例（草案）〉的说明——2015年1月21日在浙江省第十二届人民代表大会第三次会议上》，《浙江人大（公报版）》2015年第2期，第68－70页。

面确立了医保领域给付的基本原则，如应保尽保、保障基本等。由于行政给付存在很多政策性导向，行政给付时常先需在政策层面上确定发展基础和方向，此时便会产生创制性规范性文件。

2. 解释性规范性文件

涉及给付领域中不确定的法律概念、上位法需要进一步细化裁量的内容、给付执行、权责分配等时，常会存在解释性规范性文件。如由于各地财政状况不同，地方政府在给付的具体实施中总会具有相应的裁量权限，故基于上位法的规定，具体的低保标准、特困供养标准等具体给付基准，都会授权给当地根据实际情况制定具体标准。如《农村五保供养工作条例》第10条规定："农村五保供养标准不得低于当地村民的平均生活水平，并根据当地村民平均生活水平的提高适时调整。农村五保供养标准，可以由省、自治区、直辖市人民政府制定，在本行政区域内公布执行，也可以由设区的市级或者县级人民政府制定，报所在的省、自治区、直辖市人民政府备案后公布执行。"

当然，这种规范性文件具有何种效力应进一步探讨，即是单纯性的解释抑或具有某种拘束力。例如，最高人民法院发布的规范性附带审查典型案例之一徐某英案中，五莲县医疗保险事业处认为徐某英丈夫所就诊的医疗机构不属于政府举办的医疗机构，决定不予报销。而其中法院所审查的规范性文件为该县新农合制度的相应实施办法。法院援引了山东省卫生厅、民政厅、财政厅、农业厅《关于巩固和发展新型农村合作医疗制度的实施意见》规定，其中确认了新农合定点医疗机构的互认制度，认为统筹地区根据参合农民就医流向，通过签订协议互认一、二级新农合定点医疗机构，享受当地规定的同级别新农合定点医疗机构补偿比例。① 由此，将该依据视为"上位依据"，这也进一步表明了行政给付领域中"法"的特殊性，即规范性文件也具有实质意义上的法效力。该案中，直接赋予行政行为效力的，只有文件本身（自我根据化），或者是上位的文件（体系内根据化）。②

这两种类型的规范性文件，在行政给付的实践过程中，尤其是在涉及具有地方特色的领域之中，常占有实际上的重要地位。当然，由于这些规定的绵密度和复杂性，普通公民在判断自己是否具有相应权利时，可能会缺乏足够的能力知晓这些规定的具体内容，这也对该领域行政机关的教示性义务提出了要求，即行政机关需加强相应政策变动或调整时的说明理由力度。

① 参见徐某英诉五莲县社会医疗保险事业处不予报销新型农村合作医疗费用案，山东省日照市中级人民法院（2016）鲁11行终9号行政判决书，2016年12月28日。

② 参见朱芒：《行政规范性文件的功能结构》，《法学家》2023年第6期，第64页。

二、行政给付的原则

作为一种授益性行政行为，行政给付须遵循如下原则。

（一）辅助性原则

辅助性原则亦称补充性原则。其要点可概括为凡是个人能够独立承担的事务，政府应交由个人自己承担。如果个人无法独立承担，则由政府提供辅助；如果是下级政府能够独立承担的事务，应由下级政府承担。如果下级政府无法独立承担，则由上级政府提供辅助；国家对个人或上级政府对下级政府的辅助不能代替个人或下级政府的自助。该原则在很多国家都有所体现。例如，德国行政法学者福斯特霍夫于1959年指出，现代社会与20世纪30年代的社会在本质上已有极大差异。除在国家陷入战争及灾难的非常时期外，在和平时期，应由“社会之力”来解决其成员的生存照顾问题，而非依赖国家及行政的力量。国家只有在社会不能凭借自己的力量维持稳定时才充当一种“国家补充功能”[①]。欧盟法上更是将辅助性原则发展到不同主体间的功能调整之上，对其有着不同的解释和理解，甚至认为“辅助性”是一项基本的、经常被忽视的正义原则，可将“辅助性”理解为一种限制权力行使的原则。[②] 日本也实行了“补充性原则”，该原则强调对给付活动负责的首先是私人、家庭、市町村等共同体，当这些私主体无法实现重要利益时，国家才会实施相应的补充性活动。综上，各国对于辅助性原则的强调，实则在于厘分国家与社会的功能。

我国《宪法》第44、45条规定“社会”可以在退休人员的生活保障、需要救助者的物质帮助方面发挥作用。在具体的立法中，如《老年人权益保障法》第5条规定，国家建立多层次的社会保障体系，逐步提高对老年人的保障水平。国家建立和完善以居家为基础、社区为依托、机构为支撑的社会养老服务体系。倡导全社会优待老年人。第13条规定，老年人养老以居家为基础，家庭成员应当尊重、关心和照料老年人。《残疾人保障法》第9条规定，残疾人的扶养人必须对残疾人履行扶养义务；同时第8条规定，鼓励残疾人联合会和地方组织发展残疾人事业。《城市居民最低生活保障条例》第3条规定要“遵循保障城市居民基本生活的原则，坚持国家保障与社会帮扶相结合、鼓励劳动自救的方针”。

这些是对行政给付领域中个人、国家和社会关系的确立，也是辅助性原则之

---

① 陈新民：《公法学札记》，中国政法大学出版社2001年版，第85－86页。

② See Pogge，Thomas Winfried Menko，and Andreas Föllesdal，eds. *Real World Justice*：*Grounds*，*Principles*，*Human Rights*，*and Social Institutions*. Springer（2005）. pp. 157－170.

体现。借助规范确立国家、社会、集体、基层、家庭等组织之间的关系，尤其强调个人的自救和劳动能力培养，一方面可以避免西方福利国家出现的“福利病”，另一方面集体等组织所发挥的作用也是社会主义国家互助精神的体现。在具体的制度实践中，会表现为鼓励社会力量参与给付活动，如在很多社会保障行政给付中，企业、社会组织等私主体都发挥着重要作用。再如，强调个人在行政给付中的责任，个人的社会保险费缴纳等均是行政给付中辅助性原则的具体实践体现。

（二）平等原则

由于财政资源有限，各项行政给付措施采取时，其对象、范围和给付内容不可能无止境扩张，必须对各种弱势情形加以比较并选择相应的配置顺序，平等原则可以在配置选择是否妥当方面发挥作用。

平等原则的要求表现为行政给付应平等实施，只要符合法律规定的标准，当事人提出给付的请求，政府就应当一视同仁、平等对待。对公民予以平等保护是各国宪法确立的基本原则。我国《宪法》第 33 条第 2 款规定：“中华人民共和国公民在法律面前一律平等。”这需要从立法层面上加以确立。其中包括法律地位上的平等，强调国家保障人民在法律之前一律平等；还包括结果意义上的平等，强调每位公民具有相同内容的社会资源和生产工具；也包括发展机会上的平等，即国家创造相应的条件，提高公民应对困境的能力，如过渡期的失业保障、低利率的贷款等，其最终仍依赖或者强化个人的应对能力。基于平等原则的要求，符合行政给付条件的相对人有平等请求国家作为以提供保护和帮助，并获得平等给付内容的权利。例如，凡未达到最低生活水平的公民，不论其困难大小，应由政府补足其差额，保障其最低限度的基本生活。从具体操作看，制定科学合理的最低生活水平线是行政给付得以正常发挥作用的基本条件。

在我国行政给付实践中，存在着不同利益群体之间、不同地区之间以及城乡之间的给付条件和标准的差距，应对其逐步改进和完善。具体来看，行政给付之中，平等体现在诸多方面。如城乡发展不均衡导致的资源配置不均衡，在行政给付中尤为明显。不同群体之间的差异，如医保待遇给付中，罕见病病人、重症病人、慢性病病人之间的医保待遇给付如何在有限资源配置中体现公平亦是当下需要面对的问题。再如，典型的男女平等在行政给付领域亦是需要关注的问题，如为鼓励生育，为女性所发放的生育津贴和安排的相应假期，是否也应从反面考虑给予男性相应的津贴给付，进而鼓励家庭领域中男性更多地承担育儿责任，消减女性在职场领域遭遇的不平等。再如《老年人权益保障法》第 53 条规定“对常住在本行政区域内的外埠老年人给予同等优待”，其中本地老人和外地老人之间的平等对待也是平等原则的体现。由于行政给付领域所涉及的公众面广，建构既符合经济发展水平又弥合群体、地域差异的公平制度，在以发展为主要导向的当下中国仍富有意义。

在法院裁判中，平等原则也会表现为对权益的减损抑或义务的增加的限制，如在王某连诉柳林县民政局行政给付案[①]中，法院认为，行政机关在实践中的习惯性做法不得减损相对人的权益或者增加相对人的义务。该案中，柳林县民政局在支付相关待遇时以所谓习惯性做法拒不支付漏报之前的生活补助，显然不符合平等原则和合理行政的原则。

（三）信赖保护与持续给付原则

一般而言，合法的行政给付行为是一种授益性行政行为，根据法律安定性的要求和信赖保护原则，行政给付原则上不能被废止，只有在一定条件下才能被改变。除一次性、临时性发放的给付之外，大多数行政给付是定期性的，应给予连续性的稳定给付。如果改变有关给付基准，应事先告知相对人并对行政机关的变更权设置一定的限制，如对相应给付待遇进行调整时，应通过公示、说明理由等方式公开。

作为法治主义原理的本质性要素之一，法安定性原则要求行政行为须不断增强其可预测性，法治主义原理的实现要求行政活动必须遵循信赖保护原则。行政给付领域中的信赖保护原则，主要体现为政府对自己作出的给付决定和给付行为应守信用，不得随意变更。若因情况发生变化，确实需要改变有关基准或者变更、撤销、废止已经作出的给付行为，应进行利益的考量，认定对已经作出的给付行为的变更、撤销、废止所产生的利益确实大于相对人因此损失的利益或出于特定的公共利益需求，方得为之。

（四）法律保留原则

关于法律保留原则是否适用于行政给付领域，有两种观点：一种认为不适用，如果在该领域适用法律保留原则，对公民没什么好处，反而会使公民权利的保障更为糟糕。因为在没有法律明确规定的情况下，公民得不到给付，法治国家的目标因此也不能实现。如法律保留学说之一的重要性理论，借用该理论分析行政给付是否适用法律保留，也很容易得出不予适用的结论，因为作为该领域的权利基础即社会权也不能必然构成宪法上的基本权利，进而也并非“重要的”。另一种观点认为该领域可以适用法律保留原则，如采用社会保留说，主张“法律保留”也应适用于行政给付活动。[②] 德国《社会法典》更是清晰明确地采纳了法律保留原则，其第 31 条规定，该法典规定的在社会给付领域的权利和义务，仅当

---

① 参见王某诉柳林县民政局行政给付案，山西省吕梁市中级人民法院（2017）晋 11 行终 46 号行政判决书，2017 年 5 月 25 日。

② 参见［日］室井力主编：《日本现代行政法》，吴微译，中国政法大学出版社 1995 年版，第 24 页。

法律规定或允许时始得予以设定、确认、变更或取消。该条首次在社会给付法中对法律保留原则予以了专门性规定，将在干预行政中被普遍认可的法律保留原则拓展到了行政给付领域。

实际上在行政给付的给予过程之中，存在若干权力性色彩，这些也可能形成某种强制或侵害。例如，行政给付具有侵害行政的面向，对不履行给付职责、不按期、按时发放给付金等情形，须严格遵循法律保留原则。即使在一般面向上，行政给付也会因给付不均衡，如应当给予某人的给付，被给予了他人，进而侵犯其权利。这些内容决定了给付行政中的依法律行政原理同样需要被关照，其基础在于控制其中的裁量因素、使行政具有预测性进而符合公平性原则。这种对法律保留原则的适度适用，也会使行政给付中在另一侧面注重具有指引性的宏观政策。这些宏观性的政策，尤其是中央层面的政策指示等，尽管不是法源，但却具有制度上的重要意义。

第三节　行政给付中的公民权利与国家义务

行政给付中的权利与义务构造具有该领域的特殊性。一方面，行政给付所依托的权利，即社会权、福利权或生存权，作为第三代人权多受制于立法机关决定的财政支配，故常存在是否具有可裁判性的争议，即认为法院不适宜对谁应该具有这种权利作出判断，进而给付请求权的证立在司法实践中存在争议。另一方面，从最初发展来看，行政给付中的国家义务常会表现为道义上的救助、恩赐等，但伴随着权利观念的确立，国家义务的展开主要包括法定职责和协议两种形式。

一、行政给付中的公民权利

行政给付的权利基础为福利权或曰社会权，这是各国不同语境之下的用语，其含义基本相同。社会权的术语同国际人权公约中的社会经济权利（social and economic rights）①、美国的福利权（welfare rights）② 以及日本的生存权（right

① 1966年《经济、社会和文化权利国际公约》包括工作的权利（第6条），享受公正和良好的工作条件的权利（第7条），对母亲和儿童的特别保护（第10条），获得相当的生活水准和免于饥饿的基本权利（第11条）以及享有能达到的最高体质和心理健康标准的权利（第12条）。公约于1966年12月16日由第21届联合国大会通过，1976年1月3日生效。公约第一次以法律形式对经济、社会及文化权利加以确认，突破了以往片面强调公民和政治权利的传统人权观局限，反映了广大发展中国家要求同等重视两类人权的呼声，是一项具有积极意义的国际人权文书，我国亦是该公约的签署国。

② 参见胡敏洁、宋华琳：《美国宪法上的福利权论争：学理与实践》，《政治与法律》2004年第3期，第30－35页。

to subsistence)[①] 均具有某些类似之处。“社会权”（social rights）这一用语主要集中在欧洲国家，如法国、英国、德国、意大利等国。

从概念体系来看，“社会权”是与福利国家或积极国家的观念相契合的基本人权，通常情况下被归入积极基本权利，主要表现为国家要积极地对处于社会底层的弱势群体提供保护和帮助。社会权与自由权的区别在于自由权具有防御权的性质，要求国家消极的不作为，强调要为国家权力划定不能介入的范围；社会权则要求国家权力的积极干预，要求为国家权力划定其应该做的范围并要求建立某种福利制度、提供各种必要服务，使得人民能够享有符合人格尊严的最起码生活条件，进而能追求人生的幸福与快乐。这种要求国家积极作为的属性，具体到给付请求权时，便产生了各种争议。如在日本，围绕生存权一直存在着纲领性规定、具体性权利和抽象性权利的讨论。[②] “纲领性规定说”认为生存权并非具体请求权，而是一种不能从司法上请求对其权利侵害实施积极救济的“宪法上的特别权利”。“抽象权利说”认为，只有通过立法，生存权条款才能成为宪法上具体的权利条款，而由此具有相关的具体请求权；“具体权利说”认为公民具有直接的请求权。

在我国，基于《宪法》第 45 条所规定的物质帮助权所形成的给付请求权，一般来说具有直接的请求权基础。司法裁判中，更是将给付请求权的法定基础范围予以扩大，包括规范、决定以及协议约定。典型的案例如杜某友案[③]中，杜某友等人要求临汾市政府履行政策性破产企业退休人员基本养老保险统筹项目外待调给付义务并赔偿损失。最高人民法院认为：“依法支付抚恤金、最低生活保障待遇或者社会保险待遇，是行政机关重要的给付义务，但绝不仅仅是给付义务的全部内容。只要公民、法人或者其他组织具有给付请求权，就可以依法向人民法院提起给付之诉。而这种给付请求权，既有可能来自法律、法规、规章的规定，来自一个行政决定或者一个行政协议的约定，也有可能来自行政机关作出的各种形式的承诺。仅当从任何角度看，给付请求权都显然而明确地不存在，或者不可能属于原告的主观权利时，才可以否定其诉权。”该案中，《关于山西省省属国有企业改制和关闭破产中退休人员管理工作的意见》对基本养老保险统筹项目之外的养老保险待遇发放办法和资金来源都予以了明确规定，该政策性决定是给付请求权的基础。[④] 权利以客观规则为依据，特别以法规则中规定作为或不作为的义

① 参见［日］大须贺明：《生存权论》，林浩译，法律出版社 2001 年版，第 1－30 页。

② 参见［日］大须贺明：《生存权论》，林浩译，法律出版社 2001 年版，第 15－16 页。

③ 参见杜某友等 804 人诉山西省临汾市人民政府不履行给付待遇案，最高人民法院（2017）最高法行申 3461 号行政裁定书，2017 年 11 月 8 日。

④ 参见杜某友等 804 人诉山西省临汾市人民政府不履行给付待遇案，最高人民法院（2017）最高法行申 3461 号行政裁定书，2017 年 11 月 8 日。

务为标准。宪法意义上的给付请求权常会讨论其与财政的紧张关系，进而常会将其聚焦于最低限度的生存保障，而不注重其无限制的扩张。但在行政法上，特别是如上文案例所述，法院采用了反证式的方法，即只有当给付请求权“显然而明确”地不存在或无法属于原告权利时，才会对诉权加以否定，由此极大范围地对给付请求权的来源基础予以了扩大化解释，即既包括法律、法规、规章这类规范依据，也包括以决定方式或协议方式展开的活动，甚或单方面的承诺，这种单方面的承诺实践中多表现为依书面规范性文件作出的承诺，这相当于认可了行政给付的各种法源基础以及义务类型。

二、行政给付中的国家义务①

（一）基于法定职责的“垂直”行政给付义务

基于法定职责所产生的行政给付义务，呈现出一种国家与公民之间的照护和管理关系，是基于法律规范而产生的并以国家强制力保障其履行。如何理解法定职责，现有诸多学说认为，“法定职责”可能包括法律、法规、规章甚至规范性文件。基于法定职责的给付义务包括如下类型：

（1）兜底型救助类行政给付义务：救助类行政给付义务是各级行政机关对于那些遭遇自然灾害、失去劳动能力以及其他低收入群体给予的物质帮助，以维持其基本生活需求、保障其最低生活水平为目的。发展到当下，救助类行政给付义务也遭遇了新的批评，即“过度给付”会使公民产生依赖性，进而丧失自我独立性②，福利国家危机也由此而来。我国《社会救助法》（草案征求意见稿 2020 年版）实际上规定了“社会救助对象应根据自身能力参加工作，自主自立，勤俭节约，努力提高生活水平”③。地方各级人民政府在社会救助中都经常强调社会救助对象的自救，强调国家和政府需要通过各种措施帮助公民重回社会。

（2）预防型社会保险待遇行政给付义务：社会保险待遇行政给付，尤其是基本社会保险待遇给付带有明显的行政给付色彩。作为社会保障流程的最后一步，它是公民社会保障权益得以实现的标志。从其筹资渠道来看，社会保险包括个人、国家和单位三种筹资途径，这使得社会保险待遇给付本质上具有对价性质，

① 本部分参见胡敏洁：《我国行政给付义务类型化及其法律拘束》，《中国法学》2023 年第 2 期，第 93－97 页。

② 参见［英］Neil Gilbert、Paul Terrell：《社会福利政策导论》，沈黎译，华东理工大学出版社 2014 年版，第 63 页。

③ 《中华人民共和国社会救助法（草案征求意见稿）》（2020 年版）第 23 条。

甚至会带有延迟性。如养老保险，在特定时间点才会被给付，而在此之前需要一定年限的缴费积累。

（3）促成特定政策目标实现的扶助类行政给付义务：扶助类行政给付义务，即国家或其他行政主体，基于社会政策、产业结构政策等目的，给予私人或者企业以金钱或者其他公共资产，以促成该私人或者企业为某种行为或者不为某种行为，达成相应的目标，主要表现形式为补贴。如对种粮农户的直接补贴是国家为调动农民种粮积极性推行的一项惠农政策。发放光伏补贴带有明显的扶助光伏产业功能，甚至带有扶贫、减贫等意义。其他补贴的发放亦然，一般会具有鲜明的政策导向，是否发放以及发放金额都带有复杂政策因素考量。

综上，现代法治社会基于法定职责的给付义务占多数。

（二）基于协议约定的“水平”行政给付义务

除给付决定之外，行政给付领域存在大量以协议方式展开的活动。采用私手段展开的行政给付，在理论基础上首先被归为“形式选择自由”[①]。也就是说，给付行政与干预行政的差别在于国家与公民之间的给付关系并不必然为公法性质，换言之，有可能是公法，也有可能是私法。[②] 行政给付作为基本上等同于给付行政的重要范畴，自然也是如此。根据《行政协议审理规定》第1条，为实现行政管理或公共服务目标，与公民、法人或者其他组织协商订立的具有行政法权利义务内容的协议属于行政诉讼受案范围内的行政协议。其中，公共服务目标实则有诸多内容与行政给付相关。总体而言，协议更适合行政任务比较具体和明晰的领域。故此，采用协议的动因至少包括解决历史遗留问题、因国家政策变动需给予补偿、引入市场化或竞争等。一言以概之，更多情况下，这种给付义务试图以协议为载体达到行政任务及实现治理目的。

例如农村五保户供养协议，《1956年到1967年全国农业发展纲要》提出：“农业合作社对于社内缺乏劳动力、生活没有依靠的鳏寡孤独社员，应当统一筹划……在生活上给予适当照顾，做到保吃、保穿、保烧（燃料）、保教（儿童和少年）、保葬，使他们生养死葬都有指靠。”正是由于传统社会主义计划经济的治理模式，这些鳏寡孤独的人员需要得到安置，五保户供养协议这种形式才得以确

---

① 依据行政法学中的多数见解，行政主体对于选择公法或者私法的行政行为形态具有自由决定的空间。选择公法抑或私法的行政行为形式有自由决定的空间，这是所谓“形式选择自由”。也就是说，在给付行政中，固然存在由法律规定或者行政机关以公法形式成立的行政法关系；然而，在法律未规定或者不违背事件性质时，可采用私法形式履行给付行政之任务，学说上称为行政私法。参见许登科：《“民间参与”之法制解析》，《法学丛刊》第204期，第137页。

② 参见许宗力：《基本权利对国库行为的限制》，载许宗力：《法与国家权力》，元照出版公司1999年版，第7页。

立，即根据《农村五保供养工作条例》第17条规定，“乡、民族乡、镇人民政府应当与村民委员会或者农村五保供养服务机构签订供养服务协议，保证农村五保供养对象享受符合要求的供养。村民委员会可以委托村民对分散供养的农村五保供养对象提供照料”。本质上这种协议是计划经济时期遗留任务的落实，最终也将伴随问题的解决而消亡。

第四节　行政给付的形式

在传统的干预行政领域，行政机关以行政行为方式构建行政主体与相对人在行政法上的权利义务关系。行政给付则更多运用非权力性的合同方式，甚至由市场中的第三方提供资助与服务。对此，需要厘分行政给付活动的行政行为与协议。例如，在吴某敏诉北京市朝阳区残疾人联合会要求报销培训学费案中，吴某敏依据退养协议，确认其拥有退养员工的资格身份，进而，区残联根据相关材料认定其为在职在岗残疾人，根据相关规定审核同意给予其补贴总额的一半，后由于吴某敏不服审核结果，申请行政复议并提起相应诉讼。法院认为由社会组织所作出的补贴本区残疾人技能培训学费的行为，属于行政给付行为，属于行政诉讼的受案范围。残疾人联合会及地方各级残疾人联合会在法律性质上应当属于公法人，而非私法人，它的创设并非纯粹的私法行为。尽管残疾人联合会不是行政机关，但其具备行政主体资格，可以以自己名义实施行政职能，具有促进残疾人就业、加强其职业培训的职能，并且补贴的资金来源于国家财政、补贴资格的审核是依申请符合条件才发放，所以该补贴行为属于行政给付，属于行政诉讼的受案范围。① 此案中，退养协议只是后续行政给付行为展开的基础。总体来看，给付活动只有部分以行政行为方式作出，多数给付活动仍以合同方式来实现，且通过合同方式一样可以实现行政给付目的。②

一、以行政行为方式展开的行政给付

以行政行为方式展开的给付活动，包括“启动—调查—决定”三个环节。

---

① 参见吴某敏诉北京市朝阳区残疾人联合会要求报销培训学费案，北京市第二中级人民法院（2009）二中行终字第55号行政判决书，2009年1月21日。

② 参见凌维慈：《给付行政中的行政行为》，载《行政法论丛》第28卷，法律出版社2022年版，第90-91页。

（一）行政给付的启动

行政给付的启动有依申请和依职权两种形式。由于行政给付涉及领域广泛，如果细分行政给付的程序，会有所差别。其共性在于，行政给付的启动往往以“申请”作为第一阶段，具体包括如下要点：

首先，多数情况下，须由本人提出。当然，由于行政给付受益者的特殊性，如缺乏实际的申请能力，此时也可由他人代为申请。例如，《农村五保供养工作条例》第7条规定，享受农村五保供养待遇，应当由村民本人向村民委员会提出申请；因年幼或者智力残疾无法表达意愿的，由村民小组或者其他村民代为提出申请。经村民委员会民主评议，对符合本条例第6条规定条件的，在本村范围内公告；无重大异议的，由村民委员会将评议意见和有关材料报送乡、民族乡、镇人民政府审核。在社会保险的很多领域，也存在保险申请代理人的情形，如医疗保险、养老保险等。

其次，多数情况下，申请须采取书面形式，因此会要求申请人填写相关的申请表或者审批表。例如，《城市居民最低生活保障条例》第7条规定，申请享受城市居民最低生活保障待遇，由户主向户籍所在地的街道办事处或者镇人民政府提出书面申请，并出具有关证明材料，填写“城市居民最低生活保障待遇审批表”。

最后，申请的内容须符合相关规定，否则可能需要程序上的补正，这种补正多以一次性告知为限。例如，《工伤保险条例》第18条规定，提出工伤认定申请应当提交下列材料：（1）工伤认定申请表；（2）与用人单位存在劳动关系（包括事实劳动关系）的证明材料；（3）医疗诊断证明或者职业病诊断证明书（或者职业病诊断鉴定书）。工伤认定申请表应当包括事故发生的时间、地点、原因以及职工伤害程度等基本情况。工伤认定申请人提供材料不完整的，社会保险行政部门应当一次性书面告知工伤认定申请人需要补正的全部材料。申请人按照书面告知要求补正材料后，社会保险行政部门应当受理。

作为授益性行政行为的“开端”，多数情况下，行政机关一旦接到行政相对人的申请，则需要在法定时间内决定是否受理该申请并开始其后的程序。此时，申请发挥了一种推进功能，促使并形成了行政程序法律关系。在这种关系中，当事人具有受理请求权、补正指导请求权等。有些情况下，行政机关的延迟履行会给行政相对人带来沉重的后果。例如，深处贫困的低保申请者，作出及时的决定将使他的生活不至于陷入绝境。也就是说，程序法意义上的申请功能，将影响到公民的实体性权利，进而使得申请同样具有实体法意义上的功能。其他领域的给付亦然，如退役军人和烈士遗属、因公牺牲军人遗属、病故军人遗属等其他优抚对象原则上应向户籍地乡镇（街道）退役军人服务站提出申请。只有申请获得优待证之后，才能按照相应规定获得优抚保障。

当然，也存在大量依职权的行政给付活动。如在扶贫、脱贫领域所展开的相应举措，包括解决特困户住房、教育扶贫、医疗救助等内容，均属于政府依职权展开的给付，再如自然灾害救助也是依职权展开的给付。实际上，这两种形式并不能完全割裂，换言之，在依职权中也可能会包括依申请的面向，如在扶贫、脱贫过程中，同样会涉及低保的申请。

（二）行政给付的调查

行政给付的调查存在于诸多环节，如全国性统计调查和对全国低保户、贫困人口等数据的统计。基于启动环节所展开的调查属于个案式调查，其目的在于确定是否符合相应给付条件。行政给付的专业性特征，给实际操作带来了巨大困难。例如，养老金的核算、伤残程度的认定、对贫困程度的查明等环节都涉及诸多专业性的标准，因此更需要通过调查确定申请人是否符合资格等，这实际上成为衡量行政给付的一项重要基准。

如《社会救助暂行办法》第 11 条第 2 款规定，乡镇人民政府、街道办事处应当通过入户调查、邻里访问、信函索证、群众评议、信息核查等方式，对申请人的家庭收入状况、财产状况进行调查核实，提出初审意见，在申请人所在村、社区公示后报县级人民政府民政部门审批。再如《农村五保供养工作条例》第 7 条规定，乡、民族乡、镇人民政府应当对申请人的家庭状况和经济条件进行调查核实；必要时，县级人民政府民政部门可以进行复核。申请人、有关组织或者个人应当配合、接受调查，如实提供有关情况。各地规定尽管存在着一些差异，但从相对人是否应接受调查来看，一般都强调相对人“应当”接受调查，对于行政机关而言，具有选择采取何种方式进行调查的裁量权，以此来确定申请人是否符合一定的受领条件。在此背景之下，相对人一般只能积极配合行政调查。这种调查也是国家为推行行政给付所进行的必要步骤，由此收集到的相关信息对政府职权运行具有一定的必要性，个人有一定的义务和责任配合此种调查。同时，出于对公共福利分配这种公共利益的追求，个人享有的权利受到一定范围的限制。例如，在张某军诉北京市顺义区人民政府行政复议决定案①中，法院认为，超转人员获得动用公共资源实施的社会保障，应当接受社会监督，保障相关村集体经济组织成员的知情权、监督权。为此应当让渡与其享受的利益相应的必要个人信息，因此，相关政府信息的公开不应也不必以享受利益者同意为前提。

---

① 参见张某军诉北京市顺义区人民政府行政复议决定案，北京市高级人民法院（2015）高行终字第 2944 号行政判决书，2015 年 10 月 10 日。其中，“超转人员”是指征地转为非农业户口且男年满 60 周岁、女年满 50 周岁及其以上的人员和经认定完全丧失劳动能力的人员。

在行政给付的不同环节之中，特别是审查环节会涉及家庭收入的核查等问题，这也是实践部门所要面临和解决的主要问题。其中，家庭收入的计算与统计可能需要借助更为专业化的技术手段来进行，这些技术性的问题需要交由专家加以判断。此外，涉及为确保给付对象是否具有资格的后续调查，尤以动态监管程序为代表。如我国城市居民最低生活保障中的动态管理制度，即民政部门、街道办事处、乡（镇）人民政府及社区居委会要于每季度末月份内，对享受对象的家庭人口和收入情况进行核实，根据核实情况及时办理延续、提高、降低或终止最低生活保障待遇的手续。完善的退出机制可以确保实现行政给付的目标与合理的资金利用目标。

（三）行政给付的决定

经由调查等环节之后，行政机关会依据前述调查结果作出行政给付决定。行政给付决定包括决定给付以及决定不予给付两种情形。无论哪种决定，尤其是后者，都需要加强相应的说明理由。如《社会救助暂行办法》第 12 条第 1 款规定："对批准获得最低生活保障的家庭，县级人民政府民政部门按照共同生活的家庭成员人均收入低于当地最低生活保障标准的差额，按月发给最低生活保障金。"第 13 条第 3 款规定："最低生活保障家庭的人口状况、收入状况、财产状况发生变化的，县级人民政府民政部门应当及时决定增发、减发或者停发最低生活保障金；决定停发最低生活保障金的，应当书面说明理由。"

由于行政给付的对象多为弱势群体，说明理由义务对于其知晓其权利是否被影响是关键因素。这意味着行政机关必须向行政相对人说明其作出行政行为的事实因素、法律依据以及进行裁量时所考虑的政策、公益、形势、习惯等因素，说明理由的充分度决定了行政相对人是否可以接受该项行政决定，特别是在减发、停发等不利益决定作出时，说明理由显得格外重要。

二、以行政协议方式展开的行政给付[①]

以行政协议方式展开的给付包括两种类型：第一种是替代行政决定的协议，第二种是出于市场化、社会化等因素，为实现行政任务所缔结的协议。前一种类型以社会保险待遇给付中的医保协议为典型，基本医疗保险定点服务协议由医疗保障行政部门所属的经办机构根据依法设立的各类医药机构的申请，通过对申请机构具体条件、能力等因素的评估，经平等协商并最终选择确定签约对象，签约

① 本部分参见胡敏洁：《我国行政给付义务类型化及其法律拘束》，《中国法学》2023 年第 2 期，第 97－98 页。

的医药服务机构根据协议向参加基本医疗保险的人员提供相关服务和药品，经办机构根据协议的权利义务约定付款并对定点医药机构履行协议的情况进行监督管理。由于经办机构在法律属性上本就属于被授权组织，因而该种协议本质上也应归属于行政协议。

基于行政给付中的“形式选择自由”，行政给付领域出现的大量契约现象，更多的为第二种类型，该种类型以保障性住房协议、公私合作（PPP）等协议为典型。养老保障领域中所存在的公建民营、民办公助、公私合营等都可归属于此类，此类协议具有更为浓厚的公私协力特点。如保障性住房的给付，其中的给付对象有两种：其一为直接作为保障性住房的受益人，即居住人；其二为保障性住房的建设者。从法律关系上来看，政府通过现有经费渠道，对符合规定的保障性租赁住房建设任务予以补助，居住者利益的给付实际上是通过建设者与政府之间的法律关系得以实现。研究认为，只有在民事合同无法实现公法目的的领域，才有必要在立法和司法上建构行政合同或双阶法律关系来加以保障。① 对此，我们可进一步探讨。例如，是否在新的时代背景下，伴随着住房领域的改革，尤其是中央财政补助的增强，其中公法上的补助金合理利用等拘束要求会进一步加强。换言之，基于资金投入的属性会改变保障性住房协议的性质。

此外，我国也存在一些发放“券”的形式，如医疗服务券、养老券等。通过这些券制服务，公民可凭券获得服务，相应地，给付提供主体，主要是私主体从中可获得政府相应的补贴支持。事实上，即便是券这种形式，在内容上，它会依赖于政府的补贴，因此也带有一定的行政属性。而由于交付使用机构与对象之间形成的法律关系，归属于民事法律关系。即使是在同为契约的形式之下，亦存在诸多内容差异。例如，在政府购买社会救助服务中，决定购买服务的主体是行政机关，购买服务提供主体、买受主体又是各不相同的私主体，合同属性上存在公私法交错的内容，这是否还是传统的行政行为类型？对此，德国法上有开始采用行政私法②等概念来探讨相关问题的现象。

换言之，鉴于该领域广泛采用的行政契约模式，其究竟归属于公法抑或私法调整仍存疑问。一方面，围绕行政契约本身，有公私契约混合说③、行政契约否定说④等论断。我国《行政诉讼法》中采用了“行政协议”概念，更增加了有关行政契约概念的复杂度。基本上，当下讨论已从行政协议概念证立转为如何判断具体协议的属性归属，进而如何展开相应的裁判。实际上，基于行政契约自身所

① 参见凌维慈：《保障房租赁与买卖法律关系的性质》，《法学研究》2017 年第 6 期，第 73 页。

② 行政私法是指行政主体以私法行为形式或私法组织来履行公法任务的行为，其描述性意义大于对行政任务实际履行规范之意义。参见程明修：《行政私法与私行政法》，新学林出版社 2016 年版，第 1 页。

③ 参见江嘉琪：《公私法混合契约初探：德国法之观察》，《中原财经法学》2002 年第 10 期，第 3 页。

④ 参见杨建顺：《日本行政法通论》，中国法制出版社 1998 年版，第 513 页。

具有的“行政性”与“契约性”特征，在审查过程中，法院的审查规则适用必然是双重的，即民事规则与公法规则并用。另一方面，抛开属性之争，即使并非属于行政协议，但因其公共性的确保，也会要求公法规则的适用。也就是说，当契约具有公共目标时，尤其涉及公共财政支配等内容，契约与行政之间形成某种紧密勾连时，或需借用其他概念加以描述。[①] 概言之，伴随着行政给付各项制度的日渐发展，契约的利用与行政法问题仍待深入研究。

深度阅读

1. 陈新民．公法学札记．北京：中国政法大学出版社，2001：46－91.

2. 杨建顺．比较行政法：给付行政的法原理及实证性研究．北京：中国人民大学出版社，2008：3－52.

3. 凌维慈．公法视野下的住房保障．上海：上海三联书店，2010：77－115.

4. 喻少如．行政给付制度研究．北京：人民出版社，2011：21－75.

5. 闫尔宝．关于行政给付的若干思考：以德日行政法为中心．行政法学研究，2010 (3).

6. 胡敏洁．我国行政给付义务类型化及其法律拘束．中国法学，2023 (2).

7. 徐某英诉五莲县社会医疗保险事业处不予报销新型农村合作医疗费用案．山东省日照市中级人民法院（2016）鲁 11 行终 9 号行政判决书，2016 年 12 月 28 日.

8. 杜某友等 804 人诉山西省临汾市人民政府不履行给付待遇案．最高人民法院（2017）行申 3461 号行政裁定书，2017 年 11 月 8 日.

问题与思考

1. 行政给付和给付行政的关系是什么?
2. 行政给付是否适用法律保留原则?
3. 行政给付中给付请求权的基础有哪些?

---

① 参见胡敏洁:《中国式现代化进程中的养老服务政府保障型契约》,《当代法学》2023 年第 5 期，第 63 页。

第十二章　行政强制

▶重点知识

行政强制的概念和原则　行政强制措施的概念　行政强制执行的概念　行政强制措施的种类　行政强制措施的实施程序　行政强制执行的方式　行政强制执行的实施程序

▶知识逻辑图

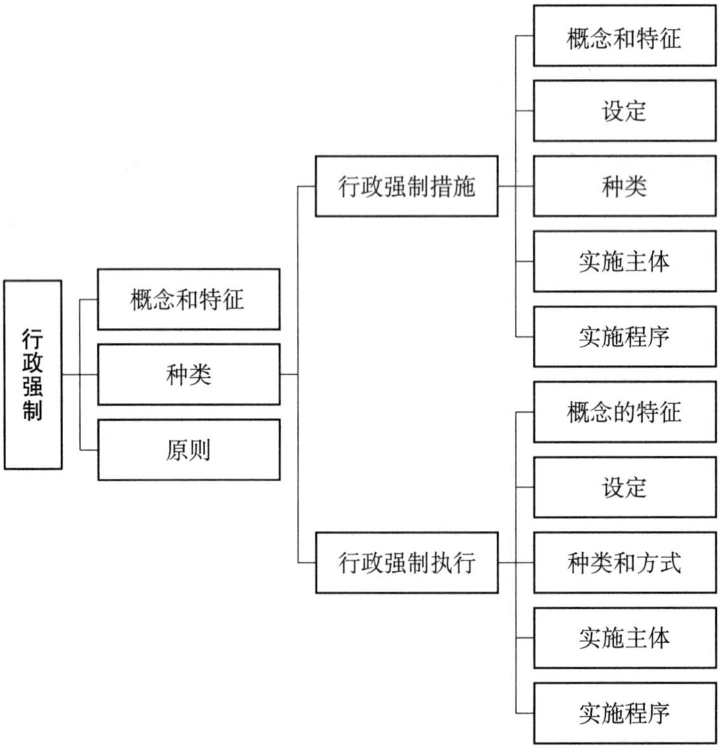

第一节　行政强制概述

一、行政强制的概念与特征

（一）行政强制的概念

为实施有效的行政管理、制止违法行为，行政机关除应当具备必要的行政许可、行政检查、行政处罚等手段外，还应当具备必要的、适当的强制手段。行政强制是国家行政管理活动中必不可少的制度，对于保障法律法规的顺利实施、行政权力的有效运作乃至社会秩序、公共利益的维护都具有十分重要的作用。行政强制可以是一种法律制度，也可以是一种行为、方式、手段，基于不同视角会成为不同法学研究范畴。行政强制行为是构建行政强制制度的核心与基础，也是行政强制方式和手段的载体。

行政强制涉及面广、内容庞杂，对每一种行政强制手段详细研究论述，是一个不可能的任务。行政强制是一个复合概念、上位概念，是统摄具有特定强制属性行政行为的一类概念，包括行政强制措施、行政强制执行两个子项。“将大量彼此不同，而且本身极度复杂的生活事件，以明了的方式予以归类，用清晰易辨的要素加以描述，并赋予其中法律意义上‘相同’者同样的法律效果，此正是法律的任务所在。”[①] 因此，必须借助分类的方法，才能进行深入分析。对待同一事物所站的角度不同，采取的依据、标准不同，所得结果也是大相径庭。对行政强制行为进行不同分类，其实是在不同层面上从不同角度透视行政强制行为，这种交叉照射过程不仅是一个多角度暴露行政强制行为内在构造的过程，也是以不同方式提炼行政强制行为的构成要素，进而实现行政强制行为类型化的过程。概念是认识法律现象、解决法律问题所必备的工具与手段。《行政强制法》第 2 条对行政强制措施和行政强制执行分别作了界定。

行政强制是指行政机关为实现行政目的，对私人的人身自由、财产及行为等所采取的强行限制或强迫的行政行为。行政强制包括行政强制措施和行政强制执行。行政强制措施，是指行政机关在行政管理过程中，为制止违法行为、防止证据损毁、避免危害发生、控制危险扩大等情形，依法对公民的人身自由实施暂时性限

① ［德］卡尔·拉伦茨：《法学方法论》，陈爱娥译，商务印书馆 2003 年版，第 319 页。

制，或者对私人的财物实施暂时性控制的行为。行政强制执行，是指行政机关或者行政机关申请人民法院，对不履行行政决定的私人，依法强制履行义务的行为。

在 2011 年《行政强制法》制定之前，行政强制仅仅作为一个学术概念使用。而行政强制措施和行政强制执行的具体表述，在 1989 年《行政诉讼法》中较早地得到规定，即 1989 年《行政诉讼法》第 11 条第 2 项所规定的“限制人身自由或者对财产的查封、扣押、冻结等行政强制措施”和该法第 66 条所涉及的“行政强制执行”。

行政强制措施是一个中国实定法和行政法总论上的独特概念。其之所以难以理解，主要是因为它是由两种源流汇集而成的合成概念。其一是源自日本行政法的即时强制，“即时强制”在民国时期仅为警察行政法上的概念，遵守警察权的界限要求，之后才上升至行政法总论的层面；其二是源自苏联行政法的行政强制措施，新中国引入了“行政强制措施”概念，又逐渐将其由手段转换成了行为方式，并在总论上形成了行政强制措施与行政强制执行并列的格局。《行政强制法》以此为基础对行政强制措施作出规定。虽然有观点将行政强制措施与即时强制等同视之，但法律列举的行政强制措施是程序性的手段措施，而传统的即时强制则是独立目的的措施，可以为法律上的定义所包含，但并未在法律上得到明确的列举和规范。如今的行政强制措施已然成为一个中国行政法学的自创性概念。[①]

行政强制执行在中国行政法学发展史上也经历了概念名称、构成体系、执行方法的变化。[②] 新中国第一本统编教材《行政法概要》是这样界定行政强制执行的：“在行政法关系中，当事人不履行其行政法上的义务时，国家行政机关可以采用法定的强制手段强制当事人履行其义务。这就是行政法上的强制执行，是一种具体的行政行为。又叫做行政执行。”[③] 而“行政强制执行”作为固定用语，首次出现在 1985 年应松年、朱维究编著的《行政法学总论》中：“行政强制执行是行政机关在国家管理中对不履行法定义务的当事人，用强制措施强制当事人履行义务的行政行为。”[④] 除强制主体限于行政机关外，该书对于行政强制执行的内涵及外延奠定了现行法律规定的理论基石。

（二）行政强制的特征

与其他行政行为相比，行政强制具有如下特征。

1. 行政强制具有行政性。日本学者和田英夫认为：“行政强制是一种行政作

---

① 参见王贵松：《行政强制措施的谱系》，《清华法学》2022 年第 6 期，第 64 页以下。

② 参见王贵松：《中国行政法学说史》，中国人民大学出版社 2023 年版，第 339－350 页。

③ 王珉灿：《行政法概要》，法律出版社 1983 年版，第 125 页。

④ 应松年、朱维究编：《行政法学总论》，工人出版社 1985 年版，第 299 页。

用，它增加实现行政目的者在身体、财产方面的实力，以此来实现达到行政目的所需要的状态。”① 实施行政强制行为的主体一般是国家行政机关或法律、法规授权的组织；在行政强制执行中，不具备行政强制权力者可以申请人民法院强制执行。人民法院的执行行为是为了实现行政决定所确立的权利义务关系，人民法院的执行行为是行政权的延伸，其行为内容主要是为了实现法律规定的义务或行政决定所确立的权利义务状态，故也把人民法院看成行政强制执行的主体。

2. 行政强制具有强制性，是一种侵益性行政行为。行政强制行为是依职权的单方行政行为，其手段为强制性的方式、措施直接作用于当事人人身、财产等权利，具有限制人身自由和改变财产物理状态效果的特性进而直接影响着当事人的权益，这是行政强制行为的法律性质。行政强制作为一项公权力，当然具有一般权力的强制性因素，即通过法定职权对行政相对人的人身自由、财产及行为进行限制或强迫来实现行政目的。有学者认为，“行政强制即行政上的强制，它是行政主体为实现行政职能而在行政管理活动中采取强制方法的行政行为。它的特征就在于手段和方法的‘强制性’，这是此类行为区别于其他行为的关键所在。行政主体不论在何阶段采取强迫手段，也不论其行政上具体目的，是为了预防或制止违法以及紧急事态的发生，还是为了实现行政上的义务，都应属于行政强制的范畴”②。强制既包括物理实力的强制，也包含意志上的强制。“因为威胁适用物理强力，并不是实施强制的唯一的方式。”③ 行政强制不仅对抗、压迫行政相对人的意志并且以实力行为排除相对人的抵抗。

3. 行政强制具有从属性。行政强制属于一种“确保行政实效性的制度”④，其基本功能是确保某种行政管理目标的实现，而这种行政目的的实现，是以一定的强行手段为必要条件的。行政强制措施是为了维护法律、法规所确立的社会秩序和社会状态，预防或制止违法行为、危险状态的发生和扩大。而行政强制执行是为了实现法律直接规定或行政行为所确立的义务的履行，当行政相对人不履行行政行为所确定的义务时，国家机关有权依法强制其履行义务或采取一定措施达到与其履行义务相同的状态。

二、行政强制的原则

行政强制的原则是行政强制法的灵魂与精髓，一方面能够指引行政强制的设

① ［日］和田英夫：《现代行政法》，倪健民等译，中央广播电视出版社 1993 年版，第 221 页。
② 马怀德主编：《行政法与行政诉讼法》，中国法制出版社 2000 年版，第 310 页。
③ ［英］哈耶克：《自由秩序原理》，邓正来译，生活·读书·新知三联书店 1997 年版，第 166 页。
④ ［日］市桥克哉、榊原秀训、本多滝夫、平田和一：《日本现行行政法》，田林、钱蓓蓓、李龙贤译，法律出版社 2017 年版，第 192 页。

定与实施，行政强制要遵循一定的原则来保障行政功能的有效实现；另一方面能够弥补成文法的不足。行政强制涉及私人的人身权、财产权，实施行政强制须遵循一定的原则，把对私人合法权益的损害限制到最小范围。行政强制的设定与实施应遵循以下原则：

（一）法定原则

《行政强制法》第 4 条规定："行政强制的设定和实施，应当依照法定的权限、范围、条件和程序。"该条款确立了行政强制法定原则。合法性是行政权的基本要求和前提，这是法律保留原则在强制领域的具体贯彻和运用。行政强制权并非基于习惯法或历史的产物，同样应受"法有明文规定才可为"的理念约束。由于行政强制直接涉及的是行政相对人的人身权与财产权，只有在法律有明文具体规定时，强制主体才能实施强制行为，因而行政强制的设定与实施都必须严格依法进行。

1. 设定法定

设定即创设，行政强制权的创设原则上只能由全国人民代表大会及其常务委员会通过制定法律创设。法律未设定行政强制的，行政法规、地方性法规不得进行设定。法律对行政强制的对象、条件和种类作了规定的，行政法规、地方性法规不得作出扩大规定。行政法规与地方性法规对行政强制的创设权限，只能由法律明确授权。除法律、行政法规、地方性法规外，其他任何形式的规范性文件都不得设定行政强制。行政机关以及法律法规授权组织不能以任何形式进行自我授权，创设任何形式的行政强制手段。

2. 权限法定

行政强制是一种有效的管理手段，但并非任何行政机关都有权行使，只有享有法定职权的法定主体才有权行使。任何权力都有被滥用的可能与危险，因此，行政强制权限法定是行政机关及其他主体实施行政强制行为的前提。权限法定既是权力的来源要求，也是一种法定职责的要求。不履行或不完全履行职权应当承担相应的法律后果。在彭某诉深圳市南山区规划土地监察大队行政不作为案①中，南山区监察大队作为区规划土地监察机构，具有对本行政区域内违法用地和违法建筑行为进行调查取证、认定，依法实施行政处罚以及强制执行的职责。在依法作出限期拆除违法建筑的行政决定后，当事人在法定期限内不申请行政复议或者提起行政诉讼的，应当依照《行政强制法》《深圳经济特区规划土地监察条例》等法律、法规规定的强制执行程序作出处理。至于有权机关须在何期限内作

① 参见《人民法院关于行政不作为十大案例》，《人民法院报》2015 年 1 月 16 日，第 3 版。

出强制执行的决定并依法实施强制拆除，法律法规并无明确规定，但应在合理期限内履行其法定职责。南山区监察大队作出限期依法拆除的行政决定后，在行政相对人未申请行政复议亦未提起行政诉讼、且拒不履行的情况下，至开庭审理之日止，在长达一年多的时间里，其仅作出催告而未对案件作进一步处理，且未提供证据证明有相关合法、合理的事由，其行为显然不当，已构成怠于履行法定职责，应予纠正。

3. 范围、条件、程序法定

行政机关及其他行政主体行使行政强制权时，应在法律规定的权限范围之内，按照法律所规定的条件行使。超出法律规定的权限范围或者不符合法定条件实施行政强制行为，都构成违法。行政主体实施行政强制时，不仅强制内容要符合法律规定，而且实施行政强制的方式、步骤、顺序、手段也要符合法律规定。法定程序既包括《行政强制法》所规定的一般程序，也包括有关单行法所规定的特别程序。另外，对此处的法定要作扩大理解，不仅包括法律、法规、规章所确立的行政机关应当遵循的程序规则，也包括公正、合理的正当程序原则。

（二）比例原则

《行政强制法》第5条规定："行政强制的设定和实施，应当适当。采用非强制手段可以达到行政管理目的的，不得设定和实施行政强制。"行政强制的设定和实施应当确保行政强制手段有助于行政强制目的适当地实现，且存在多种行政强制手段时应选择对当事人损害最小的强制手段。

行政强制比例原则具体包括：

1. 目的正当原则

行政强制的采取须出于维护公共利益与公共秩序的需要，方式与目的之间要相称、要有对应关系，强制主体所采取的手段应当有助于行政目的的实现，当行政目的实现时应立即停止强制行为。手段与目的之间如何才是适当的？必须综合衡量相对人权益与公共利益，以此来判断执行方式的适用空间，不能简单地用"目的-手段"这样的功利主义和功能主义的公式。"每一种技艺要达到的目的是明确的，而手段的价值是由技艺的目的来决定的"[①]。目的须凭借方式才能完成自己的使命，检验自身的合理性，并不断改变自己最初的设定，使得自己更适应外界的变化和发展。方式要与目的保持一致，为目的服务，既不能强调目的而否认方式手段，也不能强调方式手段而忽视目的。

---

① ［美］阿兰·布鲁姆：《巨人与侏儒：布鲁姆文集》，秦露、林国荣、严蓓雯等译，华夏出版社2003年版，第68页。

行政机关在选择强制手段时，应当遵守“禁止不当联结原则”，遵循一定内在规则的限制，不得欠缺合理的、充分的实质上的理由。除遵守时段、时间限制外，行政机关应采用正当的强制执行方式，不得对居民生活采取停止供水、供电、供热、供燃气等方式迫使当事人履行相关行政决定。相对人虽应受到惩戒，但却不应遭受不合乎目的的惩戒与强制。不得谋利也是目的正当的应有之义，如《行政强制法》第 7 条规定，行政机关及其工作人员不得利用行政强制权为单位或者个人谋取利益。行政机关及其工作人员在实施行政强制权的过程中应当处于一种超脱地位，不能以公共利益为名，以谋求部门利益和个人利益为实，或者把部门利益、个人利益与公共利益掺杂在一起，进而影响国家公权力的公正性和权威性。《行政强制法》第 49 条、第 60 条还规定了划拨的存款、汇款以及拍卖和依法处理所得的款项应当上缴国库或者划入财政专户，不得以任何形式截留、私分或者变相私分。

2. 最小损害原则

行政主体依法实施行政强制，应当以实现行政管理所要求的目标为限。为避免对行政相对人造成不必要的损害，在实施非强制性管理措施通过说服教育可以达到行政管理目的时，不得实施行政强制行为。若为了维护公共利益和公共秩序而迫不得已需要牺牲相对人个人权益，应尽可能选择对相对人权益损害最小的强制方式和手段。直接强制以国家机关所拥有的强制力为手段，以义务主体的人身权利或财产为执行对象，如适用不当极易对义务主体的合法权益造成侵害。不到必要时，不得采取直接强制执行，而应采用其他较为缓和的措施迫使义务主体履行义务。只有在无法采用代执行、执行罚的情况下，或者虽采用了代执行或执行罚，仍难以达到执行目的时，才能适用直接强制。如此既能保障完成行政强制的目标，又能有效地避免相对人权益受到不应有的损害。

行政强制的选择应兼顾行政目标的实现和相对人的利益保护，综合考虑对相对人造成的损害结果的轻重以及造成这种损害结果的手段、工具的性质等因素的统一。“谁若根据目的、手段和附带后果来作他的行为的取向，而且同时既把手段与目的，也把目的与附带后果，以及最后把各种可能的目的相比较，作出合乎理性的权衡，这就是目的合乎理性的行为”①。《行政强制法》第 16 条第 2 款规定，违法行为情节显著轻微或者没有明显社会危害的，可以不采取行政强制措施。第 23 条规定，查封、扣押限于涉案的场所、设施或者财物，不得查封、扣押与违法行为无关的场所、设施或者财物；不得查封、扣押公民个人及其所扶养家属的生活必需品。在刘某务诉山西省太原市公安局交通警察支队晋源一大队道

① ［德］马克斯·韦伯：《经济与社会》（上卷），林荣远译，商务印书馆 1997 年版，第 57 页。

路交通管理行政强制案中[1]，法院认为，建设服务型政府，要求行政机关既要严格执法以维护社会管理秩序，也要兼顾相对人实际情况，对虽有过错但已作出合理说明的相对人可以采用多种方式实现行政目的时，在足以实现行政目的的前提下，应尽量减少对相对人权益的损害。实施行政管理不能仅考虑行政机关单方管理需要，而应以既有利于查明事实，又不额外加重相对人负担为原则。实施扣留等暂时性控制措施，应以制止违法行为、防止证据损毁、便于查清事实等为限，不能长期扣留而不处理，给当事人造成不必要的损失。

3. 利益均衡原则

行政强制主体在选择强制手段实现行政目的时，应兼顾社会公众利益及个人利益。对危害公共利益和公共秩序的相对人进行强制时，应做到行政强制对相对人权益的侵害小于所要维护的公共利益和公共秩序，不能为实现行政目的而不计成本、不择手段。行政机关实施强制执行，可能严重干扰当事人的正常生活。为避免行政强制执行扰民，一般应当在正常的工作时间进行，情况紧急的除外。

行政强制在作出时应当考虑多方面的利益：（1）行政强制所欲实现的公共利益；（2）行政相对人合乎比例地履行行政义务；（3）具有利害关系的第三人权益。充分对第三人权益进行考量，能够保证行政强制机关在行政强制实施过程中不会割裂相互之间存在着内在联系的法律关系，使得私人的合法权益得到保障，同时也可以避免纠纷，减少行政强制过程中的对抗。[2] 在不同的利益冲突中，行政机关应当发挥平衡矛盾和分配利益的作用。只有行政机关不偏袒任何利益一方，使相互冲突的利益达成共识，才能实现利益平衡的目的。在姜堰市新惠奶牛养殖专业合作社诉江苏省泰州市姜堰区人民政府行政强制案[3]中，根据《口蹄疫防控应急预案》4.1 和《江苏省口蹄疫防控应急预案》的规定，姜堰区政府在确认发生疑似疫情后，为防止疫情扩散，当即启动应急预案，划定疫点疫区，封锁疫点疫区，组织人员对疫点新惠奶牛养殖专业合作社内所养殖的全部奶牛进行扑杀，连同其他受污染的物品一起进行深埋、消毒等无害化处理，符合法律法规的规定。为防止在运输过程中疫源扩散和流行的可能，姜堰区政府未将被扑杀奶牛和其他受污染物品运离疫点，而是选择就地深埋所有受污染物品，并无不当。

---

① 参见刘某务诉山西省太原市公安局交通警察支队晋源一大队道路交通管理行政强制案，《最高人民法院公报》2017 年第 2 期，第 24 页以下。

② 参见李大勇：《行政强制中的第三人权益保障》，《行政法学研究》2018 年第 2 期，第 59 - 69 页。

③ 参见姜堰市新惠奶牛养殖专业合作社诉江苏省泰州市姜堰区人民政府行政强制案，最高人民法院（2016）最高法行申 1355 号行政裁定书，2016 年 9 月 4 日。

（三）正当程序原则

行政强制权在实施时应当遵循最低限度的程序要求。在《行政强制法》中，正当程序原则的要求主要包括以下几方面：

第一，听取意见。私人对行政机关实施行政强制，享有陈述权、申辩权。陈述权是义务人就行政案件、决策所涉及的事实向行政强制机关进行说明。申辩权是对不利指控，依据所掌握的事实和法律予以反驳，旨在消灭或减轻不利指控。听取义务人的陈述和申辩是强制主体的法定义务和职责。行政强制措施实施时，当事人如有异议可陈述和申辩，行政机关应当充分听取意见。对于由行政机关自行执行的，当事人如有异议可申请中止执行，也可提起行政诉讼。由行政机关申请人民法院强制执行的，当事人可以提出对行政决定的事实、理由及依据进行审查的要求，如果要求合理，人民法院可以作出不予执行的裁定。

第二，说明理由。行政强制主体在作出对义务人合法权益产生不利影响的行为时，除法律有特别规定外，必须向义务人说明作出该行为的事实和法律依据、理由等。这既是制约公权力的要求，也是合作行政的发展趋势。行政机关实施行政强制措施应当当场告知当事人采取行政强制措施的理由、依据以及当事人依法享有的权利与救济途径。实施限制公民人身自由的行政强制措施还应当通知当事人家属实施行政强制措施的行政机关、地点和期限。延长强制措施的决定应当及时书面告知当事人，并说明理由。

（四）教育与强制相结合原则

《行政强制法》第6条规定："实施行政强制，应当坚持教育与强制相结合。"该原则注重教育在行政强制实施中的运用，强调不能只重视强制而忽略教育的功能。教育与强制在实现行政管理目标上具有一致性，教育与强制相结合并不意味着要少用或不使用强制。强制本身也意味着教育，通过强制使得当事人权益受到限制进而达到教育当事人的目的。该原则具有受苏联国家法学说影响的痕迹。在苏维埃国家管理中，说服和强制是保证执行国家管理法令的主要形式之一。说服教育是强制的基础，"在说服大多数人相信管理法令及某一具体措施的正确性与合理性的基础上实行强制"[①]。

行政强制执行在程序设定中把催告作为必经程序，就是强调通过说服教育，达到督促相对人主动履行的目的。在实施过程中，行政强制不得滥用，当实施非强制性管理措施不能达到行政管理目的时，行政机关才可以依法强制。教育与强制是相互依存、相互支撑的。

---

① ［苏］B. M. 马诺辛等：《苏维埃行政法》，黄道秀译，群众出版社1983年版，第187页。

三、行政强制措施与行政强制执行的异同

行政强制措施与行政强制执行是行政强制最主要的一种分类。明确两者之间的界限，有助于立法、执法与行政审判中对两者的准确掌握与运用。行政强制措施与行政强制执行的不同之处在于：

第一，行政强制措施的目的在于制止违法行为、防止证据损毁、避免危害发生、控制危险扩大等。而行政强制执行的前提是私人存在行政法上的义务却不自觉履行，行政机关或者行政机关申请人民法院对其实施强制，以实现行政法上的义务。

第二，行政强制措施是在行政决定作出前行政机关采取的强制手段。而行政强制执行通常是在行政决定作出后，为督促义务人履行义务或达到与履行义务相同的状态而采取的强制手段。如在翟某成诉内蒙古自治区包头市九原区人民政府强制执行决定案①中，行政强制执行系由作为基础行政行为的行政决定，与强制执行决定以及具体实施强制的事实行为等几部分组成，行政相对人在此过程中具有获得司法救济的权利。九原区政府作出限期拆除房屋的公告后，因翟某成未在规定期限内自行拆除，又作出强制执行决定书进行强制拆除，一审、二审法院在未查明已对案涉基础行政行为、具体实施强制的事实行为进行司法救济的情况下，径行认定强制执行决定书系过程性行为不可诉不当，应予纠正。

第三，行政强制措施是暂时性的对人身、财产进行的控制，是在必要时采取的，在时间的持续上以达到目的为限度。而行政强制执行是终局性的，是一种依法强制相对人履行义务的行为。

第二节　行政强制措施

一、行政强制措施的概念与特征

（一）行政强制措施的概念

行政强制措施是指行政主体在实施行政管理过程中，为制止违法行为或者在紧急、危险情况下，根据法律、法规规定，对公民、法人或其他组织的人身或者

① 参见翟某成诉内蒙古自治区包头市九原区人民政府强制执行决定案，最高人民法院（2018）最高法行申 5985 号行政裁定书，2019 年 1 月 4 日。

财产、行为实施暂时性控制的措施。

长期以来，行政法学著作中一直没有独立的行政强制措施概念，在很多情况下与行政强制执行合在一起。1989年《行政诉讼法》在受案范围中规定，“对限制人身自由或对财产的查封、扣押、冻结等行政强制措施不服的”，可以提起行政诉讼。从是否可诉与保护行政相对人角度，在行政行为阶段将行政强制分为行政强制措施与行政强制执行，是完全必要的。

（二）行政强制措施的特征

作为行政管理目标实现的保障性手段，不同的行政强制措施既有作为行政强制措施的共性，又有各自的独特性，抽象出其特征具有较大的难度。除行政性、强制性之外，其他特征更多是根据其外在形式而确立。

1. 行政性

行政强制措施由法律、法规规定的有行政强制措施权的行政机关在法定权限内实施。公安机关具有实施行政强制措施的权限。但公安机关为了侦查犯罪，依据《刑事诉讼法》所采取的强制措施如取保候审、监视居住、逮捕等属于司法性质的强制措施，是以当事人有违反刑法的嫌疑为条件的，而非违反行政法律规范。在朱某辛诉汕头市公安局达濠区分局限制其人身自由案中，因朱、肖二人对通缉犯林某金知情，将二人作为证人传唤，属于抓捕林犯进行的刑事侦查活动。刑事传唤是以《刑事诉讼法》为依据采取的措施，且要求出具书面文件。汕头市公安局达濠区分局传唤朱、肖二人，尽管未依法办理相关手续，属程序上欠妥，但不影响其刑事侦查行为的性质。①

2. 暂时性

行政强制措施是由行政机关采取的暂时性控制行为。行政强制措施是在不采取强制措施不足以实现行政目的时采取的，因而在时间的持续上以达到目的为限度。如果在采取行政强制措施后，行政相对人不再妨碍行政执法活动，行政主体可依法予以解除。如果目的已经达到，行政强制措施应予消灭或变更。法律有明文规定的强制期限，即使未达到目的，在期限届满时也应予消灭。在刘某务诉山西省太原市公安局交通警察支队晋源一大队道路交通管理行政强制案中，实施扣留等暂时性控制措施不能代替对案件的实体处理，行政机关无正当理由长期不处理的，构成滥用职权。②

---

① 参见朱某辛诉汕头市公安局达濠区分局限制其人身自由案，应松年、王成栋主编：《行政法与行政诉讼法案例教程》，中国法制出版社2003年版，第423-428页。

② 参见刘某务诉山西省太原市公安局交通警察支队晋源一大队道路交通管理行政强制案，《最高人民法院公报》2017年第2期，第24-28页。

3. 强制性

行政强制措施并不是通过说服教育来实现的，而是行政主体强行迫使行政相对人服从来实现的，在采取强制措施之前、行政主体已进行大量的说服教育，尽量避免采取强制措施；是由于说服无效，为了公共利益才不得不采取强制措施的。行政强制措施并非相对人主动申请或自觉接受的，而是行政主体依职权采取的强制行为。

4. 紧急性

行政强制措施多是国家行政机关在遇到重大自然灾害或事故以及其他影响国家、社会或公民利益的违法行为的情况下作出的，如不及时采取强制预防措施或制止措施将会给国家、社会带来更大的危害。此时不容许行政主体按照正常程序进行处理，而应直接采取措施。例如，在会同县韵渠旅游开发有限公司诉湖南省会同县人民政府清除水上餐饮船舶（平台）行政强制措施案中[①]，县级以上人民政府设立的防汛指挥机构，对河道、湖泊范围内阻碍行洪的障碍物，有权责令限期清除；逾期不清除的，由防汛指挥机构组织强行清除。强制清除阻碍行洪的障碍物，目的在于排除危险、保障汛期行洪通畅，是为制止违法行为、避免危害发生，而对私人的财物实施的暂时性控制行为，属于行政强制措施，不是行政强制执行。

二、行政强制措施的设定

设定，即创设，指何种主体可以通过何种法的形式规定行政强制。规范行政强制的设定，是从源头上治理“乱设”行政强制的基本对策，也是防止“滥用”行政强制的根本举措。在《行政强制法》出台之前，行政强制的设定相当混乱，法律、法规有设定权，甚至规章、规范性文件也都在创设行政强制措施。行政强制措施的名称也太多太杂，同一类型的措施就有不同的表述，如与扣押相近的就有强制扣押、暂时扣押、暂扣、扣留、暂时扣留、暂予扣留等。理论界关于行政强制的设定争议也很大，行政强制作为行政权力的具体体现，是否当然包含于行政机关概括授权之中？拥有行政职权的行政主体是否必然附带性地拥有行政强制权？行政强制权的取得是否需要法律规范单独授权？法有明文规定才可为，法无明文授权不得为。对于行政机关而言，法律没有明确、具体设定的行政强制权并不当然构成行政职权。行政强制措施的种类、适用主体、适用对象、条件、手

---

① 参见会同县韵渠旅游开发有限公司诉湖南省会同县人民政府清除水上餐饮船舶（平台）行政强制措施案，最高人民法院（2019）最高法行申10324号行政裁定书，2019年11月28日。

段、程序都是由行政法律规范明确规定的，而不是由行政主体任意选定的。行政强制是直接干预公民、法人和其他组织权益的具有强制性的行政行为，是最具有严厉性的权力。其授权等级、规范控制都应比其他行政职权更为严格。因此，在《行政强制法》中，行政强制的设定权体现出高度集中、高门槛的特点。

行政强制的设定涉及中央与地方的立法权配置，保障法制统一是前提，充分调动中央与地方立法的积极性是基本目标。《立法法》为保障“法制统一”，对中央立法专属事项进行原则划定，同时规定了“不抵触”原则和批准生效制度。而地方立法承担着实施国家法律和创制地方性法规的双重功能。[①] 目前的立法困境表现为“中央立法在极大的弹性和极小的张力之间跳跃，地方立法在无所顾忌与束手立法的乖巧之间沉浮”[②]。《行政强制法》第 4 条规定，行政强制的设定应当依照法定的权限、范围、条件和程序。《行政强制法》第 10 条、第 11 条规定，行政强制措施由法律设定。法律对行政强制措施的对象、条件、种类作了规定的，行政法规、地方性法规不得作出扩大规定。尚未制定法律，且属于国务院行政管理职权事项的，行政法规可以设定除限制公民人身自由、冻结存款汇款和应当由法律规定的行政强制措施以外的其他行政强制措施。尚未制定法律、行政法规，且属于地方性事务的，地方性法规可以设定查封场所、设施或者财物，扣押财物的行政强制措施。法律、法规以外的其他规范性文件不得设定行政强制措施。因此，可以将我国行政强制措施的设定作以下概括：

1. *法律的设定权*

法律可以设定各种行政强制措施，并享有设定限制公民人身自由和冻结存款、汇款的行政强制措施的专有权限。行政强制措施设定权主要定位于法律是现行法律制度基本框架的要求，也是与其他单行法律相适应的结果。但是，法律的设定权仍然要受到适当原则（非强制手段可以达到行政管理目的的，不得设定和实施行政强制）与法定程序（听证会、论证会等听取意见机制）的限制。

2. *行政法规的设定权*

行政法规在尚未制定法律，且属于国务院行政管理职权的事项上，有权设定行政强制措施，但是限制公民人身自由和冻结存款、汇款的行政强制措施除外。行政法规享有一定的行政强制措施的设定权，是法律对行政法规的特别授权，也是行政法规调整特定管理领域的客观需要，这体现了行政法学理论中的法律保留与法律优先原则。国务院行政管理职权具有特定含义和范围，由《宪法》第 89 条明确规定。国务院可以在其法定职权事项范围内和为执行法律的规定通过行政

---

① 参见刘小妹：《省级地方立法研究报告——地方立法双重功能的实现》，中国社会科学出版社 2016 年版，第 32 页。

② 徐向华：《中国立法关系论》，浙江人民出版社 1999 年版，第 7 页。

法规设定行政强制措施，但法律对行政强制措施的对象、条件、种类已经作出明确规定的，行政法规不得作出扩大规定。

行政法规设定行政强制措施的权限具有限制性，主要表现在行政强制措施的种类方面。根据《立法法》的规定，限制人身自由属于法律绝对保留事项，故行政法规不得设定限制公民人身自由的行政强制措施。冻结存款和汇款同样属于法律保留事项。例如，《商业银行法》第 29 条、第 30 条规定，对个人、单位储蓄存款，商业银行有权拒绝任何单位或者个人查询、冻结、扣划，但法律另有规定的除外。冻结存款、汇款既涉及公民的财产权，也突破了金融机构法定义务的遵循，属于行政法规不得设定的禁区，即行政法规不得设定应当由法律规定的行政强制措施。

3. 地方性法规的设定权

根据《立法法》的规定，地方人大及其常委会针对属于地方事务的事项，在与宪法、法律、行政法规不相抵触的前提下可以制定地方性法规。地方性法规在尚未制定法律、行政法规，且属于地方性事务的事项上，有权设定行政强制措施，但被严格限定为查封场所、设施或者财产和扣押财产的行政强制措施。所谓地方性事务，一般认为主要是由本地居民所享有的地方公共产品和服务，或者地方所特有的，针对当地不同情况的事务。在该区域内不需要或者在可预见的时期内不需要由全国制定法律、行政法规作出统一规定的事项，以及最高权力机关专属立法权以外，国家尚未立法、地方性法规先行规范的事项。

赋予地方立法机关对地方性事务设定查封场所、设施或财物和扣押财物两种强制措施的设定权力，有助于调动地方的主动性和积极性，适应我国复杂多变的社会需要。法律、行政法规对行政强制措施的对象、条件、种类作了规定的，地方性法规不得作出扩大规定。在衡阳华强玻璃制品有限公司诉湖南省衡阳市经济和信息化委员会、湖南省衡阳市电力行政执法支队行政强制及行政赔偿案①中，法院认为，限制供电行政强制措施不属于《行政强制法》第 10 条第 3 款规定的地方性法规有权设定的查封、扣押措施，只能由法律或者行政法规设定。因此，行政机关作出限制供电行政强制措施，必须有法律、行政法规的授权依据。工业和信息化部发布的工产业政策（2010）第 3 号《日用玻璃行业准入条件》，属于部门规章，无权设定行政强制措施，且该准入条件第 8 条第 3 项规定“电力监管机构要监督供电企业依法实施停、限电措施”，亦未授权电力行政主管部门作出限制用电行政强制措施。湖南省环保厅等部门作出的通知，系规章以下的规范性文件，无权设定行政强制措施，不能作为电力行政主管部门享有作出限制用电行

① 参见衡阳华强玻璃制品有限公司诉湖南省衡阳市经济和信息化委员会、湖南省衡阳市电力行政执法支队行政强制及行政赔偿案，最高人民法院（2018）最高法行申 6130 号行政裁定书，2018 年 11 月 21 日。

政强制措施法定职权的授权依据。

三、行政强制措施的种类

《行政强制法》第 9 条对行政强制措施的种类进行了明确列举：限制公民人身自由，查封场所、设施或者财物，扣押财物，冻结存款、汇款，其他行政强制措施。根据强制对象可分为限制人身自由类强制措施与限制财产类强制措施，查封、扣押、冻结属于限制财产类强制措施。考虑到现行立法中，行政强制措施的形式多样性与名称差异性，《行政强制法》对前述四种措施以外的其他措施进行了概括式规定，即规定了“其他行政强制措施”作为兜底性规定。除上述行政强制措施之外，法律、行政法规以及地方性法规还可以依法设定其他行政强制措施。

（一）限制人身自由类强制措施

限制人身自由类强制措施主要是指公安、国家安全、海关、卫生等部门的行政机关，针对那些对社会有现实威胁或拒不接受有权机关作出的人身处罚、拒不履行法定义务的行政相对人，依照行政强制执行程序而采取的限制其人身自由或迫使其履行人身义务的强制方式。此类措施适用于违法情节比较严重的对象或场合。对人身予以强制的方式涉及强制拘留、强制隔离、强制约束、强制戒毒、扣留、强制检疫、强制带离现场等。规定此类措施的法律，例如：《海关法》第 6 条规定，对有走私嫌疑的走私犯罪嫌疑人，经直属海关关长或者其授权的隶属海关关长批准，可以扣留；对走私犯罪嫌疑人，扣留时间不超过 24 小时，在特殊情况下可以延长至 48 小时。《道路交通安全法》第 39 条规定，公安机关交通管理部门根据道路和交通流量的具体情况，可以对机动车、非机动车、行人采取疏导、限制通行、禁止通行等措施。遇有大型群众性活动、大范围施工等情况，需要采取限制交通的措施。

（二）限制财产类强制措施

限制财产类强制措施是指行政机关对一定财产采取的限制移动、限制移转和处分的强制措施。如查封、扣押、冻结等。

1. 查封场所、设施或者财物

查封指行政机关对相对方经营的场所或者其所有、使用的设施贴上封条，或者通过登记机关对有权属登记的不动产或者动产进行权属限定的措施。查封对象通常具有不能或不宜移动的特点。查封所产生的法律后果是原权利人暂时丧失对查封对象占有、使用及其处分的权利，但所有权并没有发生转移。如《野生动物保护法》第 36 条规定："县级以上人民政府野生动物保护主管部门和其他负有野生动物保护职责的部门，在履行本法规定的职责时，可以采取下列措施：……（三）查封、复制有关文件、资料，对可能被转移、销毁、隐匿或者篡改的文件、资料予以封存；（四）查封、扣押无合法来源证明的野生动物及其制品，查封、扣押涉嫌非法猎捕野生动物或者非法收购、出售、加工、运输猎捕野生动物及其制品的工具、设备或者财物。"现行法律、法规中，"封存""封闭""关闭或者限制使用场所""限制使用设备、设施"在性质与作用上与查封相同。

2. 扣押财物

扣押指行政机关为了取证或者其他行政管理目标，对财产所有权人的财产进行限制，使其不能行使占有、使用和处分的权利。与查封不同，扣押主要针对可移动的财物，而且由行政机关保管。与扣押效果相同的有"暂扣""扣留"等。如《海关法》第 6 条规定，海关可以查阅、复制与进出境运输工具、货物、物品有关的合同、发票、账册、单据、记录、文件、业务函电、录音录像制品和其他资料；对其中与违反海关法或者其他有关法律、行政法规的进出境运输工具、货物、物品有牵连的，可以扣留。

3. 冻结存款、汇款

冻结指银行等金融机构应行政机关的请求，对相对方的存款或者有价证券等进行暂停支付，未经允许不准提取或转让的行为。与查封、扣押相比，冻结直接限制的是金钱，而非物品。冻结涉及银行等金融机构的法定义务。《商业银行法》第 29 条、第 30 条规定，对个人储蓄存款或单位存款，商业银行有权拒绝任何单位或者个人查询、冻结、扣划，但法律另有规定的除外。

四、行政强制措施的实施主体

（一）法律、法规规定的行政机关

行政强制措施的即时性和强制性使得对实施主体的要求比行政处罚、行政许可更为严格。根据《行政强制法》第 17 条的规定，行政强制措施只能由行政机关实施，不得委托其他行政机关、组织或者个人行使。行政机关必须在法定职权内实施行政强制措施，未经授权的行政机关不得实施行政强制措施。在丰祥公司诉上海市盐务局行政强制措施案[①]中，盐务局只能负责管理食盐专营工作，并无

① 参见丰祥公司诉上海市盐务局行政强制措施案，《最高人民法院公报》2003 年第 1 期，第 35－36 页。

对上海市工业盐的经营、运输进行查处的职权，不具有作出封存、扣押违法经营工业盐行政强制措施的执法主体资格。行政强制措施应当由行政机关中具备正式执法资格的行政执法人员实施，其他人员不能作为行政强制措施权的实施主体。

（二）法律、行政法规授权的具有管理公共事务职能的组织

法律、行政法规授权的具有管理公共事务职能的组织可以实施行政强制措施。其依据为《行政强制法》第 70 条规定：“法律、行政法规授权的具有管理公共事务职能的组织在法定授权范围内，以自己的名义实施行政强制，适用本法有关行政机关的规定。”例如中国气象局就属于具有管理公共事务职能的组织。《气象法》第 35 条规定，对违反法律规定，侵占、损毁或未经批准擅自移动气象设施，在气象探测环境保护范围内从事危害气象探测环境活动的，由有关气象主管机构按照权限责令停止违法行为，限期恢复原状或采取其他补救措施，可以并处 5 万元以下的罚款。

（三）相对集中行使行政处罚权的行政机关

《行政处罚法》第 18 条规定，国家在城市管理、市场监管、生态环境、文化市场、交通运输、应急管理、农业等领域推行建立综合行政执法制度，相对集中行政处罚权。国务院或者省、自治区、直辖市人民政府可以决定一个行政机关行使有关行政机关的行政处罚权。限制人身自由的行政处罚权只能由公安机关和法律规定的其他机关行使。《行政强制法》第 17 条规定，依据《行政处罚法》的规定行使相对集中行政处罚权的行政机关，可以实施法律、法规规定的与行政处罚权有关的行政强制措施。

相对集中实施行政强制措施包含以下内容：第一，相对集中行政强制措施权的实施基于《行政强制法》的直接授权，不需要再通过国务院或省级政府逐一授权。第二，相对集中行政强制措施权具有从属性，仅限于《行政处罚法》第 18 条所规定行使相对集中处罚权的城市管理、市场监管、生态环境、文化市场、交通运输、应急管理、农业等领域，行政强制措施权随着行政处罚权的相对集中而转移。由于限制人身自由的行政处罚权依法只能由公安机关和法律规定的其他机关行使，相应的限制人身自由的行政强制措施权不得转移。第三，相对集中行政强制措施权具有限定性，仅限于与行政处罚权相关的行政强制措施。

五、行政强制措施的实施程序

行政强制措施大多是在紧急状态下采取的，运用得当能够有效维护公共安全

和社会秩序，反之则会对公民的权利和自由构成严重威胁，因而紧急性并非行政强制措施免受程序规范的借口。

（一）行政强制措施应遵循的一般程序

1. 除当场采取行政强制措施外，实施前需向行政机关负责人报告并经批准。这是行政强制措施的内部审批程序，属于对行政强制措施的事前控制手段。行政机关负责人对具体经办人的报告进行审查，符合条件的予以批准。紧急情况下需当场实施强制措施的，执法人员可以先行决定采取强制措施，但应在24小时内补办批准手续。行政机关负责人认为不应当采取行政强制措施的，应当立即解除。

2. 行政强制措施权不得委托，需由行政机关两名以上行政执法人员实施。两人执法已成为行政执法的基本要求。一方面，执法人员之间可以相互监督、避免滥用职权、徇私枉法；另一方面，执法人员可以相互保护，避免当事人诬告陷害、报复执法人员。

3. 出示执法身份证件。表明身份是行政公开原则在行政强制执法中的首要体现，这既是执法人员应尽的义务，也是当事人知情权的要求。这不仅有利于当事人的配合，也能够避免可能存在的诈骗与假冒风险。

4. 当场告知当事人采取行政强制措施的依据、理由及当事人依法享有的权利与救济途径。告知的形式主要是书面方式，紧急情况下也可以口头告知。依据包括事实依据与法律依据，理由包括为何采取行政强制措施及为何选择特定强度的行政强制措施，权利包括陈述权、申辩权等，救济途径包括法定期限内申请行政复议和提起行政诉讼的权利。

5. 通知当事人到场。这是行政机关应当履行的通知义务，也是当事人参与管理、便于陈述、申辩和对实施过程予以监督的前提。

6. 听取当事人的陈述和申辩。陈述权和申辩权是当事人在行政程序中所享有的主要程序权利。听取当事人陈述和申辩是行政机关的法定义务，确保行政强制措施的审慎采取。

7. 制作现场笔录。现场笔录指行政机关及其工作人员在执行职务过程中，对某些事项当场作出的能够证明案件事实的记录。现场笔录包括现场检查笔录、现场勘验笔录、现场检验笔录、现场制作的音像视听资料等。制作现场笔录的主要目的在于避免争议、防止当事人事后翻供、克服以后取证困难。

8. 现场笔录和清单由当事人或者见证人和行政执法人员签名或者盖章，当事人或者见证人拒绝签名或者盖章的，应当在笔录中予以注明。当事人不到场的，邀请见证人到场，由见证人和行政执法人员在现场笔录上签名或者盖章。

以上所规定的是行政机关实施法律、法规规定的各类行政强制措施所必须遵循的程序。如果法律、法规对各类行政强制措施还有特别程序规定，根据特别法优于一般法的适用规则，行政机关实施行政强制措施还应当遵循特别程序规定。当法律、法规的程序规定与《行政强制法》的程序规定存在不一致的情况时，应当适用对当事人有利的程序规定。

（二）行政强制措施的特殊程序

《行政强制法》对实施限制人身自由的行政强制措施、查封、扣押、冻结的程序作出了特别规定。

1. 实施限制人身自由强制措施的特别规定

（1）立即告知当事人家属。当场告知或者实施行政强制措施后立即通知当事人家属实施行政强制措施的行政机关、地点和期限。（2）立即报告并补办批准手续。在紧急情况下当场实施行政强制措施的，在返回行政机关后，立即向行政机关负责人报告并补办批准手续。（3）立即解除。实施限制人身自由的行政强制措施不得超过法定期限。实施行政强制措施的目的已经达到或者条件已经消失的，应当立即解除。

2. 实施查封、扣押强制措施的特别规定

（1）查封、扣押仅限于涉案场所、设施或财物。查封、扣押应在必要的限度内，具体需结合实施行政强制措施的目的来判定。《行政强制法》第 23 条规定了“三个不得”的限制性要求：不得查封、扣押与违法行为无关的场所、设施或者财物，不得查封、扣押公民个人及其所扶养家属的生活必需品，不得重复查封已被其他国家机关依法查封的场所、设施或者财物。

（2）制作并当场交付查封、扣押决定书和清单。查封、扣押决定书是行政机关作出查封、扣押决定的法律文书和书面凭证。查封、扣押决定书应当载明下列事项：当事人的姓名或者名称、地址，查封、扣押的理由、依据和期限，查封、扣押场所、设施或者财物的名称、数量等，申请行政复议或者提起行政诉讼的途径和期限，行政机关的名称、印章和日期。查封、扣押清单是记载被查封、扣押场所、设施或财物详细信息的书面凭证。信息应当尽可能准确无误，避免事后出现纠纷。清单应当一式两份，由当事人和行政机关分别保存。

（3）查封、扣押的期限特定。根据《行政强制法》第 25 条规定，查封、扣押的期限不得超过 30 日；情况复杂的，经行政机关负责人批准，可以延长，但是延长期限不得超过 30 日。法律、行政法规另有规定的除外。延长查封、扣押的决定应当及时书面告知当事人，并说明理由。查封、扣押的期间不包括检测、检验、检疫或者技术鉴定的期间。

（4）处理方式特定。行政机关采取查封、扣押措施后，应当及时查清事实，在法定期限内作出处理决定。处理决定分为三种类型：第一，对违法事实清楚，依法应当没收的非法财物予以没收；第二，法律、行政法规规定应当销毁的，依法销毁；第三，应当解除查封、扣押的，作出解除查封、扣押决定。解除情形包括：当事人没有违法行为；查封、扣押的场所、设施或者财物与违法行为无关；行政机关对违法行为已经作出处理决定，不再需要查封、扣押；查封、扣押期限已经届满；其他不再需要采取查封、扣押措施的情形。

3. 实施冻结措施的特别规定

（1）法定实施机关。冻结存款、汇款既涉及私人的财产安全，也关系到金融机构的信用与法定义务，应予以严格限制。冻结存款、汇款的实施主体只能是法律明确规定的行政机关和法律授权的具有管理公共事务职能的组织，不得委托给其他行政机关或者组织。实施主体主要包括税务机关、海关和国务院反洗钱行政主管部门、中国证券监督管理委员会等。其他任何行政机关或者组织不得实施冻结存款、汇款的行政强制措施。

（2）冻结数额适当、禁止重复冻结。行政机关实施冻结存款、汇款的数额应当与违法行为涉及的金额相当。一方面，不得对超出查处违法行为需要的金额实施冻结，尽可能将当事人因冻结措施造成的损失降到最小限度。另一方面，冻结金额不能明显小于涉案金额，防止出现执法人员包庇违法行为，行政管理目的无法实现。重复冻结是指两个或两个以上的国家机关对于同一账户的同一额度存款或汇款在同一期间进行冻结的行为。根据我国法律，除行政机关经法律规定可实施冻结措施外，公安机关、国家安全机关、检察机关、人民法院在司法活动中也有权实施冻结。涉案存款、汇款已被其他国家机关依法冻结的，行政机关不得重复冻结。

（3）适用特别程序规定。行政机关依照法律规定决定实施冻结存款、汇款的，根据《行政强制法》第 18 条和第 30 条的规定，应当遵守下列程序：第一，实施前须向行政机关负责人报告并经批准；第二，由两名以上行政执法人员实施；第三，出示执法身份证件；第四，制作现场笔录；第五，向金融机构交付冻结通知书。

（4）冻结决定的作出与送达。冻结决定书是冻结的书面凭证，也是行政机关实施冻结的基础和依据。行政机关依照法律规定作出冻结存款、汇款决定后，应当在 3 日内向当事人交付冻结决定书。冻结决定书应当载明下列事项：当事人的姓名或者名称、地址，冻结的理由、依据和期限，冻结的账号和数额，申请行政复议或者提起行政诉讼的途径和期限，行政机关的名称、印章和日期。

（5）冻结期限。冻结具有临时性、暂时性，不具有最终处置性，因此应当规定一定的期限。行政机关自冻结存款、汇款之日起 30 日内，应当作出处理决定或者作出解除冻结决定；情况复杂的，经行政机关负责人批准，可以延长，但是延长期限不得超过 30 日。法律另有规定的除外。

（6）冻结解除。冻结解除是指符合法定情形时，行政机关依法作出解除冻结决定，使其不再发生法律效力。解除冻结决定的情形包括：当事人没有违法行为；冻结的存款、汇款与违法行为无关；行政机关对违法行为已经作出处理决定，不再需要冻结；冻结期限已经届满；其他不再需要采取冻结措施的情形。行政机关作出解除冻结决定的，应当及时通知金融机构和当事人。金融机构具有协助解除义务，接到通知后应当立即解除冻结。同时，金融机构也具有自行解除权，当行政机关逾期未作出处理决定或者解除冻结决定时，金融机构应当自冻结期满之日起解除冻结。

第三节　行政强制执行

一、行政强制执行的概念与特征

行政强制执行是指行政机关或者由行政机关申请人民法院，对不履行发生法律效力的行政决定的私人，采取法定方式强制其履行义务或达到与履行义务相同状态的行为。我国对行政强制执行概念的理解，实际上是与德国、日本传统行政法理论一脉相承的。这实际上也与我国进行法律移植、继受大陆法系的内容是相互印证的。

行政强制执行具有以下特征：

（1）行政强制执行的前提条件是私人没有依法履行行政法上的特定义务。“行政法上的特定义务”必须具有可执行的内容，若没有可执行的内容，也就没有行政强制的必要。此特定义务主要是指行政主体依法作出的行政决定所确定的义务。没有依法履行是指行政相对人在法定期限内既不行使法律规定的救济权利，又不履行行政决定所确定的义务。行政强制执行只有在行政相对人构成了义务不履行的条件下，法律明确规定可以采取强制执行的才可采取。

（2）行政强制执行是有执行权的国家机关以国家强制力为后盾采取强制执行方式的行为。“容许自力救济的理由在于，为了尽快确保义务履行而达成行政目的，不必依赖于通常要花费较多时间的法院执行，而设计行政上的强制执行制度，还可以起到维持社会秩序，保障国家本身就有的‘抑压装置机能’。”[①] 行政

---

① ［日］市桥克哉、榊原秀训、本多滝夫、平田和一：《日本现代行政法》，田林、钱蓓蓓、李龙贤译，法律出版社 2017 年版，第 193 页。

相对人不履行行政行为所确定的义务时，行政机关有权强制要求其履行义务或采取一定措施达到与履行义务相同的状态，这是对基础行政行为的效力没有得到实现的自力救济。在某某某公司诉广西壮族自治区南宁市青秀区政府房屋行政强制及行政赔偿案①中，法院认为，存在强制因素是构成行政强制执行行为的核心要素。对相对人创设权利义务内容、产生法律效果的行为是“行政决定”，而非“行政强制执行”，“行政强制执行”是对“行政决定”的执行。执行“行政决定”不具有对相对人设立、变更或终止权利义务的法律效果，只是对相关事实状态的改变。对“行政决定”的执行本不可诉，只是由于加入了“强制”因素，才成为可诉的行政强制执行行为。若是对“行政决定”的执行不具有“强制”因素，仅仅是将“行政决定”确定的权利义务内容予以实现，则难以构成行政强制执行行为。

（3）行政强制执行的目的是实现已生效的行政决定所确定的义务，即促使相对人履行义务或者直接实现与履行相同的状态，这也是直接强制执行与间接强制执行并存的理由。行政主体通过滞纳金促使相对人自动、及时、完全履行义务，实现行政机关决定所确定的义务。行政主体通过强制拆除、强制划拨实现与相对人亲自履行相同的状态。由此可见，行政强制执行与以制裁违法行为、促使相对人遵守行政法规范为目的的行政处罚是有区别的。人民法院在接到行政机关的行政强制执行申请时，应对行政行为的合法性进行审查，符合法律规定且具备法定执行效力则按行政行为的内容予以强制执行；如存在明显不合法，可以不予执行。人民法院审查后的执行也自然实现了行政行为的内容。

（4）行政强制执行的对象具有法定性和广泛性。行政强制执行的具体实施方式，只能由法律明确规定，行政法规、地方性法规、规章及其他规范性文件不得设定任何行政强制执行。执行机关必须严格按法定形式实施，不得任意创新或更改。行政强制执行为实现行政行为所确定的义务，可针对一切阻碍行政行为执行的对象以及应执行的一切对象，行政强制执行的对象可以是物、行为和人身。这与民事强制执行将自然人排除在外不同，其范围明显扩大。

（5）在行政强制执行中不得进行执行和解。行政强制执行是为执行生效法律文书所确定的权利义务对相对人作出的特别措施，是二次适法行为。对于负有义务的行政相对人来说，只有一个选择即履行其应履行的义务。由于行政法律关系的权利义务具有的法定性和确定力，在行政强制执行过程中，不可能出现免除或变更义务的情况。对行政机关而言，行政强制执行既是职权又是职责，必须依法行使不得放弃或任意处置。因此，与民事执行不同，在行政强制执行过程中不允许进行执行和解。如果在执行过程中出现法定情形，如发现行政决定确有错误

---

① 参见某某某公司诉广西壮族自治区南宁市青秀区政府房屋行政强制及行政赔偿案，最高人民法院（2022）最高法行再321号行政裁定书，2023年10月7日。

的，行政主体可决定执行中止。影响中止的情形消失后，行政主体可以恢复执行。如果行政决定确有错误被撤销，则行政强制执行终止，已经执行的应当执行回转，造成损失的进行国家赔偿。如发现执行标的灭失且没有可替代物，行政执行主体可以决定执行终结。

（6）生效的行政决定和法院的裁定是执行的依据。执行依据又称执行名义，行政文书和裁判文书是确定相对人履行义务的书面载体。义务人根据法律或者按照法律规定作出的行政决定或者法院的裁定，负有金钱给付义务或作为义务。凡没有执行依据的，一律不得强制执行。在许某云诉金华市婺城区政府房屋行政强制及行政赔偿案①中，市、县级人民政府在既未作出补偿决定又未通过补偿协议解决补偿问题的情况下，违法强制拆除被征收人房屋，应当赔偿被征收人房屋价值损失屋内物品损失、安置补偿等损失。

二、行政强制执行的设定

行政强制执行是行政机关实现行政管理目的，维护国家利益与公共利益的重要手段，没有强制就无法维护正常的社会秩序，但行政强制执行与公民的基本权利密切相关，设定不当将会对私人的合法权益构成严重威胁，后果甚至无法弥补。从依法律行政的要求看，应当对行政强制执行的设定作出最为严格的规定，只有法律明确规定行政机关强制执行的，行政机关的强制执行行为方属合法。《行政强制法》第13条规定，行政强制执行由法律设定。法律没有规定行政机关强制执行的，作出行政决定的行政机关应当申请人民法院强制执行。

行政机关拥有行政强制执行权只能由法律明确规定，排除了其他规范性文件的设定权。目前我国共有十多部法律规定了行政机关直接强制执行，如税务机关、海关、公安机关、公路主管部门、水行政主管部门、防汛指挥机构等部门和地方人民政府，法律通过单独授权其有强制执行权，其他大部分行政机关都没有直接强制执行权，须申请人民法院强制执行。《水法》第70条规定，拒不缴纳、拖延缴纳或者拖欠水资源费的，由县级以上人民政府水行政主管部门或者流域管理机构依据职权，责令限期缴纳；逾期不缴纳的，从滞纳之日起按日加收滞纳部分千分之二的滞纳金，并处应缴或者补缴水资源费一倍以上五倍以下的罚款。

在赵某久诉辽宁省抚顺市东洲区人民政府强制清理行为违法并赔偿案②中，

① 参见许某云诉金华市婺城区人民政府房屋行政强制及行政赔偿案，《最高人民法院公报》2018年第6期，第30－38页。

② 参见赵某久诉辽宁省抚顺市东洲区人民政府强制清理行为违法并赔偿案，最高人民法院（2017）最高法行申6400号行政裁定书，2017年12月27日。

《辽宁省大伙房水源保护条例》规定，在一级保护区内禁止从事网箱养殖、种植农作物。环保、水行政等部门应按照各自职责组织巡查并做好相关巡查记录，对巡查中发现可能造成水源污染的行为应当及时制止，并依法处理。上述规定并没有直接明确县级以上人民政府具体如何处理本案涉及的情形，且该条例系辽宁省地方性法规，无权设定行政强制执行。东洲区政府实施强制清理行为，没有法律依据，属于超越法定职权。

行政强制执行的设定应当审慎、适当。具体要求如下：（1）行政强制执行在设定之前要听取意见、解释说明，充分体现民主立法的要求。《行政强制法》第14条规定，起草法律草案、法规草案，拟设定行政强制的，起草单位应当采取听证会、论证会等形式听取意见，并向制定机关说明设定该行政强制的必要性、可能产生的影响以及听取和采纳意见的情况。（2）行政强制执行设定后定期评价机制。《行政强制法》第15条第1款、第2款规定，行政强制的设定机关应当定期对其设定的行政强制进行评价，并对不适当的行政强制及时予以修改或者废止。行政强制的实施机关可以对已设定的行政强制的实施情况及存在的必要性适时进行评价，并将意见报告该行政强制的设定机关。（3）行政强制设定公众参与机制。《行政强制法》第15条第3款规定，公民、法人或者其他组织可以向行政强制的设定机关和实施机关就行政强制的设定和实施提出意见和建议。有关机关应当认真研究论证，并以适当方式予以反馈。

二、行政强制执行的种类和方式

《行政强制法》第12条规定："行政强制执行的方式：（一）加处罚款或者滞纳金；（二）划拨存款、汇款；（三）拍卖或者依法处理查封、扣押的场所、设施或者财物；（四）排除妨碍、恢复原状；（五）代履行；（六）其他强制执行方式。"依照强制主体在实施强制过程中是督促义务人履行义务，还是亲自采取物理手段实现行政义务，可区分为间接强制执行与直接强制执行。

（一）间接强制执行

间接强制执行是作出决定的行政机关为促使行政管理相对人履行义务或者达到与履行义务相同的状态所采取的强制执行手段。

1. 加处罚款或者滞纳金

加处罚款或者滞纳金亦称强制金，属于执行罚，是指义务人拒不履行法定义务且该义务具有不可替代性，有执行权的机关可通过使法定义务人承担新的持续不断的给付义务，促使其履行义务的一种执行方式。"罚锾，又称强制罚、心理罚、不服从罚或强制金，学理上则称之为执行罚，乃是一种对于无替代性之行为或不行为义务或可替代之行为义务之义务人加以心理上的压迫，间接促进其履行义务之行政强制方法”[①]。执行罚与代履行都属于间接强制执行方式，区别之处在于，执行罚是以新的金钱缴纳义务达到督促相对人的目的，而非直接针对应履行义务本身。执行罚与行政处罚中的罚款有相似之处，但是，执行罚的目的不是对义务主体进行金钱处罚，而是以促使义务人履行义务为目的；执行罚可以针对同一事项反复适用，直至义务人履行义务为止，而罚款必须遵循“一事不再罚”的原则。如《环境保护法》第 59 条第 1 款规定：“企业事业单位和其他生产经营者违法排放污染物，受到罚款处罚，被责令改正，拒不改正的，依法作出处罚决定的行政机关可以自责令改正之日的次日起，按照原处罚数额按日连续处罚。”

执行罚的要件有：(1) 须有法律根据，或者有合法的行政行为存在，并且法定义务人不履行其应该履行的法定义务；(2) 法定义务人拒不履行的义务为无法由他人代为履行的义务（大多为作为义务，亦有不作为义务）；(3) 执行罚的数额、幅度必须由法律、法规规定，执行机关只能依法实施；(4) 执行罚的数额从义务主体应履行义务之日起按日计算，并可反复适用，直至义务人履行义务为止。

单纯以金钱作为惩戒手段的滞纳金在现实生活中已经与当初设定的目标渐行渐远，如郑州“49 万元天价滞纳金”等“天价”滞纳金，不断被人诟病。“天价”滞纳金可能使执法走向反面，驱使一些部门进行“钓鱼式执法”，甚至故意不予提醒，从而通过增加罚款为自己创收。特别是越滚动越惊人的数额，因相关部门在催缴方式、告知方式中的缺失，使得这种执行罚已经丧失了震慑并督促义务人履行义务的作用。《行政强制法》第 45 条规定：“行政机关依法作出金钱给付义务的行政决定，当事人逾期不履行的，行政机关可以依法加处罚款或者滞纳金。加处罚款或者滞纳金的标准应当告知当事人。加处罚款或者滞纳金的数额不得超出金钱给付义务的数额。”该条的规定，有望终结“天价”滞纳金的出现。

从立法上看，执行罚并不局限于督促金钱给付义务的履行。执行罚局限于金钱给付义务是和国内的执法环境紧密相关的，受部门利益的驱动以及罚没收入的管理体制不畅通，行政执法者倾向于采用经济惩戒手段来达到执法目的。把执行罚仅局限于强制金，也反映出行政法学界对此知识储备不足。

2. 代履行

代履行，又称代执行，是指义务人不履行行政行为确定的义务且该义务又可以由他人代为履行时，行政机关自行或委托第三人代为履行，并向义务人收取履

① 城仲模：《行政法之基础理论》，三民书局 1980 年版，第 211 页。

行义务所需费用的行政强制执行方式。并非所有不履行都可适用代履行，只有那些具有可替代性、与人身结合不太紧密的行为才可以采用代履行。代履行是一种比较广泛使用的间接强制执行方式，一般而言，与人身权利无关的义务可以代履行，如对违法建筑物的强制拆除等。而与人身相关的义务或者不作为的义务则不能代履行，如接受行政拘留处罚等。因此，可为他人所代履行的作为义务是代履行的唯一对象。

从权力运行角度来看，代履行是在决定权与执行权分开的基础上，把执行权又分为职权性事项和事实性事项。由代履行人代为履行的是事实性事项，而非职权性事项。在代履行中，事实性事项实际上就是指可替代性的作为义务，不作为或忍受义务以及高度属人性的行为不属于此事项，这些事项由义务人履行还是由第三人或行政执行机关履行并不会改变确保义务实现这一根本目的。事项本身的性质并不会因为主体的变化而发生变化，对于“事”的承担主体可以是政府，也可以是事业单位，还可以是企业，甚至个人。代履行的实质是公与私之间的优势互补，充分发挥了行政机关、社会组织、企业在社会治理中各自的优势。代履行之所以在现有法律规范中被大量地规定，正因为其制度安排在于汲取双方的优势力量以建立互补性的合作关系，暗合了公私合作的大背景下公共治理格局的需求。行政机关通过引入无利害关系的第三人，借助第三人的履行能力以及履行行为达到了行政管理的目的，突破了行政强制执行的传统观念，行政行为不再拘泥于以行政主体为核心的单一中心，解除了行政系统的自我封闭性，开始迈向行政行为的多中心、开放性。代履行体现了在行政行为的结构中开始由单一主体转向多元主体、由单方责任转向多方责任的趋势。行为方式也由单一方式转向多样方式。义务人之外的第三人对于行政行为不再对抗、漠视而开始转向参与、合作，成为行政行为意志实现的组成部分。

如《水法》第 65 条规定，在河道管理范围内建设妨碍行洪的建筑物、构筑物，或者从事影响河势稳定、危害河岸堤防安全和其他妨碍河道行洪的活动的，由县级以上人民政府水行政主管部门或者流域管理机构依据职权，责令停止违法行为，限期拆除违法建筑物、构筑物，恢复原状；逾期不拆除、不恢复原状的，强行拆除，所需费用由违法单位或者个人负担，并处 1 万元以上 10 万元以下的罚款。又如《森林法》第 81 条规定，针对拒不恢复植被和林业生产条件，或者恢复植被和林业生产条件不符合国家有关规定等情形的，由县级以上人民政府林业主管部门依法组织代为履行，代为履行所需费用由违法者承担。

代履行也有例外情形，如需要立即清除道路、河道、航道或者公共场所的遗洒物、障碍物或者污染物，当事人不能清除的，行政机关可以决定立即实施代履行；当事人不在场的，行政机关应当在事后立即通知当事人，并依法作出处理。

代履行的要件有：(1) 须有法律根据，或者有合法的行政行为存在，并且法定义务人不履行其应该履行的法定义务。(2) 代履行的义务一般都是作为义务,并且是可以请人代为履行的义务,不以义务人自行履行为必要。必须由义务人自行履行的,无法适用代履行。如《兵役法》第 57 条规定,有服兵役义务的公民拒绝、逃避兵役登记的、应征公民拒绝、逃避征集服现役的,由县级人民政府责令限期改正;逾期不改正的,由县级人民政府强制其履行兵役义务,并处以罚款。(3) 代履行的主体须是行政强制执行机关或者其委托、指定的第三人。[①] 行政强制执行机关自身代替义务主体履行义务,是完成其所承担任务的一种有效途径,这也是法律所允许的。执行机关成为代履行主体,并不意味着该机关及其工作人员必须具体实施执行行为,只要在其主持和指挥下进行即可。

在代履行过程中,代履行人一般应为没有利害关系的相关组织,在紧急情况下可以由行政机关履行。原因有三:第一,行政机关作为行政决定的作出者,自己执行自己的决定,有显失公正的嫌疑;第二,行政机关往往具备行政管理的能力,但它是否具备了履行行政决定的能力并非肯定,如果强求行政机关具备这些能力,如拖车、拆迁等,既不现实也本末倒置,忽视了行政机关的职责所在;第三,国家财政已经对行政机关的办公经费、执法费用进行了拨付,如果因行政机关代为履行而收取费用,则和国家机关本身的公益性质相冲突。

(二) 直接强制执行

直接强制执行是采取间接强制执行未达到行政管理目的时,或者在紧急状态下来不及采取或无法采取间接强制执行方式时,法定执行主体对负有义务的相对人的人身或财物予以实力强制,以达到与行政相对人履行义务相同状态的行政强制执行方式。

1. 划拨存款、汇款

划拨指行政机关、人民法院对相对方拒不履行生效行政决定所确定的义务,通过有关金融机构、邮政机构将其账户上的存款或者邮寄给其的汇款,直接划入权利人的账户的执行方式。划拨存款、汇款属于直接强制执行方式,执行效率高,但对被执行人权益的影响也更为直接。例如,《社会保险法》第 63 条规定,用人单位未按时足额缴纳社会保险费的,由社会保险费征收机构责令其限期缴纳或者补足。用人单位逾期仍未缴纳或者补足社会保险费的,社会保险费征收机构可以向银行和其他金融机构查询其存款账户;并可以申请县级以上有关行政部门作出划拨社会保险费的决定,书面通知其开户银行或者其他金融机构划拨社会保险费。

---

① 第三人代履行的相关研究可参见杜国强:《〈行政强制法〉上的第三人代履行制度研究——以公共行政民营化为背景》,中国政法大学出版社 2022 年版。

2. 拍卖或者依法处理查封、扣押的场所、设施或者财物

拍卖指行政机关、人民法院根据已经生效的行政决定确定的义务，将特定场所、设施或者财物委托拍卖人以公开竞价的方式出售，以拍卖的价款抵交罚款、欠税款、欠费款等或者上缴国库的活动。依法处理查封、扣押的场所、设施或者财物是指行政机关对依法查封、扣押的场所、设施或者财物，根据法律、法规及规章的规定所作出的处理，主要的方式有变卖、销毁、返还被侵害人或者善意第三人。例如，《税收征收管理法》第 40 条规定从事生产、经营的纳税人、扣缴义务人未按照规定的期限缴纳或者解缴税款，纳税担保人未按照规定的期限缴纳所担保的税款，由税务机关责令限期缴纳，逾期仍未缴纳的，经县以上税务局（分局）局长批准，税务机关可以采取下列强制执行措施：（1）书面通知其开户银行或者其他金融机构从其存款中扣缴税款；（2）扣押、查封、依法拍卖或者变卖其价值相当于应纳税款的商品、货物或者其他财产，以拍卖或者变卖所得抵缴税款。

3. 排除妨碍、恢复原状

排除妨碍是指行政相对人的违法行为，妨碍了公共活动或者他人合法权益，行政机关或者人民法院依法要求相对人排除妨碍，以保障权利正常行使和社会秩序的稳定。《道路交通安全法》第 106 条规定："在道路两侧及隔离带上种植树木、其他植物或者设置广告牌、管线等，遮挡路灯、交通信号灯、交通标志，妨碍安全视距的，由公安机关交通管理部门责令行为人排除妨碍；拒不执行的，处二百元以上二千元以下罚款，并强制排除妨碍，所需费用由行为人负担。"

恢复原状是指行政相对人的违法行为损害到国家、集体的财物或者他人的财物，行政机关或者人民法院要求侵权人采取修复的方式恢复原状。恢复原状必须具有恢复原状的可能和必要。只有事实上可行且必要，行政机关才可通过多种方式来达到恢复原状的目的。若事实上恢复原状已无可能，则应采取其他行政强制执行方式加以替代。《道路交通安全法》第 104 条第 1 款规定："未经批准，擅自挖掘道路、占用道路施工或者从事其他影响道路交通安全活动的，由道路主管部门责令停止违法行为，并恢复原状，可以依法给予罚款；致使通行的人员、车辆及其他财产遭受损失的，依法承担赔偿责任。"

（三）其他强制执行方式[①]

为弥补外延上的不周延所造成的制度缺陷，《行政强制法》第 12 条第 6 项规定了"其他强制执行方式"。该项采用概括式的兜底条款属于未列举事项（边缘

---

① 参见李大勇：《其他行政强制执行方式之界定》，《政治与法律》2014 年第 5 期，第 128－136 页。

事项），既满足了构成要件明确性要求，又实现了防止出现法律漏洞的目的。其他行政强制执行方式需具备如下几个要件：须是行政强制执行方式，其目的是实现已生效行政决定所确立的义务；须是第 12 条所列举的五种强制执行方式之外的方式；须与前面所列举的划拨存款、拍卖、排除妨碍、恢复原状、代履行程度上相当；须由法律进行直接设定。从表现形式上看，它不仅包括其他直接强制执行方式，也包括其他间接强制执行方式。从影响的客体上看，它不仅包括从物理上拘束相对人人身自由的作为或不作为义务、金钱给付义务的执行，而且应当包括从精神上促使相对人履行义务。从状态上看，它不仅包括强制执行行为，也包含其他实现与履行义务同一状态的方式。从执行主体上看，行政强制执行分为行政机关的强制执行与申请人民法院的强制执行，其他行政强制执行方式同样适用于人民法院。

基于人权保障以及规范公权力的考量，一方面是要优化行政强制执行方式体系的构造，尽量减少直接强制执行方式的运用，明确从间接强制执行方式转化到直接强制执行方式的适用规则。另一方面要从行政强制执行方式体系系统之外找寻答案，从间接强制执行方式转向寻求其他有效保障行政目的实现的有效手段，将目标集中在确保预期的行政目标实现之上，无须拘泥于传统的行政强制执行方式，将具有此类功能的行政处罚、公告违法行为（公布违法事实）①、给付拒绝②等行为一并予以研究。

四、行政强制执行的实施主体

行政强制执行的实施主体是指依法享有行政强制执行权，可依法定强制执行程序实施强制执行的国家机关。行政强制执行主体涉及一个国家或地区的行政强制执行法律制度模式选择问题，即行政强制执行权是由行政机关来行使，还是由司法机关来实施，或是在两者之间作出一定的权限分工。受历史传统的影响，两大法系在行政强制执行模式上亦有所不同。大陆法系行政法受其行政行为效力理论影响，认为行政行为的执行力是行政行为效力内容中不可缺少的组成部分，行政机关对于不履行行政行为所课以义务的行政相对人，不待法院之确定判决，即有权自行对义务人实施强制执行，因而其设置了以行政机关为主要行政强制主体

① 参见王周户、李大勇：《公告违法行为之合理定位》，《法律科学》2004 年第 5 期，第 74－80 页；章志远：《作为行政强制执行手段的违法事实公布》，《法学家》2012 年第 1 期，第 52－62 页。

② 参见李大勇：《作为行政强制执行手段的断水、断电》，《行政法学研究》2013 年第 3 期，第 20－25 页；刘启川：《行政强制执行时间限制与拒绝给付禁止之制度解析——评〈行政强制法〉第 43 条》，《现代法学》2013 年第 3 期，第 174－182 页。

的行政强制执行制度；英美法系以“司法优先”原则和“法治”原则为主要特征，法律并不承认行政机关具有“自力救济”的特权，行政决定以及行政执行的合法性，传统上由法院加以司法控制或以司法审查为原则，行政机关所作的行政决定必须依赖法院的支持，通过司法程序来强制当事人履行义务，以实现行政目的，故主要由法院来充当行政强制执行主体。

我国 1989 年《行政诉讼法》第 66 条规定：“公民、法人或其他组织对于具体行政行为在法定期限内不提起诉讼又不履行的，行政机关可以申请人民法院强制执行，或者依法强制执行。”通常把这一规定作为我国行政强制执行模式的基本法律依据，即行政强制执行实行以申请人民法院强制执行为原则，以行政机关强制执行为例外的体制。2014 年《行政诉讼法》修订时，延续了该强制执行体制。对那些专业性、技术性比较强的行政行为的强制执行，法律一般规定由各主管行政机关自行执行。除少数法律明确规定由行政机关自行强制执行之外，无论法律法规是否规定由行政机关向法院申请强制执行，都只能由行政机关向人民法院申请执行。这一方面保证了人民法院对行政机关强制执行权行使的合法性具有最终裁判权，同时为保障公正与效率，采取书面审查与实质审查并行的路径；另一方面，满足了行政机关对强制执行的基本需要，除法律特别赋权外，没有行政强制执行权的行政机关可以申请人民法院强制执行。

1. 行政机关自行强制执行

行政机关可自行强制执行是保证行政权完整性、维持行政秩序和社会秩序的要求，也是行政与司法合理分工的需要；授予行政机关强制执行本机关所作的行政决定的权力，是提高行政效率、强化行政管理的现实需要，也是保证法律、法规得到及时贯彻执行的需要。

在我国，根据现行法律、法规，行政机关具有强制执行权包括两种情况：

一是普遍授予行政机关某些强制执行权力。例如，《行政处罚法》第 72 条规定：“当事人逾期不履行行政处罚决定的，作出行政处罚决定的行政机关可以采取下列措施：（一）到期不缴纳罚款的，每日按罚款数额的百分之三加处罚款，加处罚款的数额不得超出罚款的数额；（二）根据法律规定，将查封、扣押的财物拍卖、依法处理或者将冻结的存款、汇款划拨抵缴罚款；（三）根据法律规定，采取其他行政强制执行方式……”凡是依法享有行政罚款权的行政机关，在作出罚款决定后，被处罚人拒不履行金钱给付义务的，行政处罚机关可以按罚款数额的 3%加处罚款。

二是特别授予特定行政机关某种行政强制执行权力。目前法律赋予行政机关强制执行权的，主要集中在税务、海关、公安机关、公路主管部门、水行政主管部门、防汛指挥机构以及地方人民政府。如《税收征收管理法》赋予税务机关划拨、扣缴等直接强制执行权和征收滞纳金等间接强制执行权。又如《防洪法》第57条规定："违反本法第二十七条规定，未经水行政主管部门对其工程建设方案审查同意或者未按照有关水行政主管部门审查批准的位置、界限，在河道、湖泊管理范围内从事工程设施建设活动的，责令停止违法行为，补办审查同意或者审查批准手续；工程设施建设严重影响防洪的，责令限期拆除，逾期不拆除的，强行拆除，所需费用由建设单位承担；影响行洪但尚可采取补救措施的，责令限期采取补救措施，可以处一万元以上十万元以下的罚款。"上述法律通过特别授权，为行政机关设定了行政强制执行权。行政机关不依法行使行政强制执行权，构成不依法履职。在山西省岚县人民检察院诉岚县水利局未履行环境保护和污染防治法定职责行政公益诉讼案中，岚县水利局系岚县人民政府水行政主管部门，昌恒公司未经批准设置排污口，应由岚县水利局责令限期拆除；岚县检察院发出检察建议后，尽管岚县水利局履行了相应的职责，但至案件审理时污水仍在排放，应当认定为岚县水利局履职不到位。法院判决确认岚县水利局不依法履行拆除昌恒公司私设排水口的法定职责违法；责令岚县水利局采取补救措施，依法全面履行法定职责。[①]

2. 申请法院强制执行

现行法律、法规规定的行政强制执行大多数由法院实施，其以行政机关申请法院执行为主，以行政机关自行强制执行为辅。行政权必须受到司法权制约，以保持行政权力在法治轨道上运行，防止行政权滥用。作为国家司法机关的法院担负着监督行政机关依法行政的职责，它行使权力的最基本的形式是公正、中立、无私地作出裁判。把行政决定的审查与付诸实施执行主要交由法院负责，不仅增加了法院的负担，削弱了其司法裁判功能，而且颠倒了法院与行政机关的关系，在一定程度上使法院成为行政决定的执行机关。通过法院之手实现行政决定，与法院的公正性、权威性和独立性不符，而且影响了行政效率，削弱了行政执法的权威性。但若完全排除司法权对行政强制执行权的监控，恐不利于公民合法权益的保护，且与法治原则不符。

五、行政强制执行的实施程序

我国《行政强制法》确立的行政强制模式可以归结为：以申请法院强制执行为主，以行政机关自行强制执行为辅。尽管二者的程序并不相同，但二者之间仍存有较多的共性。行政强制执行主体对于负有义务的行政相对人，应当先告知其

① 参见黄河流域生态环境司法保护典型案例第9号，最高人民法院2020年6月5日发布。

具体的执行内容，让义务人有机会亲自履行义务；另外通过催告、决定执行、再催告，逐步加强执行手段，并采用心理上的强制，希望义务人通过这种心理上的强制，在程序进行中能够履行其义务。

（一）行政机关自行强制执行的程序

目前，只有少数行政机关依法享有强制执行权，按照法定程序行使行政强制执行权，亦是这些行政机关的法定义务，否则构成程序违法。在毛某梅、祝某兴诉浙江省江山市贺村镇人民政府行政强制及行政赔偿案中，祝某兴与贺村镇政府签订的《生猪养殖场关停退养协议》中仅就拆除养殖场设施约定双方义务，并未就养猪场建筑的拆除进行约定，且随后双方义务均已履行完毕，故贺村镇政府实施的强制拆除行为并非履行协议内容。贺村镇政府在实施强制拆除过程中，未依照行政强制法的规定履行催告、告知、作出强制执行决定书等程序，属程序违法。[①] 行政机关自行强制执行的程序包括以下步骤：

1. 义务履行的催告

行政机关在强制执行之前，应当对相对方不履行义务的事实予以确认，并事先催告当事人履行义务。催告应当以书面方式作出，并载明下列事项：履行义务的期限；履行义务的方式；涉及金钱给付的，应当有明确的金额和给付方式；当事人依法享有的陈述权和申辩权。经过催告仍不履行，且无正当理由的，行政机关可以作出强制执行决定。催告期间，对有证据证明有转移或者隐匿财物迹象的，行政机关可以作出立即强制执行的决定。不经过催告程序而直接进入行政强制执行程序的，属于程序违法。在王某美等 24 人诉云南省勐海县人民政府等行政强制案[②]中，法院认为：行政机关在作出行政强制行为之前应当制作行政决定，当事人在行政决定的期限内不履行义务的，应当进行书面催告，经催告后当事人逾期仍不履行行政决定的，行政机关可以作出强制执行决定。仅仅以发通知、通告的形式代替书面催告在程序和形式上均不符合《行政强制法》相关规定，属于程序违法。

2. 听取当事人的陈述和申辩

相对方收到催告书后有权利进行陈述和申辩。行政机关应当充分听取当事人的意见，对当事人提出的事实、理由和证据进行记录、复核。当事人提出的事实、理由或者证据成立的，行政机关应当采纳。

---

① 参见毛某梅、祝某兴诉浙江省江山市贺村镇人民政府行政强制及行政赔偿案，行政诉讼附带审查规范性文件典型案例之九，最高人民法院 2018 年 10 月 30 日发布。

② 参见王某美等 24 人诉云南省勐海县人民政府等行政强制案，最高人民法院（2018）最高法行申 911 号行政裁定书，2019 年 8 月 14 日。

3. 行政强制执行决定书的制作与交付

行政强制执行决定是行政机关依法作出的，决定对负有行政法义务的当事人采取强制执行方式的行政行为。行政强制执行决定应当以书面形式作出，并载明下列事项：当事人的姓名或者名称、地址，强制执行的理由和依据，强制执行的方式和时间，申请行政复议或者提起行政诉讼的途径和期限，行政机关的名称、印章和日期。行政强制执行决定书应当直接送达当事人。当事人拒绝接收或者无法直接送达当事人的，应当依照《民事诉讼法》的有关规定送达。

4. 行政强制执行的中止执行和终结执行

行政强制执行中止是指行政强制执行过程中发生某种情形致使正在进行中的强制执行无法继续进行或不适宜继续进行，由行政机关决定暂时停止执行，待特定情形消除后强制执行程序继续进行。根据《行政强制法》第 39 条，中止执行的情形有：当事人履行行政决定确有困难或者暂无履行能力的；第三人对执行标的主张权利，确有理由的；执行可能造成难以弥补的损失，且中止执行不损害公共利益的；行政机关认为需要中止执行的其他情形。中止执行的情形消失后，行政机关应当恢复执行。对没有明显社会危害，当事人确无能力履行，中止执行满 3 年未恢复执行的，行政机关不再执行。

行政强制执行终结是指行政强制执行的目的因某种客观原因无法实现进而终止行政强制执行程序。根据《行政强制法》第 40 条，终结执行的情形有：公民死亡，无遗产可供执行，又无义务承受人的；法人或者其他组织终止，无财产可供执行，又无义务承受人的；执行标的灭失的；据以执行的行政决定被撤销的；行政机关认为需要终结执行的其他情形。

5. 行政强制执行回转

行政强制执行回转是指执行中或执行完毕后，因执行依据被撤销、变更或执行错误，由当事人自动或由行政机关采取强制措施，将执行结果再回转过来，恢复到执行开始前的状态。回转的方式是恢复原状或者返还原物，不能恢复原状或者返还原物的应给予当事人赔偿。

6. 行政强制执行协议

行政强制执行过程中，行政机关可以在不损害公共利益和他人合法权益的前提下，在自愿协商的基础上，与当事人就生效决定中所确定的权利义务达成执行协议。协议内容一般包括变更履行义务的时间、减免加处的罚款或滞纳金等，这是行政机关与当事人处分权利义务的体现。当事人不履行执行协议的，行政机关应当恢复强制执行。

《行政强制法》对金钱给付义务的执行、作为义务的执行都在程序方面作出了规定。

（二）申请法院强制执行的程序

1. 提出申请

当事人于法定期限内不申请行政复议或者提起行政诉讼，又不履行行政决定的，行政机关应当催告当事人履行义务，催告没有效果的，行政机关可以自期限届满之日起 3 个月内以书面方式向所在地有管辖权的人民法院或者不动产所在地有管辖权的人民法院提出申请，同时提交执行的材料。

2. 受理审查

人民法院收到申请书后，应当在 5 日内受理，不属于本院管辖的，不予受理。人民法院应当对申请事项进行书面审查，对符合相关法律规定，且行政决定具有法定执行效力的，应当在 7 日内作出执行裁定。

为避免明显违法的行政决定进入强制执行程序，保障公民、法人或其他组织的合法权益，人民法院作出裁定前可以听取被执行人和行政机关的意见。对于明显违法的情形，人民法院应当在受理之日起 30 日内作出不予执行的裁定。具体情形包括：明显缺乏事实根据的，明显缺乏法律、法规依据的，其他明显违法并损害被执行人合法权益的。裁定不予执行的，应当说明理由，并在 5 日内将不予执行的裁定送达行政机关。行政机关对人民法院不予执行的裁定有异议的，可以自收到裁定之日起 15 日内向上一级人民法院申请复议，上一级人民法院应当自收到复议申请之日起 30 日内作出是否执行的裁定。

3. 紧急情况下的简易程序

因情况紧急，为保障公共安全，行政机关可以申请人民法院立即执行。经人民法院院长批准，人民法院应当自作出执行裁定之日起 5 日内执行。

4. 人民法院强制执行裁定的执行

行政机关申请人民法院强制执行，不缴纳申请费。强制执行的费用由被执行人承担。人民法院以划拨、拍卖方式强制执行的，可以在划拨、拍卖后将强制执行的费用扣除。依法拍卖财物，由人民法院委托拍卖机构依照《拍卖法》的规定办理。划拨的存款、汇款以及拍卖和依法处理所得的款项应当上缴国库或者划入财政专户，不得以任何形式截留、私分或者变相私分。

深度阅读

1. 杨建顺．行政强制法 18 讲．北京：中国法制出版社，2011.

2. 应松年．行政强制法教程．北京：法律出版社，2013.

3. 杨科雄．行政强制司法审查的规则与适用．北京：中国法制出版社，2013.

4. 杜国强．《行政强制法》上的第三人代履行制度研究：以公共行政民营化为背景．北京：中国政法大学出版社，2022.

5. 李大勇．其他行政强制执行方式之界定．政治与法律，2014 (5).

问题与思考

1. 什么是行政强制？
2. 行政强制措施与行政强制执行如何区分？
3. 如何评价现行的行政强制执行体制？

第十三章 行政处罚

▶重点知识

行政处罚的概念要素　行政处罚的目的　行政处罚的原则　构成要件的符合性　违法性　有责性　行政处罚的种类　行政处罚的设定　地域管辖　级别管辖　行政处罚的实施主体　简易程序　普通程序　听证程序　竞合规则　追罚时效　从宽处理

▶知识逻辑图

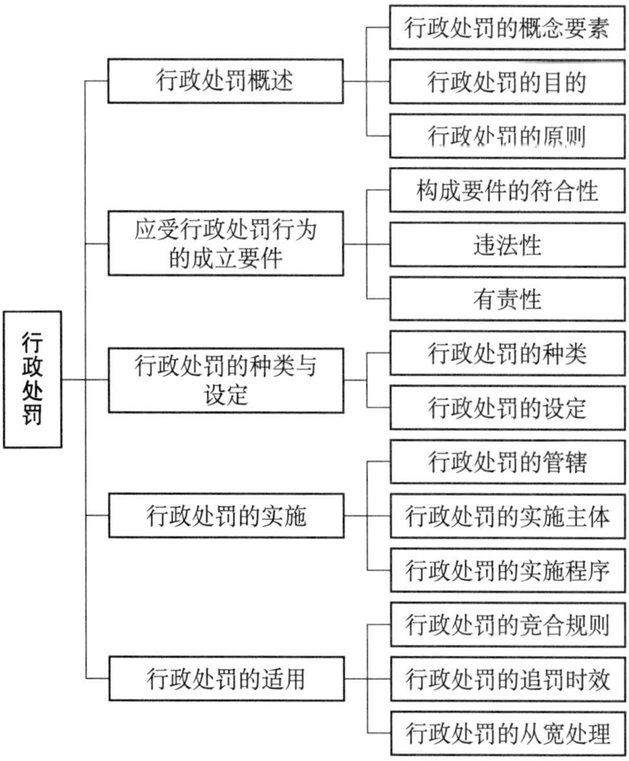

第一节 行政处罚概述

行政处罚是一项重要的法律制度，对行政主体行政处罚行为的规范，能够保障私人合法权益，彰显了现代法治的精神和要求。《行政处罚法》是我国行政法体系中较早制定的一部法律，早在 1996 年即制定并实施。为适应我国经济社会发展的新变化，该法曾于 2009 年和 2017 年作过两次修改，但仅限于文义层面。2021 年，全国人大常委会对《行政处罚法》进行了一次“大修”，有效巩固了行政执法领域的重大改革成果。

一、行政处罚的概念要素

行政处罚的概念要素是指概括地规定具备何种特性的行政决定可被归入行政处罚行列的要素。2021 年修订的《行政处罚法》于第 2 条增设行政处罚的概念条款，认为行政处罚是指行政机关依法对违反行政管理秩序的公民、法人或者其他组织，以减损权益或者增加义务的方式予以惩戒的行为。这是对 1996 年制定的《行政处罚法》的重要补充。在该概念条款中，主要有三项有待解释的要素：（1）减损权益或者增加义务的方式；（2）违反行政管理秩序；（3）惩戒。它们共同构成了行政处罚的概念内涵，决定了行政处罚的概念族群。

（一）不利性：行政处罚的第一要素

我们可以将“减损权益或者增加义务的方式”概括为“不利性”，其应被作为行政处罚的第一要素。所谓“不利性”，是指被剥夺了一定的价值、利益或者被科处了一定的负价值或者负利益。行政处罚的本质特征是行政机关针对违反社会规范的行为，以否定或者促使行为人放弃此种行为为目的而启动的反作用力，其内容是剥夺一定的价值、利益或者科处一定的负价值或者不利益。

“不利性”至少具有三层指向：（1）从行为类型上来看，行政处罚是一种侵益性行为，既包括对物质利益的剥夺和限制，也包括对精神利益的剥夺和限制。因此，诸如“杭州地铁公布色狼姓名”之类的行为，尽管此次修法未被纳入，仍应被解释为行政处罚。（2）从行为对象上来看，行政处罚是为了课予不利益，标的是“利益”，而非“权利”。利益虽然一直被奉为权利的核心内容，但并非所有利益都是权利，只有合法的利益才能被认可为权利。权利与利益之间是评价与被评价的关系。（3）从行为后果上来看，“不利性”是一种既已发生的利益折损结果，而不是过程性和可能性的中间状态。

在法律解释上，将“不利性”作为行政处罚的第一要素，可以大体厘清行政处罚的基本轮廓，区别一些常见的争议行为，如“交通违章扣分”等记分行为。长期以来，对于此类行为是否为行政处罚，非但理论研究上争议较大，司法实务中也存在相左立场。[①] 由于“记分”是基于违法行为而生，因此其很容易被断定为行政处罚。但是，根据“不利性”要素，可得出相反结论。如前所述，“不利性”是既已发生的利益折损结果，而不是过程性和可能性的中间状态。记分“本身不对被记分的违法行为人的权利义务产生实际影响”，真正产生利益减损的是扣满 12 分以后的“扣留机动车驾驶证”行为。因此，“扣分”实际上并未剥夺或限制利益，只是惩戒预备行为或者教育措施，而非行政处罚。

（二）违法性：行政处罚的第二要素

“违反行政管理秩序”一般意味着具有“违法性”，其应被作为行政处罚的第二要素。所谓“违法性”，是指行政处罚必须是针对“违法行为”作出的。行政处罚所要制裁的行为必须是违法行为，但行政强制措施不必然具有这一要求。行政相对人不违法，并不妨碍实施行政强制措施。实践中，按照这一逻辑可以对“强制测量体温”“强制安检”“强制醒酒”“征收拥堵费”“征收排污费”等行政强制措施的正当性作出具有说服力的解释。

在“违法性”的判断上，应采用集形式和实质于一体的综合性判断方法。一是形式违法性判断，是指将违法对象理解为实定法规，有助于化繁为简，但这种判断方法可能面临形式不法与实质合法的冲突、实质不法与法律漏洞的冲突等问题。二是实质违法性判断。实践中，是否侵害法益是实质违法性最为基本的判断标准，具体指是否侵害了公民、法人或其他组织的合法权益。在实质违法性判断过程中，存有两种判断方法：其一，单纯判断某一行为是否侵害了法益。其二，比较多个法益，如果侵害某一法益是为了保护另一个更高的法益，则仍然应当是被允许的，正当防卫和紧急避险是其典型例证。

以排污行为为例，排污从总体上看是社会生产不可避免的结果，不可能一概禁止，应允许适度排污。尽管这确实会侵害健康，但是为了满足社会生活和经济发展需要，这是基于一个更高的法益追求。在立法上，适度排污的具体确定往往

---

① 认为记分是行政处罚的肯定者如王学辉、王亚栋：《论作为行政处罚种类的交通违法记分》，《西部法学评论》2019 年第 3 期，第 46 - 56 页；万红：《道路交通违法记分的法律属性与立法完善》，《中国人民公安大学学报（社会科学版）》2014 年第 4 期，第 90 - 94 页；否定者如徐晓明：《行政许可后续监管体系中的违法行为记分制度研究——兼论行政累犯制度之构建》，《浙江社会科学》2014 年第 4 期，第 55 - 63 页。

以“标准”形式呈现，也就是所谓的“达标”。一般认为，达标排污是合法行为。[①] 因此，基于达标排污征收的“排污费”，不是行政处罚。只有超标之后的罚款，才是行政处罚。

（三）惩戒性：行政处罚的第三要素

“惩戒性”应被作为行政处罚的第三要素。所谓“惩戒性”，是指行政处罚直接目的即行政制裁、惩戒，旨在惩罚违法相对人，通过制裁使当事人以后不再违法，其着眼点在于过去的违法行为，以制裁过去之义务违反为主要目的，而不是着眼于未来的预防或恢复。

具体而言，“惩戒性”包含以下维度：第一，行政处罚的对象只限于违法行为人，不能及于“无辜者”。只有已经实施违法行为的人才可以受到惩罚。[②] “惩戒性”决定了行政处罚的打击对象必须限定在违法行为人本人，而不能随意将无辜的第三人列为处罚对象。因此，没收第三人所得物和第三人所有物，并非行政处罚，而只能是行政保安处分。“所谓行政保安处分，是指行政机关根据法律规定，对于具有社会危险性的特殊对象，旨在预防违法与保护社会而采取的，与被实施者社会危险性相当的矫治、改善和预防措施。”[③] 第二，行政处罚面向的是道德上应受谴责的行为，因此只可能是过去的违法行为，是对过去行为的制裁。国家实施行政处罚是对过去的违法事件进行事后处理，是回顾性的。因此，在行政处罚的概念族群中，只有面向过去违法行为的实施的不利益手段，才能被定性为行政处罚，那些以预防未来为对象的制裁手段，需要另当别论。

通过“惩戒性”要素，可以得出以下结论：第一，排除面向“违法行为”实施的行政强制措施。在目的上，其并不是为了惩戒、打击或报复，而是为了防止和制止违法行为发生，侧重在事前预防。第二，排除“责令限期改正”“责令停工整顿”。行政机关施加“责令限期改正”“责令停工整顿”等行为，并不是为了惩罚违法行为人，而是为了预防危害结果的发生，目的在于秩序和安全的恢复，与行政处罚的“惩戒性”要素完全不符。第三，区分“责令停产停业”与“责令限期改正”。“责令限期改正”不是行政处罚，但“责令停产停业”是行政处罚，这也是新旧《行政处罚法》一以贯之的立场。第四，排除面向“违法但不能苛责

---

① 有学者将排污行为上升至“权利”层面，称之为“排污权”。参见邓海峰：《环境容量的准物权化及其权利构成》，《中国法学》2005 年第 5 期，第 59 页以下；高利红、余耀军：《论排污权的法律性质》，《郑州大学学报（哲学社会科学版）》2003 年第 3 期，第 83 页以下。也有学者极力反对将排污视为一种权利。参见邱本：《如何提炼法理?》，《法制与社会发展》2018 年第 1 期，第 10 页。

② 参见［美］迈克尔·D. 贝勒斯：《法律的原则——一个规范的分析》，张文显等译，中国大百科全书出版社 1996 年版，第 340 页。

③ 熊樟林：《立法上如何安排行政没收?》，《政法论坛》2022 年第 4 期，第 35 页。

的人”实施的行政没收。行政机关之所以会实施此类没收，是为了杜绝违法获益以及他人效仿，目的同样是预防违法行为再次发生，而不是打击和惩罚此类行为。因此，此类没收行为同样不符合“惩戒性”，应被排除在行政处罚之外。

综上所述，行政处罚的理论定义可概括为：行政机关基于惩戒目的而对私人违法行为施加的不利益行为。这一概念围绕“不利性”“违法性”“惩戒性”三项要素而搭建，既继承了传统理论的框架，也添加了新型理论元素；既可以全面回应对新型理论提出的各类质疑，也可以精准甄别理论与实务界的多项争点。现在，其经由《行政处罚法》第 2 条，已经获得了制度化布置。

二、行政处罚的目的

在我国法律实践中，曾出现当事人死亡后罚款是否需要执行、公司注销后罚款是否需要执行[①]等争议问题。为了回答此类问题，需要从行政处罚的目的角度加以分析。概括来说，行政法学界关于行政处罚的目的，存有两种不同理论立场。

（一）报应论

报应论主张以“惩罚”“制裁”“打击”等字眼描述行政处罚的目的。行政机关之所以要作出行政处罚，是因为要对违法行为予以报复，其行使的乃是人民所交付的报复违法行为的权力。

1. 报应论的意义及其法则

一般来说，在国家制裁的目的上采报应论，至少具有四个方面的积极意义：（1）不惩罚无辜者；（2）不把人当作达到目的的手段；（3）给予适当的应得惩罚；（4）惩罚的对象是过去的行为。[②] 据此，在行政处罚的制度建构上至少需要遵守如下四个法则：

第一，行政处罚的处罚对象只限于违法行为人，而不能及于无辜者。因为是对违法行为的报复，所以只有已经实施违法行为的人才可以受到惩罚，原则上不能没收第三人所得物和第三人所有物。

第二，行政处罚的处罚目标应当以违法行为本身的“恶”为准则，而不能将违法行为人作为达到某种社会效果的工具和手段。在行政处罚过程中，罚与不罚，以及罚多还是罚少，从违法行为结束的那一刻，便已盖棺定论，不容其他因

---

① 参见任璇：《公司注销不影响行政处罚的执行》，《江苏法制报》2017 年 12 月 8 日，第 A07 版。
② 参见王立峰：《惩罚的哲理》，清华大学出版社 2006 年版，第 75 页。

素掺杂其中。

第三，行政处罚的处罚力度须与违法行为相称。在行政处罚中，报应论要求行政处罚的比对标准只能是当事人的违法行为。公正的处罚力度，就是与侵害行为的性质相符而应当的、值得的量。

第四，行政处罚的制裁面向只可能是过去的违法行为。在行政处罚的概念族群中，只有那些面向过去违法行为的制裁手段，才能被定性为行政处罚。相反，那些以预防未来行为为对象的制裁手段，需另当别论。因此，诸如“责令限期改正”之类的行为，一般不认为是行政处罚。

2. 报应论的局限性

第一，报应论过于注重对违法行为本身的打击，难以顾及社会效果。行政行为并不单单是要保护个人法益，更多的是要保护超个人法益（公共利益），因此，行政处罚不可避免地需要兼顾社会效果。而固守报应论，显然无法满足这一需求。

第二，报应论讲求等价报应，要求制裁力度必须与违法行为造成的利益损害是等量的，可能导致纵容违法。例如，如果没收违法所得时扣除违法成本，违法行为人实际上并未受到任何实质性制裁，其只是归还了原本就不属于其自身的非法利益，本身并没有损失。

第三，可能导致一些问题难以从理论上加以解释。例如：其一，处罚“第三人”。按照报应论，行政处罚不可以扩及第三人，但实践中情况并非如此。以行政没收为例，一般认为，没收第三人所有物并不违法，其往往被称为“扩张没收”。如甲借乙的车辆，在乙不知情时用车从事违法行为，行政机关将车辆没收。其二，处罚“无辜者”。按照报应论，应受行政处罚行为的客观存在，是启动报复和打击的前提，因此不能处罚“无辜者”。但是，这仍然与实践情况不符，行政没收仍是其中的典型反例。譬如，面向“违法但不能苛责的人”实施的行政没收。《行政处罚法》第 30 条规定：“不满十四周岁的未成年人有违法行为的，不予行政处罚”，行政机关对不满 14 周岁的未成年人实施的违法行为，不能科以行政处罚责任。但是，这并不意味着不没收其违法所得，否则与维护公共秩序的基本价值有悖。在这一情形中，由于这些财物无法经由行政行为被宣告违法，不是违法利益，而是合法利益，因此，不存在报应的可能。其三，连续处罚行为。按照报应论，报应和违法之间应当是等量的，因此要遵循过罚相当原则，不允许随意加重处罚。但在实践中，过量处罚并不鲜见，最为典型的实例就是近年来被广泛应用的连续处罚行为。其四，罚款与没收并处。由于报应论要求报应与违法行为应当等量。在存有违法所得和非法财物的情况下，仅仅没收违法所得和非法财物，实际上就可以达到足量报应。但在实践中，没收和罚款一般是并处的，报应总量往往大于违法行为。其五，损害结果可有可无。在报应论下，“损害事实客观存在”是十分关键的。如果缺少这一要素，将无法计算报应的具体尺度。但是，这在行政处罚实践中并不会得到严格遵循。如深夜闯红灯行为尽管没有造成任何危害后果，也不会威胁交通管理秩序，但仍然会被处罚。

（二）预防论

预防论主张行政处罚的目的并不在于打击和报复过去的违法行为，而是为了预防违法行为的再发生。[①] 概括来说，将预防论作为行政处罚的目的，至少具有如下理由：

第一，因应时代需求。预防论的最大优势是契合了传统社会向风险社会转变的现实。在风险社会中，损害是否可能发生是未知的，国家不能等到损害确定以后才予以介入，而是要采取一系列预防手段，而在其中，行政机关必须身负重任。

第二，符合立法文本。我国《行政处罚法》第 1 条规定的立法目的中，包括维护公共利益和社会秩序的目的。在这一目的之下，行政处罚显然不能仅限于打击和报复违法行为人，而是要追求维护公共利益和社会秩序的社会效果。

第三，契合行政本质。我国行政处罚性法律规范主要是为了维护公共秩序。因此，实施行政处罚必须追求社会效果，以保护公共利益为准则。这在报应论下无法得到解释，报应论拒绝将违法行为人视为满足公共利益的工具。但是，在预防论下，这恰恰可以得到很好的解释。

第四，化解制度难题。更为重要的是，预防论可以解释报应论无法解释的制度难题，似乎具有更高的实践价值。在预防论下，诸如“没收第三人所有物和违禁品”“处罚无辜者”“连续处罚”等行为，都是可以被允许的，因为此时处罚并不是为了打击过去的违法行为，而是为了预防违法行为的未来发生。

（三）“以报应论为主，以预防论为辅”的立场

本书认为，行政处罚应当以报应论为主要目的，预防论可以在适当范围内作为次要目的予以补充，但对后者还应加以限缩。理由如下。

1.“报应论”的权力限缩功能

报应论的理论核心是等价制裁，具有正义性基底，这决定了报应论具有权力限缩的功能。实践中，主要通过如下两项原则实现：

第一，平等原则。报应论要求制裁应当具有平等性[②]，报应论中的等价制裁决定了处罚形式的对等，而这就是法律所追求的平等原则。报应论逻辑性地蕴含

---

① 参见谭冰霖：《环境行政处罚规制功能之补强》，《法学研究》2018 年第 4 期，第 153 页。

② 参见邱兴隆：《报应刑的价值悖论——以社会秩序、正义与个人自由为视角》，《政法论坛》2001 年第 2 期，第 24 页。

着“同罪同罚，重罪重罚，轻罪轻罚”的平等理念。在报应论下，行政处罚的大小程度仅以违法行为造成的法益损害，而不是相对人社会地位和个人身份为标准，这可以最大限度保证处罚结果的公平与公正。

第二，人权保障原则。报应论仅围绕违法行为实施制裁，拒绝制裁力度和制裁范围的扩张。在报应论下，行政处罚必须恪守过罚相当原则，行政机关非但只能从违法行为中寻找行政处罚的“概念和尺度”[①]，并且只能苛责违法行为人本人，而不能随意扩及第三人。因此，报应论也具有人权保障的功能。

2. “预防论”的权力扩张危险

预防论之所以只能屈居次要位置，是因为预防论尽管可以较好地因应风险社会的规制需求，但却具有权力扩张的危险。预防论并不全都是积极的意义，“预防论的缺陷一点也不比报应论少”[②]，其至少存在如下两个致命缺陷：

第一，难以为行政处罚权提供限制规则。根据预防论，违法行为人只是实现社会幸福的工具，行政处罚只是达到某种社会效果的手段。在预防论中，非但找不到约束行政处罚权的限制规则，恰恰相反，还可以推导出更多扩张行政处罚权的理由。进入预防论考量范围的往往是“社会治安形势”“违法行为发生率”“民愤”等一些与违法行为无关的因素。这些因素既有可能是正义性的，也有可能是政治性的，无法固定。对于行政机关来说，这是一项巨大的并且合法的行政裁量权，可能造成无节制的行政制裁。

第二，允许惩罚无辜。预防论的另一个致命缺陷，就是为“惩罚无辜者提供了辩解”。这可能带来权力扩张的潜在风险，而且可能与现代社会的人权理论有悖。实践中，诸如“没收第三人所有物”“没收违禁品”等处罚手段，只能通过预防论的概念通道加以解释并获得正当性，但是这些制裁手段的边界难以明确。

3. 行政制裁的多元化通道

在行政法中，行政制裁的制度通道是多元化的，行政处罚只是行政制裁家族中的一个品类。在国家可以启动的制裁工具中，既包括与刑罚十分类似的行政处罚，也包括与刑罚相差甚远的行政强制措施、行政收费等。长期以来，这些制裁手段在行政法学中被分而视之，甚至会被认为不具有制裁性。[③] 但实际上，它们

---

① ［德］黑格尔：《法哲学原理》，范扬、张企泰译，商务印书馆 2009 年版，第 103 页。

② 陈兴良、周光权：《超越报应主义与功利主义：忠诚理论——对刑法正当根据的追问》，《北大法律评论》1998 年第 1 辑，第 104 页。

③ 譬如，理论界一直有人认为，行政强制措施不具有制裁性。参见朱新力：《行政法基本原理》，浙江大学出版社 1995 年版，第 209 页；胡建淼：《行政法学》，法律出版社 1998 年版，第 377 页；胡建淼：《“其他行政处罚”若干问题研究》，《法学研究》2005 年第 1 期，第 75 页。

都限制或剥夺了行政相对人的财产权和人身权，都具有制裁性。[①] 在多元化的行政制裁体系中，每一种制裁手段需要扮演的角色不一。有的制裁行为是为了打击和报复（报应论），有的则是为了警示和威吓（预防论）。目前来说，行政处罚主要应当承担的规制任务是打击和报复，基于警示和威吓目的而采取的规制手段，主要是行政强制措施、行政收费以及行政保安处分等行为。因此，在风险社会中，预防论不一定需要被完全纳入行政处罚，因为诸如行政强制措施、行政收费等其他的行政制裁手段，最为主要的功能就是预防。我们没有必要打破行政制裁现有的功能结构，构建叠床架屋的制裁体系。并且，从法律效果上来看，行政处罚在现有的行政制裁体系中侵益性最强，从权力控制的角度而言，也没有必要过多地以行政处罚权去达成警示和威吓的目的。

三、行政处罚的原则

根据《行政处罚法》规定，行政处罚的原则应当包含：处罚法定原则、过罚相当原则、处罚与教育相结合原则、正当程序原则。

（一）处罚法定原则

行政处罚法定原则，是指行政主体在法定权限内，依据法定程序，对违反行政法律规范应当给予行政处罚的行为实施行政处罚。我国《行政处罚法》第 3 条规定：“行政处罚的设定和实施，适用本法。”我国《行政处罚法》第 4 条规定：“公民、法人或者其他组织违反行政管理秩序的行为，应当给予行政处罚的，依照本法由法律、法规、规章规定，并由行政机关依照本法规定的程序实施。”作为依法行政和人权保障原则的产物，处罚法定原则构成我国行政处罚法的一项基本原则，与罪刑法定原则一脉相承，其核心要义是“法无明文规定不违法，法无明文规定不处罚”，有助于约束行政处罚权，保障私人的合法权益。具体而言，处罚法定原则包含处罚主体法定、内容法定、责任法定等内容。

（二）过罚相当原则

过罚相当原则是设定和实施行政处罚的法定原则之一。《行政处罚法》第 5 条第 1 款规定：“行政处罚遵循公正、公开的原则。”所谓公正，是指行政主体在行政处罚中对公民、法人或其他组织原则上应当适用同一标准，以事实为依据，不得滥用行政裁量权。《行政处罚法》第 5 条第 2 款规定：“设定和实施行政处罚

---

① 参见熊樟林：《行政处罚的种类多元化及其防控——兼论我国〈行政处罚法〉第 8 条的修改方案》，《政治与法律》2020 年第 3 期，第 84 页。

必须以事实为依据，与违法行为的事实、性质、情节以及社会危害程度相当。”从规范结构上来看，过罚相当原则包括“过”“罚”和“相当”三个构成要件。根据条文的字义，“过”即“违法行为的事实、性质、情节以及社会危害程度”，“罚”即“设定和实施行政处罚”，“相当”即相当性判断。

在司法实践中，过罚相当原则在一些案件中已经得到相应的运用。例如，在最高人民法院公报案例苏州鼎盛食品公司案[①]中，法院对一起显失公正的行政处罚案件的变更判决，阐释了过罚相当原则的过错情节、量罚要素以及相当性判断过程，指出：“工商行政机关依法对行政相对人的商标侵权行为实施行政处罚时，应遵循过罚相当原则，综合考虑处罚相对人的主观过错程度、违法行为的情节、性质、后果及危害程度等因素行使自由裁量权。工商行政机关如果未考虑上述应当考虑的因素，违背过罚相当原则，导致行政处罚结果显失公正的，人民法院有权依法判决变更。”其代表了最高人民法院对这一原则的适用态度，具有相应的典型性，可供读者深入研读。

（三）处罚与教育相结合原则

处罚与教育相结合原则意味着行政处罚制度并非完全旨在“处罚”违法行为，其同样旨在避免新的违法行为发生。我国《行政处罚法》第 6 条规定：“实施行政处罚，纠正违法行为，应当坚持处罚与教育相结合，教育公民、法人或者其他组织自觉守法。”处罚与教育相结合原则蕴含人本主义的价值导向，要求行政主体在处罚的过程中发挥教育公民、法人或者其他组织自觉守法的重要作用，从而加强行政管理工作的实效性，构建更加理性和更加和谐的社会。

例如，在最高人民法院公报案例上海中燃船舶燃料有限公司诉上海市质量技术监督局行政处罚决定案[②]中，法院运用处罚与教育相结合原则，认为：“从企业经营角度而言，上海中燃公司之前在上海市储存储备的普通柴油必须退出上海市市场，由此需要一定的时间及成本用于调整经营。故可从行政裁量上依法调整处罚的基数，进一步提升被诉处罚决定的适当性，以更好地体现坚持处罚与教育相结合的行政处罚原则。”

（四）正当程序原则

正当程序原则是指行政主体对私人实施行政处罚时，应当遵循正当程序。行

---

① 参见苏州鼎盛食品公司不服苏州市工商局商标侵权行政处罚案，《最高人民法院公报》2013 年第 10 期，第 36－41 页。

② 参见上海中燃船舶燃料有限公司诉上海市质量技术监督局行政处罚决定案，《最高人民法院公报》2020 年第 10 期，第 42－48 页。

政主体在实施行政处罚时，不仅要为相对人提供陈述和申辩的机会，听取当事人意见，而且必须告知当事人享有复议和诉讼的权利，保障当事人通过这些救济途径维护自身的合法权益。当事人拥有获得法律救济的权利，具体包括陈述权、申辩权、申请行政复议权、提起行政诉讼权和获得国家赔偿的权利等。

另外，2021 年修改的《行政处罚法》特别增加了行政处罚决定公开的制度。《行政处罚法》第 5 条第 1 款规定："行政处罚遵循公正、公开的原则。"《行政处罚法》第 48 条规定："具有一定社会影响的行政处罚决定应当依法公开。公开的行政处罚决定被依法变更、撤销、确认违法或者确认无效的，行政机关应当在三日内撤回行政处罚决定信息并公开说明理由。"所谓公开，是指关于行政处罚的法律依据、执法人员身份和主要违法事实等与处罚有关的情况，原则上都应该公开。但是，需要强调的是，行政处罚决定书并非全部向社会公开，我国《行政处罚法》采用了"相对公开"的基本立场①，出于保护公民隐私权的考量，仅公开具有一定社会影响的行政处罚决定书。

第二节　应受行政处罚行为的成立要件

一个应受行政处罚的行为究竟应当符合哪些要件？过去的理论曾效仿刑法学上的"四要件"体系加以解释，认为包括违法客体、违法客观方面、违法主体、违法主观方面四个要件。但是，这种理论是存在缺陷的，主要表现为：其一，各要件不具有独立价值。"四要件"之间是一存俱存、一损俱损的共存关系，各要件必须依附于其他要件才具有实质意义，本身并不具有独立性，这容易造成对某一个要件的评价不具有实际意义。例如，对于精神病人所实施的违法行为，根据"四要件"理论，非但不能对其进行行政处罚，还不能对其采取类似于"看管"的惩戒措施。因为在"四要件"下，其不成立有责性，也不具有违法性，对其的"惩戒"就不具有正当性基础。其二，浪费执法与司法成本。在"四要件"中，所有要件必须判断完毕才能定论，与司法的逻辑进程有所差别，容易造成司法成本的浪费，因为有些行为可能在客观上就不符合构成要件，所以没有进行主观方面的判断的必要。其三，难以评判出罚事由。在"四要件"中，正当防卫和紧急避险并没有被置于应受行政处罚行为的成立要件中加以评价，而是在成立要件判断之后才单独予以评价，这导致即使一些已经完全符合"四要件"而应当被认定为应受行政处罚行为的行为，也可能由于存在正当防卫或紧急避险而被否定。很

① 参见熊樟林：《行政处罚决定为何不需要全部公开？——新〈行政处罚法〉第 48 条的正当性解释》，《苏州大学学报（哲学社会科学版）》2021 年第 6 期，第 97-104 页。

明显，这是自相矛盾的。例如，为急救而闯红灯的行为，如果按照“四要件”理论，应被定为应受行政处罚行为而具有可罚性，因为其满足“四要件”中的所有内容。但是，由于存在紧急避险情况，行政机关不能对这种完全符合“四要件”的行为予以处罚；在这一情形中，采用“四要件”评价是没有任何意义的。

因此，应当将“四要件”调整为“三阶层”标准，应受行政处罚行为的成立要件应当包括如下三项：构成要件的符合性、违法性及有责性。[①] 这是应受行政处罚行为成立要件的基本框架。只有当行为人的行为同时符合这三个要件时，才能成立行政处罚。

一、构成要件的符合性

构成要件的符合性是一种事实评价，其主要为应受行政处罚行为提供事实基础，其基本任务就是把行政违法行为、违法结果、行为与结果之间的因果关系，与行政处罚性法律规范进行比对。构成要件是立法上提供的判定相对人行为是否构成行政处罚的基本规则，符合性是对行为是否符合构成要件的判断。如果行政相对人某项行为的特征与这一框架是基本吻合的，符合性的判断结论便是肯定的，原则上就应受行政处罚。例如，《治安管理处罚法》第 30 条规定：“违反国家规定，制造、买卖、储存、运输、邮寄、携带、使用、提供、处置爆炸性、毒害性、放射性、腐蚀性物质或者传染病病原体等危险物质的，处十日以上十五日以下拘留。”该条中，“违反国家规定，制造、买卖……危险物质的”便是典型意义上的构成要件。对于相对人的类似行为，行政机关只需判断其与上述描述是否匹配即可。

一般而言，构成要件的符合性是一个中性的、无价值取向的判断，是规制社会大众的一种方式，也是约束行政裁量权的基本条件，可通过《行政处罚法》第 4 条设定的处罚法定原则得到遵循。[②] 在功能上，构成要件的符合性首先具有人权保障的机能。由于构成要件严格限定了应受行政处罚行为的客观范围，只有在明文规定的情况下，行政机关才能予以行政处罚，因而构成要件的符合性是依法行政原则得以实现的有效保障，进而也对公民权利和自由具有重要意义。同时，立法者通过行政法规定各种应受行政处罚行为类型，也表达了对此类行为的否定和谴责，给公众提供了行为指引，警示不得实施此类行为，从而能将公众行为规范在社会所能容忍的最大限度或最低标准之内，起到抑制违法的作用。其次，构

① 参见熊樟林：《应受行政处罚行为模型论》，《法律科学》2021 年第 5 期，第 70 - 73 页。

② 参见熊樟林：《应受行政处罚行为的构成要件》，《南京大学法律评论》2015 年秋季卷，法律出版社 2015 年版，第 193 - 207 页。

成要件的符合性具有违法推定的机能。一般来说，凡是符合部门行政法所设定的构成要件的行为，都具有违法性。只有在具有违法阻却事由时，违法性才能被阻却。这里需要区分的是，“推定”不是“确定”，符合构成要件的相对人行为只是具有推定违法性的指示作用，行为是否违法而无价值有待于在后续的违法性判断阶段予以确定。构成要件符合和具有违法性是两个不同的评价阶段，行政相对人的行为符合法律规范所设定的客观内容只是构成要件的符合，并不必然具有违法性。

二、违法性

在构成要件符合性判断之后的是违法性判断。与前者不同的是，违法性判断是价值判断，相对人行为一旦符合构成要件，原则上就可以推定违法。违法性判断的主要任务是在构成要件符合性的基础上进行价值评价，从而将法律精神所能容忍和许可的行为排除出去。在理论研究中，一般将这些排除事项称为违法性阻却事由。具体来说，包括正当防卫、紧急避险、执行职务、义务冲突、被害人承诺等情形。

在违法性上，较难确定的问题是：应受行政处罚行为的违法本质究竟是什么？是立法机关制定的法律、行政机关制定的行政性规范，还是此类法规范背后所意欲保护的利益？在刑法学中，围绕这一问题曾产生过实质违法性与形式违法性之争。形式违法性将违法性定格在违反国家规范层面上，违法性就是违反法规范。但是，实质违法性则认为要从法律秩序内部所蕴含的基本理念上把握违法性，用法定规范以外的实质标准与根据来诠释违法性，主要是指对法益的侵害与威胁。现在，这一问题在行政处罚上也日渐凸显，处罚法定原则已从形式法治逐渐转入实质法治。随着《立法法》的修改，地方立法权限范围有所扩张，地方政府也已开始大量实行诸如裁量基准之类的制度。在空白要件广泛存在的现实下，违法性判断的标准和根据更为多元，违法性判断将越来越棘手，诸如闯黄灯案之类的疑难案件，也会越来越多。

例如，最高人民法院 2017 年发布的指导案例 90 号贝某丰诉海宁市公安局交通警察大队道路交通管理行政处罚案[①]涉及行政处罚的实质违法性判断问题。该案中，当事人贝某丰驾驶涉案车辆正常行驶，途中遇行人通行于人行横道。行人见机动车行驶过来便停下脚步，贝某丰未停车让行。海宁交警大队交警当场将机动车截停，依法对贝某丰作出行政处罚决定，罚款 100 元，记 3 分。对此，二审法院认为：首先，人行横道是行车道上专供行人横过的通道，是法律为行人设置

---

① 参见贝某丰诉海宁市公安局交通警察大队道路交通管理行政处罚案，最高人民法院指导案例 90 号。

的保护线，在没有红绿灯的道路上，行人有从人行横道上优先通过的权利。机动车作为一种快速交通运输工具，在道路上与行人相比处于强势地位，因此必须强化保护行人。其次，案发时行人在人行横道上观察路况，看到机动车没有明显减速或停车，为了自身安全不得不停下脚步，这属于通行人行横道的一系列连续行为，并非停止通行人行横道。因此，海宁交警大队作出的行政处罚事实清楚，程序合法，处罚适当。

三、有责性

原则上，行政相对人的行为一旦符合构成要件，便具有违法性，可以认定应受行政处罚行为成立。但在行为人不能归责时，应受行政处罚行为仍然不能成立。应受行政处罚行为必须是符合构成要件、违法且有责的行为，有责性是应受行政处罚行为成立的第三个要件。在行政处罚过程中，作为谴责对象的行为必须是可能为行为人意志所控制的行为，不能只根据相对人的客观行为便认定其是应受行政处罚的行为，否则就犯了客观归责的错误。从理论上看，应当坚持行政处罚的责任主义立场。[①] 一般而言，诸如精神病人、梦游等一些非基于意志自由的行为不能成为行政处罚的对象。根据主客观相统一的原则，只有行政相对人有意作出的行为，才具有非难可能性。

有责性包括责任条件和责任能力两个方面，只要行为主体不满足任一方面，其行为便因不具有有责性而不成立应受行政处罚行为。（1）责任条件主要是指行政相对人是否具有故意与过失。我国《行政处罚法》第 33 条第 2 款规定："当事人有证据足以证明没有主观过错的，不予行政处罚。法律、行政法规另有规定的，从其规定。"从性质上看，主观过错条款应被理解为具有定罚功能，直接决定应受行政处罚行为是否成立。此后所有应受行政处罚行为都必须具有主观过错。主观过错条款中的"另有规定"应从严解释，只有如此，方能将我国行政处罚活动限定在责任主义框架之内。[②]（2）责任能力主要是指行为人受行政处罚之制裁，必须以具有能对自己行为负责的能力为前提。行政处罚上所称的责任能

---

① 针对行政处罚的成立是否需要主观要件，理论界历来存在争议。持肯定论者认为主观过错是应受行政处罚行为的必备要件。参见王贵松：《论行政处罚的责任主义》，《政治与法律》2020 年第 6 期，第 2－13 页；张青波：《论应受行政处罚行为的主观要素》，《法学》2020 年第 10 期，第 82－92 页；熊樟林：《行政处罚责任主义立场证立》，《比较法研究》2020 年第 3 期，第 142－159 页。持否定论者认为行政处罚不以主观状态为必要的构成要件。参见余凌云：《行政法讲义》，清华大学出版社 2020 年第 3 版，第 366－368 页。

② 参见熊樟林：《〈行政处罚法〉主观过错条款适用展开》，《中国法学》2023 年第 2 期，第 109－128 页。

力，与刑法上的并无不同，主要是从年龄与精神状态两方面加以判定。例如，我国《行政处罚法》第30条规定："不满十四周岁的未成年人有违法行为的，不予行政处罚，责令监护人加以管教。"《行政处罚法》第31条规定："精神病人、智力残疾人在不能辨认或者不能控制自己行为时有违法行为的，不予行政处罚，但应当责令其监护人严加看管和治疗。"

第三节　行政处罚的种类与设定

一、行政处罚的种类

从理论上看，行政处罚的种类可以划分为五大类：人身罚、财产罚、行为罚、警示罚、荣誉罚。

（一）人身罚

人身罚是指行政机关实施的在短期内限制或剥夺公民人身自由的行政处罚。它是行政处罚中最严厉的处罚种类。《行政处罚法》规定了"行政拘留"的处罚种类。所谓行政拘留，是指对违反治安管理的公民，依法在短期内限制其人身自由的一种行政处罚。由于其严厉性，我国对限制人身自由的行政处罚权的设定和实施主体限制很严格，规定只能由法律设定，同时只能由公安机关和法律规定的其他机关行使。需要注意的是，行政拘留不同于刑事拘留和司法拘留，刑事拘留是指公安机关对罪该逮捕的现行犯或重大犯罪嫌疑人实施的一种强制措施，司法拘留是指人民法院对妨碍民事诉讼、行政诉讼程序的行为人采取的一种限制其人身自由的强制措施，三者具有本质上的区别。[①]

（二）财产罚

财产罚，是指使私人的财产权利和利益受到损害的行政处罚。其中包括罚款、没收违法所得、没收非法财物等限制或剥夺财产权利的处罚形式。所谓罚款，是指行政主体强制违法者承担金钱给付义务的处罚形式。所谓没收违法所得，是指行政机关没收违法者通过违法行为所获得的收益，主要指金钱收入，如违法经营所获得的非法利润等。所谓没收非法财物，是指没收与违法行为有关的财物，如实施违法行为的工具、违禁物品等。

---

① 参见罗豪才、湛中乐主编：《行政法学》，北京大学出版社2016年第4版，第234－235页。

（三）行为罚

行为罚，是指限制或剥夺私人某种行为能力或资格的处罚措施。其既可以针对个人，又可以针对组织。主要包括暂扣许可证件、降低资质等级、吊销许可证件、限制开展生产经营活动、责令停产停业、责令关闭、限制从业等具体处罚形式。所谓暂扣许可证件，是指行政主体对持有许可证、能够从事某种活动的当事人，因其违法行为而在一定期限内暂行扣押其许可证，使之暂时丧失某类活动资格的处罚。所谓降低资质等级，是指降低违法行为人的已有资质等级，达到限制其实施某种活动的目的。所谓吊销许可证件，是指对持有许可证、能够从事某种活动的当事人，永久性地取消其许可证，使其不再具有从事某种活动资格的处罚。所谓限制开展生产经营活动，是指行政机关依法限制违反行政管理秩序的当事人在一定期限内开展某种生产经营活动的行政处罚。所谓责令停产停业，是指行政机关依法禁止违反行政管理秩序的当事人在一定期限内从事全部或者部分生产经营活动的行政处罚。所谓责令关闭，是指行政机关依法禁止违反行政管理秩序的当事人从事全部生产经营活动的行政处罚，是一种较为严厉的行政处罚。所谓限制从业，是指行政机关依法限制违反行政管理秩序的公民从事一定职业的行政处罚。

（四）警示罚

警示罚，是指行政主体针对私人的具有警告或谴责性的行政处罚。其既适用于个人，也适用于组织。《行政处罚法》规定了“警告”的处罚形式。所谓警告，是指行政主体对违法者实施的一种书面形式的谴责和告诫，一般适用于情节轻微或未构成实际危害结果的违法行为。它在行政处罚中属于最轻微的一种处罚形式。实践中常见的警告、批评教育等行政处罚形式，即属于警示罚。

（五）荣誉罚

荣誉罚，是指行政主体对私人的名声、声誉、荣誉或精神上的利益造成一定损害的行政处罚。《行政处罚法》规定了“通报批评”的处罚形式。所谓通报批评，是指行政主体以公开、公布的方式，使被处罚人的名誉受到损害的一种行政处罚形式。通报批评既制裁和教育违法行为人，又对其他私人产生教育和引导的作用。实践中常见的列入黑名单、信用惩戒、通报批评、公布姓名或名称、公布照片等影响名声和声誉的行政处罚形式即属于荣誉罚。

二、行政处罚的设定

《行政处罚法》第二章标题中的“设定”属于广义上的设定，其包括狭义上的设定和具体规定。[1] 狭义上行政处罚的设定，是指在上位法尚未对行政处罚作出规定的条件下，下位法率先对给予行政处罚的行为、种类、幅度作出规定。行政处罚的具体规定，是指在上位法已对行政处罚作出设定的条件下，在上级规范性文件所设定的行为、种类和幅度的范围内再作具体的规定。

（一）狭义上行政处罚的设定

《行政处罚法》第 10 条到第 16 条规定了行政处罚的设定。《行政处罚法》第 16 条规定："除法律、法规、规章外，其他规范性文件不得设定行政处罚。"可见，仅有法律、法规和规章有权设定行政处罚。

1. 法律和行政法规的设定权

法律可以设定各种行政处罚。限制人身自由的行政处罚，只能由法律设定。行政法规可以设定除限制人身自由以外的行政处罚。法律对违法行为未作出行政处罚规定，行政法规为实施法律，可以补充设定行政处罚。拟补充设定行政处罚的，应当通过听证会、论证会等形式广泛听取意见，并向制定机关作出书面说明。行政法规报送备案时，应当说明补充设定行政处罚的情况。

2. 地方性法规的设定权

地方性法规可以设定除限制人身自由、吊销营业执照以外的行政处罚。法律、行政法规对违法行为未作出行政处罚规定的，地方性法规为实施法律、行政法规，可以补充设定行政处罚。拟补充设定行政处罚的，应当通过听证会、论证会等形式广泛听取意见，并向制定机关作出书面说明。地方性法规报送备案时，应当说明补充设定行政处罚的情况。

3. 规章的设定权

尚未制定法律、行政法规的，国务院部门规章对违反行政管理秩序的行为，可以设定警告、通报批评或者一定数额罚款的行政处罚。罚款的限额由国务院规定；尚未制定法律、行政法规的，地方政府规章对违反行政管理秩序的行为，可以设定警告、通报批评或者一定数额罚款的行政处罚。罚款的限额由省、自治区、直辖市人民代表大会常务委员会规定。

此外，我国《行政处罚法》还规定了"定期组织评估"制度。《行政处罚法》第 15 条规定："国务院部门和省、自治区、直辖市人民政府及其有关部门应当定期组织评估行政处罚的实施情况和必要性，对不适当的行政处罚事项及种类、罚款数额等，应当提出修改或者废止的建议。"

---

① 参见胡建森：《行政法学》，法律出版社 2015 年第 4 版，第 230－233 页。

（二）行政处罚的具体规定

根据《行政处罚法》第 11 条至第 14 条规定，行政处罚的规定规则如下：

1. 行政法规的规定权

法律对违法行为已经作出行政处罚规定，行政法规需要作出具体规定的，必须在法律规定的给予行政处罚的行为、种类和幅度的范围内规定。

2. 地方性法规的规定权

法律、行政法规对违法行为已经作出行政处罚规定，地方性法规需要作出具体规定的，必须在法律、行政法规规定的给予行政处罚的行为、种类和幅度的范围内规定。

3. 规章的规定权

国务院部门规章可以在法律、行政法规规定的给予行政处罚的行为、种类和幅度的范围内作出具体规定，地方政府规章可以在法律、法规规定的给予行政处罚的行为、种类和幅度的范围内作出具体规定。

第四节　行政处罚的实施

一、行政处罚的管辖

（一）地域管辖

所谓行政处罚的地域管辖，是指同级但归属不同地域的行政机关之间受理行政处罚案件的分工和权限。《行政处罚法》第 22 条规定："行政处罚由违法行为发生地的行政机关管辖。法律、行政法规、部门规章另有规定的，从其规定。"与 1996 年《行政处罚法》第 20 条相比，2021 年《行政处罚法》新增了"部门规章另有规定"的情形。

从理论上看，行政处罚地域管辖权的基本立场应当是"多元化"，原因在于：一是从行政处罚的目的来看，确定地域管辖权，应当以如何最好地实现"打击违法行为"而展开。目前来看，地域管辖权多元化，是第一时间避免违法行为发生和扩大的良策。二是从权力和义务的一致性角度来看，地域管辖权既是权力，也是职责，是一种积极打击行政违法的义务。将确定地域管辖权的空间连接点多元化，无疑是有利于执法的。被"义务化"理解后的地域管辖权，一旦实现了多元化，就意味着更多行政机关有义务参与到打击违法行为之中。作为一项义务，享有地域管辖权的行政机关实际上也要明确，地域管辖权不能自由处分，不能随意放弃或转让，否则就会构成行政不作为。[①]

根据上述条款，判断地域管辖的中心规则是“违法行为发生地”。从法律解释的角度看，“违法行为发生地”可以被扩大到违法行为的“准备地”“着手地”等，涵盖违法行为经历的多个阶段，包括违法行为的实施地以及开始地、途经地、结束地等与违法行为有关的地点；违法行为有连续、持续或者继续状态的，违法行为连续、持续或者继续实施的地方都属于违法行为发生地。“违法行为发生地”还可能进一步被扩大，解释为“既包括实施违法行为地也包括危害结果发生地”[②]。“危害结果发生地”，包括违法对象被侵害地、违法所得的实际取得地、藏匿地、转移地、使用地、销售地等。此外，在部门规章中还存在“违法行为发现地”的规则。《公安机关办理行政案件程序规定》第 10 条第 1 款规定：“行政案件由违法行为地的公安机关管辖。由违法行为人居住地公安机关管辖更为适宜的，可以由违法行为人居住地公安机关管辖，但是涉及卖淫、嫖娼、赌博、毒品的案件除外。”这一规则得到了《治安管理处罚法》的授权，也得到了 2021 年《行政处罚法》的授权。

（二）级别管辖

所谓行政处罚的级别管辖，是指不同级行政机关之间受理行政处罚案件的分工和权限。《行政处罚法》第 23 条规定：“行政处罚由县级以上地方人民政府具有行政处罚权的行政机关管辖。法律、行政法规另有规定的，从其规定。”《行政处罚法》第 24 条规定：“省、自治区、直辖市根据当地实际情况，可以决定将基层管理迫切需要的县级人民政府部门的行政处罚权交由能够有效承接的乡镇人民政府、街道办事处行使，并定期组织评估。决定应当公布。承接行政处罚权的乡镇人民政府、街道办事处应当加强执法能力建设，按照规定范围、依照法定程序实施行政处罚。有关地方人民政府及其部门应当加强组织协调、业务指导、执法监督，建立健全行政处罚协调配合机制，完善评议、考核制度。”

修订前的 1996 年《行政处罚法》第 20 条规定：“行政处罚由违法行为发生地的县级以上地方人民政府具有行政处罚权的行政机关管辖。法律、行政法规另有规定的除外。”据此，乡镇人民政府和街道办事处一般不享有行政处罚的实施

---

① 参见熊樟林：《行政处罚地域管辖权的设定规则——〈行政处罚法（修订草案）〉第 21 条评介》，《中国法律评论》2020 年第 5 期，第 34－42 页。

② 全国人大常委会法制工作委员会国家法、行政法室编：《〈中华人民共和国行政处罚法〉释义》，法律出版社 1996 年版，第 54 页。

权。之所以将行政处罚的实施权只授予县级以上地方人民政府及主管部门，而不授予乡镇人民政府和街道办事处，主要是因为县级以上人民政府及主管部门具有专业人员、专门知识和专业技能，也具有较完善的执法设备和技术条件。但在实践中发现，乡人民政府、镇人民政府和街道办事处作为最基层的政府机关，往往是最早、最直接发现违法行为的机关。它们一概没有处罚权，会造成“看得见的管不着”和“管得着的看不见”的问题。[①] 2021 年《行政处罚法》的修订将行政处罚权适度地延伸至乡镇基层人民政府，有利于解决上述矛盾、提高执法效能。与此同时，县级人民政府应当加强监督，完善行政处罚的评议、考核制度，发现问题，及时纠正，确保行政相对人的合法权益不受侵害。

二、行政处罚的实施主体

（一）法定行政处罚主体

所谓法定行政处罚主体，是指具有行政处罚权的行政机关。《行政处罚法》第 17 条规定：“行政处罚由具有行政处罚权的行政机关在法定职权范围内实施。”这表明，法定行政处罚主体实施行政处罚行为，需要满足以下要件：第一，是行政机关。对于非行政机关而言，其原则上不是法定行政处罚主体。第二，具有外部管理职能。例如，行政机关的内设机构在不具备主体资格的条件下实施的处罚应当认定为无效的行政处罚。第三，具有行政处罚权。不具有行政处罚权的行政机关，一般不能实施行政处罚。第四，在法定职权范围内实施。即使是有行政处罚权的行政机关，其行政处罚决定也不能超越其法定的职权范围。

（二）授权行政处罚主体

所谓授权行政处罚主体，是指经由法律、法规授权而获得行政处罚权的具有管理公共事务职能的组织。《行政处罚法》第 19 条规定：“法律、法规授权的具有管理公共事务职能的组织可以在法定授权范围内实施行政处罚。”这表明，授权行政处罚主体实施行政处罚行为，需要满足以下要件：第一，经由法律、法规授权。其中，法律是指由全国人大及其常委会制定的法律，法规包含行政法规和地方性法规。需要注意的是，根据上述条款，国务院部门规章、地方政府规章和一般规范性文件并没有相应的授权资格。第二，具有管理公共事务职能。如果某一组织纯粹以营利为目的而不具有公共管理职能，其原则上不具有行政处罚权限。第三，是组织。这表明，个人不能成为行政处罚主体。第四，在法定授权范

① 参见叶必丰：《执法权下沉到底的法律回应》，《法学评论》2021 年第 3 期，第 47 - 55 页。

围内实施行政处罚。其实施的行政处罚行为必须以法定授权范围为限，不能“越俎代庖”。

（三）委托行政处罚主体

所谓委托行政处罚主体，是指受委托实施行政处罚行为的组织。《行政处罚法》第 20 条第 1 款规定：“行政机关依照法律、法规、规章的规定，可以在其法定权限内书面委托符合本法第二十一条规定条件的组织实施行政处罚。行政机关不得委托其他组织或者个人实施行政处罚。”这表明，委托行政处罚需要满足以下条件：第一，委托人为行政机关。第二，委托行为应当依照法律、法规或者规章的规定。第三，委托的行政处罚事项应当在行政机关的法定权限内。第四，委托的形式为书面委托。第五，受委托组织必须符合以下条件：一是依法成立并具有管理公共事务职能；二是有熟悉有关法律、法规、规章和业务并取得行政执法资格的工作人员；三是需要进行技术检查或者技术鉴定的，应当有条件组织进行相应的技术检查或者技术鉴定。

此外，根据《行政处罚法》第 20 条的规定，需要注意以下三大问题：第一，委托书应当载明委托的具体事项、权限、期限等内容。委托行政机关和受委托组织应当将委托书向社会公布。第二，委托行政机关对受委托组织实施行政处罚的行为应当负责监督，并对该行为的后果承担法律责任。第三，受委托组织在委托范围内，以委托行政机关名义实施行政处罚；不得再委托其他组织或者个人实施行政处罚。

（四）相对集中行政处罚权的主体

所谓相对集中行政处罚权，是指依法将两个或两个以上行政机关的行政处罚权集中由一个行政机关行使，原行政机关不得再行使已集中的行政处罚权的一种行政执法制度。相对集中行政处罚权的改革源于 1996 年《行政处罚法》，该法第 16 条规定：“国务院或者经国务院授权的省、自治区、直辖市人民政府可以决定一个行政机关行使有关行政机关的行政处罚权，但限制人身自由的行政处罚权只能由公安机关行使。”实行相对集中行政处罚权制度，对于解决行政管理中长期存在的多头执法、职权交叉重复和行政执法机构膨胀等问题，提高行政执法水平和效率，降低行政执法成本，建立“精简、统一、效能”的行政管理体制，都有重要意义。[①]

2021 年修订的《行政处罚法》对相对集中行政处罚权制度进行了进一步完善，该法第 18 条规定：“国家在城市管理、市场监管、生态环境、文化市场、交

---

① 参见王敬波：《相对集中行政处罚权改革研究》，《中国法学》2015 年第 4 期，第 142－161 页。

通运输、应急管理、农业等领域推行建立综合行政执法制度，相对集中行政处罚权。国务院或者省、自治区、直辖市人民政府可以决定一个行政机关行使有关行政机关的行政处罚权。限制人身自由的行政处罚权只能由公安机关和法律规定的其他机关行使。”可见，相较于1996年《行政处罚法》，修订后的《行政处罚法》作出了以下几个方面的完善：第一，初步划定了相对集中行政处罚权的实施范围，包括城市管理、市场监管、生态环境、文化市场、交通运输、应急管理、农业等领域。需要说明的是，此处的“等”字原则上应作“等外等”解释，其他重要的行政执法领域在符合法律规定的前提下原则上也可实施相对集中行政处罚制度。第二，扩大了决定主体。在修订后的《行政处罚法》中，省、自治区、直辖市人民政府可以无须经过国务院授权，决定一个行政机关行使有关行政机关的行政处罚权。第三，完善限制人身自由的行政处罚权之行使主体。修订后的《行政处罚法》规定限制人身自由的行政处罚权只能由公安机关和法律规定的其他机关行使。

三、行政处罚的实施程序

（一）简易程序

行政处罚的简易程序，是指当场作出行政处罚决定的行政处罚程序。《行政处罚法》第51条规定：“违法事实确凿并有法定依据，对公民处以二百元以下、对法人或者其他组织处以三千元以下罚款或者警告的行政处罚的，可以当场作出行政处罚决定。法律另有规定的，从其规定。”可见，适用行政处罚的简易程序，需要满足以下要件：第一，违法事实确凿并有法定依据；第二，对行政相对人的权益影响相对较小，包括对公民处以200元以下、对法人或者其他组织处以3 000元以下罚款或者警告的情形。当符合上述两个条件时，行政机关“可以”（而非“应当”）当场作出行政处罚决定。

就具体步骤而言，执法人员当场作出行政处罚决定的，应当向当事人出示执法证件，填写预定格式、编有号码的行政处罚决定书，并当场交付当事人。当事人拒绝签收的，应当在行政处罚决定书上注明。上述行政处罚决定书应当载明当事人的违法行为，行政处罚的种类和依据、罚款数额、时间、地点，申请行政复议、提起行政诉讼的途径和期限以及行政机关名称，并由执法人员签名或者盖章。此外，执法人员当场作出的行政处罚决定，应当报所属行政机关备案。

需要注意的是，对当场作出的行政处罚决定，同样适用“罚缴分离”原则。除依照《行政处罚法》第68条、第69条的规定当场收缴的罚款外，作出行政处罚决定的行政机关及其执法人员不得自行收缴罚款。当事人应当自收到行政处罚决定书之日起 15 日内，到指定的银行或者通过电子支付系统缴纳罚款。银行应当收受罚款，并将罚款直接上缴国库。

（二）普通程序

普通程序，是指对一般违法案件实施处罚所普遍适用的基本程序，具体包括：

1. 立案

所谓立案，也就是案件的确立，即行政处罚实施机关对所发现的、认为需要给予行政处罚的违法行为，将其登记并确立为应受调查处理的案件的活动。《行政处罚法》第 54 条第 2 款规定："符合立案标准的，行政机关应当及时立案。"立案的案件来源有多种情况，如现场发现违法行为的，有关单位、个人报告或举报的，上级机关交办的等。立案应填写专门格式的立案报告表，并指派专门的承办人员负责案件的调查工作。从理论上看，立案标准问题是行政处罚立案程序的核心问题。目前来看，《行政处罚法》没有对立案标准作出具体规定，实践中的行政处罚立案标准分散于不同领域和不同层级的行政规范性文件中，大体上可以分为原则性规定和操作性规定之两种类型。①

2. 调查

针对行政处罚的普通程序而言，行政机关发现公民、法人或者其他组织有依法应当给予行政处罚的行为的，必须全面、客观、公正地调查，收集有关证据；必要时，依照法律、法规的规定，可以进行检查。符合立案标准的，行政机关应当及时立案。此外，行政机关在收集证据时，可以采取抽样取证的方法；在证据可能灭失或者以后难以取得的情况下，经行政机关负责人批准，可以先行登记保存，并应当在 7 日内及时作出处理决定，在此期间，当事人或者有关人员不得销毁或者转移证据。

3. 听证

行政处罚的听证，是指行政机关在作出行政处罚行为之前，依照法定程序听取当事人的陈述或申辩，接收其提供的证据材料，并根据法律的规定作出相应行政处罚决定的程序。在制度价值上，听证程序有助于当事人充分行使陈述和申辩的权利，有效解决实践争议。

从听证程序的启动条件上看，当行政机关拟作出某些特定的行政处罚决定时，有义务告知当事人有要求听证的权利，当事人要求听证的，行政机关应当组织听证。根据《行政处罚法》第 63 条的规定，上述特定的行政处罚决定包括六

---

① 参见商思刚：《行政处罚立案标准的构建与完善》，《中国司法》2022 年第 11 期，第 78－84 页。

大类，分别是：(1) 较大数额罚款；(2) 没收较大数额违法所得、没收较大价值非法财物；(3) 降低资质等级、吊销许可证件；(4) 责令停产停业、责令关闭、限制从业；(5) 其他较重的行政处罚；(6) 法律、法规、规章规定的其他情形。此外，当事人不承担行政机关组织听证的费用。

从听证程序的具体程序内容来看，包括以下八个方面：(1) 当事人要求听证的，应当在行政机关告知后 5 日内提出；(2) 行政机关应当在举行听证的 7 日前，通知当事人及有关人员听证的时间、地点；(3) 除涉及国家秘密、商业秘密或者个人隐私依法予以保密外，听证公开举行；(4) 听证由行政机关指定的非本案调查人员主持；当事人认为主持人与本案有直接利害关系的，有权申请回避；(5) 当事人可以亲自参加听证，也可以委托一至二人代理；(6) 当事人及其代理人无正当理由拒不出席听证或者未经许可中途退出听证的，视为放弃听证权利，行政机关终止听证；(7) 举行听证时，调查人员提出当事人违法的事实、证据和行政处罚建议，当事人进行申辩和质证；(8) 听证应当制作笔录。笔录应当交当事人或者其代理人核对无误后签字或者盖章。当事人或者其代理人拒绝签字或者盖章的，由听证主持人在笔录中注明。听证结束后，行政机关应当根据听证笔录，依照《行政处罚法》第 57 条的规定，作出决定。①

4. 审查决定

调查终结，行政机关负责人应当对调查结果进行审查，根据不同情况，分别作出如下决定：(1) 确有应受行政处罚的违法行为的，根据情节轻重及具体情况，作出行政处罚决定；(2) 违法行为轻微，依法可以不予行政处罚的，不予行政处罚；(3) 违法事实不能成立的，不予行政处罚；(4) 违法行为涉嫌犯罪的，移送司法机关。此外，对情节复杂或者重大违法行为给予行政处罚，行政机关负责人应当集体讨论决定。在某些特定情形中，在行政机关负责人作出行政处罚的决定之前，应当由从事行政处罚决定法制审核的人员进行法制审核；未经法制审核或者审核未通过的，不得作出决定，这些情形包括：(1) 涉及重大公共利益的；(2) 直接关系当事人或者第三人重大权益，经过听证程序的；(3) 案件情况疑难复杂、涉及多个法律关系的；(4) 法律、法规规定应当进行法制审核的其他情形。行政机关中初次从事行政处罚决定法制审核的人员，应当通过国家统一法律职业资格考试取得法律职业资格。

5. 制作处罚决定书

在作出处罚决定之前，行政机关应告知当事人处罚的事实、理由和依据，并

---

① 从理论上看，新法规定的“行政机关应当根据听证笔录”体现了案卷排他性原则的精神，增强了听证程序的实效性，具有很大的进步意义。参见李洪雷：《论我国行政处罚制度的完善——兼评〈中华人民共和国行政处罚法（修订草案）〉》，《法商研究》2020 年第 6 期，第 3 - 18 页。

认真听取当事人的陈述和申辩。在作出的行政处罚决定书中，应当载明下列事项：(1) 当事人的姓名或者名称、地址；(2) 违反法律、法规、规章的事实和证据；(3) 行政处罚的种类和依据；(4) 行政处罚的履行方式和期限；(5) 申请行政复议、提起行政诉讼的途径和期限；(6) 作出行政处罚决定的行政机关名称和作出决定的日期。此外，行政处罚决定书必须盖有作出行政处罚决定的行政机关的印章。行政处罚决定书应当在宣告后当场交付当事人；当事人不在场的，行政机关应当在 7 日内依照《民事诉讼法》的有关规定，将行政处罚决定书送达当事人。当事人同意并签订确认书的，行政机关可以采用传真、电子邮件等方式，将行政处罚决定书等送达当事人。

（三）执行程序

行政处罚的执行，是指确保行政处罚决定所确定的内容得以实现的活动。只有行政处罚决定的内容获得实现，才能发挥其维护社会秩序的应有作用。行政处罚的执行程序包含两大方面内容。

1. 行政处罚的执行方式

行政处罚的执行方式包括两种，分别是自觉履行和强制执行。

第一，自觉履行，即受处罚者自动在法定期限内按要求履行行政处罚决定书规定的义务内容。《行政处罚法》第 66 条第 1 款规定："行政处罚决定依法作出后，当事人应当在行政处罚决定书载明的期限内，予以履行。"当事人应当按照行政处罚决定书的规定，自觉履行行政处罚决定书所确定的义务。需要注意的是，当事人确有经济困难，需要延期或者分期缴纳罚款的，经当事人申请和行政机关批准，可以暂缓或者分期缴纳。

第二，强制执行，即若当事人在规定的期限内拒不履行行政处罚决定，执行主体依法采取强制措施，强制要求当事人履行行政处罚决定。根据《行政处罚法》第 72 条的规定，当事人逾期不履行行政处罚决定的，作出行政处罚决定的行政机关可以采取下列措施：(1) 到期不缴纳罚款的，每日按罚款数额的 3% 加处罚款，加处罚款的数额不得超出罚款的数额；(2) 根据法律规定，将查封、扣押的财物拍卖、依法处理或者将冻结的存款、汇款划拨抵缴罚款；(3) 根据法律规定，采取其他行政强制执行方式；(4) 依照《行政强制法》的规定申请人民法院强制执行。此外，行政机关批准延期、分期缴纳罚款的，申请人民法院强制执行的期限，自暂缓或者分期缴纳罚款期限结束之日起计算。

需要注意的是，当事人对行政处罚决定不服，申请行政复议或者提起行政诉讼的，行政处罚不停止执行，但法律另有规定的除外。当事人对限制人身自由的行政处罚决定不服，申请行政复议或者提起行政诉讼的，可以向作出决定的机关提出暂缓执行申请。符合法律规定情形的，应当暂缓执行。当事人申请行政复议或者提起行政诉讼的，加处罚款的数额在行政复议或者行政诉讼期间不予计算。

2. 行政处罚中罚款的执行

我国《行政处罚法》确立了罚款决定机关与收缴罚款机构相分离的制度，被称为“罚缴分离”原则，也被称为“裁执分离”原则。具体而言，根据《行政处罚法》第 67 条第 3 款的规定，当事人应当自收到行政处罚决定书之日起 15 日内，到指定的银行或者通过电子支付系统缴纳罚款。银行应当收受罚款，并将罚款直接上缴国库。这一原则将罚款的决定权与执行权相分离，实际上设定了一种监督制约机制。这对于防止行政机关及其执法人员在处罚过程中可能产生的腐败问题，以及从根本上解决滥施罚款问题具有重要意义。

但在下列情况下，行政机关及其执法人员也可以当场收缴罚款：第一，依照《行政处罚法》第 51 条的规定当场作出行政处罚决定，有下列情形之一，执法人员可以当场收缴罚款：（1）依法给予 100 元以下罚款的；（2）不当场收缴事后难以执行的。第二，在边远、水上、交通不便地区，行政机关及其执法人员依照《行政处罚法》第 51 条、第 57 条的规定作出罚款决定后，当事人到指定的银行或者通过电子支付系统缴纳罚款确有困难，经当事人提出，行政机关及其执法人员可以当场收缴罚款。行政机关及其执法人员当场收缴罚款的，必须向当事人出具国务院财政部门或者省、自治区、直辖市人民政府财政部门统一制发的专用票据；不出具财政部门统一制发的专用票据的，当事人有权拒绝缴纳罚款。

此外，我国在行政处罚的执行过程中严格实行“收支两条线”①。执法人员当场收缴的罚款，应当自收缴罚款之日起 2 日内，交至行政机关；在水上当场收缴的罚款，应当自抵岸之日起 2 日内交至行政机关；行政机关应当在 2 日内将罚款缴付指定的银行。除依法应当予以销毁的物品外，依法没收的非法财物必须按照国家规定公开拍卖或者按照国家有关规定处理。罚款、没收的违法所得或者没收非法财物拍卖的款项，必须全部上缴国库，任何行政机关或者个人不得以任何形式截留、私分或者变相私分。罚款、没收的违法所得或者没收非法财物拍卖的款项，不得同作出行政处罚决定的行政机关及其工作人员的考核、考评直接或者变相挂钩。除依法应当退还、退赔的外，财政部门不得以任何形式向作出行政处罚决定的行政机关返还罚款、没收的违法所得或者没收非法财物拍卖的款项。

---

① 罗豪才、湛中乐主编：《行政法学》，北京大学出版社 2016 年第 4 版，第 252 页。

第五节 行政处罚的适用

一、行政处罚的竞合规则

(一)"一事不二罚"的判断方法

《行政处罚法》第29条规定:"对当事人的同一个违法行为,不得给予两次以上罚款的行政处罚。同一个违法行为违反多个法律规范应当给予罚款处罚的,按照罚款数额高的规定处罚。"其中,较为关键的问题是如何理解"同一个违法行为",即要按照何种标准确定相对人的行为只是一个单一行为。对此,存在自然行为说、行政法益说、构成要件说等多种观点。[①] 首先,"一事"应该是法律上的"一行为",自然行为与法律行为并不等同,多个自然行为可能会被视为一个法律行为,譬如,向某人连续捶击数下致其轻微伤的行为,只会被认为是违反《治安管理处罚法》第43条第1款的单一行为,而非数行为。其次,行政法所保护的法益基于行政管制需要而立法创设时,常缺乏横向联系的立法工作,以致从不同的角度、方向创设的法益间具有重叠、相容之关系,法益间如何区别、计算往往较有困难,行政法益说对此无法解释周全,它只能作为辅助的判断方法。

"一事不二罚"应该以构成要件的个数为判断标准。大部分情形下,符合一个构成要件的行为为"一事",准用"一事不二罚",但对于某些特殊情况,即使符合多个构成要件,亦将其视为"一事",亦可适用"一事不二罚"。与既往构成要件说的区别在于:(1)行政处罚的成立要件并不等同于构成要件,构成要件只是应受行政处罚行为成立要件的第一个环节,符合构成要件不一定就要受到行政处罚,还需要具有违法性与有责性要素。例如,由于急救而闯红灯的行为,尽管完全符合《道路交通安全法》的构成要件,但由于其是基于紧急避险行为不具有违法性而不构成行政处罚。(2)符合一个构成要件的单一行为并不单单是一个自然行为,它还包括诸如构成要件规定的持续行为、准备行为、选择性构成要件以及继续性行为等。(3)符合多个构成要件的单一行为不一定不适用"一事不二罚",同时也并不一定必然适用"一事不二罚",它需要满足一定的条件才能适

---

① 参见何乃忠:《试论一事不再罚原则》,《现代法学》1993年第1期,第71页;章新生、向群雄:《行政处罚中的"一事不再罚"原则初探》,《中南政法学院学报》1993年第2期,第34页;朱新力:《论一事不再罚原则》,《法学》2001年第11期,第19-25页。

用，同时也存有某些中断因素可以排除适用。[①] 具体而言，存在以下两种情形。

1. 符合一个构成要件的单一行为

此类情形下，相对人行为无论表现得如何复杂，它在本质上都只符合一个构成要件，即这类行为只能在法律规范中找到一个对应的客观描述，在涵摄过程中，也只需作一项比对，其是最为简单的“一事不二罚”情形。

具体而言，包含以下几种类型：第一，纯粹的一个自然行为。纯粹的一个自然行为是指行为人基于其一个行为决意，而以身体动作所实现的一个意思活动。这是单一行为最为基本的单位，此时纵使行为破坏了数个法益，其也只能在构成要件上符合一次而只是一个行为。第二，构成要件中规定的持续行为。构成要件中规定的持续行为具有某种长期持续的因素，其不能由任何一项个别的行为予以完成，而需要长时间持续的行为与法律规范中规定的构成要件达成一致。第三，自然行为的前后行为。二者是相对人基于主观上的同一意图而完成的两个行为。两个行为纵使在形式上可能符合不同的构成要件，也只能以一个构成要件加以比对。第四，典型性行为。典型性行为是基于行为之典型性所作的考虑。行为人的一个自然行为虽然足以符合数个构成要件，但该构成要件依据典型的观察，尤其是立法者所使用的文句，只能将其视为个别行为时，一般也适用“一事不二罚”。第五，选择性构成要件。若各行为之间具有同质性、构成要件中的各行为所要保护的是同一个法益，那么便只需在整体上符合一个构成要件，可以适用“一事不二罚”。第六，继续性行为。继续性行为是指行为人由于事先违反行政管理秩序所形成之违法状态，有意或无意地维持下去。尽管其违法状态持续存在，但其完成及持续的效力只会被视为符合一个构成要件，其在法律上只被视为单一行为，可以适用“一事不二罚”。需注意的是，继续性行为的后续效力并非当然或绝对有效，它亦存有被行为之外的因素中断的可能，而此时便需排除“一事不二罚”的适用。这些因素包括：(1) 立法中断，即通过立法方式强制中断后续效力，将其视为两个行为采数罚立场，一般包括以立法形式对时间的中断和对范围的中断两种类型。(2) 处罚的中断，即在行为的后续效力中已经被处罚一次，但违法行为仍然没有纠正而致行政机关作出第二次处罚，此时由于后续效力已经发生中断，因而也不违背“一事不二罚”原则。

在处断规则上，需注意的是：(1) 在本质上，以上六种情况只是“符合一个构成要件的单一行为”。符合一个构成要件的单一行为在法律上只符合一个构成要件，它只需被一个构成要件评价即可，尽管它们可能表现为多个自然行为，但都只是一个构成要件的多种表现形式而已，因此应该禁止对符合一个构成要件的

① 参见熊樟林：《应受行政处罚行为构成要件的个数——判断一事不二罚的根本途径》，《政治与法律》2012 第 8 期，第 103 页。

单一行为从重或加重处罚。(2)“一事不二罚”只是在同种处罚类型上的两罚禁止，其并不包括不同处罚类型的并处，譬如行政拘留和罚款之间。在这一点上，由于我国《行政处罚法》只将“一事不二罚”限定在罚款类型上，因而并无争议。

2. 符合多个构成要件的单一行为

此类情形下的相对人行为无论表现得如何简单或单一，它在本质上却可能符合多个构成要件，即这类行为在法律规范中能够找到数个相对应的客观描述，在涵摄过程中，需要作多项构成要件的比对，但最后仍然只能将其定性为法律上的“单一行为”，从而适用“一事不二罚”。

具体而言，包含以下几种类型：第一，法规（条）竞合行为。一般认为，法规竞合大抵只存在以下三种情形：特别关系、补充关系以及吸收关系。倘若行政相对人行为所违背的法律规范中具有这三种关系的任何一种，我们便可以适用“一事不二罚”。譬如，《电力法》第 71 条规定“盗窃电能的，由电力管理部门责令停止违法行为，追缴电费并处应交电费五倍以下的罚款”，其与《治安管理处罚法》第 49 条关于“盗窃、诈骗、哄抢、抢夺、敲诈勒索或者故意损毁公私财物的，处五日以上十日以下拘留，可以并处五百元以下罚款；情节较重的，处十日以上十五日以下拘留，可以并处一千元以下罚款”的规定之间，便是特别法与普通法关系的适例。第二，想象竞合行为。一般而言，想象竞合行为存有以下两种情形：(1) 一行为同时符合数个构成要件。譬如，某单位在人口集中地区和其他依法需要特殊保护的区域内，焚烧高浓度医药废液，该行为便同时符合《固体废物污染环境防治法》第 112 条和《大气污染防治法》第 82 条两个构成要件。一般来说，确证行政法益的途径是立法目的，立法目的的整体合致即可构成想象竞合，目的表述即使存有局部性差异，也不会影响数个构成要件之间同一关系的成立，这种情况下就可以适用“一事不二罚”。(2) 同时多次地符合同一个构成要件。一般而言，较为典型的同种类想象竞合行为是连续犯。从我国《行政处罚法》的表述来看，常见观点认为其原则上不包括对连续行为可以适用“一事不二罚”。实践中争议较大的“连续处罚行为”便与此相关。

在处断规则上，需注意的是：(1) 对法规竞合行为的处理，理应与符合一个构成要件的单一行为类似，无须从重处罚。法规竞合所表现出来的同时符合多个构成要件的现象，是由于构成要件之间存有某种特别关系，这些构成要件之间本身就可以通过诸如一般与个别、包容与被包容的关系而化约为一个构成要件，被化约的构成要件可以完全忽略。法规竞合是当然的一事不二罚，它只需按照一个行为遵循正常处罚程序即可，无须从重。(2) 对于想象竞合而言，由于想象竞合所符合的数个构成要件之间不具有类似法规竞合中的特别关系，只是必须从法律上强制将它们压缩为一个构成要件，其在本质上仍然符合数个构成要件。想象竞合并不当然适用“一事不二罚”，因而对构成想象竞合行为的处理，必须从重。这是对想象竞合适用“一事不二罚”必须要遵守的处断规则，否则又会偏向主观定罚的缺陷。

（二）行政处罚与刑罚的竞合

当事人的某一行为如果既违反行政法中某法条的规定，又违反刑法中某法条的规定，则构成行政违法行为与刑事犯罪行为的竞合。与此相适应，两个不同的部门法分别规定了针对当事人的行政处罚与刑罚，从而产生了行政处罚与刑罚的竞合。对此，应当从以下几个角度进行分析。

第一，遵循“双重适用”原则，即行政处罚与刑事处罚应合并适用，不能以罚代刑。换言之，如果违法行为构成犯罪，应当合并适用行政处罚与刑事处罚。我国《行政处罚法》第 8 条第 2 款明确规定：“违法行为构成犯罪，应当依法追究刑事责任的，不得以行政处罚代替刑事处罚。”实践中，行政违法行为与犯罪行为的竞合大量存在，如逃税等行为是行政违法行为，达到一定程度，又是犯罪行为。之所以双重适用，原因在于：一方面，行为的双重违法性决定了其责任和处罚的双重性，只有这样才能全面追究违法者的法律责任，有效打击和预防犯罪；另一方面，行政处罚和刑事处罚在种类和功能上的差异，决定了同时适用两种处罚可以起到相互弥补的作用。①

第二，遵循“行政处罚折抵刑罚”原则。即违法行为构成犯罪时，人民法院在执行当事人的刑罚时，对已经执行的行政处罚应予以折抵。我国《行政处罚法》第 35 条规定：“违法行为构成犯罪，人民法院判处拘役或者有期徒刑时，行政机关已经给予当事人行政拘留的，应当依法折抵相应刑期。违法行为构成犯罪，人民法院判处罚金时，行政机关已经给予当事人罚款的，应当折抵相应罚金；行政机关尚未给予当事人罚款的，不再给予罚款。”

第三，行政处罚与刑罚的衔接。违法行为涉嫌犯罪的，行政机关应当及时将案件移送司法机关，依法追究刑事责任。对依法不需要追究刑事责任或者免予刑事处罚，但应当给予行政处罚的，司法机关应当及时将案件移送有关行政机关。行政处罚实施机关与司法机关之间应当加强协调配合，建立健全案件移送制度，加强证据材料移交、接收衔接，完善案件处理信息通报机制。

（三）行政处罚与民事责任的竞合

当事人的某一行为如果既违反行政法中某法条的规定，又违反民法的规定，

---

① 参见周佑勇：《行政法原论》，北京大学出版社 2018 年版，第 291－292 页。

则构成行政违法行为与民事违法（违约）行为的竞合。与此相适应，两个不同的部门法分别规定了针对当事人的行政处罚和民事责任，从而产生了行政处罚和民事责任的竞合。对此，应当从以下几个角度进行分析：

第一，行政处罚与民事责任原则上不能相互替代。行政处罚与民事责任虽然都属于法律责任，但它们有不同的性质和范围。行政处罚，是指行为人违反了行政法规范，侵害了行政管理秩序而应承担的一种法律责任；民事责任，是指行为人违反了民事法律秩序，侵害了他人的民事权利而应承担的一种法律责任。行为人的行为违反了哪一种法律规范，侵害了哪一客体，就应承担哪一种相应的法律责任。行为人的行为同时违反了几种法律规范时，就应当同时承担几种责任，不能“以罚代赔”。

第二，在民事责任的确认方式上，存在两种路径。一是由人民法院确认民事责任。违法行为人对他人造成损害后，人民法院根据受害人的起诉追究违法行为人的民事责任。二是由行政机关强制侵权人承担民事责任。行政机关在实施行政处罚时，对于违法行为造成他人损害的，同时责令违法行为人承担相应的民事责任。

第三，在没收违法所得问题上扣除“依法应当退赔的”款项。《行政处罚法》第 28 条第 2 款规定：“当事人有违法所得，除依法应当退赔的外，应当予以没收。”这表明，在行政机关没收当事人违法所得时，应当保障被侵害人的合法权益，将依法应当退赔的款项加以扣除。

二、行政处罚的追罚时效

行政处罚的追罚时效，是指行政处罚机关对行政违法行为追究行政处罚责任的有效期限。追罚时效制度是限制行政处罚权力的时间规则，具有控制行政权力、提升行政效率、维护法的安定性和保护处罚相对人权益的制度功能。《行政处罚法》第 36 条规定：“违法行为在二年内未被发现的，不再给予行政处罚；涉及公民生命健康安全、金融安全且有危害后果的，上述期限延长至五年。法律另有规定的除外。前款规定的期限，从违法行为发生之日起计算；违法行为有连续或者继续状态的，从行为终了之日起计算。”

从行政处罚追罚时效的规范构造上看，追罚时效可以分为一般追罚时效和特殊追罚时效。所谓一般追罚时效，是指适用行政处罚追罚时效的一般规则，具有普遍适用性，并不区分适用领域，也不要求行政违法行为产生危害后果。根据上述条款规定，我国行政处罚的一般追罚时效是 2 年。所谓特殊追罚时效，是指适用行政处罚追罚时效的特殊规则，适用于特定领域并要求行政违法行为产生危害后果。事实上，有些侵害公民生命健康安全或金融安全的违法行为较为隐蔽且社会危害性大，短时间内难以发现并予以处罚。如未考量实际情况而机械地规定 2 年追责时效，显然无法发挥行政处罚法的制度预期，反倒形同变相地放纵违法行为。[①] 因此，在 1996 年《行政处罚法》第 29 条规定的为期 2 年的一般处罚时效基础上，2021 年《行政处罚法》修订时增加了对于涉及公民生命健康安全、金融安全且有危害后果的违法行为长达 5 年的处罚时效规定。此外，《行政处罚法》中还规定了“法律另有规定的除外”，是指《行政处罚法》以外的其他法律可以对违法行为的追责时效单独作出规定，不受 2 年、5 年期限的限制。这里的法律仅指狭义的法律，即全国人大及其常委会制定的法律。例如，《治安管理处罚法》第 22 条将违反治安管理行为的处罚时效设定为 6 个月；《海关法》第 62 条将因纳税义务人违法少缴或漏缴行为的处罚时效设定为 3 年。

从行政处罚追罚时效的适用方法上看，需要对“违法行为发生之日”“行为终了之日”等概念加以解释，并明晰其适用条件。第一，针对一次性即完成的违法行为（即成性违法行为），也就是违法行为发生法益侵害结果即告发生，违法行为与侵害状态一同结束的情形，违法行为完成之日即追罚时效的起算之日。第二，在同时存在“违法行为”与“违法结果”的情形下，行为发生日和结果发生日间可能存在时间差。在此种情形下，行为发生时尚难认定其违法性，还须根据延迟出现的法益侵害结果来判定，此时原则上应该自“结果发生之日”起算处罚时效。[②] 第三，针对连续性违法行为，应当自最后一次违法行为终了之日起算处罚时效。所谓连续性违法行为，是指当事人基于同一个违法故意，连续实施数个独立的行政违法行为，并触犯同一个行政处罚规定的情形。由于行为人主观违法目的的概括性以及客观违法行为的连续性，“以一行为论”在处罚程序和实务操作中更宜合并处理，从而满足过罚相当和行政效率之要求。第四，针对继续性违法行为，应当自违法行为的继续状态结束之日起算处罚时效。实践中，继续性违法行为可能以积极或消极方式作出。

三、行政处罚的从宽处理

行政处罚的从宽处理包含从轻处罚、减轻处罚和不予处罚。所谓从轻处罚，是指在法定处罚限度内适用较轻的处罚；所谓减轻处罚，是指在法定处罚限度以下（超越法定处罚限度）进行处罚；所谓不予处罚，是指根据某种法定原因而不

---

① 参见夏金莱：《论行政处罚追责时效——〈行政处罚法〉第 36 条的解释论》，《学术界》2022 年第 10 期，第 167－176 页。

② 参见胡梦瑶：《权力期间视角下行政处罚时效的适用》，《华东政法大学学报》2023 年第 1 期，第 119－133 页。

进行处罚。具体而言，包含以下情形：

（一）涉及年龄与精神状态的情形

从行政处罚的“量罚”层面来看，如果当事人在年龄或精神状态方面满足特定条件，则可能需要对其从宽处理。从立法文本来看，主要有以下两种方法：（1）从年龄上，通过立法方式划定一个明确界限。《行政处罚法》第 30 条后半段规定：“已满十四周岁不满十八周岁的未成年人有违法行为的，应当从轻或者减轻行政处罚。”（2）从精神状况上，通过立法方式确定量罚标准。《行政处罚法》第 31 条后半段规定：“尚未完全丧失辨认或者控制自己行为能力的精神病人、智力残疾人有违法行为的，可以从轻或者减轻行政处罚。”

除上述年龄与精神状况之外，还存在一种生理性的判断标准。实践中，这一问题主要涉及盲人或聋哑人。其焦点在于：盲人或聋哑人是否可以在行政处罚的量罚层面得到从宽处理？我国《治安管理处罚法》中规定：“盲人或者又聋又哑的人违反治安管理的，可以从轻、减轻或者不予处罚。”可见，《治安管理处罚法》添加了另外一种可以从生理层面从宽处理的具体规则。

（二）意思表示不真实的情形

意志表示不真实，是指一个人的真实意志与其表面意志不同。《行政处罚法》第 32 条第 2 项规定：“当事人有下列情形之一，应当从轻或者减轻行政处罚：……（二）受他人胁迫或者诱骗实施违法行为的……”在受到他人“胁迫”或“诱骗”的情形下，行为人因为判断错误而实施违法行为，不是基于其真实意志，而是基于有限的、不真实的理性。因此，行政机关应当对其从轻或减轻处罚。

（三）主动接受处理、立功、消除或减轻危害后果等情形

《行政处罚法》第 32 条第 1 项、第 3 项和第 4 项分别规定了当事人主动消除或者减轻违法行为危害后果、主动供述行政机关尚未掌握的违法行为、配合行政机关查处违法行为有立功表现的情形，并规定在上述情形下行政机关应当从轻或者减轻行政处罚。在这些情形下，一方面，当事人认识到行为的危害性，体现其“改过自新”的悔意、主观恶性较小；另一方面，当事人在一定程度上修复了被破坏的行政管理秩序，防止了危害结果进一步扩大。

（四）情节轻微不罚和初违不罚的情形

《行政处罚法》第 33 条第 1 款前半段规定：“违法行为轻微并及时改正，没有造成危害后果的，不予行政处罚。”该规定在理论上可以概括为“情节轻微不罚”。其构成要件：一是当事人的违法行为轻微，二是当事人对其违法行为加以

及时改正，三是没有造成危害后果。其法律后果是行政机关“应当”不予行政处罚。《行政处罚法》第 33 条第 1 款后半段规定：“初次违法且危害后果轻微并及时改正的，可以不予行政处罚。”该规定在理论上可以概括为“初违不罚”，是 2021 年《行政处罚法》修订后的新增条款，体现了公法制裁的谦抑性。其构成要件：一是当事人初次违法，二是违法行为的危害后果轻微，三是当事人及时改正违法行为。其法律后果是行政机关“可以”对其不予处罚。“可以不予行政处罚”的表述意味着行政机关在此过程中对是否不予处罚仍拥有一定的行政裁量权。

深度阅读

1. 周佑勇．行政法原论．北京：北京大学出版社，2018：280 - 296.

2. 熊樟林．应受行政处罚行为模型论．法律科学，2021（5）.

3. 熊樟林．行政处罚的概念构造：新《行政处罚法》第 2 条解释．中外法学，2021（5）.

4. 熊樟林．《行政处罚法》主观过错条款适用展开．中国法学，2023（2）.

5. 贝某丰诉海宁市公安局交通警察大队道路交通管理行政处罚案．最高人民法院指导案例 90 号.

6. 上海中燃船舶燃料有限公司诉上海市质量技术监督局行政处罚决定案．最高人民法院公报，2020（10）.

问题与思考

1. 如何理解行政处罚的概念构成？如何认识行政处罚的目的？

2. 应受行政处罚行为的成立要件是什么？如何认识行政处罚的主观过错要件？

3. 如何理解行政处罚中的“一事不二罚”？请具体分析。

“问题与思考”答题指引

第一章　行政法概述

1.（1）先介绍行政法的定义，剖析其内涵；（2）解析行政法所要发挥的功能；（3）要发挥这种功能，需要具备哪些条件，这就是行政法的产生条件。

2. 行政法的法源也就是行政法的表现形式。既有成文法源，也有不成文法源。至于成为行政法法源的条件，实际上也要回到怎样才能称作行政法的问题上。能发挥行政法功能的规范，才能成为行政法的法源。

3. 行政法的适用步骤通常有四步。在行政法的适用过程中，行政机关所受到的拘束不仅是法的明文规定，还包括法的目的、原则等法的内在要求。在这些拘束之下，行政机关通常还有一定的自由度，这也是立法者授予行政机关裁量权限的目的。

第二章　行政法基本原则

1.（1）基本原则的定位和功能；（2）形式标准和实质标准；（3）区分阶段的发展历程，并且如今依然呈现出不同的行政法基本原则内容。

2. 依法律行政原则核心解决法律与行政的关系，它是法治行政原理的基石。具体内容主要包含法律优位原则和法律保留原则。

3. 行政法一般原则并非固定不变。比例原则是调整行政裁量领域目的与手段关系的原则，它具体包含适当性原则、必要性原则和均衡性原则三个下位分支原则。正当程序原则核心调整不利处分之前给予私人陈述申辩、公平听证的机会，需要处理其与法定程序之间的关系。信赖保护原则有广义和狭义之分。规范层面的狭义信赖保护仅仅作用于对授益性的违法先行行为给予信赖保护问题，作为特例与依法行政原则产生张力。行政效能原则作用于组织法和行为法领域，尤其伴随着现代公共行政理论的发展而发展。

第三章　行政法律关系

1. 先明确行政法律关系的定义，再简要介绍其类型和特征。

2. 行政主体是行政法律关系中行使行政权，具有行政法上权利和义务的主体。行政主体是公法人，而行政机关是行政主体的组成部分，代表行政主体进行行政活动，使行政主体具有行为能力。

3. 私人的公权利就是私人依据行政法规范，针对行政主体而享有的权利。应根据保护规范理论判断私人的公权利，具体而言：首先确定法规范是否课予行政机关以义务；其次则进一步判断，法规范是否具有保护私人利益的目的；最后则要判断，法规范是否对私人利益进行个别保护。

第四章　行政机关和公务员

1. 对行政职权进行大致分类，然后根据不同职权的不同特点，总结相关行政法基本原则。

2. 研究什么最高国家权力机关，其有哪些特征。分析什么是执行机关，什么是议行合一、依法行政、法治行政，全面阐释执行机关的含义与功能。

3. 梳理公务员聘任制的发展历程，总结其产生的历史背景和时代价值。考察公务员聘任制的运行现状，发现其存在的突出问题。

第五章　行政规范和行政规划

1.（1）制定主体不同。行政立法包括行政法规和规章，行政法规只能由国务院制定，规章可以由国务院部门和省、自治区、直辖市、设区的市、自治州的地方人民政府制定。其他行政机关无行政立法权，但几乎所有行政机关均有权制定行政规范性文件，因此行政规范性文件的制定主体范围远大于行政立法的主体。（2）制定程序不同。行政法规和规章作为行政立法，其制定程序受到《行政法规制定程序条例》和《规章制定程序条例》的限制，需要履行意见征求、论证、调研等程序步骤。但行政规范性文件的制定机关通常不需要进行复杂的意见征求、论证、调研等工作，相较行政立法活动而言明显简便快捷。（3）内容不同。根据我国《行政处罚法》《行政许可法》《行政强制法》，行政法规可以设定部分行政处罚、行政许可和行政强制措施，规章可以设定部分行政处罚和行政许可。而行政规范性文件不得设定行政处罚、行政许可和行政强制，它们也不能设定应当由法律、法规、规章设定的其他事项。(4) 法律效力不同。行政法规和规章属于法的渊源，具有正式法效力。《立法法》第 2 条明确将行政法规和规章纳入其调整范围，而《行政诉讼法》第 63 条则分别将行政法规和规章列为审理行政案件的依据和参照。这意味着不仅受行政立法文件调整的公民、法人、其他组织有义务遵守其规定，其他国家机关，特别是人民法院，也应当尊重这些文件的内容。而行政规范性文件不属于法的渊源，不具有正式的法效力。它们对人民法院不具有法律上的约束力，法院可以通过附带审查的方式对其合法性进行监督。

2. 2018 年行诉法解释第 148 条将规范性文件不合法的情形总结为五种：第一，超越制定机关的法定职权或者超越法律、法规、规章的授权范围的；第二，与法律、法规、规章等上位法的规定相抵触的；第三，没有法律、法规、规章依据，违法增加公民、法人和其他组织义务或者减损公民、法人和其他组织合法权益的；第四，未履行法定批准程序、公开发布程序，严重违反制定程序的；第五，其他违反法律、法规以及规章规定的情形。

3. 第一，非约束型规划属于事实行为。第二，既对行政机关有约束效果，又对私人有约束效果的规划属于行政规范。第三，仅对行政机关有约束效果的规划属于尚不具有学理定位的其他行政准则。

第六章　行政处理

1. 注意引入行政处理的基本要素，包括行政机关、规范性、单方性、公法行为、针对具体个案。

2. 合法性要件包含职权、内容、法律、形式与程序。

3. 行政处理的生效要件仅包括告知相对人和行政处理并非自始无效；对无效的界定标准为重大且明显违法。

4. 根据行政处理的拘束性所针对的对象而将其效力内容分别界定为形式存续力、实质存续力和构成要件效力。

第七章　行政协议和事实行为

1. (1) 以《行政协议审理规定》第 1 条对行政协议的定义为基础，突出强调界定行政协议的四要素；(2) 结合行政协议的四要素，以及两个基本特征，尤其是其行政性，来区别行政合同与民事合同。

2. 简要介绍《行政诉讼法》与《行政复议法》明文列举的两类有名行政协议，即政府特许经营协议、房屋土地等征收补偿协议，以及《行政协议审理规定》补充列举的矿业权等国有自然资源使用权出让协议、政府投资的保障性住房的买卖或租赁协议、符合司法解释规定的政府与社会资本合作协议，并对相关争议进行探讨。

3. 根据《行政协议审理规定》，法院对于行政机关行使优益权行为的合法性要件进行全面和逐一审查，包括两方面。一方面，按照《行政诉讼法》第 70 条的规定从主体、权限、适用法律、法定程序、是否明显不当等方面进行审查。另一方面，对于行政机关变更解除行政协议是否符合法定或约定变更解除要件进行审查。此外，行政机关行使行政优益权需要遵守以下限制条件：必须出于公共利益的需要；应当对公共利益的具体情形作出释明；解除合同造成的损害与保护的公共利益之间应当符合比例原则；应当对给相对人造成的损失给予补偿。

4. (1) 行政诉讼，简述行政协议诉讼的当事人、审查重点、举证规则、诉讼类型和判决类型；(2) 行政复议；(3) 行政协议可否适用仲裁，具有争议。可结合现行法律规定和学理研究进行探讨；(4) 行政机关针对协议相对人不履行协议行为的非诉强制执行程序。

5. 行政事实行为是指行政主体基于行使职权的直接需要而作出的，不以发生法律效力为目的，而产生客观事实效果的行为。行政事实行为的表现形式多样，重点可阐述教材中介绍的行政指导和公共警告的概念、合法性要件和法律救济。

6. 练习题

(1) 答案：D

参考解析：

A 项错误，《行政协议审理规定》第 12 条第 2 款规定：人民法院可以适用民事法律规范确认行政协议无效。若可认定孙小某未获得孙某的授权，或孙某不承认其代理权，则孙小某的行为为无权代理，该协议可以确认无效。

B 项错误，行政协议的当事人可以书面约定与争议有实际联系地点的法院管辖，但不得违反级别管辖、专属管辖。

C 项错误，《行政协议审理规定》第 12 条第 3 款规定：行政协议无效的原因在一审法庭辩论终结前消除的，人民法院可以确认行政协议有效。

D 项正确。《行政协议审理规定》第 11 条第 1 款规定：人民法院审理行政协议案件，应当对被告订立、履行、变更、解除行政协议的行为是否具有法定职权、是否滥用职权、适用法律法规是否正确、是否遵守法定程序、是否明显不当、是否履行相应法定职责进行合法性审查。例如，法院应当审查行政机关在签订协议时是否审查确认了孙小某的代理权。

(2) 答案：ABD

参考解析：

A 项正确，该招商引资协议符合《行政协议审理规定》规定的界定行政协议的四要素，属于行政协议，可以提起行政诉讼。

B 项正确，按照诚实信用原则，保护相对人信赖利益是其重要组成内容，其要求行政机关作出的承诺负有履行义务。本题中，既然县政府发文承诺给予招商引资人支付奖金，就应当兑现自己的承诺，向李某全额支付奖励，其只支付部分奖金而拒绝支付尾款的行为，有违合同义务和诚信原则。

C 项错误，县政府发布《关于招商引资的意见》针对的是不确定对象，且具有普遍约束力，不符合具体行政行为针对特定人、特定事项的特征，不属于具体行政行为。

D 项正确，根据《行政复议法》第 11 条第 13 项，“认为行政机关不依法订立、不依法履行、未按照约定履行或者违法变更、解除政府特许经营协议、土地房屋征收补偿协议等行政协议”属于行政复议受案范围。根据该法第 24 条，县级以上地方各级人民政府管辖对下一级人民政府作出的行政行为不服的行政复议申请。

（3）答案：B

参考解析：

A 项错误，根据《行政协议审理规定》第 2 条规定，针对公民、法人或者其他组织就行政协议提起的行政诉讼，人民法院应当依法受理，不能因为当事人约定了仲裁条款而裁定不予受理，而应在受理后，判定该仲裁约定条款无效。

B 项正确，根据《行政协议审理规定》第 10 条对当事人的举证责任配置做了规定，其中原告承担举证责任的情形是，“原告主张撤销、解除行政协议的，对撤销、解除行政协议的事由承担举证责任”。本题中，原告请求解除涉案协议，应当对解除协议的事由，即其受到胁迫的事实承担举证责任。

C 项错误，《行政协议审理规定》第 23 条规定：“人民法院审理行政协议案件，可以依法进行调解。人民法院进行调解时，应当遵循自愿、合法原则，不得损害国家利益、社会公共利益和他人合法权益。”

D 项错误，虽然根据《行政协议审理规定》第 26 条规定，行政协议约定仲裁条款的，法院应当确认该条款无效，行政协议的个别条款无效，并不必然导致整个协议无效。本案中关于纠纷解决方式的条款被确认无效，并不导致体现双方真实意思表示的房屋征收补偿协议整体无效。

（4）答案：AC

参考解析：

A 项正确，行政指导是指行政主体为实现特定的行政目的，在其法定的职权范围内或者依据法律规范和政策，以指导、劝告、提醒、建议等非强制性方式，引导公民、法人和其他组织作出或者不作出某种行为的行政活动。其表现形式多样，以发布指引、指南的方式引导企业合法合规经营是典型的行政指导。

B项错误，行政指导具有灵活性。行政主体应当根据具体情况选择相应的建议、引导、示范、劝告等灵活方式，可以采取书面、口头或者其他合理形式。

C项正确，行政指导是服务型政府包容审慎监管、柔性执法的一种方式，其根本特征是不具有强制性。

D项错误，行政指导虽然属于行政事实行为，不具有强制力，不直接影响相对人的权利义务，按照2018年行诉法解释第1条第2款第3项的规定，不属于行政诉讼的受案范围。但若是行政主体以行政指导之名，行行政命令或行政处罚、行政强制之实，为相对人设定义务，或限制其权利行使，在事实上实际影响了相对人的合法权益，则满足行政复议和行政诉讼受案范围的“实际不利影响”标准，该行为即具有可复议性和可诉性，当事人可以针对此类行为申请复议或提起诉讼，行政机关则需承担相应法律责任。

第八章　行政程序

1.（1）介绍行政程序的定义，说明其内涵；（2）说明行政程序在基本权利保障、行政合法性与正确性实现、行政效率提高等方面的功能；（3）结合行政程序原则与行政程序制度说明在法制定和法适用过程中如何实现前述功能。

2.（1）正当程序、公开公平公正和高效便民是行政程序的基本原则，其中正当程序原则是核心；（2）二者的联系可从学理继受和内容相似性着手，结合立法和司法判例加以论述，二者的区别主要在于我国的正当程序原则仅限于程序性正当程序。

3. 听证制度的主要要求：（1）听证主持人具有中立性；（2）程序公开进行；（3）原则上采取言辞审理；（4）案卷排他性，即听证笔录为最后决定的唯一依据。

4. 行政调查制度的一般要求：（1）事先告知；（2）依法全面收集证据；（3）听取意见；（4）制作笔录。

5.（1）区分不同行政活动类型，结合《行政复议法》《行政诉讼法》的规定论述程序瑕疵后果；（2）结合判例，围绕《行政诉讼法》中“法定程序”“明显不当”“滥用职权”等概念解释并加以论述。

第九章　行政信息

1.（1）设想：政府高度依赖大数据进行管理和决策，治理水平和公共服务能力得到提高，但对公众信息安全和隐私造成威胁；人工智能的发展使得部分事项实现完全自动化决策。（2）首先，在数据采集和共享层面，大数据的收集和使用涉及个人隐私和商业秘密等重要权益，但面对行政机关为履行法定职责所必须作出的信息处理行为，行政相对人往往无法拒绝。为了约束行政机关对公众信息的获取和流转，应当在立法层面明确相应的边界、原则和规则。其次，在数字行政时代，行政相对人的一些程序性权利需要得到切实的保障，比如，应用数字技术辅助行政的，不仅应当公开结果，还应当公开算法原理并说明作出决策或行政行为的依据，以保障公民的知情权；应用自动化决策的事项，应当设置适当的程序，以保障行政相对人陈述和申辩的权利。最后，采用自动化决策或其他人工智能方式治理的，应当设置申诉救济程序，并将相应事项中的侵权事件纳入行政诉讼受案范围。

2. 基于"以公开为常态、不公开为例外"的原则和对公民知情权的保护，对行政执法案卷信息豁免公开的范围应当进行限缩性界定。可以不予公开的须满足两个条件：一是属于"行政执法案卷信息"的范畴，二是具备不予公开的实质性理由。"行政执法案卷信息"中"行政执法"概念过于宽泛，多部法规规章将"行政执法案卷"定义为行政执法过程中形成的全部文件和材料的汇集，包括对案件事实的调查情况、证据、听证笔录及作出行政行为的决定文书等案卷材料。与内部事务信息、过程性信息相似，行政执法案卷信息不予公开的实质性理由包括内部性、过程性、非终局性和不具备权利义务影响性，以及对第三人造成不利影响和特殊行政信息敏感性。因此，应从公开行政执法案卷可能对执法本身的不利影响角度，限定不予公开的行政执法案卷信息。此外，当事人、利害关系人可以通过行使案卷阅览权获得案卷信息。

第十章 行政许可

1.《行政许可法》规定了行政许可的法定概念，行政许可有五种法定种类。在学理上，行政许可包括一般许可、特许、认可、确认这四种典型类型。

2.《行政许可法》第 12 条规定了可以设定行政许可的事项，第 13 条规定了可以不设定行政许可的情形。《行政许可法》第 14～17 条规定了行政许可的设定权限，需要注意辨析法律、行政法规、地方性法规、规章等法律规范的相应设定权限，同时可以与行政强制、行政处罚的设定权限相对照。

3. 行政许可的实施机关主要规定于《行政许可法》第 22～26 条，需要特别注意，在具有行政许可权的行政机关和法律、法规授权组织依照相应法律法规的规定实施许可外，行政机关委托实施许可的，只可以委托"其他行政机关"实施。此外，应结合行政实务中的"放管服"改革辨析集中办理行政许可时的实施机关。行政许可的实施程序包括一般程序和特别程序。其中，一般程序包括申请、受理和审查，也包括听证程序。

第十一章　行政给付

1. 我国行政给付与给付行政经常被同时使用。中国行政法学的主流学说中，“行政给付”行为的范围较窄，只是“给付行政”的一种方式，多将其限定为社会保障行政中的行政物质帮助，其外延包括优待、抚恤、安置、补助、提供社会保障和最低生活保障、救灾扶贫等，这比大陆法系国家讨论的给付行政范围要窄得多。

2. 尽管传统学说常认为法律保留原理并不适用于行政给付，但是行政给付存在若干权力性色彩，可能构成强制或侵害。例如，对不履行给付职责、不按期、按时发放给付金等情形，须严格遵循法律保留原理。

3. 我国行政给付的依据既包括法律、法规、规章，也包括大量规范性文件。法院在司法裁判中，也认为给付请求权的基础可以是规定、决定、协议以及承诺等其他形式。

第十二章　行政强制

1. 先明确行政强制的定义，再简要介绍其特征。

2. 行政强制措施与行政强制执行的不同在于：（1）目的和条件不同；（2）实施时间不同；（3）行为内容和限度不同。

3. 先介绍现行行政强制执行体制的构成，再从司法权与行政权的关系、功能、公平与效率的追求与实现等角度加以论述。

第十三章　行政处罚

1. （1）从不利性、违法性和惩戒性的三个维度进行分析。（2）从报应论和预防论的两个维度分析行政处罚的目的，分别指出其利弊所在，也可分析行政处罚的目的对具体制度的影响。

2. （1）从构成要件符合性、违法性和有责性的三个角度进行分析。（2）结合《行政处罚法》第 33 条第 2 款进行分析，可结合责任主义等理论加以分析，也可探讨该条款在实践中的适用方法。

3. 先分析“一事不二罚”的判断标准，然后具体结合“符合一个构成要件的单一行为”和“符合多个构成要件的单一行为”进行分析，也可举例讨论。

图书在版编目（CIP）数据

中国行政法总论 / 王贵松主编．-- 北京：中国人民大学出版社，2025.2. --（新时代中国法学系列教材 / 王铁，黄文艺总主编）. -- ISBN 978-7-300-33638-1

Ⅰ. D922.1

中国国家版本馆 CIP 数据核字第 2025LQ7839 号

新时代中国法学系列教材

总主编　王　轶　黄文艺

中国行政法总论

主　编　王贵松

Zhongguo Xingzhengfa Zonglun

出版发行	中国人民大学出版社		
社　址	北京中关村大街 31 号	邮政编码	100080
电　话	010－62511242（总编室）		010－62511770（质管部）
	010－82501766（邮购部）		010－62514148（门市部）
	010－62515195（发行公司）		010－62515275（盗版举报）
网　址	http://www.crup.com.cn		
经　销	新华书店		
印　刷	北京溢漾印刷有限公司		
开　本	787 mm×1092 mm　1/16	版　次	2025 年 2 月第 1 版
印　张	28 插页 1	印　次	2025 年 2 月第 1 次印刷
字　数	532 000	定　价	69.00 元

《　　　　　　　　》※任课教师调查问卷

为了能更好地为您提供优秀的教材及良好的服务，也为了进一步提高我社法学教材出版的质量，希望您能协助我们完成本次小问卷，完成后您可以在我社网站中选择与您教学相关的1本教材作为今后的备选教材，我们会及时为您邮寄送达！如果您不方便邮寄，也可以申请加入我社的**法学教师QQ群：436438859（申请时请注明法学教师）**，然后下载本问卷填写，并发往我们指定的邮箱（cruplaw@163.com）。

邮寄地址：北京市海淀区中关村大街59号文化大厦中国人民大学出版社1202室收

邮　　编：100872

再次感谢您在百忙中抽出时间为我们填写这份调查问卷，您的举手之劳，将使我们获益匪浅！

基本信息及联系方式：※

姓名：________ 性别：________ 课程：________

任教学校：________ 院系（所）：________

邮寄地址：________ 邮编：________

电话（办公）：________ 手机：________ 电子邮件：________

调查问卷：※

1. 您认为图书的哪类特性对您选用教材最有影响力？（　　）（可多选，按重要性排序）

   A. 各级规划教材、获奖教材　　B. 知名作者教材

   C. 完善的配套资源　　D. 自编教材

   E. 行政命令

2. 在教材配套资源中，您最需要哪些？（　　）（可多选，按重要性排序）

   A. 电子教案　　B. 教学案例

   C. 教学视频　　D. 配套习题、模拟试卷

3. 您对于本书的评价如何？（　　）

   A. 该书目前仍符合教学要求，表现不错将继续采用

   B. 该书的配套资源需要改进，才会继续使用

   C. 该书需要在内容或实例更新再版后才能满足我的教学，才会继续使用

   D. 该书与同类教材差距很大，不准备继续采用了

4. 从您的教学出发，谈谈对本书的改进建议：________

____

____

选题征集：如果您有好的选题或出版需求，欢迎您联系我们：

联系人：黄　强　联系电话：010-62515955

索取样书：书名：________

书号：________

备注：※ 为必填项。